AF378397

A cura di
Alison M. Gingeras

Coordinamento editoriale
Emmanuel Berard, Palazzo Grassi
Emanuela Mazzonis, Palazzo Grassi

Editing dei testi in inglese
Andrew Hulktrans

Redazione
Cristina Fiorini

Traduzione
Alessandra Gallo per *Scriptum*, Roma

Design
Christoph Radl

Vedute delle installazioni a Palazzo Grassi
Santi Caleca

Finito di stampare nel mese
di maggio 2007
a cura di Skira, Ginevra-Milano
Printed in Italy

www.skira.net
www.palazzograssi.it

Consiglio d'amministrazione

François Pinault
Presidente e amministratore delegato

Patricia Barbizet
Amministratore delegato

Jean-Jacques Aillagon
Amministratore delegato

Guido Rossi
Amministratore

Isabelle Nahum-Saltiel
Amministratore

Collegio sindacale
Maurizio Serafini
Marco Manzoli
Paolo Collini

Comitato d'onore

Tadao Ando
Ruy Brandolini d'Adda
Frieder Burda
Teresa Cremisi
John Elkann
Timothy Fok-Tsun-Ting
Dakis Joannou
Lee Kun-hee
Alain-Dominique Perrin
Miuccia Prada
Giandomenico Romanelli
Illena Sonnabend
Jerome Zieseniss

Staff di Palazzo Grassi

François Pinault
Presidente

Jean-Jacques Aillagon
Direttore

Raimondo Ferraro

Emmanuel Berard
Suzel Berneron
Carlo Gaino
Emanuela Mazzonis
Gianni Padoan
Maria Carolina Profilo
Silvia Roman
Marina Scozzi
Paola Trevisan
Antonio Boscolo
Luca Busetto
Angelo Clerici
Andrea Greco
Giulio Lazzaro
Vittorio Righetti
Dario Tocchi
Massimo Veggis

Staff della mostra

Alison M. Gingeras
Curatrice

Emanuela Mazzonis
Assistente della curatrice

Silvia Roman
Registrar

Christoph Radl
Grafica

Gruppo Fallani
Segnaletica della mostra

Tecnobrevetti S.r.l.
Consulenza ingegneristica

Arteria Sattis S.r.l
Trasporti

Willis Nord Est S.r.l
Assicurazione

Igor Silic
Architettura dei modelli in scala

Carolina Profilo
Noelle Solnon
Ufficio stampa e comunicazione

Con l'assistenza di
Bondardo Comunicazione, Milano
Claudine Colin Communication, Parigi
Blue Medium, New York
Beate Barner, Berlino
Bolton and Quinn, Londra

Rémi Beer-Demander
Floriane Mercier
Marco Miotto
Camilla Mozzato
Massimo Tosonna
Stagisti

Con il sostegno di
François Pinault Foundation

e il contributo di

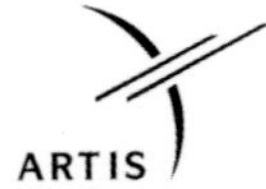

ARTIS

Con la collaborazione di

la Repubblica

Ringraziamenti

Lo staff di Palazzo Grassi ringrazia i collaboratori di François Pinault a Parigi per il sostegno e l'attiva partecipazione:
Nathalie Beus
Béatrice Bihr
Anne-Pascale Celier
Odile de Labouchere
Isabelle Nahum-Saltiel
Muriel Panel
Nazanine Ravaï

Questa mostra è stata realizzata grazie al supporto e alla collaborazione di numerose persone. Desideriamo anzitutto esprimere la nostra sincera gratitudine a tutti gli artisti che vi hanno partecipato e al personale degli studi.

Un ringraziamento particolare per il loro straordinario impegno a: Art Production Fund, New York; Flora Boillot; Beckett Bowes; Karoline Brand; Gavin Brown's enterprise; Claudia Carson; Elizabeth Cline; Sadie Coles HQ; Carmen D'Apollonio; Brendan Dugal; Claudia Carson; Galleria Massimo De Carlo; Galerie de France; Deitch Projects; Yvone Force-Villareal; Casey Freemont; Galleria Emi Fontana; Gagosian Gallery; Giraud Pissaro Segalot; Gladstone Gallery; Claudio Guenzani; Galerie IN SITU; Sam Kusack; Paul Loyrette; Matthew Marks Gallery; Metro Pictures; Kasia Pajak; Lois Plehn; Galerie Eva Presenhuber; Marta Pytka-Kwade; Galerie Almine Rech; Andrew Rogers; Scipio M. Schneider; Christian Schneidermann; Mary-Clare Stevens; Eugenie Tsai; Ines Turian; Andrea Überbacher; Zeno X Galerie; Zwirner & Wirth.

Teniamo a sottolineare il ruolo fondamentale svolto dai vari organismi governativi che hanno offerto la loro assistenza fornendo le autorizzazioni legali necessarie per la mostra, in particolare il Ministero Italiano della Cultura, la Soprintendenza per i beni architettonici e per il paesaggio e per il patrimonio storico, artistico e demoetnoantropologico di Venezia, il Magistrato alle Acque.

Dopo "Where Are We Going?", che nel 2006 ha segnato la riapertura di Palazzo Grassi, "Sequence 1 – Pittura e Scultura nella Collezione François Pinault" costituisce la seconda occasione per presentare a Venezia la mia raccolta di opere. Se la prima mostra si proponeva, come era naturale e necessario, di descrivere nel modo più ampio possibile la collezione e di sottolinearne allo stesso tempo il radicamento nella modernità storica e la dimensione contemporanea, questa seconda esposizione celebra invece la scelta deliberata di un attento impegno a favore delle espressioni della creazione contemporanea. È anche vero che varie circostanze hanno favorito in maniera particolare tale impostazione. La mostra coincide, infatti, con la 52ª edizione della Biennale di Venezia, il più importante appuntamento per critici e artisti della scena internazionale. Per questa ragione mi è sembrato opportuno che Palazzo Grassi – che ho voluto aprire anche alle mostre di arte contemporanea – prendesse parte e avesse un ruolo in questo evento tanto atteso da parte di tutti coloro che osservano con interesse le evoluzioni della creatività contemporanea. Un'altra circostanza mi ha convinto della legittimità di questa scelta e del fatto che la mostra risponderà alle aspettative di coloro che, con curiosità e passione, trascorreranno qualche mese a Venezia visitando le varie esposizioni. Infatti, al termine di una gara d'appalto, il comune di Venezia ha deciso di affidarmi la responsabilità di allestire la creazione di un centro d'arte contemporanea sul prestigioso sito di Punta della Dogana. Come collezionista considero un grandissimo privilegio la possibilità di associare in modo ancora più ampio lo sviluppo della mia raccolta allo svolgimento dei progetti e delle attività culturali di una città-faro come Venezia. Se la vocazione di Palazzo Grassi è ormai quella di sede riservata alle esposizioni temporanee, a Punta della Dogana verrà esposta in maniera più completa e deliberata la collezione che ho raccolto con tanta passione. Questa, bisogna precisarlo, non ha alcuna pretesa di oggettività né di completezza. D'altra parte, trattandosi di arte *in progress* e di una scena artistica ampiamente globalizzata, tale pretesa sarebbe fuori luogo. La mia collezione si propone invece due obiettivi: quello di testimoniare l'universalità della creazione contemporanea e quello di rendere conto della sua inesauribile capacità di porsi domande rigorose e radicali, facendo della libertà la sua sola regola e dell'anticonformismo l'unica dottrina.

Devo inoltre ricordare che l'approdo a Venezia, se testimonia senza alcun dubbio la mia predilezione per il destino culturale di questa città, non è l'unica tappa della mia collezione. Dal prossimo giugno una parte della raccolta, quella che comprende le opere di Jim Shaw, sarà presentata in una mostra temporanea al P.S.1 Contemporary Art Center di New York e altre iniziative, anche in Francia, saranno annunciate a breve. In questo modo, mantenendo un punto fisso e permanente a Venezia e partecipando a iniziative temporanee, ho intenzione di mettere a disposizione del pubblico la collezione di opere che ho raccolto negli anni con pazienza ed entusiasmo.

Come per "Where Are We Going?", Jean-Jacques Aillagon ed io abbiamo voluto affidare ad Alison M. Gingeras la cura di questa mostra, cioè la responsabilità di procedere a una selezione delle opere della collezione che mettesse in evidenza alcune delle sue caratteristiche, ma anche e soprattutto i contesti e le ricerche che animano la scena internazionale. Pur essendo ampiamente contemporanea, la selezione proposta dalla curatrice evidenzia puntualmente il radicamento dell'arte di oggi in alcune esperienze artistiche degli anni sessanta e settanta, e invita a riflettere sul fatto che non si può – non senza essere superficiali – confinare la contemporaneità nel recinto dell'immediatezza priva di passato e di futuro. La selezione si caratterizza anche per la sua apertura al mondo – all'Europa, all'America e all'Asia – sottolineando come la globalizzazione della scena artistica stimoli situazioni inedite ed estremamente dinamiche. Infine, per il vasto numero di commissioni ricevute dagli artisti, la scelta presentata al pubblico di Palazzo Grassi da maggio a novembre 2007 ricorda anche quanto l'arte sia una realtà in continuo movimento. È sempre più evidente che l'interesse per l'arte non può consistere nella semplice stima di opere già realizzate e raccomandate da una critica accreditata, ma in una presa di posizione, con tutte le incertezze e i rischi che questa comporta, volta a incoraggiare il desiderio degli artisti di spingere ancora più lontano il loro bisogno di sperimentazione e innovazione. Tale necessità trova un'eco del tutto particolare in una città in cui numerosi capolavori non avrebbero mai potuto vedere la luce senza il coraggio di coloro che, ad esempio, diedero fiducia a Tintoretto per la decorazione della Scuola Grande di San Rocco o organizzarono la competizione ufficiale per la sostituzione del *Paradiso* nella sala dei Cinquecento del palazzo dei Dogi.

Infine, mi piace notare che, come in "Where Are We Going?" con le opere di Olafur Eliasson e Jeff Koons, anche in "Sequence 1" le creazioni si confrontano con la realtà urbana e con lo sguardo dei passanti, anche dei meno esperti. Un'opera di Subodh Gupta, *Very Hungry God* (2006), sostituisce *Balloon Dog* di Jeff Koons sul Canal Grande e un lavoro congiunto di Franz West e Rudolf Stingel è allestito grazie alla benevolenza del Comune e della Soprintendenza, in campo San Samuele. Colgo l'occasione per ringraziare questi organismi della loro collaborazione.

Concludo sottolineando il fatto che questa mostra, come tutte le esposizioni di arte contemporanea, gioca un ruolo assai dinamico nel processo dell'arte nel suo divenire. Il ruolo degli eventi espositivi assomiglia sempre meno a quello di semplici specchi, meri rivelatori di un'arte già compiuta; essi sono diventati invece lo spazio dinamico e dialettico in cui l'arte si fa matrice di interazioni all'interno delle quali l'artista è invitato a confrontare con il pubblico il proprio bisogno di creare e la sua capacità di creazione. A poco a poco si capovolge così la tradizionale sequenza "vedere, collezionare, mostrare". Paradossalmente, è la produzione dell'opera per la propria esposizione, e quindi il suo incontro con il pubblico, a scatenare nel collezionista il desiderio di possederla. Ed è proprio allora che il cosiddetto mecenatismo – cioè la disponibilità e l'apertura di un individuo verso i progetti artistici – trova la sua espressione migliore e più stimolante.

Come presentare una collezione? La domanda è cruciale per qualsiasi istituzione – pubblica o privata
che sia – che intenda mettere a disposizione del pubblico le opere che le appartengono. La domanda
è ancora più delicata se riguarda una collezione d'arte moderna e contemporanea, una raccolta dedicata
perciò a una realtà viva, in costante crescita. Se la collezione è sufficientemente ampia, cosa di cui poche
istituzioni possono vantarsi, si può tentare di proporre una lettura storica globale del periodo interessato,
quale che sia la difficoltà dell'esercizio. Si può anche, in maniera meno didascalica e accademica,
proporre al giudizio del visitatore uno o più punti di vista sulla collezione e i lavori che essa riunisce,
ponendo in prospettiva i sottili rapporti tra le varie opere, a prescindere dalla distanza temporale che
le separa, dalle differenze tra i contesti culturali dei quali sono testimoni e dalle tecniche di esecuzione.
Si ricordi a questo proposito l'impatto assai stimolante della selezione intitolata *Le Mouvement des images*
proposta dal Centre Pompidou nel 2006.

Ed è proprio con la questione delle strategie espositive che la Collezione François Pinault si trova
a confrontarsi, tanto più che, in attesa dell'apertura di Punta della Dogana, essa non dispone di una
vetrina permanente, giacché lo stesso collezionista ha voluto assicurare la continuità della vocazione
di Palazzo Grassi come spazio per mostre temporanee. In effetti, la raccolta di Pinault è nota al pubblico
in maniera assai parziale, nonostante il convincente ritratto che ne aveva tracciato, nel 2006, la mostra
intitolata "Where Are We Going?".

Se la Collezione Pinault non pretende di rivaleggiare in dimensioni con quelle, storiche, del MoMA
e del Centre Pompidou, essa ha comunque raggiunto in breve tempo una mole che, non consentendone
più il sistematico raduno in un unico luogo, rende problematica la modalità espositiva, vista anche
la rapida crescita e la presenza sempre più ampia di opere contemporanee imponenti e talora
tecnicamente complesse. A ciò si aggiunga il fatto che François Pinault, impegnato personalmente nella
presentazione della propria raccolta al pubblico, tiene in giusto conto l'interesse dinamico insito nel
soddisfare il desiderio degli artisti di ispirarsi a un nuovo evento espositivo per progettare opere a esso
specificamente destinate e che andranno ad arricchire, "personalizzandola", la collezione. È per queste
ragioni che Alison M. Gingeras, curatrice della collezione, ha deciso di proporne una lettura progressiva
e in progressiva costruzione, attraverso un programma di mostre intitolate "Sequence", la cui prima
edizione, "Sequence 1 – Pittura e Scultura nella Collezione François Pinault", affiancherà la 52ª edizione
della Biennale di Venezia. Tali "sequenze", che scandiranno con regolarità la programmazione di Palazzo
Grassi, costituiranno altrettante finestre aperte sulla collezione, attraverso le quali, di volta in volta,
si riveleranno le diverse logiche che ne regolano la costituzione.

La nozione di sequenza, pur radicata – se non altro etimologicamente – nelle realtà culturali già
collaudate, appartiene tuttavia in maniera assai peculiare alla cultura del nostro tempo e ciò perché
quest'epoca, l'epoca degli aerei, dei TGV, della televisione, del telefono, di Internet... è quella del
"tempo rapido", per citare il titolo della bella mostra curata da Daniel Soutif nel 2000, in occasione del
passaggio al nuovo millennio. Se in passato si poteva sognare di abbracciare la totalità del sapere e della
conoscenza nella sua forma più immutabile se non addirittura eterna, il nostro secolo è palesemente
quello del movimento che trascina il mondo a un ritmo convulso. La comprensione del mondo
si frammenta in una serie di percezioni parziali e istantanee la cui mera addizione finisce per consentire

una valutazione più globale e sintetica. La sequenzialità è così divenuta anche una forma
di rappresentazione, una condizione della percezione oltre che uno strumento a disposizione
dell'espressione artistica; il cinema ha fornito la migliore dimostrazione di questa facoltà, poiché
l'artificio che lo informa si basa interamente sulla sequenzialità visuale del movimento.

In "Sequence 1", Alison M. Gingeras non si è posta tanto l'obiettivo di presentare – come
la semplice lettura del titolo potrebbe lasciare intendere – i dipinti e le sculture della Collezione
François Pinault, ma ha inteso piuttosto interrogarsi sulle possibilità della pittura e della scultura nella
creazione artistica contemporanea. Se in effetti, per riprendere la bella espressione di Thierry de Duve,
"si può fare arte con qualsiasi cosa" (la formidabile conquista della modernità che deve molto, tra gli
altri, a Marcel Duchamp), non è tuttavia vietato e neppure disdicevole per gli artisti continuare
a produrre dipinti e sculture, quale che sia l'effettiva forma delle opere riunite sotto queste
denominazioni convenzionali e consacrate. Per rendersene conto, è sufficiente percorrere le sale della
mostra e le pagine di questo catalogo e scoprire, in spazi assai vicini gli uni agli altri, fino a che punto
"fare pittura" o "fare scultura" siano al giorno d'oggi pratiche aperte. La creatività contemporanea
si è impadronita dei metodi più diversi e meno convenzionali. Essa ha misurato il rendimento plastico
dell'immagine meccanica statica e animata. Ha subito il fascino dei rifiuti della società industriale.
Ha verificato fino a che punto il corpo stesso dell'artista possa divenire medium dell'atto creativo.
Si è inebriata della forza delle parole e delle idee, senza d'altronde vietarsi di "dipingere" e "scolpire".
Nell'esplorare questo fenomeno, "Sequence 1" si inserisce così, come una nuova tessera, nel mosaico con
cui Alison M. Gingeras mette in luce l'insolente tenacia della pittura al volgere del secolo; dal medesimo
impulso era nata la mostra "Cher Peintre" da lei curata nel 2002.

Questa realtà che percorre il secolo passato caratterizza ancora la scena contemporanea. È la ragione
per cui "Sequence 1", pur riunendo principalmente opere degli anni novanta e del decennio in corso,
non esita a esplorare alcune esperienze "storiche" degli anni sessanta, come ad esempio quelle di Martial
Raysse o David Hammons, confrontandole con opere prodotte nei decenni successivi. La mostra invita
così a riflettere sulla necessità, per comprendere realmente l'arte dei nostri tempi, di non sigillarla
in un contenitore ermetico sottraendola ai rapporti con ciò che la precede, ma invece di associare ogni
momento della sua espressione alle esperienze del passato che la illuminano e alle quali talvolta essa
fa riferimento diretto. È così che Urs Fischer si diverte a confrontare il suo *Nach Jugendstil kam Roccoko* con
un dipinto anonimo del Quattrocento che raffigura Philippe Pot genuflesso dinnanzi a una Madonna
con il Bambino. L'artista suggerisce in tal modo che le opere d'arte, contemporanee o antiche che siano,
possiedono la facoltà prodigiosa di beffarsi del tempo e sfidarlo. È sempre lo sguardo dell'osservatore,
specialmente quando è acuto come quello dell'artista – penso allo sguardo di Francis Bacon su
Velázquez – a conferire all'opera la sua eterna novità e la sua attualità inesauribile. È così che le mostre
contemporanee restano pertinenti, quando non sono prive di memoria né carenti di prospettiva.

In un certo senso, e in maniera sottile, questa mostra invita alla meraviglia suscitata dai belli incontri.
Quelli emozionanti fra le opere e la città: *Very Hungry God* di Subodh Gupta con il Canal Grande
e il lavoro di Franz West e Rudolf Stingel con campo San Samuele. Quelli, più sottili, tra alcune opere
e gli spazi di Palazzo Grassi: i carboncini su carta di David Hammons con le nubi del soffitto rococò

della sala che li ospita. Vi trovano spazio anche gli incontri tra alcuni artisti e la storia dell'arte: quello di Marlene Dumas con Hans Holbein o di Laura Owens con l'arazzo di Bayeux. Nello spazio provvisorio di una mostra come questa non possono certo mancare elettrizzanti incontri tra gli artisti come quello, impressionante, tra Martial Raysse e Anselm Reyle. Non va dimenticato infine l'incontro tra le opere di questa prima "Sequence" e il ricordo di quelle di "Where Are We Going?" testimoniato dal lavoro di Louise Lawler.

Di tutti questi incontri il presente catalogo costituisce la testimonianza. Vi sono illustrate le opere esposte, fotografate *in situ* da Santi Caleca, a sottolineare fino a che punto nella percezione dell'opera contino lo spazio e il tempo della mostra e il rapporto dinamico che un'esposizione promuove fra l'atto del creare e quello del mostrare.

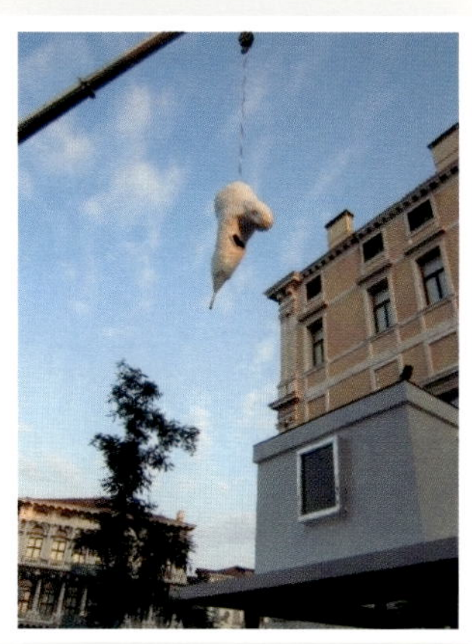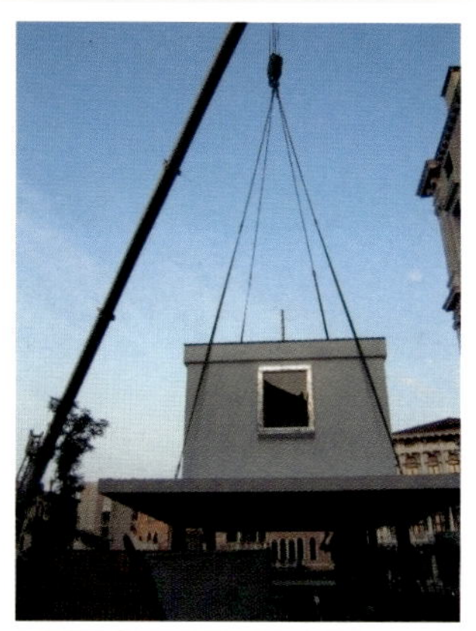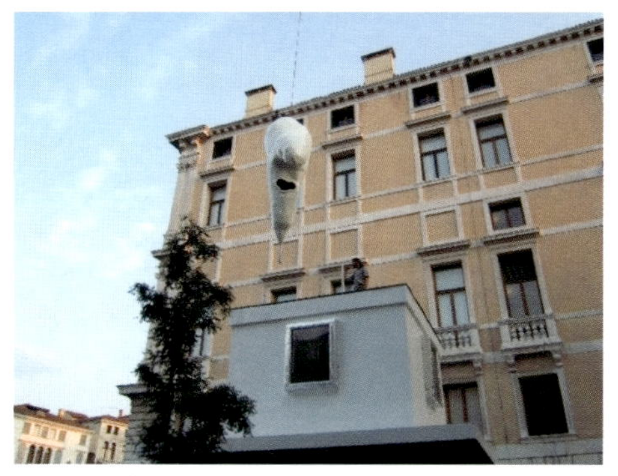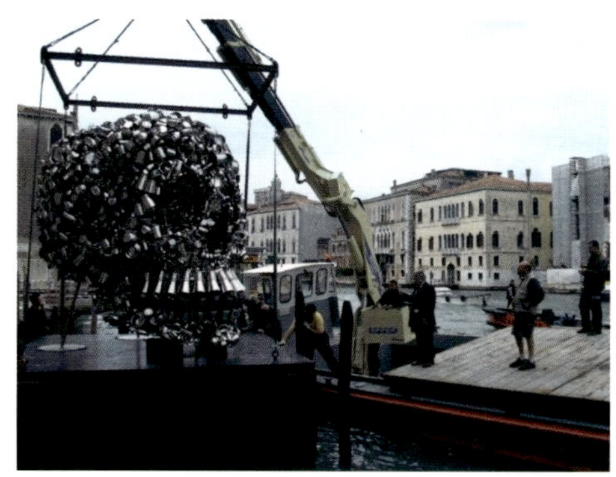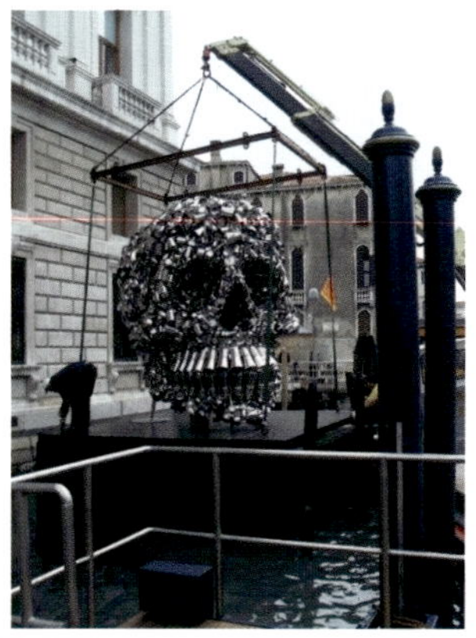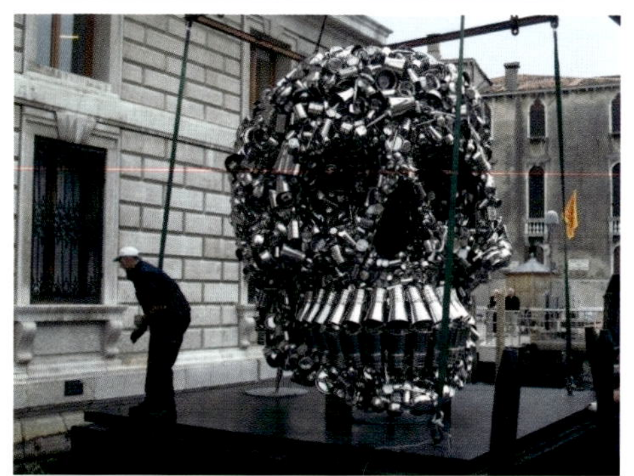

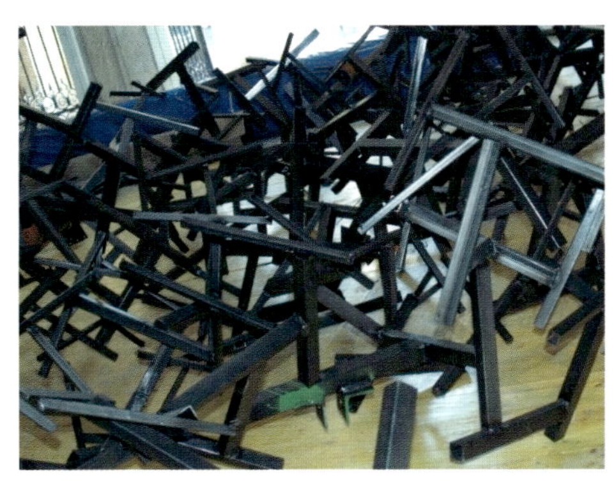
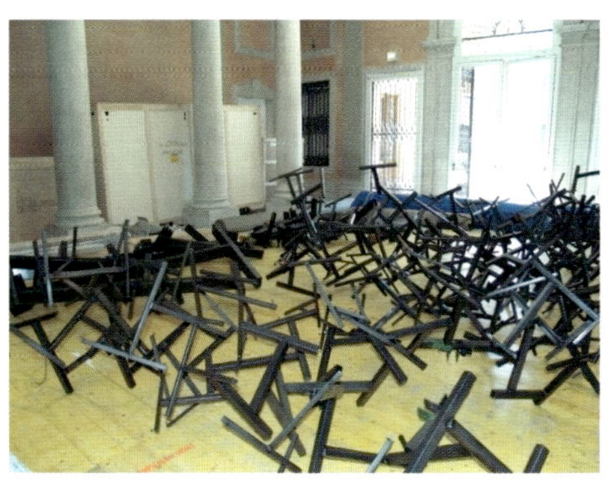
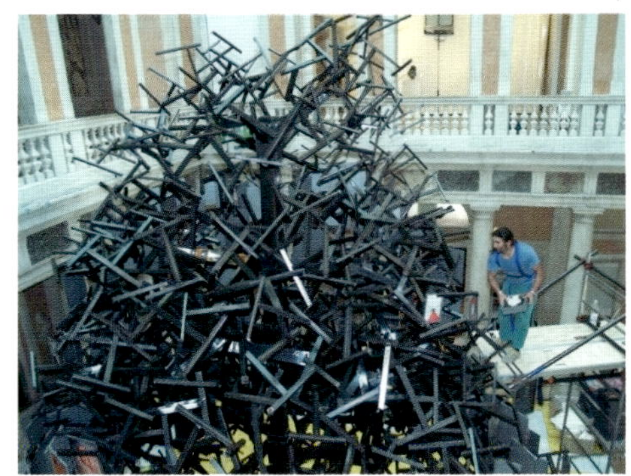
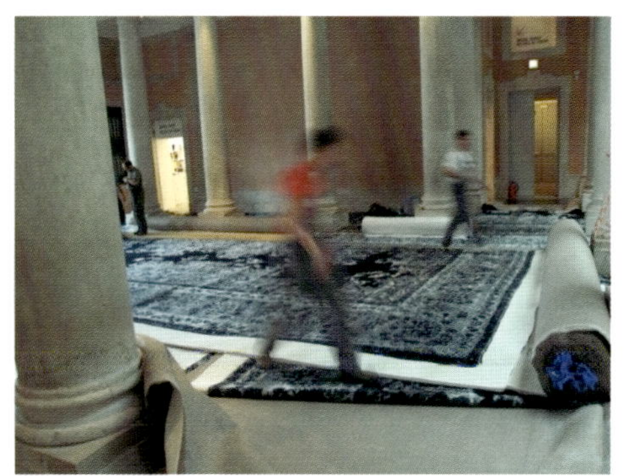
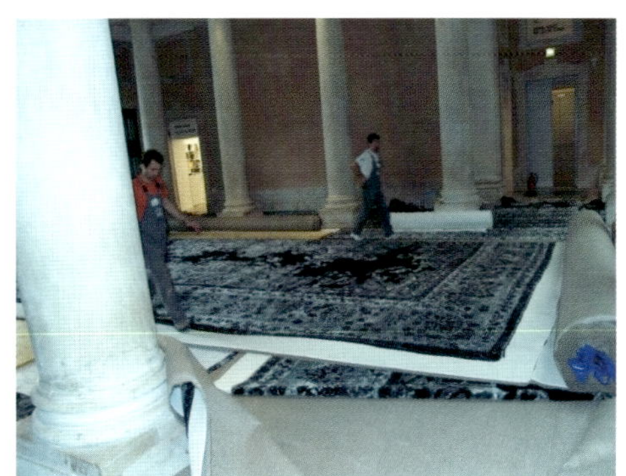

Alison M. Gingeras

Spesso gli artisti diventano abili storici dell'arte, capaci di osservare con sguardo ugualmente
penetrante il passato dietro di loro, il presente che gli sta intorno e le nuove possibilità che riserva
il futuro. Una simile visione pan-storica permea "Sequence 1", seconda mostra dedicata alla
Collezione François Pinault e prima di una serie di esposizioni che faranno conoscere al grande
pubblico i punti di forza di questa collezione d'arte contemporanea. Se questa prima mostra non
segue rigidamente un tema o un filo narrativo, vi è tuttavia un elemento che collega l'opera dei
diciassette artisti presenti, vale a dire la prevalenza delle cosiddette tecniche "tradizionali": pittura
e scultura. Un secondo punto di convergenza in questo gruppo eterogeneo e multigenerazionale
è l'uso frequente e deliberato di espliciti riferimenti storico-artistici. I dipinti su tela e le sculture
su basamento risalgono a tempi antichissimi, eppure trovano una giusta collocazione in questa mostra
di Palazzo Grassi che testimonia le ultime tendenze dell'arte contemporanea. Malgrado l'importanza
accordata alla tradizione, tutti gli artisti di "Sequence 1" hanno sottoposto le tecniche prescelte
ad ampie revisioni concettuali e metodologiche. In un'epoca innamorata del prefisso "post" – arte
post-studio, post-media, post-produzione, post-modernismo – mostre come "Sequence 1"
richiamano semplicemente l'attenzione sul fatto che gli artisti contemporanei non hanno mai
veramente abbandonato quelle tecniche "tradizionali". In opposizione alla sempre viva eredità del
concettualismo e alla sua arte "dematerializzata", "Sequence 1" asserisce che il concetto di "creazione"
(creare qualcosa dal nulla) e l'uso di "materiali primari" non sono più considerati pratiche inferiori,
retrograde o reazionarie[1]. In altre parole, il vecchio è *nuovo*.

Pittura: dalla tela allo spazio tridimensionale

Nati a Milano, Zurigo, Johannesburg, Nizza, New York o Los Angeles, i pittori di "Sequence 1"
manifestano un'ampia varietà di approcci. Illustrati in maniera approfondita nei testi che seguono,
gli stili adottati dagli artisti presenti in mostra spaziano dal più convenzionale olio o acrilico su tela
alle ardite sperimentazioni "pittoriche". Sul versante più "tradizionale", i dipinti iconici di Martial
Raysse, Laura Owens, Marlene Dumas e Richard Prince riempiono numerose sale; a dispetto delle
tecniche convenzionali, ciascuno degli artisti citati rivisita in maniera autoriflessiva diversi aspetti
della storia dell'arte, ricordando la ricchezza delle possibilità tuttora offerte dalla rappresentazione
pittorica. All'estremo opposto, artisti come Rudolf Stingel esplorano l'"idea" di pittura attraverso una
sintesi di installazioni ambientali, *process art* e opere su tela – la varietà delle sue esplorazioni trova
espressione nelle pareti argentate coperte di graffiti dell'opera, simile a un gazebo, installata in campo
San Samuele e nel sorprendente tappeto *Untitled (Sarouk)*, 2006, collocato al pianterreno di Palazzo
Grassi. Forse più noti per le loro sculture, Urs Fischer e Anselm Reyle impiegano nei loro "dipinti"
una vasta gamma di tecniche di *assemblage* e collage esplorando temi formali e concettuali di grande
importanza nelle loro creazioni a due o tre dimensioni. Artisti più giovani quali Kristin Baker
e Roberto Cuoghi hanno escogitato tecniche decisamente poco ortodosse e un uso innovativo dei
materiali per produrre "opere pittoriche" che oscillano tra astrazione e figurazione. Questa
innovazione è evidente in modo particolare nell'opera della Baker presente in mostra (*Flying Curve,
Differential Manifold*, 2007). Superando i confini tradizionali della tela, l'artista ha introdotto una terza
dimensione sotto forma di armatura scultorea la cui presenza fisica e formale costituisce
parte integrante della sua arte pittorica.

Scultura: dal basamento al divano

Come per la pittura, "Sequence 1" metterà in evidenza gli approcci polivalenti alla scultura contemporanea presenti nella Collezione François Pinault. Gli assemblaggi di *objets trouvés* di David Hammons valicano numerose frontiere della storia dell'arte, coniugando riferimenti sociologici e una visione poetica della vita metropolitana con l'eredità dadaista, dell'arte povera e della Pop Art. Analogamente, può essere usato il neologismo "Pop Povera" per descrivere le opere basate sull'oggetto di Urs Fischer, che assembla manufatti, materiali umili, oggetti trovati per caso e, dimostrando un'assoluta padronanza delle dimensioni, realizza stupefacenti opere tridimensionali come la monumentale *Jet Set Lady* (2000-2005), che domina l'atrio del palazzo; su scala radicalmente diversa è la sua nuova serie di sculture in nichel dipinto che rappresentano conigli e topi in miniatura in atteggiamenti bizzarri. Le opere di Mike Kelley e Robert Gober sono realizzate a partire da oggetti banali e di uso quotidiano, sia che siano stati trovati per caso o fabbricati con cura, usati per sondare le profondità dell'inconscio collettivo, ma anche la psiche individuale degli artisti. Realizzate a mano con meticolosa attenzione, le sculture di Gober sono concepite in modo da sembrare il più possibile "reali"; il suo insistere sulla fabbricazione rende più intenso l'impatto emozionale e narrativo delle sue singolari sculture e delle inquietanti installazioni ambientali. Come Gober, anche Kelley adopera gli oggetti per raccontare una storia, anche se spesso le sue sculture, dall'intensa carica psichica, sconfinano nella performance, come nell'opera fondamentale *Extracurricular Activity Project Reconstruction #1 (Domestic Scene)*, del 2000.

L'eredità del formalismo europeo e del pieno modernismo nel campo della scultura si esprime al meglio nell'opera di Franz West, uno dei più anziani del gruppo. Il peculiare approccio di West alla scultura nasce dalla reazione all'azionismo viennese e all'astrazione europea del dopoguerra. Le sue tipiche sculture in cartapesta, collocate su tavoli o basamenti di vario genere, combinano forme antropomorfe con una pittura astratta ricca di colori e di ascendenza gestuale. Oltre che per le sculture "portatili", West è noto per i suoi elementi di arredo, ideati per dare al pubblico la possibilità di sedersi, contemplare o semplicemente oziare. Il lavoro commissionato a West per questa mostra, un *Gesamtkunstwerk* ambientale intitolato *Oasis*, è composto da cinque bizzarri divani-scultura installati in una sala che dà sul Canal Grande. Questo insieme interattivo, realizzato con un'intricata rete metallica sormontata da materassi ad aria, è circondato da un murale dipinto, alto fino al soffitto, opera dell'artista georgiana Tamuna Sirbiladze, con la quale West collabora spesso. I verdi, gli azzurri, i bordeaux e i viola di questa vasta composizione pittorica – che evoca al tempo stesso i quadri pseudo-astratti dell'ultimo Monet e la versione brutalista delle astrazioni liriche di Joni Mitchell – formano lo sfondo invitante di questa scultura conviviale.

Mille anni di storia dell'arte

"Sequence 1" è imperniata sull'arte del ventunesimo secolo, eppure nel suo DNA vi sono almeno mille anni di storia dell'arte. Dalla rivisitazione a opera di Laura Owens di una battaglia equestre tratta dall'arazzo di Bayeux risalente all'XI secolo fino alla riappropriazione da parte di Marlene Dumas del cinquecentesco *Cristo morto* di Hans Holbein: gli artisti in mostra non possono certo essere tacciati di amnesia storica. Passando di sala in sala, il visitatore non solo avrà modo di conoscere le "novità" dell'arte, ma si troverà anche a decifrare le numerose allusioni all'arte del passato. Le opere di artisti come Martial Raysse, Anselm

Reyle e Laura Owens contengono deliberati e palesi riferimenti a vere e proprie icone della storia dell'arte.
Oltre ad aver reinterpretato l'arazzo di Bayeux, nei suoi dipinti più recenti la Owens ha tratto ispirazione
dal celeberrimo capolavoro di Henri Matisse *La Joie de vivre*, di cui ha eseguito una versione caratterizzata
da una vistosa tavolozza fluorescente. Anselm Reyle, dal canto suo, rievoca un intero repertorio di stili
associati al modernismo, citando alla lettera un'eclettica schiera di esponenti dell'astrattismo novecentesco
quali Blinky Palermo, Ellsworth Kelly, Richard Tuttle e Otto Freundlich. L'importante serie *Made in Japan*
realizzata da Martial Raysse all'inizio degli anni sessanta è ispirata a opere ben note di Ingres, Tintoretto
e Cranach ed è anche considerata come fonte dei suoi originali *assemblages* dipinti, caratterizzati da una
tavolozza di colori al neon. Viceversa, artisti come Richard Prince, Kristin Baker e Rudolf Stingel
preferiscono mascherare le loro citazioni storico-artistiche. All'occhio dell'esperto, l'uso di un repertorio
stratificato di immagini nei dipinti della serie *Metropolis* di Prince si rivela un riferimento camuffato
ai palinsesti fotografici del primo Rauschenberg. Analogamente, la straordinaria versione dell'immaginario
astratto proposta dalla Baker appare il risultato dell'assimilazione selettiva dell'arte del Novecento, come
dimostrano i rimandi al futurismo italiano e all'espressionismo astratto dei suoi dipinti più recenti. Sia nelle
installazioni sia nei dipinti, l'intera opera di Stingel evoca l'atmosfera del rococò settecentesco pur senza
citare opere specifiche. A volte, la semplice presenza di una carta da parati damascata o di uno stravagante
lampadario di cristallo è sufficiente a suggerire tutto il sapore di quell'epoca – un elemento ricorrente
nell'opera di Stingel che evoca anche le radici italo-austriache dell'artista.

In veste di curatrice della mostra, nelle pagine che seguono ho cercato di fornire una descrizione
dettagliata del contributo di ciascun artista, mettendo in luce sia l'approccio personale di ognuno di essi
con il mezzo prescelto, sia il pensiero storico-artistico che informa le rispettive opere. Come ogni evento
espositivo, questa mostra aiuta a comprendere che la storia dell'arte non è una successione di capitoli
chiusi, bensì una serie meravigliosamente disordinata di sovrapposizioni, rotture e continuità: un dato
di fatto che le nobili sale dal passato illustre di Palazzo Grassi mettono ancora più in evidenza.

NOTA
[1] Nicolas Bourriaud, *Postproduction: Culture as Screenplay: How Art Reprograms the World*, Lukas Sternberg, New York 2002, p. 7.

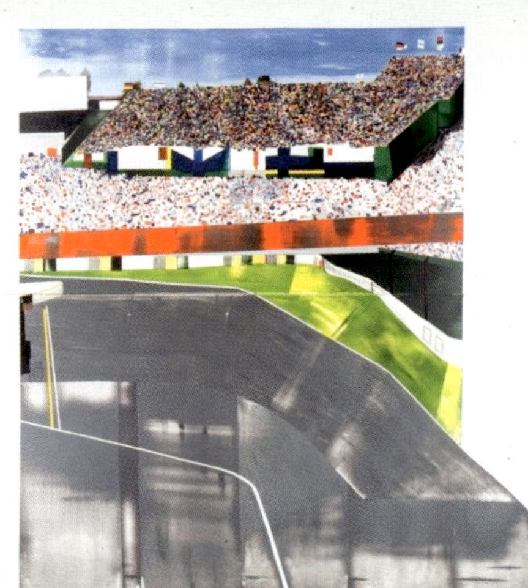

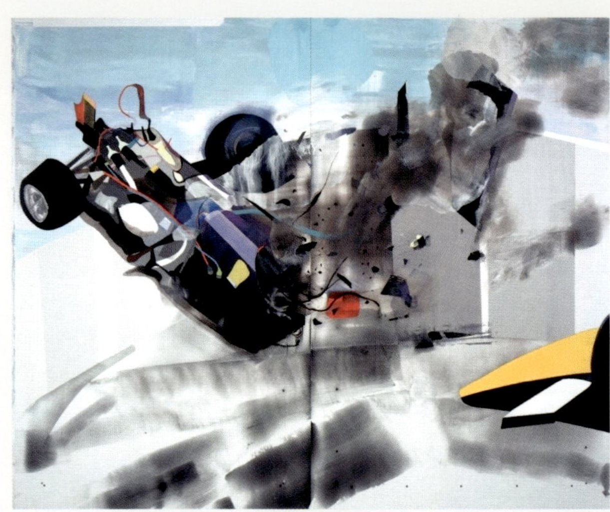

a sinistra:
Kristin Baker
Down Suzuka, 2001
Acrilico su pannello di PVC
244 × 244 cm

a destra:
Kristin Baker
Big Bang Vroom, 2003
Acrilico su pannello di PVC
244 × 305 cm

"Il mondo delle gare automobilistiche è molto affascinante", spiega la giovane pittrice americana Kristin Baker. *"Una pista da corsa è un vasto paesaggio multicolore, di dimensioni enormi, in cui contrastano elementi artificiali e naturali."*

Per quanto possa sembrare una scelta singolare, le corse d'auto sono per la Baker la fonte di una pratica artistica unica nel suo genere che deriva dal suo coinvolgimento personale in questo sport. Realizzati con materiali non convenzionali – plastica e colori acrilici stesi su enormi pannelli di PVC con l'ausilio di spatole – i suoi quadri fondono elementi astratti e figurativi per catturare tutta l'intensità dello spettacolo delle corse: piste bruciate dal sole delimitate da recinti di metallo, tribune affollate, cieli striati da gas di scarico e nuvole di fumo, automobili che rimbalzano fuori dalle barriere di recinzione.

Accomunare uno sport "proletario" e popolare con l'eredità della pittura americana del dopoguerra può sembrare impensabile, eppure la Baker trova dei convincenti punti di incontro tra i due mondi. Dalle sue opere risulta chiaro che entrambi sono caratterizzati dalla costante lotta tra ordine e caos, tra incidente e controllo. L'impiego di colori vibranti, il senso della composizione e la padronanza del grande formato riflettono perfettamente il dinamismo visivo della pista da corsa, mantenendo al tempo stesso una stretta connessione con l'astrattismo della scuola di New York. La Baker confessa di condividere con i futuristi italiani l'ossessione per la velocità e il progresso tecnologico, e le sue opere stratificate e molto vigorose dal punto di vista formale richiamano alla mente, tra le altre fonti d'ispirazione, i contrasti simultanei di Robert Delaunay e le forme organico-meccaniche di Francis Picabia. Eppure, a differenza dei futuristi idealisti e utopici e dei primi modernisti, la Baker ha un atteggiamento ambivalente rispetto al progresso tecnologico e al fascino esercitato dalla violenza sulla società contemporanea.

Per questa sua prima mostra in Italia, l'artista espone la sua opera più recente: *Flying Curve, Differential Manifold* [Curva volante, molteplicità differenziale] (2007). Ispirandosi in parte all'ultima pittura su tela di Duchamp, *Tu m'* (1918), la Baker ha creato un'opera astratta su pannelli di plexiglas trasparente montati su un supporto libero a sbalzo lungo oltre nove metri. La serie caleidoscopica di colori e forme rispecchia l'attrazione dell'artista per lo spettacolo delle auto in corsa e al tempo stesso crea un'esperienza sensoriale coinvolgente, che trascende la pittura tradizionale. La decisione di costruire la "curva volante" e di dipingere su plexiglas trasparente deriva, secondo le parole della stessa Baker, dal desiderio "di far sembrare che il quadro stia volando via; se l'opera si spinge oltre la visuale periferica dell'osservatore l'esperienza del colore ne risulta enfatizzata, suggerendo al tempo stesso la sensazione di velocità".

A differenza delle opere precedenti, che presentavano riferimenti visibili al mondo delle corse automobilistiche, *Flying Curve, Differential Manifold* evoca i temi ricorrenti della produzione della Baker – caos, catastrofe, tragedia, trionfo, velocità, collage, frammentazione – senza ricorrere a elementi figurativi. La pittura stessa è il soggetto dell'opera. Spiega l'artista: "In questo lavoro volevo far galleggiare la pittura, ecco perché ho deciso di dipingere sul plexiglas traslucido. Con la pittura galleggiante intendo sottolineare la materialità dei mezzi usati tradizionalmente per rappresentare la realtà".

Grazie alla sua tecnica originale e all'insolito supporto, la Baker espande i parametri convenzionali della pittura rendendo omaggio al tempo stesso alla ricca storia di quest'arte. Le sue superfici dipinte compendiano le varie scuole dell'astrazione, mentre la "curva volante" rinvia alla pittura paesaggistica ottocentesca. Anche qui, infatti, l'impianto strutturale non può essere scisso dalla pittura, che a sua volta è parte integrante della struttura.

KRISTIN BAKER

Kristin Baker è nata nel 1975 a Stamford, Connecticut. Laureatasi a Boston presso la School of the Museum of Fine Arts and Tufts University nel 1998, nel 2002 ha completato la sua formazione conseguendo il Master of Fine Arts in pittura presso la Yale University di New Haven, Connecticut. Ha partecipato a numerose esposizioni collettive internazionali, quali: "Painting Report", P.S.1 Contemporary Art Center, New York (2002); "Loaded", Midway Contemporary Fine Art, Minneapolis (2002); "The Burnt Orange Heresy", Space 101, Brooklyn (2003); "Open House: Working in Brooklyn", Brooklyn Museum of Art, New York (2004); "Greater New York", P.S.1 Contemporary Art Center, New York (2005); "USA Today", The Saatchi Gallery, Royal Academy of Arts Burlington Gardens, Londra (2006). La Baker ha tenuto la sua prima personale nel 2003 presso la galleria Deitch Projects di New York, divenuta di riferimento per l'artista, che qui ha esposto per la seconda volta nella primavera del 2007 con la mostra intitolata "Surge and Shadow". Nel 2004 la Baker ha esposto al Centre Georges Pompidou di Parigi e, nel 2005, presso lo spazio Acme di Los Angeles. Kristin Baker vive e lavora a New York.

BIBLIOGRAFIA SELEZIONATA

Jennifer Gross, *Kristin Baker: Surge and Shadow*, catalogo della mostra, Deitch Projects, New York 2007.
Debra Singer, *First Take*, in "Artforum International", gennaio 2005, p. 143.
Alison M. Gingeras, *Kristin Baker*, catalogo della mostra, Centre Georges Pompidou, Paris 2004.
Randy Gladman, *In the Moment with Kristin Baker*, in "NYArts Magazine", gennaio-febbraio 2004.
Ken Johnson, *Fight or Flight*, in "New York Times", dicembre 2004.
Peter Eleely, *Painting Report*, in "Frieze", novembre-dicembre 2002, p. 105.

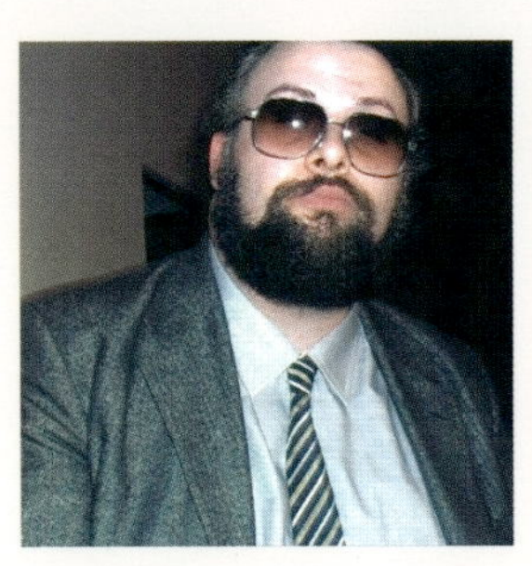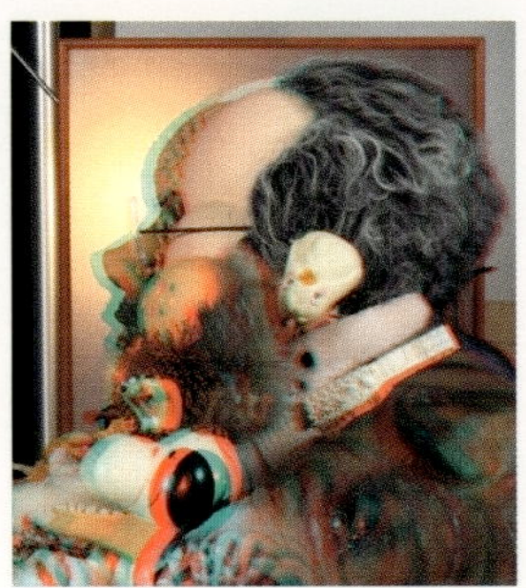

a sinistra:
Roberto Cuoghi
Istantanea di Roberto Cuoghi
"trasformato" nel proprio
padre, 2000 circa

a destra:
Roberto Cuoghi
Untitled, 2005
Stampa lenticolare
56 × 52 cm

Roberto Cuoghi è un vero e proprio camaleonte. Talento italiano tra i più promettenti, ha fondato la propria pratica artistica su un *mélange* imprevedibile ed eterogeneo di media e di temi, ad esempio trasformandosi in suo padre nel corso di un'epica performance durata sette anni, ma anche attraverso forme più tradizionali di espressione artistica.

Nel 1998, Cuoghi decideva di "diventare" il suo anziano padre. Ancora studente all'Accademia di Belle Arti di Brera, avviava un radicale processo di accelerazione della sua età che solo in tempi molto recenti ha iniziato ad arrestare. Nell'arco di sette anni, ha assunto l'aspetto, i modi e l'abbigliamento di suo padre. È ingrassato fino a superare i 140 chili, si è» fatto crescere la barba e si è tinto i capelli di grigio, ha messo borse croniche sotto gli occhi e si è procurato altri problemi di salute collaterali. Anche il guardaroba e gli occhiali che indossava erano fuori moda. Senza l'aiuto di un truccatore o di interventi chirurgici alla Orlan, è riuscito in maniera convincente a passare per un uomo di circa sessantacinque anni. Non si è limitato ad assumere una maschera pubblica. Le sue azioni equivalgono a una strana rivisitazione dell'*Edipo re* – dove Cuoghi, invece di uccidere il padre, si è appropriato della sua identità. In mancanza di una categoria preesistente che inquadri questo tentativo, l'artista definisce questo episodio della sua vita (e della sua opera) una "trasformazione". Si potrebbe anche dire che la "trasformazione" è il mezzo espressivo preferito da Cuoghi. Mentre la sua pratica altamente eclettica usa mezzi "normali" – animazione digitale, illustrazione di fumetti, disegno, pittura, fotografia e parola scritta –, l'attività principale di Cuoghi consiste nell'alterazione delle esperienze, delle rappresentazioni e delle aspettative della vita quotidiana.

Questa azione trasformativa è visibile sin dalle prime opere. Nella sua prima "opera di resistenza", *Il coccodeista* (1997) – termine inventato che fa rima con cubista o futurista –, l'artista ha indossato per cinque giorni consecutivi un paio di occhiali protettivi che alteravano fortemente la visione. Sostituite le normali lenti con prismi di Pechan – che producono l'effetto di ribaltare la visione e di invertire la destra con la sinistra –, Cuoghi riusciva a stento a camminare, per non parlare delle altre funzioni quotidiane. Per "registrare" gli effetti di questo handicap imposto volontariamente, l'artista ha composto una serie di autoritratti e poesie aneddotiche rese con sgorbi alla Antonin Artaud. Il gusto di Cuoghi per la sperimentazione che rovescia la realtà può ravvisare un'ascendenza nelle prime attività di avanguardia di Raymond Hains e Jacques Mahé de la Villeglé. All'inizio degli anni cinquanta, questi due esponenti del *Nouveau Réalisme* cominciarono a fare fotografie, film e *pièces* sostituendo l'obiettivo della telecamera (*Hypnagoscope*, 1952), o i loro stessi occhiali (*Lunettes en verre cannelé* [Occhiali in vetro scanalato], 1957), con vetro scanalato. Come Hains e Mahé de la Villeglé prima di lui, Cuoghi prova vari mezzi per deformare la propria esperienza della realtà, oltre che per turbare la rappresentazione mimetica del "reale". Quasi cinquant'anni dopo, egli incarna la rivoluzionaria dichiarazione di Hains: "Gli artisti stanno abbandonando la creazione dell'arte per diventare astrazioni personificate."

The Goodgriefies (2000), cortometraggio di cinque minuti, trasferisce la nozione di "astrazione personificata" dal corpo dell'artista al mondo dei cartoni animati. In una versione animata del gioco surrealista del *cadavre exquis*, Cuoghi scompone, mescola e ricombina personaggi dei fumetti, dai Peanuts a Scooby-Doo, da South Park a Braccio di ferro, ai Simpson, ai Puffi e agli Antenati, per creare un cast di conturbanti ibridi. Sincronizzate con una sincopata colonna sonora jazz, le creature di Cuoghi sfilano sullo schermo, come a ostentare la loro aberrazione. Passando rapidamente dall'innocuo all'orripilante, il film procede in crescendo man mano che le mostruosità di Cuoghi, una a una, si degradano – scoreggiano, ruttano, sanguinano, urinano e si decompongono. La morale della storia: non tutti gli esperimenti di trasformazione finiscono bene.

Per il suo debutto a Palazzo Grassi, Cuoghi ha creato una nuova serie eseguita con una tecnica unica nel suo genere di pittura/disegno a chiaroscuro; questo lavoro pittorico è composto di nove carte geografiche di paesi che George W. Bush, così come altri leader mondiali, ha accusato di sponsorizzare terrorismo e/o armi di distruzioni di massa. Utilizzando una combinazione di matita, inchiostro, carboncino, evidenziatore, pittura a spray e vernice, Cuoghi ha raffigurato i territori della Corea del Nord, Bielorussia, Turkemenistan, Myanmar, Cuba, Siria, Sudan, Libia e Iran su un foglio di acetato semitrasparente e carta lucida.
L'immagine cartografica fa emergere come i frammenti di ogni cartina siano progressivamente ricoperti per formare il tutto. L'integrarsi reciproco tra materiali opachi e trasparenti crea un misterioso effetto ottico che richiama le qualità spettrali dagherrotipe.

Cuoghi ha già fatto ricorso a questa tecnica estremamente laboriosa per realizzare ritratti e nature morte, ma queste mappe geopolitiche portano al massimo livello la forza metaforica di questo suo metodo così particolare. L'apparenza inquietante prodotta da questo particolare processo di sovrapposizione trasforma la disciplina della cartografia in una sorta di artigianato mistico. La sua tecnica inusuale accentua la seducente aura di "segretezza" e "malvagità" che circonda questi paesi a causa delle dichiarazioni demagogiche di Bush. Cuoghi ci ricorda così che la cartografia non riflette tanto verità geografiche, ma proietta su terreni "stranieri" finzioni culturali o agende politiche.

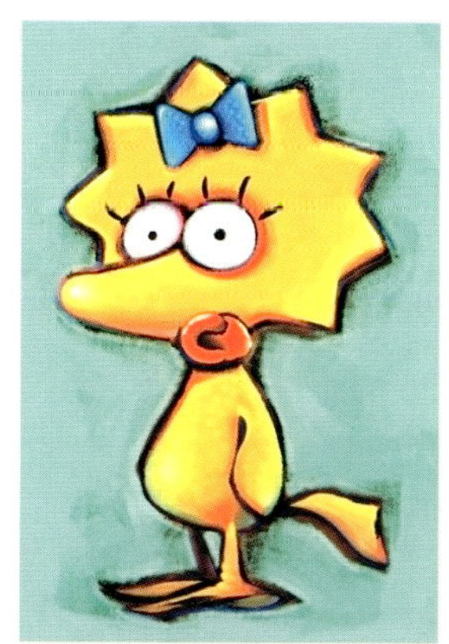

Roberto Cuoghi
The Goodgriefies, 2000
Fermo-immagine da
animazione video (durata
cinque minuti)

ROBERTO CUOGHI

Roberto Cuoghi è nato nel 1973 a Modena e vive e lavora a Milano. Ha studiato presso l'Accademia di Belle Arti di Brera, seguendo i corsi tenuti dal professor Garutti, che hanno lasciato un segno nella formazione culturale e tecnica dell'artista. Dopo aver frequentato l'Accademia di Brera, Cuoghi non si è più allontanato da Milano, città dove vive e lavora tutt'ora. L'artista ha esposto in molteplici esposizioni collettive, tra le quali si ricordano la prima, "Orizzontale/Verticale", Palazzo della Prefettura di Modena (1996) e "Guarene Arte 99", Palazzo Re Rebaudengo, Guarene d'Alba (1999); nel 2001 ha partecipato alla prima Biennale di Tirana, National Gallery e Chinese Pavilion; l'anno successivo è stato invitato alla quarta edizione di "Manifesta", Francoforte sul Meno; nel 2003 ha esposto alla prima Biennale di Praga "Italy: Out of Order", National Gallery, e ha partecipato al "Summer Program", Apexart, New York. Successivamente, ha esposto nelle mostre "Paradiso e Inferno", Fondazione Bevilacqua La Masa, Venezia (2004); "La sindrome di Pantagruel", T1 Torino Triennale Tremusei, Castello di Rivoli Museo d'Arte Contemporanea, Rivoli-Torino e altre sedi (2005); "I Still Believe in Miracles: Dessins sans papier", Couvent des Cordeliers – ARC/Musée d'Art Moderne de la Ville de Paris, Parigi (2005); "Villa Jelmini: The Complex of Respect", Kunsthalle Bern, Berna (2006); "Mediterranée", Carré d'Art – Musée d'Art Contemporain de Nîmes, Nîmes (2007). Le mostre personali più importanti sono: "Spazio Aperto", con Alberta Pellacani, Galleria Comunale d'Arte Moderna, Bologna (1997); "Foolish Things", Eldorado project room, Galleria d'Arte Moderna e Contemporanea, Bergamo (2003); Galleria Massimo De Carlo, Milano (2003, 2006); "Roberto Cuoghi – Mei Gui", The Wrong Gallery, New York (2005); Centre International d'Art et du Paysage de l'île de Vassivière, Beaumont du Lac (2007).

BIBLIOGRAFIA SELEZIONATA

Maurizio Cattelan, Massimiliano Gioni e Ali Subotnik (a cura di), *Of Mice and Men*, catalogo della mostra, 4ª Biennale d'arte contemporanea di Berlino, KW Institute for Contemporary Art e altre sedi, Hatje Cantz, Berlin-Ostfildern-Ruit 2006, pp. 214-215.
Milovan Farronato, *Roberto Cuoghi*, in "Contemporary", 83, 2006, pp. 48-51.
Alison M. Gingeras, *Roberto Cuoghi*, in "Artforum International", estate 2005, pp. 316-317.
Gianfranco Maraniello, *Roberto Cuoghi curated by Maraniello*, in "Boiler - Viva! Italia", 5, 2005, pp. 48-57.
Massimiliano Gioni, *Sguardi/Views – Cuoghi e i fantasmi*, in "Carnet Arte", 1, settembre-ottobre 2003, pp. 13-14.
Charlotte Laubard, *Critics' Picks – Roberto Cuoghi. Foolish Things*, in "Artforum International", 9 gennaio 2003.
Alessandro Rabottini, *Roberto Cuoghi. L'età incompleta*, in "Flash Art", 238, febbraio-marzo 2003, pp. 112-114 (con copertina).
Jens Hoffmann, *Global Art – Roberto Cuoghi*, in "Artforum International", 213, ottobre 2000.
Giorgio Verzotti, *It's Academic*, in "Artforum International", maggio 1998, p. 49.

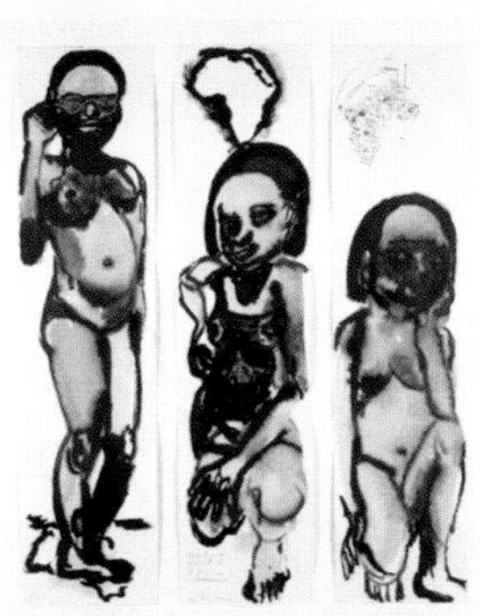

Marlene Dumas
Thinking about Africa, 1991
Inchiostro, pastello e collage
su carta
ciascun disegno, 24 × 96,5 cm
Collezione privata

"Dipingo perché sono una persona religiosa (credo nell'eternità). Dipingere non congela il tempo. Lo fa circolare e lo ricicla, come una ruota che gira. Chi era il primo può benissimo diventare l'ultimo. Dipingere è un'arte molto lenta, non viaggia alla velocità della luce. È per questo che i pittori morti brillano con tanta intensità."[1]

Questa frase, tratta dalle irriverenti riflessioni di Marlene Dumas sulla sua vocazione, aiuta a capire una delle sue opere più iconiche: *Gelijkenis I and II* [Somiglianza I e II]. Appese una sopra l'altra per imitare i corpi in un obitorio, queste due tele strette e orizzontali, presentano figure pallide e scheletriche che sembrano le protagoniste di una veglia funebre. Il dipinto in basso è un omaggio al capolavoro di Hans Holbein *Der Leichnam Christi im Grabe* [Cristo morto] (1521), mentre quello in alto si ispira alla famigerata immagine di Michael Jackson addormentato nella sua camera iperbarica (nel tentativo di sfuggire alla propria mortalità). Come ha osservato il critico Dominic van den Boogerd: "Per Marlene Dumas, l'arte è ed è sempre stata una preparazione alla morte."[2] Calcando le orme dei suoi predecessori artisti, la compulsione a dipingere le offre uno strumento di lotta per l'immortalità.

Con libere pennellate, prestando un'attenzione particolare ai contorni delle figure, l'artista realizza questi elegiaci ritratti stendendo il colore a olio in strati sottili. Questa tecnica, che è la sua cifra stilistica, intensifica la qualità tormentata dei corpi proni, a grandezza naturale, e crea un effetto visivo che sta a metà strada fra il realismo autoptico e l'atmosfera intensa della pittura religiosa. La fusione di fonti storico-artistiche e linguaggio della cultura pop – in questo caso, l'evocazione parallela di Cristo e di un'eccentrica pop star – è caratteristica dell'opera della Dumas, che contrappone le qualità senza tempo, "immortali", dell'arte classica alla volgare banalità delle immagini dei mass media per creare un contrasto produttivo. La tensione fra vecchio e nuovo, fra eterno ed effimero, riflette l'interesse dell'artista per il processo di oggettivazione che avviene quando si raffigura un soggetto umano. Questo interesse per l'oggettivazione può essere ricondotto al periodo della formazione della Dumas, avvenuta in Sudafrica, dove ha vissuto negli anni settanta, prima di trasferirsi in Olanda. L'essere cresciuta sotto il regime dell'apartheid e aver assistito alle terribili ingiustizie sociali del suo paese natale ha lasciato una traccia indelebile sulla sua opera. Un'eredità che si riflette nella provocatoria scelta iconografica – coppie miste, donne dai caratteri sessuali fortemente connotati, volti inquietanti – e nel desiderio paradossale di sedurre e al tempo stesso disgustare l'osservatore.

NOTE
[1] Marlene Dumas, *Women and Painting*, in "Parkett", 37, 1993.
[2] Marlene Dumas, cit. in Dominic van den Boogerd, *A Good Looking Corpse, Marlene Dumas: Suspect*, Skira, Milano 2003, p. 21.

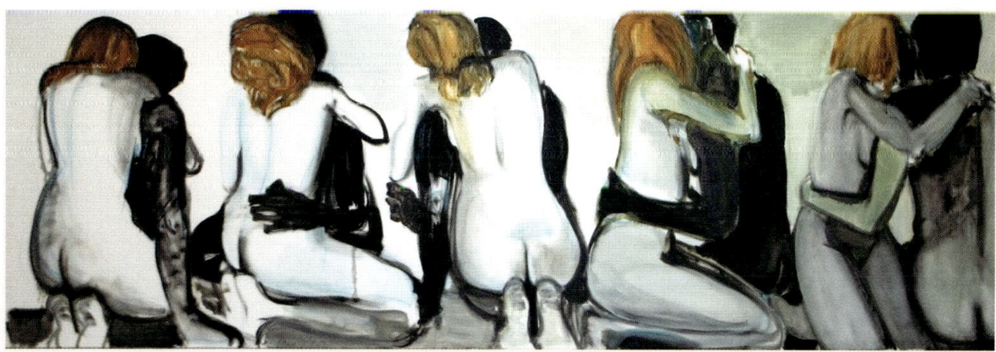

MARLENE DUMAS

Marlene Dumas è nata a Città del Capo nel 1953, ma nel 1976 lascia il Sudafrica e si trasferisce in Olanda, dove prima studia pittura presso l'Ateliers '63 di Haarlem, poi si iscrive alla facoltà di psicologia all'Università di Amsterdam, città dove si stabilisce definitivamente e dove tuttora vive e lavora. La sua prima mostra personale ha luogo a Parigi nel 1979. Dal 1993 inizia a esporre presso la Zeno X Galerie di Anversa, che diviene la sua galleria di riferimento. Tra le altre personali sono da ricordare: "Miss Interpreted", Van Abbemuseum, Eindhoven (1992); Tate Gallery, Londra (1996); Museum für Moderne Kunst, Francoforte (1998); Centre Georges Pompidou, Parigi (2001); Art Institute of Chicago, Chicago (2003); "Suspect", Fondazione Bevilacqua La Masa, Venezia (2003); Zwirner and Wirth, New York (2005); nel 2007 due importanti retrospettive al Metropolitan Museum of Contemporary Art, Tokyo e presso la National Gallery, Città del Capo.
Significative sono anche le mostre collettive: nel 1982 e nel 1992 l'artista è invitata a partecipare alla settima e nona edizione di "Documenta" a Kassel; nel 1995 partecipa alla Biennale di Venezia come rappresentante del Padiglione olandese e nuovamente nel 2003 e nel 2005 partecipa alle esposizioni del Padiglione italiano. Si ricordano inoltre: "Exorcism / Aesthetic / Terrorism", Museum Boijmans Van Beuningen, Rotterdam (2000); "Painting at the Edge of the World", Walker Art Center, Minneapolis (2001); "Non Toccare Donna Bianca", Fondazione Sandretto Re Rebaudengo, Torino (2004); "Drawing from the Modern, 1975-2005", Museum of Modern Art, New York (2005); "Essential Painting", National Museum of Art, Osaka (2006); "Eros in Modern Art", Kunstforum, Vienna (2007).

BIBLIOGRAFIA SELEZIONATA

Sandy Nairne, Sarah Howgate, *The Portrait Now*, National Portrait Gallery, London 2006.
Marlene Dumas – Female, Kunsthalle Helsinki, in collaborazione con Sammlung Gernatz, Helsinki 2005.
Marlene Dumas – Selected Works, Zwirner & Wirth, New York 2005.
Marlene Dumas – Wet Dreams Watercolours, catalogo della mostra, Städtische Galerie Ravensburg, Ravensburg 2005; testi di Jean-Cristophe Amman.
Het Collectieboek – Van Abbemuseum, Van Abbemuseum, Eindhoven 2004.
Marlene Dumas – Suspect, a cura di Gianni Romano, Fondazione Bevilacqua La Masa, Venezia, Milano 2003; testi di Lars Kwakkenbos.
Reconfiguration, catalogo della mostra, Central Academy of Fine Arts Gallery, Beijing 2001.
Marlene Dumas, Phaidon, London 1999; testi di Bloom, Van Den Boogerd, Casadio.

Marlene Dumas
Couples, 1994
Olio su tela
99 × 300 cm
Collezione privata

Urs Fischer

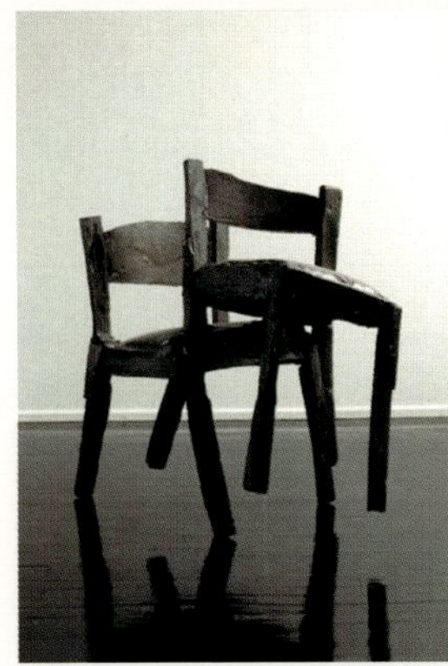

Urs Fischer
Chairs, 2002
Schiuma poliuretanica, finta
pelle di serpente, chiodi,
pittura acrilica
97 × 85 × 91 cm

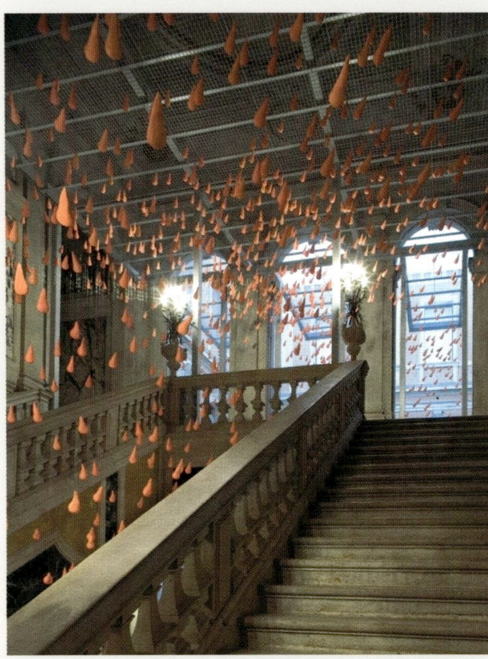

Urs Fischer
Vintage Violence, 2004-2005
Gesso, pittura a base di resina,
pezzi di metallo, nylon
Dimensioni variabili
Installazione Palazzo Grassi,
Venezia
Collezione François Pinault

Il neologismo "Pop Povera" si addice perfettamente alla produzione eterogenea di Urs Fischer, giovane artista svizzero che predilige sia la bidimensionalità sia la forma tridimensionale. Nelle sue opere il ricorso frequente a materiali semplici, fatti a mano oppure trovati per caso, tradisce una solidarietà estetica con l'arte povera. Lo stile grafico, a volte fumettistico, e i temi bizzarri rivelano invece un'affinità con il diffuso linguaggio della Pop Art. Benché la Pop Povera non sia un movimento ufficiale, le sue connotazioni coincidono perfettamente con la fattura artigianale dell'opera di Fischer: il suo lavoro si basa infatti su tecniche artistiche tradizionali, evitando gli aspetti retrogradi che tali metodi implicano.

Nell'atrio d'ingresso di Palazzo Grassi ci si trova subito di fronte a una delle opere più ambiziose di Fischer. Allo stesso tempo bellissima e orribile, gigantesca e intima, *Jet Set Lady* (2000-2005) rappresenta l'itinerario spirituale dell'artista sotto forma di albero. Un tronco di metallo saldato, alto undici metri, sostiene una fitta rete di rami "fioriti" dai quali pendono oltre duemila riproduzioni di disegni, stampe e dipinti realizzati da Fischer negli ultimi cinque anni. L'artista ha raccontato di aver concepito quest'opera così inusuale ispirandosi al suo studio traboccante di opere, con le pareti completamente ricoperte dai disegni. Punto d'incontro del talento pittorico e scultoreo dell'artista, l'opera rivela una sorprendente continuità tematica rispetto ai disegni dal taglio fumettistico e alle sculture figurative. In *Jet Set Lady* sono presenti le interpretazioni di molti fra i temi preferiti dell'artista: sedie antropomorfe, improbabili nature morte con oggetti d'uso quotidiano, gocce di pioggia surrealiste, teste e bocche cui manca il resto del corpo, pensierose donne nude e un onnipresente gatto domestico. Quest'opera d'arte-antologia evidenzia anche l'impegno divertito dell'artista in numerosi generi e l'uso di stili più o meno "nobili": Fischer si diletta infatti a eseguire ritratti, nature morte, vanitates e paesaggi, come pure lavori surrealisti ed espressionisti, caricature e fotomontaggi. Apoteosi del virtuosismo di un artista così versatile, *Jet Set Lady* è una panoplia di immagini che dimostra la straordinaria abilità di Fischer nel trovare una poesia e un significato esistenziale persino nei soggetti più banali.

E niente è più banale di un pacchetto di sigarette gettato via – l'elemento protagonista di *Nach Jugendstil kam Roccoko* [Dopo lo Jugendstil venne il Rococò] (2006). Installata in una delle sale sontuosamente decorate al piano nobile di Palazzo Grassi, a prima vista l'opera può sembrare una semplice stanza vuota. Tuttavia, dopo un esame più attento dello spazio, l'osservatore si accorge di un pacchetto di Camel Lights vuoto e accartocciato, che danza magicamente nella stanza con un movimento circolare. Un braccio motorizzato sospeso al soffitto anima il piccolo oggetto, che altrimenti passerebbe inosservato o sarebbe scambiato per un rifiuto errante. Il carattere umile del materiale, come pure la deliberata semplicità del "trucco" che fa danzare il pacchetto di sigarette, sono in forte contrasto con il tono ironicamente altisonante del titolo, che è anch'esso una battuta in quanto descrive in modo errato la cronologia della storia dell'arte. In Urs Fischer, la miscela di umorismo sovversivo, materiali poveri e riferimenti alla storia dell'arte, insieme all'uso inaspettato dello spazio, trasformano un manufatto dozzinale di uso quotidiano in una poetica opera d'arte.

URS FISCHER

Urs Fischer è nato nel 1973 a Zurigo. Ha studiato per diversi anni fotografia presso la Schule für Gesta di Zurigo. Successivamente, ha risieduto temporaneamente presso le residenze d'artista di Amsterdam (De ateliers) e, nel 2000, di Londra (Delfina Studios). Fischer ha conseguito diversi premi fin dall'inizio della sua carriera: il Bundesamt für Kultur, l'Eidgenössisches Stipendium für freie Kunst, Zurigo (1995), il Kiefer-Hablitzel Stipendium (1997) e il Providentia-Preis, YoungArt (1999).
Numerose sono le mostre personali a lui dedicate: "Espressoqueen – Worries and other stuff you have to to think about before you get ready for the big easy", Galerie Hauser & Wirth & Presenhuber, Zurigo (1999); "Without a Fist – Like a Bird", Institute of Contemporary Art (ICA), Londra (2000); "315", Centre Georges Pompidou, Parigi (2004); Hamburger Bahnhof, Flick Collection, Berlino (2005); "Fig, Nut & Pear", Gavin Brown's Enterprise, New York (2005); Galleria Massimo De Carlo, Milano (2006); "Oh. Sad. I see", The Modern Institute, Glasgow (2006); "Paris 1919", Museum Boijmans van Beuningen, Rotterdam (2006); Cockatoo Island Project, Sydney (2007); "52nd International Art Exhibition – Biennale", Venezia (2007). Molteplici sono le esposizioni collettive: Fondazione Sandretto Re Rebaudengo per l'Arte, Torino (1997); "Eidgenössische Preise für Freie Kunst", Kunsthalle Zürich, Zurigo (1999); "Manifesta 3", European Biennial of Contemporary Art, Ljubljana (2000); "Durchzug-Draft", Kunsthalle Zürich, Zurigo (2003); "Dreams and Conflicts: The Viewer's Dictatorship", Biennale di Venezia (2003); "Monument to Now", Deste Foundation, Atene (2004); "Skulptur. Prekärer Realismus zwischen Melancholie und Realismus", Kunsthalle Wien, Vienna (2004); "Universal Experience: Art, Life, and the Tourist's Eye", Museum of Contemporary Art, Chicago (2005); "Day for Night", Whitney Biennial, New York (2006); "'Where Are We Going?' Selections from the François Pinault Collection", Palazzo Grassi, Venezia (2006); Biennale d'art contemporain Lyon, Lione (2007).
Urs Fischer vive e lavora a New York.

BIBLIOGRAFIA SELEZIONATA

Urs Fischer, *Mary Poppins*, catalogo della mostra, Blaffer Gallery, Art Museum of the University of Houston, 2006.
Urs Fischer, *Paris 1919*, JRP Ringier, Zürich 2006.
Garrick Jones, Urs Fischer, *Good Smell, Make up tree*, JRP Ringier, Zürich 2006.
Urs Fischer, *Kir Royal*, catalogo della mostra, Kunsthaus Zürich, 2004.
Alison M. Gingeras, *Urs Fischer*, catalogo della mostra, Espace 315, Centre Pompidou, Paris 2004.
Alison M. Gingeras, *Openings Urs Fischer*, in "Artforum International", 2003.

Robert Gober

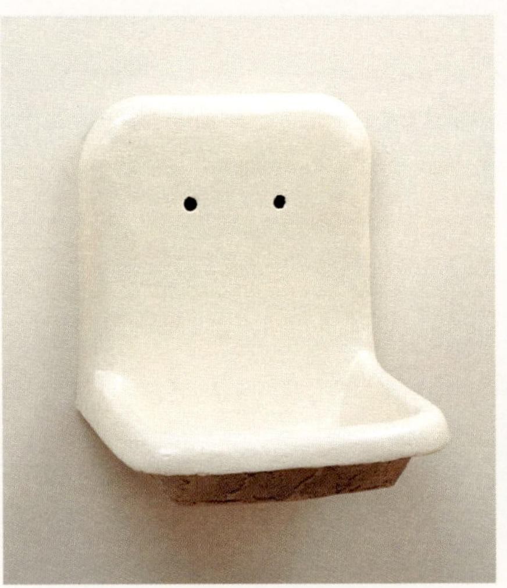

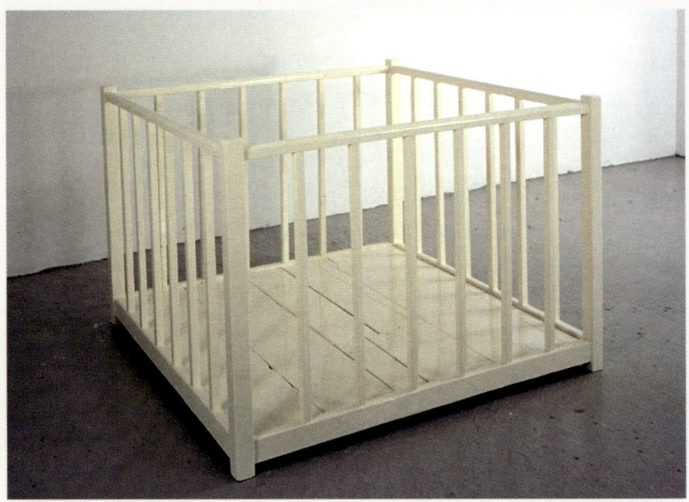

Nell'opera di Robert Gober, oggetti ordinari assumono connotazioni inquietanti. Porte, lampadine elettriche, giornali, candele, letti sono oggetti che popolano normalmente lo sfondo della nostra vita quotidiana, eppure nelle mani di Gober si caricano di significati e di memorie personali, e raggelano l'osservatore con un senso di premonizione. Gober definisce così questo suo modo di procedere, che ha radici autobiografiche: *"Nutrire un'immagine che mi ossessiona e lasciarla crescere nella mia mente. Allora, se ha una risonanza, cercherò di immaginarla formalmente: potrebbe essere una scultura interessante da guardare?"*[1] Per le sue opere, Gober non usa mai oggetti trovati, ma dà forma originale alle sculture – ricettacoli delle sue paure e dei suoi desideri[2] –, lavorandole come un artigiano per farle apparire come se fossero state acquistate in un negozio. Soltanto dopo uno sguardo più attento ci si rende conto che le sculture lavabo, per esempio, sono accuratamente modellate in gesso, o che le pile di giornali sono "finte" – con "articoli" scritti dall'artista stesso in realistici caratteri da stampa –, anche se sembrano pronte per il cassonetto del riciclaggio.

Osservare le sculture di Gober può essere come esaminare gli indizi sulla scena di un delitto. La sua importante installazione *Door with Lightbulb* [Porta con lampadina] (1992) sembra un corridoio vuoto o un ingresso abbandonato. Varcando quello spazio, si prova una sensazione di allarme vedendo la nuda lampadina rossa (anche questa fatta a mano) che proietta la sua luce sinistra sulla cornice della porta; al tempo stesso, si è attirati all'interno dalla luce che filtra sotto la porta chiusa. Ai due lati della porta sono accatastate pile di giornali, come in attesa di essere buttate via. Per decifrare il significato di tali indizi, l'osservatore è costretto a esaminare attentamente ogni particolare di questo spazio liminale. Come in molte delle installazioni di Gober, un senso di ambiguità, di alienazione e straniamento pervade la scena; ma non si racconta nessuna storia, né vi è alcun riferimento al mondo reale. Come ha osservato il critico David Hickey: "Ci viene detto con insistenza che c'è una storia, ma non ci si dice quale; e così procediamo secondo la logica associativa delle nostre personali fantasticherie."[3]

Una seconda opera di Gober, altrettanto ossessiva, è esposta in una sala adiacente. *Untitled* [Senza titolo] (1991) è una gamba maschile stranamente realistica, modellata in cera d'api, completamente "vestita" con calzino, scarpa, pantalone, e con veri peli umani impiantati. Dall'arto amputato, surrealisticamente appoggiato sul pavimento, appena sopra il ginocchio spunta una candela. Questa inquietante scultura è stata ispirata dai ricordi d'infanzia dell'artista: *"Mi sono ricordato che mia madre faceva l'infermiera in sala operatoria, e quando eravamo bambini ci raccontava storie sull'ospedale. Una delle prime operazioni cui partecipò fu un'amputazione. Tagliarono la gamba e la passarono a lei."*[4] Gober ha ricondotto l'origine di quest'opera anche a un'esperienza erotica fatta osservando la gamba scoperta di un compagno di viaggio in aereo[5]. Nel modellare questa scultura perversa, feticistica, l'artista fonde letteralmente ricordo e desiderio, sessualità e mortalità, Eros e Thanatos.

NOTE

[1] James Romaine, *Closer to Heaven: The Art of Robert Gober*, in "Image: A Journal of the Arts and Religion", autunno 2000, p. 28.

[2] *Ibidem*.

[3] Dave Hickey, *In the Danceball of the Dead*, in *Robert Gober*, Dia Foundation for the Arts, New York 1992, p. 21.

[4] Robert Gober, cit. da Joan Simon in *Robert Gober and the Extra Ordinary*, in *Robert Gober*, catalogo della mostra, Madrid, Museo Nacional Centro de Arte Reina Sofía 1993, p. 17.

[5] Brenda Richardson, *A Robert Gober Lexicon*, Steidl mm, New York 2005, p. 19.

ROBERT GOBER

Robert Gober è nato nel 1954 a Wallingford, Connecticut. La sua formazione artistica, iniziata nel 1973 presso la Tyler School of Art a Roma, è stata portata avanti nel 1976 frequentando i corsi del Middlebury College, Vermont. Fin dagli esordi della sua carriera Gober ha ideato, realizzato e allestito diversi progetti speciali per gallerie e istituzioni americane. Nel 1986 ha curato presso la Cable Gallery di New York una mostra con i suoi primi lavori e con opere di Nancy Shaver, Alan Turner e Meg Webster; nel 1988 ha elaborato un'installazione *site specific* per la mostra "Utopia Post Utopia", presso l'Institute of Contemporary Art di Boston. Nel 1999 ha curato una collettiva alla Matthew Marks Gallery di New York. Il percorso di Gober è segnato da numerose esposizioni di gruppo: "Biennial Exhibition", Whitney Museum of American Art, New York (1989); "Devil on the Stairs: Looking Back on the Eighties", Institute of Contemporary Art, Philadelphia (1991); "Documenta IX", Kassel (1992); "The Carnegie International 1995", The Carnegie Museum of Art, Pittsburgh (1995); "Objects of Desire: The Modern Still Life", The Museum of Modern Art, New York (1997); "Wounds", Moderna Museet, Stoccolma (1998); "Singular Forms (Sometimes Repeated): Art from 1951 to the Present", Guggenheim Museum, New York (2004); "Into Me/Out of Me", P.S.1 Contemporary Art Center, Long Island City, New York – KW Institute for Contemporary Art Berlin, Berlino; Macro al Mattatoio, Roma (2006-2007). Tra le mostre individuali sono significative: la prima personale "Slides of a Changing Painting", presso la Paula Cooper Gallery, New York (1984); "Robert Gober", The Art Institute of Chicago, Chicago (1988); Museum Boijmans van Beuningen, Rotterdam e Kunsthalle Bern, Berna (1990); Serpentine Gallery, London (1993); "Robert Gober: Sculpture + Drawing", Walker Art Center, Minneapolis – Rooseum Center for Contemporary Art, Malmö – Hirshhorn Museum and Sculpture Garden, Smithsonian Institution, Washington D.C. – San Francisco Museum of Modern Art, San Francisco (1999); 49ª Biennale di Venezia, Padiglione Stati Uniti, Venezia (2001); "Robert Gober Displacements", Astrup Fearnley Museet for Moderne Kunst, Oslo (2003); Matthew Marks Gallery, New York (2007). Robert Gober vive e lavora a New York.

BIBLIOGRAFIA SELEZIONATA

Matthew Drutt, *Robert Gober: The Meat Wagon*, catalogo della mostra, The Menil Collection, Houston 2005.
Brenda Richardson, *A Robert Gober Lexicon*, 2 voll., Matthew Marks Gallery, New York 2005.
Robert Gober, James Rondeau, Olga Viso, *Robert Gober: The United States Pavilion: 49th Venice Biennale, 2001*, The Art Institute of Chicago – Smithsonian Institution, Chicago-Washington D.C. 2001.
James Romaine, *Closer to Heaven: The Art of Robert Gober*, in "Image: A Journal of the Arts and Religion", autunno 2000.
Robert Gober: Sculpture + Drawing, catalogo della mostra, Walker Art Center, Minneapolis 1999; testi di Richard Flood, Gary Garrels e Ann Temkin.
Robert Gober, Dia Center for the Arts, New York 1993; testi di Dave Hickcy.
Robert Gober, catalogo della mostra, Museo Nacional Centro de Arte Reina Sofía, Madrid 1993.
Roberta Smith, *The Reinvented Americana of Robert Gober's Mind*, in "The New York Times", 13 ottobre 1989, pp. C28.
Gary Indiana, *A Torture Garden*, in "The Village Voice", 27 ottobre 1987, p. 105.

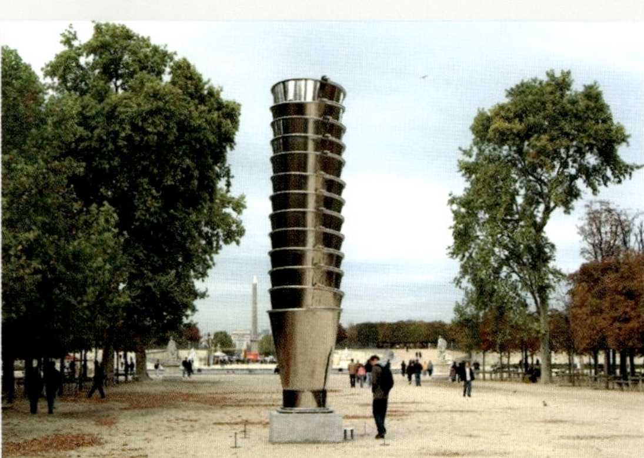

Subodh Gupta
Giant Leap of Faith, 2006
Acciaio inossidabile
700 × 180 × 180 cm

"Tutte queste cose facevano parte del mondo in cui sono cresciuto. Vengono usate in riti e cerimonie che hanno fatto parte della mia infanzia. Gli indiani o le ricordano dalla loro infanzia, o vogliono ricordarle." [1]

L'arte di Subodh Gupta gioca consapevolmente con le immagini banali della vita quotidiana nel suo paese, l'India. Pur lavorando in diversi campi (performance, fotografia, video, installazioni), è forse più conosciuto per le sue sculture fatte di oggetti quotidiani, come macchinari antiquati e pentole di acciaio inossidabile. Nato nello stato del Bihar, che è considerato la provincia meno sviluppata dell'India, Gupta si ispira agli anni della sua formazione in questo ambiente rurale, evocando lo scontro in atto nel suo paese fra tradizione e modernizzazione, con opere che rimandano in termini comprensibili alla vita contemporanea. *This Side is the Other Side* [Questa parte è l'altra parte] (2002), calco in bronzo e alluminio di una Vespa carica di bidoni per il latte, offre un esempio di questo approccio; e così *Vehicle for the Seven Seas* [Veicolo per i sette mari] del 2004, scultura in alluminio formata da un carrello portabagagli carico di pacchi, che ricorda i carrelli spinti dai poveri delle città. In altre opere, l'artista monumentalizza gli umili oggetti della vita rurale, spesso attraverso citazioni della storia dell'arte occidentale: *Giant Leap of Faith* [Gigantesco passo di fede] (2006), per esempio, trasforma una pila di semplici secchi di alluminio in una massa verticale che ricorda la *Colonna senza fine* di Brancusi (1918).

Su una piattaforma lungo il Canal Grande di fronte a Palazzo Grassi si può ammirare una delle opere più iconiche di *Gupta, Very Hungry God* [Dio molto affamato] (2006): un enorme teschio umano realizzato tramite un assemblaggio di pentole, contenitori e utensili da cucina d'acciaio inossidabile, un memento mori che sorprende non solo per le dimensioni e la scintillante materialità, ma anche perché riesce così bene a fare di questi oggetti quotidiani un monumento alla caducità della vita umana. Come molte delle opere di Gupta, *Very Hungry God* è una metafora delle forze culturali in contrasto nel suo paese: la propensione dell'artista ad accumulare "cose" suggerisce la vertiginosa accelerazione dell'economia indiana, mentre la povera banalità dei suoi materiali domestici riflette l'estrema miseria delle classi più basse dell'India. Quest'opera è una meditazione sulla nostra mortalità, un'elegia alla rapida scomparsa dei "semplici" stili di vita rurali del subcontinente.

NOTA
[1] Randeep Ramesh, *The Damien Hirst of Delhi*, in "The Guardian", 20 febbraio 2007.

SUBODH GUPTA

Subodh Gupta è nato nel 1964 a Khagaul, in India. Dopo essersi laureato in pittura al College of Arts and Crafts di Patna, ha speso i suoi primi anni formativi viaggiando con un gruppo Hindi di teatro e linguaggio, effettuando diversi lavori come attore, designer e artigiano. Da un lato questo suo eclettismo e dall'altro il suo legame con l'India è oggi visibile nelle disparate discipline che Gupta adopera, quali pittura, installazioni, fotografia e video, anche se la sua tecnica predominante resta la scultura.
La sua prima mostra personale è stata allestita nel 1989 presso la Shridhani Art Gallery di Nuova Delhi; tra le altre: Jehangir Art Gallery, Bombay (1990); Academy of Fine Arts and Literature, Nuova Delhi (1995); Gallery FIA, Amsterdam (1999); Art and Public – Cabinet P.H., Ginevra (2003); Galerie In Situ, Parigi (2005); BALTIC Center for Contemporary Art, Gateshead (2007). Mostre collettive: "Indo-Cuban", Lalit Kala Academy, Nuova Delhi (1996); "Nature Morte. Indian Artists", Sydney (1999); Kwangju Biennale 2000, Kwangju (2000); "Post Production (Sampling, Programming & Displaying)", Galleria Continua, San Gimignano (2001); "Kapital and Karma", KunstWein, Vienna (2002); "Universal Experience (Art, Life, and the Tourist's Eye)", Museum of Contemporary Art, Chicago (2005); "Contemporary India", Palais des Beaux-Arts, Bruxelles (2006); Moscow Biennale of Contemporary Art, Lenin Museum, Mosca (2007).
Subodh Gupta vive e lavora a Nuova Delhi.

BIBLIOGRAFIA SELEZIONATA

Paul Ardenne, *Subodh Gupta, réalités croisées*, in "Art Press", 319, gennaio 2006.
Philippe Dagen, *Deux allers pour Bombay*, in "Le Monde", 26 novembre 2006.
Philippe Dagen, *Les artistes indiens s'affirment à l'heure universelle*, in "Le Monde", 22 ottobre 2005.
Roxana Azimi, *L'Inde s'installe, entre ironie et tradition*, in "Le Monde", 16 ottobre 2005.
Somini Sengupta, *Indian Artists Comment on a Booming Economy While Helping to Fuel It*, in "The New York Times", 20 settembre 2006.

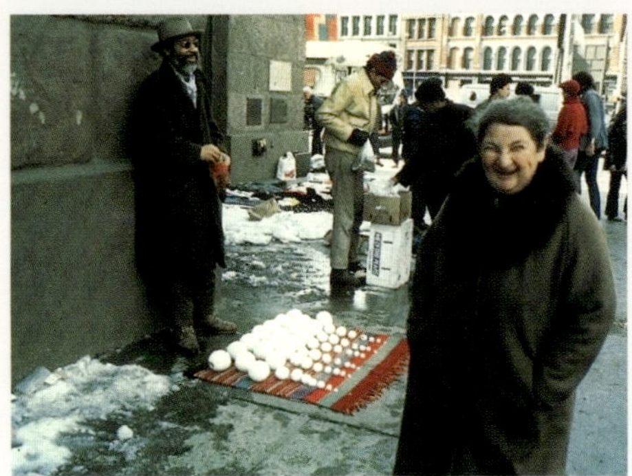

David Hammons
Bliz-aard Ball Sale,
New York, 1983

"Tragic Magic" è una delle espressioni usate da David Hammons per descrivere il suo lavoro alchemico, dal forte potere evocativo[1]. Maestro nell'arte dell'offuscamento, Hammons ha realizzato un corpus di opere tra i più elusivi, enigmatici e tuttavia influenti nel panorama dell'arte americana contemporanea. Intriso di riferimenti alla cultura afroamericana, il suo lavoro iconoclasta spazia dagli *assemblages* scultorei pronti per essere esposti in galleria, alle opere su carta realizzate con materiali culturalmente "carichi" – come ciocche di capelli neri raccolte dal pavimento del barbiere, ossa di pollo, bottiglie di vino, palloni da basket sporchi – fino a più effimeri interventi "performativi" negli spazi urbani, come la sua leggendaria vendita di palle di neve a Harlem Street, dal titolo *Bliz-aard Ball Sale* [Vendita di palle di neve dopo la tempesta] (1983). L'arte di Hammons è il risultato dell'intreccio di differenti legami nei confronti delle avanguardie – l'uso di materiali ready-made e di arguti giochi di parole alla Duchamp, la miscela radicale di politica e poesia tipica dell'arte povera, l'impegno situazionista rispetto alla vita della strada – e produce opere provocatorie che colgono frammenti della *Black Experience*. A proposito della sua eredità artistica, lo stesso Hammons ha dichiarato: *"Ciò che faccio non è nuovo. Utilizzo vecchi oggetti usati dai bianchi per veicolare la mia cultura attraverso la loro, in sostanza noi diffondiamo la nostra cultura attraverso il patrimonio storico europeo."* [2]

Quelle esposte a Palazzo Grassi sono tra le prime opere, e le meno viste, di Hammons. Alla fine degli anni sessanta, quando viveva a Los Angeles, l'artista ha creato una serie di *Body Prints* in cui l'impronta del suo corpo coesiste con pittura e collage. Dopo aver ricoperto di olio e grasso dei fogli di carta e averli cosparsi di pigmenti in polvere, Hammons è riuscito a ritrarre molto dettagliatamente il proprio corpo. Il suo volto e il corpo sono diventati così il fulcro di *tableaux* satirici che affrontano il tema dell'identità di razza riflettendo il bollente clima politico dell'America degli anni sessanta e settanta. *I Dig the Way This Dude Looks* [Mi piace l'aspetto di questo tipo] (1971) mostra un afroamericano di profilo che afferra tra le braccia una bandiera americana, la bandiera si trasforma letteralmente nel corpo dell'uomo, nascondendo e quindi sostituendone il torso. Hammons commenta così queste sue prime opere: *"Sono un artista nero e sento l'obbligo morale di cercare di documentare graficamente il mio sentire sociale."*[3]

Negli anni ottanta Hammons si trasferisce a New York e realizza spesso opere collegate al mondo del basket, uno sport che è sinonimo di America nera sia per la sua diffusione nella cultura della strada, sia per le grandi questioni di principio – atleti in prevalenza afroamericani giocano per squadre di proprietà in prevalenza di bianchi. In uno dei suoi celebri interventi negli spazi pubblici, a Brooklyn, Hammons ha trasformato alcuni altissimi pali del telegrafo in canestri da basket. Il titolo dell'opera, *Higher Goals* [Alti obiettivi] (1986), è una pungente allusione all'aspirazione degli afroamericani a diventare professionisti del basket, una delle poche possibilità per i giovani neri di ottenere il successo in breve tempo. Anche la scultura *Untitled* [Senza titolo] del 1989 presentata a Palazzo Grassi ha la forma di un canestro da basket, ma il pannello di fondo è ricavato dal parabrezza abbandonato di una Datsun e l'asta è coperta di stagnola. Malinconicamente poetico, questo canestro rabberciato evoca la povertà di molti quartieri afroamericani e allo stesso tempo rende omaggio alla spontaneità delle strutture improvvisate che si trovano per le strade.

In un gesto poetico simile, Hammons ha usato un vero pallone da basket per creare dei "disegni", due dei quali sono presentati qui. Realizzati facendo rimbalzare una palla sporca su grandi fogli verticali dell'altezza di un canestro da basket regolamentare, con i loro segni grigi e astratti imitano l'austerità dell'arte minimalista. Tipici dei gesti antiartistici di Hammons, questi disegni portano letteralmente i relitti della strada nelle sale immacolate del museo. Sempre coerente con se stesso e con i piedi per terra, Hammons sottolinea l'importanza della strada come fonte di ispirazione per la propria opera: *"Il pubblico dell'arte è il peggiore del mondo. Troppo colto, conservatore, sempre pronto a criticare e a non capire, e non si diverte mai. Perché dovrei perdere tempo a fare cose per loro? Il pubblico della strada è molto più umano e la loro opinione viene dritta dal cuore." Non ha alcun motivo di fare giochetti; non c'è niente da vincere o da perdere."*[4]

NOTE

[1] David Hammons cit. in Iwona Blazwick ed Emma Dexter, *Rich in Ruins*, in "Parkett", 31, 1992, p. 29.

[2] *Ivi*, p. 27.

[3] Jennifer Roberts su David Hammons, in Deborah Wye, *Artists and Prints: Masterworks from The Museum of Modern Art*, The Museum of Modern Art, New York 2004, p. 212.

[4] Blazwick, Dexter, *op. cit.*, p. 26.

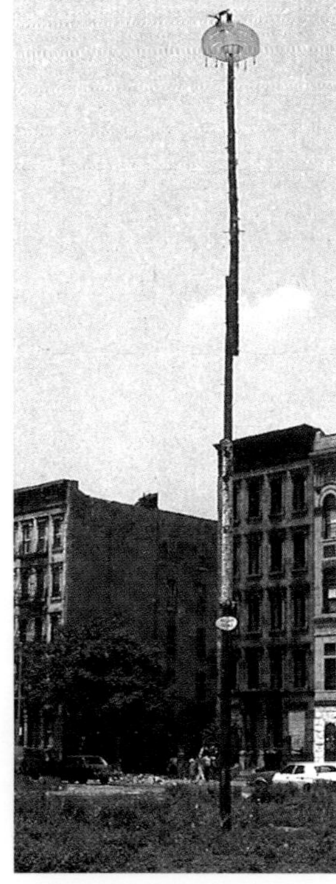

David Hammons
Higher Goals, Harlem,
New York, 1982

DAVID HAMMONS

David Hammons è nato nel 1943 a Springfield, Illinois. Consegue la sua formazione a Los Angeles, frequentando dal 1964 al 1965 il Trade Technical City College; l'anno successivo studia presso il Chouinard Art Institute e completa gli studi nel 1972 presso la Parson's School of Design di New York. Hammons è un artista che ha sempre preferito restare distaccato dai *clichés* abituali (gallerie, musei, critici d'arte), scegliendo di seguire una strada alternativa, caratterizzata da atteggiamenti più spontanei e non vincolati da nessuna regola, come dimostrano le sue celebri e provocatorie performance lungo le strade di New York. Nonostante questa scelta di vita, numerose sono le mostre personali a lui dedicate: Brockman Gallery (1971) e Fine Arts Gallery (1974) di Los Angeles; "The Window", New Museum of Contemporary Art, New York (1980); "Rousing the Rubble", P.S.1 Museum, Long Island City, New York (1990); "Yardbird Suite", San Francisco Museum of Modern Art, San Francisco (1993); Museo Reina Maria Sofía, Madrid (2000); White Cube, Londra (2002); Galerie Hauser & Wirth, Zurigo (2003); significative le tre esposizioni organizzate nel 2006 a New York presso Zwirner & Wirth ("Selected Works"), Triple Candie ("The Unauthorized Retrospective") e Jack Tilton Gallery ("Body Prints"). Altrettanto significative le mostre collettive: Los Angeles County Museum of Art, Los Angeles (1972); "Printmaking New Forms", The Whitney Museum of American Art, New York (1976); "Art on the Beach", Battery Park, New York (1985); "Art as a Verb", Studio Museum in Harlem and Met Life Gallery, New York (1989); "Documenta IX", Kassel (1992); "Thinking in Print", Museum of Modern Art, New York (1995); "One Planet under a Groove", Walker Art Center, Minneapolis (2001); "Ritardi e Rivoluzioni", 50ª Biennale di Venezia (2003); "Irreducible: Contemporary Short Form Video", Wattis Institute for Contemporary Arts, San Francisco (2005); "'Where Are We Going?' Selections from the François Pinault Collection", Palazzo Grassi, Venezia (2006); "Los Angeles-Paris", Centre Georges Pompidou, Parigi (2006). David Hammons vive e lavora a Brooklyn.

BIBLIOGRAFIA SELEZIONATA

Bruce Hainley, *David Hammons*, in "Artforum International", maggio 2006, p. 286.
Glenn Ligon, *Black Light: David Hammons and the Poetics of Emptiness*, in "Artforum International", settembre 2004.
Franklin Sirmans, Lydia Yee, *One Planet Under a Groove*, catalogo della mostra, Bronx Museum of the Arts, New York 2001.
Robert Sil, *David Hammons: In the Hood*, catalogo della mostra, Illinois State Museum, 1993.
Louise Neri, Emma Dexter, Iwona Blazwick, in "Parkett", 31, 1992.
David Hammons: Rousing the Rubble, catalogo della mostra, The Institute for Contemporary Art - P.S.1 Museum, Long Island City, New York 1991.

Mike Kelley

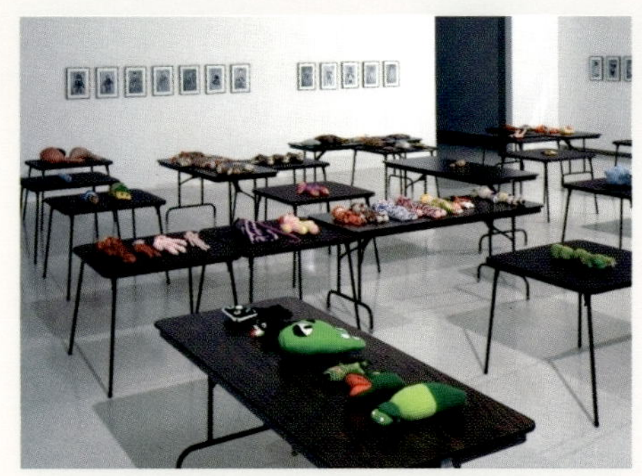

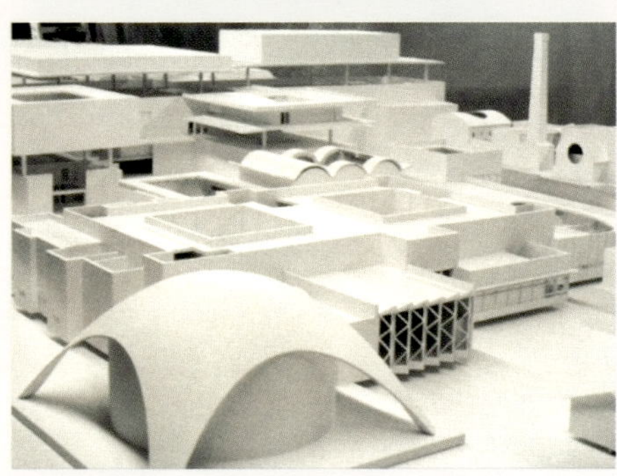

"Ho sempre nutrito un'avversione per le opere esplicitamente biografiche, anche se una volta le criticavo di più di quanto non faccia oggi... Ora accetto che non si possa scindere il dato biografico o personale da quello sociale. Noi facciamo parte del tessuto sociale, quindi gli elementi biografici non sono necessariamente solipsistici... Voglio che l'attenzione si sposti sulla reazione sociale, ed è per questa ragione che nei miei progetti introduco spesso un elemento di fantasia o di nonsense che attenua il dato strettamente biografico." [1]

La memoria è un motore dell'opera di Mike Kelley, una sorta di *Gesamtkunstwerk* (opera d'arte totale) che fonde i media "tradizionali" della pittura e della scultura con la performance, il video, la musica e la scrittura teorica. Figura centrale della comunità artistica di Los Angeles, Kelley è noto per produrre opere che esplorano la memoria personale e collettiva, con una particolare attenzione ai modi in cui la nostra evoluzione psicologica viene plasmata da strutture sociali repressive (famiglia, scuola, religione ecc.). Negli anni ottanta, Kelley ha creato installazioni deliberatamente "artigianali" ispirate all'arte folk utilizzando materiali "regressivi" associati all'infanzia: peluche, cappottini di lana, coperte. In opere quali *Craft Morphology Flow Chart* [Diagramma di flusso di morfologia del mestiere] (1991), ha esposto questi oggetti carichi di ricordi su alcuni tavoli raggruppandoli in insiemi feticistici e pseudoscientifici, come a volerne recuperare il significato psicosessuale analizzando il loro impatto sulla formazione dell'individuo.

In serie più recenti, Kelley è partito dai propri ricordi personali per analizzare problematiche di natura analoga. *Educational Complex* [Complesso educativo] (1995) era costituito da dettagliatissimi plastici basati sui ricordi dei luoghi in cui l'artista aveva vissuto, studiato e lavorato a partire dalla sua infanzia. Più "segno del fallimento della memoria" [2] che testimonianza affidabile della giovinezza di Kelley, *Educational Complex* è diventato per l'artista un laboratorio in cui esplorare uno dei temi a lui più cari, quello della sindrome della memoria repressa, controversa condizione psicologica in cui eventi traumatici dell'infanzia, rimossi dalla memoria cosciente, vengono recuperati attraverso l'ipnosi o la terapia. Come lui stesso spiega, Kelley ha sviluppato una sorta di ossessione per questa sindrome perché *"viviamo in un'epoca in cui tutto si basa sui traumi e sulla cultura della vittima. Soprattutto nella psicologia spicciola, i traumi infantili costituiscono la motivazione di qualsiasi azione"* [3].

Da questa significativa opera, Kelley ha tratto ispirazione per il progetto più ambizioso da lui realizzato fino a oggi: un *work in progress* in 365 parti intitolato *Extracurricular Activity Project Reconstruction* [Ricostruzione di attività extracurricolari]. Utilizzando foto prese dagli annuari di licei americani, Kelley ha cercato di ricostruire scene in cui si vedono adolescenti impegnati in attività extracurricolari di diverso tipo: recite scolastiche, feste di Halloween e funzioni religiose. *"Ho preso solo [immagini] buffonesche e atipiche"*, spiega Kelley parlando del materiale di partenza. *"Ho scelto situazioni pseudoartistiche, mascherate o rituali studenteschi. Immagini che, a guardarle, non si capisce bene cosa stia succedendo. Si intuisce solo che si tratta di uno spazio di libertà in un sistema autoritario, di un momento di trasgressione che però è totalmente legittimo, anzi previsto dal sistema."* [4]

La prima delle "ricostruzioni" di Kelley viene presentata a Palazzo Grassi. *Extracurricular Activity Project Reconstruction #1 (Domestic Scene)* è una gigantesca scenografia, utilizzata per una rappresentazione teatrale scolastica non meglio specificata, che riproduce l'interno di uno squallido appartamento. L'artista ha scelto questa particolare immagine per via della sua estrema artificiosità: *"La scenografia è totalmente priva di senso"*, ha dichiarato. *"I fornelli*

si trovano nel bel mezzo della stanza e di fronte ai fornelli c'è un letto."[5] Una volta costruito l'apparato scenico, Kelley
ha scritto un melodramma alla Tennessee Williams – i protagonisti sono due personaggi maschili che si dibattono
con il problema della loro omosessualità – da recitare all'interno di esso. Girato in bianco e nero, il video che
documenta la rappresentazione di Kelley mima lo stile ingenuo delle serie televisive americane degli anni
cinquanta, creando un netto contrasto estetico con il trauma emotivo analizzato nel soggetto. La drammaticità del
video, proiettato su un monitor collocato accanto alla scenografia-scultura, carica di intensità psicologica gli arredi
di scena ovviamente finti. Esplorando il potenziale terapeutico dell'arte allo scopo di recuperare la memoria
collettiva, Kelley presenta queste *Extracurricular Activity Project Reconstructions* per penetrare "l'inconscio sociale
del Midwest americano"[6].

NOTE

[1] Colloquio tra Mike Kelley e Matthew Higgs, *Capp Street Project: 20th Anniversary Exhibition, CCAC Wattis Institute for Contemporary Arts*, San Francisco 2001, p. 78.

[2] Anthony Vidler, *Mike Kelley's Educational Complex*, in *Mike Kelley*, Phaidon, London 1999, p. 97.

[3] *Trauma Club: Mike Kelley talks to Dennis Cooper*, in "Artforum", XXXIX, 2, ottobre 2000, p. 126.

[4] *Ibidem*.

[5] *Ibidem*.

[6] John C. Welschman, *Fête Accompli: Mike Kelley's 'Day Is Done'*, manoscritto da pubblicare nel catalogo della mostra *Mike Kelley Day Is Done*, Gagosian Gallery, New York, di prossima apertura.

MIKE KELLEY

Mike Kelley è nato nel 1954 a Detroit, Michigan. È un artista
eclettico nella forma e nelle tecniche, che includono performance,
installazioni, disegni, pitture, video, lavori audio e sculture e che
si fondano su studi storici, riferimenti di cultura di massa e teorie
psicologiche. Kelley si è laureato nel 1976 presso l'Università del
Michigan, Ann Arbor e ha completato la sua formazione
conseguendo un master presso la California Institute of the Arts,
Valencia (CA), nel 1978. A soli trent'anni riceve il National
Endowment for the Arts Visual Artists Fellowship Grant, il primo
di una lunga serie di premi per le arti visive che hanno
caratterizzato la sua carriera; l'anno successivo gli viene attribuito
l'Artists Space Interarts Grant, a cui fa seguito, nel 1987, l'Awards in
the Visual Arts Grant. Significativo è stato anche il riconoscimento
relativo al campo delle arti e del design ricevuto dall'Università del
Michigan prima e dalla Guggenheim Foundation poi.
Le più importanti esposizioni collettive a cui Kelley ha
partecipato, oltre a ripetute edizioni della "Biennial Exhibition"
a Whitney Musuem of American Art di New York (1985, 1989,
1991, 1995, 2002), sono: "Documenta IX" (1992) e "Documenta
X", Kassel (1997); "The Fifth Biennale of Sydney – Private
Symbol: Social Metaphor", The Gallery of New South Wales,
Sydney (1984); "Avant-Garde in the Eighties", Los Angeles
County Museum of Art, Los Angeles (1987); "The 43rd Biennale
of Venice, Aperto '88", Venezia (1988); "The American Century:
Art and Culture 1950-2000", Whitney Museum of American
Art, New York (1999); "Sod and Sodie Sock (w/Paul McCarthy)",
Biennale d'art contemporain de Lyon, Institut d'art
contemporain, Lione (2003); "Monument to Now: the Dakis
Joannou Collection", DESTE Foundation for Contemporary Art,
Atene (2004); "L.A. Art Scene", Centre Georges Pompidou,
Parigi (2006). Diverse sono le gallerie e musei che hanno dedicato
a Kelley mostre personali: White Columns, New York (1981);
Metro Pictures, New York (1982, 1995, 2002); Rosamund Felsen
Gallery, Los Angeles (1987, 1990,

1994); "Mike Kelley: Half a Man", Hirshhorn Museum and
Sculpture Garden, Smithsonian Institution, Washington D.C.
(1991); Kusthalle Basel, Basilea (1992); Museu d'Art
Contemporani, Barcellona (1997); Galleria Emi Fontana, Milano
(2003); Gagosian Gallery, New York (2005); "'Where Are
We Going?' Selections from the François Pinault Collection,
Palazzo Grassi, Venezia (2006); Musée du Louvre, Parigi (2006).
Mike Kelley vive e lavora a Los Angeles.

BIBLIOGRAFIA SELEZIONATA

Mike Kelley, *Mike Kelley: Interviews, Conversations and Chit-Chat
(1986-2004)*, a cura di John C. Welchman, Zürich-Dijon 2005.
Mike Kelley: the Uncanny, catalogo della mostra, Liverpool, Tate
Liverpool, Vienna, Museum Moderner Kunst Stiftung Ludwig
Wien, 2004; testi di Mike Kelley, John Welchman, Christoph
Grunenberg (edizione inglese e inglese-tedesca).
Robert Storr, What's not to like?, in "Artforum International",
ottobre 2004.
Mike Kelley, *Foul Perfection: Essays & Criticism*, a cura di John
C. Welchman, MIT Press, Cambridge (MA) 2003.
Matthew Higgs, *Capp Street Project: 20th Anniversary Exhibition*,
CCAC Wattis Institute for Contemporary Arts, San Francisco
2001.
Trauma Club: Mike Kelley talks to Dennis Cooper, in "Artforum 39", 2,
ottobre 2000.
Yves Aupetitallot, *Mike Kelley*, catalogo della mostra, Magasin,
Grenoble – Centre National d'Art Contemporain de Grenoble,
Phaidon, London 1999; testi di Mike Kelley e Laurence A. Rickels.
Mike Kelley, *Mike Kelley*, London, Phaidon 1999.
Anthony Vidler, *Mike Kelley's Educational Complex*, Phaidon,
London 1999.
John C. Welschman, *Fête Accompli: Mike Kelley's Day Is Done*
(manoscritto da pubblicarsi nel catalogo della mostra *Mike
Kelley Day Is Done*, Gagosian Gallery, New York, in
programmazione).

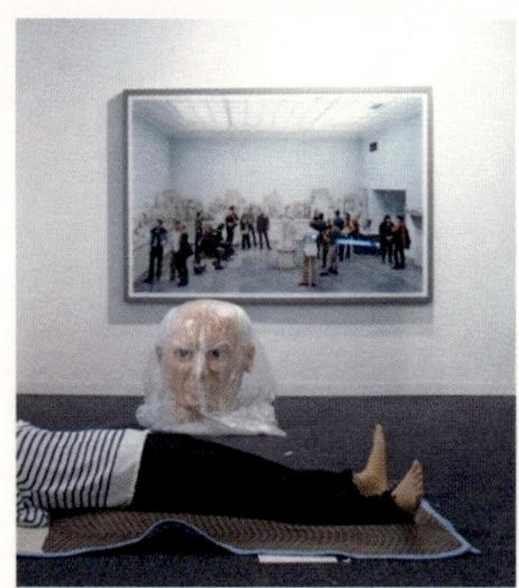
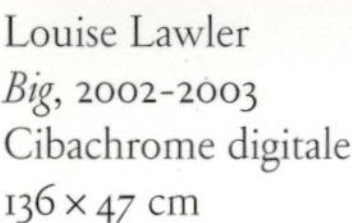
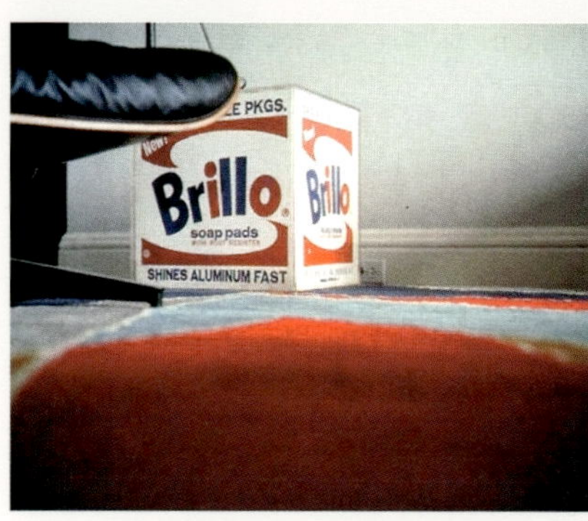

Louise Lawler
I-O, 1993-1998
Cibachrome
48 × 59 cm

Louise Lawler
Big, 2002-2003
Cibachrome digitale
136 × 47 cm

Il lavoro di Louise Lawler va oltre il genere della fotografia documentaria. Celebre per la sua capacità di cogliere immagini "dietro le quinte" dell'arte altrui – che si tratti di foto scattate nei depositi dei musei, nelle gallerie durante la preparazione di mostre, nelle sale d'asta o attraverso le fessure delle porte dei collezionisti privati – la Lawler è alla ricerca di qualcosa che va oltre la mera documentazione di opere d'arte in contesti da "iniziati". Le sue foto, dalla composizione meticolosa e dal taglio studiato, tentano di cristallizzare i rapporti di potere onnipresenti e tuttavia intangibili, la pesante matrice sociale nella quale l'arte viene prodotta, diffusa, collezionata e presentata al pubblico. Attraverso l'obiettivo, la Lawler osserva la disposizione spaziale degli oggetti d'arte nei loro vari contesti per sottolineare la maniera in cui si creano significato e valore. I suoi *tableaux* analitici indagano non soltanto la questione del valore monetario dell'arte, ma anche la sua valenza intellettuale e sentimentale.

Per realizzare questa nuova serie di lavori, presentata qui per la prima volta, l'artista ha trascorso nella primavera del 2006 molti giorni a Palazzo Grassi circolando liberamente tra le sale con la macchina fotografica e il cavalletto. Ha potuto così ritrarre l'installazione della mostra che ha inaugurato la riapertura del palazzo veneziano, dal titolo "Where Are We Going?". La foto, intitolata Adolf *(Must be installed 8 inches from the floor)* [Adolf, installato 8 pollici dal pavimento] (2006) immortala con notevole umorismo la famosa scultura in cera di Maurizio Cattelan *Him* [Lui] (2001) – un ritratto realistico di Hitler inginocchiato a pregare come un bambino – ancora per metà imballata nella sua cassa. Quasi avesse colto sul fatto un attore fuori dal personaggio, con questa immagine la Lawler stempera il senso di sorpresa e la provocazione che la scultura voleva suscitare. Allo stesso modo, l'artista trasforma un'altra opera che ha suscitato scandalo – la mucca di Damien Hirst, sezionata e posta in recipienti di formaldeide – facendone il soggetto di una foto intitolata *Hoof* [Zoccolo] (2006). La Lawler non mostra la parte più grande della scultura, ma si concentra invece sulla zampa della mucca che galleggia in maniera inquietante. Il foglio protettivo in plastica che copre parzialmente l'immagine ha una funzione che va ben al di là del mero significante di un'installazione *in progress*. Con il suo sguardo arguto, l'artista si sofferma su quel foglio di plastica per le sue connotazioni morbose, e collega lo spettro della morte evocato dalla mucca di Hirst con la dimensione elegiaca insita nel conservare, collezionare ed esporre l'arte. Come in tutta l'opera della Lawler, queste fotografie scattate a Palazzo Grassi rivelano tanto senso quanto riescono a generarne.

Louise Lawler
*Pollock and Tureen (Arranged
by Mr. and Mrs. Burton
Tremaine, Conneticut)*, 1984
Cibachrome
40 × 50 cm

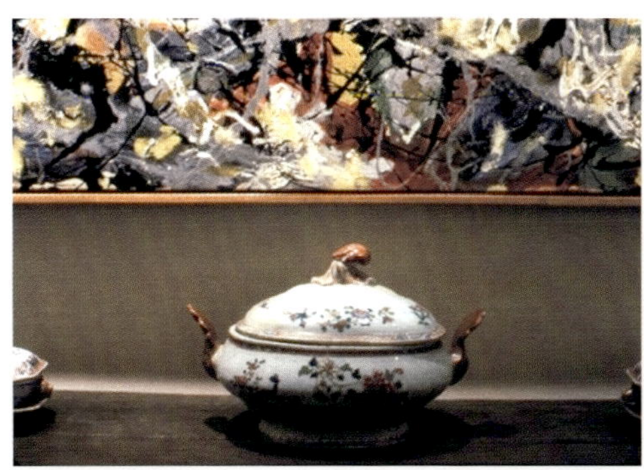

LOUISE LAWLER

Louise Lawler è nata nel 1947 nel Bronxville, New York, dove
tutt'ora vive e lavora.
Ha conseguito la laurea presso la Cornell University nel 1969,
per poi dedicare la sua carriera alla fotografia, ritraendo gli
scenari più nascosti, i dettagli del mondo artistico meno
evidenti perché legati ai retroscena del palcoscenico museale
ed espositivo. Proprio nei musei più importanti si trovano
le fotografie dell'artista, che hanno fatto il giro del mondo grazie
alle numerose personali a lei dedicate: "Projects, Louise Lawler:
Enough", Museum of Modern Art, New York (1987); Sprengel
Museum, Hannover (1993); "A Spot on the Wall", Münich
Kunstverein, Monaco (1995); "More Pictures",
Neugerriemschneider, Berlino (2000); "New Walls", Galerie
Yvon Lambert, Parigi (1988, 1990, 2002); "Looking Forward",
Metro Pictures, New York (1982, 1987, 1989, 1991, 1994, 1997,
2000, 2004); "In and Out of Place: Louise Lawler and Andy
Warhol", Dia, Beacon (2005); "Twice Untitled and Other
Pictures (looking back)", Wexner Center, Ohio (2006). Tra
le mostre collettive: "Drawings/Photographs", Leo Castelli
Gallery, New York (1983); "L'œuvre et son accrochage", Centre
Georges Pompidou, Parigi (1986); "Photography and Art:
Interactions Since 1946", Los Angeles County Museum of Art,
Los Angeles (1987); "Whitney Biennial", Whitney Museum
of American Art, New York (1991, 2000); "The Museum
as Muse", Museum of Modern Art, New York (1999); "Visions
from America: Photographs from the Whitney Museum of
American Art", Whitney Museum of American Art, New York
(2002); "The Last Picture Show: Artists Using Photography
1960-1982", Walker Art Center, Minneapolis (2003); "Museum
Fever: Included Louise Lawler", National Museum of Art,
Oslo (2005); "Slide Show", The Baltimore Museum of Art,
Maryland (2005); "Why Pictures Now", Museum Moderner
Kunst, Vienna (2006).

BIBLIOGRAFIA SELEZIONATA

Louise Lawler, Helen Molesworth, *Twice Untitled and Other
Pictures*, brossura, 2006.
George Baker, Jack Bankowsky, Andrea Fraser, Isabelle Grae,
Louise Lawler And Others, cartonato, 2004.
Philipp Kaiser, *Louise Lawler and Others*, Basel 2004.
Louise Lawler, *An Arrangement of Pictures*, cartonato, 2000.
Louise Lawler, Dietmar Elger, Thomas Weski, *Louise Lawler :
For Sale (Reihe Cantz)*, brossura, 1994.

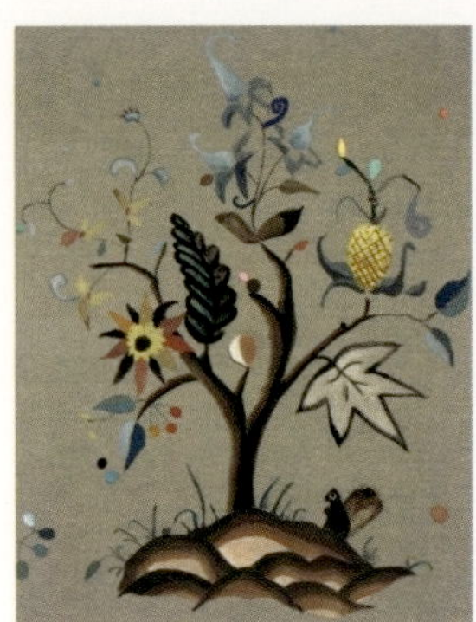

Laura Owens
Untitled, 2000
Acrilico e olio su tela
281,9 × 182,8 cm

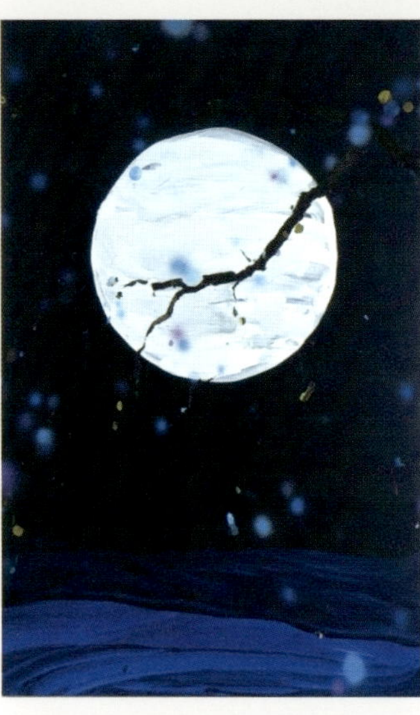

Laura Owens
Untitled, 2004
Acrilico e collage su lino
114 × 88 cm

Lo stile di Laura Owens è di un pluralismo strategico. Il suo eclettismo, l'immaginario bizzarro
e il sovvertimento dei generi potrebbero indurre l'osservatore a mettere in dubbio la sua "serietà" di pittrice,
eppure la Owens, dal punto di vista storico- artistico è una delle artiste più abili della sua generazione. Con
audace irriverenza e scherzosa noncuranza per le categorie estetiche tradizionali, la Owens mutua liberamente
i materiali di partenza sia da un eterogeneo canone di arte "alta" sia da forme più quotidiane di cultura visiva.
La "*palette* stilistica" cui attinge comprende i dipinti di Henri Rousseau e di Joan Miró, il *pointillisme*, la Op Art,
il Color Field, gli *ukiyo-e* giapponesi (stampe realizzate con blocchi di legno), i manoscritti indiani, i paesaggi
classici cinesi, i ricami del Settecento, l'arte folk americana, l'illustrazione botanica e il design dei tessuti. A questo
proposito l'artista dichiara: "Non mi vergogno a produrre dipinti il più possibile grandiosi e ridicoli."

Le opere presentate a Palazzo Grassi, realizzate tra il 1998 e il 2006, testimoniano la particolare miscela
di riferimenti nella produzione dell'artista – dipinti ispirati alla battaglia di Hastings dell'arazzo di Bayeux,
a un rotolo cinese dell'XI secolo in cui compaiono scimmie dal muso irsuto, ai paesaggi giapponesi, alla
monumentale *La Joie de vivre* [La gioia di vivere] (1905-1906) di Matisse, a motivi tessili raffiguranti uccelli e piante
disegnati dall'architetto austriaco Josef Frank. Da questa massa eterogenea la Owens sembra proporre un
pantheon profondamente democratico della storia dell'arte. Il critico d'arte Gloria Sutton definisce la sua "una
pratica *engagé* che cerca di imparare da ciò che è trascurato e si impegna a portare in primo piano nell'arte
contemporanea ciò che normalmente è sottovalutato".

Questi sette dipinti evidenziano un altro tratto caratteristico della pratica di Laura Owens: la diversità delle
tecniche formali e concettuali impiegate in ogni opera. L'artista utilizza, ad esempio, metodi estremamente
contrastanti di applicazione del colore: dagli impasti densi agli acquerelli dai colori tenui, dalle pennellate delicate
alle coloriture profonde. Queste variazioni tecniche sono tutt'altro che capricciose: Laura Owens sceglie infatti
accuratamente ogni "strumento" dal proprio arsenale pittorico con l'intento di rivelare come la pittura agisca
da sistema di rappresentazione. In *Untitled* [Senza titolo] (2004), l'artista spreme generosamente un tubetto
di colore blu per ottenere la rappresentazione schematica di gabbiani in volo, sullo sfondo di un cielo notturno
in stile impressionista. Qui il contrasto voluto dei due tipi di applicazione – una deliberatamente cruda, l'altra

piuttosto lirica – riflette due diverse forme di rappresentazione. L'artista attira l'attenzione dell'osservatore sull'effetto dei diversi linguaggi pittorici, seducendolo al tempo stesso con una pittura di paesaggio affascinante e misteriosa.

Il legame concettuale della Owens con l'architettura della pittura è evidente anche nel modo in cui le sue opere usano e costruiscono lo spazio. In *Untitled* (1999), due strette tele verticali raffigurano due scimmie che si fissano, sullo sfondo di un paesaggio minimalista. I due quadri sono appesi alla stessa altezza alle due estremità della sala, in modo che il muro vuoto che li separa diventa parte integrante della composizione. Come ha notato il curatore Russell Ferguson, la pittura tradizionale cinese su rotolo che ha ispirato questo dittico ha fornito all'artista non solo un motivo iconografico, ma anche un modello per "trasformare la piattezza bidimensionale in profondità e formulare un'alternativa al sistema prospettico occidentale". Allo stesso modo, *Untitled* (1998) sfida le tradizionali regole compositive della pittura postrinascimentale. Il paesaggio è dominato da un'area di tela nuda, che cancella del tutto la linea dell'orizzonte che normalmente caratterizza questo genere pittorico. Solo l'indicazione di un ramo sul bordo sinistro della tela e l'accenno a un ruscelletto blu nell'angolo inferiore consentono all'osservatore di completare mentalmente il paesaggio. L'approccio pluralista in continua evoluzione rispetto ai meccanismi formali, alle tecniche e ai generi permette all'artista di approfondire il modo in cui i quadri agiscono sia sul piano funzionale sia visivo. Come dichiara la stessa Owens per descrivere il proprio lavoro: *"Sono sempre interessata ai possibili effetti di un'opera – e a metterli in discussione."*

LAURA OWENS

Laura Owens è nata nel 1970 a Euclid, Ohio. Ha studiato presso la Rhode Island School of Design di Providence fino al 1992, proseguendo i suoi studi artistici presso la Skowhegan School of Painting and Sculpture di Skowhegan e completando poi la sua formazione al California Institute of the Arts di Valencia, California. La capacità pittorica della Owens è stata riconosciuta in molteplici occasioni, come dimostrano l'assegnazione del Baloise Art Prize in occasione di "Art 30 Basel" (sezione "Art Statements"), nel 1999, e le numerose e significative personali a lei dedicate: Sadie Coles HQ, Londra (1997, 1999, 2006); Gavin Brown's enterprise, New York (1997, 1988, 2004); Isabella Stewart Gardner Museum, Boston (2001); Museum of Contemporary Art, Los Angeles (2003); Kunsthalle Zürich, Zurigo (2006); Bonnefantenmuseum Maastricht, Maastricht (2007); Ausstellungshalle zeitgenössische Kunst Münster, Münster (2007). Tra le collettive: "L.A.C.E. Annuale", Los Angeles Contemporary Art Exhibitions, Los Angeles (1994); "Wunderbar", Kunstverein, Amburgo (1996); "Vertical Painting Show", P.S.1 Museum, New York (1997); "New Work: Painting Today", San Francisco Museum of Modern Art, San Francisco (1999); "Examining Pictures: Exhibiting Paintings", Whitechapel Art Gallery, Londra – Museum of Contemporary Art, Chicago – UCLA Hammer Museum, Los Angeles (2000); "Canvas: Contemporary Painting from the Collection", Guggenheim Museum, New York (2000); "Public Offerings", Museum of Contemporary Art, Los Angeles (2001); "Eight Propositions in Contemporary Drawings", Museum of Modern Art, New York (2002); Whitney Biennial, Whitney Museum of American Art, New York (2004); "After Cezanne", Museum of Contemporary Art, Los Angeles (2005); "Essential Painting", National Museum of Art Osaka, Osaka (2006); "The Fluidity of Time: Selections from the MCA Collection", Museum of Contemporary Art, Chicago (2006).
Laura Owens vive e lavora a Los Angeles.

BIBLIOGRAFIA SELEZIONATA

Beatrix Ruf (a cura di), *Laura Owens*, catalogo della mostra, Kunsthalle Zürich, JRP/Rinigier, Zürich 2006.
Louise Lawler, *Twice Untitled and Other Pictures*, The Mit Press, Massachusetts 2006.
Cherry Smyth, *Laura Owens*, in "Modern Painters", luglio-agosto 2006, p. 112.
Dominique von Burg, *Laura Owens: Von der Suche nach der unbeschränkten Freiheit in der Kunst*, in "Kunst-Bulletin", 6, luglio-agosto 2006, pp. 44-46.
George Baker, Jack Bankowsky, Andrea Fraser, Philipp Kaiser, Isabelle Grae, *Louise Lawler And Others*, Cantz Publisher, Germania, 2004.
Paul Schimmel (a cura di), *Laura Owens*, catalogo della mostra, Museum of Contemporary Art, Los Angeles 2003.
Louise Lawler, *An Arrangement of Pictures*, Assouline, New York 2000.
Louise Lawler, Dietmar Elger, Thomas Weski, *Louise Lawler: For Sale*, Cantz Publisher, Germania, 1994.

"Un mucchio di gente vorrebbe essere qualcun altro. E ad alcuni di noi piacerebbe scambiare le parti con altri, conservando quello che ci piace e liberandoci di ciò che non sopportiamo. Qualcuno vorrebbe provare, anche solo per un giorno, a vestire i panni di una persona per cui magari prova ammirazione o persino invidia, per vedere com'è, per capire se è davvero come gli hanno sempre detto."

Richard Prince, *Why I go to the movies alone* (1980)

Chi è Richard Prince? Un (ri)fotografo o un pittore? Uno scultore? Un bibliofilo? Uno scrittore? Forse un cowboy? Un motociclista? Un attore di film di serie B o un cabarettista? Coltivando deliberatamente un'aura di mistero attorno alla propria attività, Prince ha fatto tutto ciò che era in suo potere per non essere inchiodato a una definizione. È ossessionato dal lato oscuro della cultura pop americana. Utilizza in maniera intercambiabile stili e mezzi espressivi diversi, allo stesso modo in cui incarna vari personaggi che esprimono i suoi temi ricorrenti: un pantheon di antieroi controcorrente.

Nei tardi anni settanta, le prime opere di Prince erano considerate un esempio autorevole della scuola di fotografia "appropriazionista" o "postmoderna", una categoria piuttosto ampia che includeva artisti come Jack Goldstein, Louise Lawler, Sherrie Levine, Laurie Simmons e Cindy Sherman. "Ri-fotografando" immagini tratte da riviste e rivendicandole come proprie – come nel caso della celebre serie di *Cowboys*, iniziata nel 1980 e tratta dalle pubblicità delle Marlboro – Prince ha messo in discussione i concetti di paternità artistica analizzando al tempo stesso la politica della rappresentazione e la problematica dell'identificazione di genere. Immagine arcadica della virilità americana, i Marlboro Men hanno attratto Prince per il loro machismo innato e le forti connotazioni romantiche, qualità che resistono nonostante il loro impiego in banali pubblicità di sigarette.

Presentata qui a Palazzo Grassi, la serie *Entertainers* [Intrattenitori] (1983) applica la tecnica della ri-fotografia a ritratti di "attrici" dilettanti. Evocando una fila di lapidi nere poggiate contro la parete, l'ordine formale delle foto sorprende l'osservatore – Prince non rivela nulla sull'identità di queste donne dall'aspetto ordinario – mentre i soggetti appaiono nostalgici e patetici. Parlando di ciò che lo ha ispirato nella creazione di questa serie, Prince ha detto: *"Volevo creare un'immagine che sembrasse fatta da qualcun altro. Queste foto sono venute prima di Photoshop. Prima del digitale. Prima dei computer. Ma avevano comunque quel look 'impossibile'. Una nube color porpora. Erano al tempo stesso a fuoco e fuori fuoco... Erano sovradeterminate. Psicologicamente su di giri. Artificiali. Falsi giapponesi. Buffonate da Times Square... Erano ritratti di persone dell'industria dello spettacolo. Non gente di successo. Una via di mezzo. Alla ricerca del 'dolce profumo del successo'. Pittoresche e colorate senza bisogno di ritocchi 'artistici'. Gente che puoi trovare nelle pagine del gossip sul 'New York Post'. Tutte avevano un nome, inventato e scritto in modo differente."* [1] Con le loro pose da seduttrici e gli sguardi provocanti, le "attrici" di terza categoria ritratte da Prince sono personaggi pietosi, vittime del lato oscuro del sogno americano.

Alla fine degli anni ottanta, Prince ha ampliato il proprio vocabolario artistico fino a comprendere la pittura. In un processo analogo all'appropriazione delle fotografie altrui, ha cominciato a ridisegnare e in seguito a dipingere fumetti e vignette prese da riviste quali "Playboy" e "The New Yorker". Sorprendenti nel loro uso della "mano" al posto dell'obiettivo anonimo della macchina fotografica, i primi dipinti di Prince erano eseguiti con la tecnica della serigrafia che trasferiva i testi dei suoi *Jokes* su tele dipinte monocromatiche. Se il loro aspetto pittorico era senza precedenti, questi *Jokes* erano un materiale ideale per Prince che

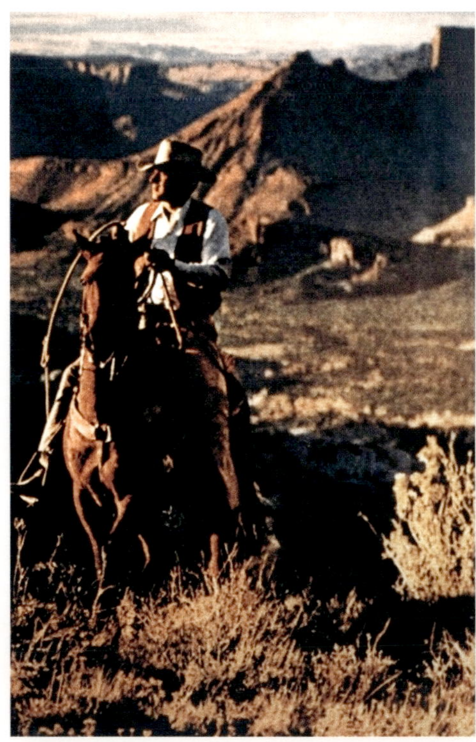

Richard Prince
Untitled (Cowboy), 1987
Ektacolor
61 × 50 cm

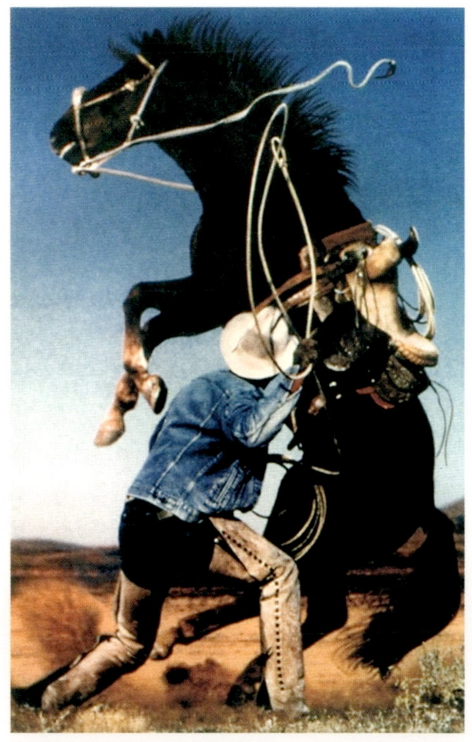

Richard Prince
Untitled (Cowboy), 1997-1998
Ektacolor
152 × 101 cm

identificava un umorismo molto specifico: "stile anni cinquanta, Middle America, umorismo stile *Borscht Belt* [con riferimento alle battute fulminanti e spesso auto-denigratorie, tipiche degli attori che si esibivano in questa zona turistica delle Catskill Mountains di New York frequentata soprattutto da ebrei newyorchesi] che affronta questioni come l'identità sessuale, di classe e di razza"[2]. Così come le fonti dei suoi lavori fotografici, anche questi *Jokes* erano (ri)presentati come privi di paternità. Dal punto di vista tematico, affrontavano argomenti sociali "caldi", tabù, e altre questioni spinose – tipico un titolo come *Why Did the Nazi Cross the Road?* [Perché i nazi hanno attraversato la strada?] (1991) –, riflettendo i temi proibiti su cui era incentrata la sua pratica (ri)fotografica.

Nel 1991, Prince ha creato quattro *Jokes* per un'ambiziosa mostra collettiva dal titolo "Metropolis", organizzata al Martin Gropius Bau poco dopo la riunificazione di Berlino. L'obiettivo dei curatori della mostra era quello di presentare un panorama di artisti internazionali impegnati nella realtà urbana contemporanea in un momento storico segnato da grandi cambiamenti politici e sociali. La risposta di Prince si concretizzò in quattro monumentali dipinti alti oltre quattro metri. Presentate qui per la prima volta dall'epoca di "Metropolis", dal punto di vista compositivo queste opere sono del tutto eccezionali nella produzione dell'artista. Su uno sfondo dipinto di colore bianco crema, Prince ha sovrapposto a strati frammenti di immagini e testi usando stampe serigrafiche – un processo durato ventiquattr'ore e documentato dallo stesso Prince in un raro filmato d'archivio presente in mostra insieme ai dipinti. Ogni dipinto è dominato

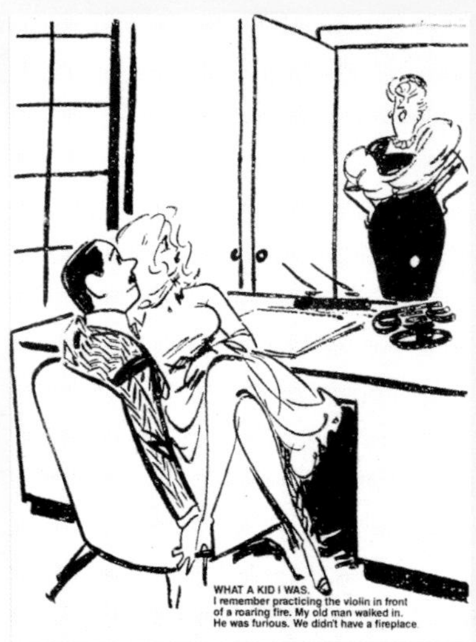
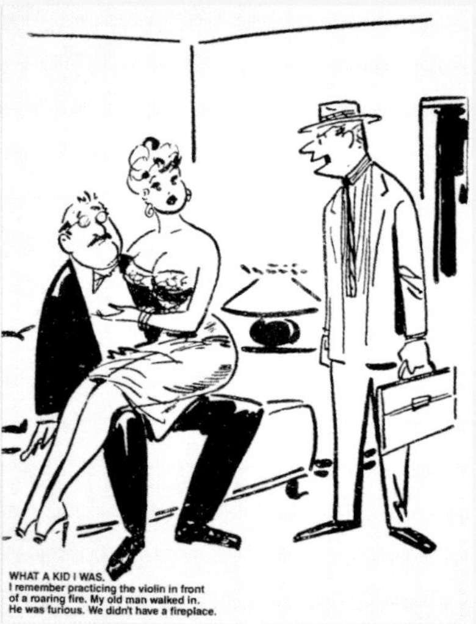

Richard Prince
What a Kid I Was #2, 1989
Acrilico e serigrafia su tela
190 × 147 cm

Richard Prince
What A Kid I Was, 1988
Acrilico e serigrafia su tela
190 × 147 cm

da fotogrammi di pugili colti in varie pose. Secondo l'artista, l'immaginario che avvolge il *boxeur "ha a che fare con il genere. Qualcosa che riguarda la mascolinità e con cui personalmente non ho niente a che fare. Ho sempre trovato che le fotografie dei pugili in azione somiglino alla scena di un balletto, posture che hanno a che fare con le lezioni di disegno di figura. Uomini quasi nudi. Sempre in coppia. In bianco e nero. Con le scarpe a stringhe e i guantoni rigonfi...* "[3].

Rozzi disegni a mano di interni domestici, con lampade, finestre, letti e cornici, si alternano sopra e sotto alle immagini dei pugili, insieme a frammenti di fumetti stile "New Yorker" e fotografie indecifrabili. In basso, su tre delle quattro tele, l'artista ha composto i testi di varie barzellette sconce, prive di ogni rapporto con il contenuto grafico delle opere. Sotto il profilo stilistico la metodologia di questo rebus pittorico ricorda Robert Rauschenberg, pioniere nell'uso di immagini fotografiche di seconda mano mascherate in composizioni apparentemente improvvisate. Come Rauschenberg, inoltre, il bizzarro "campionamento" di immagini e testi dissonanti operato da Prince sembra proporre un insieme codificato di significati. Nella prosa immaginifica che gli è propria, Prince ha scritto che questi dipinti: *"erano enormi fumetti. Aggressivi... Pantere nere... Spia contro spia... Opere di protesta... Grossi e arrabbiati... Caricati, iniettati, imbottiti di droga e fatti passare di contrabbando... Avrebbero dovuto essere esposti a Cuba... Avevano gli altoparlanti... Col naso tutto pieno di polvere sono stati dipinti nella Manhattan ancora più bassa"*[4].

NOTE
[1] *In the Picture: Jeff Rian in conversation with Richard Prince*, in *Richard Prince*, Phaidon Press, London 2003, pp. 14-15.
[2] Lisa Phillips, *People Keep Asking: An Introduction*, in *Richard Prince*, Whitney Museum of Art, New York 1992, p. 42.
[3] Conversazione via e-mail con l'autore, 17 marzo 2007.
[4] *Ibidem*.

RICHARD PRINCE

Richard Prince è nato nel 1949 nella zona del canale di Panama.
Luogo che ha segnato la sua adolescenza per problemi di
cittadinanza, di immigrazione e di riconoscimento di
nazionalità. Molti avvenimenti personali sono stati significativi
e influenti nella sua arte fin dagli anni ottanta: il lavoro presso
Time Life lo ha avvicinato alla fotografia e al mondo
pubblicitario; i contatti con gli psichiatri hanno influenzato
la serie dei quadri con i suoi *jokes*; il mondo infermieristico, a cui
era legata la sua famiglia (nonna, cugine, madre e sorella) è stata
la fonte per la serie pittorica delle infermiere. Prince ha esposto
le sue fotografie per la prima volta in Germania nel 1978, data
che segna l'avvio di numerose mostre personali: Metro Pictures,
New York (1981, 1982); Whitney Museum of American Art,
New York (1992); Barbara Gladstone Gallery, New York (1988,
1989, 1991, 1993, 1995, 1998, 2000, 2002, 2003, 2005); Stuart
Regen Gallery, Los Angeles (1991, 1993, 1995, 1998, 2001, 2004);
"Richard Prince: Canaries in the Coal Mine", Astrup Fearnley
Museum, Oslo (2006). Esposizioni collettive: "Suburban Home
Life: Tracking the American Dream", Whitney Museum of
American Art (1989); "Art et Publicité 1890-1990", Centre
Georges Pompidou, Parigi (1990); "Word as Image: American
Art 1960-1990", Milwaukee Museum of Art, Milwaukee
(1990); "Documenta IX", Kassel (1992); "Photocollages",
Le Consortium, Nouvelles Scenes 95, Digione (1995); "Let's
Entertain", Walker Art Center, Minneapolis (2000); "Parkett,
Collaborations and Editions since 1984", Museum of Modern
Art, New York (2001); "Delays and Revolutions", Biennale
di Venezia, Padiglione Italia, (2003); "Biennial Exhibition",
Whitney Museum of American Art, New York (2004);
"Magritte and Contemporary Art: The Treachery of Images",
Los Angeles County Museum of Art, Los Angeles (2006);
"Robert Mangold, Richard Prince", Andrea Rosen Gallery,
New York (2007).
Richard Prince vive e lavora a Rensselaerville, New York.

BIBLIOGRAFIA SELEZIONATA

Gunnar B. Kvaran, Nate Lowman, John Kelsey, Vincent
Pécoil, *Richard Prince - Canaries in the Coal Mine*, Astrup Fernley
Museum, Norvegia, 2007.
Richard Prince, *Jokes & Cartoons*, Jrp/Ringier, Svizzera, 2006.
Richard Prince, *Naked Nurses*, JMC & GHB, New York 2006.
Richard Prince, *American Dream: Collecting Richard Prince for 27
Years*, Rubell Family Collection, Miami 2005.
Richard Prince, *Richard Prince: Nurse Paintings*, Barbara
Gladstone Gallery, New York 2004.
Jeff Rian, Rosetta Brooks, Luc Sante, *Richard Prince*, Phaidon,
London 2003.
Richard Prince, Sadie Coles, *Richard Prince: American English*,
Verlag Der Buchhandlung Walther Konig, Germania, 2003.
Richard Prince, Larry Clark, *4x4*, PowerHouse Books, New
York 2002.
Richard Prince, Whitney Museum of Art, New York 1992.
Richard Prince, *Richard Prince: Jokes Gangs Hoods*, D.A.P, New
York 1992.
Richard Prince, *Why I Go to the Movies Alone*, Barbara Gladstone
Gallery, New York 1983.

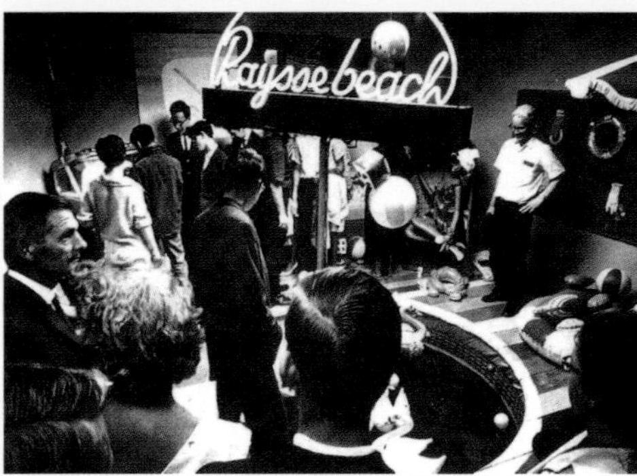

Martial Raysse
Installazione *Raysse Beach*, 1962,
Stedelijk Museum, Amsterdam

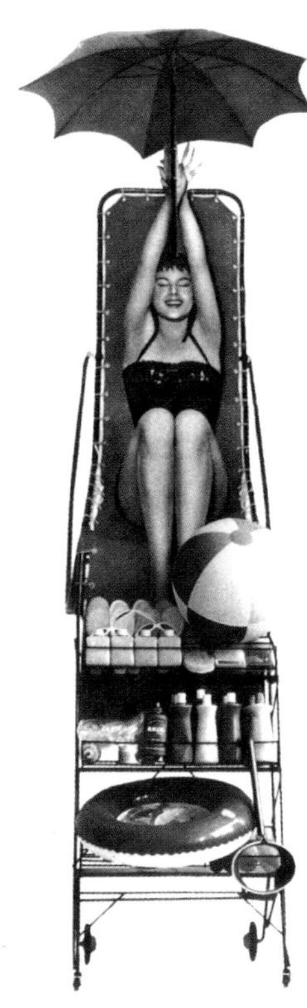

Martial Raysse
Hygiène de la Vision n° 7, 1960
Tecnica mista
210 × 100 cm

Anticipando l'opera dei colleghi del Pop americano, Martial Raysse ha cominciato la sua carriera realizzando quadri innovativi e *assemblages* scultorei ispirati alla pubblicità e agli oggetti di consumo. Insieme a Yves Klein e Arman, amici artisti, nati come lui a Nizza, Raysse iniziò a farsi conoscere come membro dei *Nouveaux Réalistes*, movimento nato nel 1960 il cui nome fu coniato dal critico-guru Pierre Restany; il gruppo, composto da sette artisti francesi, era caratterizzato dall'interesse comune per gli scarti industriali della moderna realtà urbana e per il gesto anti-arte alla Duchamp. In questi primi anni, Raysse creò numerose opere originali, tra cui la serie *Hygiène de la Vision* [Igiene della visione] (1960), *assemblages* scultorei realizzati con oggetti commerciali di recupero, come scatole di detersivo o piccoli giocattoli di plastica, che ironizzano sull'esposizione e il *packaging* delle merci quotidiane a buon mercato.

Anticipare l'uso di oggetti di consumo che sarà tipico di Andy Warhol è solo uno dei gesti profetici di Raysse; con l'installazione rivoluzionaria dal titolo *Raysse Beach* (1962) esposta allo Stedelijk Museum di Amsterdam, l'artista ha precorso anche l'"arte ambientale" e l'"arte di installazione". L'opera evoca l'atmosfera di una vacanza estiva accostando quadri dai colori brillanti che raffigurano donne in costume da bagno a una piscina gonfiabile con erba artificiale, giochi di plastica, ombrelloni, un juke-box e un'insegna al neon lampeggiante. Imitando le tecniche espositive delle vetrine dei grandi magazzini, questo paradiso artificiale annuncia numerosi temi ed espedienti formali che caratterizzeranno la produzione dell'autore nel successivo decennio. Egli stesso in quel periodo proclamava: *"Io sono un pittore di simulacri. Dipingere non significa imitare la vita, ma ricrearla!"*.

Benché siano esposte a Palazzo Grassi le opere più antiche di Raysse, questi primi lavori sono in perfetta sintonia con quelli dei suoi colleghi più giovani. Datati tra il 1962 e il 1966, i ritratti in mostra stupiscono ancora oggi per il loro apporto inventivo alla tecnica della pittura convenzionale. In quegli anni Raysse si concentrava esclusivamente su soggetti femminili, appropriandosi di anonimi stereotipi tratti dalla pubblicità e da fonti appartenenti alla storia dell'arte – Ingres, Tintoretto e Lucas Cranach. *Seventeen (Titre journalistique)* [Diciassette (Titolo giornalistico)] (1962) esemplifica il suo metodo esclusivo di pittura/*assemblage*: l'opera è costruita applicando collage e pittura dai colori sgargianti sulla fotografia di una "bella" donna, con l'aggiunta successiva di un oggetto tridimensionale sulla superficie del quadro – in questo caso una cornice verde che circonda l'occhio sinistro della modella, truccato con vero make-up luccicante.

Portrait of an Ancient Friend [Ritratto di un vecchio amico] (1963), *Made in Japan* [Eseguito in Giappone] (1963) e *Conversation Printanière* [Conversazione primaverile] (1964) sono anch'essi un mélange di pittura, collage e *assemblage*; tuttavia, qui le donne sono "volgarizzazioni" tratte da capolavori molto noti. Raysse ha affermato che la motivazione concettuale di questi lavori sta nella ricerca della bellezza: *"La bellezza è cattivo gusto. L'ipocrisia va condotta fino al suo limite estremo. Il cattivo gusto è il sogno di una bellezza troppo desiderata."*

L'uso sistematico dei tubi al neon è un'altra caratteristica distintiva dei primi lavori di Raysse, evidente in *Noon Mediterranean Landscape* [Paesaggio mediterraneo a mezzogiorno] (1966) e nella grande scultura *Quatre pas dans les nuages* [Quattro passi fra le nuvole] (1966). Raysse è attratto dal neon – sia in quanto fonte di luce intensa sia per la palette di colori brillanti e corrosivi – per la sua ovvia artificialità e per il suo stretto legame con gli ambienti urbani. *"Il neon è l'espressione più fedele della vita moderna"*, dichiarò. In *Noon Mediterranean Landscape* i tubi arancioni a forma di L evocano il sole della Costa Azzurra e con la stessa evidenza il semplice uccellino di neon dietro la nuvola di plexiglas blu evoca un cielo "dei sogni" – tutto ciò senza ricorrere alla rappresentazione naturalistica.

Grazie all'uso innovativo dell'*assemblage* e all'introduzione di materiali non convenzionali come il neon e il *flocking*, Raysse continua ad avere grande influenza sulla generazione di artisti successiva alla sua. A Palazzo Grassi la sua opera è esposta in due sale, accanto ai quadri e alle sculture del giovane artista tedesco Anselm Reyle. Sebbene il lavoro di quest'ultimo sia più astratto, egli cita Raysse come una delle sue grandi fonti di ispirazione, in particolare per l'uso del neon – caratteristico dell'inizio della carriera dell'artista francese – come significante del "moderno" per eccellenza. In questo dialogo tra due generazioni, le opere di Raysse risalenti agli anni sessanta risultano altrettanto vitali di quelle di Reyle eseguite tre anni fa. Si tratta quindi del giusto omaggio reso a un artista autenticamente visionario.

MARTIAL RAYSSE

Martial Raysse è nato a Golfo Juan nel 1936. Esponente del Nouveau Réalisme e della corrente Pop francese, Raysse è rimasto legato al suo paese d'origine, che non ha mai abbandonato e dove tutt'oggi vive e lavora (Dordogna). È un artista interessato non solo alle arti visive (pittura, disegno, arti plastiche, scultura), ma anche alla scrittura (molti sono i testi e i cataloghi da lui redatti fin dagli anni sessanta) e alla filmografia (è autore e regista di film a colori da 35 e 16 mm: *Jésus Cola*, 1966; *Homero Presto*, 1967; *Camembert Martial extra-doux*, 1969; *Le Grand Départ*, 1970). Raysse nella sua lunga carriera, sin dalla fine degli anni cinquanta, ha partecipato a numerose esposizioni collettive in musei internazionali quali il Museum of Modern Art, New York ("The Art of Assemblage", 1961; "Pop Impressions: Prints and Multiples 1960-1975", 1999); Musée d'Art Moderne de la Ville de Paris, Parigi ("Salon Comparaisons", 1962; "Mythologies Quotidiennes", 1964, 1960; "Les Nouveaux Réalistes", 1986); Musée des Arts décoratifs, Parigi ("Peintres Européens d'aujourd'hui", 1969); Musée du Louvre, Parigi ("Le Bain turc d'Ingres", 1971); Centre Georges Pompidou, Parigi ("Paris-New York", 1977; "Les Années Pop", 2000; "Les Nouveaux Réalistes", 2007); Akademie der Künste, Berlino ("Neue Realisten und Pop Art", 1964); Palais des Beaux-Arts, Bruxelles ("Pop Art, Nouveau Réalisme", 1965). Ha inoltre partecipato a importanti manifestazioni artistiche come il "Salon des Réalités Nouvelles" e il "Salon de la Jeune Sculpture" di Parigi (1960); La Biennale di Venezia (1966, 1976, 1982); "Documenta IX", Kassel (1992). Altrettanto numerose le retrospettive organizzate in sedi espositive di tutto il mondo: Bruxelles, Palais des Beaux-Arts (1967); Amsterdam, Stedelijk Museum (1965); Parigi, Galerie Alexander Iolas (fin dagli anni sessanta), Centre Georges Pompidou (1981, 1997), Galerie Nationale du Jeu de Paume (1992) e Galerie de France (1996, 2000, 2005); Nizza, Monte Carlo, Milano, Venezia, Londra, Anversa, Berna, New York, Los Angeles (Dwan Gallery), Chicago (Museum of Contemporary Art, 1968); Pechino, Musée de l'Institut Central des Beaux-Arts (2000).

BIBLIOGRAFIA SELEZIONATA

Béatrice Salmon, *Martial Raysse, Chemin Faisant, Frère crayon et Sainte Gomme*, catalogo della mostra, Centre Pompidou, Éditions du Centre Pompidou, Paris 1997.
Martial Raysse, catalogo della mostra, Galerie nationale du Jeu de Paume, Carré d'art, Musée d'art contemporain de Nîmes, Réunion des musées nationaux, Paris 1992.
Otto Hahn, *Martial Raysse ou l'obsession solaire*, in "Journal des Arts plastiques", 31, febbraio 1967.
Pierre Restany, *Martial Raysse*, in "Arts", 837, 4-10 ottobre 1961, p. 16.

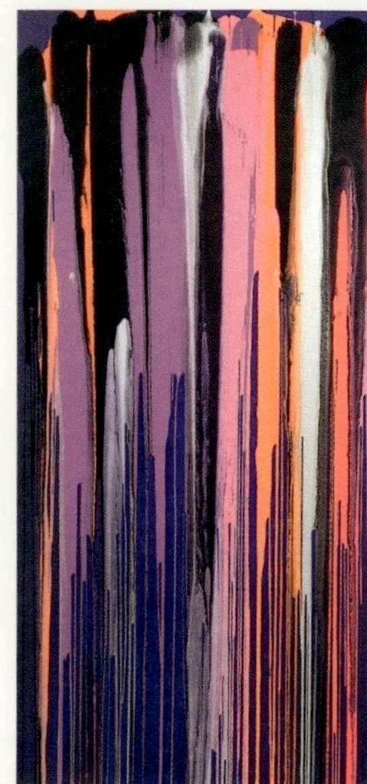

Anselm Reyle
Untitled, 2006
Tecnica mista su tela
298 × 140 cm
Collezione François Pinault

L'arte di Anselm Reyle si fonda sulla fede nel potere del *cliché*. Nei suoi dipinti e nelle sue sculture, eseguiti in una grande varietà tecnica e stilistica, Reyle "cita" deliberatamente i segni più noti dell'arte astratta – il dripping, le macchie del gestuale, la ripetizione seriale, le forme africaneggianti, le strisce dai bordi spessi, i campi di colore monocromatici – nell'appassionato tentativo di resuscitare linguaggi del passato. Con una fiducia tenace e ottimistica nel formalismo, l'artista prende in prestito i tropi visivi dalla storia del modernismo per recuperare, a suo dire, "lo stereotipo e infondergli nuova vita". Ne risulta un utilizzo ben amalgamato di mezzi formali che rende omaggio a una cerchia canonica di artisti del Novecento, da Blinky Palermo a Ellsworth Kelly, da Otto Freundlich a Richard Tuttle.

Reyle tratta le sue fonti storico-artistiche come fossero *objets trouvés*, mescolandole e associandole secondo le sue necessità. Il vocabolario formale dei giganteschi monocromi neri esposti a Palazzo Grassi, ad esempio, rivela numerose radici: l'espansa e purista pennellata nera ricorda le tele suprematiste di Kazimir Malevič oppure il nero su nero di Ad Reinhardt degli anni sessanta, mentre la consistenza granulosa della pittura evoca le tele informali di Tàpies e Fautrier, che aggiungevano al colore sabbia o altri materiali organici arricchendo così la "sostanza" del loro impasto pittorico. Reyle esamina attentamente questi residui metaforici della pittura modernista e trasforma "brandelli" stilistici in una forma completamente nuova di pittura.

Nelle opere tridimensionali, Reyle prende alla lettera questo approccio da "riciclatore". L'installazione scultorea *Untitled* [Senza titolo] (2006) consiste in un accumulo di tubi al neon dai colori brillanti, sospesi in una stanza come un disegno astratto fluttuante nel vuoto. Per i materiali, l'artista è ricorso a fabbricatori di neon berlinesi che gli hanno gentilmente fornito centinaia di tubi avanzati provenienti dai loro laboratori. Con questi pezzi, Reyle ha orchestrato una costellazione lirica di luci e colori che evoca l'idea generica di uno scarabocchio espressionista disegnato nell'aria. Reyle attribuisce la propria attrazione per il neon (sia in quanto materiale sia come *palette* di colori) all'ammirazione per l'artista Martial Raysse, esponente del Nouveau Réalisme. Per rendere omaggio a questo legame tra diverse generazioni, Palazzo Grassi mette in mostra accanto alle opere di Reyle una selezione della produzione giovanile di Raysse, databile agli anni sessanta, caratterizzata da un uso pionieristico dell'immaginario pop, dell'*assemblage* e del neon.

Harmony (2006), un'altra opera tridimensionale di Reyle, sembra giocare allo stesso modo con un'idea generalizzata di scultura "moderna". Per questo lavoro, l'artista ha ingrandito un piccolo souvenir africano di steatite che aveva trovato nella credenza di sua madre. Dopo averne fatto un calco in ottone lo ha rivestito di brillante smalto colorato. Reyle spiega che questo strano oggetto biomorfico lo ha attratto perché "è il simbolo della scultura moderna [...] la persona che lo ha fatto deve aver visto le opere di Henry Moore". L'oggetto africano trasformato evoca la "primitivizzazione" della forma iniziata dagli scultori dei primi del Novecento, come Brancusi, che cercarono fonti di ispirazione nell'arte tribale non occidentale, ma fa anche riferimento alla volgarizzazione del tardo modernismo che si manifesta nei banali oggetti di uso quotidiano.

Le opere esposte a Palazzo Grassi, così diverse dal punto di vista stilistico, eppure molto affascinanti, ci ricordano – per quanto oggi possa apparire banale – la necessità di apprezzare il piacere visivo e di credere nell'eterna vitalità dell'esperienza estetica.

ANSELM REYLE

Anselm Reyle è nato nel 1970 a Tübingen, Germania.
Formatosi e laureatosi presso la Staatliche Akademie der
Bildenden Künste Karlsruhe nel 1997, Reyle trae ispirazione
da artisti come Blinky Palermo, Sigmar Polke e Richard Tuttle,
per poi dirigersi verso un percorso incentrato sia sull'astrazione
pittorica sia sulla sinuosità scultorea delle forme. La sue prime
mostre individuali si sono svolte a Berlino, presso la Galerie
Giti Nourbakhsch (tra il 1999 e il 2000) e nella capitale italiana,
negli spazi della galleria Roma Roma Roma (2002); il suo
debutto newyorkese risale invece al 2004, quando si è
inaugurata la sua personale presso la Gavin Brown's enterprise.
A seguire: The Modern Institute, Glasgow (2004 e 2007);
"Licht und Farbe", NAK Neuer Aachener Kunstverein,
Aachen (2004); "Ars Nova", Kunsthalle Zürich, Zurigo (2005);
"The Construction of Harmony", Galerie Almine Rech, Parigi
(2007); Gavin Brown's enterprise, New York. Tra le collettive
si ricordano: "Feedback Orchester", Stubnitz, Hamburg und
Finks, Berlino (2000); "Viva November", Kunstverein
Wolfsburg, Wolfsburg (2001); "Der Zauber des Verlangens",
NBK Neuer Berliner Kunstverein, Berlino (2002); "Definitively
provisional", Whitechapel Project Space, Londra (2003);
"Unplugged", Galleria Civica di Arte Contemporanea, Trento
(2003); "Strange I've Seen That Face Before", Gallery of
Modern Art, Glasgow (2004); "Painting in Tongues", Museum
of Contemporary Art, Los Angeles (2006); "Classical: Modern
I", DaimlerChrylser Contemporary, Berlino (2006); "The
Artist's Dinning Room: Manfred Kuttner, Anselm Reyle,
Thomas Scheibitz", Level 2 Gallery, Tate Modern, Londra
(2007); "Old Space New Space," Gagosian Gallery, New York
(2007).
Reyle vive e lavora a Berlino.

Anselm Reyle
Untitled, 2006
Tecnica mista su tela
242 × 191 cm
Collezione François Pinault

BIBLIOGRAFIA SELEZIONATA

Will Bradley, Toby Webster, Susanne Titz, *Strange, I've seen that
face before*, catalogo della mostra, Städtisches Museum Abteiberg,
Abteistr 2006.
Matthew Collings, *How to be Brilliant*, in "Modern Painters",
aprile 2006, pp. 26-29.
Hans-Jürgen Hafner, *Anselm Reyle: Ars Nova. Auf der Uberholspur*,
in "Kunstforum International", maggio-giugno 2006,
pp. 374-376.
Anselm Reyle, Beatrix Ruf, Bruce Hainley, *Anselm Reyle: Ars
Nova*, JrP Ringier, Zürich 2006.
New German Painting, in "Artforum International", XLII, 9,
maggio 2005, p. 136.
Kirsty Bell, in "Frieze", 86, ottobre 2004, p. 153.
Dominic Eichler, *Formalismus. Moderne Kunst, heute*, Hamburg
Kunstverein, Hamburg 2004.

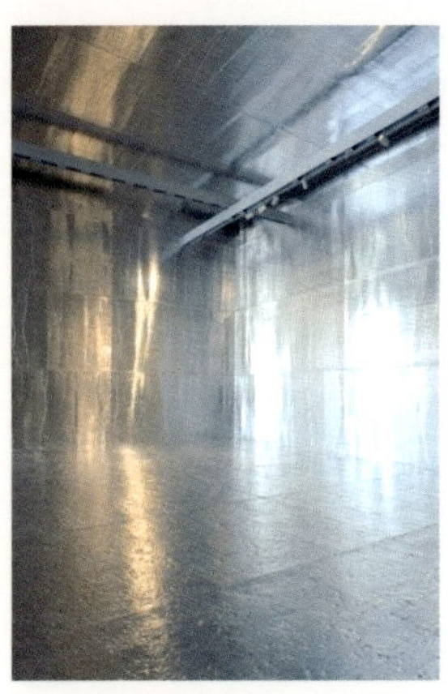

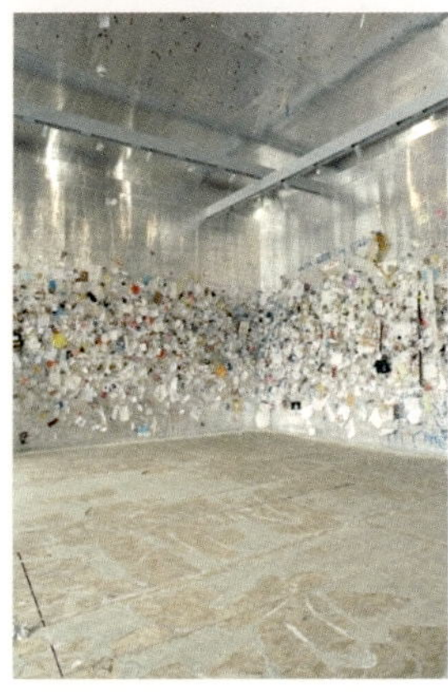

L'*idea* della pittura è centrale nell'opera di Rudolf Stingel, anche se non sempre le sue creazioni assumono la forma di un dipinto. Le riflessioni dell'artista sul *medium* assumono una molteplicità di forme e impiegano un'ampia varietà di materiali, spesso provenienti da fonti industriali. Ad esempio, coprendo un pavimento con null'altro che un tappeto colorato (come l'installazione *Untitled* [Senza titolo] alla Daniel Neuberg Gallery nel 1994), Stingel allude tanto alla pittura monocroma modernista quanto alle composizioni all over degli espressionisti astratti. Per una serie senza titolo di opere montate a parete, realizzate con pannelli isolanti in polistirene, Stingel ha "scolpito" le superfici in un ritmico disegno astratto, oppure ha punteggiato i pannelli di motivi regolari composti di cerchi e ovali. Queste manipolazioni della superficie evocano gli esperimenti pittorici irriverenti e "distruttivi" di Alberto Burri, Lucio Fontana e Piero Manzoni. Ricordando l'arte performativa del gruppo Gutai negli anni cinquanta o le *Antropometrie* di Yves Klein (impronte di corpi nudi femminili su tela) dei primi anni sessanta, Stingel ha anche realizzato "dipinti" con orme lasciate su ampie lastre di polistirene bianco o motivi casuali di impronte prodotte dal passaggio di cani su mattoni di argilla fresca (*Untitled* [Senza titolo], 2000; *1000 Bricks* [1000 mattoni], 2000).

In alcuni casi, i meta-dipinti performativi di Stingel hanno assunto dimensioni architettoniche. Durante la mostra inaugurale a Palazzo Grassi, ad esempio, Stingel ha creato un'installazione (*Untitled*, 2001) coprendo un'intera galleria (pareti, pavimento e soffitto) di pannelli isolanti argentati. Se inizialmente la sala appariva come un perfetto ambiente minimalista, nel corso della mostra i visitatori hanno non soltanto lasciato le proprie orme sull'opera, ma anche partecipato attivamente alla sua (d)evoluzione incidendo i loro nomi e disegnando graffiti su tutta la sua superficie. L'interno di *Untitled* (2006) – una scultura all'aperto realizzata in collaborazione con Franz West e presentata per questa mostra in Campo San Samuele – risponde a un principio di natura analoga. All'esterno questo "chiosco" bianco a forma di cubo supporta una delle teste di West –sculture totemiche simili a quelle dell'isola di Pasqua (*Lemure*, 2002) – mentre all'interno Stingel ha rivestito la sala con gli stessi pannelli argentati, che sono stati inevitabilmente ricoperti di graffiti durante l'esposizione del chiosco a Salisburgo nel 2002. Nella versione attuale dell'opera, Stingel ha illuminato lo spazio sospendendo uno stravagante lampadario di cristallo al soffitto del chiosco. Questo abbellimento autoreferenziale fa allusione all'aristocratica estetica rococò, *leitmotif* nell'arte di Stingel come pure nella tradizione culturale italo-austriaca del Tirolo, sua terra d'origine.

Quando applica il colore sulla tela – con scopi sia figurativi che astratti – Stingel codifica i propri gesti in un processo rigoroso. Per i suoi primi dipinti "astratti", l'artista ha pubblicato un accurato manuale di *Instructions* [Istruzioni] (1989) in cui spiegava dettagliatamente come stendere su una tela un colore a olio rosso, giallo o blu e come ricoprire il campo di colore spruzzando vernice argentata attraverso un tulle per produrre la propria cifra distintiva, ovvero una spettrale superficie minimalista. Di recente, l'artista ha usato un analogo processo serigrafico per realizzare dipinti monocromi – in oro, argento o nero – poi ricoperti da un motivo ripreso dalle antiche tappezzerie damascate. In questi dipinti Stingel fonde due tradizioni visive opposte: i monocromi e le arti decorative. Lo sfondo rende omaggio all'austerità del minimalismo, mentre il motivo floreale ripetuto, di origine cinquecentesca, celebra gli sfarzosi e decadenti interni di palazzi e saloni europei.

A Palazzo Grassi, Stingel presenta per la prima volta un'opera che deriva da questi monocromi damascati. In una delle sontuose gallerie del piano nobile, l'artista ha appeso un singolare monocromo nero che misura più di tre metri per cinque. Utilizzando una tecnica di scultura in bassorilievo, Stingel ha trasformato il motivo di una tappezzeria rococò francese in una superficie sfarzosa la cui decorazione floreale sporge dal piano dello sfondo. Oltre a richiamare le decorazioni dorate che adornano i soffitti della galleria, il dipinto rievoca il motivo in bianco e nero – ispirato a un tappeto persiano Sarouk – dell'installazione con tappeto dello stesso artista, che copre tutto l'atrio e il pianterreno del Palazzo.

Adottando un approccio sorprendentemente nuovo, Stingel ha di recente colmato il divario ideologico che contrappone astrazione e figurazione, realizzando una serie di autoritratti fotorealistici. Nelle sale che fiancheggiano il rilievo monocromatico nero, Stingel ha installato una serie di cinque dipinti pressoché identici dal titolo *Louvre (after Sam)* [Louvre (secondo Sam)] (2006). Ispirandosi a un ritratto fotografico realizzato dall'artista Sam Samore nel 2005, Stingel si ritrae di profilo, con indosso un'elegante giacca gessata; sullo sfondo, un'elaborata cornice dorata allude velatamente alla sua estetica rococò. La consapevolezza critica del proprio mutamento stilistico è segnalata da numerosi indizi formali e narrativi. L'uso della *grisaille* appare come un esplicito riferimento a Gerhard Richter, forse l'artista più importante che affronta con impegno la dialettica tra pittura figurativa e astratta. Stingel ha inoltre scelto di dipingere la stessa immagine su cinque tele distinte. Questa ripetizione implica una progressione narrativa, come in una serie di fotogrammi, sebbene le piccole variazioni da una tela all'altra rivelino che le immagini non sono riprodotte meccanicamente mediante un apparecchio fotografico bensì dipinte a mano. Stingel ha affermato di essere stato attratto da questa particolare immagine di partenza per la sua *"natura malinconica ed esistenziale"*[1]. Ha anche osservato che la creazione di questi insoliti autoritratti è stata in parte ispirata dai film di Michelangelo Antonioni, che indagano sulla mancanza di certezze e l'analisi interiore. Pur rappresentando una svolta assolutamente originale nel percorso di Stingel, questi dipinti figurativi sono analiticamente introspettivi tanto quanto le opere astratte dell'artista che affrontano criticamente l'idea di pittura.

Rudolf Stingel
Untitled, 2000
Styrofoam
240 × 480 × 10 cm
Collezione François Pinault

NOTA

[1] Da una conversazione inedita con l'autore, 20 marzo 2007.

RUDOLF STINGEL

Rudolf Stingel è nato a Merano nel 1956. È sempre rimasto legato alla sua città natale, dove ancora oggi possiede uno studio, anche se la sua città d'adozione è diventata New York. Stingel si è trasferito negli Stati Uniti nel 1987 iniziando a esporre, oltre che in America, anche in Europa: Massimo De Carlo, Milano (1989, 1992, 1997, 1999, 2004, 2006); Paula Cooper Gallery, New York (1994, 1997, 1999, 2000, 2002); mostra insieme a Felix Gonzalez-Torres, Neue Galerie am Landesmuseum Joanneum Graz, Graz (1994); Kunsthalle Zürich, Zurigo (1995); Museo di Arte Moderna e Contemporanea di Trento e Rovereto (2001); Sadie Coles, Londra (2004); Grand Central Terminal, New York e Walker Art Center, Minneapolis (2004); "Home Depot (Dornbracht Installation Projects)", Museum für Moderne Kunst Frankfurt, Francoforte sul Meno (2004); Inverleith House presso Royal Botanical Garden, Edimburgo (2006); *site installation* in occasione di "Con-sens", Bolzano (2006); Museum of Contemporary Art, Chicago (2007). Numerose le mostre collettive: P.S.1 Contemporary Art Center, Project Room, New York (1989); La Biennale di Venezia, Venezia (1993, 2003); "Dead Pan", Kunstverein München, Monaco di Baviera (1996); "Art at Home: Ideal Standard Life", Spiral Garden, Tokyo (1996); "Examining Pictures: Exhibiting Paintings", Whitechapel Art Gallery, Londra – The Museum of Contemporary Art (MOCA), Chicago – A. Hammer Museum, UCLA, Los Angeles (1999); "Painting at the Edge of the World", Walker Art Center, Minneapolis (2001); "Singular Forms (Sometimes Repeated): Art from 1951 to the Present", The Solomon R. Guggenheim Museum, New York (2004); "'Where Are We Going?' Selections from the François Pinault Collection", Palazzo Grassi, Venezia (2006); "Whitney Biennial 2006: Day for Night", Whitney Museum of American Art, New York (2006). Stingel vive e lavora tra Merano e New York.

BIBLIOGRAFIA SELEZIONATA

Rudolf Stingel, catalogo della mostra, Museum of Contemporary Art of Chicago, Yale University Press, Chicago 2007.
Chrissie Iles, Philippe Vergne, *Whitney Biennial 2006: Day for Night*, catalogo della mostra, Whitney Biennial 2006, New York 2006.
Cay Sophie Rabinowitz, *Portrait of the Artist as a Self-Portrait / Bildnis des Künstlers als Selbstporträt*, in "Parkett", 77, 2006, pp. 104-109.
Cay Sophie Rabinowitz, *Rudolf Stingel talks about his latest installation*, in "Artforum International", 9, maggio 2005, pp. 220-221.
Art from 1951 to the Present, catalogo della mostra, The Solomon R. Guggenheim Foundation, New York 2004, p. 156.
Amanda Coulson, *Rudolf Stingel*, in "Frieze", 86, ottobre 2004, p. 177.
Linda Yablonsky, *The Carpet That Ate Grand Central – Commuters to Trample 27,000 Square Feet of Blue*, in "The New York Times", 27 giugno 2004.
Belli Gabriella, Bonami Francesco, *Rudolf Stingel*, Skira, Milano 2001.

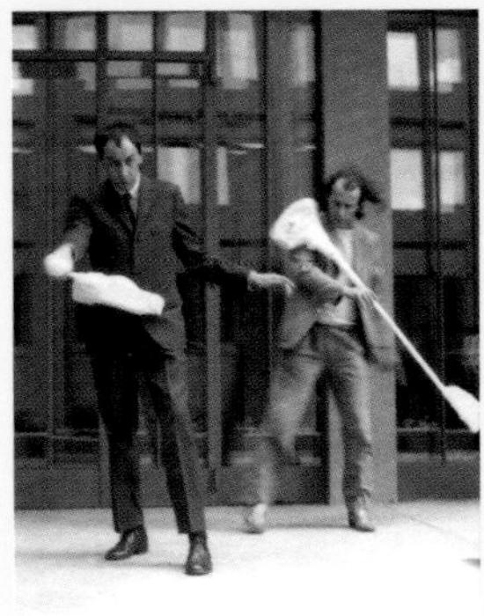

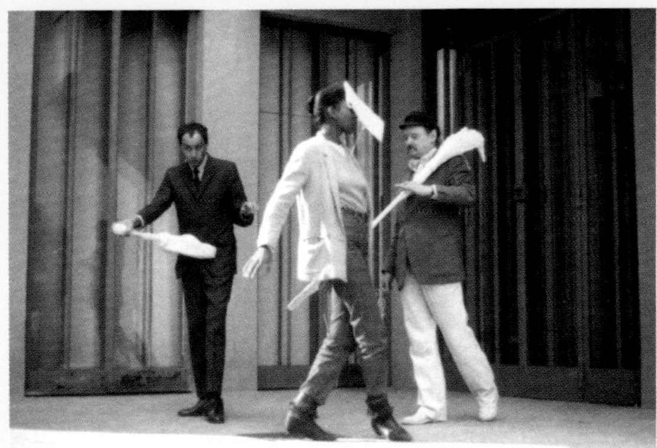

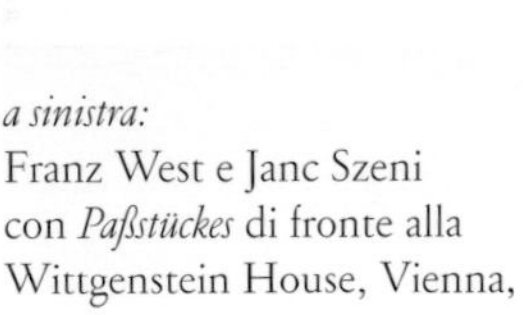

Cresciuto nel vivace ambiente dell'avanguardia artistica della capitale austriaca, Franz West è arrivato a personificare la risposta giocosa e critica al *Wiener Aktionismus* (il principale movimento dell'arte austriaca del dopoguerra, i cui esponenti erano famosi per le loro performance viscerali, in cui mischiavano sessualità e rituali pseudoreligiosi). Esordendo nel 1974, West ha avviato la sua carriera con una serie di sculture intitolate *Paßstückes* [Adattabili]. Brutte, intenzionalmente "schifose" – realizzate con scarti di legno e fil di ferro ricoperti di cartapesta e dipinti di bianco –, queste sculture erano fatte per essere manipolate, persino indossate, dall'osservatore. West le considerava delle protesi, che avrebbero attivato il corpo in maniera comica ma significativa. Con il loro assortimento infinito di forme biomorfe, i *Paßstückes* provocavano contorsioni del corpo maldestre, inorganiche, trasformando l'osservatore, normalmente passivo, in un partecipante attivo. West sosteneva che queste contorsioni rendevano "visibili le nevrosi" dell'osservatore. Con marcata intenzionalità, i *Paßstückes* facevano da contrappunto, assurdo ma psicologicamente forte, alle performance cruente e presuntuose di esponenti dell'azionismo come Günter Brus, Hermann Nitsch, Otto Muehl, e Rudolf Schwarzkogler.

Verso la fine degli anni ottanta, dagli interessi formali e concettuali delle prime opere sono nati i più complessi ambienti scultorei di West – la trasformazione di materiali umili, "ingegnosi", in sculture che esplorano gli interstizi del corpo, della psiche e dei comportamenti sociali. In mostra a Palazzo Grassi, *Worktable and Workbench* [Tavolo da lavoro e banco da lavoro] (2006) illustra questo filone dell'opera matura di West. Sculture libere in cartapesta, poggiate su piedistalli che sono i veri mobili dello studio dell'artista, nel loro antropomorfismo richiamano i *Paßstückes* – le protuberanze, gli avvallamenti e le ditate sulla superficie evocano appendici corporee. Con il loro cromatismo esuberante e il colore sgocciolato, queste opere variopinte rivelano anche la scaltrita conoscenza di West della storia della pittura moderna: gli impasti espressionistici sulle superfici rimandano a una varietà di stili dell'astrattismo europeo, da Fautrier a Wols, da Dubuffet a Giacometti.

Una seconda opera, intitolata *Almanach* [Almanacco] (2003-2006), dimostra come West abbia espanso le sue sculture più tradizionali trasformandole in opere pubbliche monumentali, su cui il pubblico può sedere o sdraiarsi. Tredici bacheche di plexiglas contengono i modellini di alcune delle opere più note commissionate a West per spazi all'aperto, come il progetto per il Public Art Fund del Lincoln Center a New York (2004). Questa serie di bozzetti comprende anche immagini che ricordano molto i collage e le opere su carta dell'artista.

Le opere pittoriche, spesso realizzate con ritagli di riviste, isolano immagini di persone in atteggiamenti insoliti
o in posizioni strane. Esposto in una galleria adiacente, *Collecting Wall* (1972–2007) riunisce oltre trenta fra collage,
disegni e dipinti su carta dell'ultimo quarantennio. West ha definito la sua personalissima estetica pittorica come una
reazione alla sua condizione di vita dei primi anni settanta. "I miei primi collages erano veramente brutti. In quel
periodo attraversavo una fase di profonda depressione – non avevo successo, non ero bello, non ero ricco, non avevo
fatto buoni studi. Il mondo non era molto allettante. Quello che potevo fare era avere una moglie brutta, guardare
programmi televisivi stupidi e avere mobili brutti, che più tardi sarebbero stati chiamati punk. Ero in quel modo, e così
facevo i collages in quel modo, e li faccio ancora."[1]

Un altro aspetto importante dell'opera di West è presentato a Palazzo Grassi nella forma di un'opera
appositamente commissionata. Negli ultimi vent'anni, l'artista ha realizzato i "mobili-scultura" – installazioni
funzionali che offrono al visitatore del museo un posto per riposare, per sedersi, addirittura sdraiarsi. Alludendo
al passato lussuoso e gaudente del palazzo e sfruttandone la posizione sul Canal Grande, West ha creato un nuovo
ambiente intitolato *Oasis* [Oasi] (2007). Ha realizzato cinque nuove forme di mobili, utilizzando intricate strutture
di metallo sormontate da materassi gonfiabili. Per completare la scena, ha chiesto a una collaboratrice abituale,
l'artista Tamuna Sirbiladze, di realizzare una pittura murale che trasformasse il "cubo bianco" della galleria in uno
spazio più invitante, espressionistico. Il rifugio scultoreo di West offre un antidoto radicale al modo convenzionale
di visitare i musei camminando. Spiegando l'origine dei suoi mobili-scultura, l'artista ha detto: *"Se entrando in
un museo e osservando questi oggetti cominciate a non sentirvi tanto bene, potrete sempre sdraiarvi o mettervi seduti; ma lo stare seduti
è noiosissimo, a meno che non si integri in un'opera d'arte... così ora potete integrare voi stessi nell'arte".*[2]

NOTE
[1] Intervista a Franz West di Mennon Weewis (1998), ristampata in *Franz West*, Phaidon, London 1999, p. 131.
[2] Robert Fleck, *Sex and the Modern Sculptor* in *Franz West*, Phaidon, London 1999, p. 64.

FRANZ WEST

Franz West è nato a Vienna nel 1947. Dopo aver studiato presso
la Akademie der Bildenden Künste di Vienna ha cominciato
a dedicarsi attivamente all'arte, dando inizio alla sua carriera
a metà degli anni sessanta come reazionario al movimento
dell'Azionismo viennese, dirigendo la sua ricerca verso la tecnica
scultorea. Negli anni settanta ha prodotto la serie delle piccole
sculture portatili, alcune di esse poi revisionate in larga scala
e divenute enormi installazioni in alluminio. West ha partecipato
a mostre collettive in spazi di livello internazionale:
Kunsthandlung Hummel, Vienna (1980); Kunsthaus Zürich,
Zurigo (1985); "Skultpur. Projekte in Münster", Münster (1987,
1997); La Biennale di Venezia (1988, 1993, 1997, 2003, 2007);
"Possible Worlds", The Institute of Contemporary Art,
Serpentine Gallery, Londra (1990); "Documenta IX" (1992)
e "Documenta X" (1997), Kassel; Kunsthalle Wien, Vienna (1996,
2004); "Comic Abstraction", Museum of Modern Art, New York
(2007). Altrettanto significative le mostre personali: Galerie Max
Hetzler, Colonia (1986, 1988, 1991); Sculpture Plaza, Museum
of Contemporary Art, Los Angeles (1994); David Zwirner, New
York (1993, 1994, 1996, 1998, 1999, 2001); "Franz West. Projects'",
The Museum of Modern Art, New York (1997); Gagosian
Gallery, Londra (2001, 2003, 2005, 2006); Galerie Hauser &
Wirth & Presenhuber, Zurigo (2002, 2003, 2006); MUMOK,
Vienna (2007); nel 2007 tre gallerie ospitano una sua personale:
Mario Sequeira Gallery, Braga;
Galerie Meyer Kainer, Vienna; Galerie Grässlin, Francoforte.
West vive e lavora a Vienna.

BIBLIOGRAFIA SELEZIONATA

Stefan Ratibor, Ealen Wingate (a cura di), *Franz West. Displacement and
Condensation*, catalogo della mostra , Gagosian Gallery, London 2006.
Eva Baduar-Triska, *Franz West, early works*, catalogo della mostra,
Zwirner & Wirth, New York 2005.
Bice Curiger, „*Es ist eher eine Verstrickung".* *Ein Gespräch mit Franz West*,
in "Parkett", 70, 2004, p. 16.
Franz West, Eckard Schneider, *Franz West: We'll Not Carry Coals*,
catalogo della mostra, Kunsthaus Bregenz, 2004.
Kristine Stiles *et al*, *Franzwestite*, Whitechapel, London 2003.
Robert Storr, *Franz West's Corporeal Comedy*, in "Art in America",
10 ottobre 2003, p. 96-99, ill.
Franz West: In & Out, catalogo della mostra, Museums für Neue
Kunst MNK/ZKM Karlsruhe, Hatje Cantz, 2000.
Robert Fleck, *Franz West*, Phaidon, London 1999.
Franz West. Proforma, Museum Moderner Kunst Stiftung Ludwig
Wien, a cura di Eva Badura-Triska e Franz West, Wien 1996; testi
di Lóránd Hegyi, Peter Gorsen, Robert Fleck. Franz West, Marianne
Brouwer, Peter Pakesch ed Eva Badura-Triska.

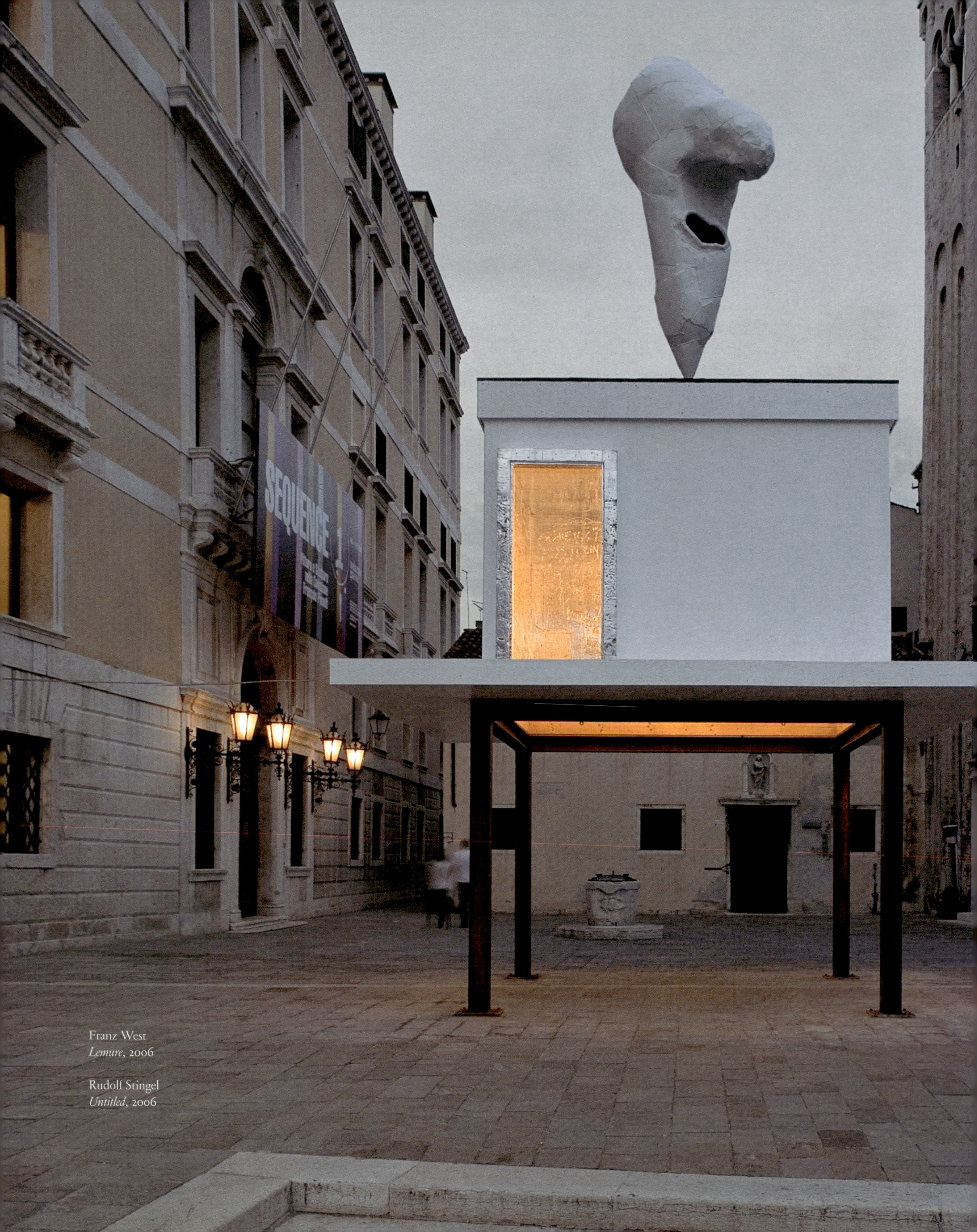

Franz West
Lemure, 2006

Rudolf Stingel
Untitled, 2006

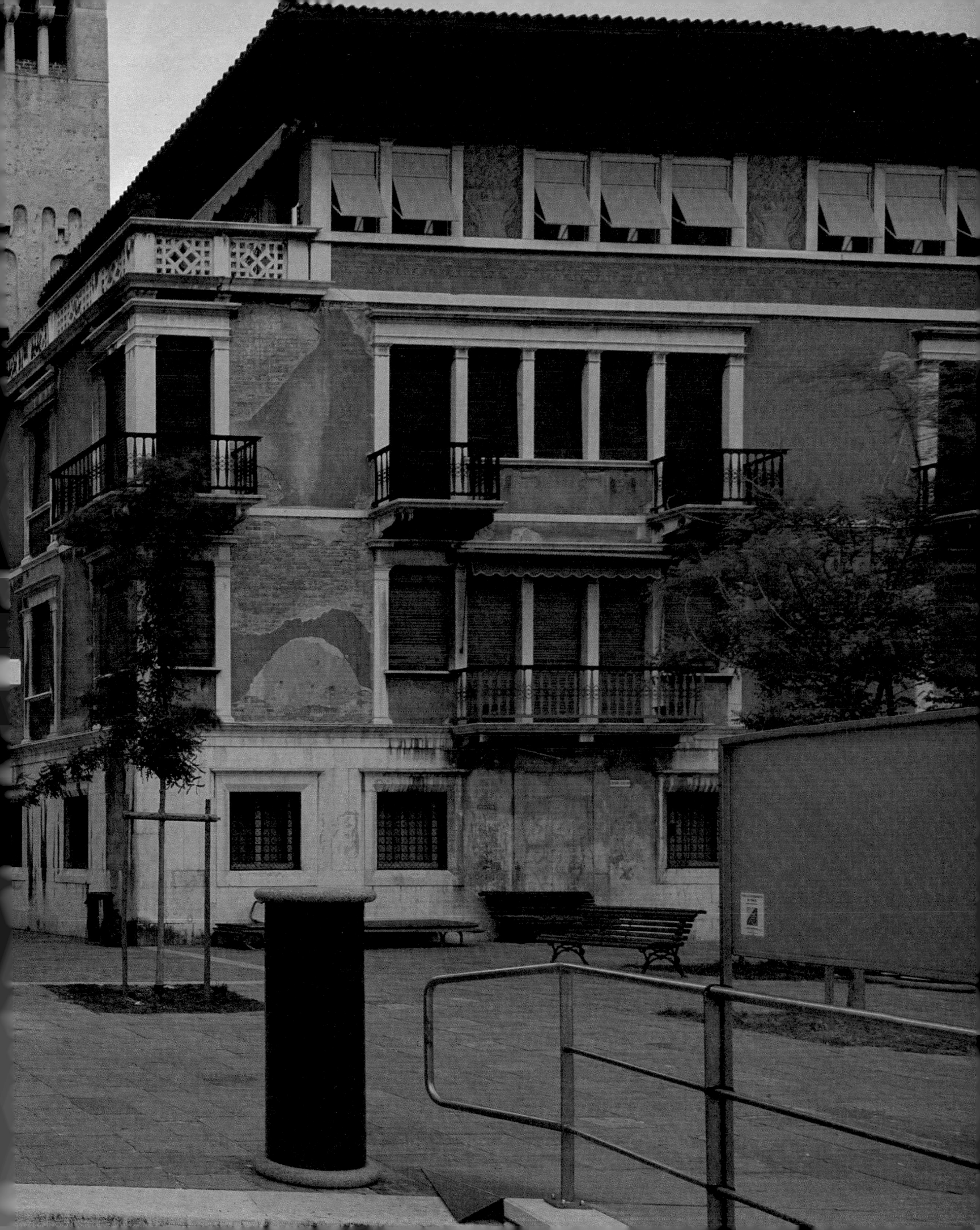

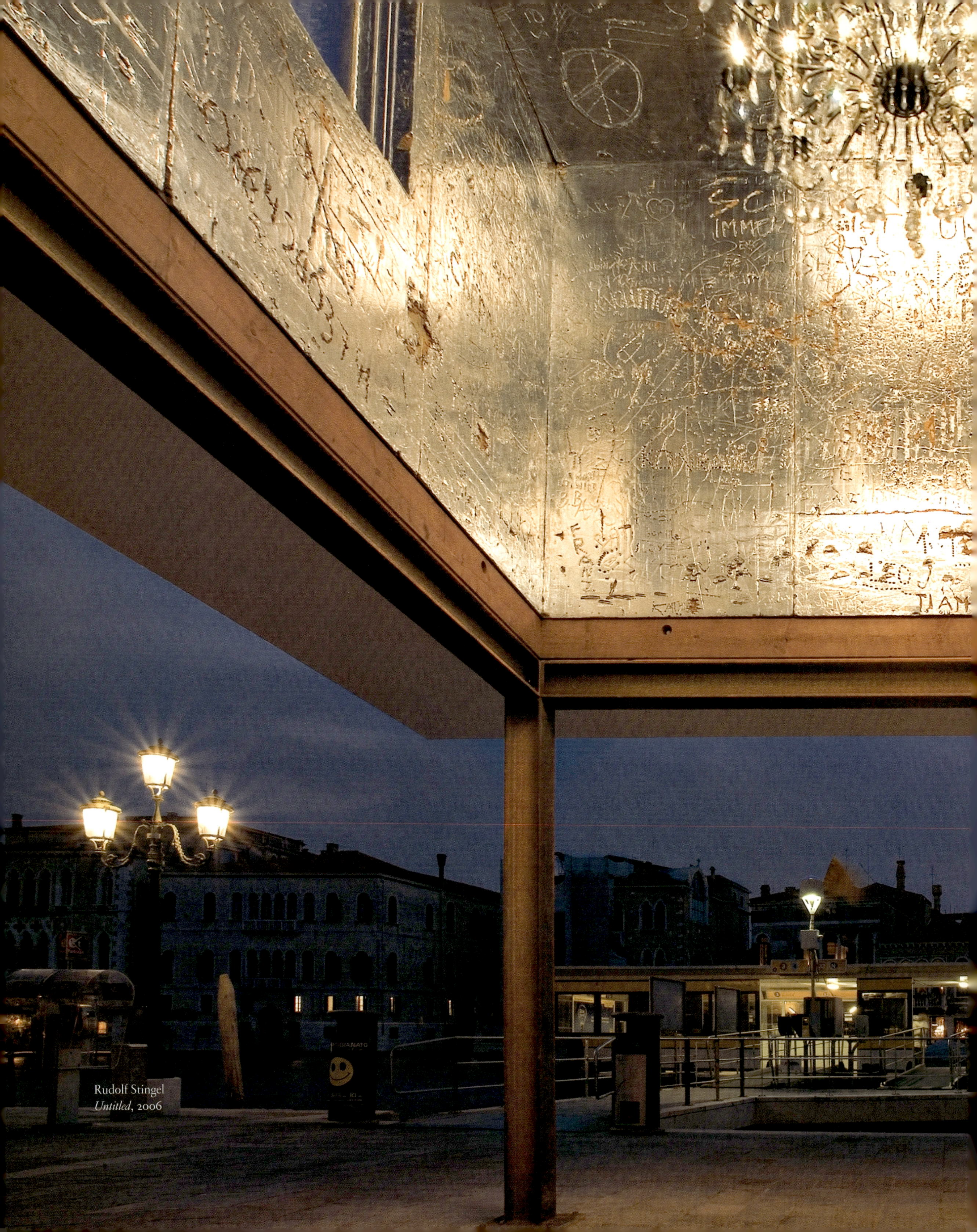

Rudolf Stingel
Untitled, 2006

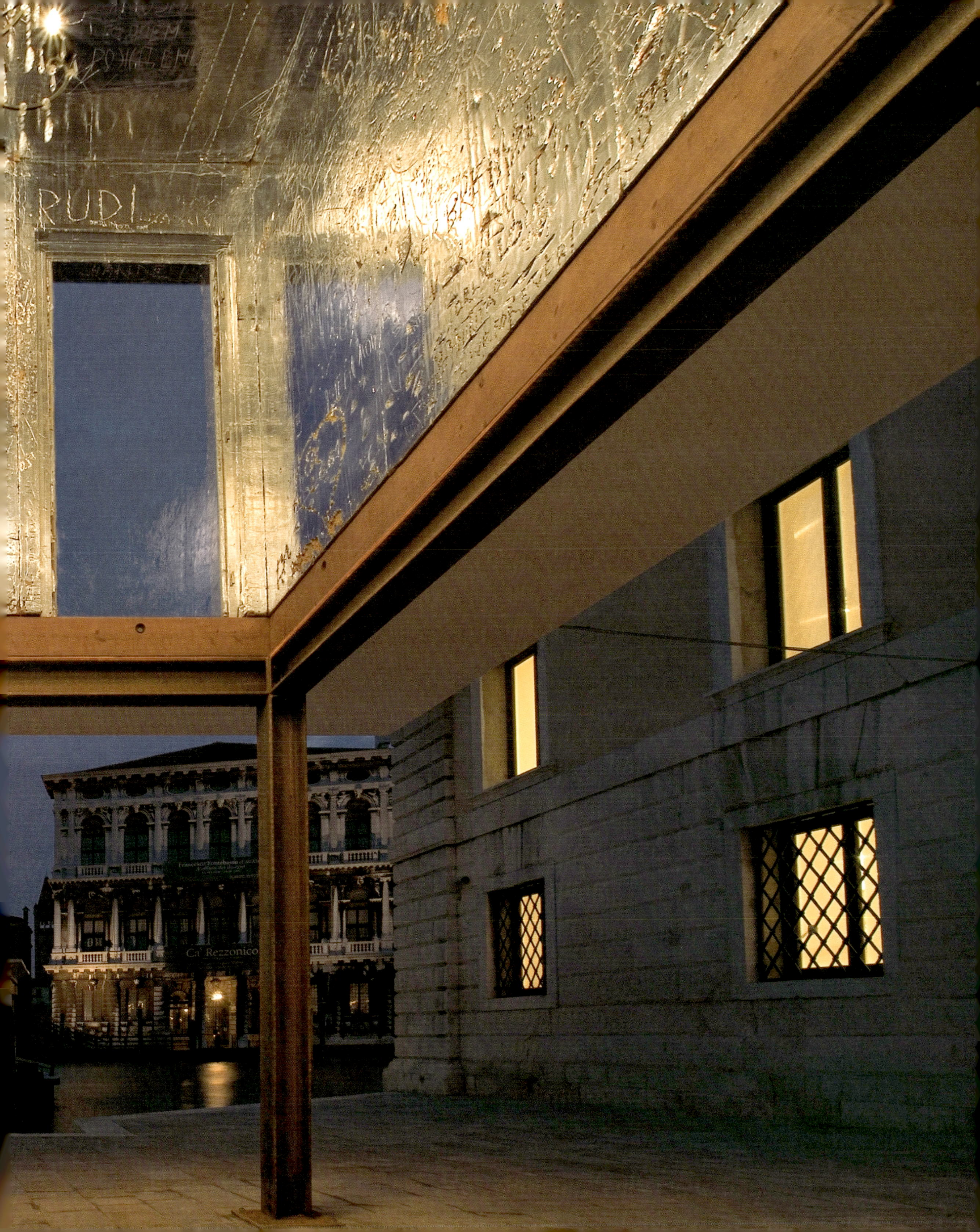

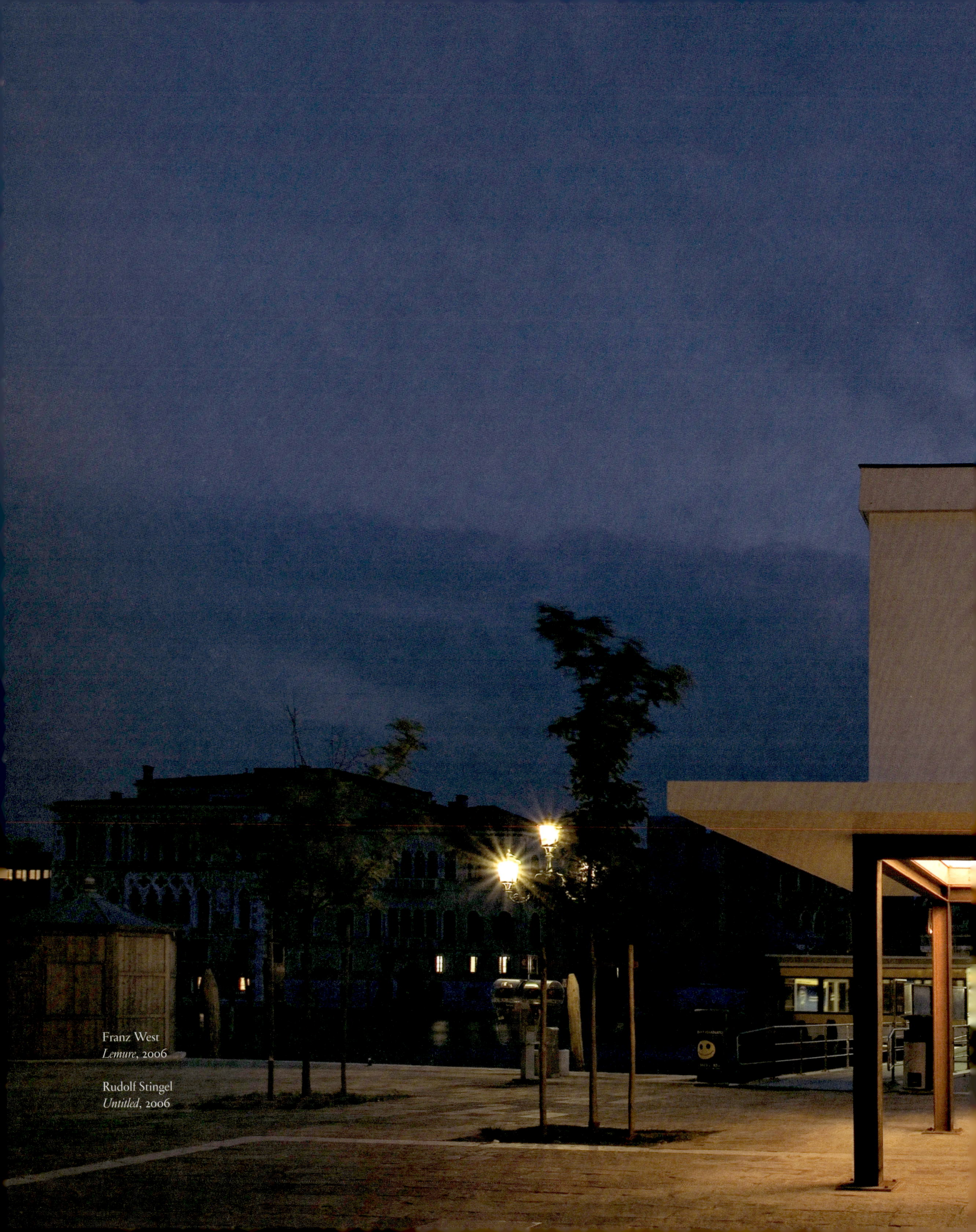

Franz West
Lemure, 2006

Rudolf Stingel
Untitled, 2006

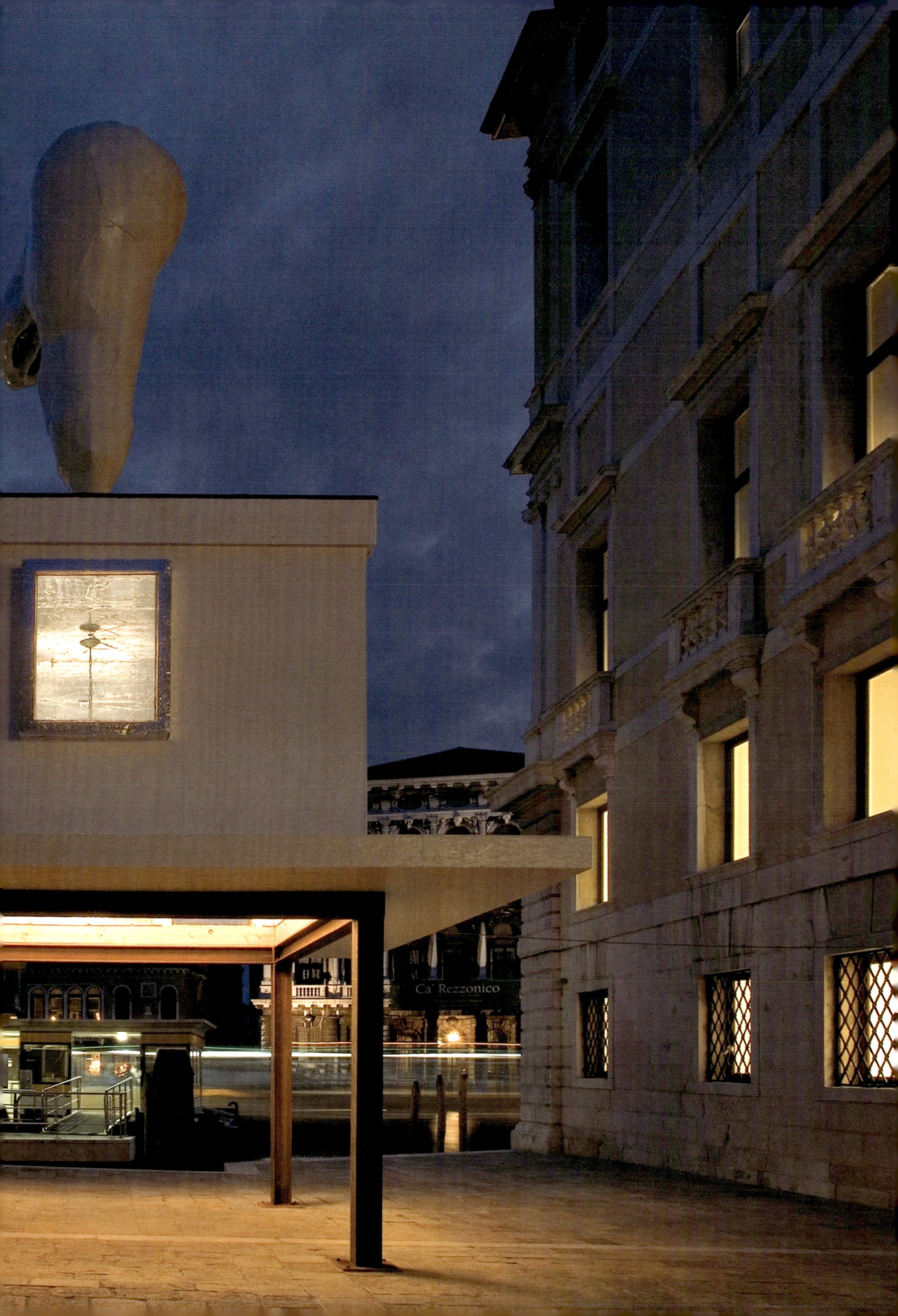

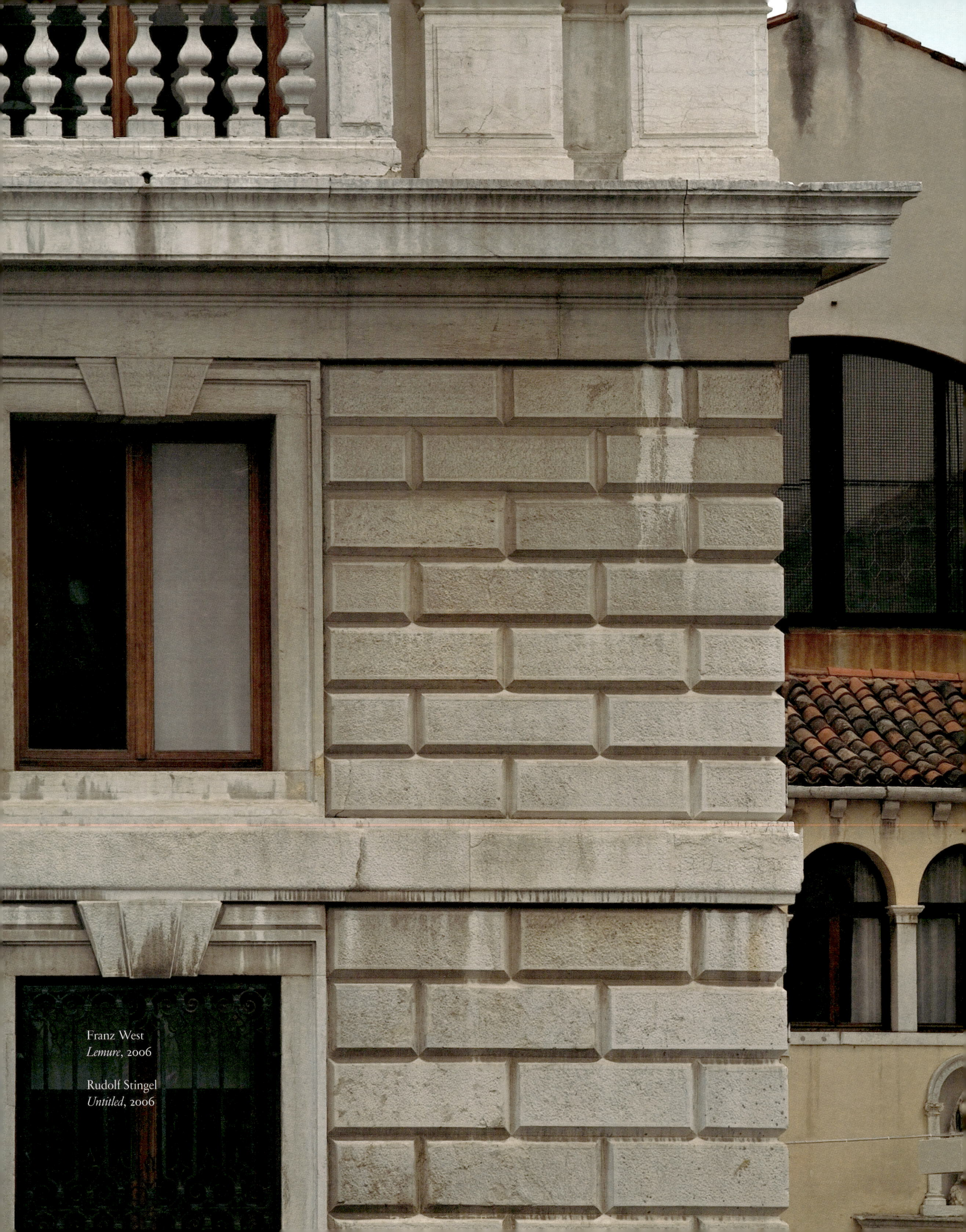
Franz West
Lemure, 2006

Rudolf Stingel
Untitled, 2006

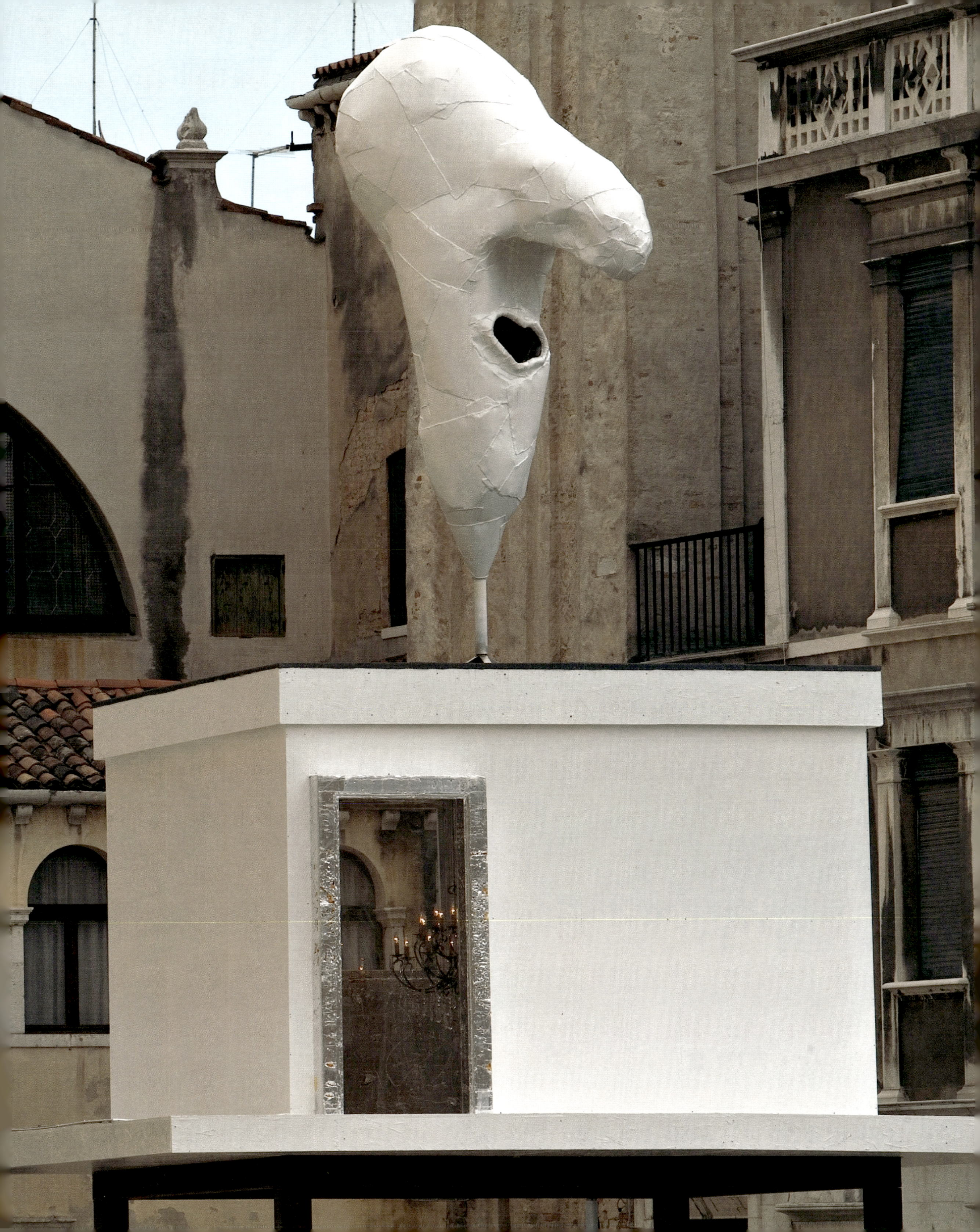

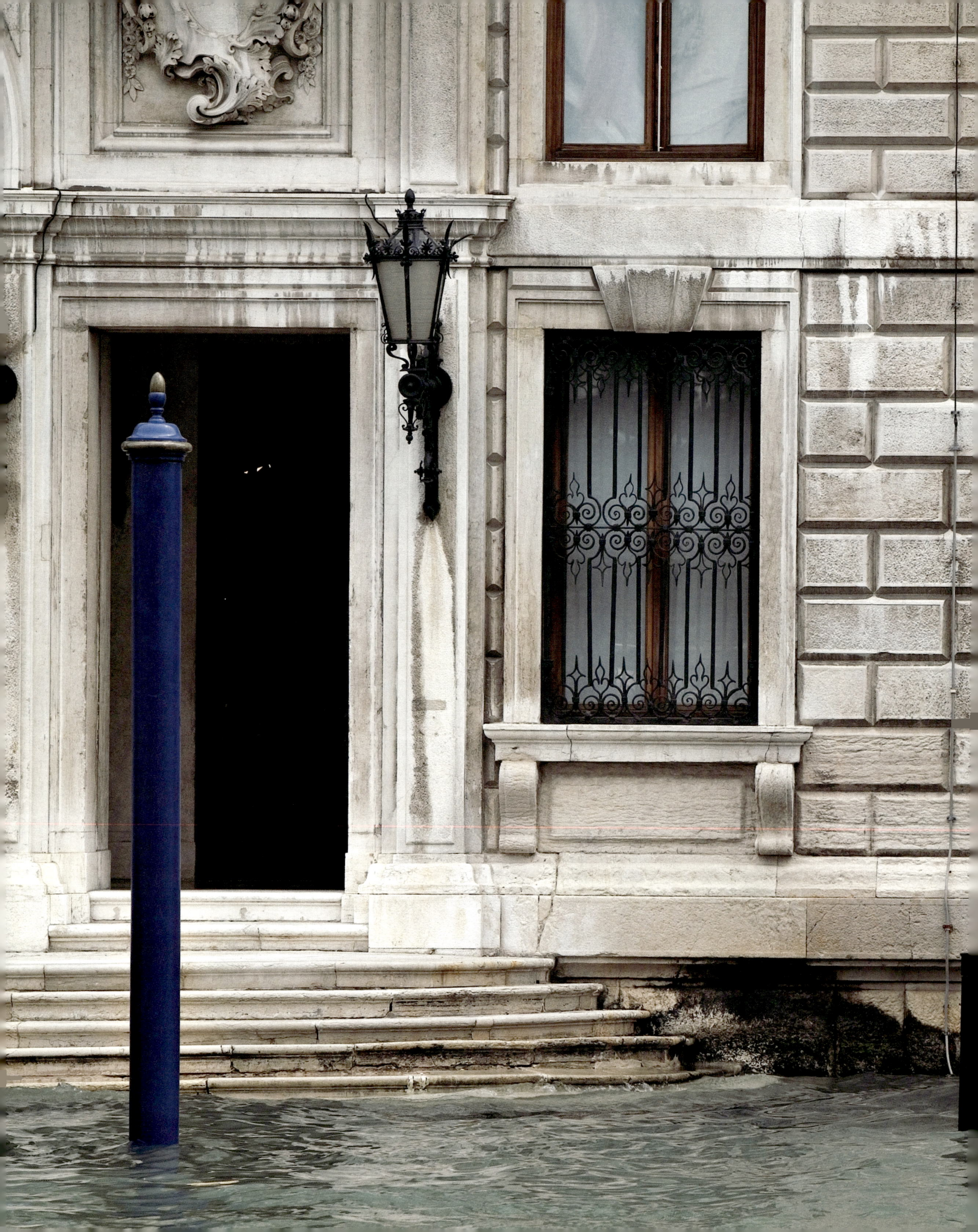

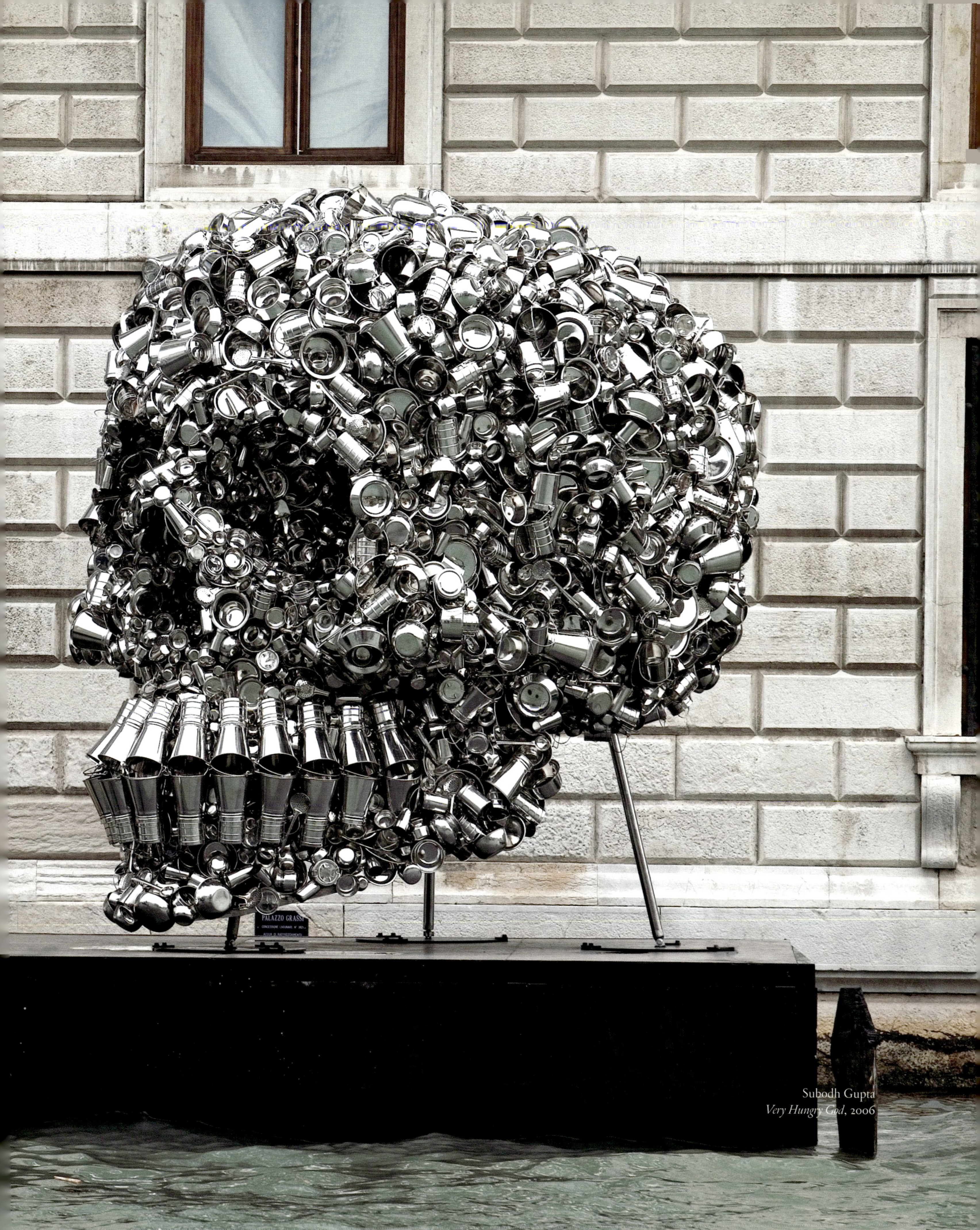

Subodh Gupta
Very Hungry God, 2006

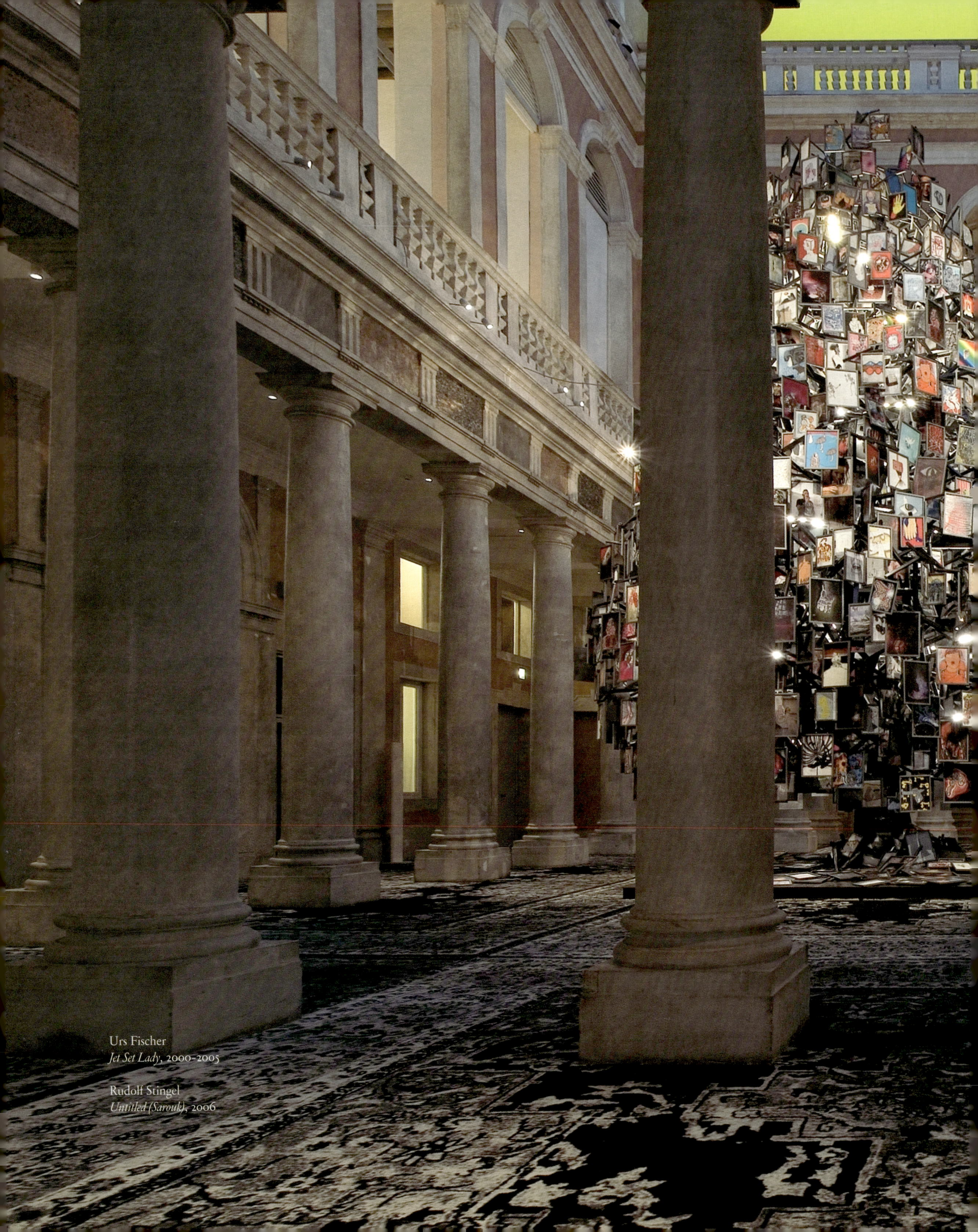

Urs Fischer
Jet Set Lady, 2000–2005

Rudolf Stingel
Untitled (Sarouk), 2006

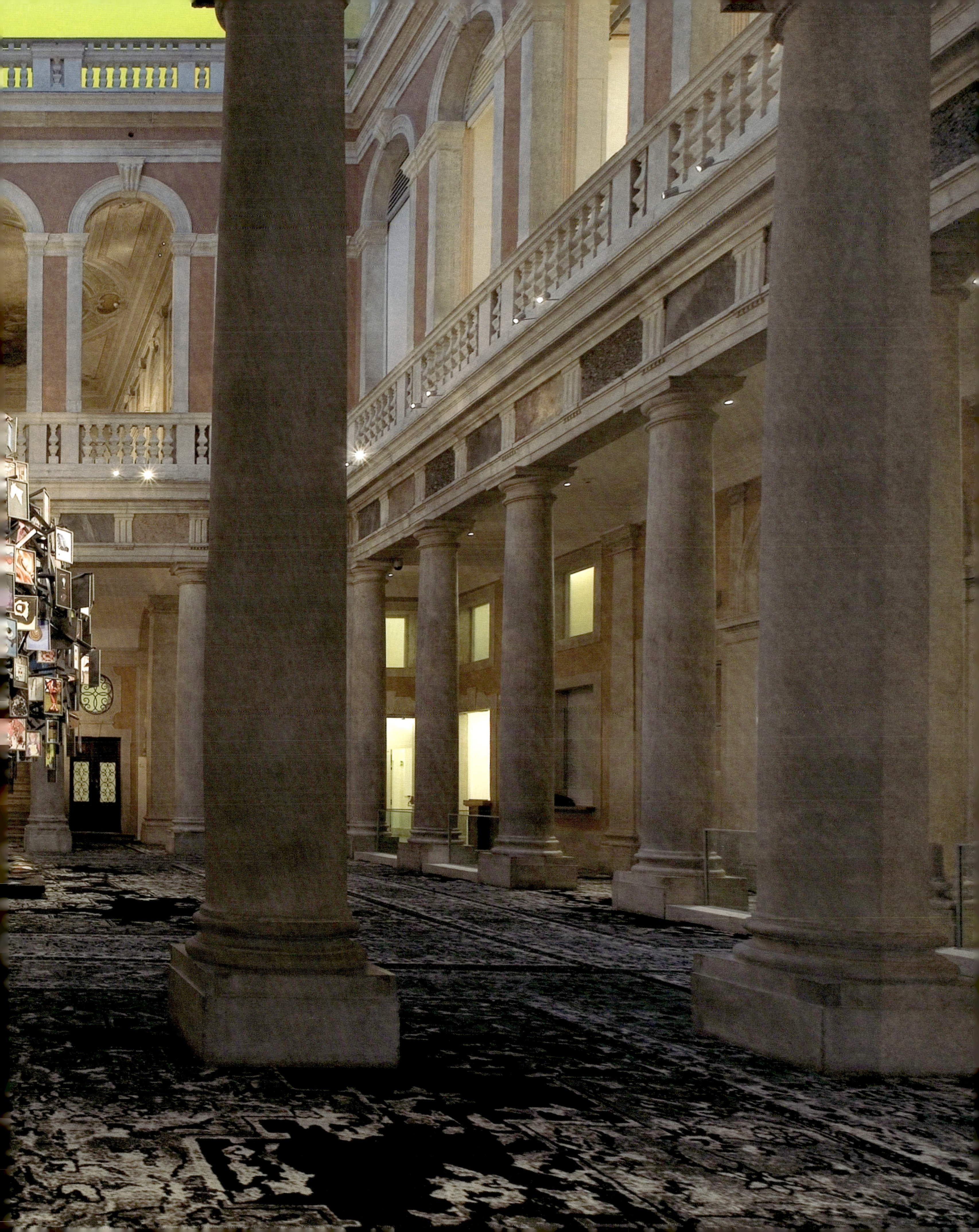

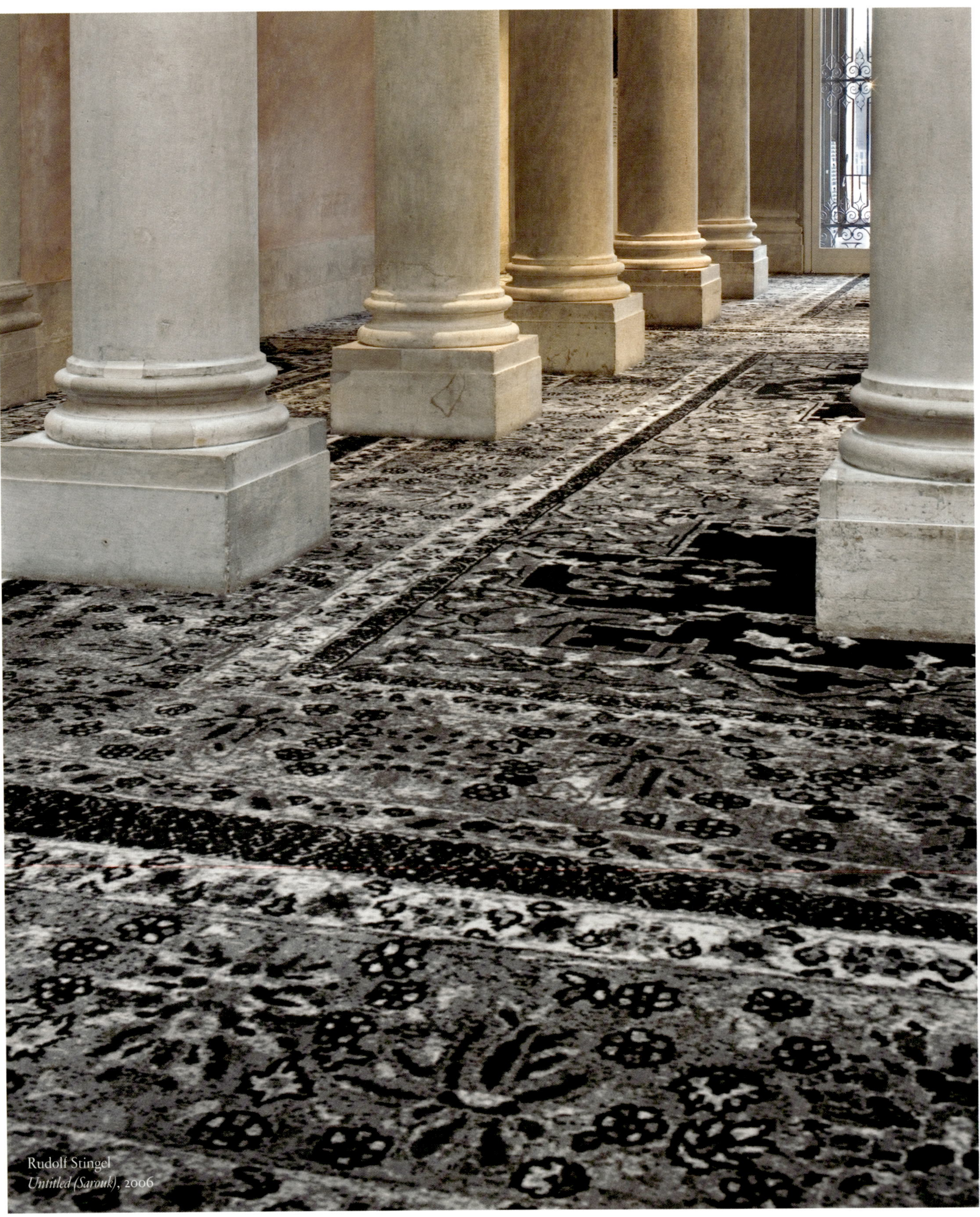

Rudolf Stingel
Untitled (Sarouk), 2006

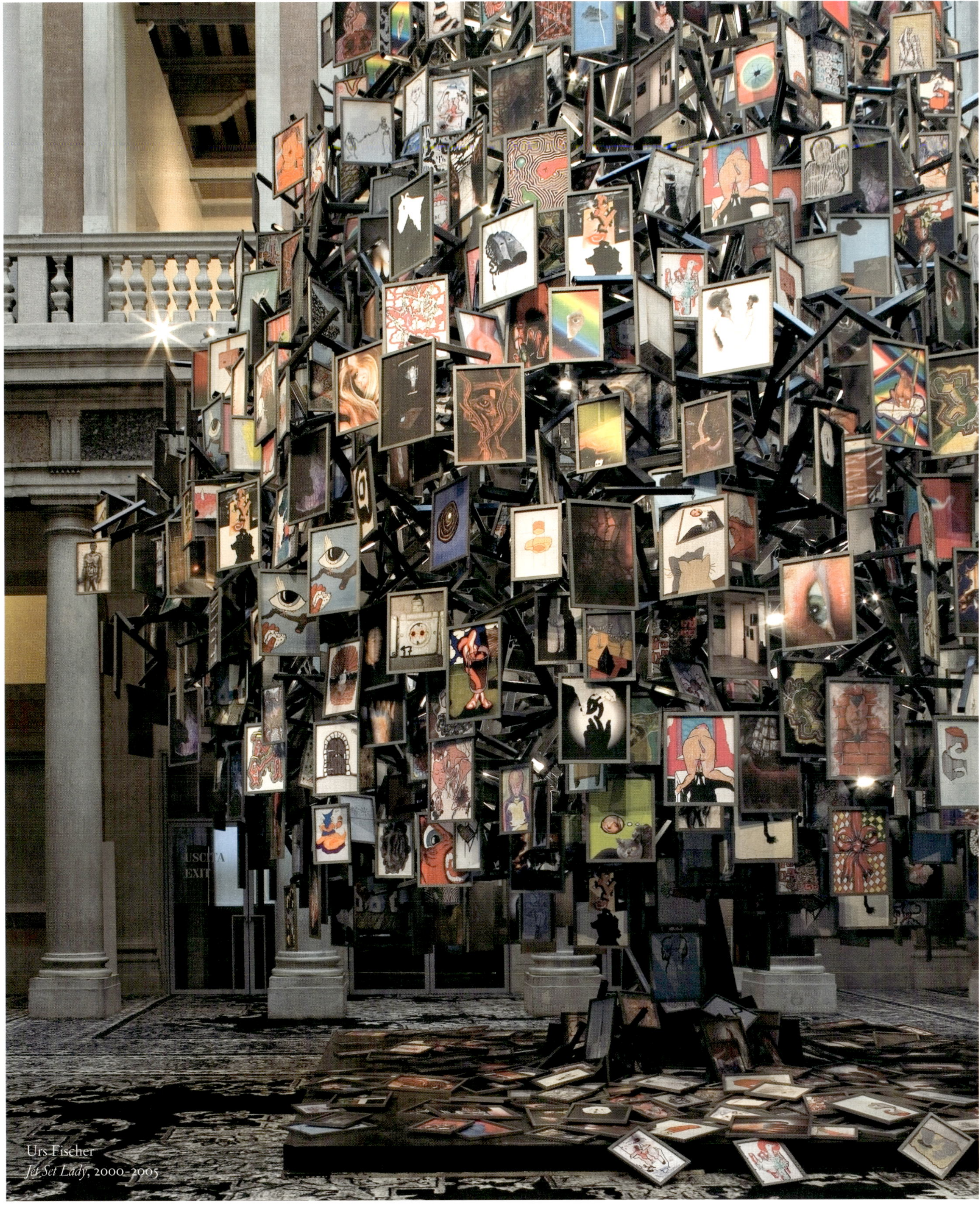

Urs Fischer
Jet Set Lady, 2000–2005

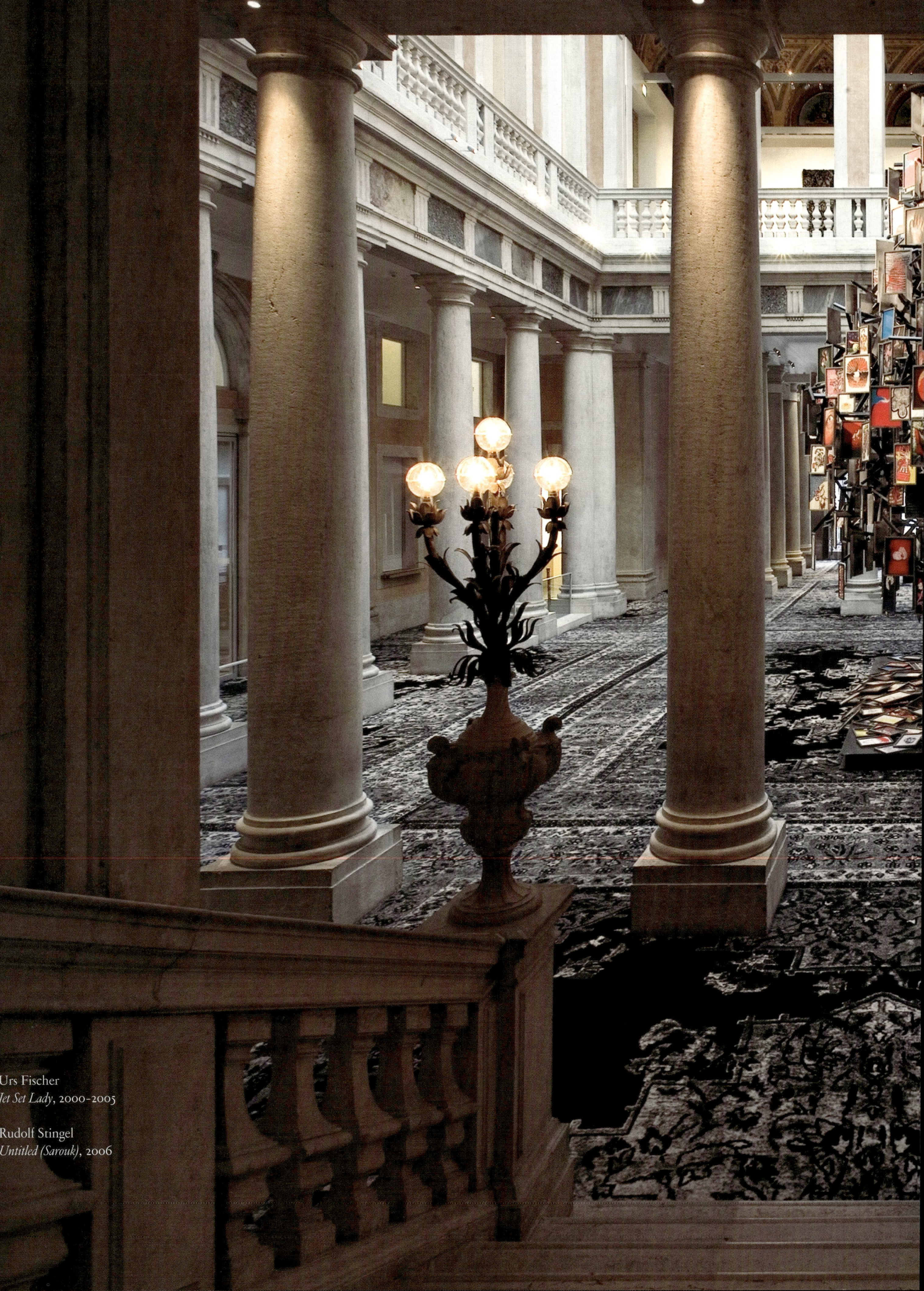

Urs Fischer
Jet Set Lady, 2000-2005

Rudolf Stingel
Untitled (Sarouk), 2006

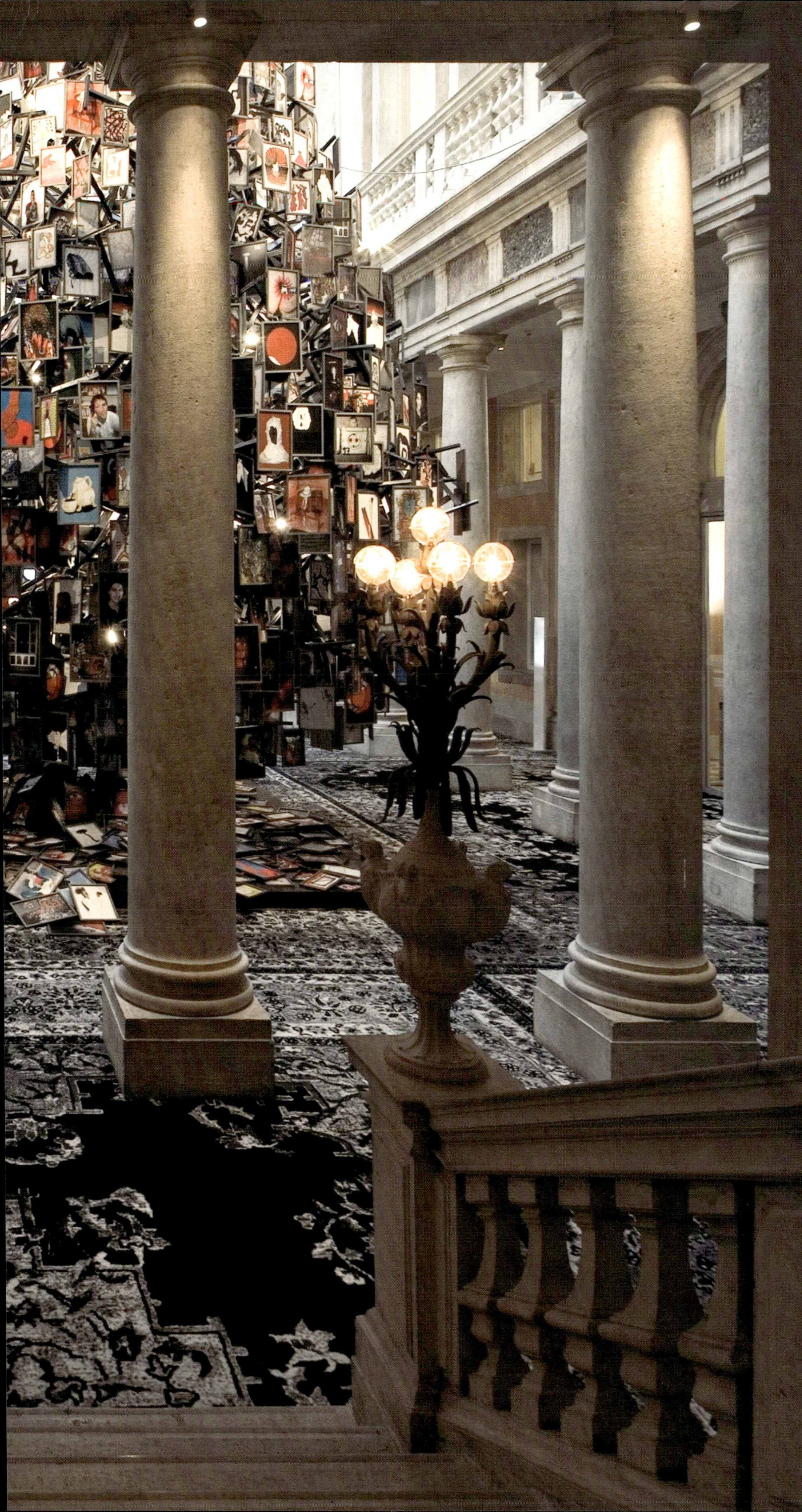

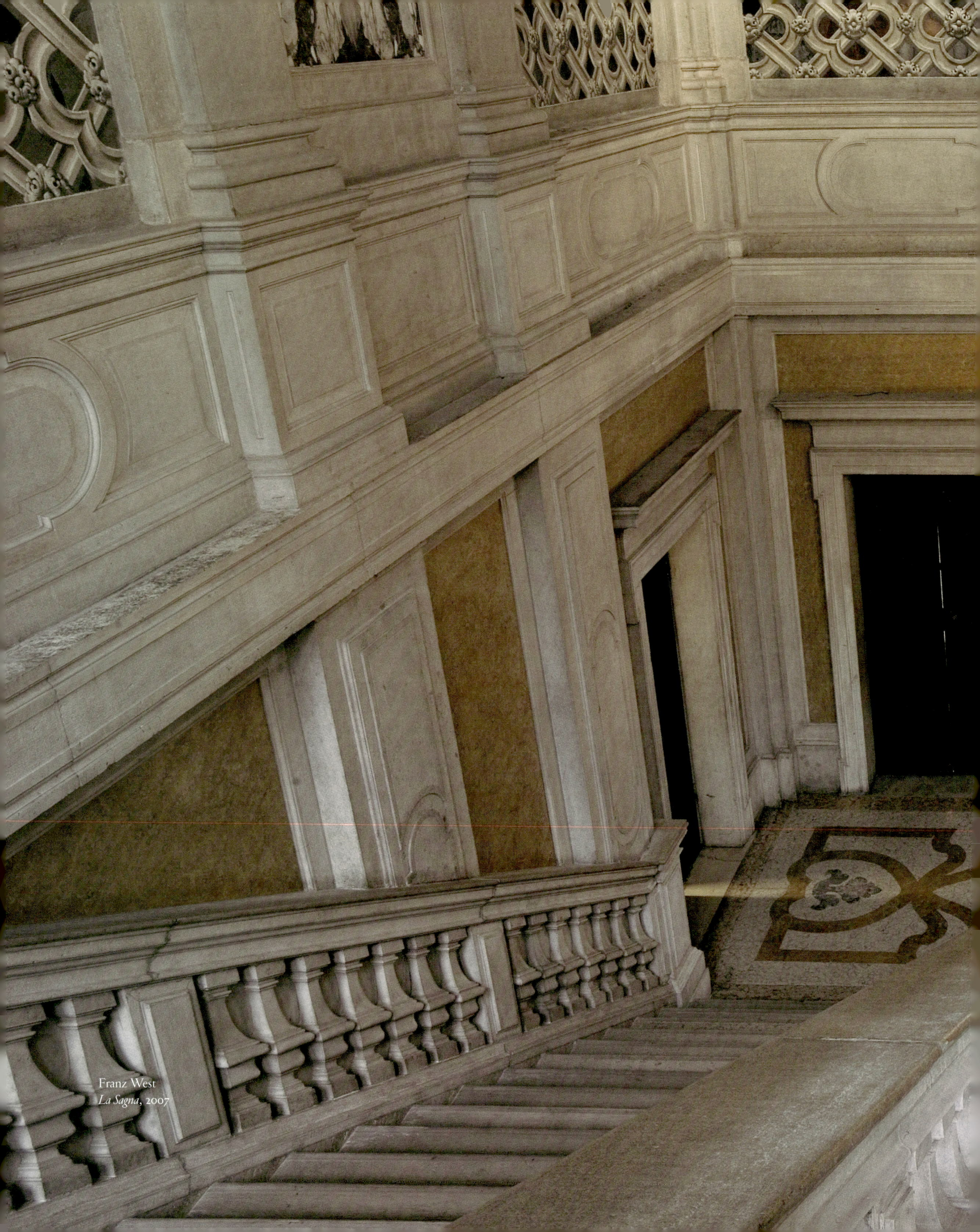

Franz West
La Sagna, 2007

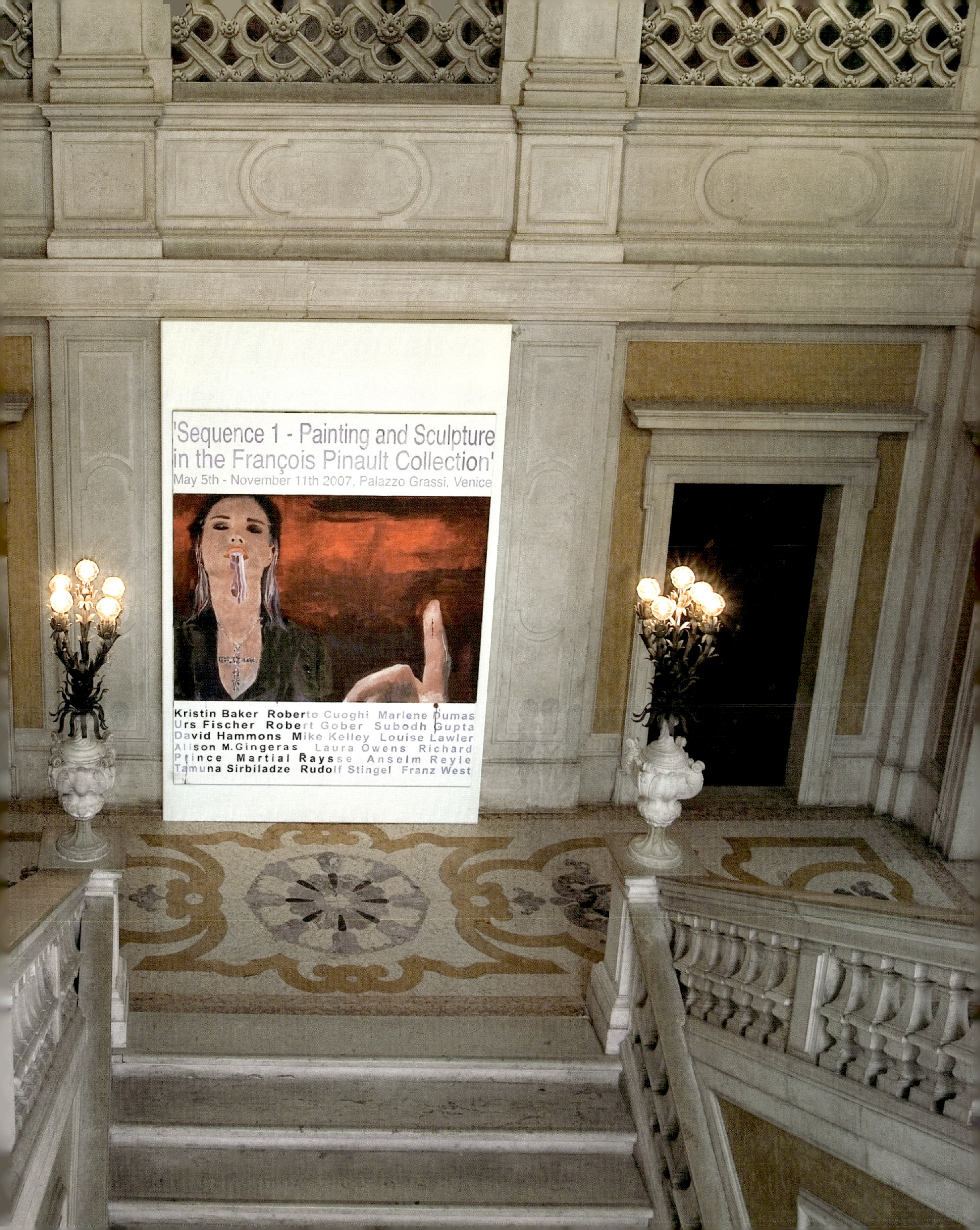

'Sequence 1 - Painting and Sculpture
in the François Pinault Collection'
May 5th - November 11th 2007, Palazzo Grassi, Venice

Kristin Baker Roberto Cuoghi Marlene Dumas
Urs Fischer Robert Gober Subodh Gupta
David Hammons Mike Kelley Louise Lawler
Alison M.Gingeras Laura Owens Richard
Prince Martial Raysse Anselm Reyle
Tamuna Sirbiladze Rudolf Stingel Franz West

Edited by
Alison M. Gingeras

Editorial Coordination
Emmanuel Berard, Palazzo Grassi
Emanuela Mazzonis, Palazzo Grassi

English Copy Editing
Andrew Hulktrans

Editorial Assistance
Emily Ligniti

Translation
Paul Metcalfe for *Scriptum*, Rome

Design
Christoph Radl

Installation Photography of Palazzo Grassi
Santi Caleca

First published in Italy in 2007
by Skira editore S.p.A.
Palazzo Casati Stampa
via Torino 61
20123 Milan
Italy
www.skira.net

Palazzo Grassi, Venice, Italy
www.palazzograssi.it

Printed and bound in Italy. First edition

ISBN-13: 978-88-6130-216-7
(Hardcover)
ISBN-13: 978-88-6130-206-8
(Softcover)

Distributed in North America by Rizzoli
International Publications, Inc.,
300 Park Avenue South, New York,
NY 10010, USA.
Distributed elsewhere in the world
by Thames and Hudson Ltd., 181A High
Holborn, London WC1V 7QX, United
Kingdom.

Adminstrative Council

François Pinault
President and Executive Administrator

Patricia Barbizet
Executive Administrator

Jean-Jacques Aillagon
Executive Administrator

Guido Rossi
Administrator

Isabelle Nahum-Saltiel
Administrator

Auditors
Maurizio Serafini
Marco Manzoli
Paolo Collini

Honorary Committee

Tadao Ando
Ruy Brandolini d'Adda
Frieder Burda
Teresa Cremisi
John Elkann
Timothy Fok-Tsun-Ting
Dakis Joannou
Lee Kun-hee
Alain-Dominique Perrin
Miuccia Prada
Giandomenico Romanelli
Illena Sonnabend
Jerome Zieseniss

Palazzo Grassi Staff

François Pinault
President

Jean-Jacques Aillagon
Director

Raimondo Ferraro

Emmanuel Berard
Suzel Berneron
Carlo Gaino
Emanuela Mazzonis
Gianni Padoan
Maria Carolina Profilo
Silvia Roman
Marina Scozzi
Paola Trevisan
Antonio Boscolo
Luca Busetto
Angelo Clerici
Andrea Greco
Giulio Lazzaro
Vittorio Righetti
Dario Tocchi
Massimo Veggis

Exhibition Staff

Alison M. Gingeras
Curator

Emanuela Mazzonis
Curatorial Assistant

Silvia Roman
Registrar

Christoph Radl
Graphic Designer

Gruppo Fallani
Exhibition Signage

Tecnobrevetti S.r.l.
Technical Consulting

Arteria Sattis S.r.l
Art Handling and Transport

Willis Nord Est S.r.l
Insurance

Igor Silic
Scale-Model Architect

Carolina Profilo
Noelle Solnon
Communication and Press Relations

In collaboration with
Bondardo Comunicazione, Milan
Claudine Colin Communication, Paris
Blue Medium, New York
Beate Barner, Berlin
Bolton and Quinn, London

Rémi Beer-Demander
Floriane Mercier
Marco Miotto
Camilla Mozzato
Massimo Tosonna
Interns

With the assistance of
François Pinault Foundation

and

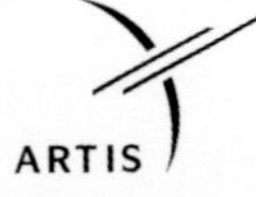

With the collaboration of

la Repubblica

Acknowledgements

Palazzo Grassi's staff has benefited from the support and active participation of François Pinault's Paris collaborators:
Nathalie Beus
Béatrice Bihr
Anne-Pascale Celier
Odile de Labouchere
Isabelle Nahum-Saltiel
Muriel Panel
Nazanine Ravaï

This exhibition depends on the support and cooperation of numerous individuals. First and foremost, the exhibition team would like to offer their sincere gratitude to all of the participating artists and their studio.

In particular, we would like to recognize the following organizations and individuals for their extraordinary efforts: Art Production Fund, New York; Flora Boillot; Beckett Bowes; Karoline Brand; Gavin Brown's enterprise; Claudia Carson; Elizabeth Cline; Sadie Coles HQ; Carmen D'Apollonio; Brendan Dugal; Claudia Carson; Galleria Massimo De Carlo; Galerie de France; Deitch Projects; Yvone Force-Villareal; Casey Freemont; Galleria Emi Fontana; Gagosian Gallery; Giraud Pissaro Segalot; Gladstone Gallery; Claudio Guenzani; Galerie IN SITU; Sam Kusack; Paul Loyrette; Matthew Marks Gallery; Metro Pictures; Kasia Pajak; Lois Plehn; Galerie Eva Presenhuber; Marta Pytka-Kwade; Galerie Almine Rech; Andrew Rogers; Scipio M. Schneider; Christian Schneidermann; Mary-Clare Stevens; Eugenie Tsai; Ines Turian; Andrea Überbacher; Zeno X Galerie; Zwirner & Wirth.

We would like to underscore the vital cooperation of the various governmental organizations that offered their guidance and granted the necessary legal permissions for this exhibition, including the Ministero Italiano della Cultura, Soprintendenza per i beni architettonici e per il paesaggio e per il patrimonio storico, artistico e demoetnoantropologico of Venice, Magistrato alle Acque.

François Pinault, *President*

After *Where Are We Going?*, which marked the reopening of Palazzo Grassi in 2006, *Sequence 1: Painting and Sculpture in the François Pinault Collection* constitutes the second presentation of my collection in Venice. By necessity, the former was designed to present the broadest possible overview of the collection, while at the same time highlighting its guiding themes—historical modernity and contemporary practice. *Sequence 1* instead deliberately favors contemporary artistic expression. Various circumstances led to this approach, such as the fact that the show coincides with the 52nd Venice Biennale, the most important event for the global art scene. Given my desire for Palazzo Grassi to serve as a showcase for contemporary art, it seemed fitting that the venue should play a role in an event eagerly awaited by lovers of new work. Another factor strengthened my conviction in this choice: On completion of a call for tenders, the Venice City Council decided to entrust me with creating a center of contemporary art in the Punta della Dogana. As a collector, I regard this invitation to link my collection with the broader array of cultural projects of an art capital like Venice as a great privilege. Having established Palazzo Grassi as a venue for temporary exhibitions, I will utilize Punta della Dogana to display the collection in a more complete and systematic fashion.

I should point out in all humility that my collection is neither objective nor exhaustive, which would in any case be impossible in a globalized, ever evolving art scene. Instead, my collection pursues the twofold goal of documenting both the universal nature of contemporary creation and art's inexhaustible ability to address rigorous and radical questions, with freedom its only rule and anti-conformity its sole doctrine.

I must also add that while the decision to house my collection in Venice testifies to my paramount concern for the city's cultural destiny, it will continue to travel. The section comprising works by Jim Shaw will be on display at P.S. 1 in New York starting this June, and further projects will be announced shortly, to take place in France. By maintaining a permanent point of anchorage in Venice while embarking on temporary initiatives, I intend to make the works I have collected with such patience and enthusiasm available to the general public.

As with *Where Are We Going?*, Jean-Jacques Aillagon and asked Alison M. Gingeras to curate *Sequence 1*, a task which involved presenting a selection of works that would highlight aspects of the collection while also honoring the varied contexts and explorations animating the contemporary international scene. Although largely contemporary, Gingeras's selection focuses on how today's art is rooted in artistic experiences of the 1960s and '70s, reminding us that it would be superficial to regard contemporary art as existing only in the immediate present, with no history or future. *Sequence 1* is also characterized by its global reach, including works from Europe, America, and Asia. Finally, by virtue of the large number of commissions for this exhibition, the selection presented at Palazzo Grassi from May to November 2007 also reminds us that artistic creativity is constantly in flux. An interest in art should not be confined to the simple appreciation of finished works recommended by established criticism; it involves taking a stand, with all the attendant risks and uncertainties, to encourage artists to push their experimentation and innovation ever forward. This need finds a sympathetic echo in a city where numerous masterpieces would never have existed if not for the courage of those who entrusted Tintoretto to decorate the Scuola Grande di San Rocco, for example, or those who organized the official competition for the *Paradiso* in the Grand Council Chamber of the Doge's Palace.

I am pleased to note that, as with the works of Olafur Eliasson and Jeff Koons in *Where Are We Going?*, *Sequence 1* also situates several artworks outside in Venice's urban environment, free to the gaze of all passers-by, whether art interested or not. Subodh Gupta's *Very Hungry God* (2006) replaces Jeff Koons's *Balloon Dog* on the Grand Canal, and a joint work by Franz West and Rudolf Stingel is installed in Campo San Samuele by kind permission of the City Council and Superintendence for Cultural Heritage, both of which I would like to thank for their cooperation.

I shall end by pointing out that *Sequence 1*, like all exhibitions of contemporary art, plays an evolutionary role in the unfolding process of art. More than mere showcases of finished artwork, exhibitions like *Sequence 1* are increasingly becoming dynamic and dialogic spaces in which art is made by inviting the artist to create work for direct public consumption at a specific site. The traditional sequence of seeing, collecting, and then exhibiting is gradually being reversed. Paradoxically, it is the creation of the work for exhibition and its subsequent encounter with the public that triggers the collector's desire to possess it. And it is precisely here that artistic patronage—the readiness of one individual to take an interest in the artistic projects of another—finds its most useful and stimulating expression.

How to present a collection? The question is crucial for any institution—be it public or private—that intends to make its works available to the public, and becomes a highly sensitive issue in the case of a collection devoted to a living and constantly evolving phenomenon such as modern and contemporary art. If the collection is sufficiently broad, which is something few institutions can boast, it is possible to attempt a historical overview of the period involved, no matter how difficult an exercise this may be. It is also possible to take the less discursive and academic approach of presenting the collection from one or more interconnected viewpoints so as to place the subtle relationships between the various works belonging to it in perspective, regardless of their differences in terms of period and cultural context as well as technique. Attention should be drawn in this connection to the highly stimulating impact of the exhibition *Le Mouvement des images* at the Centre Pompidou in 2006.

It is precisely the question of exhibition strategy that the François Pinault Collection is called upon to address, especially in view of the fact that it will have no permanent showcase until the opening of the Punta della Dogana, the collector himself having decided that Palazzo Grassi is to continue as a venue for temporary shows. In actual fact, Pinault's collection is still largely unknown to the general public despite the convincing portrait offered by the exhibition entitled *Where Are We Going?* in 2006.

While the Pinault Collection does not claim to rival its historical counterparts at the MoMA and the Centre Pompidou in terms of scale, it has managed in a short space of time to reach such a size that it can no longer be systematically exhibited in a single venue. The question of display thus becomes problematic, not least because of its rapid growth and the ever-increasing presence of physically imposing and sometimes technically complex contemporary works. Moreover, while taking an active personal interest in the presentation of his collection to the public, François Pinault also takes into due consideration the dynamic need to stimulate the artists' inspiration and enrich the collection along "personalized" lines by asking them to create works specifically designed for new events. It is for these reasons that Alison M. Gingeras, curator of the collection, has decided to present a phased and progressively developing overview through a program of "sequences." The first of these, *Sequence 1 – Painting and Sculpture in the François Pinault Collection*, will run concurrently with the 52. Venice Biennale. Intersecting on a regular basis with the program of events at Palazzo Grassi, these exhibits will act as windows opened onto the collection so as to reveal the various strands of its underlying rationale.

Though rooted in already established cultural realities, at least in etymological terms, the notion of the sequence is peculiarly linked to the culture of our time, the age of the airplane, high-speed trains, television, telephone, the Internet, and so on, because this is the era of quick time or "temps vite," to quote the title of the splendid exhibition curated by Daniel Soutif in 2000 to mark the dawn of the new millennium. While it was possible in the past to dream of embracing the whole of knowledge and wisdom in its most immutable if not indeed eternal form, our century is clearly the time of movement sweeping the world along at breakneck speed. Our comprehension of the world is fragmented into a series of partial and instantaneous perceptions that must ultimately be added up to offer a more concise and overall understanding. The sequence has thus also become a form of representation, a condition of perception as well as a tool at the disposal of artistic expression. The best proof of this is provided by cinema, because the artifice making it possible rests entirely on the presentation of movement through a visual sequence.

Contrary to what a hurried reading of the title may suggest, the aim pursued by Alison M. Gingeras
in *Sequence 1* is not to present the paintings and the sculptures of the François Pinault Collection,
but rather to use the collection as a tool to investigate the possibilities of painting and sculpture
in contemporary artistic creation. In actual fact, while Thierry de Duve is quite right to state
that anything can be used to make art—a formidable conquest of modernity that owes a great
deal to Marcel Duchamp, among others—it is neither prohibited nor above all irrelevant
for artists to go on producing paintings and sculptures, no matter what actual form may
be taken by the works assigned these established, conventional labels. A look at the items gathered
alongside one another in the rooms of the exhibition and the pages of this catalogue is enough
to show just how open the fields of painting and sculpture are nowadays. Contemporary
creativity has taken over the most varied and least conventional methods. It has gauged the plastic
performance of the fixed and animated mechanical image. It has felt the appeal of the discarded
materials of industrial society. It has ascertained just how far the artist's own body can become
a medium of creative action. It has become inebriated with the power of words and the ideas,
but without therefore forbidding itself the acts of "painting" and "sculpture." In exploring this
phenomenon, *Sequence 1* thus fits in perfectly with the curator's concern to highlight the extraordinary
tenacity of painting all through the century that has just ended, as already displayed
in the exhibition *Dear Painter* in 2002.

While continuing throughout the last century, this situation still characterizes the contemporary
scene. It is for this reason that *Sequence 1*, while focusing primarily on works of the 1990s and
the present decade, does not hesitate to explore some "historical" experiences of the 1960s,
such as the works of Martial Raysse and David Hammons, and juxtapose them with works
produced in the following decades. The exhibition thus invites reflection on the fact that if the art
of our time is to be really understood, it must not be sealed in a watertight container, severing
all relations with what went before, but rather linked in every moment of its expression with
experiences of the past that shed light upon it and to which it sometimes refers directly. It is thus
that Urs Fischer delights in juxtaposing his *Nach Jugendstil kam Rokoko* (After Art Nouveau
Came Rococo) with an anonymous fifteenth-century painting of Philippe Pot kneeling before
Mary and the infant Christ. The artist suggests in this way that works of art, whether contemporary
or ancient, possess the prodigious faculty of defying and laughing at time. It is always the eye
of the observer that endows the work with its eternal newness and inexhaustible contemporary
relevance, and especially in the case of a keen-sighted artist such as Francis Bacon and his view
of Velázquez. Contemporary exhibitions therefore retain their relevance when they are endowed
with a sense of the past and future perspective.

In a certain sense and in a very subtle way, this exhibition offers us the feeling of wonder aroused
by splendid meetings. We find thrilling encounters between works and the city, as exemplified
by Subodh Gupta's *Very Hungry God* with the Grand Canal and Franz West and Rudolf Stingel's
work with Campo San Samuele, more subtle encounters with the setting of Palazzo Grassi,
as in the case of David Hammons' works in charcoal on paper and the clouds of the rococo ceiling
of the room housing them, and encounters between artists and art history, as in the case of Marlene

Dumas with Hans Holbein and Laura Owens with the Bayeux tapestry. The temporary setting
of the exhibition also offers electrifying encounters between artists, as exemplified by the extraordinary
juxtaposition of Martial Raysse and Anselm Reyle. Finally, there is the encounter between the works
of *Sequence 1* and the memory of those displayed in *Where Are We Going?*, as captured in Louise
Lawler's work.

This catalogue bears witness to all these encounters. The works exhibited are in fact shown
as photographed on site by Santi Caleca in order to stress just how far our perception of the work
is influenced by the space and time of the exhibition and the dynamic relationship that the event
generates between the acts of creating and displaying.

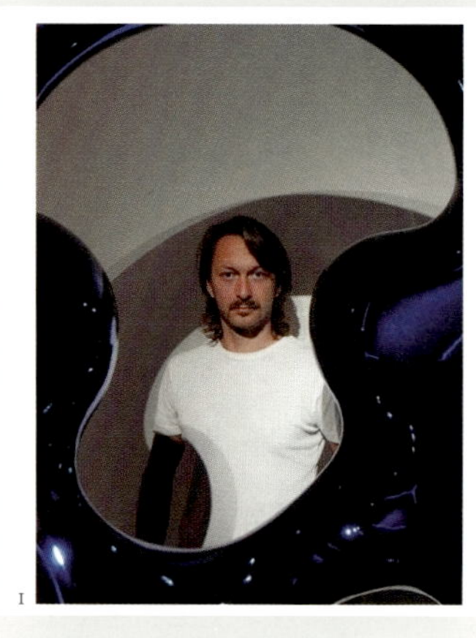

1

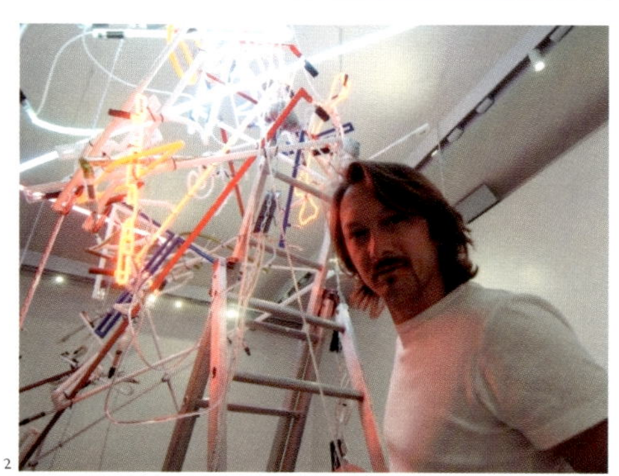

2

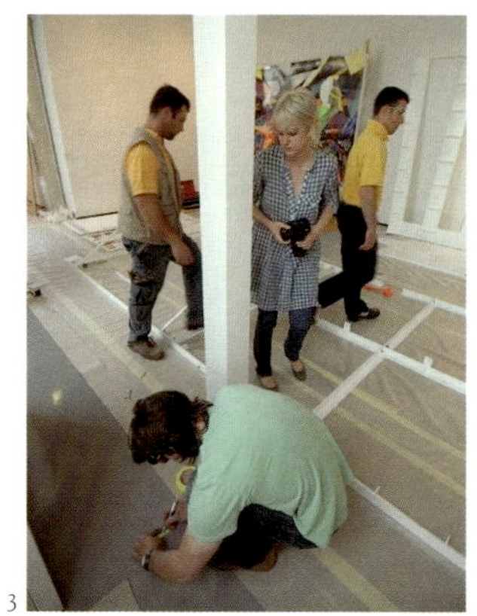

3

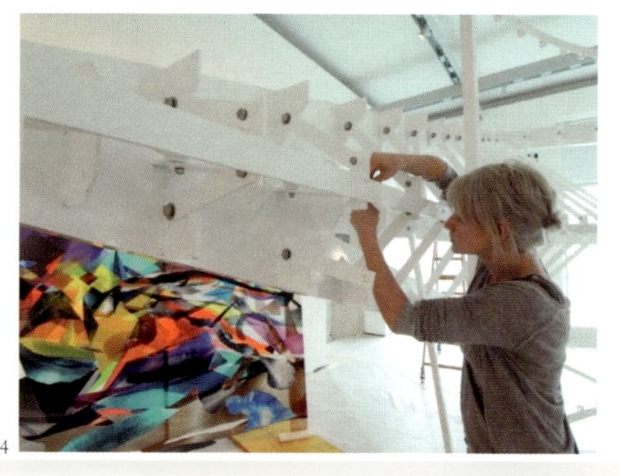

4

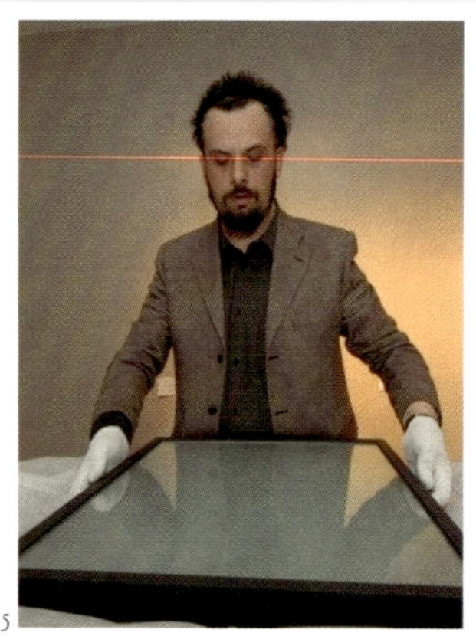

5

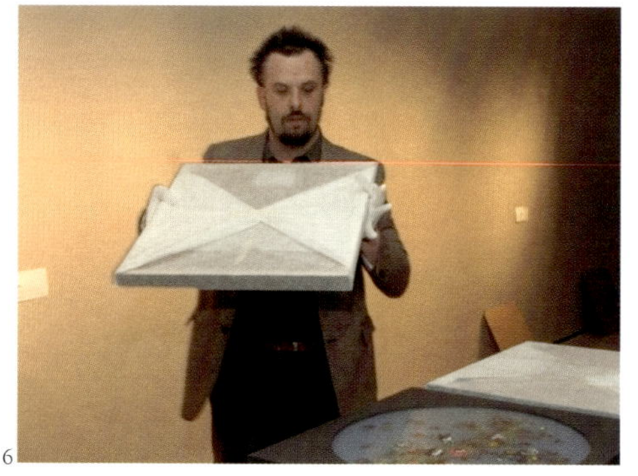

6

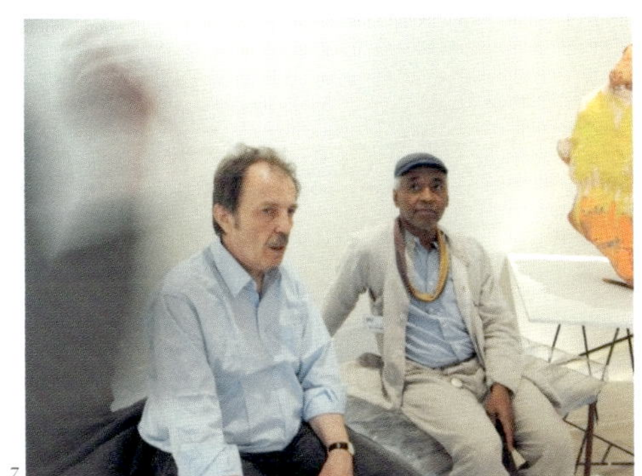

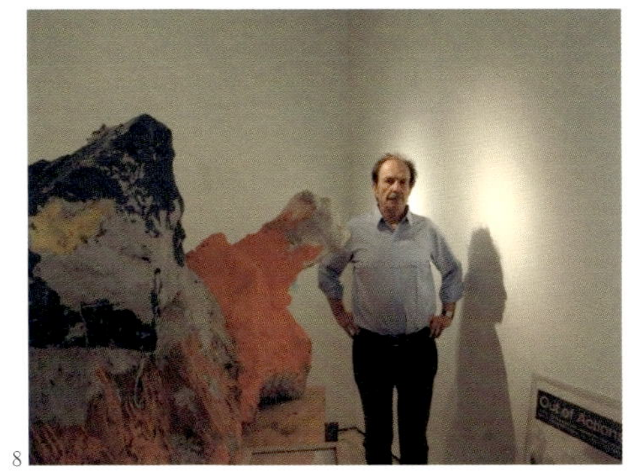

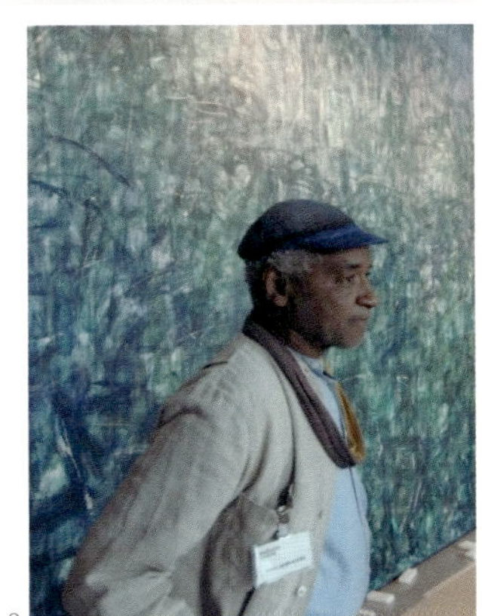

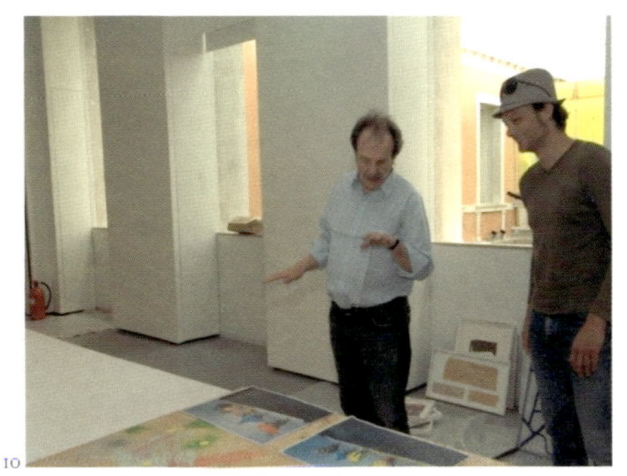

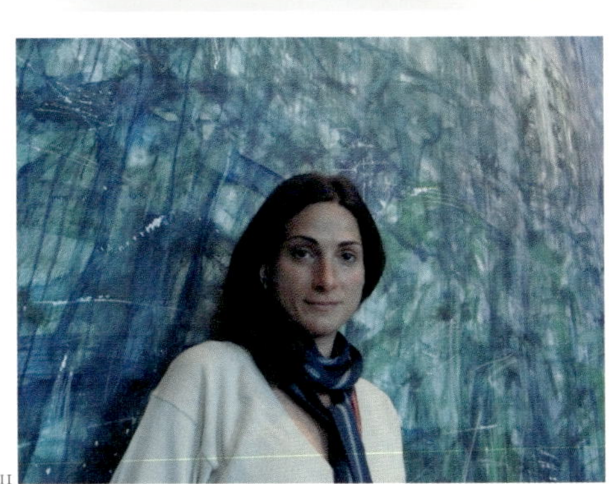

1-2. Anselm Reyle
3-4. Kristin Baker
5-6. Roberto Cuoghi
7. Franz West, David Hammons
8. Franz West
9. David Hammons
10. Franz West, Ronnie Zechner
11. Tamura Sirbiladze

Alison M. Gingeras

Artists are often astute art historians. With keen eyes they constantly look backwards at the past, sideways at their peers, and forward to new possibilities. This pan-historical vision permeates *Sequence 1*—the second public installment of the François Pinault Collection—inaugurating a succession of exhibitions that will highlight the strengths of the Collection's contemporary art holdings. While this first exhibition does not follow a rigid theme or narrative, one apparent thread connecting the work of the seventeen exhibited artists is the prevalence of supposedly "traditional" art practices—namely painting and sculpture. A second point of convergence for this multi-generational, heterogeneous group is their frequent use of pointed, deliberate art-historical references in their work. Paintings on canvas and sculptures on plinths are almost as old as time, and yet they are still at home at Palazzo Grassi in an exhibition representing the latest directions in contemporary art. Despite their insistence on tradition, all of the artists in *Sequence 1* have subjected these disciplines to conceptual revisions and expanded techniques. In an age enamored with the prefix "post"—post-studio art, post-media, post-production, post-modernism—exhibitions such as *Sequence 1* humbly reaffirm that these "traditional" practices have never really been abandoned by contemporary artists. Against the enduring legacy of Conceptualism—with its emphasis on "dematerialized" art objects—*Sequence 1* asserts that "notions of creation (making something from nothing)" and the use of "primary materials" are no longer considered inferior, retrograde, or reactionary art practices.[1] As the saying goes, what's old is *new*.

Painting: From the Stretcher to Three-Dimensional Space

Whether originating from Milan, Zurich, Johannesburg, Nice, New York, or Los Angeles, the painters in *Sequence 1* manifest a wide range of approaches to their craft. Discussed at length in the individual artist essays below, the painting styles on exhibit run the gamut from conventional oil or acrylic on canvas to more experimental explorations of the "painterly." From the more "traditional" camp, iconic paintings by Martial Raysse, Laura Owens, Marlene Dumas and Richard Prince fill several galleries; despite their more conventional techniques, each of these artists self-reflexively revisits various facets of the history of painting while reminding us how rich the possibilities of painterly representation still are. On the opposite end of the spectrum, artists such as Rudolf Stingel explore the "idea" of painting through a synthesis of environmental installation, process art, and works on canvas—the diversity of his explorations finding expression here in the graffiti-covered silver walls that line his untitled, gazebo-like public artwork on the Campo San Samuele and his stunning carpet installation on the Palazzo's ground floor, *Untitled (Sarouk)*, 2006. While perhaps better known for their sculptural works, both Urs Fischer and Anselm Reyle employ a range of assemblage and collage methods in their "paintings," exploring the formal and conceptual concerns central to both their two- and three-dimensional practices. Younger artists like Kristin Baker and Roberto Cuoghi have devised completely unorthodox techniques and an innovative use of materials to produce "pictorial works" that oscillate between abstraction and figuration. This innovation is particularly apparent in Baker's contribution to the exhibition (*Flying Curve, Differential Manifold*, 2007). Escaping the conventional confines of the stretcher, she has introduced a third dimension in the form of a sculptural, cantilevered armature whose physical and formal presence is an intrinsic part of her pictorial art.

Sculpture: From Plinth to Couch

Like the selection of paintings, *Sequence 1* will spotlight the multivalent approaches to contemporary sculpture contained in the François Pinault Collection. The found-object assemblages of David Hammons straddle numerous art-historical borders—combining sociological references and a poetic vision of urban life with the legacies of Dada, Arte Povera, and Pop. The neologism "Pop Povera" could be used to describe the object-based works of Urs Fischer, who blends handmade, humble materials, occasional found objects, and a keen mastery of scale to make astonishing three-dimensional objects like his monumental *Jet Set Lady* (2000–05), which will dominate the Palazzo's atrium, and, on a radically different scale, his new series of painted nickel sculptures depicting diminutive rabbits and mice engaged in whimsical antics. Artists such as Mike Kelley and Robert Gober make sculpture out of banal, everyday objects—whether found or meticulously fabricated—to mine the depths of our collective unconscious and their individual psyches. While painstakingly handmade, Gober crafts his sculptures to look as "real" as possible—his insistence on fabrication intensifies the emotional, narrative impact of his singular sculptures and haunting environmental installations. Like Gober, Kelley uses objects to tell a story, though he often extends his highly-charged sculptural works into the realm of performance, as in his seminal work *Extracurricular Activity Projective Reconstruction #1 (Domestic Scene)*, 2000.

The sculptural inheritance of European formalism and high modernism might best be expressed in the work of Franz West, one of the exhibition's senior artists. West's unique approach to sculpture is born out of a reaction to Viennese Actionism and European post-war abstraction. His signature papier-mâché sculptures perched on bases, plinths, or tables marry anthropomorphic forms with colorful, gestural abstract painting. In addition to his "autonomous" sculptures, West is equally known for furniture-pieces intended to provide the public with a place to sit, contemplate, or simply lounge. West's commissioned contribution for this exhibition—an environmental *Gesamtkunstwerk* entitled *Oasis*—features five eccentric couch sculptures installed in a gallery overlooking the Grand Canal. Crafted from intricate metal latticework and topped with air mattresses, this interactive set of sculptures will be surrounded by a floor-to-ceiling wall painting by Georgian artist and frequent West collaborator Tamuna Sirbilaze. The green, blue, burgundy, and violet hues of her all-over painting—fusing evocations of Monet's late, pseudo-abstract paintings with a brutalist version of Joni Mitchell's lyrical abstractions—provides an inviting backdrop for this sculpture-cum-way station.

Ten Centuries of Art History

Although *Sequence 1* is an exhibition of twenty-first-century art, at least ten centuries worth of art history make up its DNA. From Laura Owens's rendering of an equestrian battle scene from the eleventh-century Bayeux tapestry to Takashi Murakami's retelling of a mythical tale depicted in *Shigisan-engi-emaki*, a famous Japanese hand scroll from the twelfth century, to Marlene Dumas's appropriation of Hans Holbein's sixteenth-century opus *The Body of Christ in the Grave*, the exhibited artists cannot be accused of art-historical amnesia. Walking from gallery to gallery, the visitor will not only be presented with an array of "new" art, but also will be able to decipher numerous allusions to artistic eras past. Artists such as Martial Raysse, Anselm Reyle, and Laura Owens make deliberately legible references to art-historical icons in their oeuvres. In addition to her remaking of the Bayeux tapestry, Owens has modeled her most recent painting on Henri Matisse's well-known masterpiece *La Joie de vivre*, her version executed in a brash, florescent palette. Anselm Reyle resuscitates a whole repertoire of styles associated with high modernism—directly citing an eclectic canon of twentieth-century abstractionists such as Blinky Palermo, Ellsworth Kelly, Richard Tuttle, and Otto Freundlich. Martial Raysse's seminal *Made in Japan* series of the early 1960s used well-known works by Ingres, Tintoretto, and Cranach as the basis of his unique assemblage paintings, also rendered from a palette of neon hues. Conversely, artists such as Richard Prince, Kristin Baker, and Rudolf Stingel prefer to shade their art-historical citations. To the averted eye, Prince's use of layered imagery in his *Metropolis* paintings seems to be a camouflaged reference to the photographic palimpsests of Robert Rauschenberg's early paintings. Similarly, Baker's unique version of abstract imagery seems to be the result of her selective digestion of twentieth-century art, as she subtly nods to Italian Futurism and Abstract Expressionism in her most recent paintings. Whether in his installations or paintings, Stingel's entire oeuvre evokes the ambience of Rococo art without quoting specific works of the eighteenth century. Sometimes the mere presence of a damask wallpaper motif or an extravagant crystal chandelier is enough to suggest the flavor of this period—a recurrent trope in Stingel's oeuvre—while also recalling his Italo-Austrian heritage.

As curator of this exhibition, I have tried to provide in the following pages detailed descriptions of each artist's contribution, emphasizing how each artist has engaged with the specificities of their mediums as well as the art-historical thinking informing their oeuvres. As with any exhibition, we are reminded that art history is not a succession of finite chapters, but a wonderfully messy series of overlaps, ruptures, and continuities—a fact magnified here in the storied, patrician halls of Palazzo Grassi.

NOTE

[1] Nicolas Bourriaud, *Postproduction: Culture as Screenplay: How Art Reprograms the World*. New York: Lukas Sternberg, 2002, p. 7.

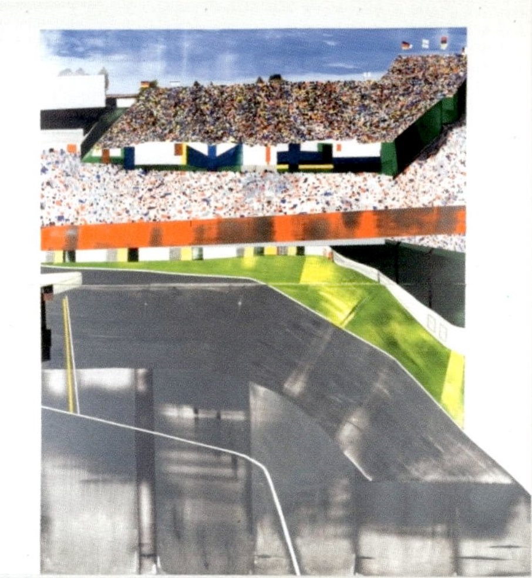

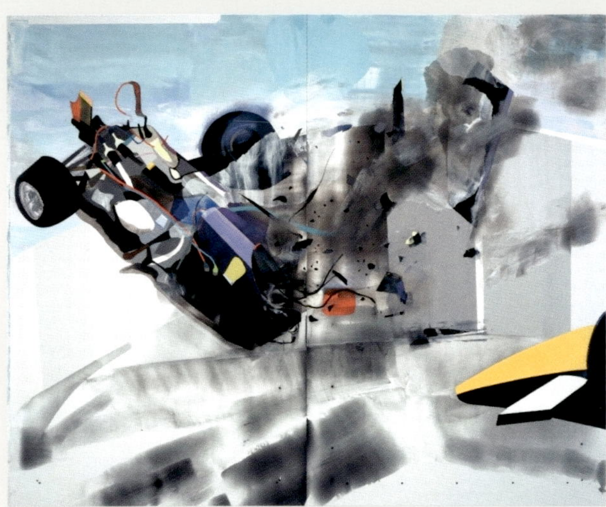

left:
Kristin Baker
Down Suzuka, 2001
Acrylic on PVC panel
244 × 244 cm

right:
Kristin Baker
Big Bang Vroom, 2003
Acrylic on PVC panel
244 × 305 cm

"Auto racing is a very seductive environment," explains the young American painter Kristin Baker. *"A racetrack is a vast landscape of every color, extreme scale, and a clash of the artificial and natural."*

While perhaps a surprising choice of subject matter, professional car racing is the foundation of Baker's unique artistic practice, stemming from her personal immersion in the sport. Made with unorthodox materials—plastic and acrylic paints applied to huge PVC panels using spatulas instead of brushes—her paintings blend abstract and figurative elements to capture the visceral spectacle of racing: sun-baked tracks ringed by blunt metal fences, packed grandstands, skies streaked with exhaust haze and smoke clouds, cars ricocheting off track barriers.

Fusing a populist, "blue-collar" sport with the legacy of American post-war painting may seem counterintuitive, but Baker convincingly draws parallels between the two. As her work makes clear, the constant struggle between order and chaos—accident and control—characterizes both pursuits. Her use of vibrant colors, sense of composition, and mastery of scale perfectly mirror the visual dynamism of the racetrack while retaining a strong connection with New York School abstraction. Baker confesses to sharing the Italian Futurists' obsession with speed and technological progress, while her layered, formally vigorous works also recall Robert Delaunay's simultaneous contrasts and Francis Picabia's mechano-organic forms, among other sources. Yet unlike the idealistic, utopian Futurists and other early Modernists, Baker expresses ambivalence about technological advancement and contemporary society's fascination with violence.

For her debut exhibition in Italy, Baker will show her most recent work, *Flying Curve, Differential Manifold* (2007). Partially inspired by Duchamp's last painting on canvas, *Tu m'* (1918), Baker created an abstract painting on transparent panels of Plexiglas that are mounted on a free-standing, cantilevered armature measuring more than nine meters long. The work's kaleidoscopic array of color and form not only evokes her fascination with the spectacle of speeding racecars, but also creates an immersive sensory experience that transcends traditional painting. Her decisions to erect the "flying curve" structure and to paint on clear Plexiglas were motivated, she says, by her desire *"to make the painting seem as if it was flying off the wall, so that it would go beyond the viewer's peripheral vision in order to emphasize the experience of paint as well as evoke the feeling of speed."*

Unlike her previous works, in which there are discernable visual references to auto racing, *Flying Curve, Differential Manifold* evokes the overarching themes in Baker's oeuvre—chaos, catastrophe, tragedy, triumph, speed, collage, fragmentation—without the use of figurative elements. The paint itself is the subject of the work. As Baker explains, *"I wanted to try to make the paint float in this work, which is why I chose to paint on a translucent Plexi surface. By floating paint, I mean to stress the materiality of something that is traditionally used to render reality."*

With her unique technique and inventive armature, Baker expands the traditional parameters of painting while paying homage to its rich history. Her painted surfaces synthesize the various schools of abstraction, while her "flying curve" references nineteenth-century panorama painting. As with the panorama, the structural device is inseparable from the painting, and the painting is part of the structure.

KRISTIN BAKER

Kristin Baker was born in Stamford, Connecticut, in 1975. She graduated with a BFA from the School of the Museum of Fine Arts and Tufts University in Boston in 1998 and obtained an MFA in Painting at Yale University, New Haven (Connecticut) in 2002.
The numerous international group exhibitions in which she has taken part include: *Painting Report*, P.S. 1 Contemporary Art Center, New York (2002); *Loaded*, Midway Contemporary Fine Art, Minneapolis (2002); *The Burnt Orange Heresy*, Space 101, Brooklyn (2003); *Open House: Working in Brooklyn*, Brooklyn Museum of Art, New York (2004); *Greater New York*, P.S. 1 Contemporary Art Center, New York (2005); *USA Today*, Saatchi Gallery, Royal Academy of Arts Burlington Garden, London (2006). Kristin Baker held her first solo show in 2003 at Deitch Projects, New York. The gallery has since become a point of reference for the artist and hosted her second show, *Surge and Shadow*, in the spring of 2007. Baker exhibited works at the Centre Pompidou, Paris, in 2004 and at the Acme, Los Angeles, in 2005.
She lives and works in New York.

SELECTED BIBLIOGRAPHY

Jennifer Gross, *Kristin Baker: Surge and Shadow* (exhibition catalogue), Deitch Projects, New York, 2007.
Debra Singer, "First Take," *Artforum International*, January 2005, p. 143.
Alison Gingeras, *Kristin Baker* (exhibition catalogue), Centre Pompidou, Paris, 2004.
Randy Gladman, "In the Moment with Kristin Baker," *NYARTS*, January–February 2004.
Ken Johnson, "Fight or Flight," *New York Times*, December 2004.
Peter Eleely, "Painting Report," *Frieze*, November–December 2002, p. 105.

Roberto Cuoghi

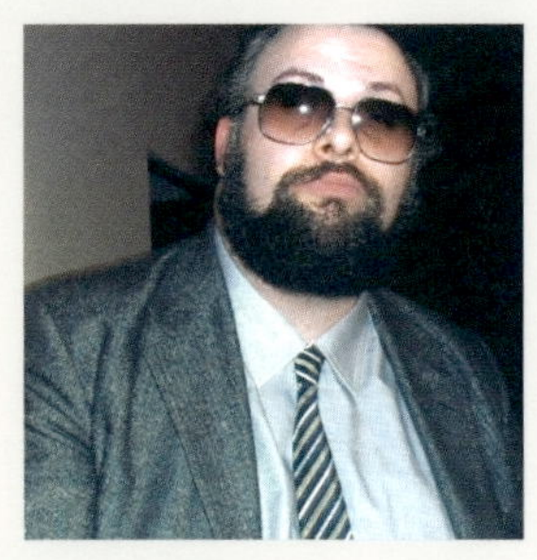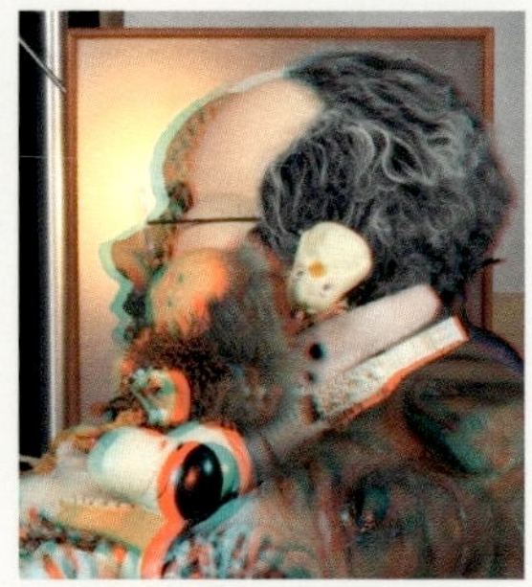

left:
Roberto Cuoghi
A snapshot of Roberto Cuoghi
"transformed" into his father,
ca. 2000

right:
Roberto Cuoghi
Untitled, 2005
Lenticular print
56 × 52 cm

Roberto Cuoghi is a human chameleon. One of Italy's most promising artistic talents, Cuoghi has founded his art practice on an unpredictable, heterogeneous mix of media and subject matter—from transforming himself into his father as part of an epic, seven-year "performance" to more traditional forms of artistic expression.

In 1998 Cuoghi decided to "become" his elderly father. While still a student at Milan's Accademia di Belle Arti di Brera, Cuoghi embarked on a radical quest to accelerate his age—a process he only very recently began to halt. Over a seven-year period, Cuoghi assumed the appearance, mannerisms, and dress of his dad. His weight swelled to over 140 kilos, he grew a beard, dyed his hair gray, and developed chronic bags under his eyes as well as other attendant health problems. Even his wardrobe and eyeglasses were appropriately unfashionable. Without the help of make-up or an Orlan-esque surgical intervention, Cuoghi convincingly "passed" as a man in his mid-sixties. Cuoghi did not merely assume a public persona. His actions amount to a strange retelling of *Oedipus Rex*—instead of killing his father, Cuoghi appropriated his identity. In the absence of a pre-existing category to define this endeavor, the artist qualifies this episode of his life (and work) as a "transformation." It might even be said that "transformation" is Cuoghi's preferred medium. While his highly eclectic practice uses standard means—including digital animation, comic book illustration, drawing, painting, photography, and the written word—Cuoghi's primary activity is the alteration of the experiences, representations, and expectations of daily life.

This transformative agency is apparent even in his earliest works. His first "endurance piece," *Il coccodeista* (1997)—a nonsensical term that rhymes with "cubista" or "futurista"—involved wearing a pair of goggles that severely distorted his vision for five consecutive days. Replacing the normal lenses with Pechan prisms—an optical device used to invert and reverse images—Cuoghi was barely able to walk, let alone function normally. To "record" the affects of his self-imposed handicap, Cuoghi drew a series of self-portraits and anecdotal poems, rendered in an Antonin Artaud-like scrawl. Cuoghi's taste for reality-shifting experimentation might claim its paternity in the early avant-garde activities of Raymond Hains and Jacques de la Villeglé. In the early 1950s, this Nouveau Réaliste duo began to make photographs, films, and text pieces by replacing either the camera lens (*Hypnagoscope*, 1952), or their own spectacles (*Lunettes en verre cannelé*, 1957) with ribbed glass. Like Hains and Villeglé before him, Cuoghi seeks various means to deform his experience of reality as well as to disturb the mimetic representation of the "real." Nearly fifty years later, Cuoghi seems to incarnate Raymond Hains's revolutionary declaration, "Artists are leaving the creation of art to become abstractions personified."

The Goodgriefies (2000), a five-minute short film, relocates the notion of "personified abstraction" from the artist's own body to the cartoon world. In an animated version of the Surrealist parlor game, *cadavre exquis*, Cuoghi dissected, shuffled, and recomposed cartoon characters from Peanuts, Scooby-Doo, South Park, Popeye, The Simpsons, The Smurfs, and The Flintstones to create a cast of disturbing hybrids. Synched to a catchy jazz soundtrack, Cuoghi's creatures at first humorously parade across the screen as if to flaunt their aberrance. Quickly progressing from the innocuous to the horrific, the film reaches a crescendo as each of Cuoghi's animated monstrosities progressively decay—they fart, belch, bleed, piss on themselves, and decompose. The moral of the story: Not all transformative experiments have happy endings.

For his debut at Palazzo Grassi, Cuoghi has created a new series rendered with Cuoghi's unique chiaroscuro painting/drawing technique, this pictorial work is composed of nine maps of countries that George W. Bush, as well as other world leaders, has accused of sponsoring terrorism and/or seeking weapons mass destruction. Using a combination of pencil, ink, charcoal, pastel, marker, spray-paint, and varnish, Cuoghi has depicted the territories of North Korea, Belarus, Turkmenistan, Myanmar, Cuba, Syria, Sudan, Libya, and Iran on layers of semi-transparent sheets of acetate and tracing paper. The cartographic image emerges as the fragments of each map are progressively overlain to form the whole. The interplay of opaque and transparent materials creates an eerie optical effect, recalling the spectral qualities of Daguerreotypes.

While Cuoghi has already used this extremely labor intensive technique to render portraits or still lifes, these geopolitical maps maximize the metaphorical force of this peculiar method. The haunted quality created by Cuoghi's unique layering process transforms the discipline of mapmaking into a mystical craft. His unusual technique intensifies the seductive aura of "secrecy" and "evil" that surrounds these lands due to Bush's demagogic pronouncements. Cuoghi reminds us that cartography does not so much reflect geographical truths as it projects cultural fictions or political agendas onto "foreign" terrains.

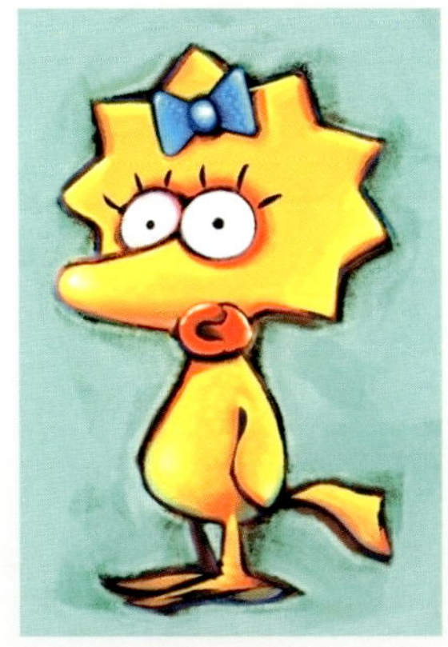

Roberto Cuoghi
The Goodgriefies, 2000
Still from video animation
(running time five minutes)

ROBERTO CUOGHI

Roberto Cuoghi was born in Modena in 1973. He studied at the Accademia di Brera, Milan, where the courses taught by Professor Garutti had a lasting impact on his cultural and technical development. After his time at Brera, Cuoghi decided to remain in Milan, where he still lives and works.
He has taken part in numerous group exhibitions, the first of which being *Orizzontale/Verticale*, held in 1996 at the Palazzo della Prefettura in Modena. This was followed by *Guarene Arte 99*, Palazzo Re Rebaudengo, Guarene d'Alba, in 1999 and the first Tirana Biennial, National Gallery and Chinese Pavilion, in 2001..The following year saw an invitation to take part in the fourth edition of Manifesta in Frankfurt. He exhibited in the first Prague Biennial (*Italy: Out of Order*, National Gallery) in 2003 and took part in the Apexart Summer Program in New York. Subsequent exhibitions include: *Paradiso e Inferno*, Fondazione Bevilacqua La Masa, Venice (2004); *La sindrome di Pantagruel*, T1 Torino Triennale Tremusei, Castello di Rivoli Museo d'Arte contemporanea, Rivoli-Turin and other venues (2005); *I Still Believe in Miracles: Dessins sans papier*, Couvent des Cordeliers – ARC Musée d'Art Moderne de la Ville de Paris, Paris (2005); *Villa Jelmini: The Complex of Respect*, Kunsthalle, Berne (2006); *Mediterranée*, Carré d'Art – Musée d'Art Contemporain de Nîmes, Nîmes (2007). The most important solo shows include: Spazio Aperto (with Alberta Pellacani), Galleria Comunale d'Arte Moderna, Bologna (1997); *Foolish Things*, Eldorado Project Room, GAMeC Galleria d'Arte Moderna e Contemporanea, Bergamo (2003); Galleria Massimo De Carlo, Milano, 2003 and 2006; The Wrong Gallery, New York (2005); *Roberto Cuoghi – Mei Gui*, Centre International d'Art et du Paysage de l'île de Vassivière, Beaumont du Lac (2007).

SELECTED BIBLIOGRAPHY

Maurizio Cattelan, Massimiliano Gioni, Ali Subotnik (eds.). *Of Mice and Men* (exhibition catalogue) 4th Berlin Biennial for Contemporary Art, KW Institute of Contemporary Art and other venues, Berlin. Ostfildern-Ruit: Hatje Cantz, 2006, pp. 214–215.
Milovan Farronato, "Roberto Cuoghi," *Contemporary*, no. 83, 2006, pp. 48–51.
Alison M. Gingeras, "Roberto Cuoghi," *Artforum International*, summer 2005, pp. 316–317.
Gianfranco Maraniello, "Roberto Cuoghi curated by Maraniello," *Boiler – Viva! Italia*, no. 5, 2005, pp. 48–57.
Massimiliano Gioni, "Sguardi/Views – Cuoghi e i fantasmi," *Carnet Arte*, no. 1, September–October 2003, pp. 13–14.
Charlotte Laubard, "Critics' Picks – Roberto Cuoghi. Foolish Things," *Artforum International*, January 9, 2003.
Alessandro Rabottini, "Roberto Cuoghi: L'età incompleta," *Flash Art*, no. 238, February–March 2003, pp. 112–114 (with cover).
Jens Hoffmann, "Global Art – Roberto Cuoghi," *Flash Art International*, no. 213, October 2000.
Giorgio Verzotti, "It's Academic," *Artforum International*, May 1998, p. 49.

Marlene Dumas

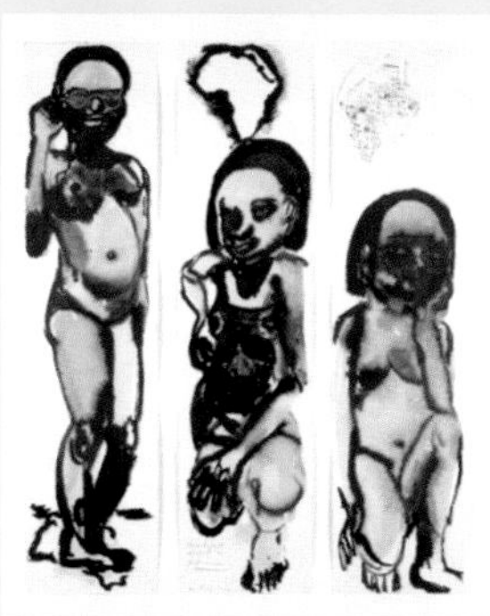

Marlene Dumas
Thinking about Africa, 1991
Ink, crayon, and collage
on paper
each drawing, 24 × 96.5 cm
Private collection

"I paint because I am a religious woman. (I believe in eternity.) Painting doesn't freeze time. It circulates and recycles time like a wheel that turns. Those who were first might well be last. Painting is a very slow art. It doesn't travel with the speed of light. That's why dead painters shine so bright."[1]

This quote—taken from Marlene Dumas' cheeky musings on her vocation—provides insight into one of her most iconic works: *Gelijkenis I and II* (*Likeness I and II*, 2002). Hung one above the other to mimic bodies in a morgue, these two narrow, horizontal canvases present pallid, skeletal figures that seem to lie in wake. The bottom painting is an homage to Hans Hollbein's masterpiece *Der Leichnam Christi im Grabe* (*The Body of Christ in the Grave*, 1521), while the top canvas is partially based on the infamous tabloid image of Michael Jackson sleeping in his oxygen chamber (in an effort to stave off his own mortality). As critic Dominic van den Boogerd has noted, "for Dumas art is, and has always been, a preparation for death."[2] Following in the footsteps of her artistic forebears, Dumas' compulsion to paint gives her a means to strive for immortality.

In loose brushstrokes, paying particular attention to the outlines of the figures, Dumas layers thin coats of oil paint to render these elegiac portraits. This technique—her signature style—intensifies the haunted quality of the prone, life-size bodies, and results in a visual effect somewhere between forensic realism and the auratic intensity of religious painting. The mélange of art-historical sources and pop-cultural imagery—here, the parallel evocations of Christ and eccentric pop star—is typical of Dumas' work. She sets the timeless, "immortal" qualities of classical art against the vulgar banality of mass-media imagery to create a productive friction. The push and pull of old and new, eternal and ephemeral mirrors Dumas' interest in the process of objectification that occurs whenever a human subject is depicted. Her concern with objectification can be traced back to Dumas' formative years in South Africa, where she lived before immigrating to Holland in the 1970s. Growing up under Apartheid and witnessing the terrible social injustices in her home country left an indelible stamp on her work. This legacy is reflected in her provocative choice of iconography—mixed-race couples, sexualized women, disturbing faces, graphic portrayals of children—and in her paradoxical desire to seduce and simultaneously repulse the viewer.

NOTES
[1] Marlene Dumas. "Women and Painting", *Parkett*, no. 37, Zurich, 1993.
[2] Marlene Dumas, cited in Dominic van den Boogerd, "A Good Looking Corpse," *Marlene Dumas: Suspect* (Milan: Skira, 2003), p. 21.

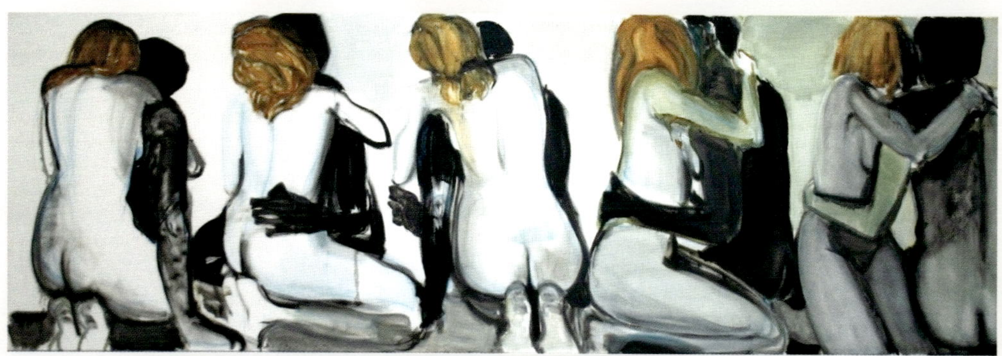

MARLENE DUMAS

Marlene Dumas was born in Cape Town in 1953, but left South Africa for the Netherlands in 1976. She studied painting at the Ateliers 63 in Haarlem and then enrolled to study psychology at university in Amsterdam, where she settled definitively and lives and works today. Her first solo show was held in Paris in 1979. Dumas began to exhibit at the Zeno X Galerie in Antwerp, which became her primary point of reference, in 1993. Her other solo shows include: *Miss Interpreted*, Van Abbemuseum, Eindhoven (1992); Tate Gallery, London (1996); Museum für Moderne Kunst, Frankfurt (1998); Centre Georges Pompidou (2001); Art Institute of Chicago, Chicago (2003); *Suspect*, Fondazione Bevilacqua La Masa, Venice (2003); Zwirner and Wirth, New York (2005). The year 2007 saw two major retrospectives, one at the Metropolitan Museum of Contemporary Art, Tokyo, and the other at the National Gallery, Cape Town.

She has also taken part in numerous important group exhibitions, such as the 7th and 9th editions of Documenta in Kassel, respectively in 1982 and 1992, and the Venice Biennale, where she was a representative of the Dutch Pavilion in 1995 and featured in the Italian Pavilion in 2003 and 2005. Others include *Exorcism / Aesthetic / Terrorism*, Museum Boijmans Van Beuningen, Rotterdam (2000); *Painting at the Edge of the World*, Walker Art Center, Minneapolis (2001); *Non Toccare Donna Bianca*, Fondazione Sandretto Re Rebaudengo, Turin (2004); *Drawing from the Modern, 1975–2005*, Museum of Modern Art, New York (2005); *Essential Painting*, National Museum of Art, Osaka (2006); *EROS in Modern Art*, Kunstforum, Vienna (2007).

SELECTED BIBLIOGRAPHY

Sandy Nairne, Sarah Howgate (eds.), *The Portrait Now*. London: National Portrait Gallery, 2006.

Marlene Dumas – Female, Kunsthalle Helsinki in collaboration with the Gernatz Collection, 2005.

Marlene Dumas – Selected Works, Zwirner & Wirth, New York, 2005.

Marlene Dumas – Wet Dreams Watercolours, Städtische Galerie Ravensburg, Ravensburg, Germany, texts by Jean-Christophe Ammann, 2005.

Het Collectieboek – Van Abbemuseum, Van Abbemuseum, Eindhoven, 2004.

Marlene Dumas – Suspect, ed. Gianno Romano, Fondazione Bevilacqua La Masa, Venice; texts by Lars Kwakkenbos, 2002.

Reconfiguration, Central Academy of Fine Arts Gallery, Beijing, 2001.

Marlene Dumas, London: Phaidon, texts by Bloom, Van Den Boogerd, Casadio, 1999.

Marlene Dumas
Couples, 1994
Oil on canvas
99 × 300 cm
Private collection

Urs Fischer

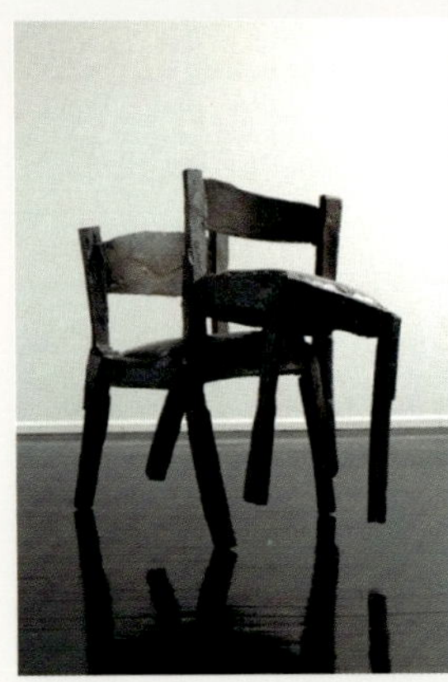

Urs Fischer
Chairs, 2002
Polyurethane foam, snakeskin
imitation, nails, acrylic paint
97 × 85 × 91 cm

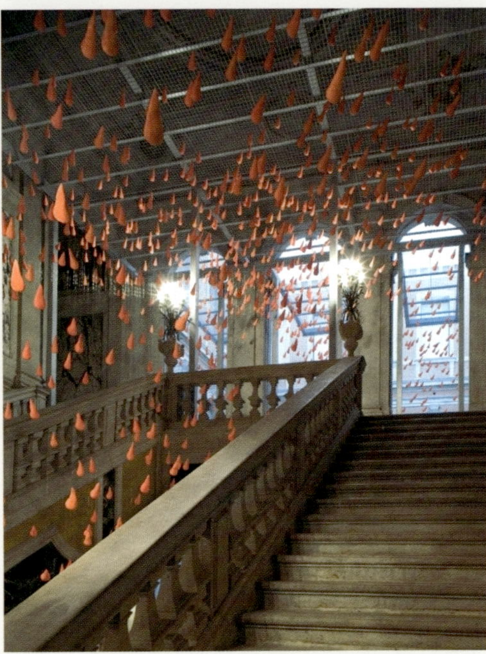

Urs Fischer
Vintage Violence, 2004-2005
Plaster, resin paint, hardware,
nylon
Variable dimensions
Installation view Palazzo
Grassi, Venice
François Pinault Collection

The coinage "Pop Povera" might best encapsulate the otherwise heterogeneous practice of Urs Fischer, a young Swiss artist equally adept with two- or three-dimensional forms. Fischer's frequent use of humble, hand-made materials and occasional found objects betrays his aesthetic solidarity with *arte povera*, while his graphic, at times cartoonish drawing style and whimsical subject manner reveal an affinity with the pervasive language of Pop Art. Although not an official movement, the "crafty" connotations of "Pop Povera" perfectly fit the hand-crafted fabrication of Fischer's oeuvre—his work relies on traditional artistic techniques while avoiding the retrograde aspects such methods imply.

Upon entering the atrium of Palazzo Grassi, the public is confronted by one of Fischer's most ambitious works to date. Simultaneously beautiful and ugly, mammoth and intimate, *Jet Set Lady* (2000–5) is a three-dimensional map of the artist's mind in the form of a tree. An eleven-meter-high welded iron trunk supports a dense web of branches "abloom" with more than two-thousand reproductions of Fischer's drawings, prints, and paintings from the past five years. Fischer has explained that the idea for this unusual work came when his studio was filled to the brim, and the walls were entirely covered with his drawings. Fusing the artist's pictorial and sculptural activities, this work reveals a startling continuity in subject matter across Fischer's cartoon-like drawings and figurative sculptures. *Jet Set Lady* features renderings of many of the artist's favorite themes: anthropomorphic chairs, improbable still-lifes of everyday objects, surrealistic raindrops, disembodied heads and mouths, pensive naked ladies, and an ubiquitous house cat. This artwork-as-anthology also embodies the artist's playful engagement with numerous art-historical genres and high/low styles— Fischer dabbles as capriciously in portraiture, still life, vanitas, and landscape scenes as he does in Surrealism, caricature, photomontage, and Expressionism. The apotheosis of a versatile virtuoso, *Jet Set Lady*'s panoply of images demonstrates Fischer's unique ability to find poetry and existential meaning in even the most banal subject matter.

Nothing could be more trivial than a discarded packet of cigarettes—the main feature of *Nach Jugendstil kam Roccoko* [*After Jugendstil comes Rococo*] (2006). Installed in one of the grandly adorned galleries on the Palazzo's *piano nobile*, this work may be initially mistaken for an empty room. Yet after a careful examination of the space, one notices a crushed, empty box of Camel Lights dancing magically around the room in a circular motion. A motorized arm suspended from the ceiling animates this tiny object, which would otherwise go unnoticed or be mistaken for an errant bit of trash. The humility of the work's materials, as well as the deliberate simplicity of the "trick" that makes the cigarette pack dance, stand in stark contrast to the ironically haughty tone of its title—itself a joke, since it gives an inaccurate account of art-historical progression. Fischer's blend of subversive humor, "poor" materials, art-historical references, and an unexpected use of space transforms a tawdry artifact of everyday life into a poetic work of art.

URS FISCHER

Urs Fischer was born in 1973 in Zurich, where he studied photography for several years at the Schule für Gesta. This was followed by stays at the artist studios in Amsterdam and the Delfina studios in London in 2000. The awards and grants received since the very beginning of his career include the Bundesamt für Kultur, *Eidgenössisches Stipendium für freie Kunst*, Zurich (1995), the *Kiefer-Hablitzel Stipendium* (1997), and the Providentia-Preis, YoungArt (1999).
Fischer has held numerous solo shows: *Espressoqueen – Worries and other Stuff you Have to Think about before you Get Ready for the Big Easy*, Galerie Hauser & Wirth & Presenhuber, Zurich (1999); *Without a Fist – Like a Bird*, Institute of Contemporary Art (ICA), London (2000); *315*, Centre Pompidou, Parigi (2004); Hamburger Bahnhof, Flick Collection, Berlin (2005); *Fig, Nut & Pear*, Gavin Brown's Enterprise, New York (2005); Galleria Massimo de Carlo, Milan (2006); *Oh. Sad. I See*, Modern Institute, Glasgow (2006); *Paris 1919*, Museum Boijmans van Beuningen, Rotterdam (2006); Cockatoo Island Project, Sydney (2007); 52. Venice Biennale (2007). The group exhibitions in which he has participated include: Fondazione Sandretto Re Rebaudengo per l'Arte, Turin (1997); *Eidgenössische Preise für Freie Kunst*, Kunsthalle, Zurich (1999); Manifesta 3, European Biennial of Contemporary Art, Ljubljana (2000); *Durchzug-Draft*, Kunsthalle, Zurich (2003); *Dreams and Conflicts: The Viewer's Dictatorship*, Venice Biennale (2003); *Monument to Now*, Deste Foundation, Athens (2004); *Skulptur: Prekärer Realismus zwischen Melancholie und Realismus*, Kunsthalle, Vienna (2004); *Universal Experience: Art, Life, and the Tourist's Eye*, Museum of Contemporary Art, Chicago (2005); *Day for Night*, Whitney Biennial, New York (2006); *Where Are We Going? Selections from the François Pinault Collection*, Palazzo Grassi, Venice (2006); Biennale d'art contemporain Lyon, Lyon (2007). Fischer lives and works in New York.

SELECTED BIBLIOGRAPHY

Urs Fischer, *Mary Poppins* (exhibition catalogue), Blaffer Gallery, Art Museum of the University of Houston, 2006.
Urs Fischer, *Paris 1919*. Zürich: JRP Ringier, 2006.
Garrick Jones, Urs Fischer, *Good Smell, Make up tree*. Zürich: JRP Ringier, 2006.
Urs Fischer, *Kir Royal* (exhibition catalogue), Kunsthaus Zürich, 2004.
Alison M. Gingeras, *Urs Fischer* (exhibition catalogue), Espace 315, Centre Pompidou, Paris 2004.
Alison M. Gingeras, "Openings: Urs Fischer," *Artforum International*, 2003.

Robert Gober

left:
Robert Gober
Untitled, 1985
plaster, wood, steel, wire lath,
semi-gloss enamel paint
73 × 63.5 × 52 cm
Collection Museum of
Modern Art, New York

right:
Robert Gober
Untitled, 2006–07
wood, enamel paint
68.5 × 99 × 99 cm

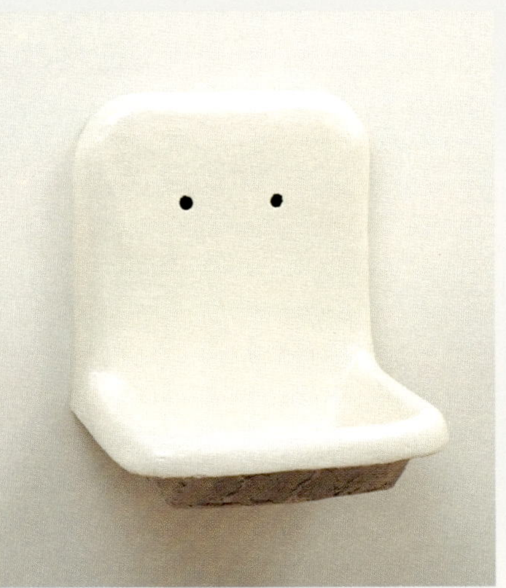

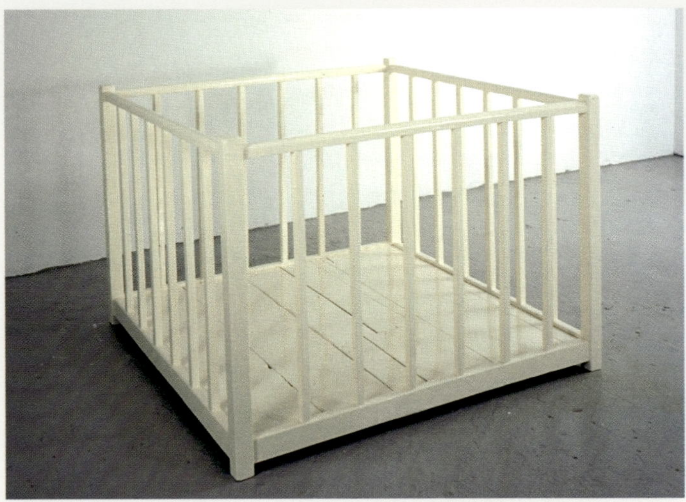

Ordinary objects take on a disturbing cast in Robert Gober's oeuvre. Doorways, light bulbs, sinks, newspapers, candles, beds all dwell unremarkably in the background of our daily lives, yet in Gober's hands they become pregnant with personal mnemonic significance and chill the viewer with a sense of foreboding. Gober describes his autobiographically rooted process as *"nursing an image that haunts me and letting it sit and breed in my mind. Then if it's resonant, I'll try to figure it out formally. Could this be an interesting sculpture to look at?"*[1] Gober never appropriates found objects for his work; rather, he pristinely handcrafts his sculptures—repositories of his fears and desires[2]—to appear as if they were store-bought. Only upon close inspection does one realize that Gober's sink sculptures, for example, are painstakingly made of plaster, or that his bundled-up stacks of newspapers are "fakes"—with "articles" written by the artist in realistic newsprint—even as they appear destined for the recycling bin.

Encountering Gober's sculptures can be like inspecting evidence at a crime scene. His seminal installation *Door with Lightbulb* (1992) resembles a lonely hallway or neglected lobby. Upon entering the space, one is alarmed by the naked red light bulb (also handmade) glowing ominously above the doorframe, yet simultaneously drawn in by the bright light emanating from underneath the locked door. Several bundles of newspapers sit on both sides of the door, as if awaiting their own demise. The viewer is compelled to scrutinize every detail of this liminal space to decipher what these clues mean. As in many of Gober's installations, a sense of ambiguity, alienation, and estrangement pervades the scene, yet no story is recounted or real-world event referenced. As critic Dave Hickey has observed, "We are told insistently that there is a story here, but we are not told what it is; and so we proceed by the associate logic of our own reverie."[3]

A second, equally haunting work by Gober is on display in an adjacent gallery. *Untitled* (1991) is an eerily realistic male leg fashioned from beeswax, fully "dressed" with sock, shoe, pant leg, and implanted with real human body hair. Surrealistically positioned on the floor, the amputated limb has sprouted a candle just above its knee. This disquieting sculpture was inspired in part by the artist's childhood recollections: *"I remembered that my mother used to work as a nurse in an operating room and she used to entertain us as kids by telling stories about the hospital. One of her first operations was an amputation. They cut off a leg and handed it to her."*[4]

Gober has also attributed the work's origins to an erotic epiphany he had while observing the partially exposed leg of a fellow plane passenger.[5] In modeling this perverse, fetishistic sculpture, the artist literally conflates memory and desire, sexuality and mortality, Eros and Thanatos.

NOTES
[1] James Romaine. "Closer to Heaven: The Art of Robert Gober" *IMAGE: A Journal of the Arts and Religion*, Fall 2000, p. 28.
ibid, p. 28
[2] Dave Hickey, "In the Dancehall of the Dead." *Robert Gober* (New York: Dia Foundation for the Arts, 1992) p. 21.
[3] Robert Gober, quoted by Joan Simon in "Robert Gober and the Extra Ordinary" in *Robert Gober* exh. Cat. Museo Nacional Centro d Arte Reina Sofia, Madrid 1993, p. 17.
[4] Brenda Richardson. *A Robert Gober Lexicon*. New York: Steidl mm, 2005 p. 19.

ROBERT GOBER

Robert Gober was born in Wallingford, Connecticut, in 1954. His artistic training began in 1973 at the Tyler School of Art, Rome, and continued at Middlebury College, Vermont, in 1976.
Gober has been involved in creating and curating special projects for American galleries and institutions since the very beginning of his career. He curated an exhibition featuring his own early works together with works by Nancy Shaver, Alan Turner, and Meg Webster at the Cable Gallery, New York, in 1986. He created a site-specific installation for the exhibition *Utopia Post Utopia* at the Boston Institute of Contemporary Art in 1988 and curated a group exhibition at the Matthew Marks Gallery, New York, in 1999. The long list of group exhibitions in which he has participated includes the following: Biennial Exhibition, Whitney Museum of American Art, New York (1989); *Devil on the Stairs: Looking Back on the Eighties*, Institute of Contemporary Art, Philadelphia (1991); Documenta IX, Kassel 13 (1992); The Carnegie International 1995, Carnegie Museum of Art, Pittsburgh (1995); *Objects of Desire: The Modern Still Life*, Museum of Modern Art, New York (1997); *Wounds*, Moderna Muscet, Stockholm (1998); *Singular Forms (Sometimes Repeated): Art from 1951 to the Present*, Guggenheim Museum, New York (2004); *Into Me/Out of Me*, P.S. 1 Contemporary Art Center, Long Island City, KW Berlin, Berlin; *Macro al Mattatoio*, Rome (2006–2007). The most important solo shows include the first, *Slides of a Changing Painting*, Paula Cooper Gallery, New York (1984), as well as *Robert Gober*, Art Institute of Chicago, Chicago (1988); Museum Boymans-van Beuningen, Rotterdam, and Kunsthalle Bern, Berne (1990); Serpentine Gallery, London (1993); *Robert Gober: Sculpture + Drawing*, Walker Art Center, Minneapolis, Rooseum Center for Contemporary Art, Malmö, Hirshhorn Museum and Sculpture Garden, Smithsonian Institution, Washington, D.C., San Francisco Museum of Modern Art, San Francisco (1999); U.S. Pavilion, 49. Venice Biennale, Venice (2001); *Robert Gober Displacements*, Astrup Fearnley Museet for Moderne Kunst, Oslo (2003); Matthew Marks Gallery, New York (2007).
Gober lives and works in New York.

SELECTED BIBLIOGRAPHY

Matthew Drutt, *Robert Gober: The Meat Wagon*, Houston, The Menil Collection, 2005.
Brenda Richardson, *A Robert Gober Lexicon, Volumes I and II*, New York, Matthew Marks Gallery, 2005.
Robert Gober, James Rondeau, and Olga Viso, *Robert Gober: The United States Pavilion: 49th Venice Biennale, 2001*, Chicago–Washington D.C., The Art Institute of Chicago/Smithsonian Institution, 2001.
James Romaine, "Closer to Heaven: The Art of Robert Gober," *Image: A Journal of the Arts and Religion*, Fall 2000.
Robert Gober: Sculpture + Drawing, Minneapolis, Walker Art Center, 1999, essays by Richard Flood, Gary Garrels, and Ann Temkin.
Robert Gober, New York, Dia Center for the Arts, 1993, essay by Dave Hickey.
Robert Gober (exhibition catalogue), Madrid, Museo Nacional Centro de Arte Reina Sofia, 1993.
Roberta Smith, "The Reinvented Americana of Robert Gober's Mind," *New York Times*, October 13, 1989, p. C28.
Gary Indiana, "A Torture Garden," *The Village Voice*, October 27, 1987, p. 105.

Subodh Gupta

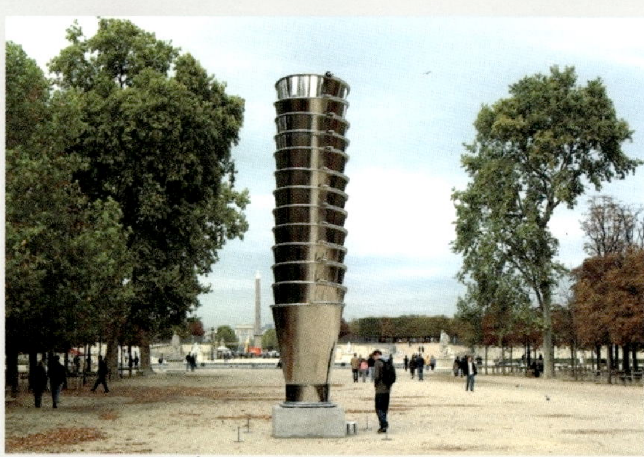

Subodh Gupta
Giant Leap of Faith, 2006
Stainless Steel
700 × 180 × 180 cm

"All these things were part of the way I grew up. They are used in the rituals and ceremonies that were part of my childhood. Indians either remember them from their youth, or they want to remember them." [1]

Subodh Gupta's art consciously plays on clichéd images of everyday life in his home country of India. While he works in several disciplines (including performance, photography, video, and installation), Gupta is perhaps best known for his sculptures made from accumulations of quotidian objects, such as antiquated machinery and stainless-steel cooking vessels. Born in the state of Bihar—considered India's least economically developed province—Gupta draws inspiration from his formative years in this agrarian setting, evoking the clash in his country between tradition and modernization through works that legibly reference contemporary Indian life. *This Side is the Other Side* (2002), a bronze and aluminum cast of a Vespa motor scooter loaded down with milk cans, typifies this approach, as does *Vehicle for the Seven Seas* (2004), his cast-aluminum sculpture of a luggage cart burdened with packages that resembles those pushed by the urban poor. In other works, Gupta monumentalizes the humble accoutrements of rural life, often through quotations of Western art history. His *Giant Leap of Faith* (2006) for example, transforms a pile of simple metal buckets cast in aluminum into a vertical stack reminiscent of Brancusi's *Endless Column* (1918).

Displayed on a platform on the Grand Canal in front of Palazzo Grassi is one of Gupta's most iconic works to date, *Very Hungry God* (2006). An enormous human skull made of a jumble of stainless-steel pots, vessels, and cooking utensils, this *memento mori* dazzles not only in its scale and shiny materiality, but also because it so successfully transforms such everyday wares into a monument to the transience of human life. As with many of Gupta's works, *Very Hungry God* metaphorically comments on the conflicting cultural forces at play in his homeland: The artist's penchant for accumulating "things" connotes the rapid acceleration of India's economy, while the impoverished triviality of his domestic materials reflects the extreme deprivation of India's lower classes. This work is both a meditation on our own mortality and an elegy for the rapid disappearance of "simple" agrarian lifestyles on the subcontinent.

NOTE
[1] Randeep Ramesh "The Damien Hirst of Delhi" London: *The Guardian*, February 20, 2007.

SUBODH GUPTA

Subodh Gupta was born in Khagaul, India, in 1964. After
graduating in Painting from the Patna College of Arts and
Crafts, he spent his early formative years travelling with
a Hindi theatre and language group as actor, designer, and
craftsman. This eclectic background and his links with India are
both evident today in Gupta's work in a whole range of fields
including installations, painting, photography, and video as
well as sculpture, his primary discipline.
His first solo show, held at the Shridhani Art Gallery, New
Delhi, in 1989, was followed by others at the Jehangir Art
Gallery, Bombay (1990), the Academy of Fine Arts and
Literature, New Delhi (1995), the Gallery FIA, Amsterdam
(1999), Cabinet, Art and Public, Geneva (2003), Galerie in
Situ, Paris (2005), and the BALTIC Centre for Contemporary
Art, Gateshead (2007). His group exhibitions include the
following: *Indo-Cuban*, Lalit Kala Academy, New Delhi (1996);
Nature Morte. Indian Artists, Sydney (1999); Kwangju Biennale
2000, Kwangju (2000); *Post Production (Sampling, Programming
& Displaying)*, Galleria Continua, San Gimignano (2001);
Kapital and Karma, KunstWien, Vienna (2002); *Universal
Experience (Art, Life, and the Tourist's Eye)*, Museum of
Contemporary Art, Chicago (2005); *Contemporary India*, Palais
des Beaux-arts, Brussels (2006); Moscow Biennial of
Contemporary Art, Lenin Museum, Moscow (2007).
Gupta lives and works in New Delhi.

SELECTED BIBLIOGRAPHY

Paul Ardenne, "Subodh Gupta, réalités croisées," *Art Press*,
no. 319, January 2006.
Philippe Dagen, "Deux allers pour Bombay," *Le Monde*,
26 November 2006.
Philippe Dagen, "Les artistes indiens s'affirment à l'heure
universelle," *Le Monde*, October 22, 2005.
Roxana Azimi, "L'Inde s'installe, entre ironie et tradition,"
Le Monde, October 16, 2005.
Somini Sengupta, "Indian Artists Comment on a Booming
Economy While Helping to Fuel It," *The New York Times*,
September 20, 2006.

David Hammons

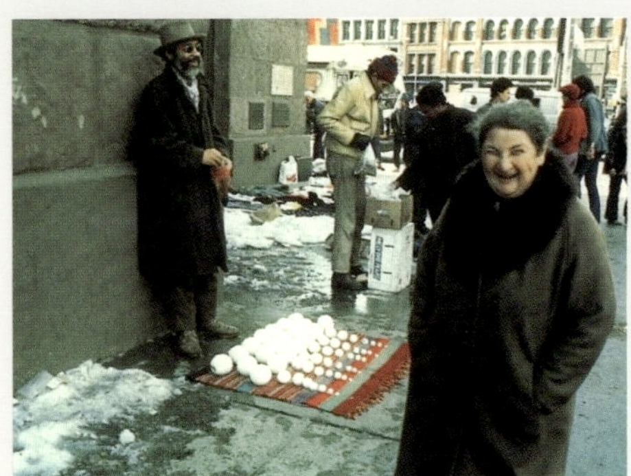

David Hammons
Bliz-aard Ball Sale,
New York, 1983

"*Tragic Magic*" is one of the ways David Hammons describes his powerful, alchemical work.[1] A master of obfuscation, Hammons has produced one of the most elusive, enigmatic yet highly influential oeuvres in American art today. Infused with African-American cultural references, his iconoclastic practice runs the gamut from gallery-ready sculptural assemblages and works on paper made with culturally "loaded" materials such as black hair from a barbershop floor, chicken bones, wine bottles, and dirt-coated basketballs, to more ephemeral, performative interventions in urban spaces like his legendary snowball sale on a Harlem street, *Bliz-aard Ball Sale* (1983). Hammons weaves together several avant-garde legacies—the Duchampian use of Readymade materials and witty puns, Arte Povera's blend of radical politics and poetry, Situationist engagement with street life—to create provocative works that capture fragments of the Black experience. Speaking about his artistic heritage, Hammons has commented, *"It's not new. What I'm doing, these are old tools that the white boys have been using, but I'm using it to bring my culture through theirs, like we bring our culture through the European ancestors."* [2]

A series of Hammons' earliest, rarely exhibited works are on display at Palazzo Grassi. While living in Los Angeles in the late 1960s, Hammons created a series of body prints that combined the impression of his own likeness with painted and collaged elements. Covering sheets of paper with oil and grease and then scattering powdered pigments on the surface, Hammons was able to capture his body in exquisite detail. His face and body became the centerpiece for satirical tableaux that addressed issues of racial identity, reflecting the incendiary political climate in the US during the 1960s and '70s. *I Dig the Way This Dude Looks* (1971) shows an African-American man in profile whose arms are clutching an American flag— the flag literally becomes the man's body, effacing and thereby replacing his torso. Another work, *Black Mohair Spirit* (1971), features an impression of Hammons' face festooned with twine, mop strands, beads, feathers, and butterfly wings. Playfully evoking the Afrocentricism of the '70s, this is a portrait of the artist as a shaman. As Hammons has said of these early works, *"I feel it my moral obligation as a Black artist to try to graphically document what I feel socially."* [3]

After moving to New York in the 1980s, Hammons frequently made work related to basketball—a sport synonymous with Black America, whether for its pervasiveness in urban street culture or for the larger systemic issue of predominately African-American athletes playing for predominately white-owned pro teams. In one of his well-known public-space interventions, Hammons transformed some extremely tall telegraph poles in Brooklyn into basketball hoops. The work's title—*Higher Goals* (1986)—was a stinging allusion to African-American aspirations toward careers in professional sports, one of the few avenues to meteoric success for young Black men. An untitled sculpture from 1989 presented here also takes the form of a basketball hoop—its backboard fashioned from a discarded windshield of a late-model Datsun, its pole covered in tinfoil. Wistfully poetic, this cobbled together hoop not only evokes the poverty of many African-American urban neighborhoods, it also pays homage to the ingenuity of improvised structures found on the street.

In a similar poetic gesture, Hammons used an actual basketball to make "drawings," two of which are on display here. Made by dribbling a dirty ball on long, vertical sheets of paper the length of a regulation basketball hoop, the resulting grey, abstract patterns mimic the austerity of Minimalist art. Typical of Hammons anti-art gestures, these drawings literally bring the flotsam of the street into the pristine halls of the museum. Forever "keeping it real," Hammons always stresses the importance of street life as the inspiration for his work: *"The art audience is the worst audience in the world. It's overly educated, it's conservative, it's out to criticize, not to understand and it never has any fun. Why should I spend my time playing to that audience? The Street audience is much more human, and their opinion is from the heart. They don't have any reason to play games; there's nothing gained or lost."* [4]

NOTES

[1] David Hammons quoted in Iwona Blazwick and Emma Dexter. "Rich in Ruins," *Parkett* 31 (1992), p. 29.

[2] Ibid., p. 27.

[3] Quoted in Jennifer Roberts text on David Hammons, in Deborah Wye, *Artists and Prints: Masterworks from The Museum of Modern Art*. New York: The Museum of Modern Art. 2004. p. 212.

[4] Blazwick and Dexter, ibid., p. 26.

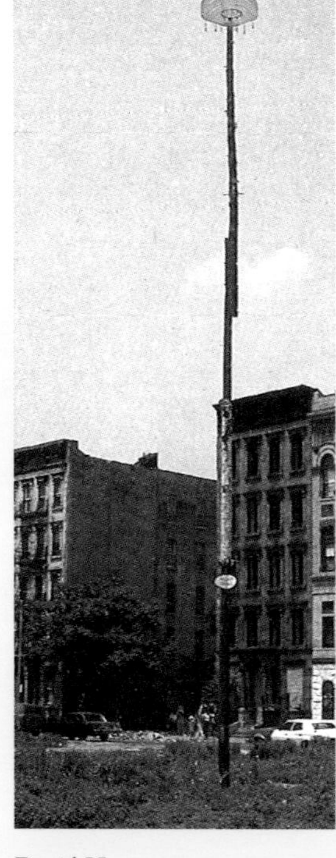

David Hammons
Higher Goals, Harlem, New York, 1982

DAVID HAMMONS

David Hammons was born in Springfield, Illinois, in 1943. His studies took place in Los Angeles at the Trade Technical City College from 1964 to 1965 and the Chouinard Art Institute in 1966 before ending at Parsons School of Design in 1972. Hammons is an artist who has always kept his distance from the usual round of galleries, museums, and art critics, preferring to take an alternative path characterized by more spontaneous attitudes and bound by no rules, as exemplified by his celebrated and provocative performances in the streets of New York. This choice has not prevented him from holding numerous solo shows: in Los Angeles during the 1970s at the Brockman Gallery (1971) and the Fine Arts Gallery (1974); *The Window*, New Museum of Contemporary Art, New York (1980); *Rousing the Rubble*, P.S. 1 Museum, Long Island City (1990); *Yardbird Suite*, San Francisco Museum of Modern Art, San Francisco (1993); Museo Reina Maria Sofia, Madrid (2000); White Cube, London (2002); Galerie Hauser & Wirth, Zurich (2003). The year 2006 saw three major shows in New York at Zwirner & Wirth (*Selected Works*), Triple Candie (*The Unauthorized Retrospective*), and the Jack Tilton Gallery, (*Body Prints*). Equal importance attaches to his group shows: Los Angeles County Museum of Art, Los Angeles (1972); *Printmaking New Forms*, Whitney Museum of American Art, New York (1976); *Art on the Beach*, Battery Park, New York (1985); *Art as a Verb*, Studio Museum in Harlem and Met Life Gallery, New York (1989); Documenta IX, Kassel (1992); *Thinking in Print*, Museum of Modern Art, New York (1995);
One Planet under a Groove, Walker Art Center, Minneapolis (2001); *Ritardi e Rivoluzioni*, 50. Venice Biennale (2003); *Irreducible: Contemporary Short Form Video*, Wattis Institute for Contemporary Arts, San Francisco (2005); *Where Are We Going? Selections from the François Pinault Collection*, Palazzo Grassi, Venice (2006); *Los Angeles-Paris*, Centre Pompidou, Paris (2006). Hammons lives and works in Brooklyn.

SELECTED BIBLIOGRAPHY

Bruce Hainley, "David Hammons," *Artforum International*, May 2006, p. 286.
Glenn Ligon, "Black Light: David Hammons and the Poetics of Emptiness," *Artforum International*, September 2004.
Franklin Sirmans, Lydia Yee, *One Planet Under a Groove* (exhibition catalogue), New York, Bronx Museum of the Arts, 2001.
Robert Sil, *David Hammons: In the Hood* (exhibition catalogue), Illinois State Museum, 1993.
Louise Neri, Emma Dexter, Iwona Blazwick, *Parkett*, no. 31, 1992.
David Hammons: Rousing the Rubble (exhibition catalogue), Long Island City, New York, The Institute for Contemporary Art – P.S.1 Museum, 1991.

Mike Kelley

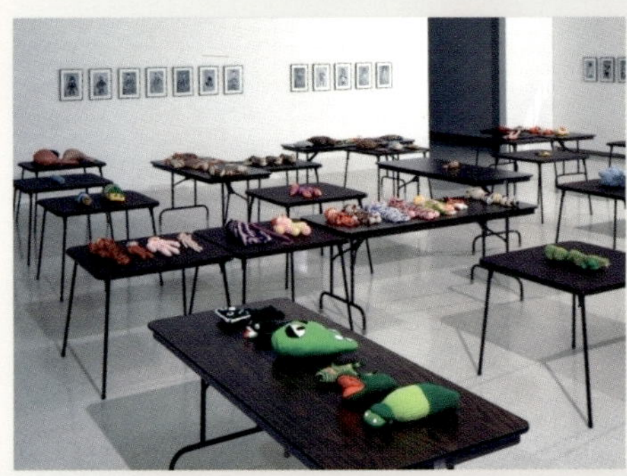

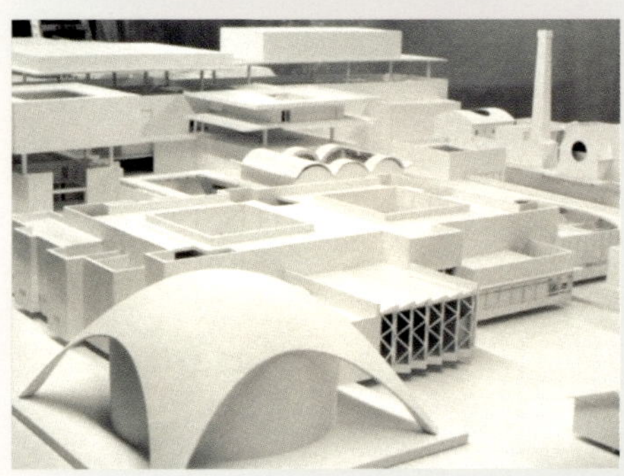

"I've always had an aversion to works that were overtly biographical. However, I'm not as against that now as I used to be… I now accept that you can't separate the biographical, or personal, from the social. You are part of the social fabric, and so biographical materials aren't necessarily solipsistic… I want the focus to be more on social reception. That is why oftentimes in these projects I introduce an element of fantasy or nonsense that tempers the strictly biographical."[1]

As this quote from Mike Kelley indicates, mnemonics are a driving force in his oeuvre—a *Gesamtkunstwerk*-like practice that synthesizes the "traditional" media of painting and sculpture with performance, video, music, and theoretical writing. One of central figures in the Los Angeles arts community, Kelley is known for works that explore personal and collective memory, specifically the ways in which our psychological development is shaped by repressive social structures (family, schools, religion, etc.). In the 1980s, Kelley made folk art-inspired, deliberately "crafty"-looking installations using "regressive" materials associated with childhood—stuffed animals, hand-knit afghans, blankets. In works such as *Craft Morphology Flow Chart* (1991), Kelley displayed these memory-saturated objects on tables in fetishistic, pseudo-scientific clusters as if he were trying to retrieve their psychosexual meaning and investigate their impact on subject-formation.

In more recent series, Kelley has used his own memories as a springboard to explore similar issues. *Educational Complex* (1995) took the form of meticulously detailed architectural models based on Kelley's memories of places in which he lived, studied, and worked since childhood. More a "notation of the failure of memory"[2] than a reliable record of Kelley's youth, *Educational Complex* became a laboratory for the artist to explore his pet interest in Repressed Memory Syndrome—a controversial psychological condition in which traumatic childhood events, "blocked" from conscious recollection, are "recovered" through hypnosis or therapy. As he explains, Kelley became obsessed with this syndrome because *"we're living in a period in which victim culture and trauma are the rationale for everything. Especially in pop psychology, childhood trauma is the motivation behind every action."*[3]

Out of this seminal work, Kelley derived the concept for his most ambitious project to date: a 365-part work-in-progress entitled *Extracurricular Activity Project Reconstruction*. Using photographs from American high-school yearbooks, Kelley has endeavored to reconstruct scenes showing teenagers engaged in various extracurricular activities like school plays, Halloween pageants, and religious services. *"I only picked [images] that were carnivalesque, that weren't normative,"* Kelley says of his source material. *"I chose artsy stuff or Dress-Up Day, or hazing rituals. Pictures where, when you look at them, you don't know what's going on. You just know that it's a kind of free moment in an authoritarian system—a moment that transgresses the boundaries but that's completely allowed, even sanctioned by the system."*[4]

The first of Kelley's "reconstructions" is presented at Palazzo Grassi. Taking the form of a giant stage set, *Extracurricular Activity Project Reconstruction #1 (Domestic Scene)* reconstitutes the interior of a shabby apartment from an unspecified high-school play. Attracted to its extreme artifice, Kelley chose this particular source image because *"the stage set made no sense. The stove's in the middle of the room, and there's a bed in front of the stove."*[5] After constructing the set, Kelley wrote a Tennessee Williams-esque melodrama—involving two male characters grappling with their homosexuality—to be performed on it. Shot in black-and-white, the video documenting Kelley's play mimics the innocuous style of 1950s American television sitcoms—a stark aesthetic contrast to the emotional trauma explored in the script. Shown on a television monitor next to the sculpture-cum-stage set, the dramatic charge of the video play instills the obviously fake props with psychological intensity. Exploring the therapeutic potential of art to retrieve collective memory, Kelley stages these *Extracurricular Activity Project Reconstructions* in order to access "the social unconscious of Midwest Americana."[6]

NOTES

[1] Mike Kelley in conversation with Matthew Higgs, *Capp Street Project: 20ᵗʰ Anniversary Exhibition*, CCAC Wattis Institute for Contemporary Arts, San Francisco, 2001, p. 78.

[2] Anthony Vidler. "Mike Kelley's Educational Complex" in *Mike Kelley* London: Phaidon, 1999, p. 97.

[3] "Trauma Club: Mike Kelley talks to Dennis Cooper" *Artforum* XXXIX no. 2 (October 2000) p. 126.

[4] Ibid., p. 126.

[5] Ibid., p. 126.

[6] John C. Welschman "Fête Accompli: Mike Kelley's *Day Is Done*" (manuscript to be published in *Mike Kelley Day Is Done* exhibition catalogue, Gagosian Gallery, New York, forthcoming).

MIKE KELLEY

Mike Kelley was born in Detroit, Michigan, in 1954. An eclectic artist in terms of form and technique, he produces works in the fields of performance, installation, drawing, painting, video, audio, and sculpture based on historical studies, references to mass culture, and psychological theories. Kelley obtained a BFA from the University of Michigan, Ann Arbor, in 1976 and an MFA from the California Institute of the Arts, Valencia, in 1978. He was just thirty when he received the National Endowment for the Arts Visual Artists Fellowship Grant, the first in the long series of awards that has characterized his career. This was followed by the Artists Space Interarts Grant the following year and the Awards in the Visual Arts Grant in 1987. He has also received important awards from Michigan University and the Guggenheim Foundation in the field of arts and design.

In addition to several editions of the Biennial Exhibition at the Whitney Museum of American Art (1985, 1989, 1991, 1995, 2002), his most important group shows include the following: Documenta IX (1992) and X (1997); *Private Symbol: Social Metaphor*, the Fifth Sydney Biennale, Gallery of New South Wales, Sydney (1984); *Avant-Garde in the Eighties*, Los Angeles County Museum of Art, Los Angeles (1987); *Aperto '88*, the 43. Venice Biennale (1988); *The American Century: Art and Culture 1950–2000*, Whitney Museum of American Art, New York (1999); *Sod and Sodie Sock* (with Paul McCarthy), Lyon Biennale of Contemporary Art, Institut d'art contemporain, Lyon (2003); *Monument To Now: the Dakis Joannou Collection*, DESTE Foundation for Contemporary Art, Athens (2004); *L.A. Art Scene*, Centre Georges Pompidou, Parigi (2006). He has also held solo shows at various galleries and museums: White Columns, New York (1981); Metro Pictures, New York (1982, 1995, 2002); Rosamund Felsen Gallery, Los Angeles (1987, 1990, 1994); *Mike Kelley: Half a Man*, Hirshhorn Museum and Sculpture Garden, Smithsonian Institution, Washington D.C.

(1991); Kusthalle, Basel (1992); Museu d'Art Contemporani, Barcelona (1997); Galleria Emi Fontana, Milan (2003); Gagosian Gallery, New York (2005); *Where Are We Going? Selections from the François Pinault Collection*, Palazzo Grassi, Venice (2006); Louvre, Paris (2006).
Kelley lives and works in Los Angeles.

SELECTED BIBLIOGRAPHY

Mike Kelley, *Mike Kelley: Interviews, Conversations and Chit-Chat (1986-2004)*, ed. John C. Welchman. Zurich and Dijon: JRP/Ringier and Les Presses du réel, 2005.
Mike Kelley, *The Uncanny by Mike Kelley, Artist*. Essays by Mike Kelley, John Welchman, Christoph Grunenberg, exhibition catalogue, Liverpool, England: Tate Liverpool; Vienna, Austria: Museum Moderner Kunst Stiftung Ludwig, Vienna, 2004. English and German–English editions.
Robert Storr, "What's not to like?", *Artforum International*, October 2004.
Mike Kelley, *Foul Perfection: Essays & Criticism*, ed. John C. Welchman. Cambridge (MA): MIT Press, 2003.
Matthew Higgs, *Capp Street Project: 20th Anniversary Exhibition*, San Francisco, CCAC Wattis Institute for Contemporary Arts, 2001.
"Trauma Club: Mike Kelley talks to Dennis Cooper," *Artforum International*, October 2000.
Yves Aupetitallot, *Mike Kelley*, MAGASIN – Centre National d'Art Contemporain de Grenoble, France, 1999. Essays by Mike Kelley and Laurence A. Rickels (exhibition catalogue).
Mike Kelley, *Mike Kelley*. London: Phaidon, 1999.
Anthony Vidler, *Mike Kelley's Educational Complex*. London: Phaidon, 1999.
John C. Welschman, *Fête Accompli: Mike Kelley's Day Is Done* (manuscript to be published in *Mike Kelley Day Is Done* exhibition catalogue, Gagosian Gallery, New York, forthcoming).

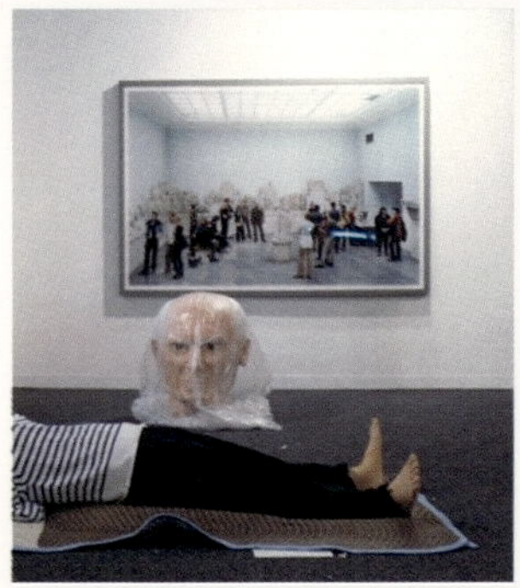

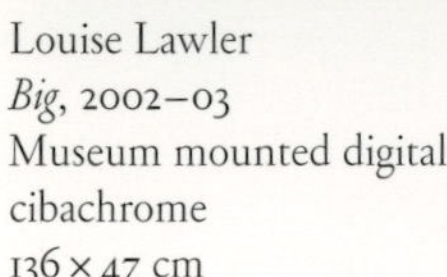

Louise Lawler
Big, 2002–03
Museum mounted digital
cibachrome
136 × 47 cm

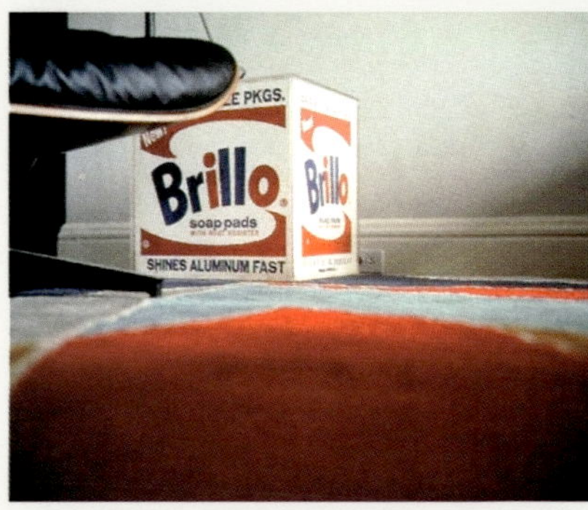

Louise Lawler
I-O, 1993–98
cibachrome (museum box)
48 × 59 cm

Louise Lawler's work transcends the genre of documentary photography. Well-known for her "behind-the-scenes" images of other artists' art—whether taken in museum storage facilities, in commercial galleries during installation, at auction-house viewings, or through cracked doors in collectors' private homes—Lawler is after more than mere documentation of artworks in "insider" contexts. Her meticulously composed, carefully cropped photographs attempt to crystallize omnipresent yet intangible power relations—the charged social matrix in which art is produced, circulated, collected, and presented. Lawler's lens scrutinizes the spatial arrangement of art objects in their various environs and interzones to highlight how meaning and value are created. Her analytical tableaux explore not only the question of art's monetary worth, but also the ways in which art is imbued with intellectual and sentimental value.

For her new body of work, premiered here, Lawler spent several days shooting at Palazzo Grassi in the spring of 2006. Freely roaming the galleries with her camera and tripod Lawler observed and recorded the installation of the inaugural exhibition, *Where Are We Going?*. Her *Adolf (Must be installed 8 inches from the floor)*, 2006, humorously captures Maurizio Cattelan's infamous wax sculpture *Him* (2001)—a realistic likeness of Hitler as a small boy kneeling in prayer—still half-packed in its shipping crate. Like catching an actor out of character, Lawler's image wittily defuses the sense of surprise and provocation that the sculpture was intended to generate. She transforms another sensationalist piece—Damien Hirst's sliced-up cow in a tank of formaldehyde—into the subject of an image entitled *Hoof* (2006). Lawler crops out most of the sculpture and focuses on the cow's eerily floating leg. A protective plastic sheet partially covering the frame acts as more than just a signifier of an installation in progress. With her acute eye, Lawler seizes upon this plastic sheet for its morbid connotations—she connects the specter of death conjured by Hirst's cow with the elegiac dimension of preserving, collecting, and showing art. As with Lawler's entire oeuvre, these photographs taken at Palazzo Grassi reveal as much meaning as they generate.

Louise Lawler
*Pollock and Tureen (Arranged
by Mr. and Mrs. Burton
Tremaine, Conneticut)*, 1984
Cibachrome
40 × 50 cm

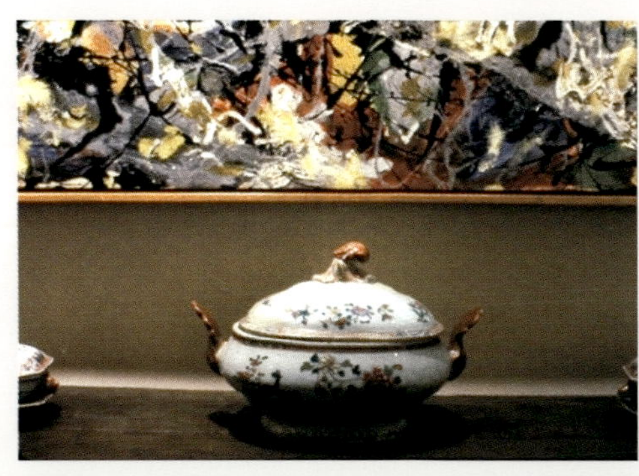

LOUISE LAWLER

Louise Lawler was born in 1947 in Bronxville, New York,
where she now lives and works.
She obtained a BFA from Cornell University in 1969 and then
embarked on a career in photography focusing on the hidden,
backstage aspects of the art world behind the scenes at
museums and exhibitions. Her photographs now hang in the
major museums after travelling the world in numerous solo
shows: *Projects, Louise Lawler: Enough*, Museum of Modern Art,
New York (1987); Sprengel Museum, Hanover (1993); *A Spot
on the Wall*, Munich Kunstverein, Munich (1995); *More Pictures*,
Neugerriemschneider, Berlin (2000); *New Walls*, Galerie Yvon
Lambert, Paris (1988, 1990, 2002); *Looking Forward*, Metro
Pictures, New York (1982, 1987, 1989, 1991, 1994, 1997, 2000,
2004); *In and out of Place: Louise Lawler and Andy Warhol*, Dia,
Beacon (2005); *Twice Untitled and Other Pictures (Looking Back)*,
Wexner Center, Ohio (2006). Group exhibitions:
Drawings/Photographs, Leo Castelli, New York (1983); *l'oeuvre et son
accrochage*, Centre Georges Pompidou, Paris (1986); *Photography
and Art: Interactions since 1946*, Los Angeles County Museum
of Art (1987); Whitney Biennial, Whitney Museum of
American Art, New York (1991, 2000); *The Museum as Muse*,
Museum of Modern Art, New York (1999); *Visions from
America: Photographs from the Whitney Museum of American Art*,
Whitney Museum of American Art, New York (2002); *The Last
Picture Show: Artists Using Photography 1960–1982*, Walker Art
Center, Minneapolis (2003); *Museum Fever: Included Louise
Lawler*, National Museum of Art, Oslo (2005); *Slide Show*, The
Baltimore Museum of Art, Maryland (2005); *Why Pictures Now*,
Museum Moderner Kunst, Austria (2006).

SELECTED BIBLIOGRAPHY

Louise Lawler, Helen Molesworth, *Twice Untitled and Other
Pictures*, Paperback, 2006.
George Baker, Jack Bankowsky, Andrea Fraser, Isabelle Grae,
Louise Lawler And Others, Hardcover, 2004.
Philipp Kaiser, *Louise Lawler and Others*, Basel, 2004.
Louise Lawler, *An Arrangement of Pictures*, Hardcover, 2000.
Louise Lawler, Dietmar Elger, Thomas Weski, *Louise Lawler :
For Sale (Reihe Cantz)*, Paperback, 1994.

Laura Owens

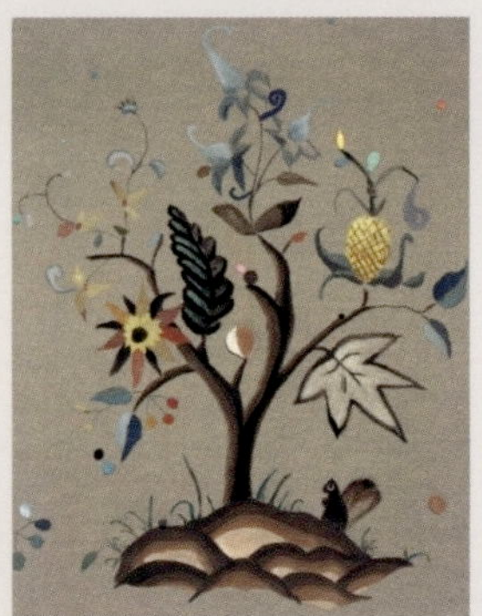

Laura Owens
Untitled, 2000
Acrylic and oil on canvas
281,9 × 182,8 cm

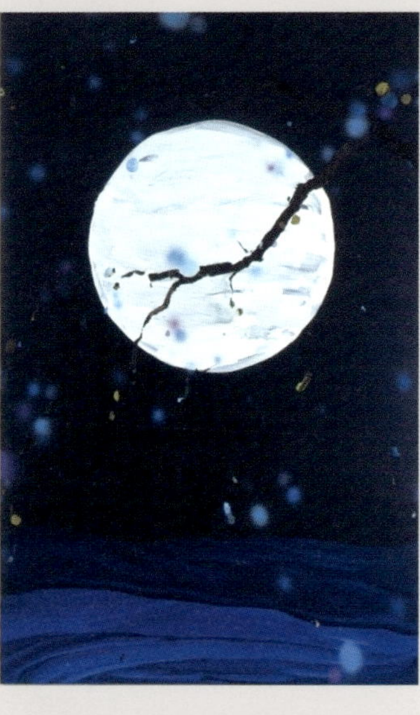

Laura Owens
Untitled, 2004
Acrylic and collage on linen
114 × 88 cm

Stylistically, Laura Owens is a strategic pluralist. Her eclecticism, whimsical imagery, and genre subversion might lead the viewer to question her "seriousness" as a painter, yet Owens is one of the most art-historically astute artists of her generation. With bold irreverence and playful disregard for traditional aesthetic hierarchies, Owens freely appropriates source material from an eclectic canon of "high" art and more quotidian forms of visual culture. A sample of her stylistic palette would include the paintings of Henri Rousseau and Joan Miró, Pointillism, Op Art, Color Field painting, Japanese *Ukiyo-e* woodblocks, Indian manuscripts, classical Chinese landscapes, eighteenth-century embroidery, American folk art, botanical illustration, and textile design. As she says of her disparate influences, *"I feel no shame about having paintings be as grandiose and ridiculous as possible."*

Dating from 1998 to 2006, the works presented at Palazzo Grassi demonstrate the idiosyncratic mix of references in Owens' oeuvre—paintings alternately derived from a segment of the *Bayeux* tapestry of the Battle of Hastings; an eleventh-century Chinese scroll depicting tufted-faced monkeys; Japanese landscapes; Matisse's monumental *La Joie de vivre* (1905–6); as well as botanical-bird motifs from textiles designed by Austrian architect Josef Frank. From this heterogeneous blend, Owens seems to propose a radically democratic pantheon of art history—one which critic Gloria Sutton describes as "a committed practice of learning from the overlooked, and a dedication to shifting the undervalued into the foreground of contemporary art."

These seven paintings highlight another signature trait in Owens' practice: the diversity of formal and conceptual devices at play in each painting. For example, Owens employs strikingly divergent methods of paint application—thick impastos to light color washes, delicate brushwork to deep staining. This variation of technique is far from frivolous—Owens carefully chooses each "tool" from her painterly arsenal to reveal how painting operates as a system of representation. In *Untitled* (2004), she liberally squeezes blue paint from the tube to create schematic renderings of seagulls flying against an impressionistically painted night sky. Here, the calculated clash of these two types of application—one deliberately crude, the other quite lyrical—mirrors two different forms of representation. She at once calls attention to the effects of disparate pictorial languages while seducing the viewer with a mesmerizing, mysterious landscape painting.

Owens' conceptual engagement with the architecture of painting is also evident in how her works use and construct space. In *Untitled* (1999), two narrow vertical canvases depict a pair of monkeys glaring at one another in a minimal landscape. Each panel is hung flush on opposite ends of the gallery so that the empty wall space between the two becomes part of the work's composition. As curator Russell Ferguson has noted, the traditional Chinese scroll painting that inspired this diptych provides Owens not only with iconography, but also with a model for "how to create depth out of flatness, and for the alternative it provides to Western perspectival systems." Similarly, *Untitled* (1998) challenges the traditional compositional rules of post-Renaissance painting. This landscape scene is dominated by an expanse of naked canvas, totally effacing the horizon line that normally defines the landscape genre. Only the suggestion of a branch on the left edge and the hint of a blue creek in the bottom corner allow the viewer to "complete" the landscape in the mind's eye. Owens' ever-shifting, pluralistic attitude toward formal devices, techniques, and genres enables her to investigate how paintings operate conceptually as well as visually. As she has said of her own work, *"I'm always interested in what a painting can do—and then question those things."*

LAURA OWENS

Laura Owens was born in Euclid, Ohio, in 1970. She obtained a BFA from the Rhode Island School of Design in 1992 and an MFA from the Skowhegan School of Painting and Sculpture, Skowhegan, followed by further studies at the California Institute of the Arts, Valencia. Her talent for painting is demonstrated not only by the fact that she was awarded the Baloise Art Prize at Art 30 Basel in 1999 (*Art Statements*), but also by a whole series of important solo shows: Sadie Coles HQ, London (1997, 1999, 2006); Gavin Brown's Enterprise, New York (1997, 1988, 2004); Isabella Stewart Gardner Museum, Boston (2001); Museum of Contemporary Art, Los Angeles (2003); Kunsthalle, Zurich (2006); Bonnefantenmuseum Maastricht (2007); Ausstellungshalle zeitgenossische Kunst Munster (2007). The group exhibitions include the following: *L.A.C.E. Annual*, Los Angeles Contemporary Art Exhibitions, Los Angeles (1994); *Wunderbar*, Kunstverein, Hamburg (1996); *Vertical Painting Show*, P.S. 1 Contemporary Art Center, New York (1997); *New Work: Painting Today*, SF MoMA, San Francisco (1999); *Examining Pictures: Exhibiting Paintings*, Whitechapel Art Gallery, London – Museum of Contemporary Art, Chicago, UCLA Hammer Museum, Los Angeles (2000); *Canvas: Contemporary Painting from the Collection*, Guggenheim Museum, New York (2000); *Public Offerings*, Museum of Contemporary Art, Los Angeles (2001); *Eight Propositions in Contemporary Drawings*, Museum of Modern Art, New York (2002); Whitney Biennial, Whitney Museum of American Art, New York (2004); *After Cézanne*, MOCA, Los Angeles (2005); *Essential Painting*, National Museum of Art Osaka, Osaka (2006); *The Fluidity of Time: Selections from the MCA Collection*, Museum of Contemporary Art, Chicago (2006). Laura Owens lives and works in Los Angeles.

SELECTED BIBLIOGRAPHY

Beatrix Ruf (ed.) *Laura Owens*, exhibition catalogue, Kunsthalle Zurich. Zurich: JRP/Rinigier, 2006.
Louise Lawler, *Twice Untitled and Other Pictures*, The Mit Press, Massachusetts 2006.
Cherry Smyth, "Laura Owens," *Modern Painters*, July–August 2006, p. 112.
Dominique von Burg, "Laura Owens: Von der Suche nach der unbeschränkten Freiheit in der Kunst," *Kunst-Bulletin*, no. 6, July–August 2006, pp. 44–46.
George Baker, Jack Bankowsky, Andrea Fraser, Philipp Kaiser, Isabelle Grae, *Louise Lawler And Others*, Germany: Cantz Publisher, 2004.
Paul Schimmel (ed.), *Laura Owens*, exhibition catalogue, Museum of Contemporary Art, Los Angeles, 2003.
Louise Lawler, *An Arrangement of Pictures*, New York: Assouline, 2000.
Louise Lawler, Dietmar Elger, Thomas Weski, *Louise Lawler: For Sale*, Germany: Cantz Publisher, 1994.

> *"A lot of people wish they were someone else. And some of us would like to exchange parts with other people, keeping what we already like and jettisoning the things we can't stand. Some people would like to try to change places, just for a day, with maybe someone they admired or even envied, to see what it would be like, to see if it would be what they'd always heard it would be."*
>
> Richard Prince, *Why I go to the movies alone* (1980)

Who is Richard Prince? A (re)photographer? Painter? Sculptor? Book collector? Writer? Perhaps a Cowboy? Biker? B-movie actor? Stand-up comic? Deliberately cultivating an aura of mystery around his work, Prince has done everything in his power not to be pinned down. He interchangeably employs different artistic media and styles just as he inhabits various personae that mirror his recurrent subjects— a pantheon of anti-heroic, counterculture figures culled from the dark side of American pop culture.

In the late 1970s, Prince's early work was considered to be a seminal example of the "appropriationist" or "postmodern" school of photography—a loose art-historical category that would include artists such as Jack Goldstein, Louise Lawler, Sherrie Levine, Laurie Simmons, and Cindy Sherman. By "re-photographing" images from magazines and claiming them as his own—such as his celebrated series of *Cowboys*, begun in 1980, taken from Marlboro cigarette ads—Prince questioned conventional notions of authorship while probing the politics of representation and issues of gender identification. An Arcadian image of American masculinity, the Marlboro Men attracted Prince because of their essentialist machismo and powerful romantic connotations, qualities that endure despite their original use as tawdry cigarette advertisements.

Presented here at Palazzo Grassi, Prince's series of *Entertainers* (1983) applied the re-photography technique to headshots of amateur "actresses." Evoking a row of black headstones leaning against the wall, the photographs' formal array puzzles the viewer—Prince reveals nothing about the identities of these generic-looking women—while their subjects seem wistful and pathetic. Describing the inspiration for this series, Prince said, *"I wanted to make an image that looked as if it had been made by someone else. These images were before Photoshop. Before digital. Before computers. But they had that 'impossible' look. Purple Haze. They were in and out of focus at the same time… They were overdetermined. Psychologically hyped-up. Artificially defined. Japanese fake. Times Square cut-up… They were portraits of people in the entertainment business. Not successful people. In-between success. The 'Sweet Smell of Success' seekers. Really colorful with non-art graphics. These people would appear in gossip columns in the 'New York Post'. They all had names, made-up ones, spelled differently."* [1] With their seductress poses and come-hither gazes, Prince's self-promoting, third-rate entertainers are pitiable characters—victims of the dark side of the American Dream.

At the end of the 1980s, Prince expanded his artistic vocabulary to include painting. Like the found photographs he appropriated, he started to re-draw, and later paint, jokes and cartoons from magazines such as *Playboy* and *The New Yorker*. Surprising in their use of his own "hand" instead of the authorless camera lens, Prince's first paintings were made with a silkscreen technique that transferred the texts of his "Jokes" onto monochromatic painted canvases. While their painterly aspect was unprecedented, the "Jokes" were ideal Prince material. He identified a very specific strain of humor: *"fifties style, Middle America, Borsch Belt humor that addressed issues of sexual identity, class and race."* [2] Like the sources for his

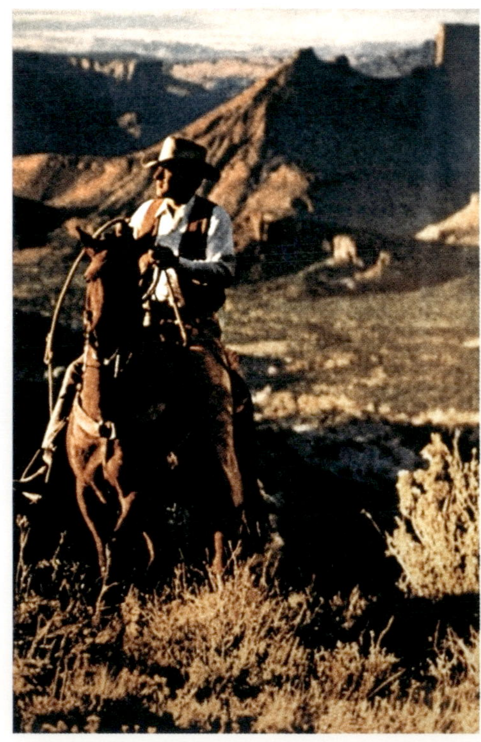

Richard Prince
Untitled (Cowboys), 1987
Ektacolor photograph
61 × 50 cm

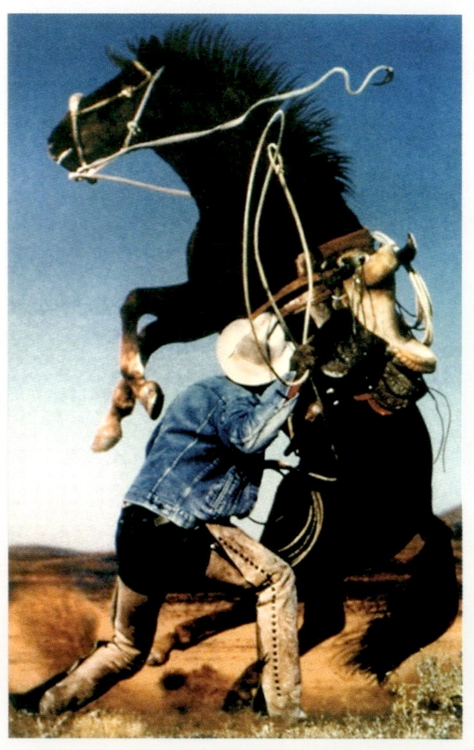

Richard Prince
Untitled (Cowboy), 1997–98
Ektacolor photograph
152 × 101 cm

photographic works, Prince's appropriated "Jokes" were (re)presented as authorless. Thematically, the "Jokes" addressed inflammatory social issues, taboos, or other dark subjects—a title like *Why Did the Nazi Cross the Road?* (1991) was typical—mirroring the outlawed subjects Prince gravitated toward in his (re)photography practice.

In 1991, Prince created four "Joke" paintings for an ambitious group exhibition entitled *Metropolis*. Organized at Martin Gropius Bau shortly after the reunification of Berlin, the show's curators wanted to assemble an international panorama of artists engaged with contemporary urban realities during a moment marked by major historical, political, and social shifts. Prince's response came in the form of four monumental paintings measuring more than four meters tall. Shown here for the first time since the *Metropolis* exhibition, these paintings are compositionally unique in Prince's oeuvre. On a creamy white underpainted background, Prince layered fragments of images and text using silkscreens— a twenty-four-hour process documented by the artist in a rare archival film shown here alongside the paintings. Stills of male boxers in various poses dominate each of the four paintings. In Prince's words, the overarching boxer imagery *"had something to do with gender. And with something about being male, that I had nothing to do with. I always thought that the still photography of boxers was a little like ballet and poses that had something to do with figure-drawing classes. They were almost naked. And always two of them. Black and white. The laced-up shoes and the big bulging gloves..."* [3]

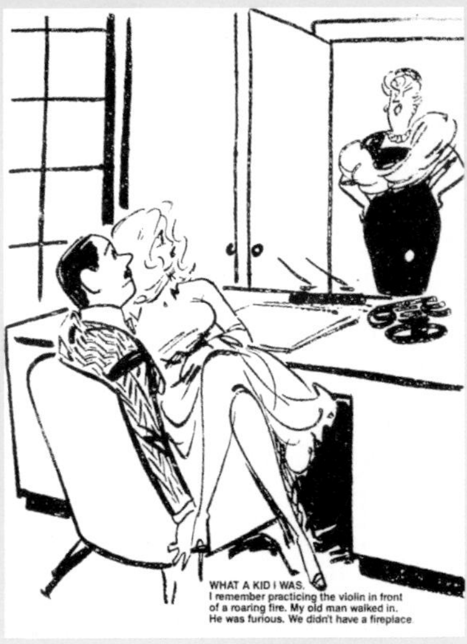

Richard Prince
What a Kid I Was #2, 1989
Acrylic and silkscreen on canvas
190 × 147 cm

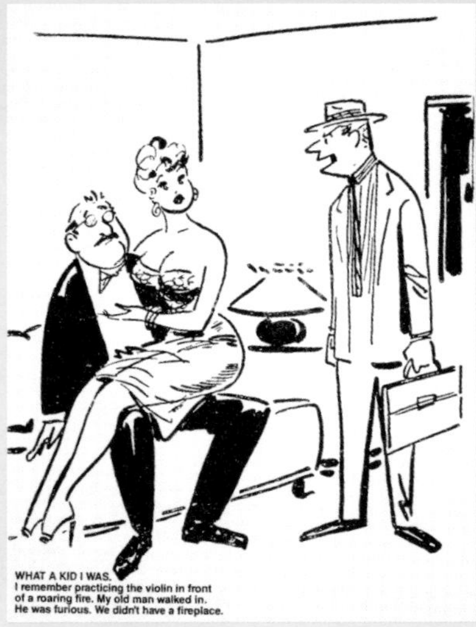

Richard Prince
What A Kid I Was, 1988
Acrylic and silkscreen on canvas
190 × 147 cm

Crude hand drawings of domestic interiors depicting lamps, windows, beds, and picture frames are interlaced over and under the boxing imagery, along with snippets of *New Yorker*-style cartoons and indecipherable photographic images. At the bottom of three of the canvases, Prince has typeset texts of different bawdy jokes that are completely unrelated to the graphic content. This pictorial rebus method stylistically evokes Robert Rauschenberg's pioneering use of found photographic imagery overlaid in seemingly improvisational compositions. Also like Rauschenberg, Prince's strange "sampling" of dissonant imagery and text seems to propose a coded set of meanings. Expressed in his signature imagistic writing style, Prince wrote that these paintings *"were huge cartoons. They were aggressive... Black Panther... Spy versus Spy... Protest paintings... Against and tall... They were injected and fueled up and packed with drugs and smuggled in... They should have been shown in Cuba... They had the loudspeakers on them... The powder was all over the nose and they were painted in 'even lower Manhattan'."*[4]

NOTES
[1] "In the Picture: Jeff Rian in conversation with Richard Prince," from *Richard Prince*, London: Phaidon Press. 2003. pp. 14–15.
[2] Lisa Phillips. "People Keep Asking: An Introduction," from *Richard Prince*, New York: Whitney Museum of Art. 1992. p. 42.
[3] E-mail conversation with the author, March 17, 2007.
[4] Ibid.

RICHARD PRINCE

Richard Prince was born in the Panama Canal Zone in 1949, as a result of which his youth was marked by problems of citizenship, nationality, and immigration. His art has been significantly influenced by a whole series of events in his personal life since the 1980s. Work with Time-Life brought him into contact with photography and the world of advertising. Contact with psychiatrists influenced his series of "joke" paintings. The series of nurse paintings stemmed from family involvement in nursing (grandmother, mother, sister, and cousins). Since exhibiting his photographs for the first time in Germany in 1978, Prince has held numerous solo shows: Metro Pictures, New York (1981, 1982,); Whitney Museum of American Art, New York (1992); Barbara Gladstone Gallery, New York (1988, 1989, 1991, 1993, 1995, 1998, 2000, 2002, 2003, 2005); Stuart Regen Gallery, Los Angeles (1991, 1993, 1995, 1998, 2001, 2004); *Richard Prince: Canaries in the Coal Mine*, Astrup Fearnley Museum, Oslo (2006). The group exhibitions include the following: *Suburban Home Life: Tracking the American Dream*, Whitney Museum of American Art (1989); *Art et Publicité 1890–1990*, Centre Pompidou, Paris (1990); *Word as Image: American Art 1960–1990*, Milwaukee Museum of Art, Milwaukee (1990); Documenta IX, Kassel (1992); *Photocollages*, Le Consortium, Nouvelles Scenes 95, Dijon (1995); *Let's Entertain*, Walker Art Center, Minneapolis (2000); *Parkett, Collaborations and Editions since 1984*, Museum of Modern Art, New York (2001); *Delays and Revolutions*, Italian Pavilion, Venice Biennale (2003); Biennial Exhibition, Whitney Museum of American Art, New York (2004); *Magritte and Contemporary Art: The Treachery of Images*, LACMA, Los Angeles (2006); *Robert Mangold, Richard Prince*, Andrea Rosen Gallery, New York (2007).

Prince now lives and works at Renselierville in the state of New York.

SELECTED BIBLIOGRAPHY

Gunnar B. Kvaran, Nate Lowman, John Kelsey, Vincent Pécoil, *Richard Prince - Canaries in the Coal Mine*, Astrup Fernley Museum, Norway, 2007.
Richard Prince, *Jokes & Cartoons*, Switzerland: Jrp/Ringier, 2006.
Richard Prince, *Naked Nurses*, New York: JMC & GHB, 2006.
Richard Prince, *American Dream: Collecting Richard Prince for 27 Years*, Rubell Family Collection, Miami 2005.
Richard Prince, *Richard Prince: Nurse Paintings*, Barbara Gladstone Gallery, New York 2004.
Jeff Rian, Rosetta Brooks, Luc Sante, *Richard Prince*, Phaidon, 2003.
Richard Prince, Sadie Coles, *Richard Prince: American English*, Germany: Verlag Der Buchhandlung Walther Konig, 2003.
Richard Prince, Larry Clark, *4x4*, New York: PowerHouse Books, 2002.
Richard Prince, Whitney Museum of Art, New York 1992.
Richard Prince, *Richard Prince: Jokes Gangs Hoods*, New York: D.A.P, 1992.
Richard Prince, *Why I Go to the Movies Alone*, Barbara Gladstone Gallery, New York 1983.

Martial Raysse

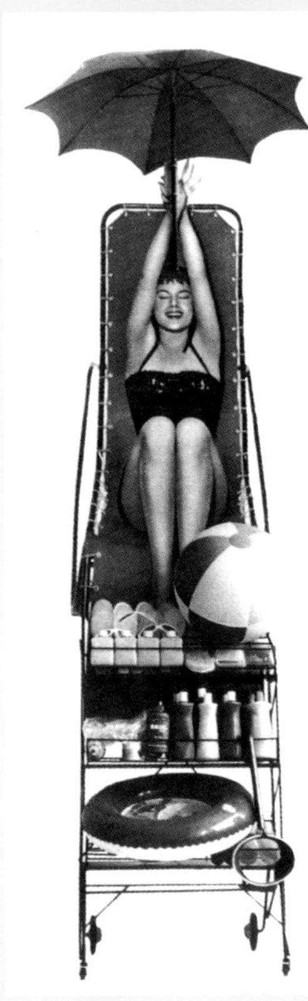

Martial Raysse
Hygiène de la Vision n° 7, 1960
Mixed media
210 × 100 cm

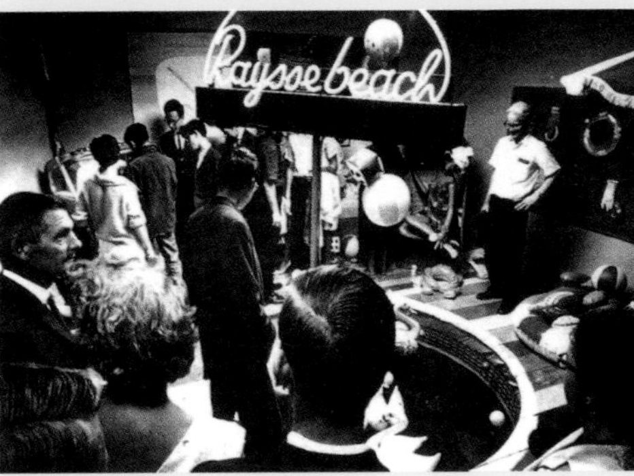

Martial Raysse
Installation view of *Raysse Beach*, 1962,
Stedelijk Museum, Amsterdam

Anticipating the work of his American Pop counterparts, Martial Raysse began his career making innovative paintings and sculptural assemblages inspired by advertising and consumer objects. Along with Yves Klein and Arman—artist friends from his hometown of Nice—Raysse came to prominence as part of the "Nouveau Réaliste" movement coined by critic-*cum*-guru Pierre Restany in 1960. This loose affiliation of seven French artists was characterized by a shared interest in the industrial detritus of modern urban life and Duchampian "anti-art" gestures. In these early years, Raysse created several pioneering bodies of work, including his *Hygiène de la Vision* series (1960). Made from found commercial objects like detergent boxes and small plastic toys, these assemblage sculptures lampooned the display and packaging of cheap, everyday merchandise.

Predating Andy Warhol's use of consumer objects was merely one of Raysse's prophetic gestures; he also heralded environmental or installation art with his groundbreaking installation *Raysse Beach* (1962) at the Stedelijk Museum, Amsterdam. For this work, Raysse conjured the ambiance of a summer holiday by juxtaposing his brightly-hued paintings of girls in swimsuits with an inflatable swimming pool, artificial grass, plastic toys, sun umbrellas, a juke-box, and a flashing neon sign. Mimicking the display strategies of department-store windows, this artificial paradise announced numerous themes and formal devices that would define Raysse's work for the next decade. As he proclaimed during this period, *"I am a painter of simulacra. Painting is not an imitation of life, it is a recreation of it!"*

Although one of the oldest oeuvres exhibited at Palazzo Grassi, this ensemble of Raysse's early works perfectly resonates with that of his younger colleagues. Dating from 1962–66, the portrait paintings presented here still astonish today with their inventive expansion of conventional painterly technique. During this period, Raysse focused exclusively on female subjects—appropriating anonymous feminine stereotypes from advertisements and art-historical sources such as Ingres, Tintoretto, and Cranach. *Seventeen (Titre Journalistique)* (1962) epitomizes Raysse's unique painting/assemblage method: The work is constructed by collaging and painting over a photograph of a generically "beautiful" woman with a garish neon palette, then applying a three-dimensional object to the painting's surface—here a green frame circumscribing the model's left eye, which is adorned with real glitter make-up.

Portrait of an Ancient Friend (1963), *Made in Japan* (1963), and *Conversation Printanière* (1964) display a similar blend of collage, painting, and assemblage, although the women depicted in these works were "vulgarized" from well-known masterpieces. Raysse described the conceptual motivation for these works as a quest for beauty: *"Beauty is bad taste. This falseness must be pushed to its limit. Bad taste is the dream of an overly desired quest for beauty."*

The systematic use of neon tubing is another distinguishing feature of Raysse's early work, evident in the painting *Noon Mediterranean Landscape* (1966) and the large sculpture *Quatre pas dans les nuages* (1966). Raysse was attracted to neon—both as an intense light source and as a palette of bright, abrasive colors—for its obvious artificiality and its connection to urban environments. *"Neon is the most faithful expression of modern life,"* he has said. In *Noon Mediterranean Landscape,* the L-shaped orange neon light evokes the Côte d'Azur sun as unmistakably as the simple neon bird behind a blue Plexiglas cloud suggests a dreamy skyscape—all without recourse to naturalistic representation

Through his innovative use of assemblage and his introduction of unconventional materials like neon and flocking into painting, Raysse continues to influence a younger generation of artists. In two of Palazzo Grassi's galleries, Raysse's work is juxtaposed with paintings and sculptures by the young German artist Anselm Reyle. Although Reyle's work is more abstract, he cites Raysse as a major inspiration—particularly the older artist's early embrace of neon as an overtly "modern" signifier. In this transgenerational dialogue, Raysse's 1960s works appear every bit as vital as Reyle's objects from the past three years. A fitting tribute to a truly visionary artist.

MARTIAL RAYSSE

Martial Raysse was born in Golfe-Juan near Nice in 1936. A leading figure in New Realism and French Pop Art, Raysse has always been strongly attached to his hometown, where he still lives and works. His interests include not only the visual arts (painting, drawing, sculpture, and the plastic arts), but also writing (a whole range of articles and catalogues since the 1960s) and cinema. (He has written and directed various 35 and 16 mm color films: *Jésus Cola*, 1966; *Homero Presto*, 1967; *Camembert Martial Extra-Doux*, 1969; *Le Grand Départ*, 1970). In the course of his long career, starting in the late 1950s, Raysse has taken part in numerous group exhibitions at international museums such as the Museum of Modern Art, New York (*The Art of Assemblage*, 1961; *Pop Impressions: Prints and Multiples 1960–1975*, 1999); the Musée d'Art Moderne de la Ville de Paris, Paris (Salon Comparaisons, 1962; *Mythologies Quotidiennes*, 1964, *1960 – Les Nouveaux Réalistes*, 1986), the Musée des Arts Décoratifs, Paris (*Peintre européens d'aujourd'hui*, 1969), the Louvre, Paris (*Le bain turc d'Ingres*, 1971), the Centre Georges Pompidou, Paris (*Paris–New York, 1977*; *Les Années Pop*, 2000; *Les Nouveaux réalistes*, 2007); the Akademie der Künste, Berlin (*Neue Realisten und Pop Art*, 1964), and the Palais des Beaux-Arts, Brussels (*Pop Art, Nouveau Réalisme*, 1965), as well as events such as the Salon des Réalités Nouvelles and the Salon de la Jeune Sculpture in Paris (1960), the Venice Biennale (1966, 1976, 1982) and Documenta IX, Kassel (1992). He has also held retrospective exhibitions in cities all over the world, including Brussels (Palais des Beaux-Arts, 1967), Amsterdam (Stedelijk Museum, 1965), Paris (Galerie Alexander Iolas since the 1960s; Centre Georges Pompidou, 1981, 1997; Galerie Nationale du Jeu de Paume, 1992; Galerie de France, 1996, 2000, 2005), Nice, Monte Carlo, Milan, Venice, London, Antwerp, Berne, New York, Los Angeles (Dwan Gallery), Chicago (Museum of Contemporary Art, 1968), and Beijing (Museum of the Central Institute of Fine Arts, 2000). Raysse lives and works in Dordogne.

SELECTED BIBLIOGRAPHY

Béatrice Salmon, *Martial Raysse, Chemin Faisant, Frère crayon et Sainte Gomme*, exhibition catalogue, Centre Pompidou. Paris: Éditions du Centre Pompidou, 1997.
Martial Raysse, exhibition catalogue, Paris: Galerie Nationale du Jeu de Paume, Carré d'art, Musée d'art contemporain de Nimes, Réunion des musées nationaux, 1992.
Otto Hahn, "Martial Raysse ou l'obsession solaire," *Journal des Arts plastiques*, no. 31, February 1967.
Pierre Restany, "Martial Rayssse," *Arts*, no. 837, October 4–10, 1961, p. 16.

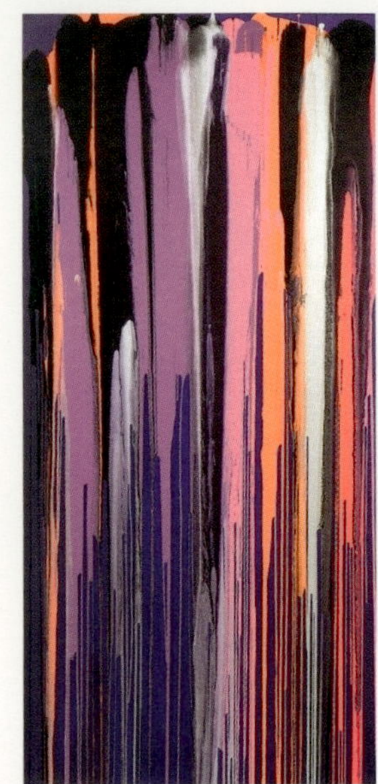

Anselm Reyle
Untitled, 2006
Mixed media on canvas
298 × 140 cm
François Pinault Collection

A belief in the power of cliché drives Anselm Reyle's art. Creating paintings and sculptures using a variety of techniques and styles, Reyle deliberately "quotes" the most hackneyed signifiers of Abstract art—dripped paint, gestural smearing, serial repetition, Africanized forms, hard-edged stripes, monochromatic color fields—in an earnest attempt to resuscitate bygone styles. With an unabashedly optimistic faith in formalism, Reyle borrows visual tropes from the history of Modernism to salvage, he says, *"a stereotype in order to breathe new life into it."* The resulting amalgamation of formal devices can be seen as an homage to an idiosyncratic canon of twentieth-century artists ranging from Blinky Palermo to Ellsworth Kelly, Otto Freundlich to Richard Tuttle.

Reyle treats his art-historical sources as "found objects," mixing and matching them to suit his needs. For example, the formal vocabulary of his monumental black monochromes exhibited at Palazzo Grassi stems from several roots: The purist expanse of black paint recalls Kazimir Malevich's Suprematist canvases as well as Ad Reinhardt's black-on-black works of the 1960s, while the paint's granulated texture cites the *art informel* paintings of Tàpies and Fautrier, who added sand or other organic materials to paint, enriching the "matter" of their painterly impasto. Reyle picks through these metaphorical remnants of Modernist painting and transforms the stylistic "scraps" into a completely new form of painting.

Reyle takes this scavenger approach literally in his three-dimensional works. The sculptural installation *Untitled* (2006) consists of an accumulation of brightly colored neon tubes that are suspended in a room to resemble an abstract, free-floating drawing. For his materials, Reyle solicited local glass blowers, who graciously gave him hundreds of leftover tubes from their workshops. From these scraps, Reyle orchestrated a lyrical constellation of color and light that calls to mind the generic idea of an expressionistic scribble, drawn in the air. Reyle attributes his attraction to neon (both as material and color palette) to his admiration for the Nouveau Réaliste artist Martial Raysse. To honor this transgenerational connection, Palazzo Grassi exhibits a selection of Raysse's early works from the 1960s—characterized by a pioneering use of pop imagery, assemblage, and neon—in close proximity to Reyle's oeuvre.

Another of Reyle's three-dimensional works, *Harmony* (2006), similarly plays with a generalized idea of "Modern" sculpture. For this work, Reyle enlarged a small soapstone souvenir from Africa that he found in his mother's cupboard, cast it in brass, and finished it in a brightly colored enamel varnish. Reyle explains that this strange biomorphic object appealed to him because it *"epitomized Modern sculpture...the person who made it must have seen the work of Henry Moore."* The transformed African tchotchke evokes the perennial "primitivizing" of form by early twentieth-century sculptors like Brancusi, who studied non-Western tribal art for inspiration, while also referring to the vulgar distillation of High Modernism into trivial, everyday objects.

As exhibited at Palazzo Grassi, Reyle's stylistically divergent, yet highly seductive oeuvre reminds us to embrace visual pleasure and to believe in the eternal vitality of aesthetic experience—no matter how cliché that may sound today.

ANSELM REYLE

Anselm Reyle was born in Tübingen, Germany, in 1970 and graduated from the Staatliche Akademie der Bildenden, Karlsruhe, in 1997. Initially influenced by artists like Blinky Palermo, Sigmar Polke, and Richard Tuttle, he then moved towards a form of art grounded on pictorial abstraction as well as sculptural and formal sinuosity. His first solo shows were held at the Galerie Giti Nourbakhsch in Berlin (1999–2000), the Galleria Roma Roma Roma in Rome (2002), and Gavin Brown's Enterprise in New York (2004). These were followed by the Modern Institute, Glasgow (2004 and 2007); *Licht und Farbe*, NAK Neuer Aachener Kunstverein, Aachen (2004); *ARS NOVA*, Kunsthalle, Zurich (2005); *The Construction of Harmony*, Galerie Almine Rech, Paris (2007); Gavin Brown's Enterprise, New York. The group exhibitions include the following: *Feedback Orchester*, Stubnitz, Hamburg und Finks, Berlin (2000); *Viva November*, Kunstverein Wolfsburg (2001); *Der Zauber des Verlangens*, NBK Neuer Berliner Kunstverein, Berlin (2002); *definitively provisional*, Whitechapel Project Space, London (2003); *Unplugged*, Galleria Civica di Arte Contemporanea, Trento (2003); *Strange I've Seen That Face Before*, Gallery of Modern Art, Glasgow (2004); *Painting in Tongues*, Museum of Contemporary Art, Los Angeles (2006); *Classical: Modern I*, DaimlerChrylser Contemporary, Berlin (2006); *The Artist's Dinning Room: Manfred Kuttner, Anselm Reyle, Thomas Scheibitz*, Level 2 Gallery, Tate Modern, London (2007); *Old Space New Space*, Gagosian Gallery, New York (2007).
Reyle lives and works in Berlin.

SELECTED BIBLIOGRAPHY

Will Bradley, Toby Webster, Susanne Titz, *Strange, I've seen that face before*, exhibition catalogue. Abteistr: Städtisches Museum Abteiberg, 2006.
Matthew Collings, "How to Be Brilliant," *Modern Painters*, April 2006, pp. 26–29.
Hans-Jürgen Hafner, "Anselm Reyle: Ars Nova. Auf der Uberholspur," *Kunstforum International*, May–June 2006, pp. 374–376.
Anselm Reyle, Beatrix Ruf, Bruce Hainley, *Anselm Reyle: Ars Nova*. Zürich: JrP Ringier, 2006.
"New German Painting," *Artforum International*, vol. 42, no. 9, May 2005, p. 136.
Kirsty Bell, essay, *Frieze*, no. 86, October 2004, p. 153.
Dominic Eichler, *Formalismus. Moderne Kunst, heute*, Hamburg Kunstverein, Hamburg, 2004.

Anselm Reyle
Untitled, 2006
Mixed media on canvas
242 × 191 cm
François Pinault Collection

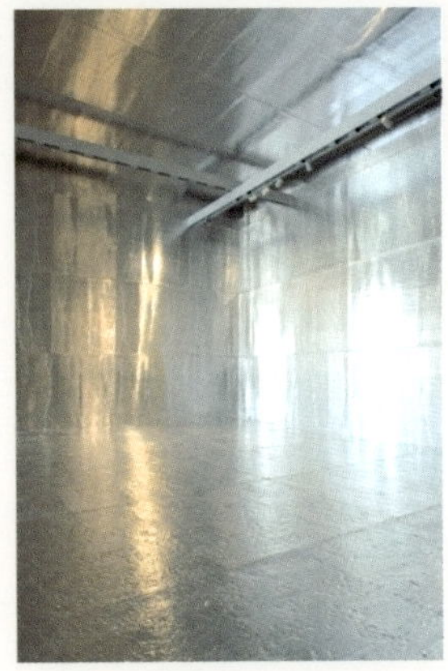

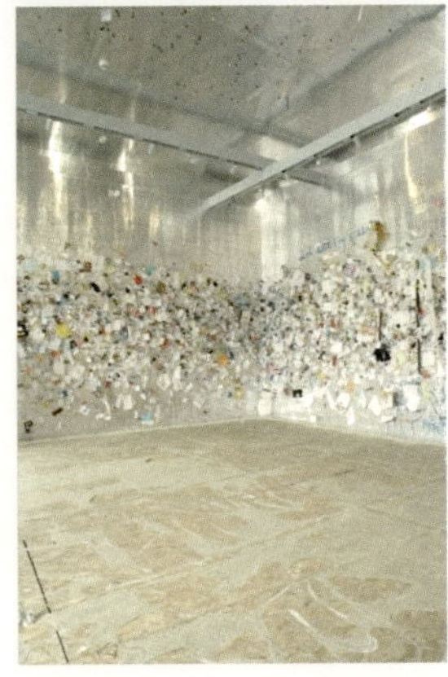

The *idea* of painting is central to Rudolf Stingel's oeuvre, even if his work does not always take the form of a painted canvas. His ruminations on the medium assume a multitude of forms and use a wide variety of materials, often from industrial sources. By covering a floor with nothing more than an expanse of colored carpet (such as his untitled installation at Daniel Neuberg Gallery in 1994), for instance, Stingel references both Modernist monochrome painting and the "all over" compositions of the Abstract Expressionists. For an untitled series of wall-mounted works made from Styrofoam insulation panels, Stingel at times "sculpted" the surfaces into a rhythmic, abstract pattern; at others he punctuated the panels with regular motifs of circles or ovals. These surface manipulations evoke the irreverent, "destructive" pictorial experiments of Alberto Burri, Lucio Fontana, and Piero Manzoni. Recalling the performative action painting of the Gutai Group in the 1950s or Yves Klein's *Anthopometries* (body prints of nude women on canvas) from the early 1960s, Stingel has also made "paintings" by walking over large sheets of white Styrofoam (*Untitled*, 2000) or by having dogs run over wet clay bricks to leave random patterns of paw prints (*1000 Bricks*, 2000).

On occasion, Stingel's performative meta-paintings have assumed architectural dimensions. During the inaugural exhibition at Palazzo Grassi, for example, Stingel created an installation (*Untitled*, 2001) by covering an entire gallery (walls, floor, ceiling) with silver insulation panels. At first the room appeared to be a pristine Minimalist environment, but over the course of the exhibition, visitors left not only their footprints on the work, but also actively participated in its (de)evolution by scratching their names and drawing graffiti all over its surface. The interior of *Untitled* (2006)—an outdoor sculpture made in collaboration with Franz West and presented for this exhibition on the Campo San Samuele—follows a similar principle. On the outside, this white, cube-like "kiosk" supports one of West's totemic, Easter Island-like head sculptures (*Lemure*, 2002), while on the inside Stingel has lined the room with the same silver paneling that was inevitably covered in graffiti during the kiosk's 2002 debut in Salzburg. For the current version of the work, Stingel illuminates the space by suspending an extravagant crystal chandelier from the kiosk's ceiling. This self-referential flourish nods to the aristocratic, rococo aesthetic that is a recurrent leitmotif in Stingel's art as well as to his Austro-Italian cultural heritage as a native Tyrolean.

When Stingel actually does apply paint to canvas—whether to abstract or figurative ends—he codifies his gestures into a rigorous process. For his earliest "abstract" paintings, Stingel published a step-by-step manual of *Instructions* (1989). This artist's book painstakingly described how to layer red, yellow, or blue oil paint onto a canvas, then how to cover the color field by applying silver spray paint through a layer of tulle in order to produce Stingel's signature look—a ghostly, minimalist surface. More recently, Stingel has used a similar silk-screening process to make monochromatic paintings—in either silver, gold, or black—that are then covered with a pattern appropriated from archetypal damask wallpaper. In these paintings, Stingel conflates two opposing visual traditions: the monochrome and the decorative arts. The background honors the disciplined austerity of Minimalism, while the repeated floral motif—dating to the sixteenth century—celebrates the luxurious, decadent interiors of European palaces and salons.

At Palazzo Grassi, Stingel premieres a new work that stems from these monochrome/damask paintings. In one of the grand galleries on the Palazzo's *piano nobile*, Stingel has hung an unusual black monochrome measuring more than three-by-five meters. Using a *bas-relief* carving technique, Stingel translated a French rococo wallpaper pattern into a lavish surface whose floral decoration protrudes from the background plane. Not only does this painting resonate with the gilded decorations that adorn the gallery's ceilings, it also echoes the black-and-white pattern—inspired by a Sarouk rug from Persia—of Stingel's carpet installation, which covers the entire atrium and ground floor of the Palazzo.

Taking a surprising new tack, Stingel has recently bridged the ideological divide that pits abstraction against figuration by making a series of photorealistic self-portraits. In the galleries flanking his black monochromatic relief, Stingel has installed a series of five nearly identical paintings entitled *Louvre (after Sam)* (2006). Based on a photographic portrait taken by artist Sam Samore in 2005, Stingel portrays himself in profile, wearing a dapper pinstriped suit jacket; in the background, an elaborate gilded frame subtly references Stingel's rococo aesthetic. Numerous formal and narrative clues signal the artist's critical acknowledgment of his stylistic shift. His use of a grisaille palette seems to be a direct reference to Gerhard Richter, perhaps the most prominent artist who conscientiously engages the dialectics of abstract and figurative painting. Additionally, Stingel has chosen to paint the same image repeatedly on five separate canvases. This repetition implies a narrative progression, much like a film still, yet the small variations from canvas to canvas reveal the images to be hand painted, not photo-mechanically reproduced. Stingel said that he was attracted to this particular source image for its *"melancholic, existential quality."* [1] He further noted that he was partially inspired to create these astonishing self-portraits by the cinema of Michelangelo Antonioni, whose films explore self-doubt and self-examination. While they represent an unprecedented new direction for Stingel, these figurative paintings are as analytically introspective as his abstracted works are critically engaged with the idea of painting.

Rudolf Stingel
Untitled, 2000
Styrofoam
240 × 480 × 10 cm
François Pinault Collection

NOTE

[1] From an unpublished conversation with the author, March 20, 2007.

RUDOLF STINGEL

Rudolf Stingel was born in Merano, Italy, in 1956 and has always maintained his ties to the city, where he still has a studio, even though his home is now New York. Stingel moved to the United States in 1987, when he also started a series of solo shows both in Europe and in America: Massimo De Carlo, Milan (1989, 1992, 1997, 1999, 2004, 2006); Paula Cooper Gallery, New York (1994, 1997, 1999, 2000, 2002); Neue Galerie am Landesmuseum Joanneum Graz, Graz, together with Felix Gonzalez-Torres (1994); Kunsthalle, Zurich (1995); Museo di Arte Moderna e Contemporanea di Trento e Rovereto (2001); Sadie Coles, London (2004); Grand Central Terminal, New York, and Walker Art Center, Minneapolis (2004); *Home Depot (Dornbracht Installation Project)*, Museum für Moderne Kunst, Frankfurt (2004); Inverleith House, Royal Botanical Garden, Edinburgh, (2006); site installation at Con-sens, Bolzano (2006); Museum of Contemporary Art, Chicago (2007). Group shows: PS 1 Contemporary Art Center, Project Room, New York (1989); Venice Biennale (1993, 2003); *Dead Pan*, Kunstverein, Munich (1996); *Art at Home: Ideal Standard Life*, Spiral Garden, Tokyo (1996); *Examining Pictures: Exhibiting Paintings*, Whitechapel Art Gallery, London – MOCA (Museum of Contemporary Art), Chicago – A. Hammer Museum – UCLA, Los Angeles (1999); *Painting at the Edge of the World*, Walker Arts Center, Minneapolis (2001); *Singular Forms (Sometimes Repeated): Art from 1951 to the Present*, Solomon R. Guggenheim Museum, New York (2004); *Where Are We Going? Selections from the François Pinault Collection*, Palazzo Grassi, Venice (2006); Whitney Biennial 2006, *Day for Night*, Whitney Museum of American Art, New York (2006).
Stingel lives and works in Merano and New York.

SELECTED BIBLIOGRAPHY

Rudolf Stingel (exhibition catalogue), Museum of Contemporary Art of Chicago, Chicago, Yale University Press, 2007.
Chrissie Iles, Philippe Vergne, *Whitney Biennial 2006 – Day for Night*, exhibition catalogue, New York, Whitney Biennial, 2006.
Cay Sophie Rabinowitz, "Portrait of the Artist as a Self-Portrait / Bildnis des Künstlers als Selbstporträt," *Parkett*, no. 77, 2006, pp. 104–109.
Cay Sophie Rabinowitz. "Rudolf Stingel Talks about his Latest Installation," *Artforum International*, May 2005, pp. 220–221.
Art from 1951 to the Present, exhibition catalogue, New York, Solomon R. Guggenheim Foundation, 2004, p. 156.
Amanda Coulson, "Rudolf Stingel," *Frieze*, no. 86, October 2004, p. 177.
Linda Yablonsky, "The Carpet that Ate Grand Central – Commuters to Trample 27,000 Square Feet of Blue Roses," *New York Times*, June 27, 2004.
Belli Gabriella, Bonami Francesco, *Rudolf Stingel*, Milan: Skira, 2001.

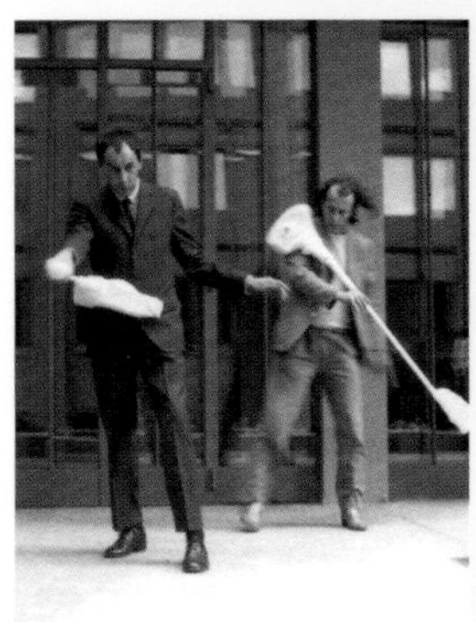

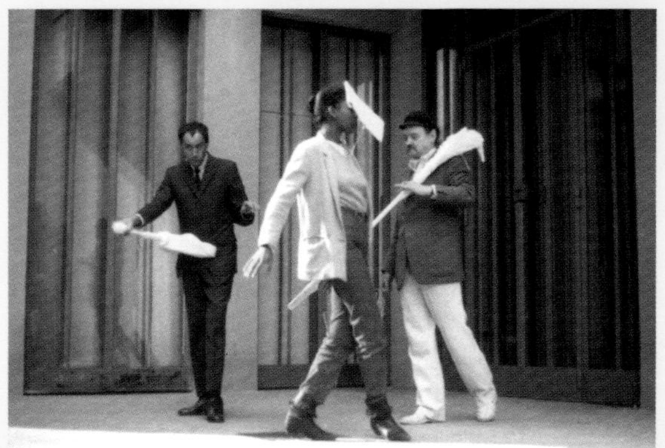

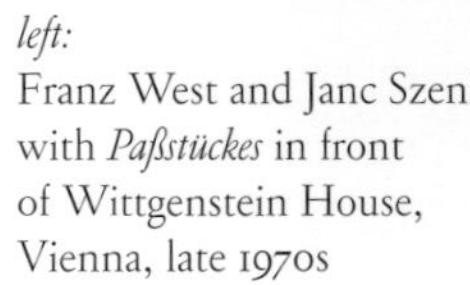

Coming of age in the midst of the lively Viennese avant-garde art scene, Franz West has come to personify a playful, critical response to the *Wiener Aktionismus*. (Austria's most important postwar art movement, the *Aktionists* were known for visceral performances that mingled sexuality with pseudo-religious ritual.) Beginning in 1974, West launched his career with a series of sculptural works entitled *Paßstückes* [*Adaptives*]. These awkward, deliberately "trashy" sculptures—fashioned from scrap wood and wire then papier-mâchéd and painted white—were intended to be handled or even worn by the viewer. West considered these sculptures to be prostheses that would activate the body in comic yet meaningful ways. With their endless array of biomorphic shapes, the *Paßstückes* provoked maladroit, inorganic contortions of the body—transforming the ordinarily passive viewer into an active participant. West maintained that these bodily contortions made the viewer's *"neurosis become visible."* Quite deliberately, the *Paßstückes* served as a silly yet psychologically resonant foil to the gory, self-important performances of *Aktionist* artists Günter Brus, Hermann Nitsch, Otto Muehl, and Rudolf Schwarzkogler.

Starting in the late 1980s, West's more complex sculptural environments evolved out of the formal and conceptual concerns of his early work—the transformation of humble, "crafty" materials into sculptural works that explore the interstices of the body, the psyche, and social behavior. On display at Palazzo Grassi, *Worktable and Workbench* (2006) exemplifies this strand of West's mature oeuvre. These free-standing papier-mâché sculptures, whose plinths are actual pieces of furniture from the artist's studio, recall the *Paßstückes* in their anthropomorphism—the surface bumps, craters, and fingers evoke bodily appendages. With their exuberant palette and gestural paint drippings, these colorful works also reveal West's astute grasp of the history of Modernist painting. The expressionistic impastos on the sculptures' surfaces reference a stylistic gamut of European postwar abstraction from Fautrier to Wols, Dubuffet to Giacometti.

A second work, entitled *Almanach* (2003–6), demonstrates how West has expanded his more "traditional" sculptures into monumental public works for the public to sit or lie upon. Thirteen Plexiglas vitrines contain miniature models of some of West's best-known outdoor commissions, such as his 2004 Public Art Fund project for New York's Lincoln Center. This collection of small-scale studies also features images that strongly resemble West's collages and works on paper.

West's pictorial works, often cut out of magazines, isolate images of people engaged in unusual behavior or in strange bodily postures. Hung in an adjacent gallery, *Collecting Wall* (1972–2007) brings together over thirty of these collages, drawings, and paintings on paper from the past four decades. West has described his unique pictorial aesthetic as a response to his living situation in the early 1970s: *"[M]y first collages looked really ugly. At that time I was going through a very depressed period—I was not successful, I was not beautiful, I was not rich, and I didn't have a good background. The world was not very appetizing. What I could do was have an ugly wife, watch stupid television programs, and have ugly furniture that was later called punk. I was a bit like that, so I made my collages like that, and I still do."*[1]

Another major aspect of West's oeuvre is presented at Palazzo Grassi in the form of a specially commissioned work. For the past twenty years, West has produced "furniture-sculptures"—functional installations that provide the museum visitor with a place to rest, sit, or even fully recline. Nodding to the Palazzo's leisure-oriented, luxurious past and exploiting its location overlooking the Grand Canal, West created a new environment entitled *Oasis* (2007). He created five new furniture forms using intricate metal latticework frames that are topped with air mattresses. To complete the scene, West asked a frequent collaborator, artist Tamuna Sirbilaze, to make an all-encompassing wall painting that would transform the gallery's "white cube" into a more inviting, expressionistic space. West's sculptural refuge offers a radical antidote to the conventional ambulatory mode of museum-going. Explaining the origin of his furniture-sculptures, West has said, *"If you look at these things in a museum and you begin to feel queasy, then you can lie down or sit down. Sitting down would be 'boring' above all if it were not integrated into an artwork.... So now you can integrate yourself into the art."*[2]

NOTES

[1] Franz West interviewed by Mennon Weewis (1998), reprinted in *Franz West*. London: Phaidon, 1999, p. 131.
[2] Robert Fleck. "Sex and the Modern Sculptor," in *Franz West*. London: Phaidon, 1999. p. 64.

FRANZ WEST

Franz West was born in 1947 in Vienna, where he studied at the Akademie der Bildenden Künste and then embarked on an artistic career as a sculptor in the mid-1960s, reacting against the Viennese Actionism movement. He produced a series of small portable sculptures in the 1970s that were then reelaborated on large scale to become huge aluminum installations. West has taken part in group exhibitions at venues of international standing: Kunsthandlung Hummel, Vienna (1980); Kunsthaus, Zurich (1985); Skultpur. Projekte in Münster, Munster (1987, 1997); the Venice Biennale (1988, 1993, 1997, 2003, 2007); *Possible Worlds*, Institute of Contemporary Art / Serpentine Gallery, London (1990); Documenta IX (1992) and Documenta X (1997), Kassel; Kunsthalle, Vienna (1996, 2004); *Comic Abstraction*, Museum of Modern Art, New York (2007). His solo shows are of equal importance: Galerie Max Hetzler, Cologne (1986, 1988, 1991); Sculpture Plaza, Museum of Contemporary Art, Los Angeles (1994); David Zwirner, New York (1993, 1994, 1996, 1998, 1999, 2001); *franz west. Projects*, Museum of Modern Art, New York (1997); Gagosian Gallery, London (2001, 2003, 2005, 2006); Galerie Hauser & Wirth & Presenhuber, Zurich (2002, 2003, 2006); MUMOK, Vienna (2007); the show of 2007 hosted in three different galleries: Mario Sequeira Gallery, Braga; Galerie Meyer Kainer, Vienna; Galerie Grässlin, Frankfurt. West lives and works in Vienna.

SELECTED BIBLIOGRAPHY

Stefan Ratibor, Wingate Ealen (eds.), *Franz West. Displacement and Condensation*. Gagosian Gallery, London, 2006 (exhibition catalogue).
Eva Baduar-Triska, *Franz West, early works*, New York: Zwirner & Wirth, 2005 (exhibition catalogue).
Bice Curiger, "Es ist eher eine Verstrickung. Ein Gespräch mit Franz West," *Parkett*, no. 70, 2004, p. 16.
Franz West, Eckard Schneider, *Franz West: We'll Not Carry Coals*, Kunsthaus Bregenz, 2004 (exhibition catalogue).
Kristine Stiles *et al.*, *Franzwestite*. London: Whitechapel, 2003.
Robert Storr, "Franz West's Corporeal Comedy," *Art in America*, no. 10, October 2003, pp. 96–99, ill.
Franz West: In & Out, Museums für Neue Kunst MNK/ZKM Karlsruhe, Hatje Cantz, 2000 (exhibition catalogue).
Robert Fleck, *Franz West*. London: Phaidon, 1999.
Franz West. Proforma, Museum Moderner Kunst Stiftung Ludwig, Vienna, ed. Eva Badura-Triska and Franz West, Vienna 1996. Texts by Lóránd Hegyi, Peter Gorsen, Robert Fleck, Franz West / Marianne Brouwer / Peter Pakesch, and Eva Badura-Triska.

Louise Lawler
Hoof, 2006

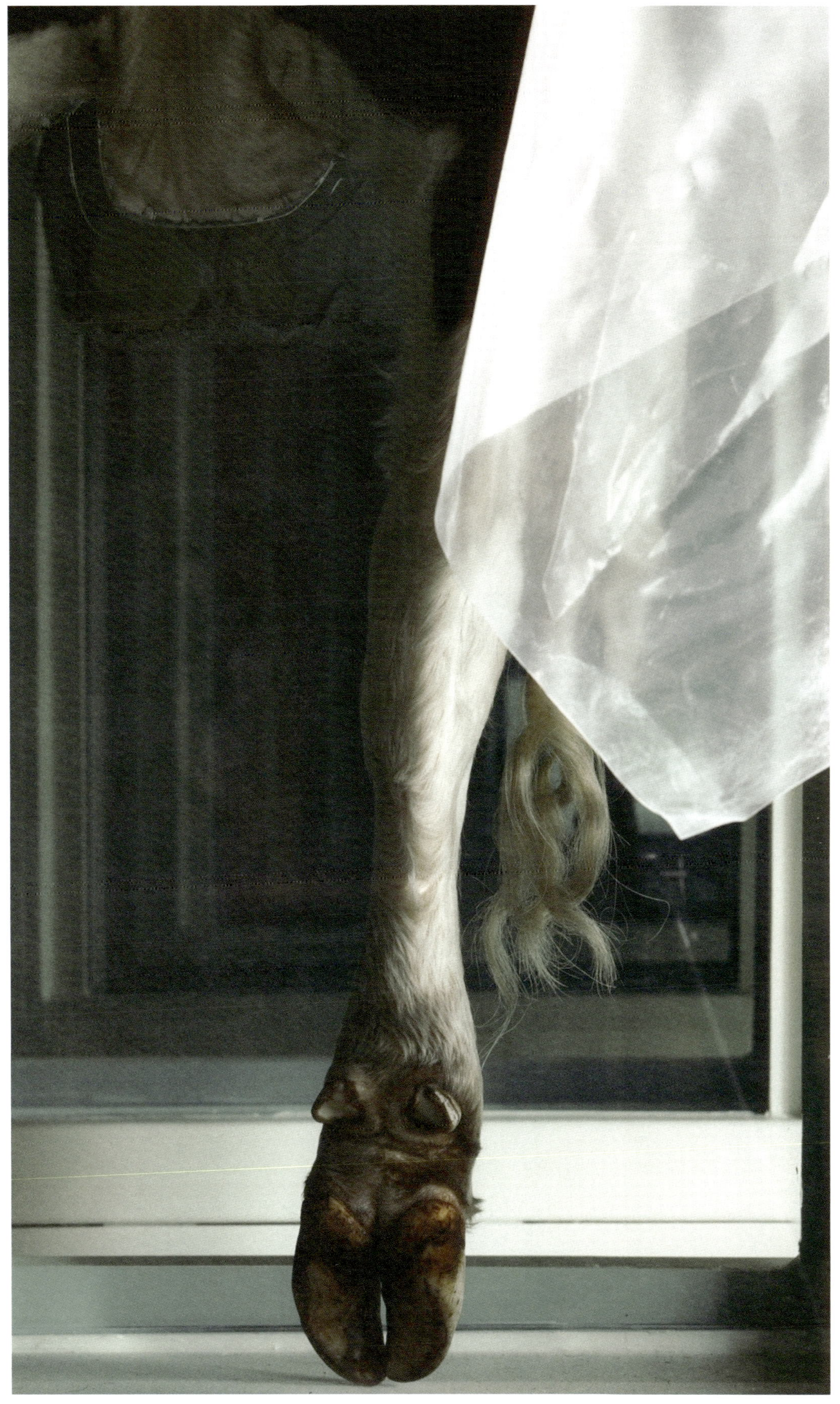

Louise Lawler
Adolf (Must be installed 8 inches from the floor), 2006

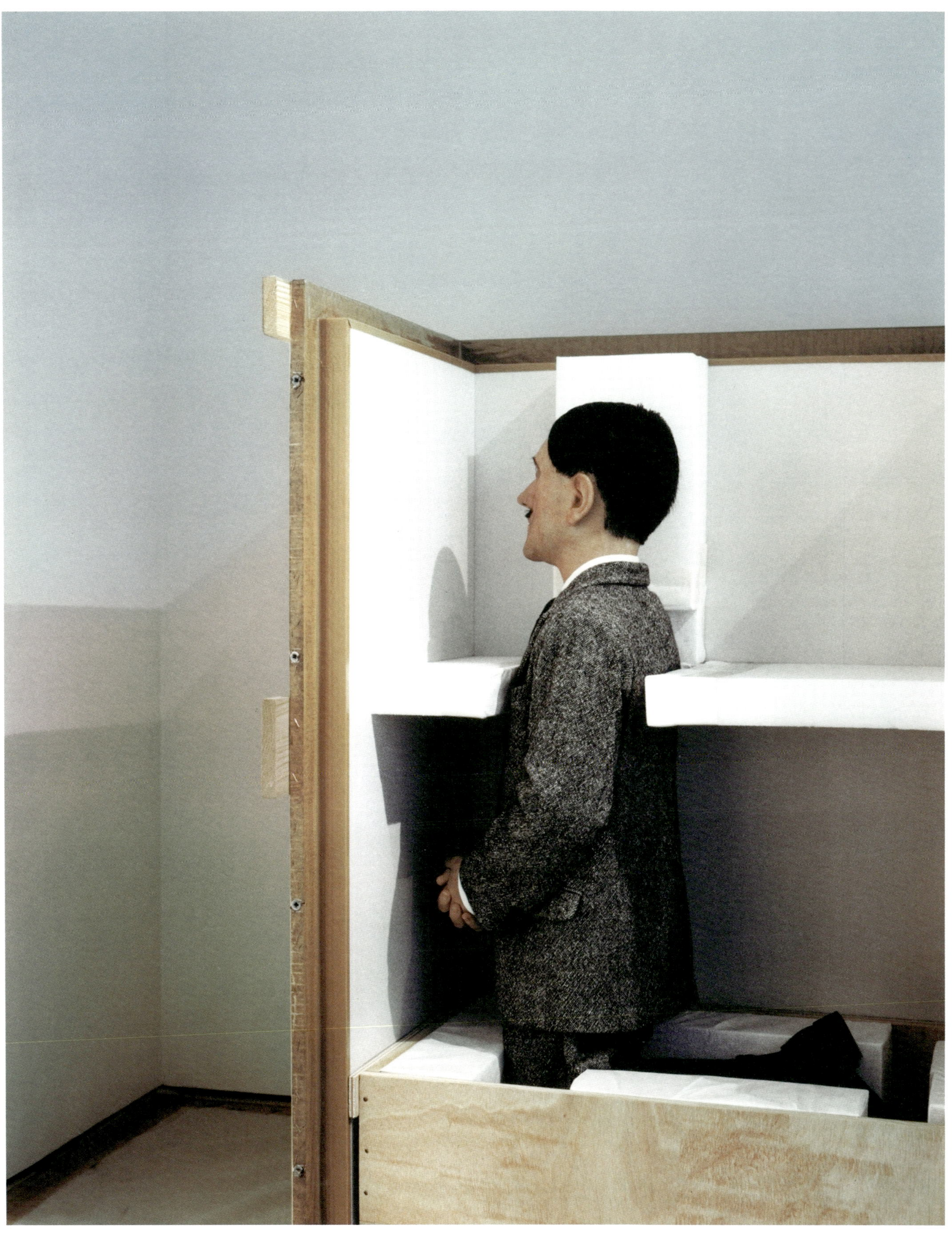

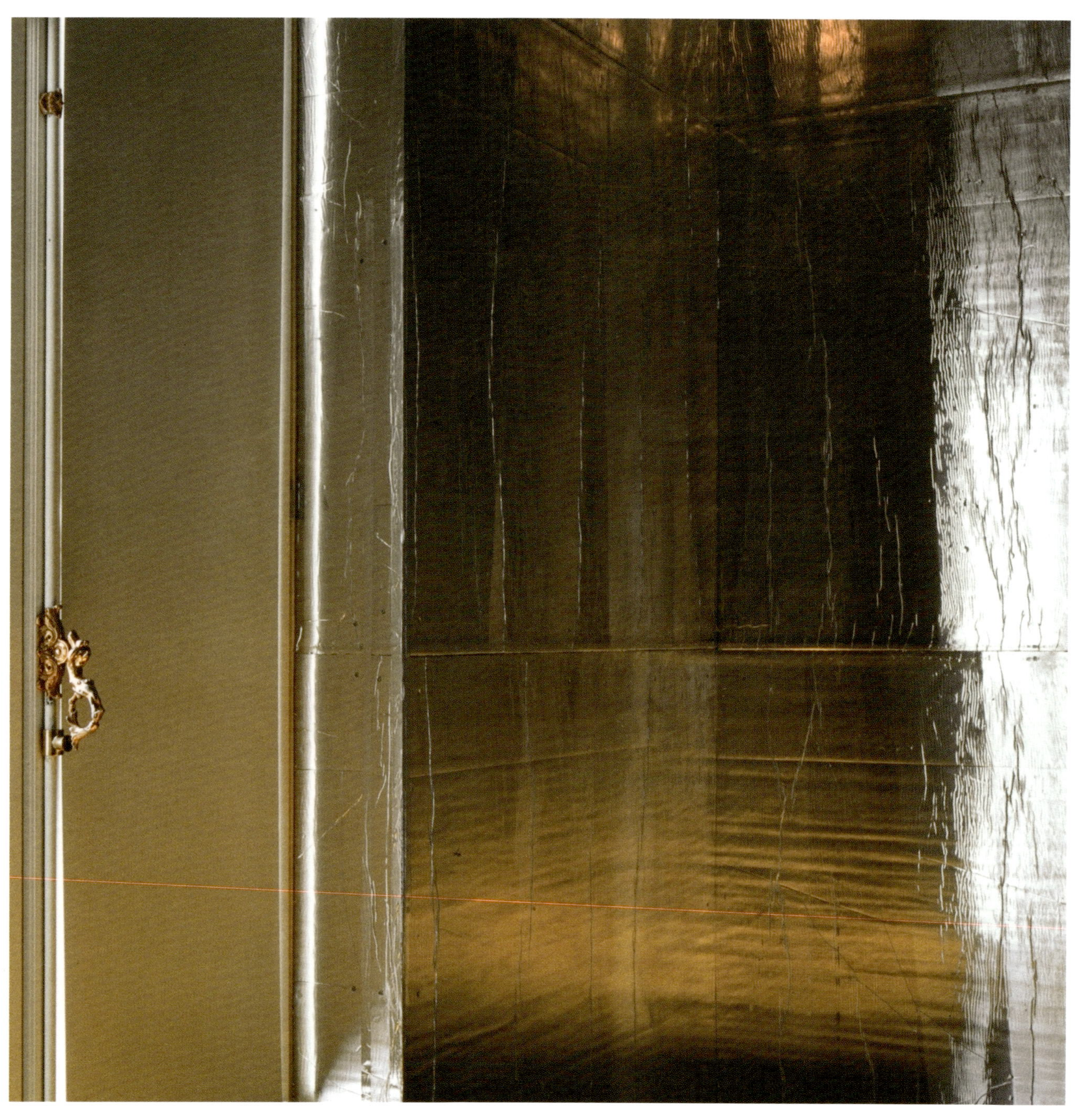

▲
Louise Lawler
Not the way you remembered (Venice), 2006

▶
Louise Lawler
Wiggle, 2006

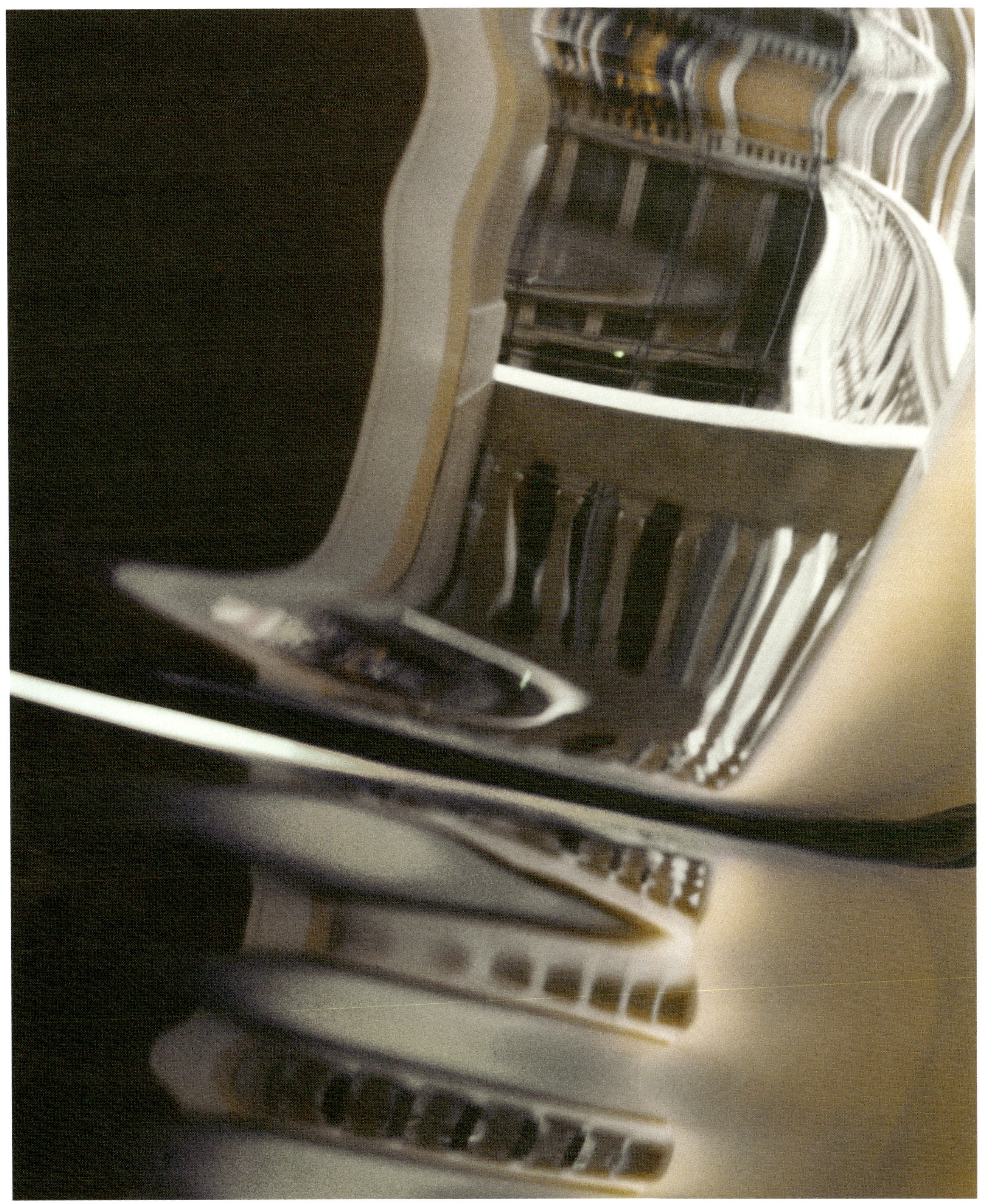

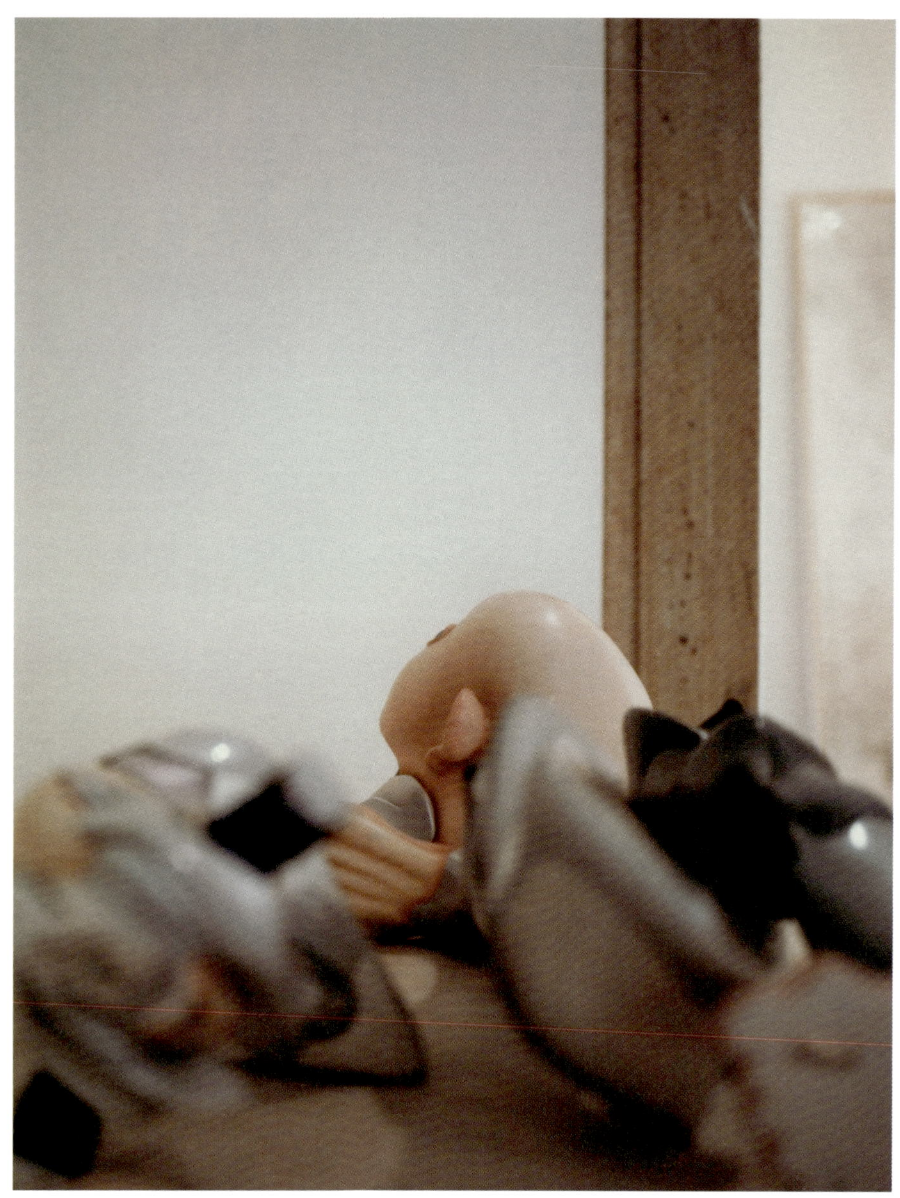

Louise Lawler
Why Take a Man Apart, 2006-2007

Louise Lawler
Pills, 2006

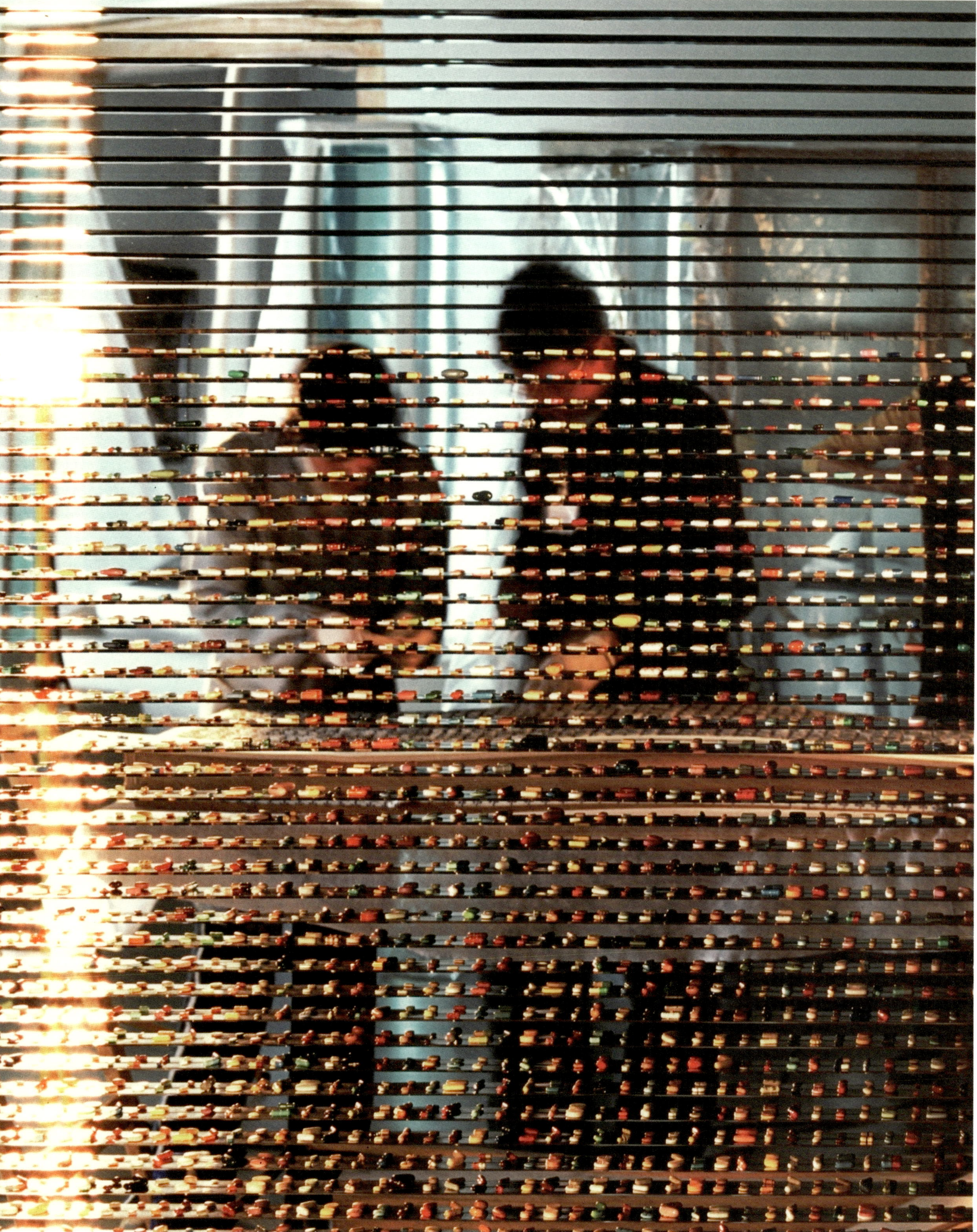

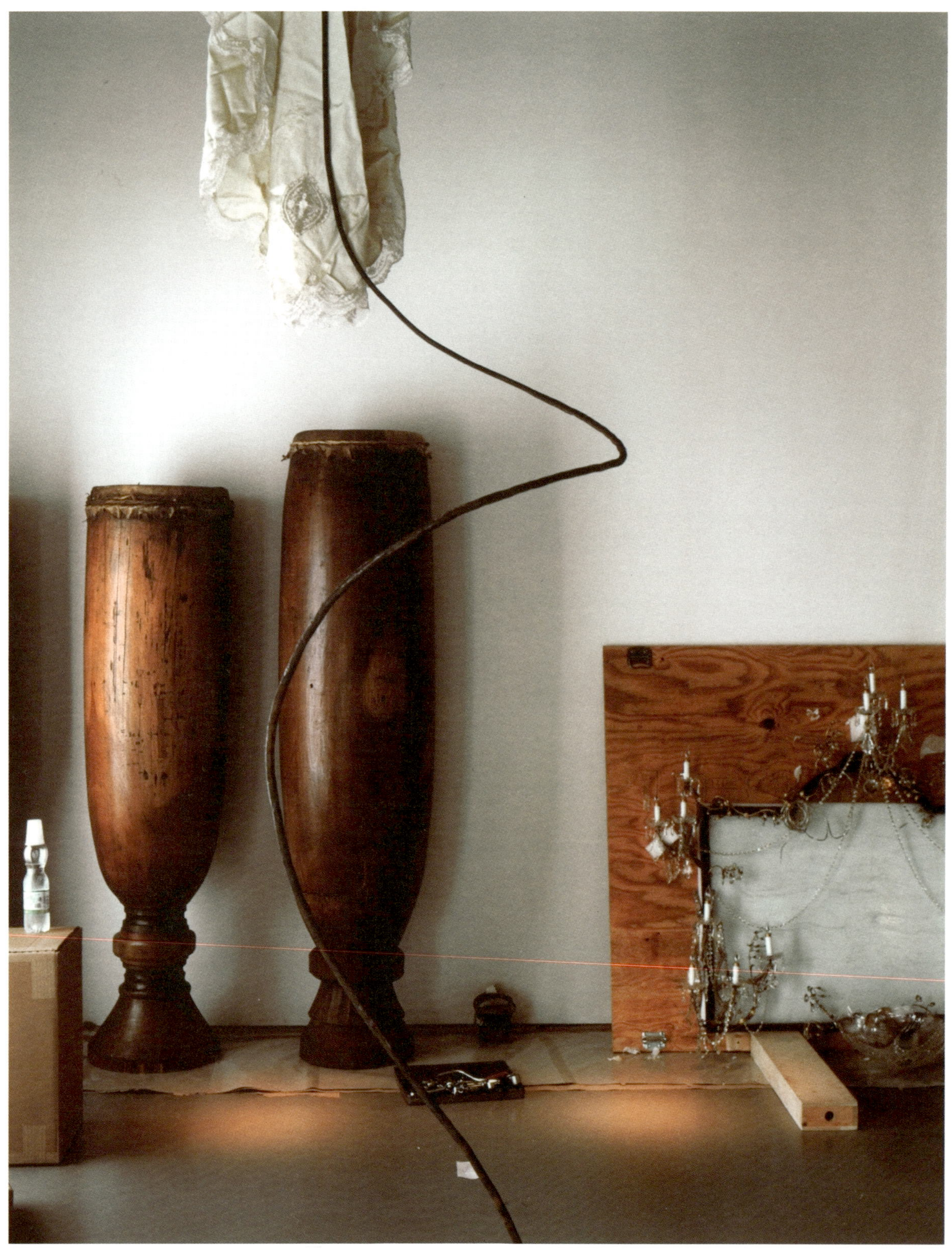

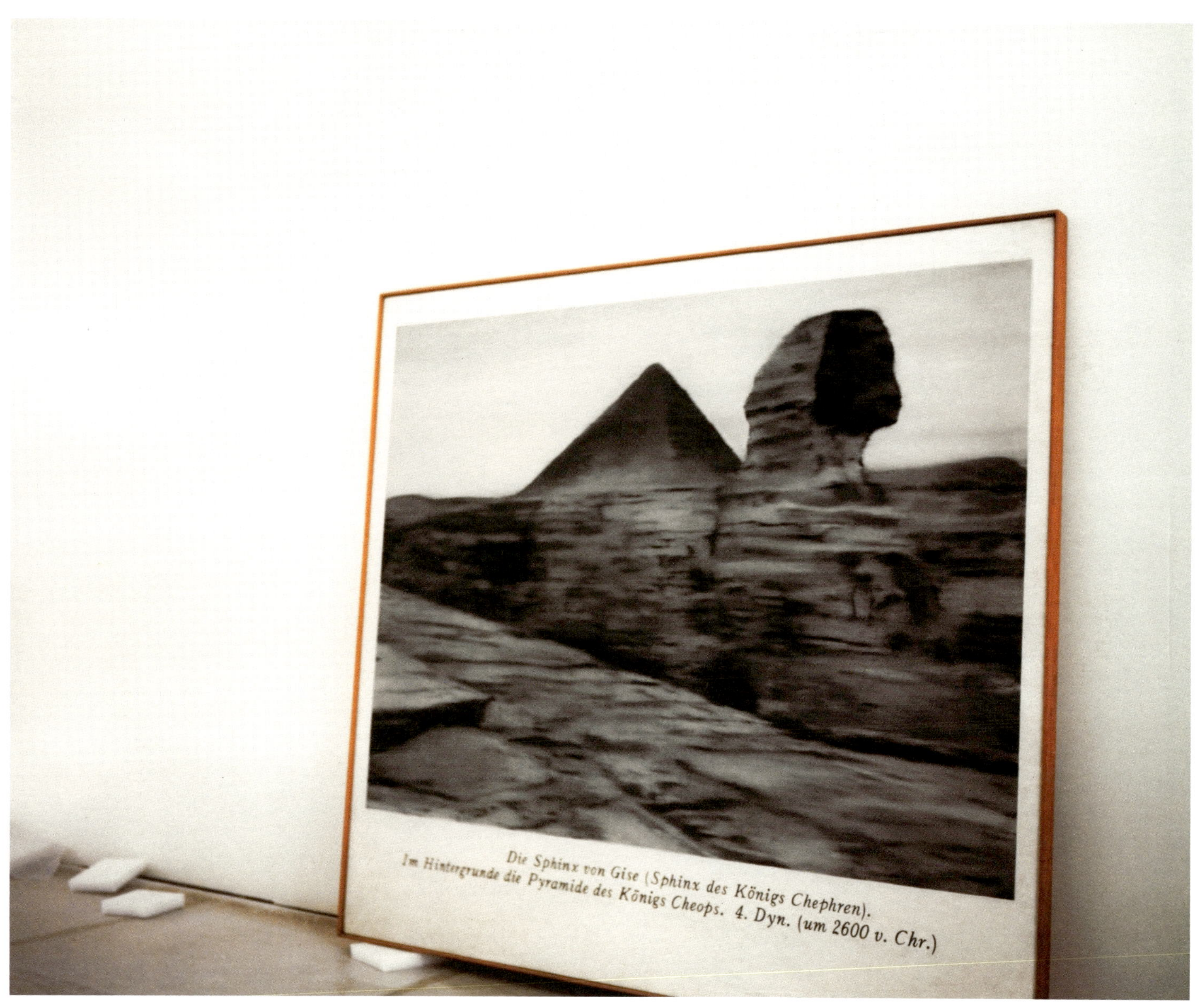

▲
Louise Lawler
Google: Egypt, 2006-2007

◀
Louise Lawler
Drums First, 2006-2007

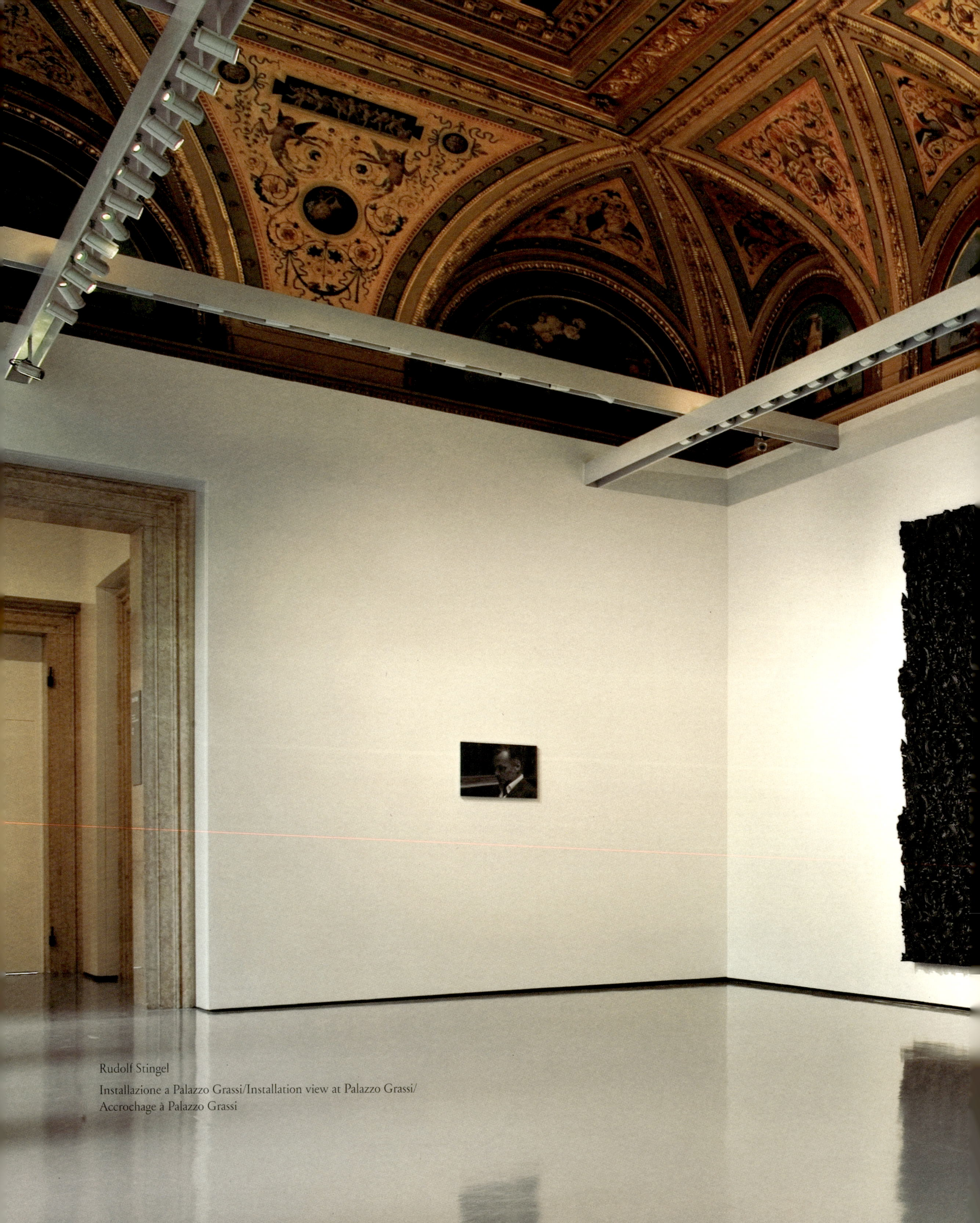

Rudolf Stingel
Installazione a Palazzo Grassi/Installation view at Palazzo Grassi/
Accrochage à Palazzo Grassi

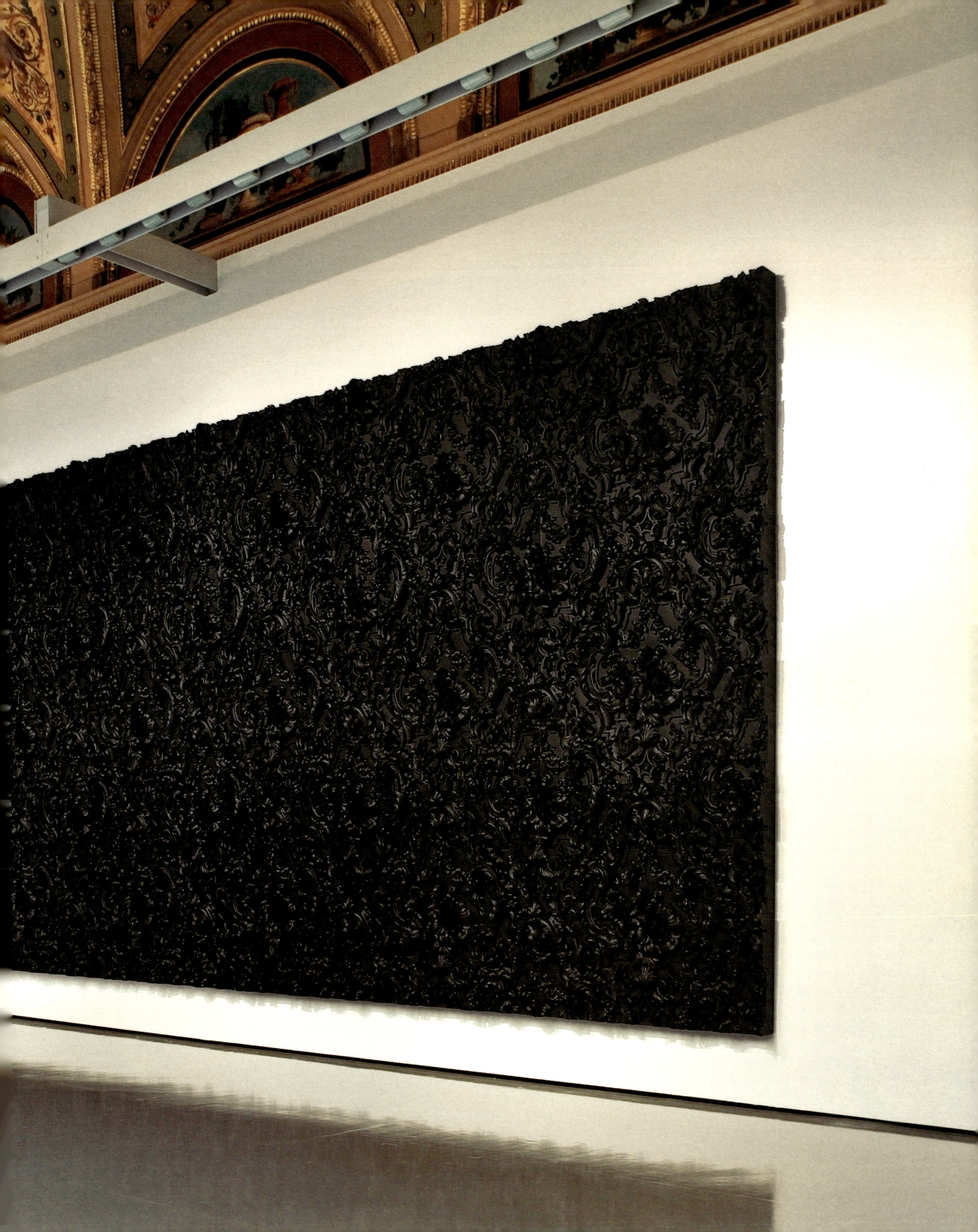

Rudolf Stingel
Untitled (1631), 2007

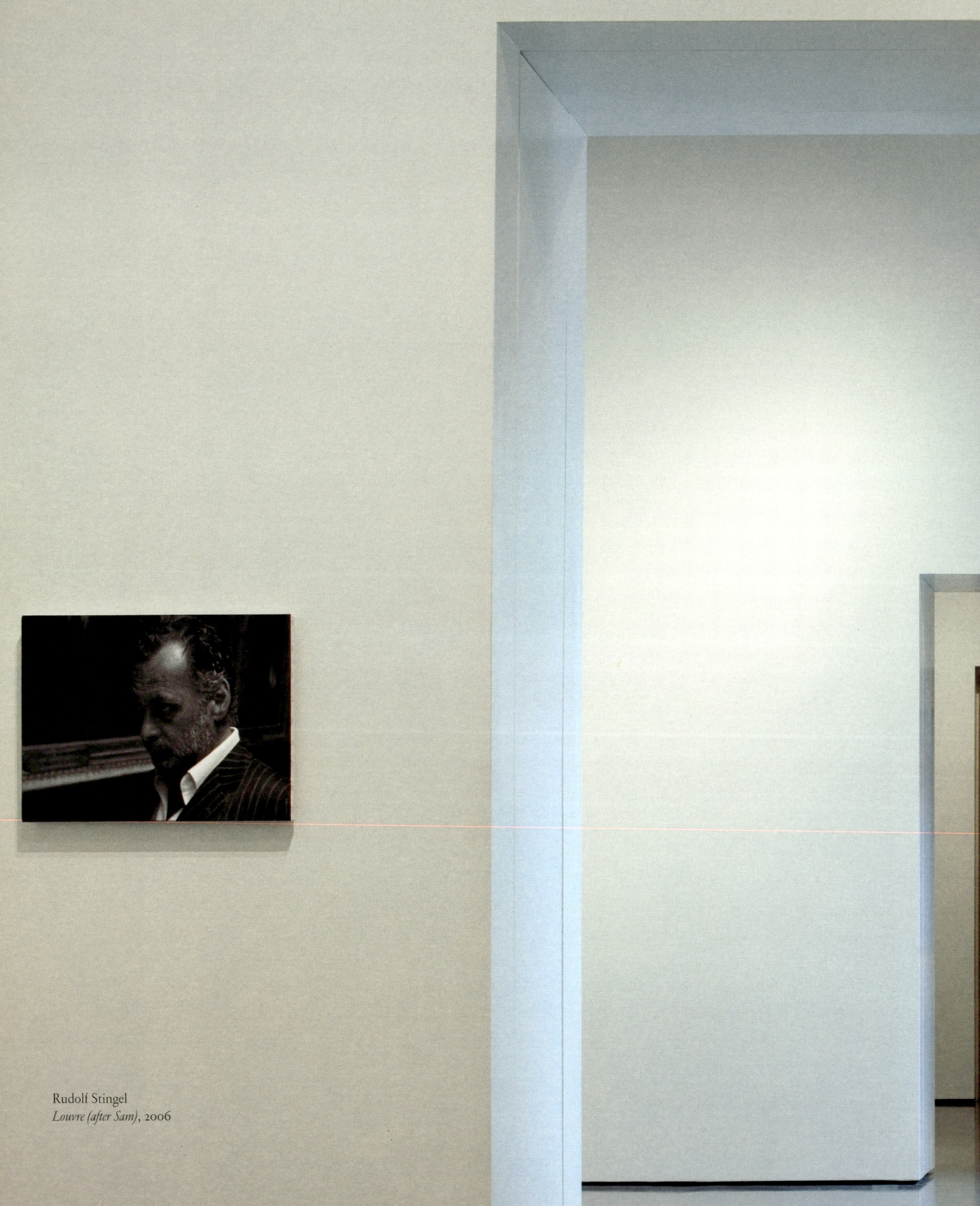

Rudolf Stingel
Louvre (after Sam), 2006

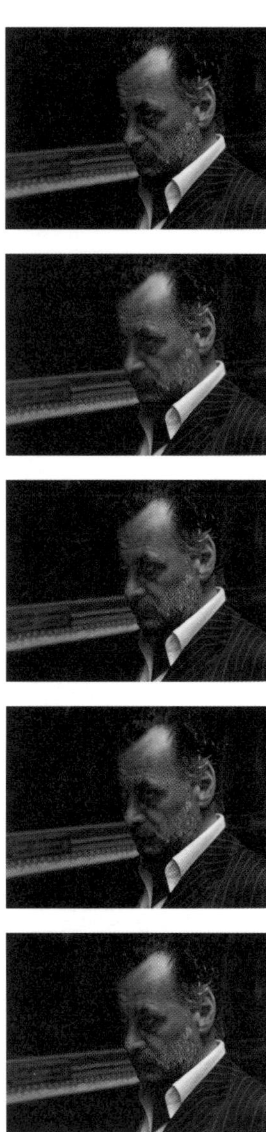

Rudolf Stingel
Louvre (after Sam), 2006

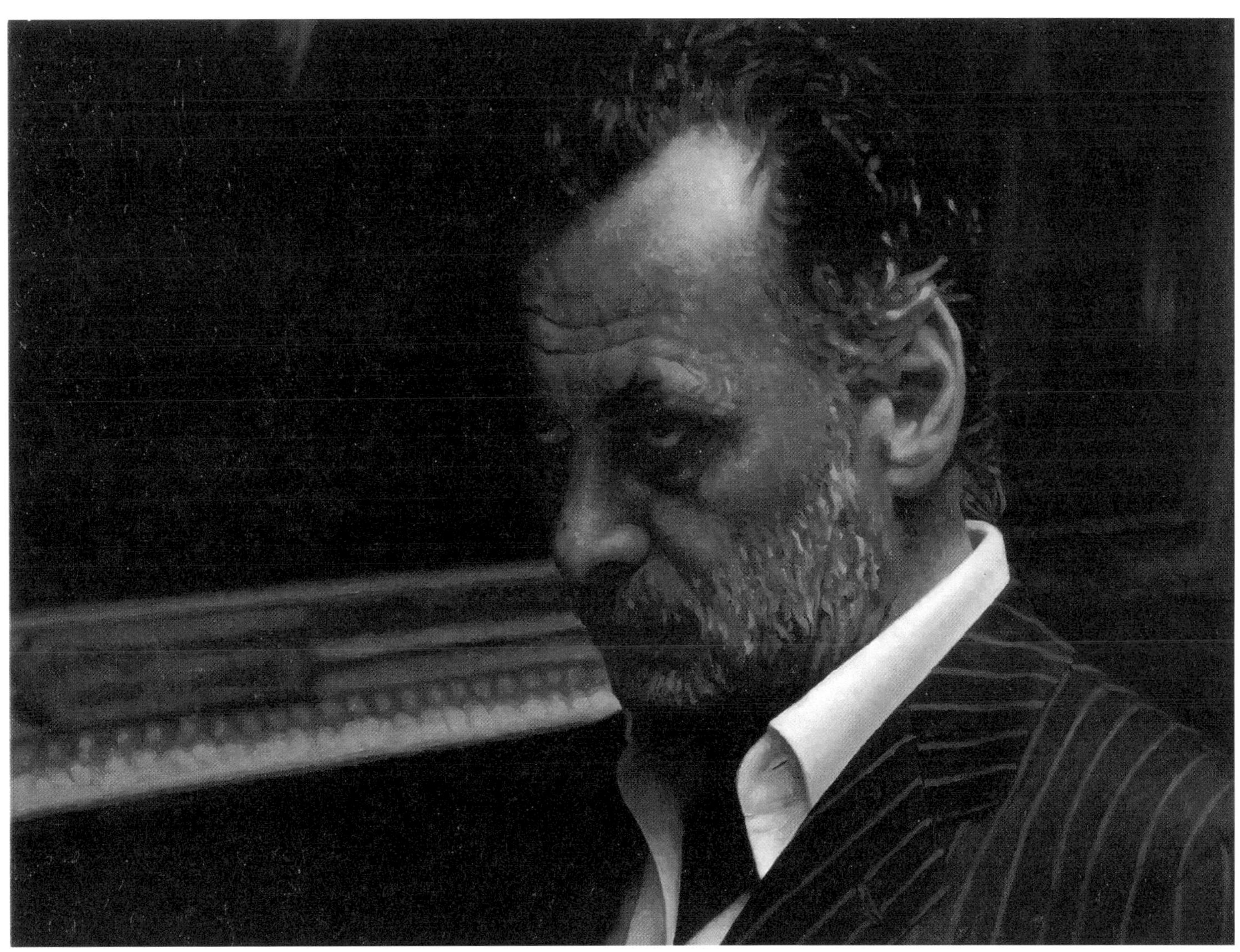

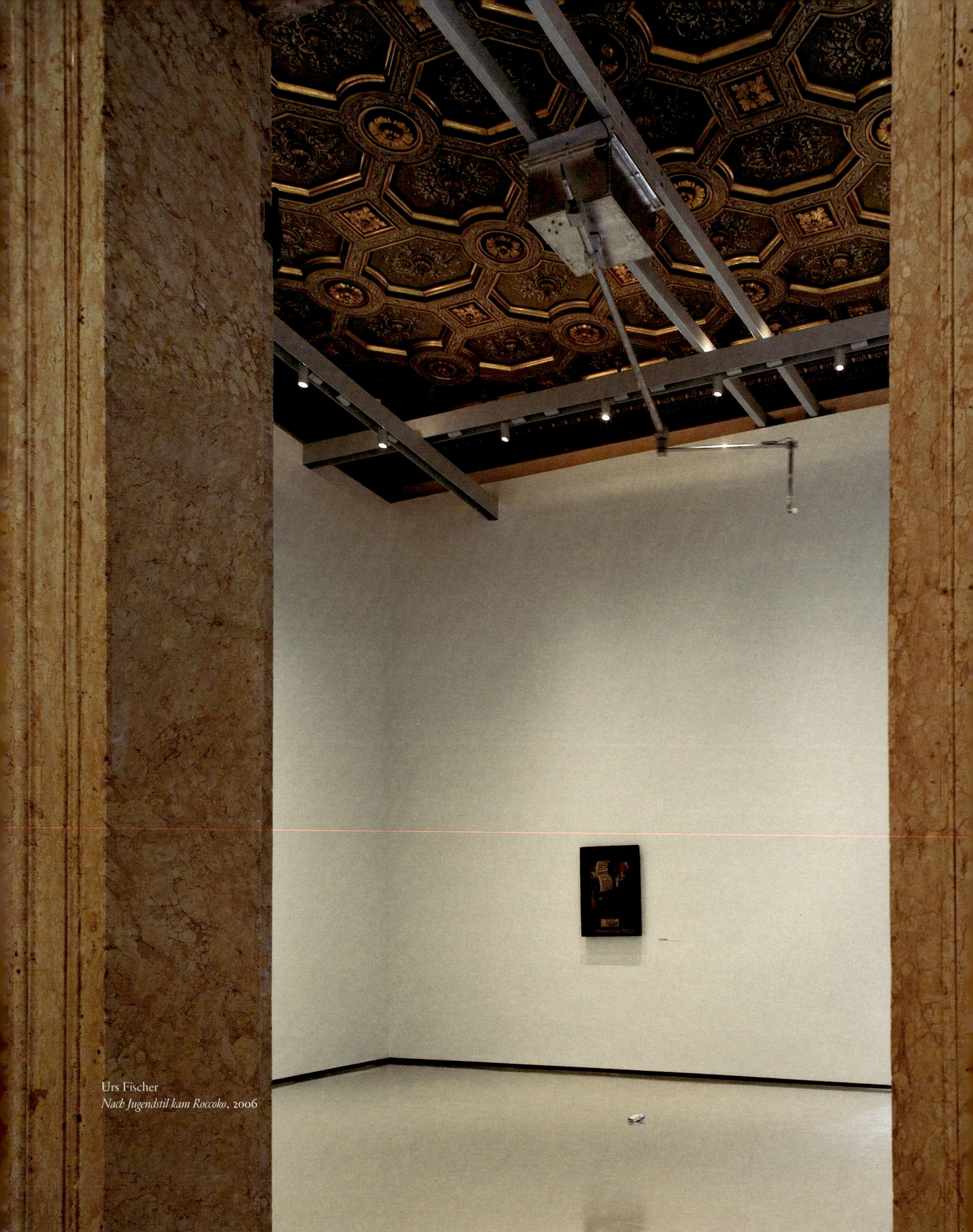

Urs Fischer
Nach Jugendstil kam Roccoko, 2006

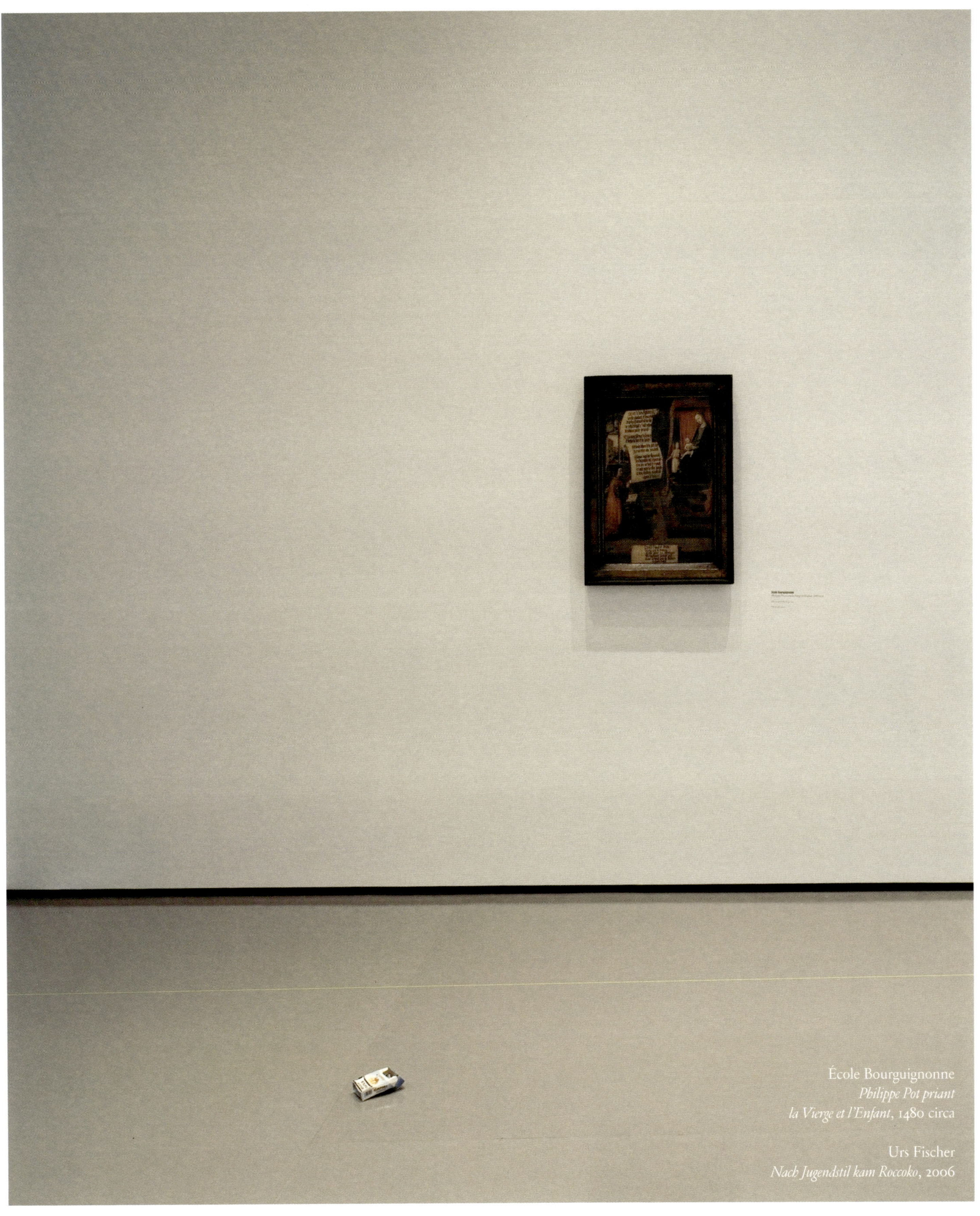

École Bourguignonne
*Philippe Pot priant
la Vierge et l'Enfant*, 1480 circa

Urs Fischer
Nach Jugendstil kam Roccoko, 2006

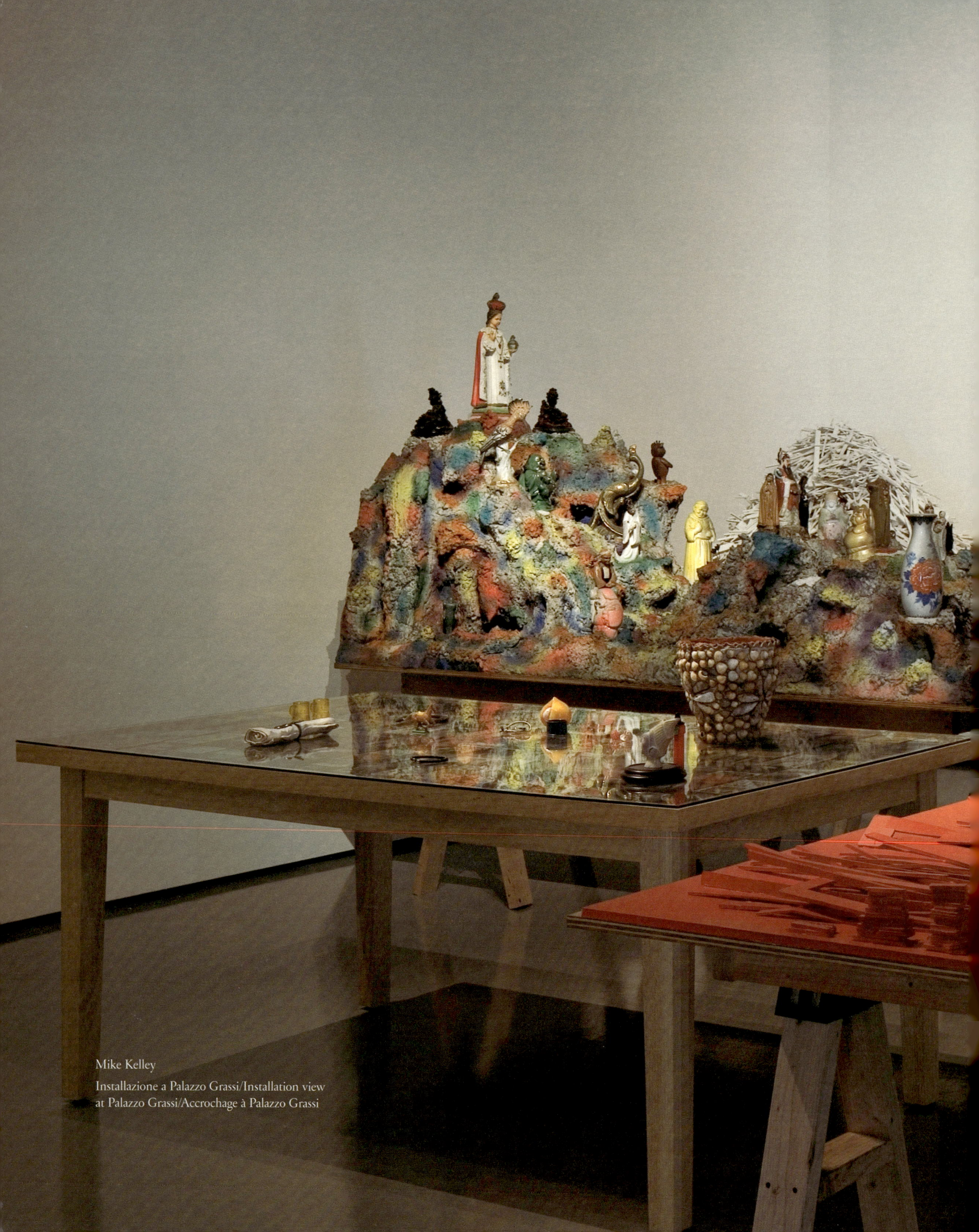

Mike Kelley
Installazione a Palazzo Grassi/Installation view
at Palazzo Grassi/Accrochage à Palazzo Grassi

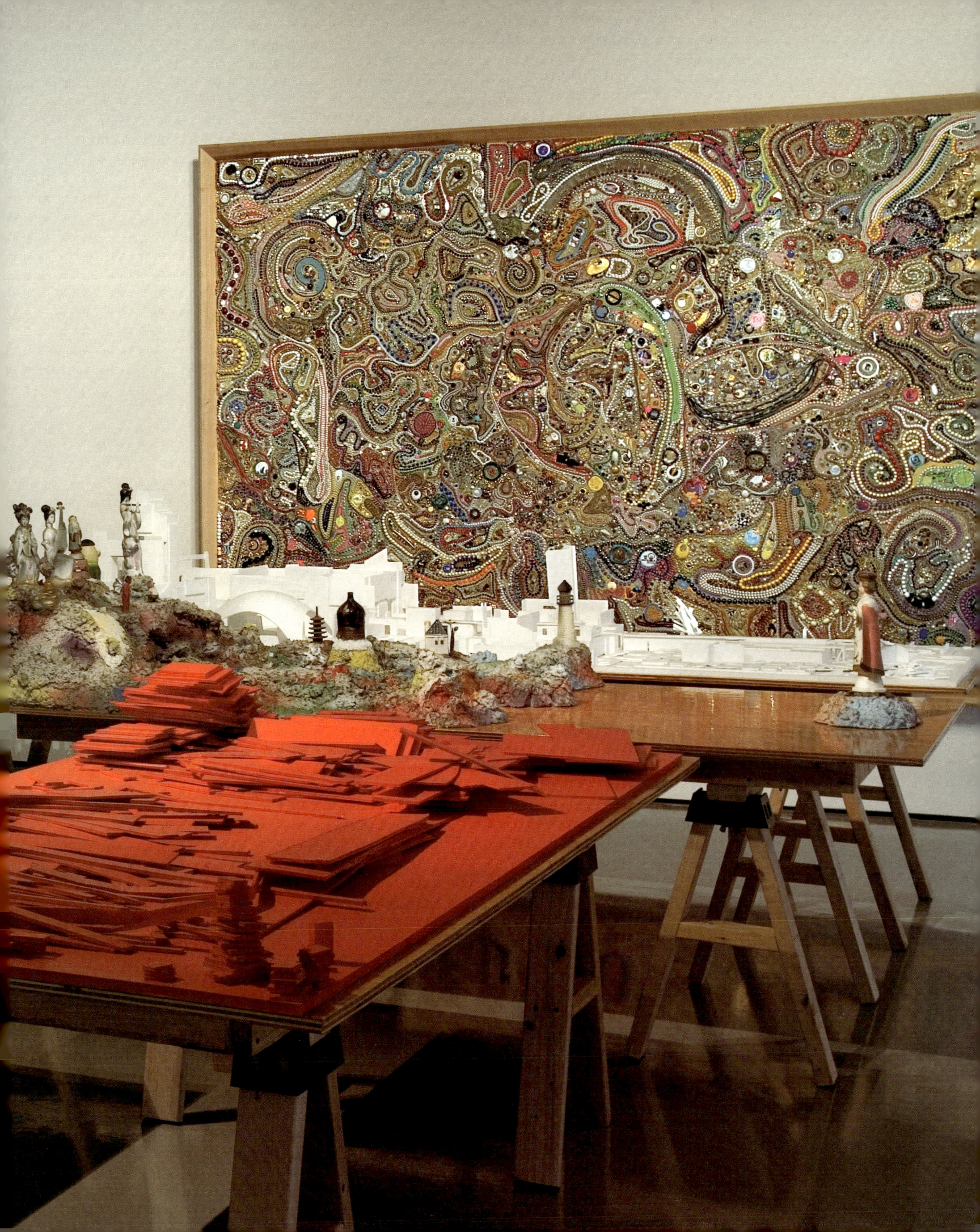

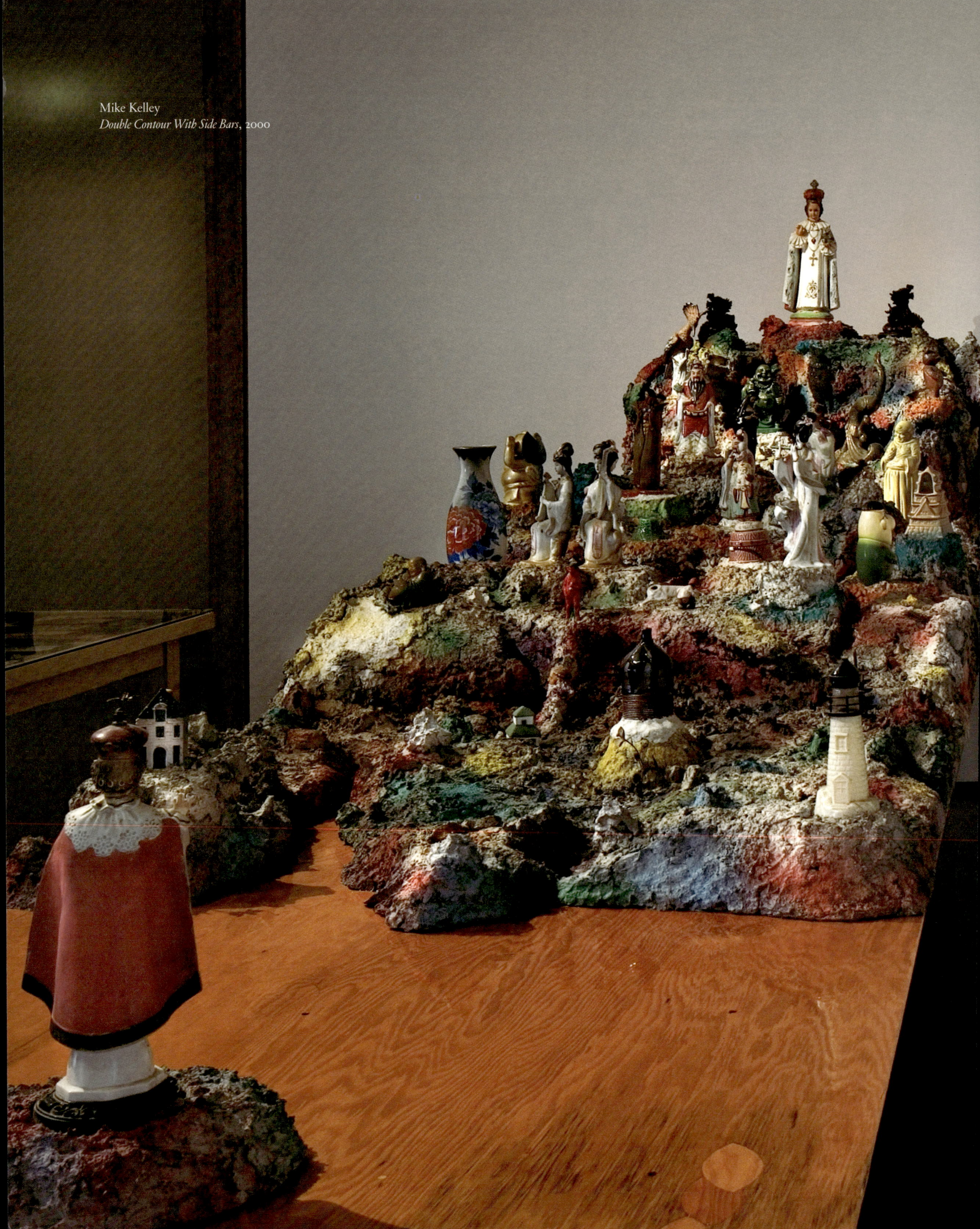
Mike Kelley
Double Contour With Side Bars, 2000

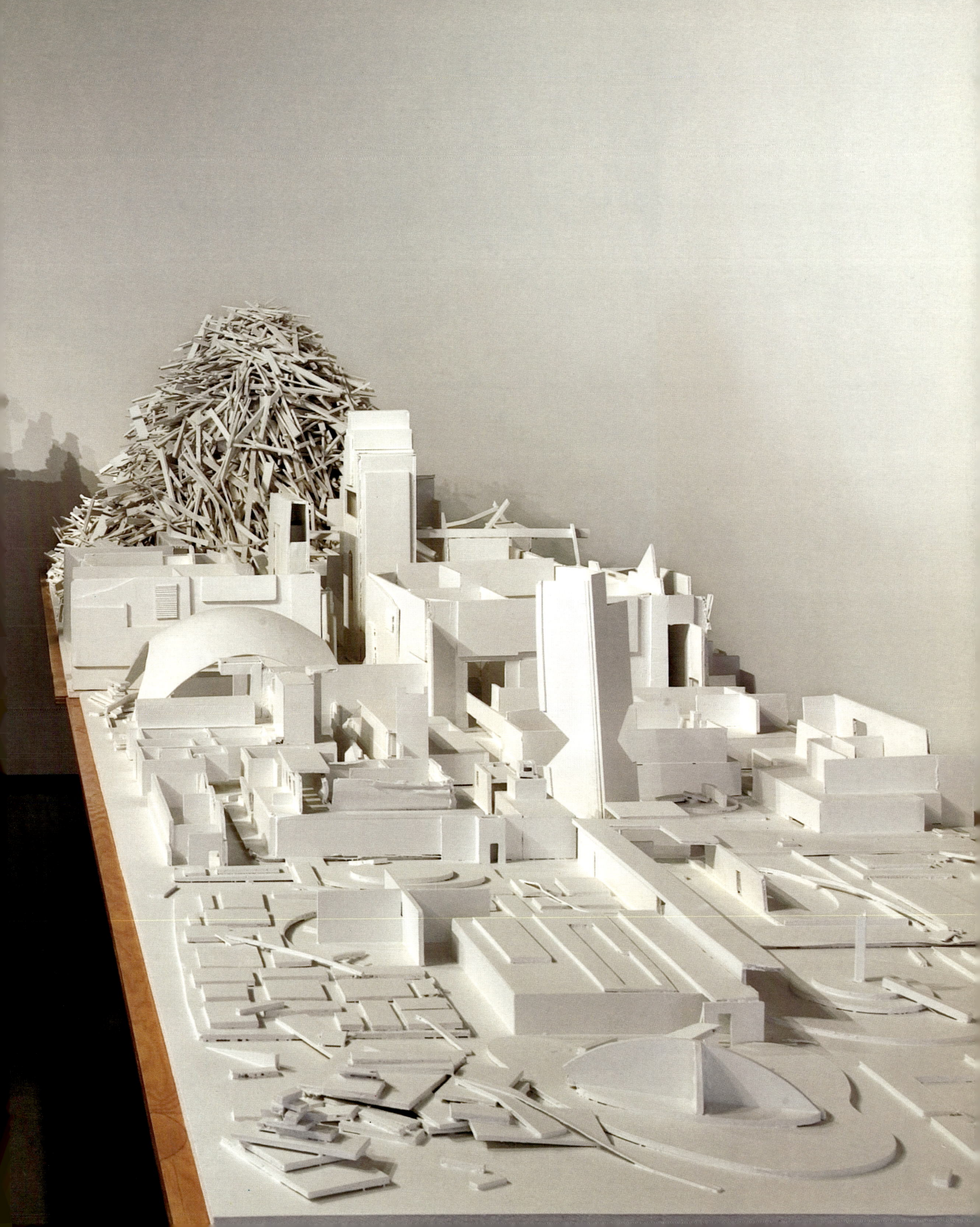

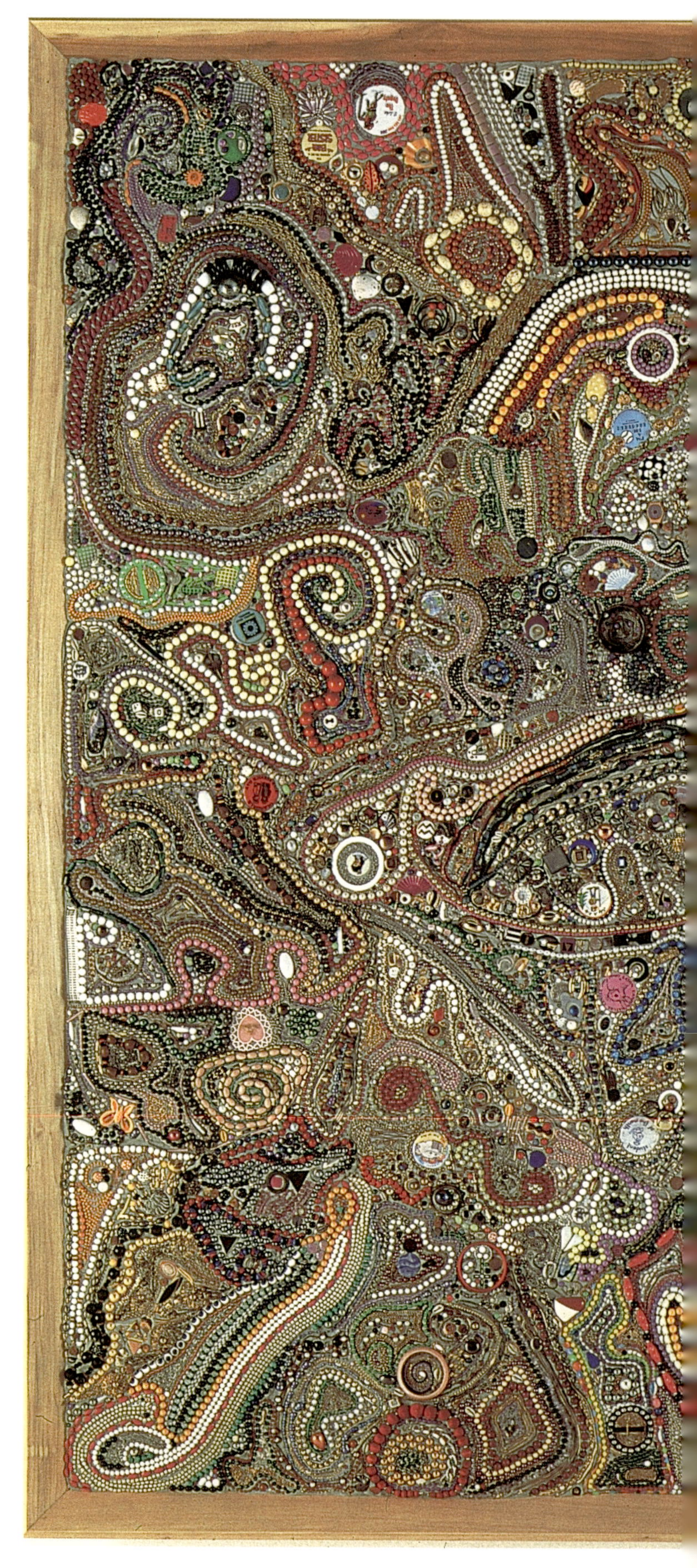

Mike Kelley
Memory Ware flat 17, 2001

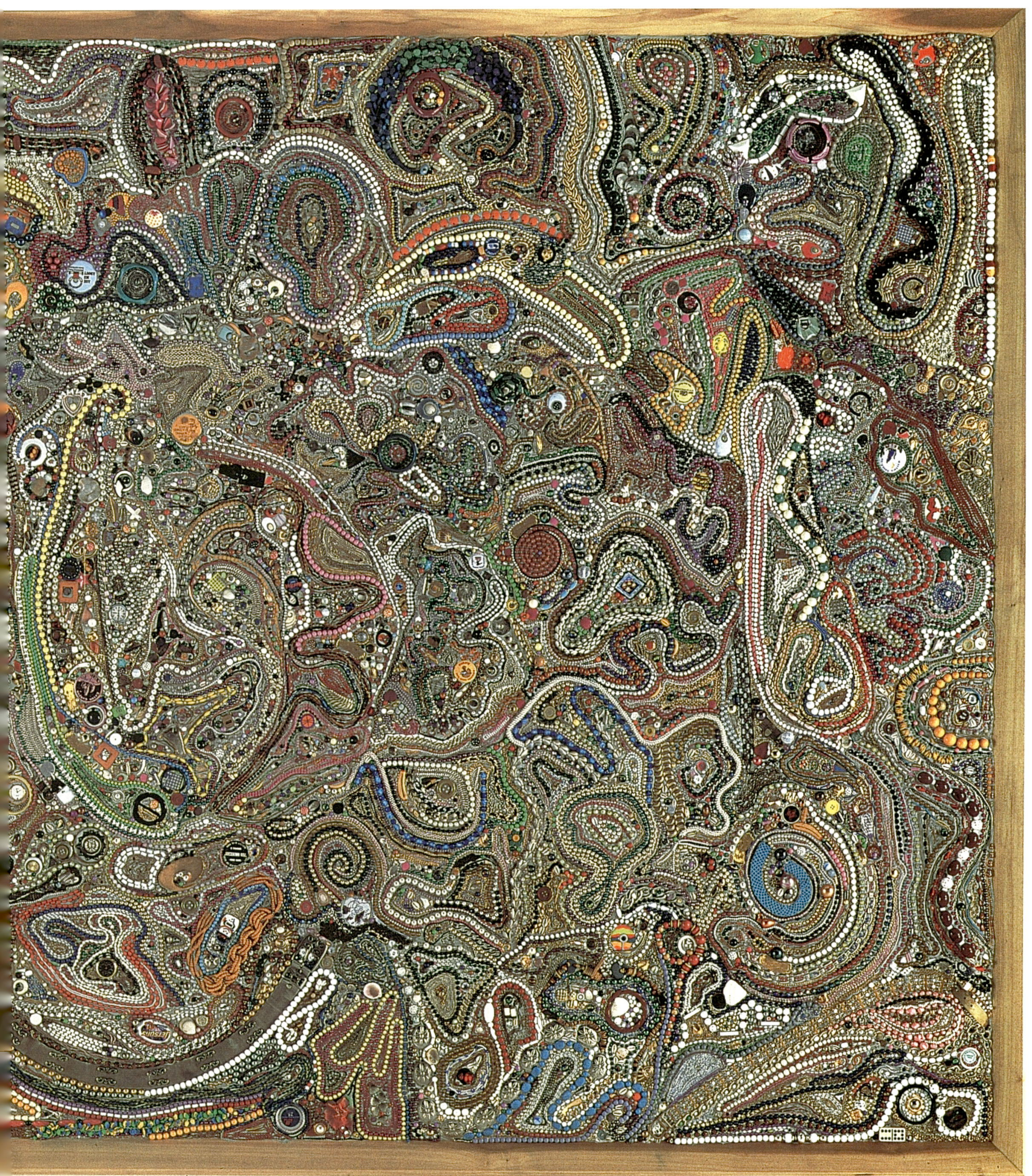

Mike Kelley
Red Stain, 1986

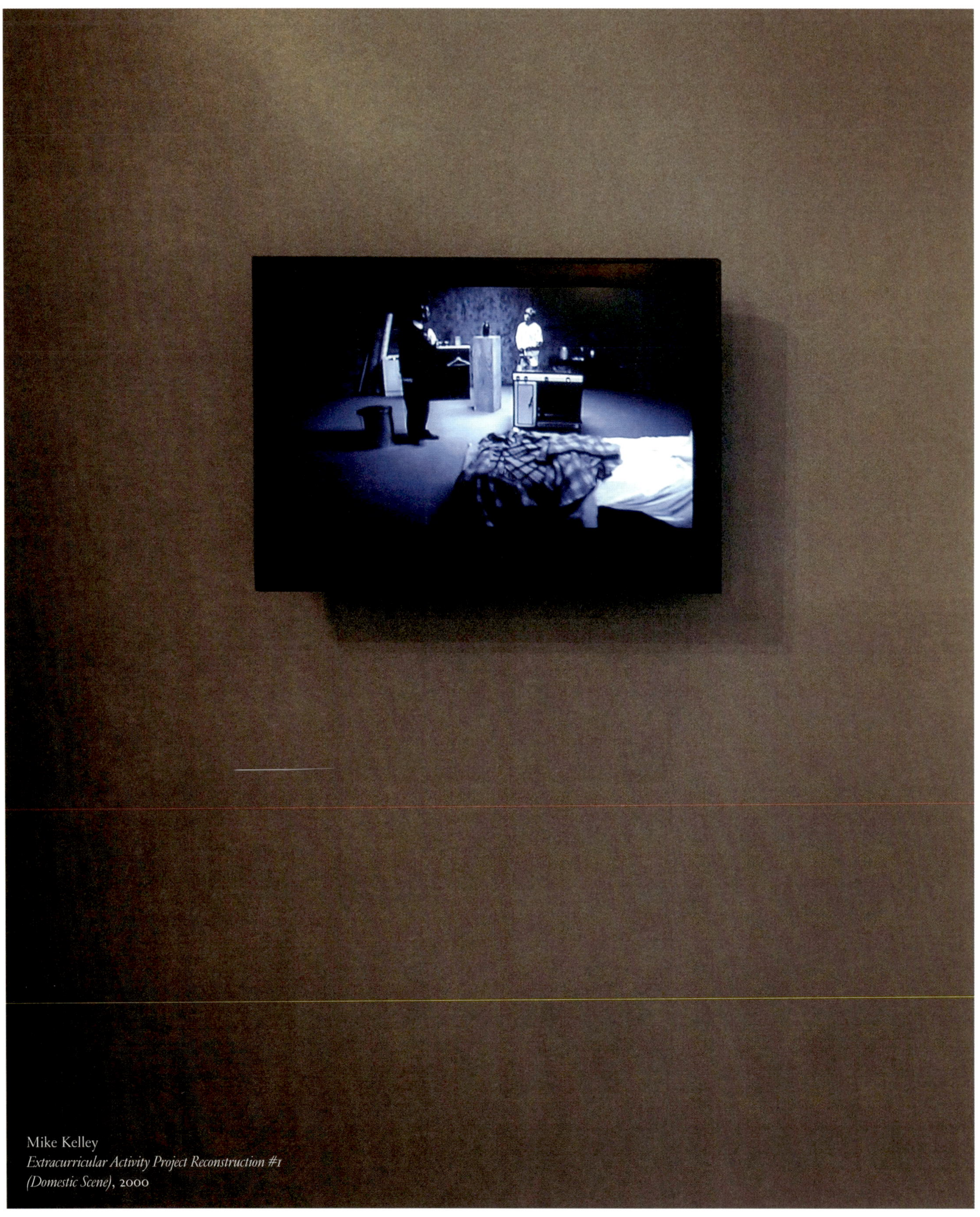

Mike Kelley
*Extracurricular Activity Project Reconstruction #1
(Domestic Scene)*, 2000

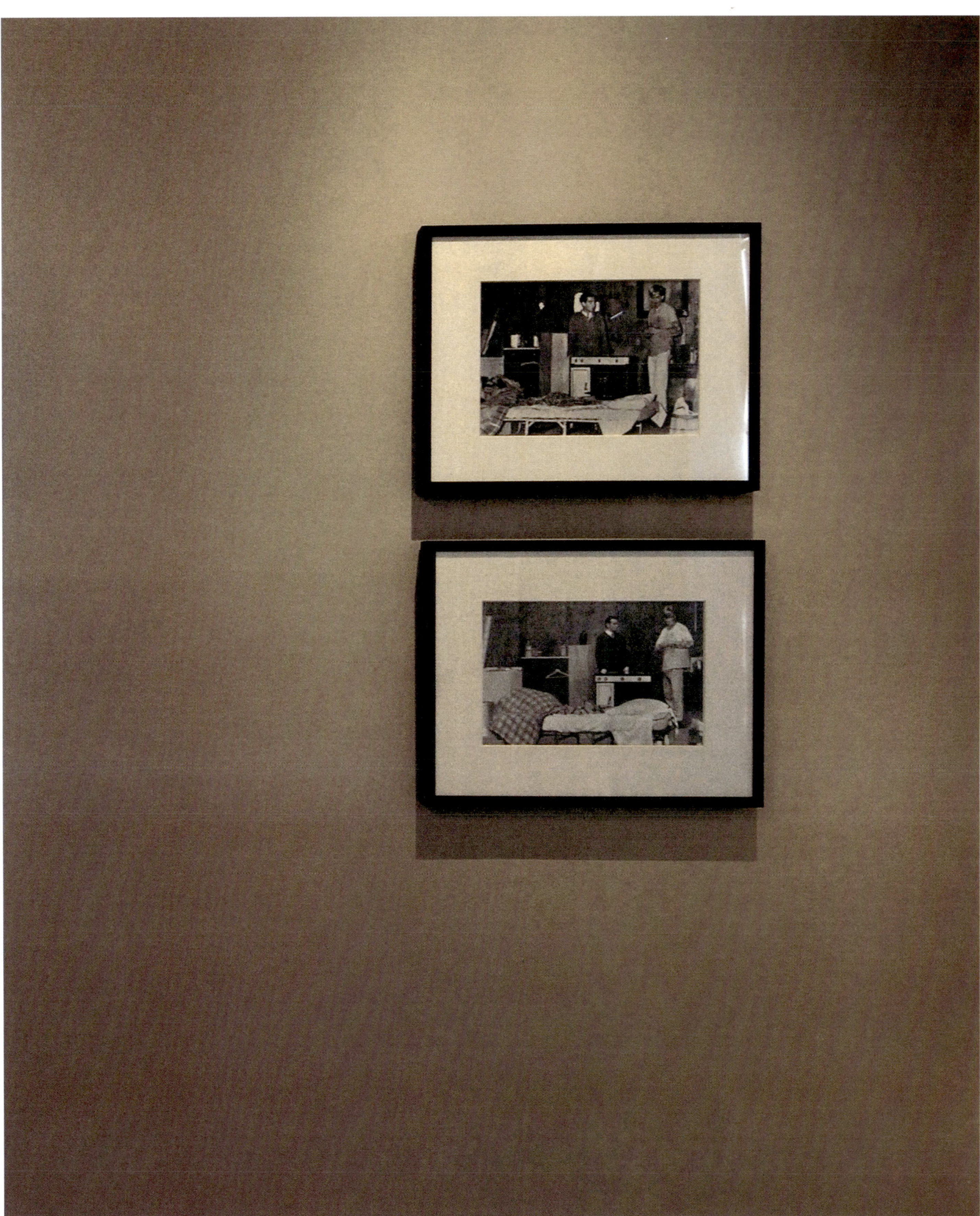

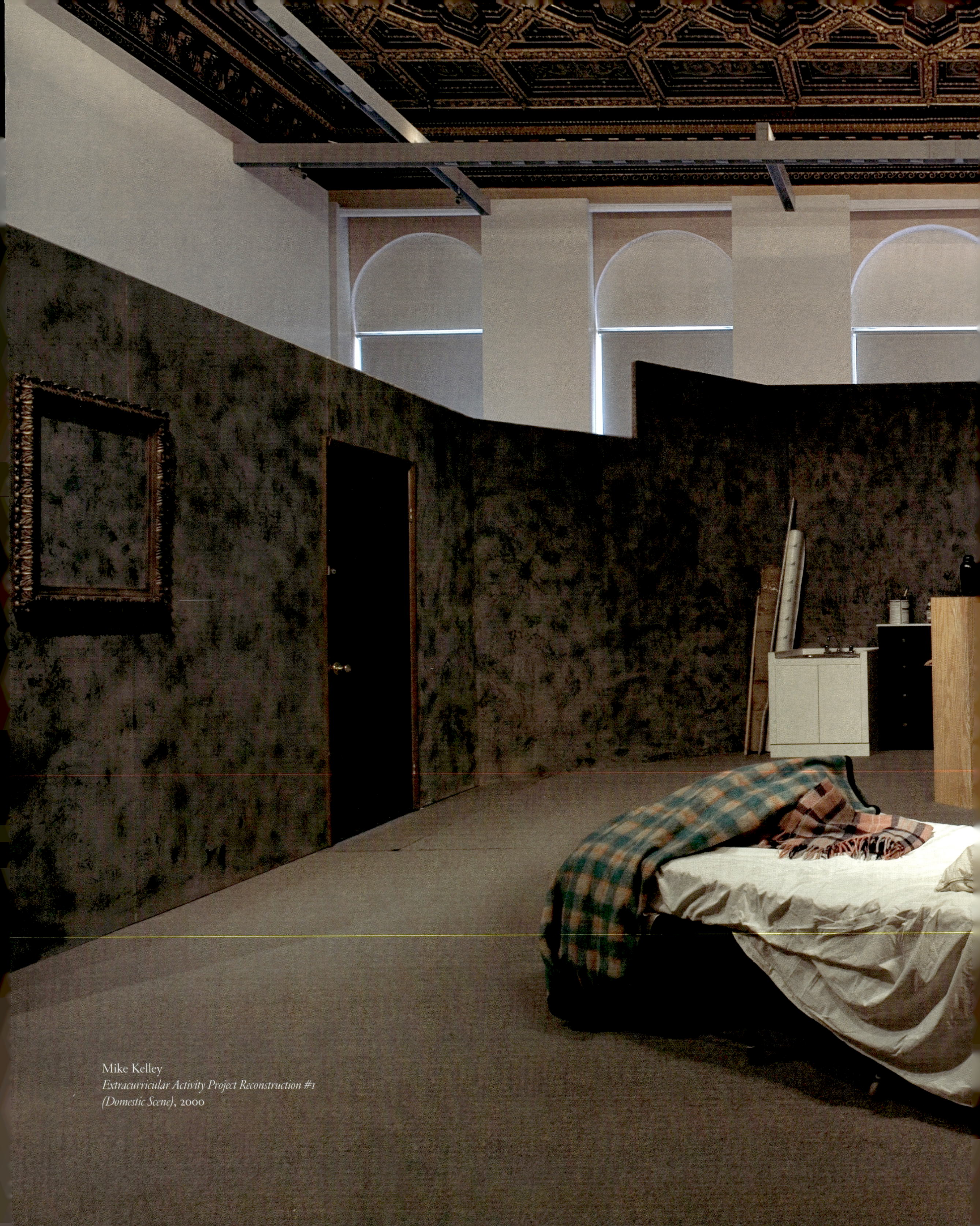

Mike Kelley
*Extracurricular Activity Project Reconstruction #1
(Domestic Scene)*, 2000

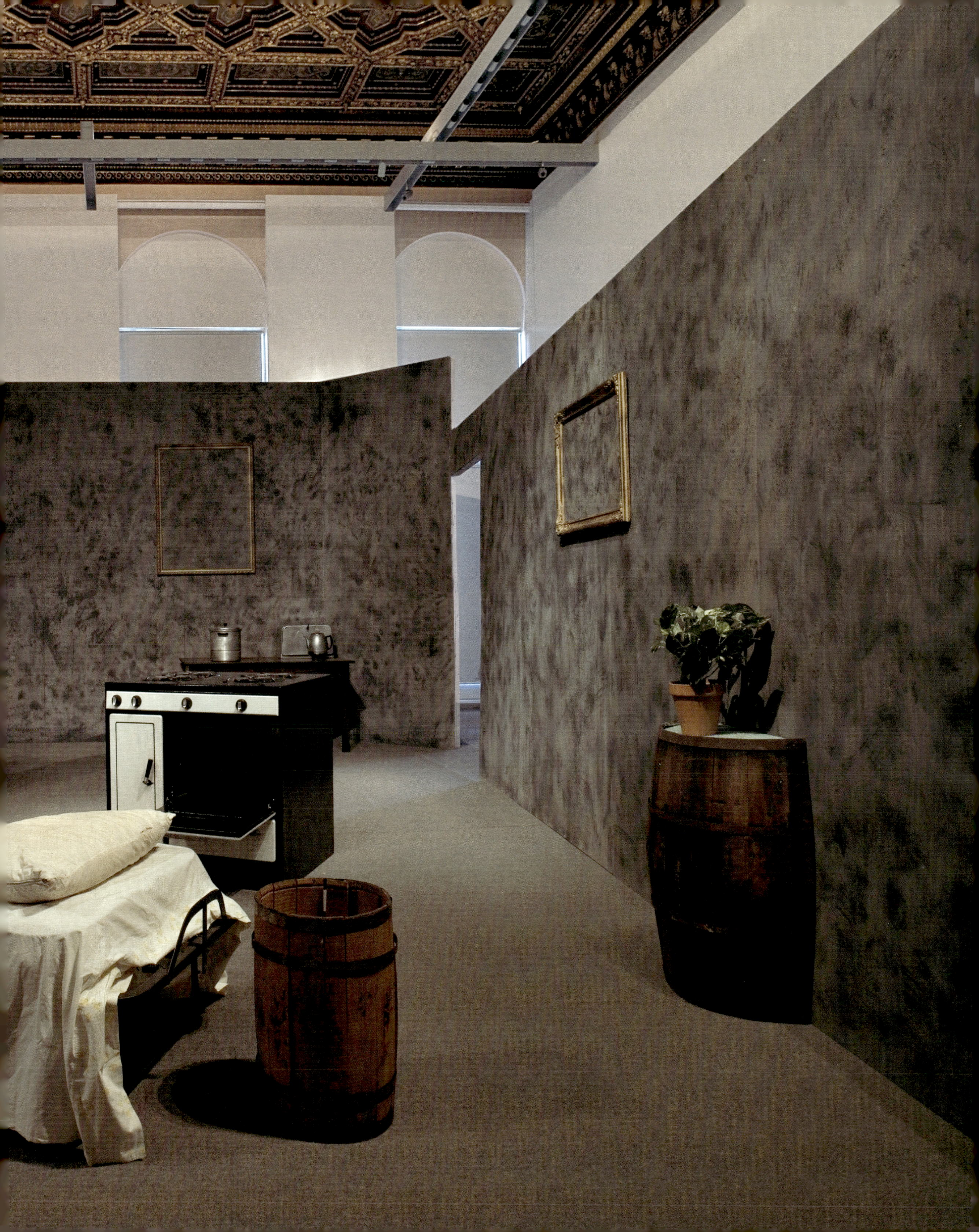

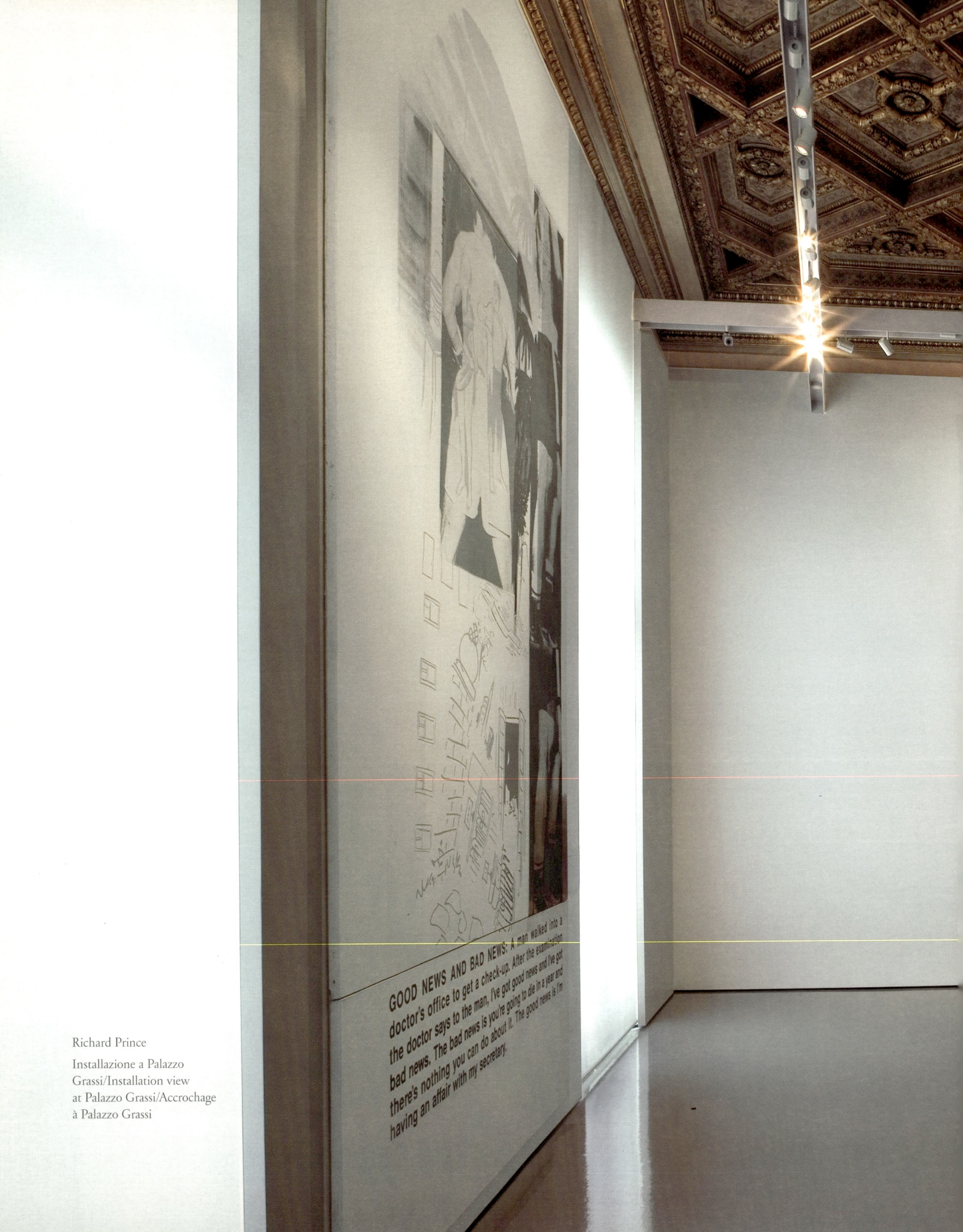

Richard Prince
Installazione a Palazzo
Grassi/Installation view
at Palazzo Grassi/Accrochage
à Palazzo Grassi

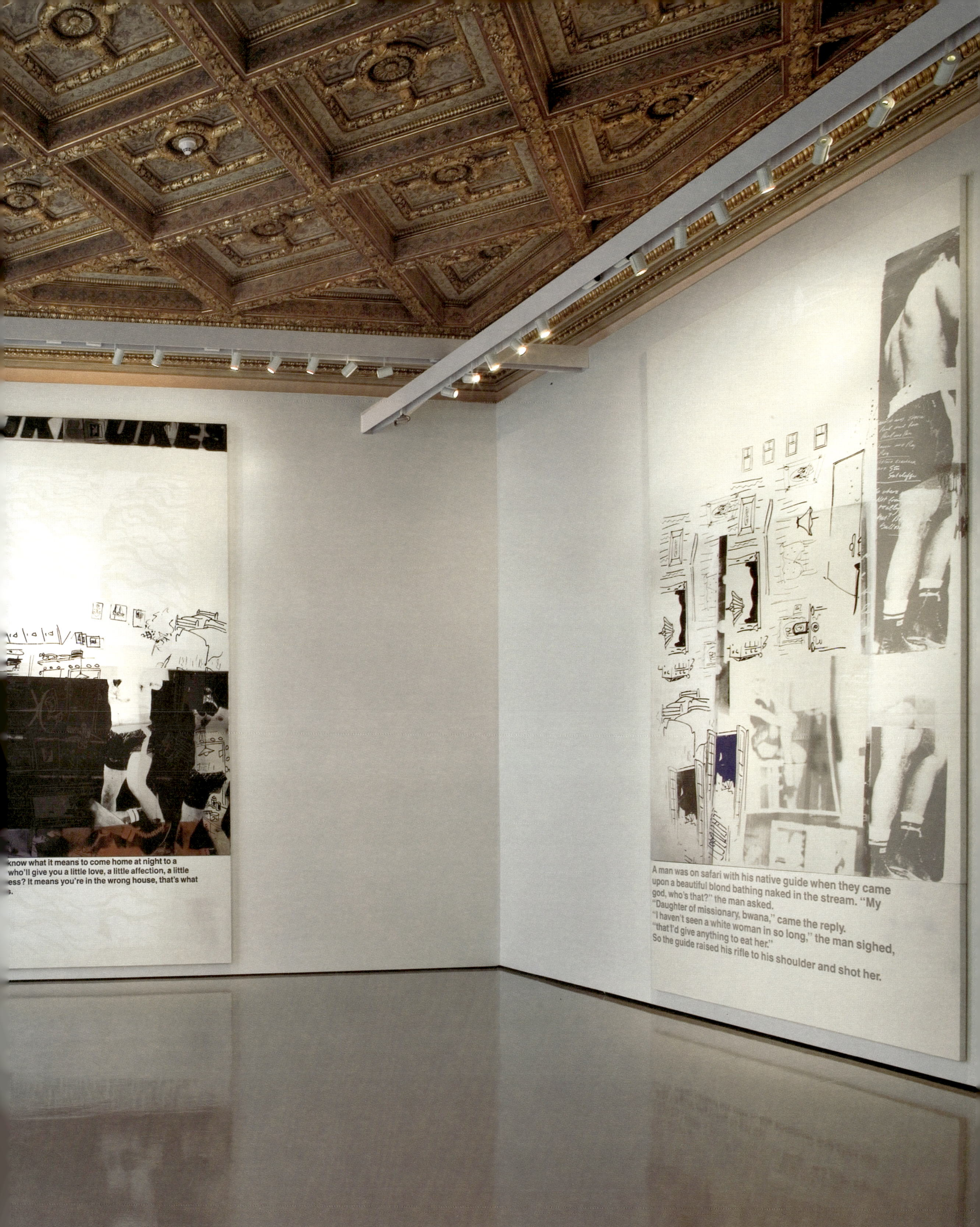
know what it means to come home at night to a
who'll give you a little love, a little affection, a little
ess? It means you're in the wrong house, that's what
s.
A man was on safari with his native guide when they came
upon a beautiful blond bathing naked in the stream. "My
god, who's that?" the man asked.
"Daughter of missionary, bwana," came the reply.
"I haven't seen a white woman in so long," the man sighed,
"that I'd give anything to eat her."
So the guide raised his rifle to his shoulder and shot her.

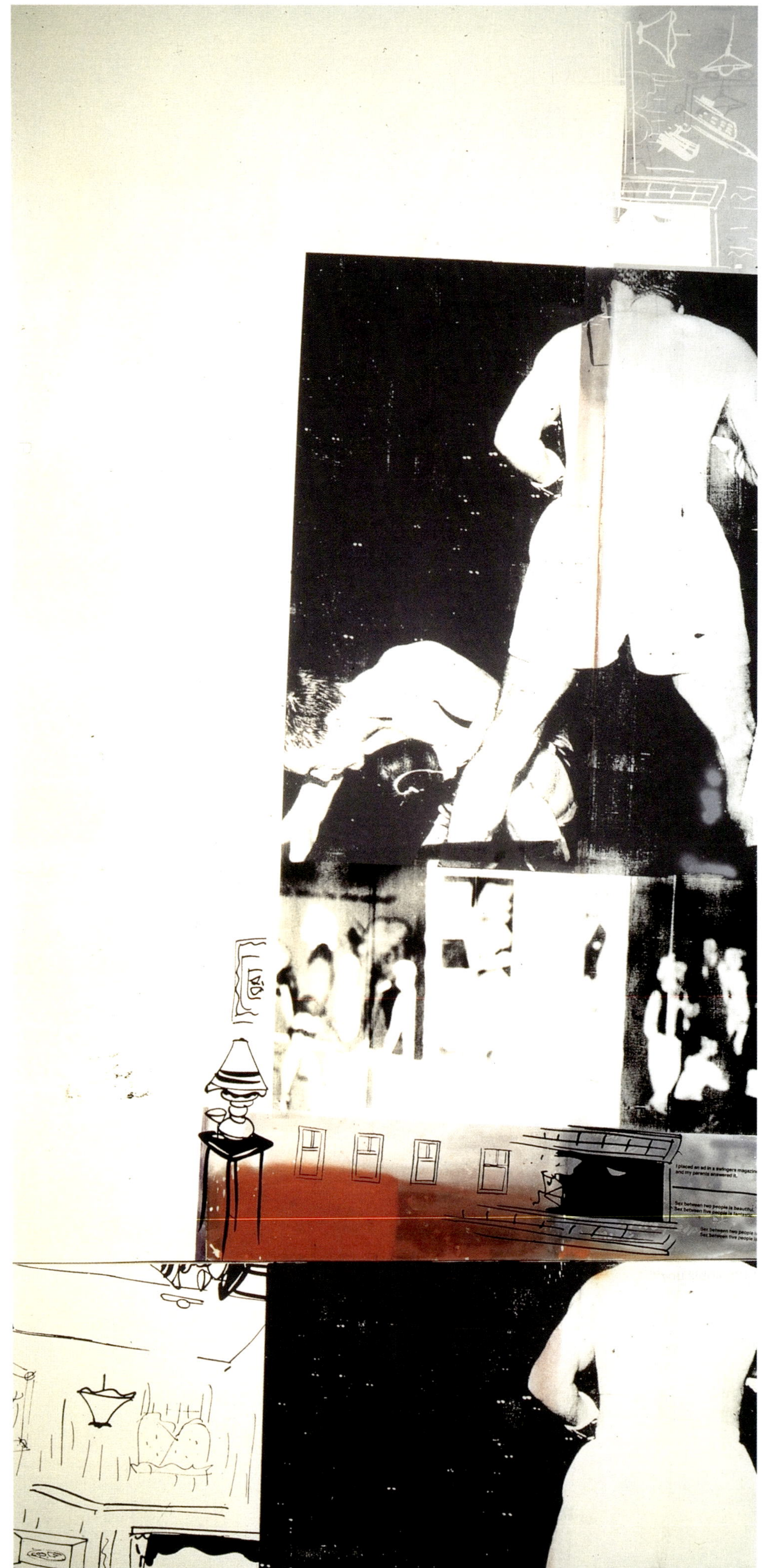

Richard Prince
*I'll Fuck Anything
that Moves*, 1991

156

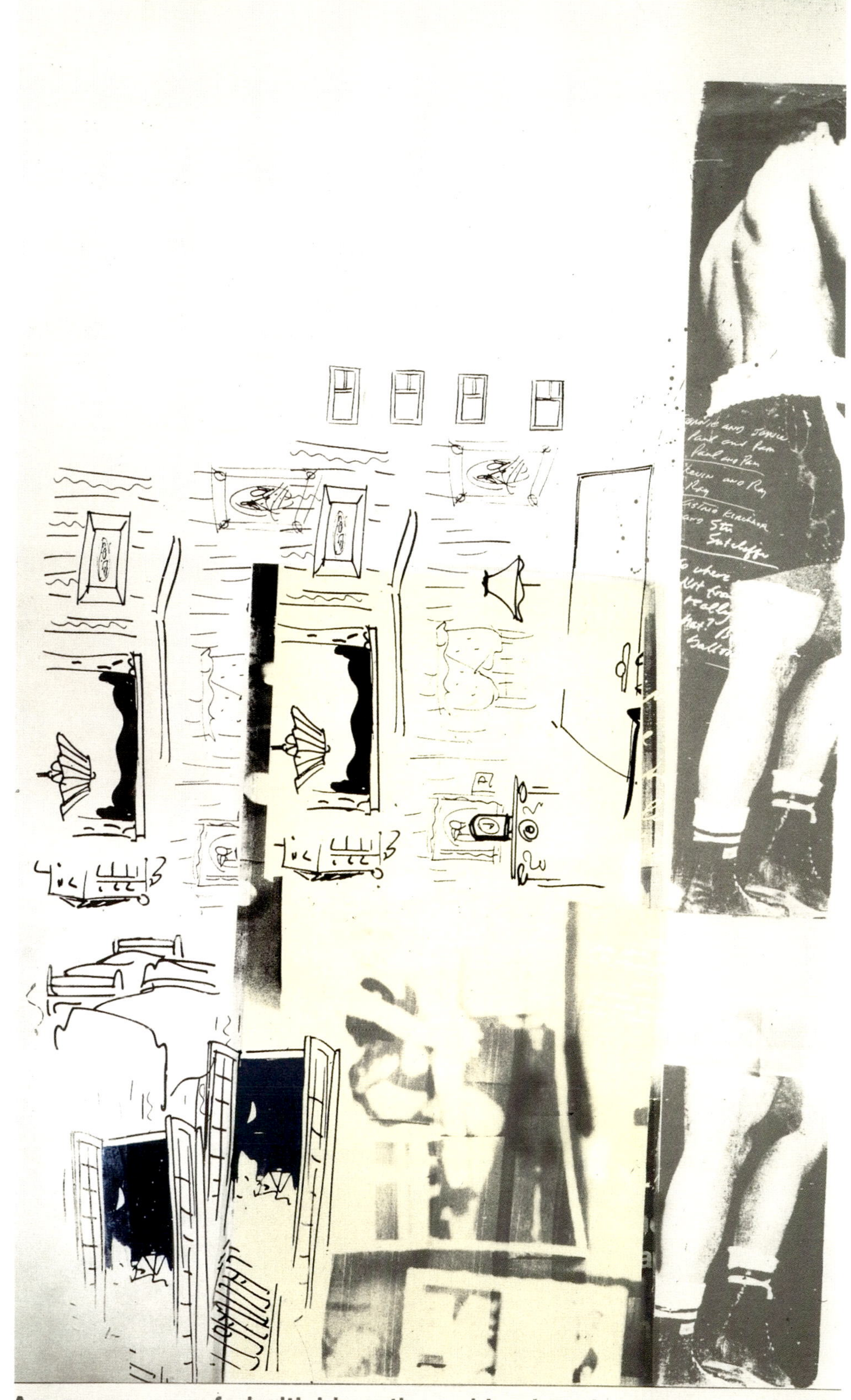

A man was on safari with his native guide when they came
upon a beautiful blond bathing naked in the stream. "My
god, who's that?" the man asked.
"Daughter of missionary, bwana," came the reply.
"I haven't seen a white woman in so long," the man sighed,
"that I'd give anything to eat her."
So the guide raised his rifle to his shoulder and shot her.

Richard Prince
*Why Did the Nazi
Cross the Road?*, 1991

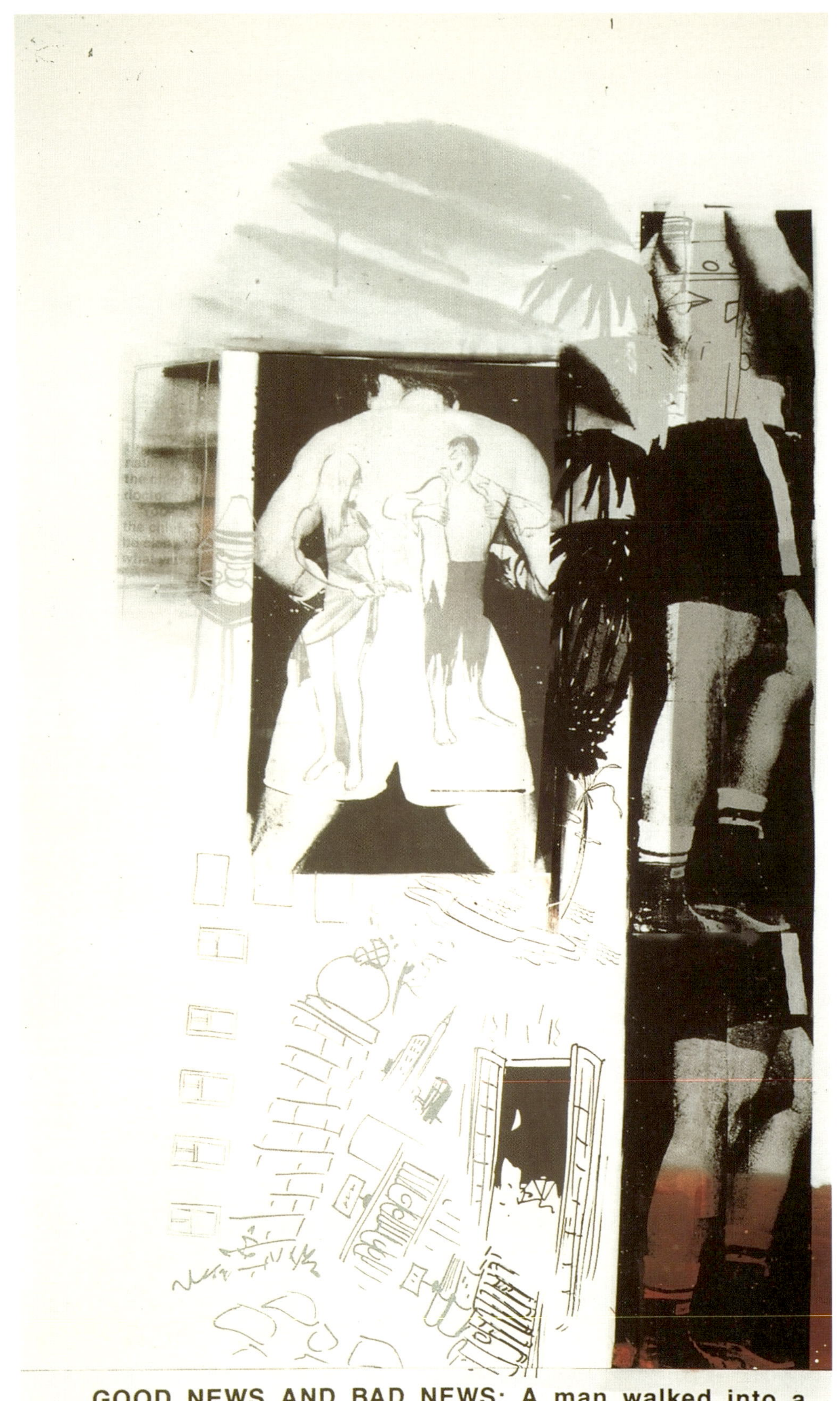

Richard Prince
Sampling the Chocolate,
1991

158

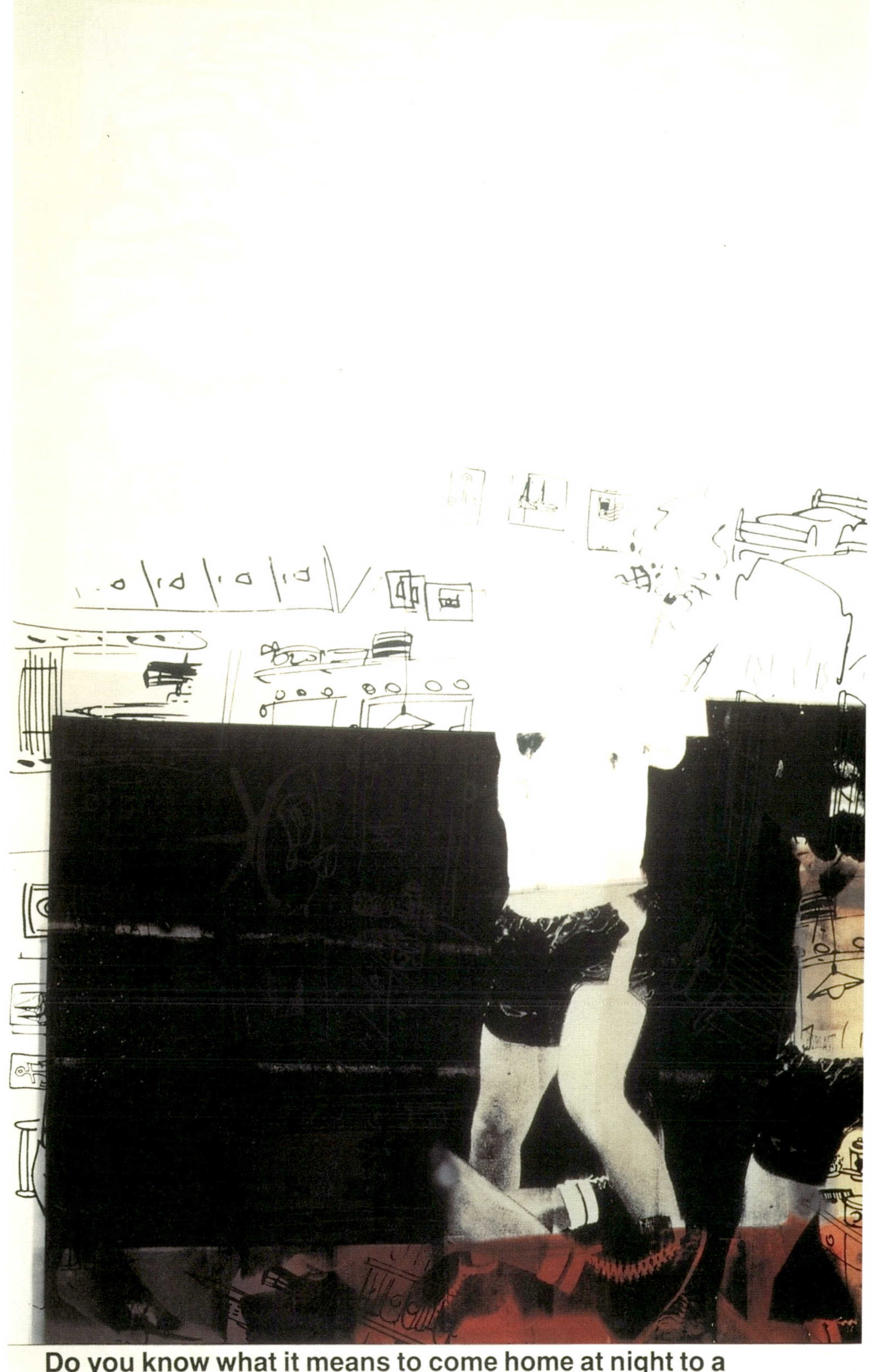

Richard Prince
Good Revolution, 1991

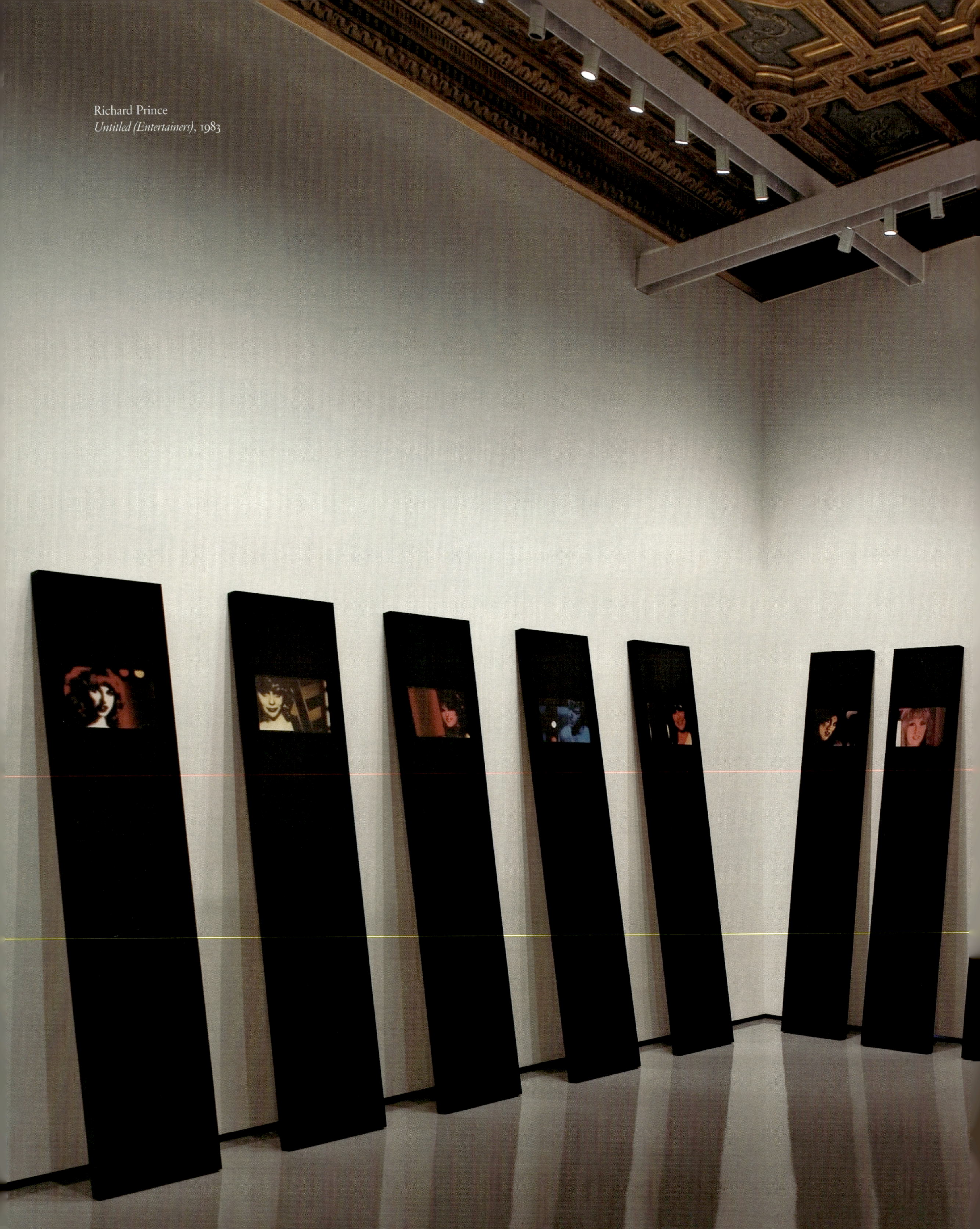

Richard Prince
Untitled (Entertainers), 1983

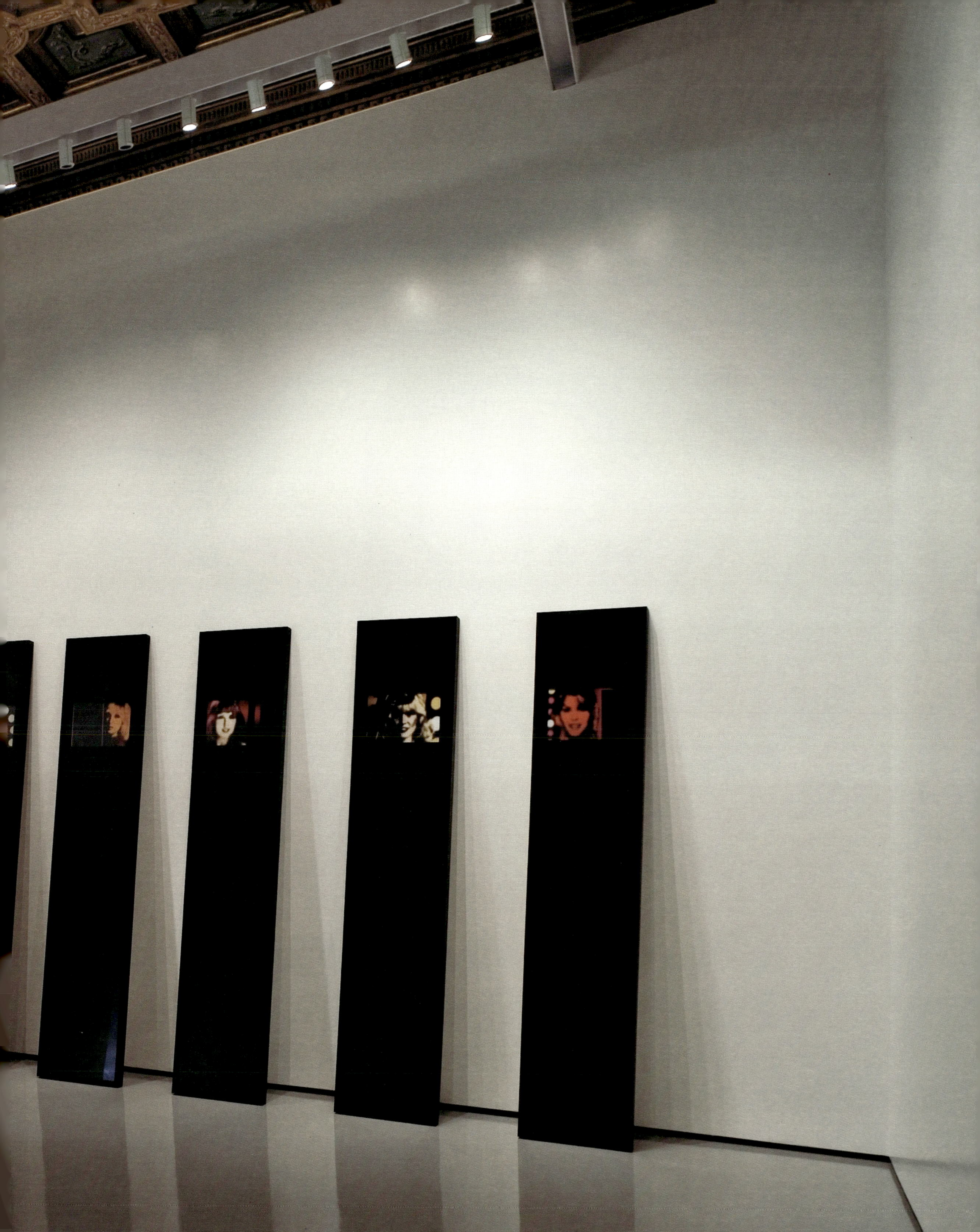

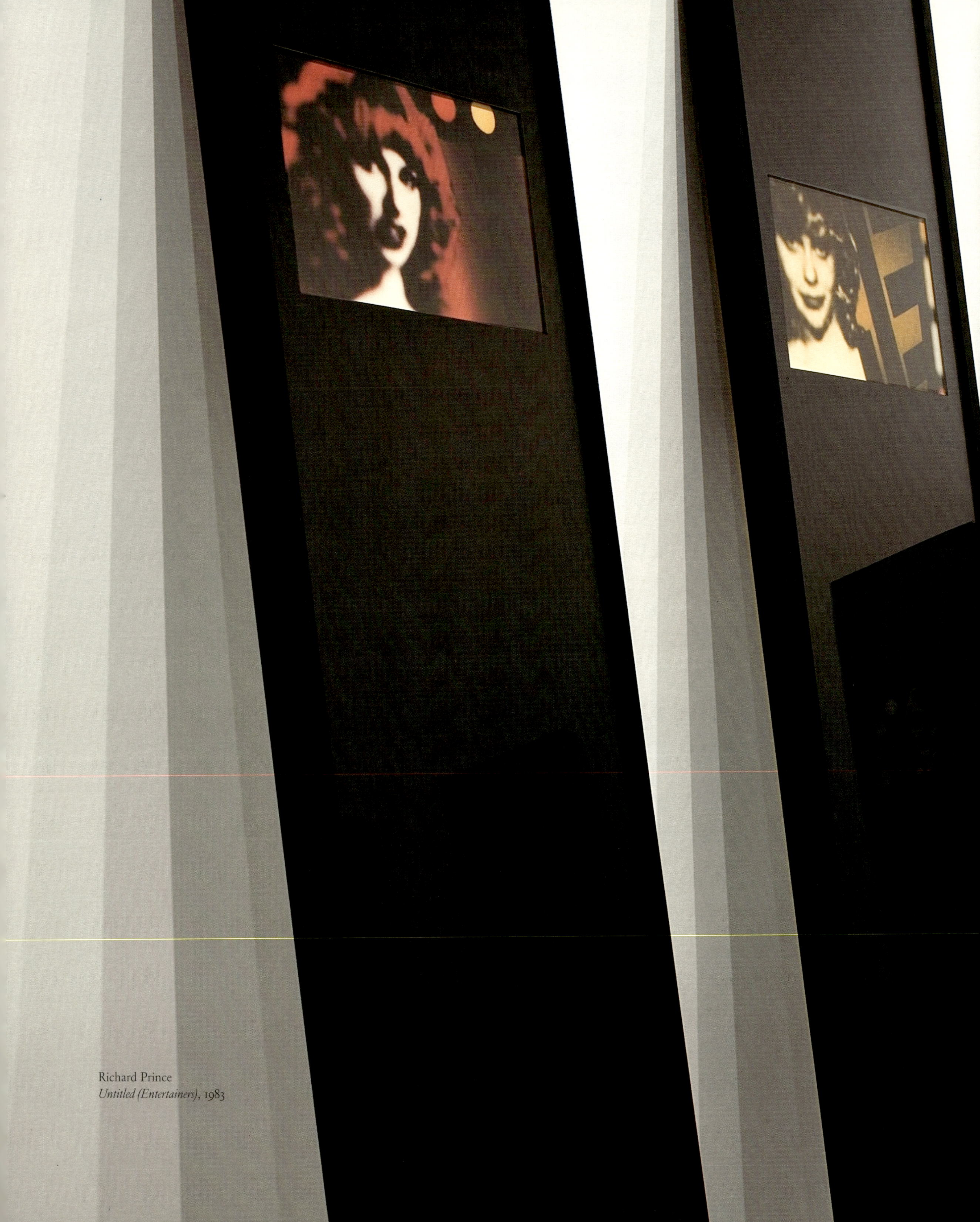

Richard Prince
Untitled (Entertainers), 1983

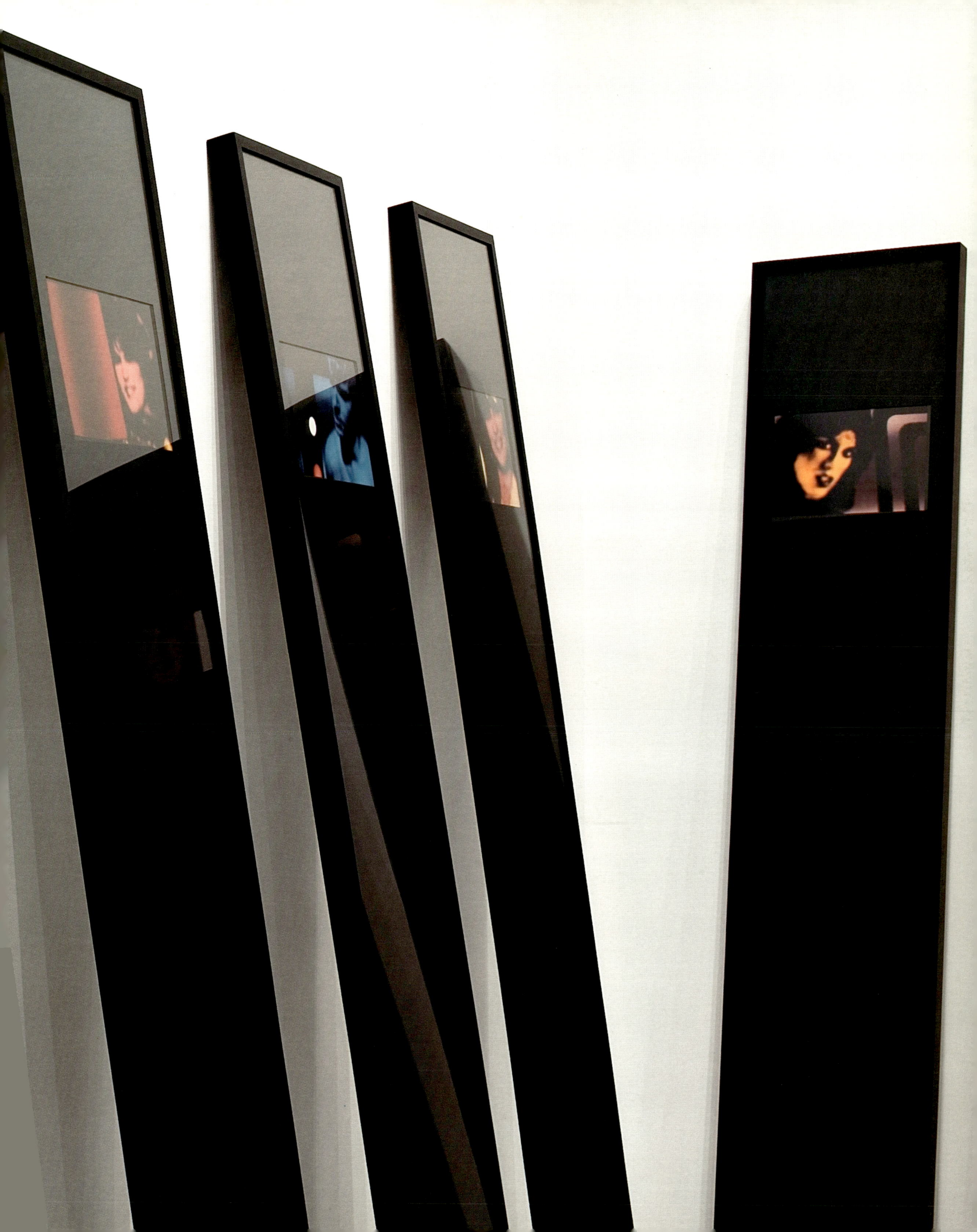

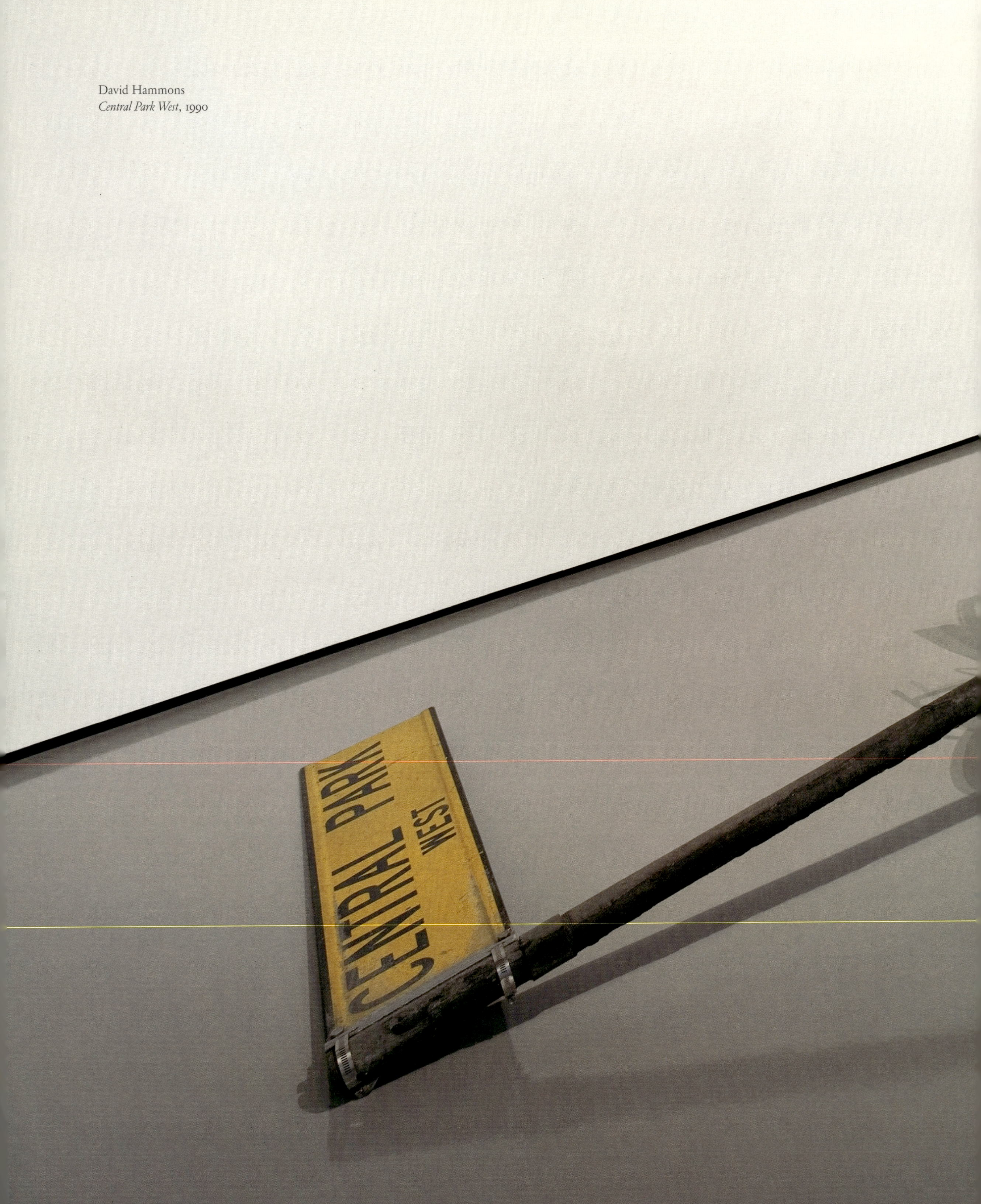

David Hammons
Central Park West, 1990

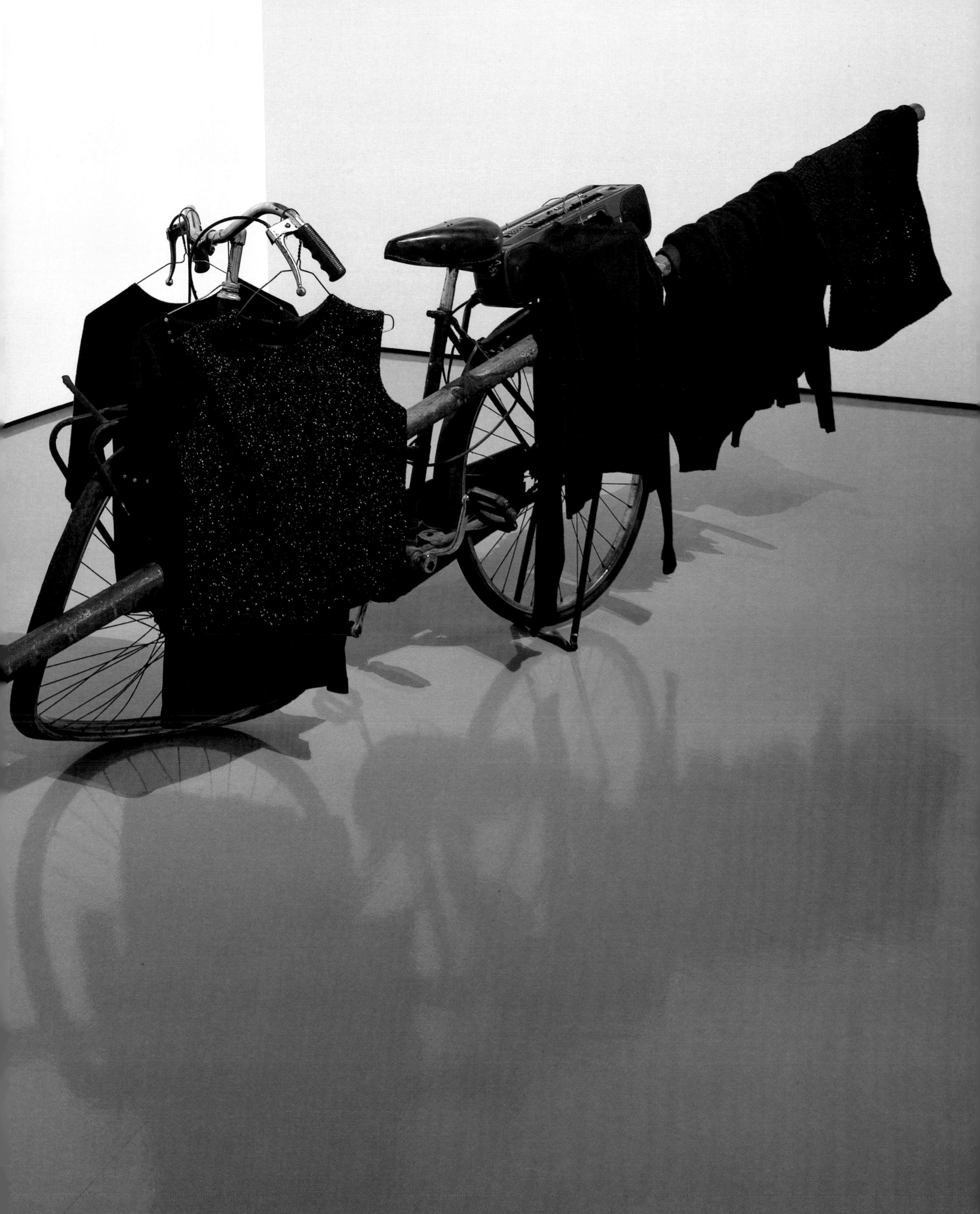

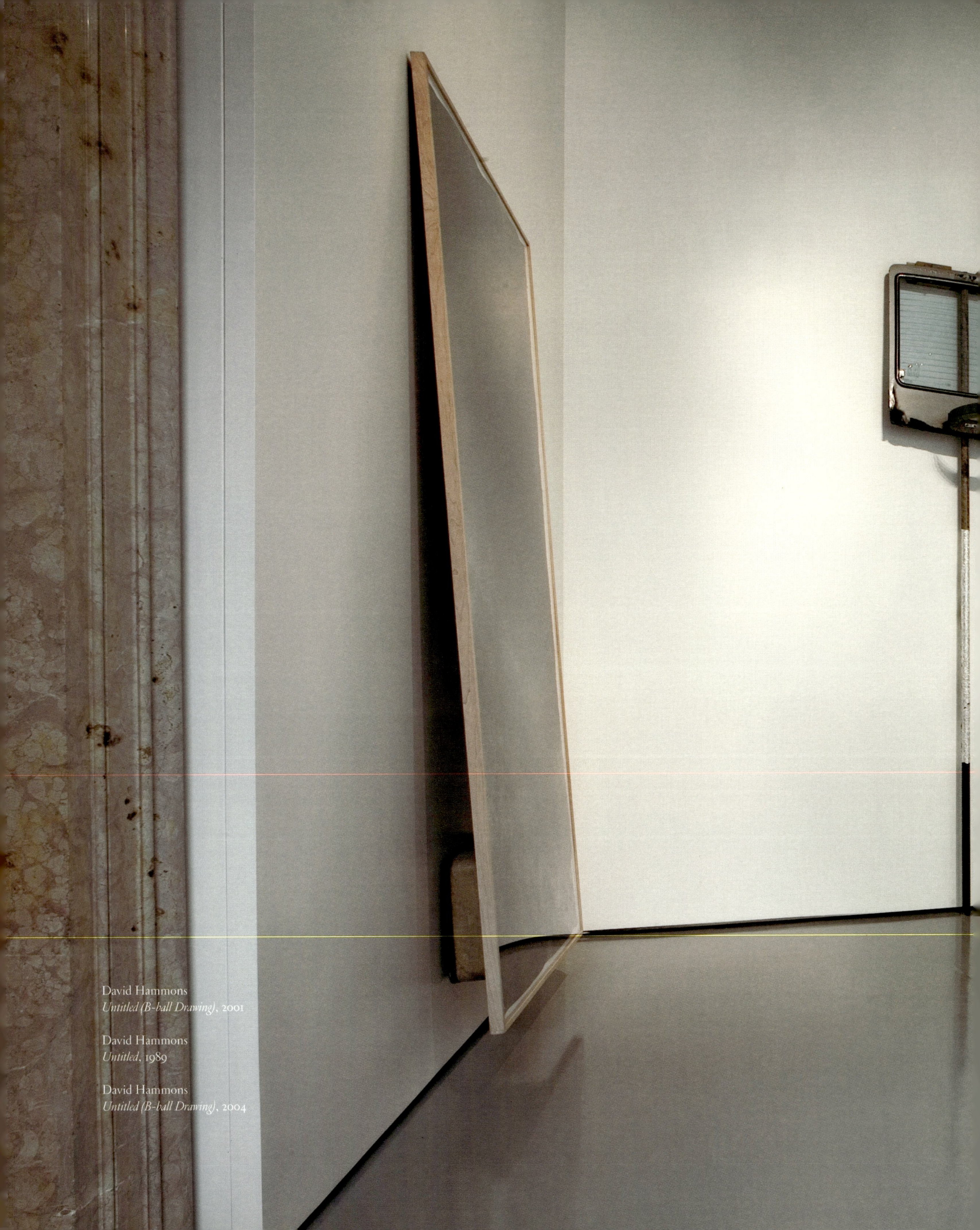

David Hammons
Untitled (B-ball Drawing), 2001

David Hammons
Untitled, 1989

David Hammons
Untitled (B-ball Drawing), 2004

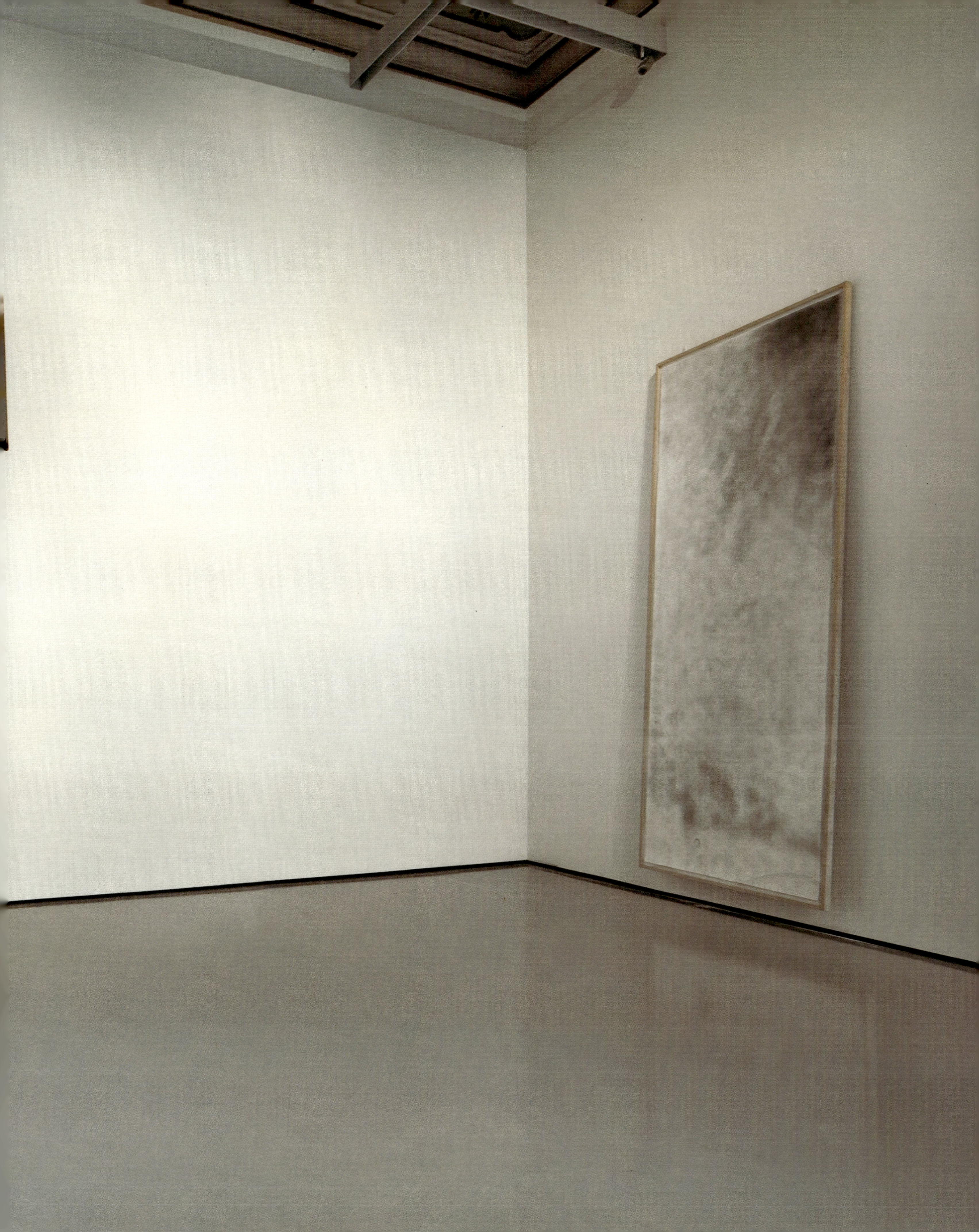

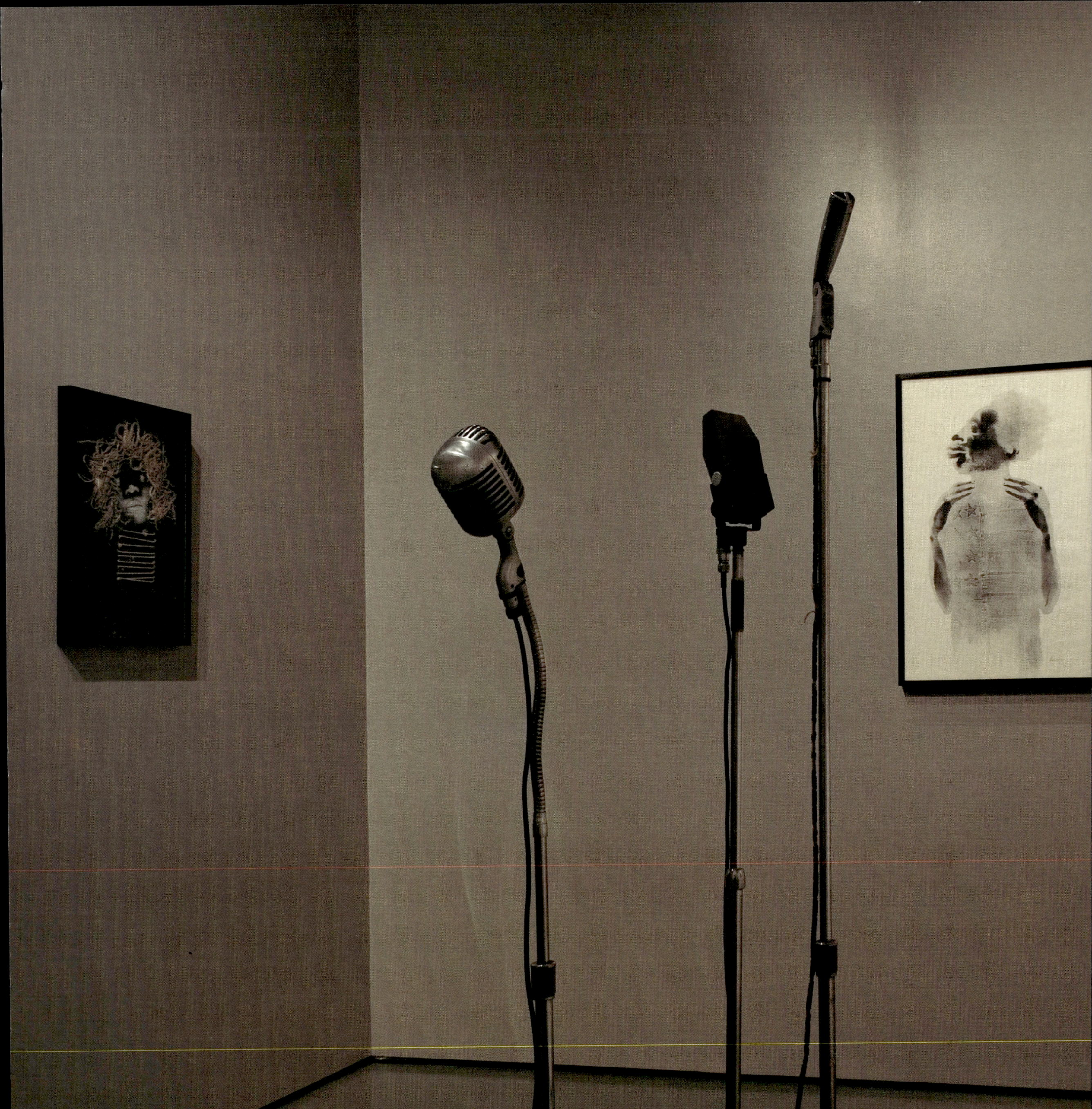

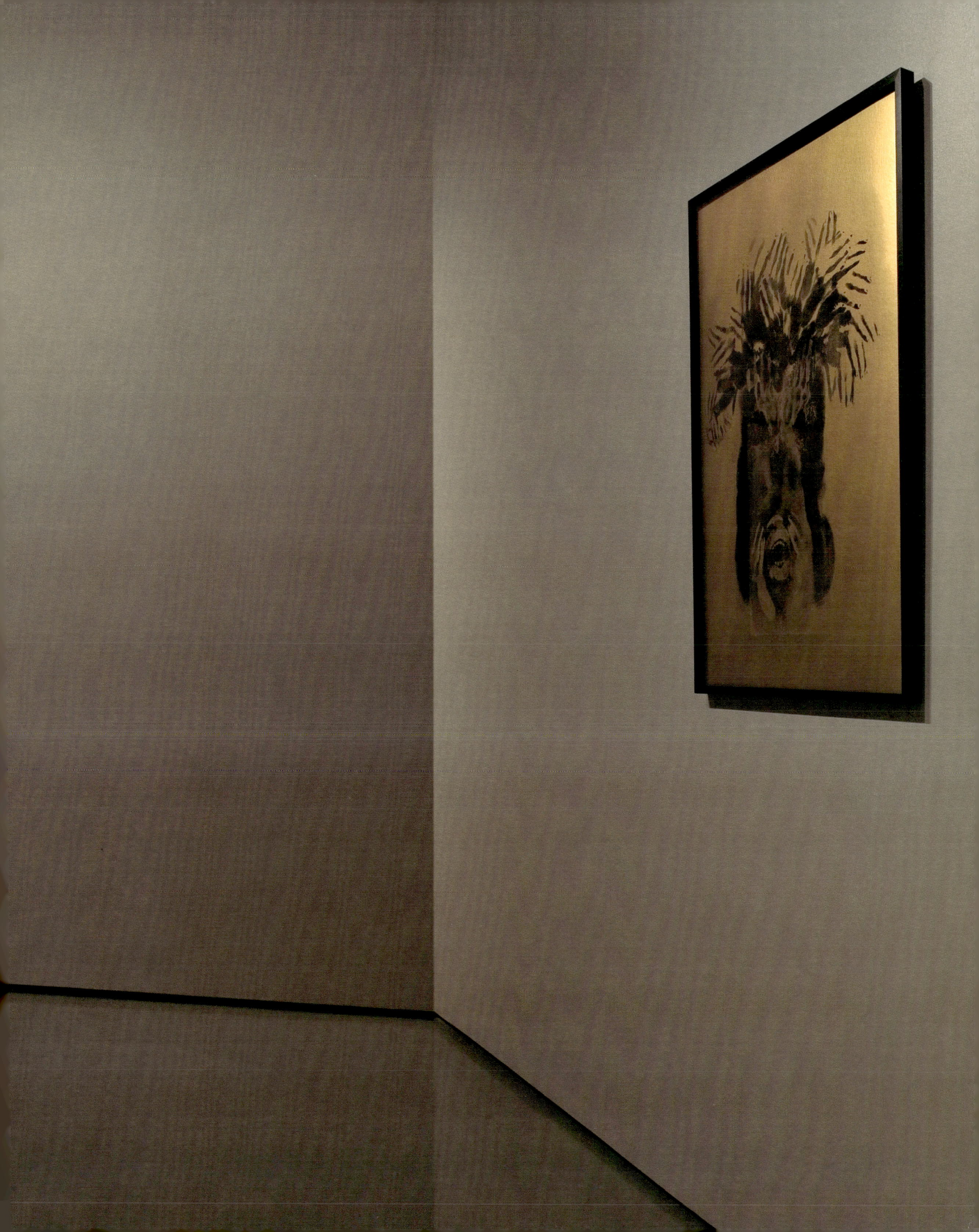

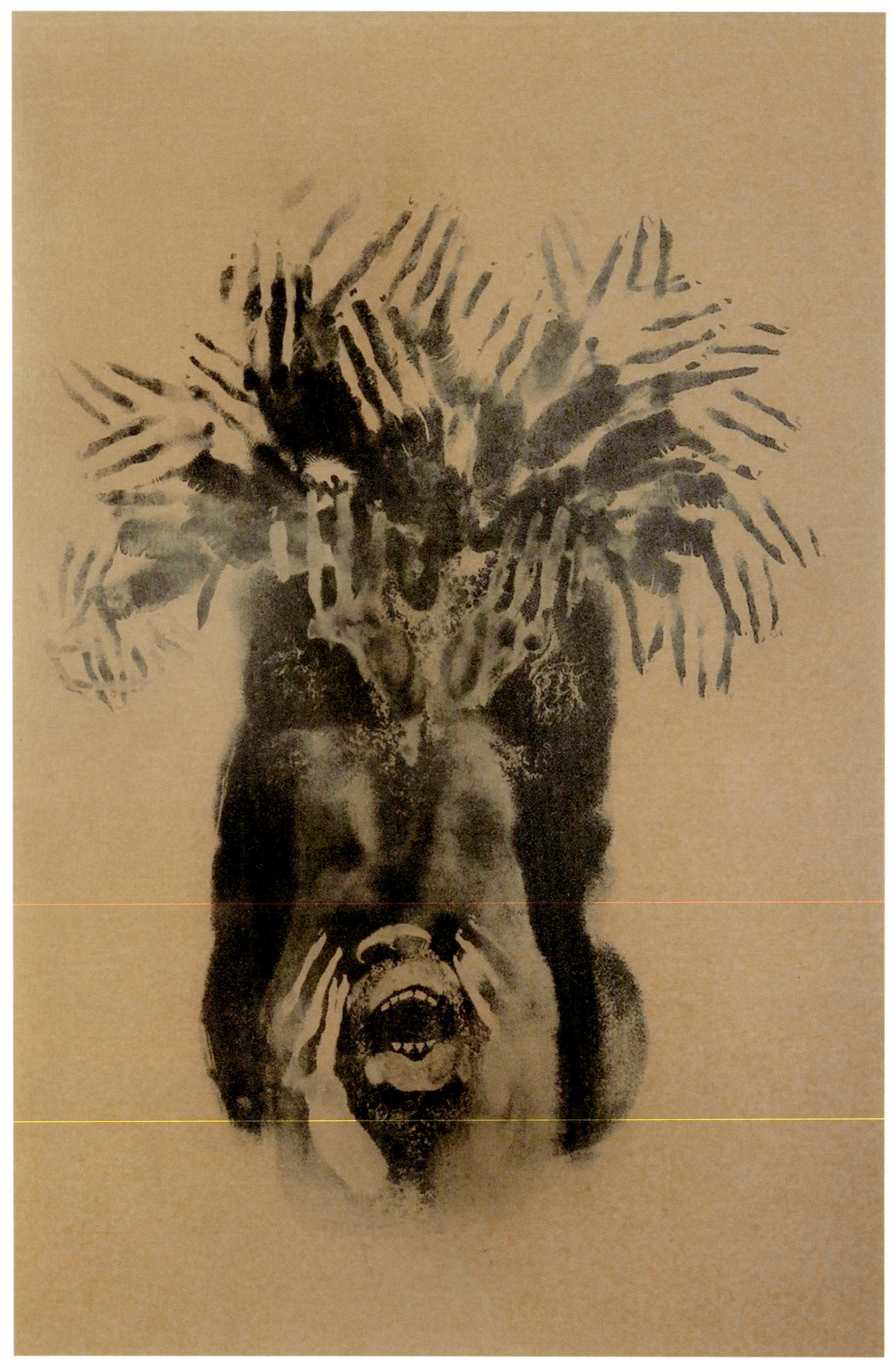

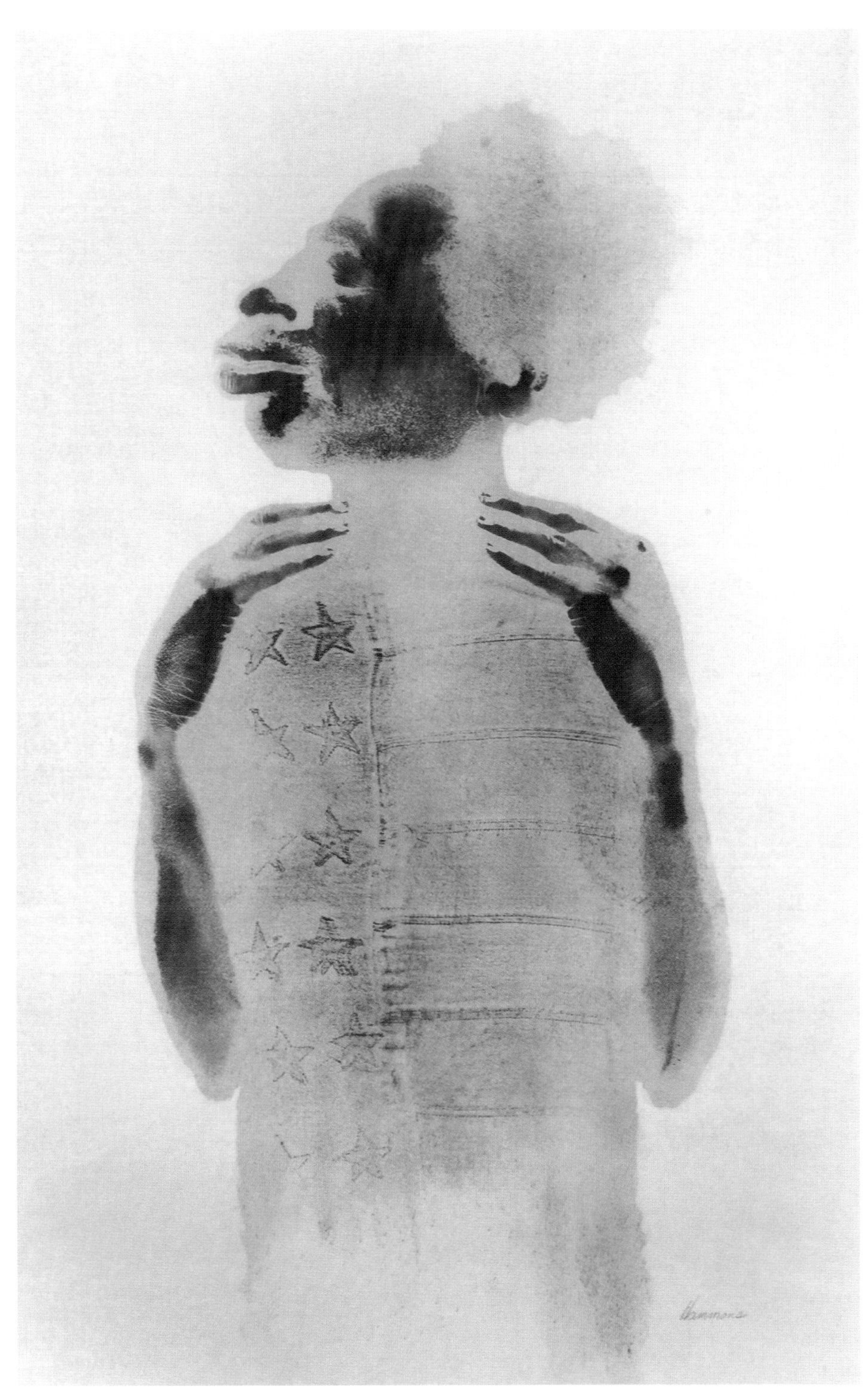

David Hammons
*I Dig the Way This Dude
Looks*, 1971

◀

David Hammons
A Cry from the Inside, 1969

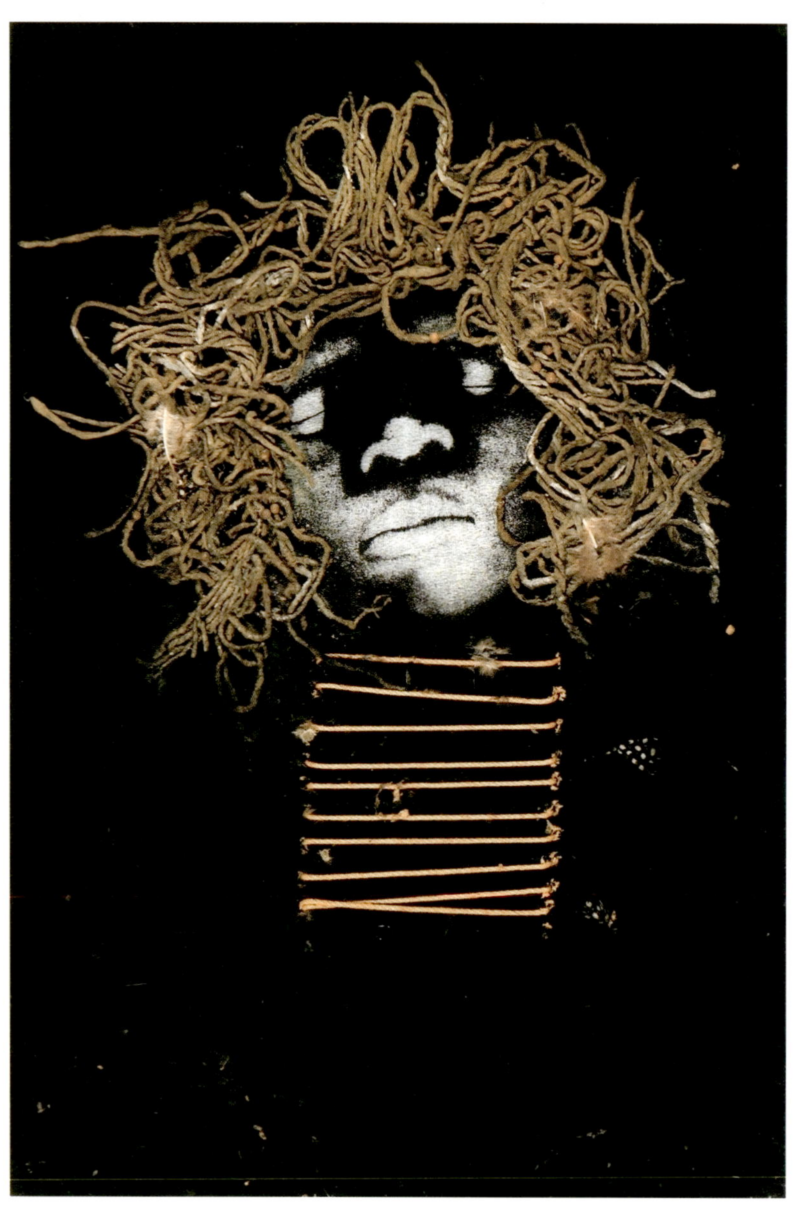

David Hammons
Black Mohair Spirit, 1971

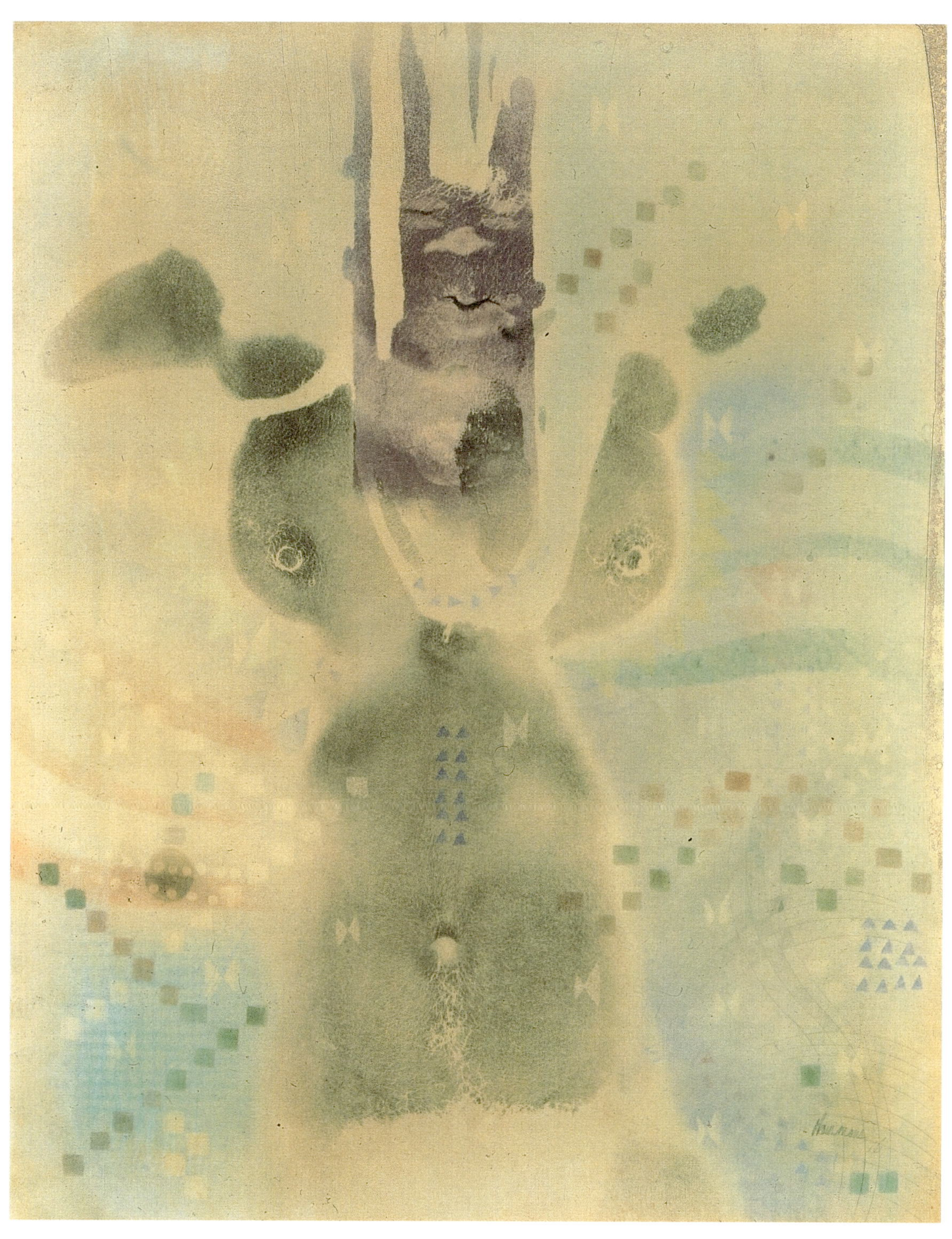

David Hammons
Untitled (Body Print), 1976

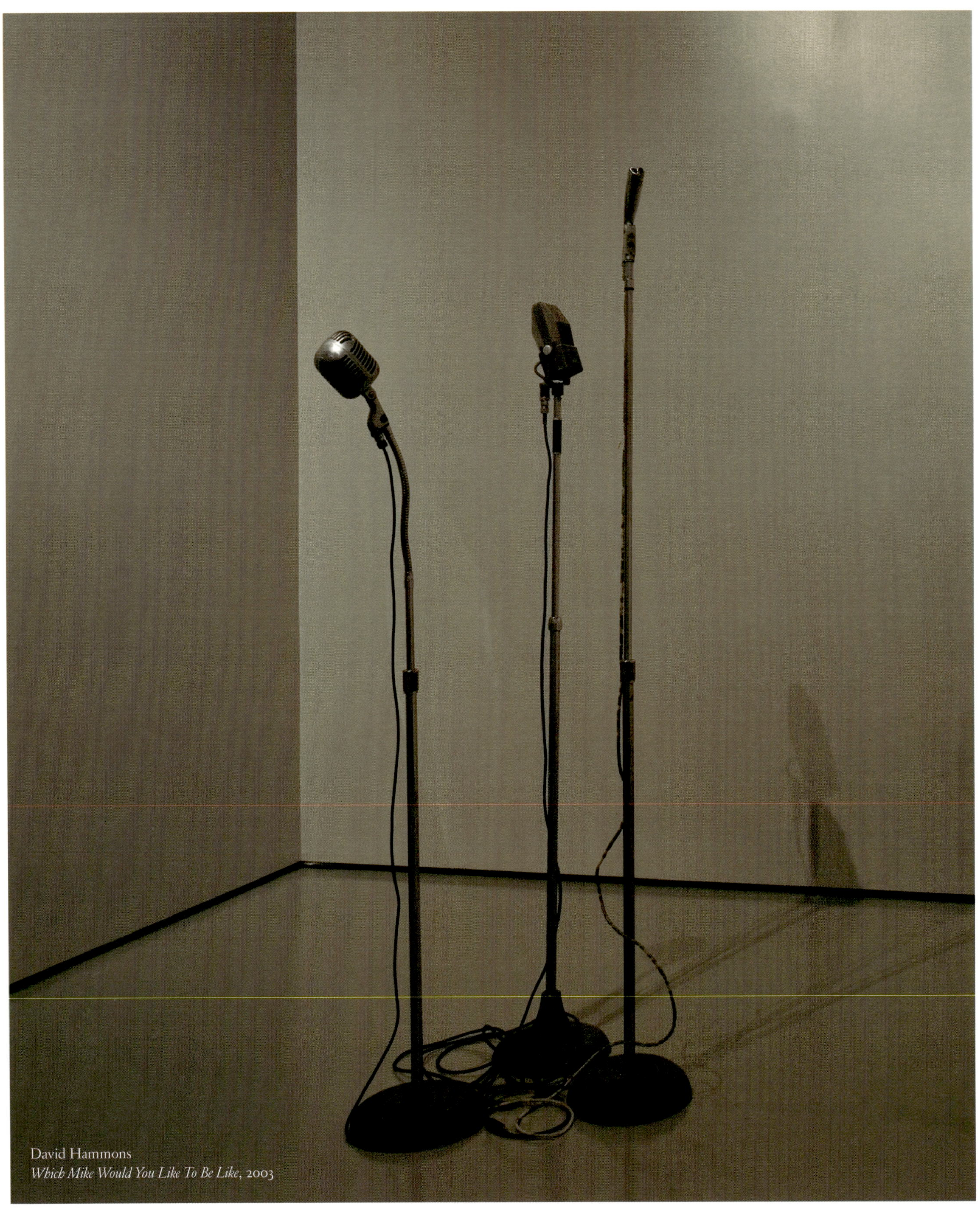

David Hammons
Which Mike Would You Like To Be Like, 2003

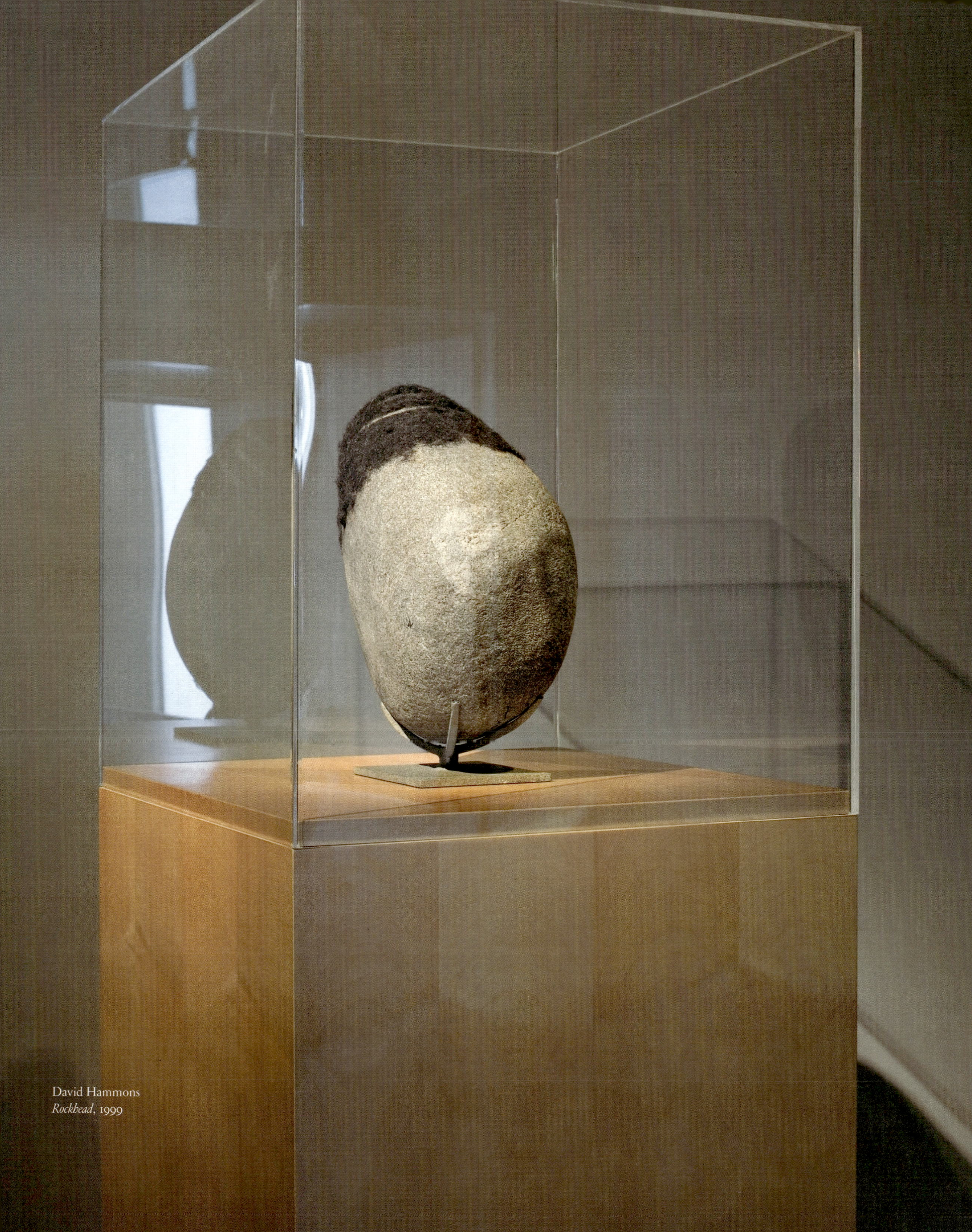

David Hammons
Rockhead, 1999

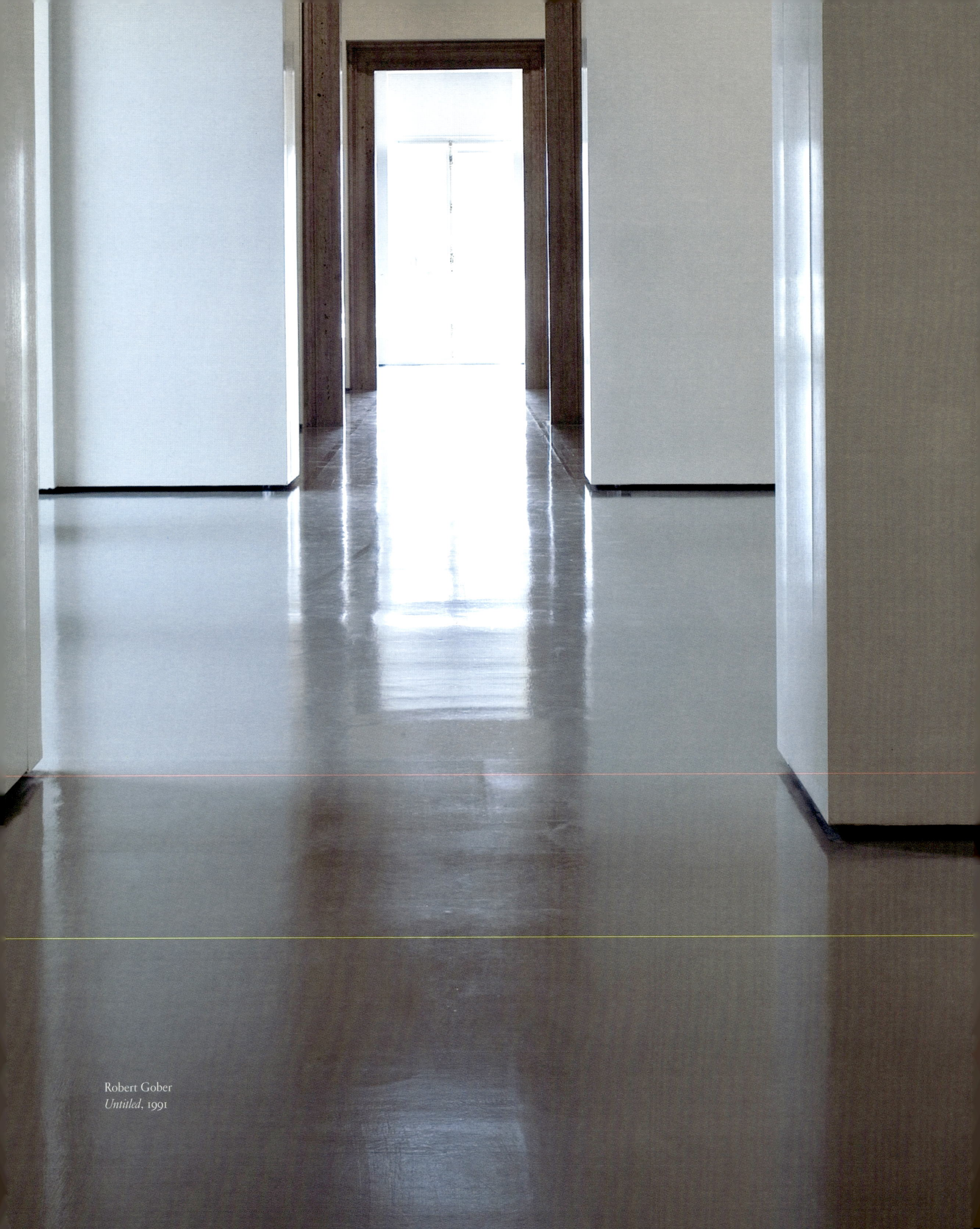

Robert Gober
Untitled, 1991

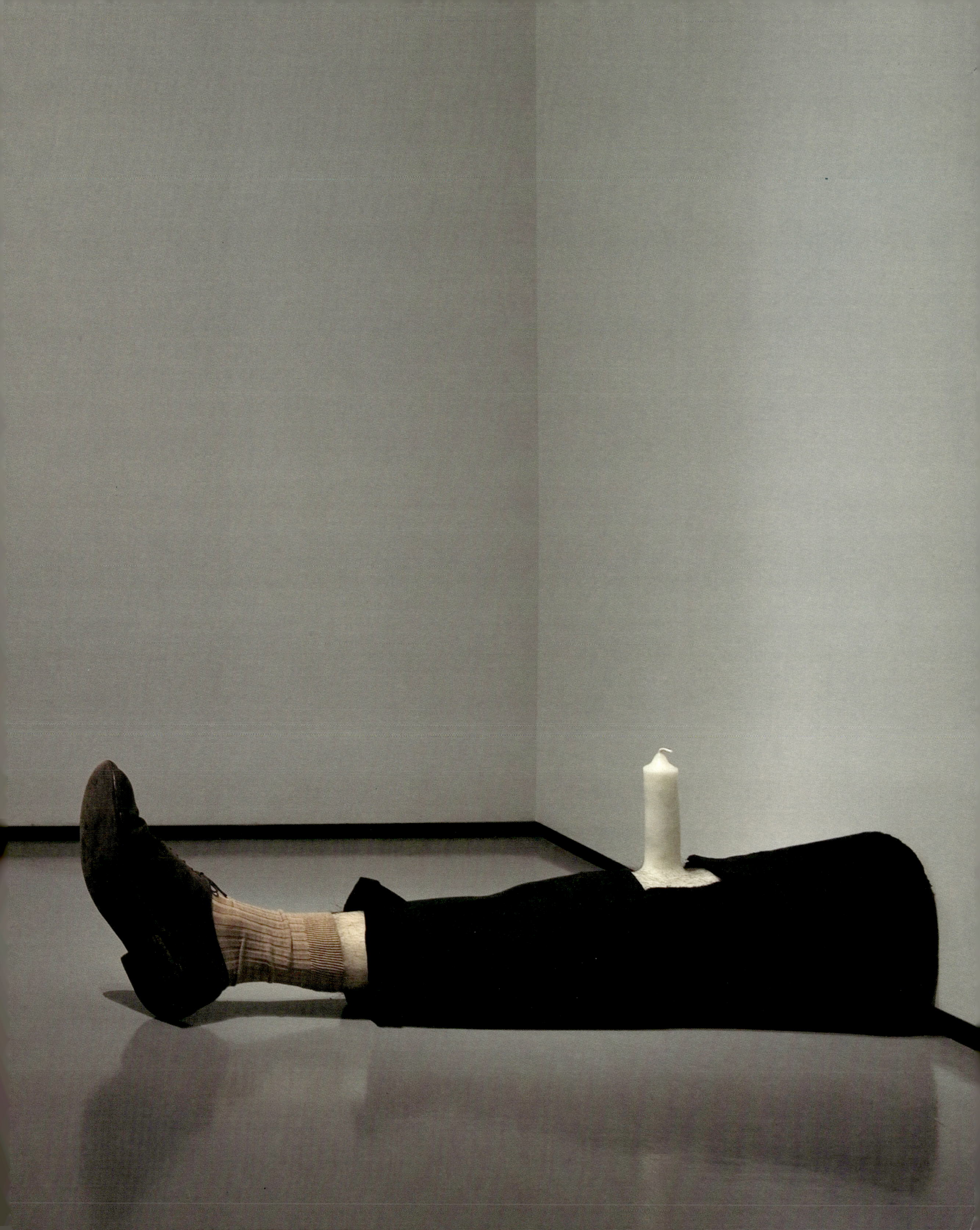

Robert Gober
Door with Lightbulb, 1992

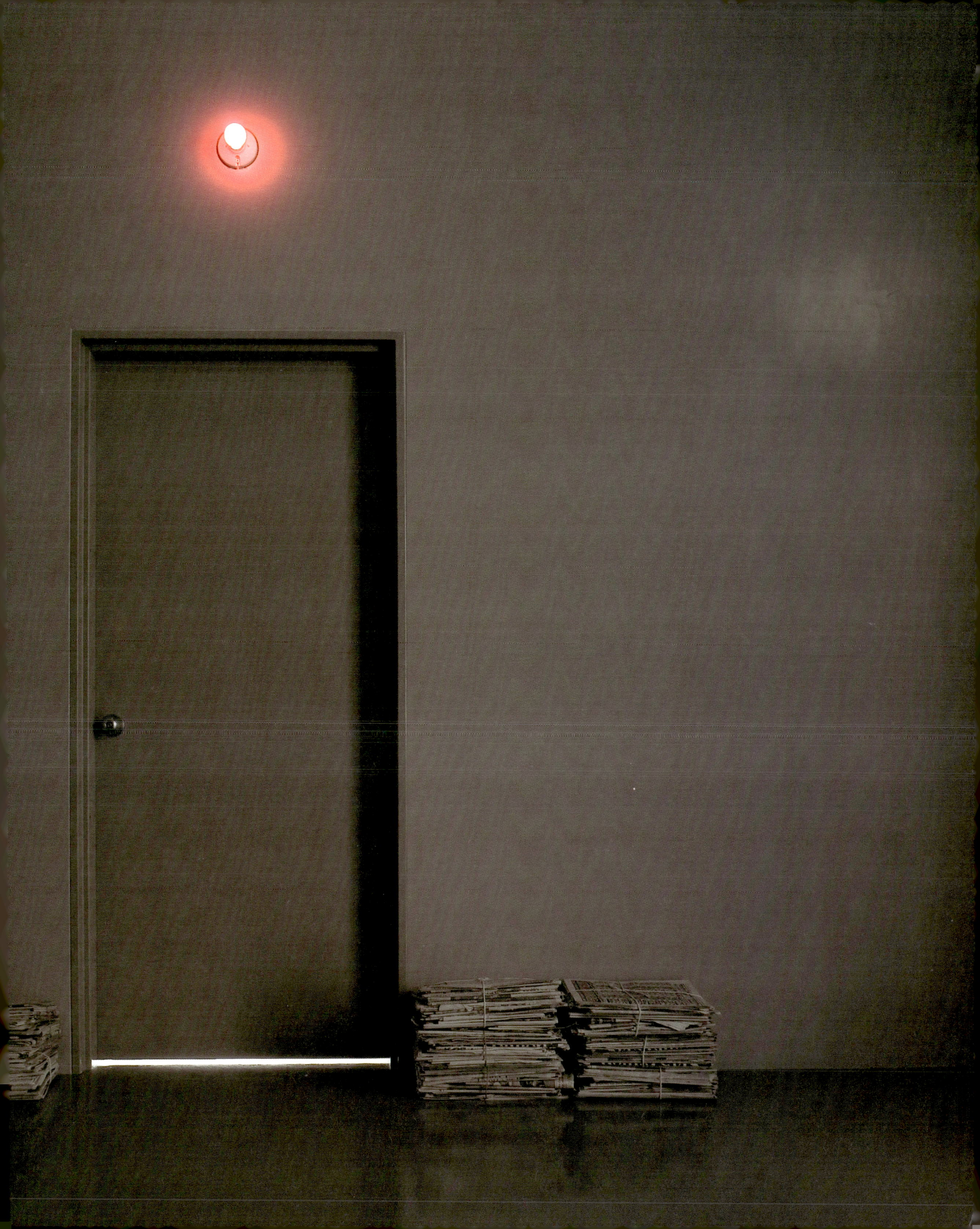

Marlene Dumas
Gelijkenis I and II, 2002

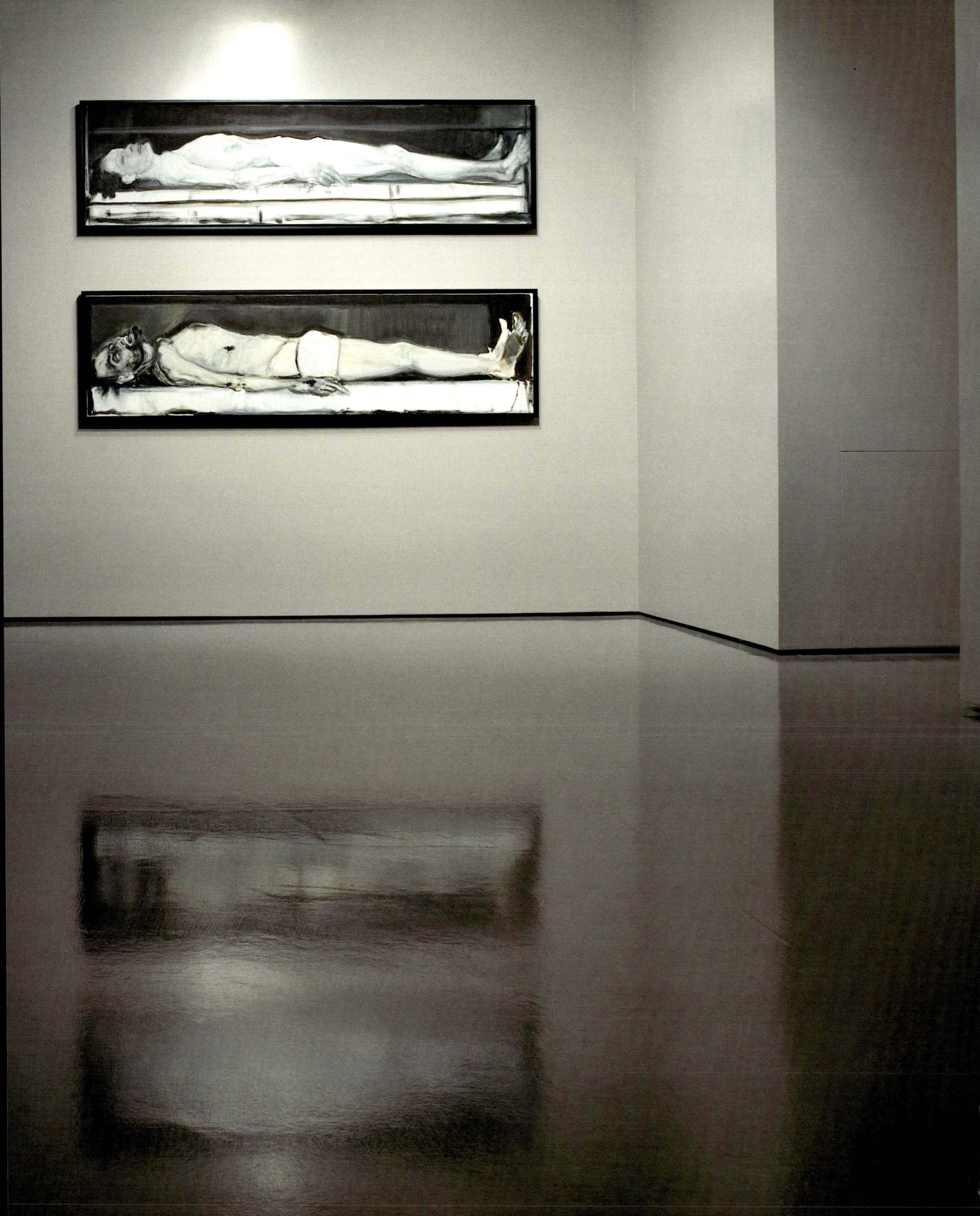

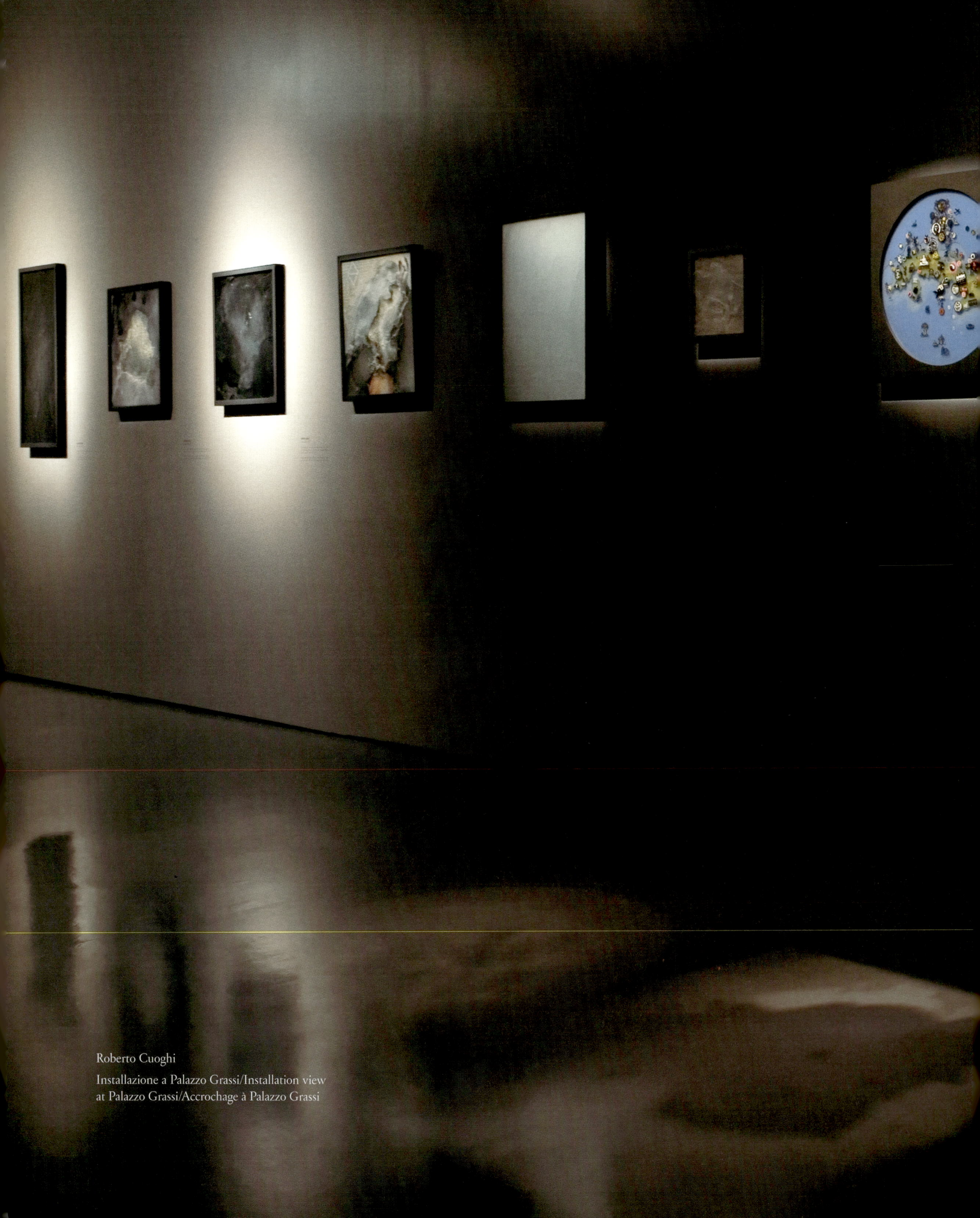

Roberto Cuoghi
Installazione a Palazzo Grassi/Installation view
at Palazzo Grassi/Accrochage à Palazzo Grassi

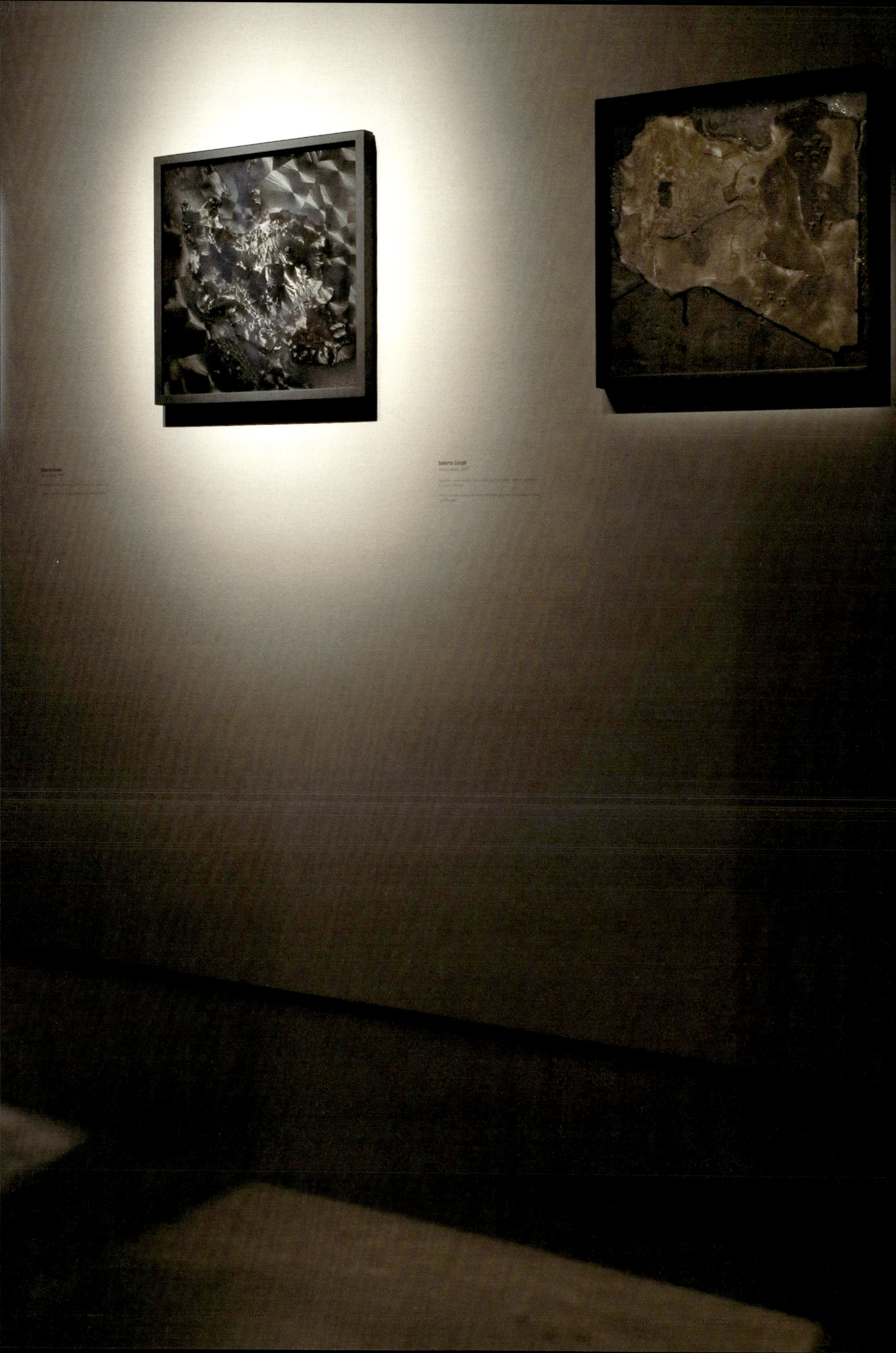

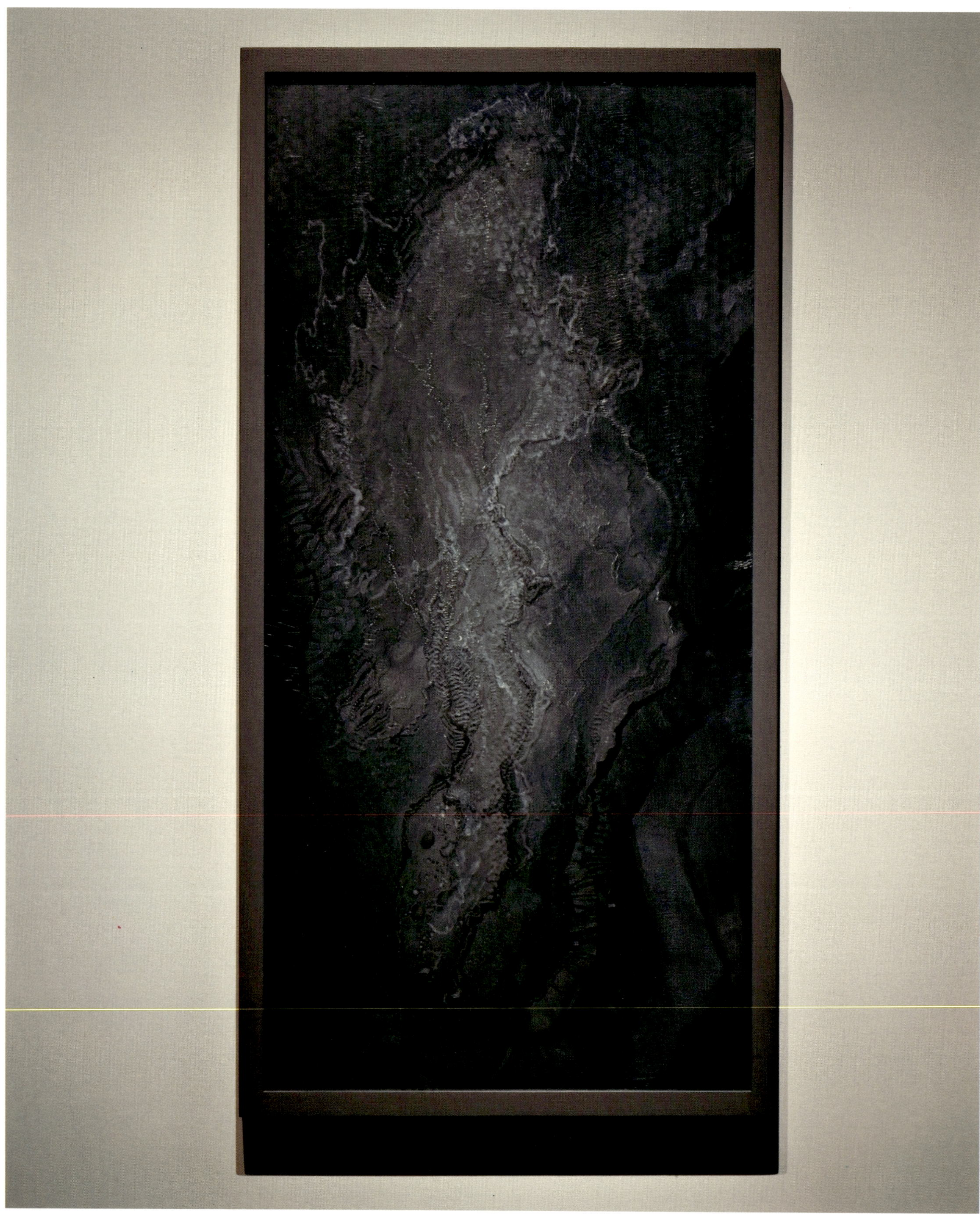

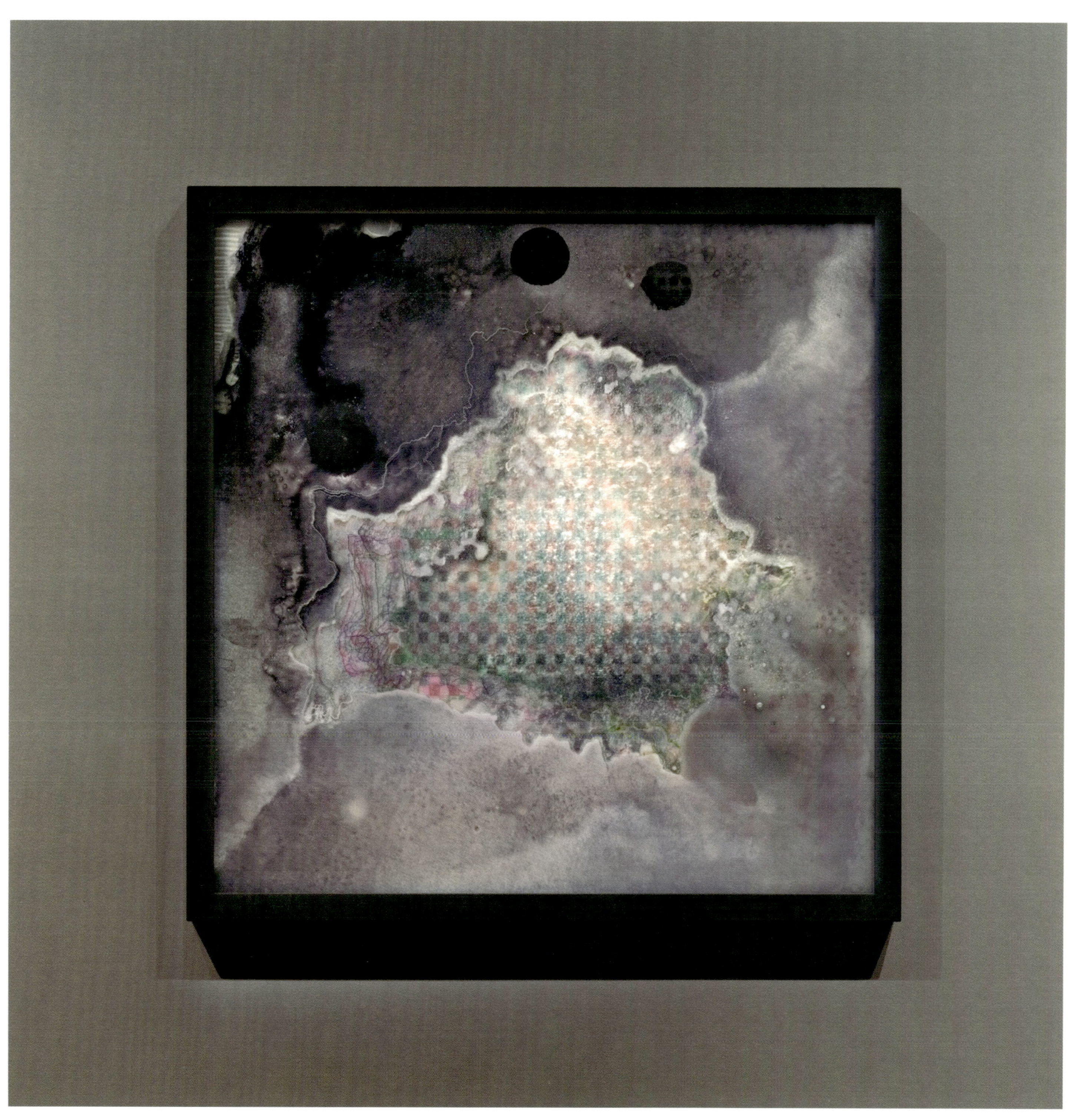

◄
Roberto Cuoghi
Senza titolo (Myanmar), 2007

▲
Roberto Cuoghi
Senza titolo (Bielorussia), 2006

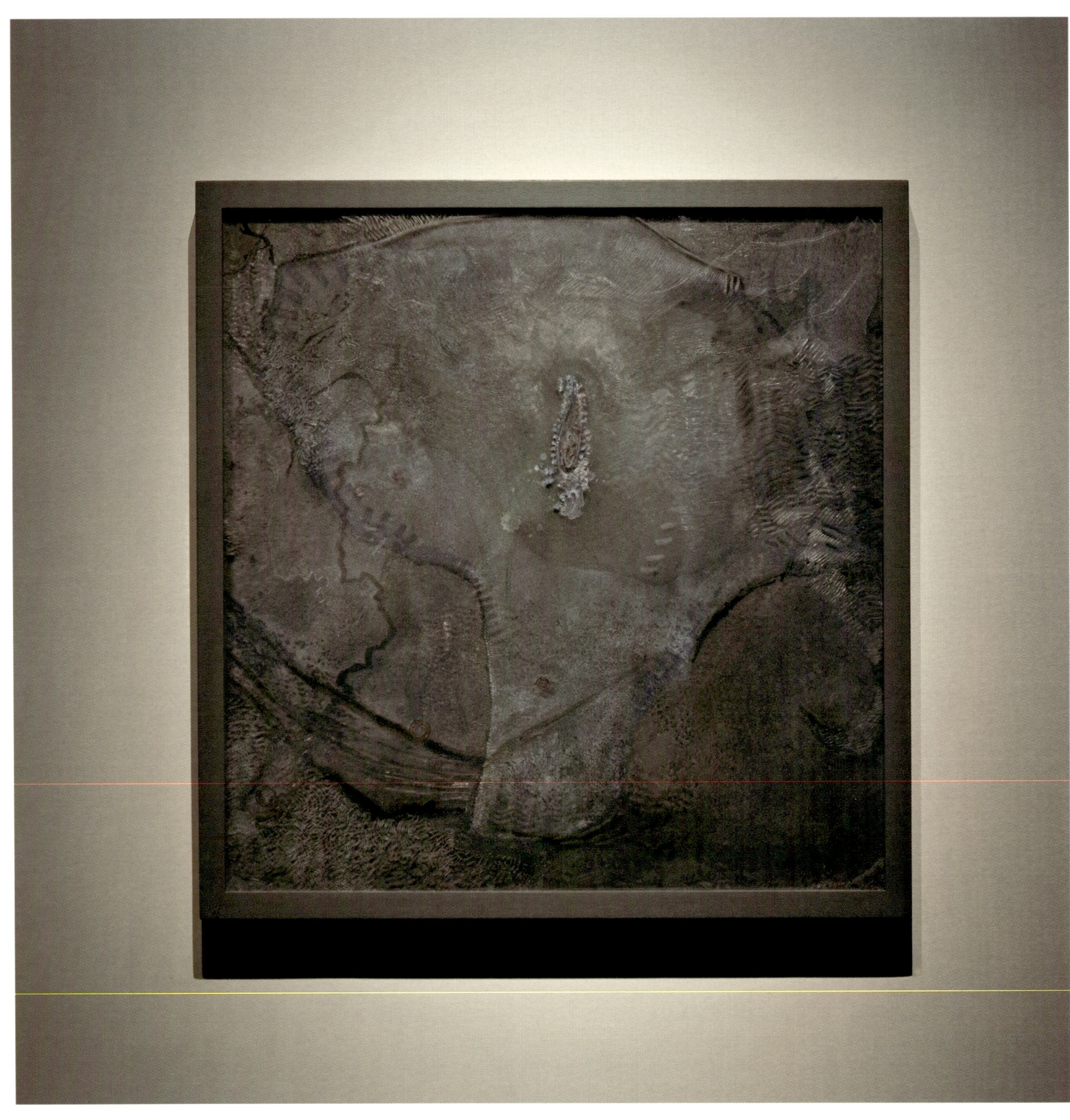

Roberto Cuoghi
Senza titolo (Syria), 2007

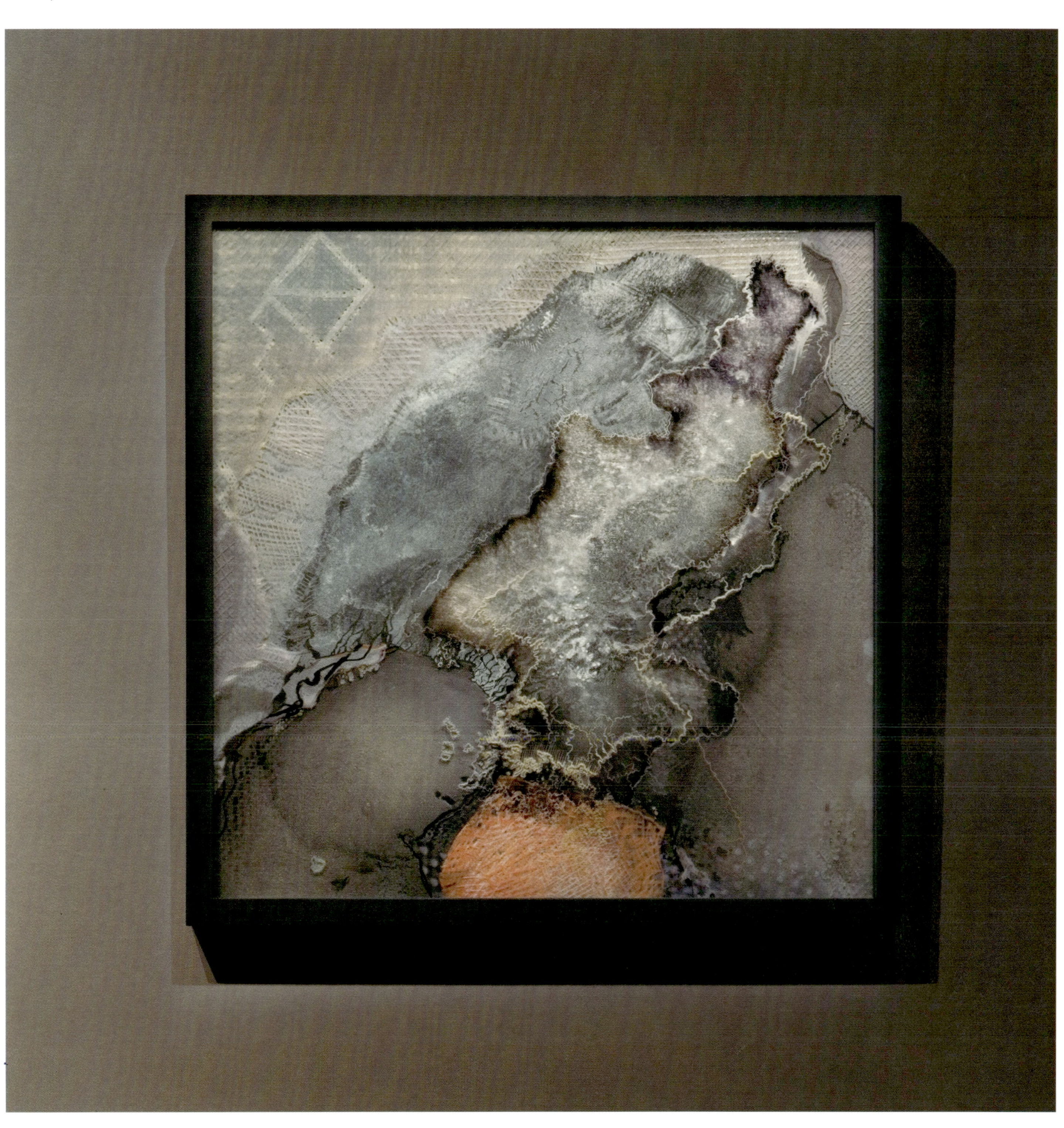

Roberto Cuoghi
Senza titolo (Corea del Nord), 2005

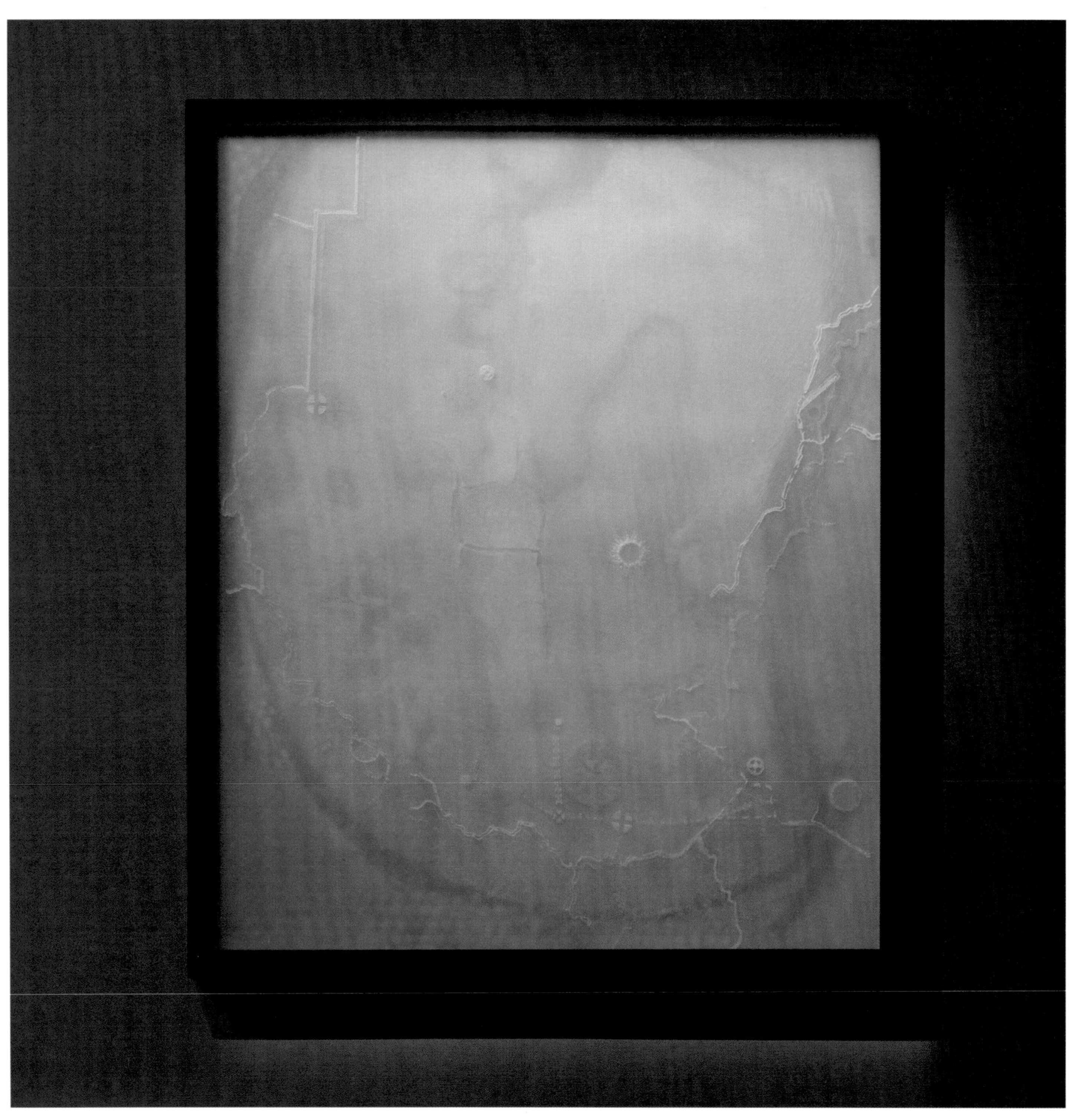

Roberto Cuoghi
Senza titolo (Sudan), 2007

Roberto Cuoghi
Senza titolo (Turkmenistan), 2007

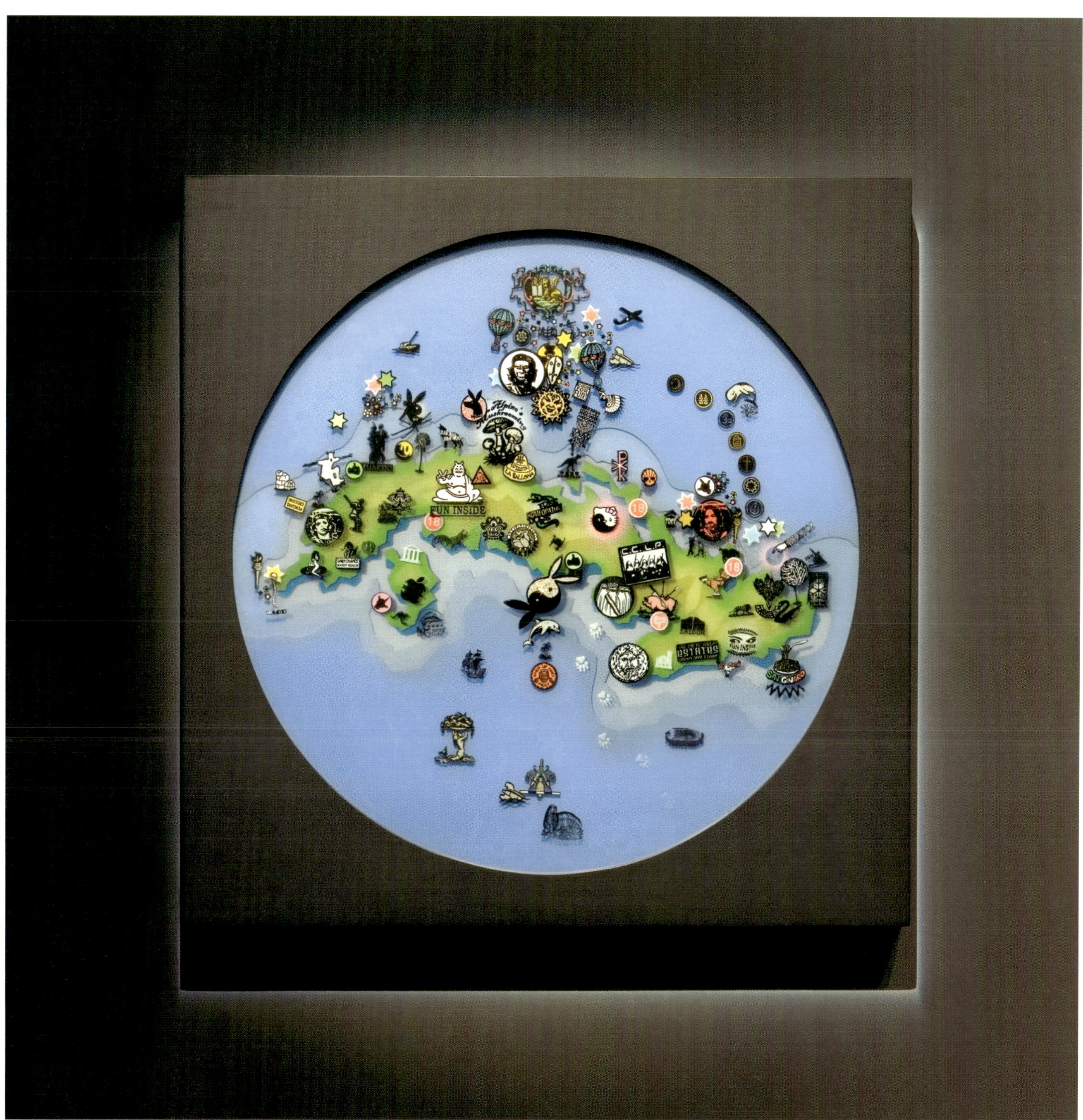

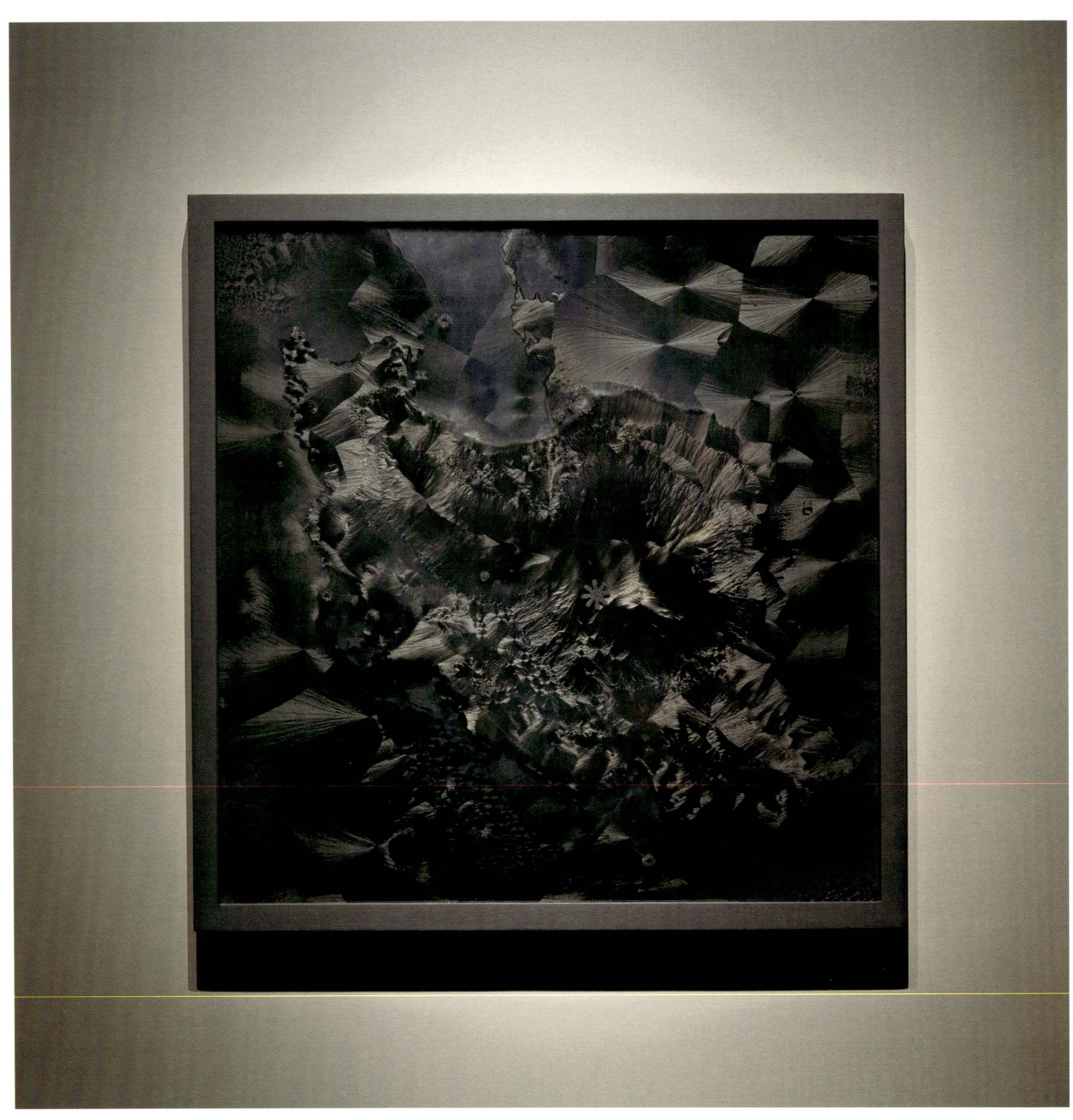

Roberto Cuoghi
Senza titolo (Iran), 2007

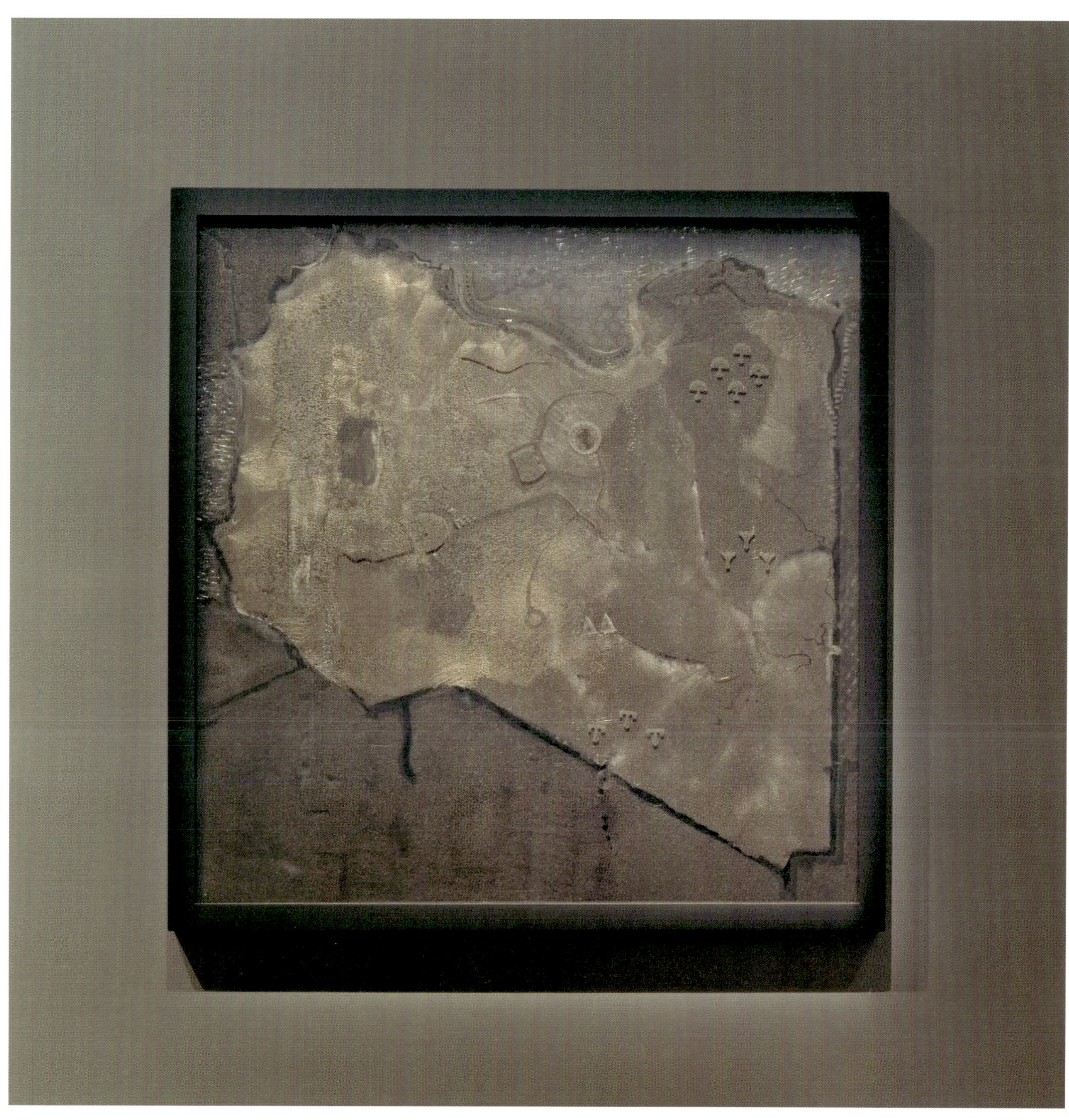

Roberto Cuoghi
Senza titolo (Libia), 2007

Ouvrage sous la direction de
Alison M. Gingeras

Coordination éditoriale
Emmanuel Berard, Palazzo Grassi
Emanuela Mazzonis, Palazzo Grassi

Édition des textes en anglais
Andrew Hulktrans

Assistante d'édition
Cristina Fiorini

Traduction
Jérôme Nicolas et Silvia Bonucci pour
Scriptum, Rome

Design graphique
Christoph Radl

Photos des accrochages à Palazzo Grassi
Santi Caleca

ISBN-13: 978-88-6130-216-7
(édition reliée)
ISBN-13: 978-88-6130-206-8
(édition brochée)
Dépôt légal : mai 2007

www.skira.net
www.palazzograssi.it

Conseil d'administration

François Pinault
Président et Administrateur exécutif

Patricia Barbizet
Administrateur exécutif

Jean-Jacques Aillagon
Administrateur exécutif

Guido Rossi
Administrateur

Isabelle Nahum-Saltiel
Administrateur

Réviseurs comptables
Maurizio Serafini
Marco Manzoli
Paolo Collini

Comité d'honneur

Tadao Ando
Ruy Brandolini d'Adda
Frieder Burda
Teresa Cremisi
John Elkann
Timothy Fok-Tsun-Ting
Dakis Joannou
Lee Kun-hee
Alain-Dominique Perrin
Miuccia Prada
Giandomenico Romanelli
Illena Sonnabend
Jerome Zieseniss

Équipe du Palazzo Grassi

François Pinault
Président

Jean-Jacques Aillagon
Directeur

Raimondo Ferraro

Emmanuel Berard
Suzel Berneron
Carlo Gaino
Emanuela Mazzonis
Gianni Padoan
Maria Carolina Profilo
Silvia Roman
Marina Scozzi
Paola Trevisan
Antonio Boscolo
Luca Busetto
Angelo Clerici
Andrea Greco
Giulio Lazzaro
Vittorio Righetti
Dario Tocchi
Massimo Veggis

Équipe de l'exposition

Alison M. Gingeras
Commissaire

Emanuela Mazzonis
Assistante de la commissaire

Silvia Roman
Régie des œuvres

Christoph Radl
Design graphique

Gruppo Fallani
Signalétique de l'exposition

Tecnobrevetti S.r.l.
Ingénieurs

Arteria Sattis S.r.l
Transports

Willis Nord Est S.r.l
Assurance

Igor Silic
Maquettes

Carolina Profilo
Noelle Solnon
Communication et relation-presse

Avec la collaboration de
Bondardo Comunicazione, Milan
Claudine Colin Communication, Paris
Blue Medium, New York
Beate Barner, Berlin
Bolton and Quinn, Londres

Rémi Beer-Demander
Floriane Mercier
Marco Miotto
Camilla Mozzato
Massimo Tosonna
Stagiaires

Avec le soutien de
François Pinault Foundation

et

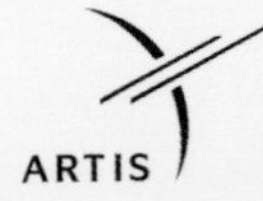
ARTIS

Avec la collaboration de
la Repubblica

Remerciements

L'équipe de Palazzo Grassi remercie
les collaborateurs de François Pinault
à Paris pour leur soutien et leur active
participation :
Nathalie Beus
Béatrice Bihr
Anne-Pascale Celier
Odile de Labouchere
Isabelle Nahum-Saltiel
Muriel Panel
Nazanine Ravaï

Cette exposition a été réalisée grâce
au soutien et à la collaboration
de nombreuses personnes et
institutions. Nous souhaitons avant
tout exprimer notre sincère gratitude
à tous les artistes exposés ainsi qu'au
personnel de leurs ateliers.

En particulier, nous souhaitons
remercier pour leurs formidables
efforts : Art Production Fund, New
York ; Flora Boillot; Beckett Bowes ;
Karoline Brand ; Gavin Brown's
enterprise ; Claudia Carson ;
Elizabeth Cline ; Sadie Coles HQ ;
Carmen D'Apollonio ; Brendan
Dugal ; Claudia Carson ; Galleria
Massimo De Carlo ; Galerie de
France ; Deitch Projects ; Yvone
Force-Villareal ; Casey Freemont ;
Galleria Emi Fontana ; Gagosian
Gallery ; Giraud Pissaro Segalot ;
Gladstone Gallery ; Claudio
Guenzani ; Galerie IN SITU ; Sam
Kusack ; Paul Loyrette ; Matthew
Marks Gallery ; Metro Pictures ;
Kasia Pajak ; Lois Plehn ; Galerie Eva
Presenhuber ; Marta Pytka-Kwade ;
Galerie Almine Rech ; Andrew
Rogers ; Scipio M. Schneider ;
Christian Schneidermann ; Mary-
Clare Stevens ; Eugenie Tsai ; Ines
Turian ; Andrea Überbacher ; Zeno
X Galerie ; Zwirner & Wirth.

Nous tenons également à souligner
le rôle fondamental joué par les
différents organismes gouvernementaux
qui ont offert leur assistance et qui ont
fourni les autorisations administratives
nécessaires pour la réalisation de
l'exposition, en particulier le Ministero
Italiano della Cultura, la
Soprintendenza per i beni
architettonici e per il paesaggio e per
il patrimonio storico, artistico
e demoetnoantropologico de Venise,
le Magistrato alle Acque.

François Pinault, *Président*

Après *Where Are We Going?* qui a marqué, en 2006, la réouverture de Palazzo Grassi, *Sequence 1 – Peinture et Sculpture dans la Collection François Pinault* constitue la deuxième présentation de ma collection à Venise. Si la première exposition se proposait – et c'était à la fois naturel et nécessaire – de donner un aperçu aussi large que possible de ma collection et d'en souligner à la fois l'enracinement dans la modernité historique et la dimension contemporaine, celle-ci en évoque le choix délibéré d'un engagement attentif en faveur des expressions de la création contemporaine. Il est vrai que les circonstances se prêtent tout particulièrement à ce parti-pris. L'exposition est en effet concomitante de la cinquante-deuxième édition de la Biennale de Venise qui est, chacun le sait, le plus grand rendez-vous critique et professionnel de la scène artistique internationale. C'est pour cette raison, qu'il m'est apparu tout particulièrement opportun que Palazzo Grassi, dont j'ai souhaité l'ouverture de la programmation à l'art d'aujourd'hui, prenne part et occupe sa place dans cet événement dont le retour biennal est si attendu par tous ceux qui scrutent les évolutions de la création contemporaine. Une autre circonstance m'a convaincu que ce choix serait plus particulièrement légitime et qu'il répondrait aux attentes de tous ceux qui, avec curiosité et passion, parcourent pendant quelques mois Venise, d'exposition en exposition. La Commune de Venise a en effet souhaité, à la suite d'un appel d'offre, me confier la responsabilité de mettre en œuvre la création d'un centre d'art contemporain, sur le site prestigieux de la Pointe de la Douane. C'est, pour le collectionneur que je suis, un formidable privilège de pouvoir ainsi associer plus largement encore le développement de ma collection au déploiement des projets et des activités culturelles de la ville-phare qu'est Venise. Si Palazzo Grassi est désormais ancré dans sa vocation de lieu d'expositions temporaires, la Pointe de la Douane appuiera les siennes, de façon plus complète et plus délibérée, sur cette collection que je constitue avec passion. Cette collection, est-il besoin de le préciser, ne prétend à aucune forme d'objectivité ou d'exhaustivité. S'agissant de l'art en train de se faire et d'une scène artistique très largement mondialisée, cette prétention serait d'ailleurs tout simplement inatteignable. Ma collection s'attache de ce fait à deux autres objectifs : celui de témoigner de l'universalité de la création d'aujourd'hui et celui de rendre compte de son inépuisable capacité à se poser des questions exigeantes et radicales, en faisant de la liberté sa seule règle et du refus du conformisme sa seule doctrine.

Dois-je aussi rappeler que l'amarrage de ma collection à Venise, s'il marque incontestablement de ma part une prédilection pour le destin culturel de cette ville, n'est pas exclusif. Dès ce mois de juin, une autre partie de ma collection, celle des œuvres de Jim Shaw, sera présentée de façon temporaire au P.S.1 Contemporary Art Center, à New York, alors que d'autres initiatives, y compris en France, seront prochainement annoncées. C'est donc de cette façon, avec un point d'ancrage permanent à Venise et au travers d'autres initiatives ponctuelles et temporaires que je compte mettre cette collection que je constitue avec enthousiasme, avec patience, à la disposition du public.

Comme pour *Where Are We Going?*, c'est à Alison M. Gingeras que nous avons confié, Jean-Jacques Aillagon et moi, le commissariat de cette exposition, c'est-à-dire la responsabilité de procéder, au sein de la collection, à un choix révélateur à la fois de certaines de ses caractéristiques mais aussi et surtout des situations et des recherches qui caractérisent la scène internationale. La sélection qu'elle a faite, très largement contemporaine, rappelle cependant avec pertinence l'enracinement de l'art d'aujourd'hui dans certaines expériences des années 1960 et 1970 et nous invite à considérer qu'on ne peut pas, sans superficialité, enfermer la contemporanéité dans l'enclos de l'immédiateté sans veille et sans lendemain.

Le choix proposé se caractérise encore par son ouverture sur le monde, sur l'Europe, sur l'Amérique, sur l'Asie, pour bien souligner combien la « mondialisation » de la scène artistique internationale suscite des situations inédites et extrêmement dynamiques. Enfin, le choix présenté au public au Palazzo Grassi de mai à novembre 2007, rappelle également, par le nombre important de commandes auquel il a donné lieu, combien l'art est une réalité en mouvement. Il est de plus en plus évident que l'intérêt pour l'art ne peut pas consister à prendre tout simplement en compte des objets déjà achevés que la sédimentation critique nous recommanderait, mais bien de prendre parti, avec toutes les incertitudes et tous les risques que cela implique, en faveur du désir des artistes de porter plus loin encore leur besoin d'expérimenter et d'innover. Cette nécessité trouve un écho tout particulier dans une ville dont beaucoup de chef-d'œuvres n'auraient pu être réalisés sans le sens du risque de ceux qui, par exemple, firent confiance à Tintoret à la Scuola Grande di San Rocco où organisèrent un concours magistral pour la conception du *Paradis* de la salle des Cinq Cent du palais des Doges.

Il me plaît enfin de noter, comme ce fut le cas pour *Where Are We Going?* avec les œuvres d'Olafur Eliasson et de Jeff Koons, que *Sequence 1* nous permet de confronter la création d'aujourd'hui à la réalité de la ville et au regard du passant, même peu averti. Une œuvre de Subodh Gupta, *Very Hungry God* (2006), remplace le *Balloon Dog* de Jeff Koons sur le Grand Canal alors qu'une œuvre commune de Franz West et Rudolf Stingel prend place, grâce à la bienveillance des services de la Commune et de la surintendance, sur le Campo San Samuele. Je profite d'ailleurs de ces quelques lignes pour marquer à ces services ma gratitude pour leur concours.

Je conclurai en soulignant le fait que cette exposition, comme toutes les expositions d'art contemporain, joue, dans le processus de l'art en train de se faire, un rôle très dynamique. Les expositions sont de moins en moins de simples miroirs, de simples révélateurs de l'art qui déjà s'est fait. Elles sont bien devenues l'espace dynamique et dialectique dans lequel l'art se fait, parce que l'artiste est invité à confronter son besoin de créer et sa capacité à le faire à la rencontre provoquée d'un public. Ainsi, progressivement s'inverse l'enchaînement traditionnel « voir, collectionner, montrer ». C'est la production de l'œuvre pour son exposition et donc sa rencontre avec le public qui devient le paradoxal moteur du désir du collectionneur de la posséder. C'est là, sans doute, que ce qu'on appelle parfois le mécénat, c'est-à-dire la disponibilité d'un individu à l'égard des projets artistiques d'un autre, trouve aujourd'hui sa plus utile et plus tonique expression.

Jean-Jacques Aillagon, *Directeur*

Comment montrer une collection ? La question est cruciale pour toute institution – publique ou privée – qui se propose de mettre les œuvres qu'elle possède à la disposition du public. Cette question est encore plus sensible quand elle concerne une collection d'art moderne et contemporain, une collection qui s'applique donc à une réalité vivante, en permanente croissance. On peut toujours tenter, si la ressource de la collection est suffisante, ce dont peu d'institutions peuvent se flatter, de proposer une lecture globale de l'histoire de la période concernée, et cela quelle que soit la difficulté de l'exercice. On peut aussi, de façon moins discursive et moins académique, proposer au discernement du visiteur un point de vue, ou des points de vue croisés, sur la collection et les œuvres qu'elle rassemble, mettant en perspective les relations subtiles que les œuvres entretiennent entre elles, par-delà l'éloignement des décennies qui les ont vues naître, la diversité des situations culturelles dont elles témoignent et des techniques qui les caractérisent. On se souvient, à cet égard, de l'impact très stimulant de l'accrochage intitulé *Le Mouvement des images* proposé par le Centre Pompidou en 2006.

C'est bien la question de ses stratégies d'exposition qui se pose également à la Collection François Pinault et cela, d'autant plus qu'elle ne dispose pas, dans l'attente de l'ouverture de la Pointe de la Douane, d'un lieu permanent d'exposition, François Pinault ayant souhaité assurer la pérennité de la vocation singulière de Palazzo Grassi comme lieu d'expositions temporaires. Cette collection n'est, de ce fait, encore que très partiellement connue du public, malgré le portrait très convaincant qu'en avait, en 2006, dressé l'exposition *Where Are We Going?*.

Si la Collection Pinault ne prétend pas rivaliser en taille avec celles, historiques, du MoMA et du Centre Pompidou, elle a cependant, en quelques années, atteint une taille qui, ne permettant plus son accrochage systématique en un seul lieu, pose la question des modalités de son exposition et cela, d'autant plus qu'elle s'accroît à un rythme rapide et qu'elle se porte de plus en plus sur des œuvres contemporaines qui revêtent des expressions matérielles imposantes et parfois techniquement complexes. À cela s'ajoute le fait que François Pinault, désormais engagé dans le processus de présentation publique de sa collection, mesure l'intérêt dynamique qu'il y a à soutenir le désir des artistes d'appuyer sur la circonstance même d'une exposition, le projet de concevoir des œuvres qui lui sont spécifiquement destinées et qui viendront enrichir la collection de manière très personnalisée. C'est pour ces raisons qu'Alison M. Gingeras, désormais conservateur de cette collection, a pris le parti d'en proposer au public une lecture progressive et en progressive construction, à travers un programme d'expositions intitulées *Sequence* dont la première édition, *Sequence 1 – Peinture et Sculpture dans la Collection François Pinault* accompagnera la 52ème Biennale internationale d'art de Venise. À travers chacune de ces séquences, qui marqueront régulièrement la programmation de Palazzo Grassi, ce sont des fenêtres qui s'ouvriront sur la collection, des fenêtres à travers lesquelles, à chaque fois, telle ou telle des logiques qui président à sa constitution se révèleront.

La notion de séquence, si elle s'enracine, ne serait-ce qu'étymologiquement, dans des réalités culturelles éprouvées, appartient cependant de façon très caractéristique à la culture de notre temps et cela parce que ce temps, le temps des avions, des TGV, de la télévision, du téléphone, d'Internet… est devenu celui du « temps vite », pour reprendre le titre de la belle exposition dont Daniel Soutif fut le commissaire en 2000 à l'occasion du passage au nouveau millénaire. Si les temps anciens pouvaient rêver d'embrasser la totalité des savoirs et des connaissances, dans leurs formes les plus immuables et peut-être même éternelles, notre siècle est très clairement celui du mouvement qui vers l'avant et à un rythme précipité entraîne le monde. La compréhension des choses s'y déploie en perceptions partielles et instantanées dont l'addition seule finit par permettre une compréhension plus globale et plus synthétique. Le séquençage est ainsi devenu une forme même de la représentation des choses, une condition de leur perception ainsi même qu'un outil mis à la disposition de l'expression artistique, l'avènement du cinéma fournissant la meilleure démonstration de cette faculté, puisque l'artifice qui le permet repose tout entier sur le séquençage visuel du mouvement.

Dans *Sequence 1*, Alison M. Gingeras ne s'est pas fixé l'objectif de présenter, comme une lecture trop rapide du titre pourrait le laisser entendre, les peintures et les sculptures de la Collection François Pinault, mais de s'interroger, au travers de cette collection, sur les possibles pratiques de la peinture et de la sculpture dans la création d'aujourd'hui. En effet, si pour reprendre la belle expression de Thierry de Duve « on peut faire de l'art avec n'importe quoi », formidable conquête de la modernité, qui doit, entre autre, beaucoup à Marcel Duchamp, il n'est pas pour autant interdit ni, surtout impertinent pour les artistes, de continuer à produire également des peintures et des sculptures, quelle que soit la diversité formelle des œuvres qui se rattachent désormais à ces dénominations convenues et consacrées. Il suffit pour s'en rendre compte de parcourir les salles de l'exposition *Sequence 1* et les pages de ce catalogue et découvrir, dans des espaces très proches les uns des autres, à quel point « faire de la peinture » ou « faire de la sculpture » sont aujourd'hui des pratiques ouvertes. La création contemporaine s'est emparée des modes les plus diversifiés, les moins conventionnels, de production d'œuvres. Elle a mesuré la performance plastique de l'image mécanique fixe et animée. Elle a été fascinée par les rebuts de la société industrielle. Elle a mesuré à quel point le corps de l'artiste lui-même pouvait devenir le medium de l'acte de créer. Elle s'est grisée de la force des mots et des idées... sans pour autant s'interdire le « peindre » et le « sculpter ». *Sequence 1* s'inscrit bien ainsi, en explorant ce phénomène, dans le droit fil de la préoccupation d'Alison M. Gingeras de démontrer l'insolente pérennité de la peinture à travers le XXe siècle finissant, préoccupation qui déjà soutenait le thème de l'exposition *Cher Peintre* dont elle avait assuré le commissariat en 2002.

Si cette réalité parcourt le siècle passé, elle caractérise encore la scène contemporaine. C'est la raison pour laquelle alors que *Sequence 1* rassemble essentiellement des œuvres des années 1990 et 2000, l'exposition n'hésite pas à revenir sur certaines expériences « historiques » des années 1960, avec par exemple des œuvres de Martial Raysse ou de David Hammons, en les confrontant à des œuvres produites au cours des décennies suivantes. C'est ainsi que cette exposition invite également à réfléchir à la nécessité, pour bien comprendre l'art d'aujourd'hui, de ne pas l'enfermer dans une compartimentation hermétique, sans relation avec ce qui le précède mais bien de relier chaque moment de son expression aux expériences artistiques antérieures qui l'éclairent ou auxquelles parfois il se réfère. C'est ainsi qu'Urs Fischer prend plaisir à confronter son *Nach Jugendstil kam Roccoko* avec une peinture anonyme du XVe siècle représentant Philippe Pot agenouillé devant la Vierge et l'Enfant. L'artiste nous indique ainsi que les œuvres d'art, qu'elles soient contemporaines ou anciennes, ont cette faculté prodigieuse de se rire du temps et de le défier. À chaque moment, c'est le regard du spectateur, surtout quand il est aiguisé comme celui de l'artiste – je pense au regard de Francis Bacon sur Vélasquez – qui donne à l'œuvre son éternelle nouveauté et son inépuisable actualité. C'est ainsi que les expositions dites contemporaines restent pertinentes, quand elles ne sont ni privées de mémoire, ni dépourvues de perspective.

C'est donc d'une certaine façon et d'une façon subtile, à l'émerveillement que provoquent les bonnes rencontres que cette exposition nous convie. On y trouve d'excitantes rencontres entre les œuvres et la ville, celle du *Very Hungry God* de Subodh Gupta avec le Grand Canal et celle de l'œuvre conjointe de Franz West et de Rudolf Stingel avec le Campo San Samuele. On y croise également la rencontre subtile de certaines œuvres avec les espaces du Palazzo Grassi, comme celle des « carbone sur papier » de David Hammons et les nuages du plafond rococo de la salle qui les abrite. Ce sont encore, à travers leurs œuvres, les rencontres de certains artistes avec l'histoire de l'art, celle de Marlene Dumas avec Hans Holbein ou de Laura Owens avec la tapisserie de Bayeux. Ce sont aussi ces très excitantes rencontres des artistes les uns avec les autres, dans l'espace provisoire d'une exposition, comme celle impressionnante de Martial Raysse et d'Anselm Reyle. C'est enfin la rencontre des œuvres de cette première *Sequence* avec la mémoire de celles de *Where Are We Going?* recueillie par le travail de Louise Lawler.

De toutes ces rencontres, le catalogue de cette exposition propose le témoignage. En effet, les œuvres exposées y sont représentées photographiées in situ par Santi Caleca soulignant ainsi à quel point l'espace et le temps de l'exposition comptent dans la perception de l'œuvre et la relation dynamique qu'une exposition permet entre l'acte de créer et celui de montrer.

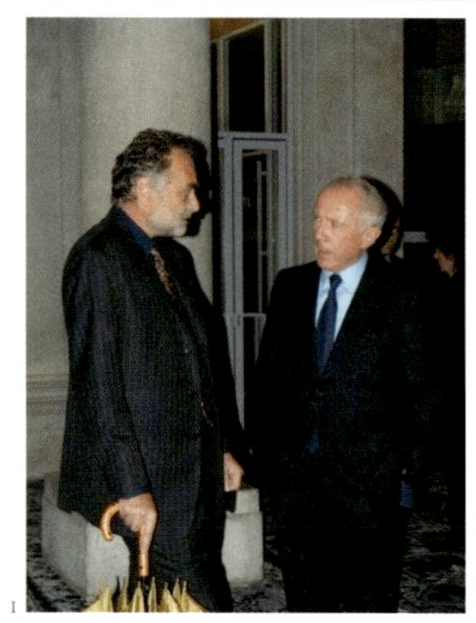
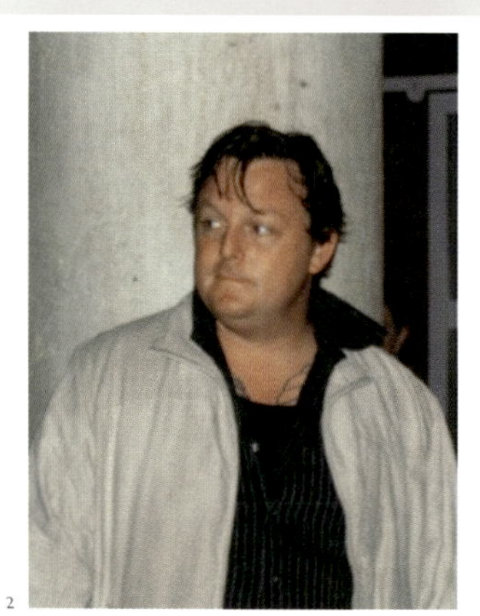
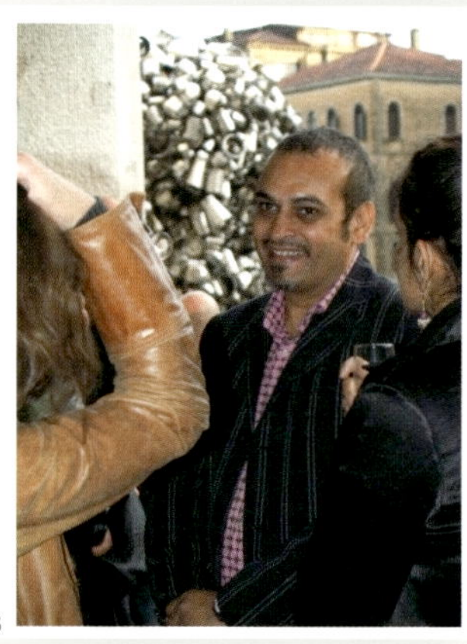
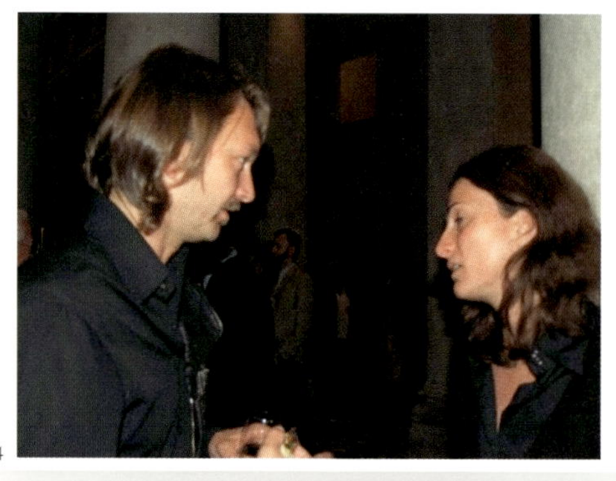
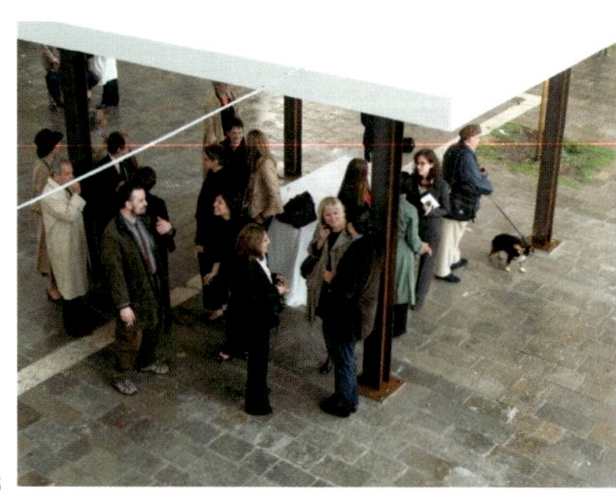
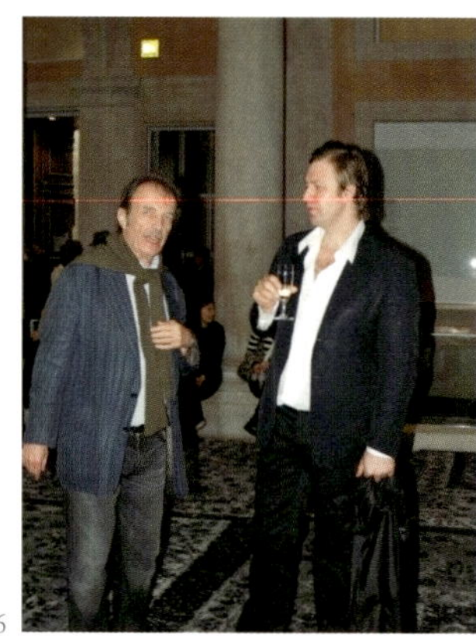

1. Rudolf Stingel, François Pinault
2. Urs Fischer
3. Subodh Gupta
4. Anselm Reyle, Tamuna Sirbiladze
5. Campo San Samuele
6. Franz West, Piotr Uklański

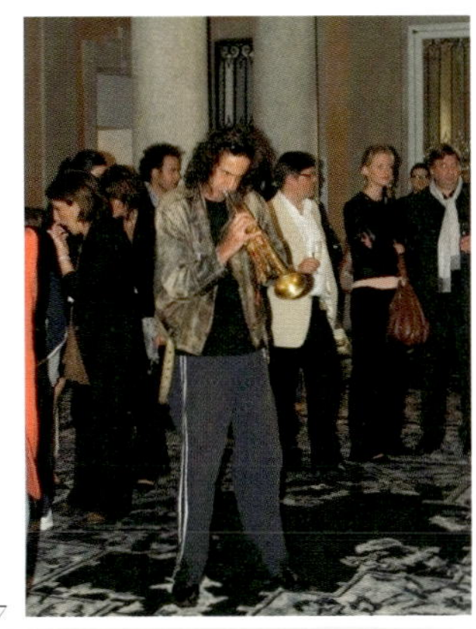
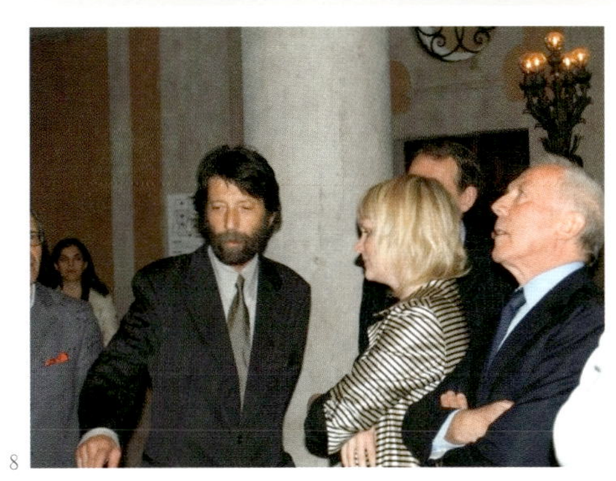
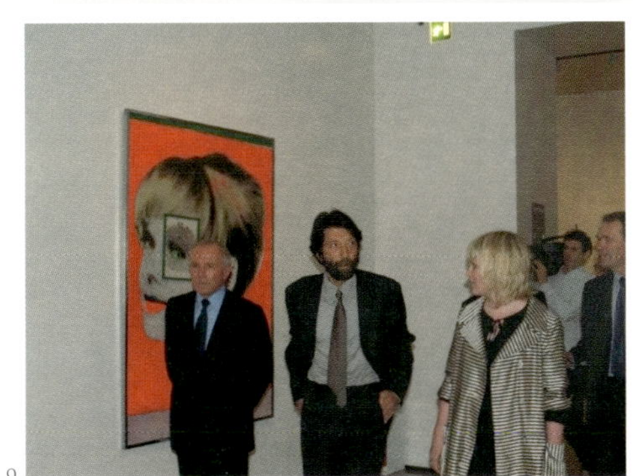
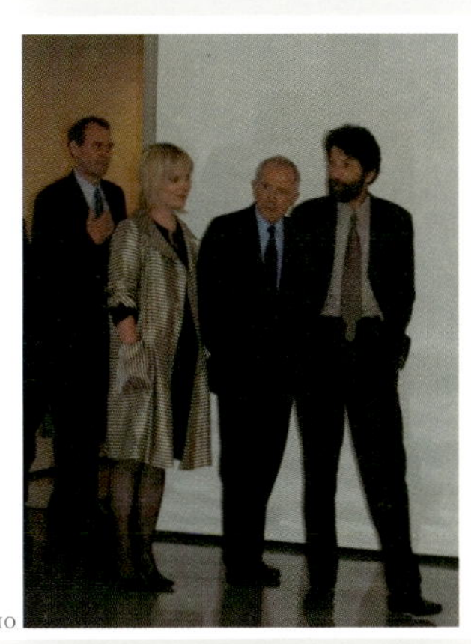
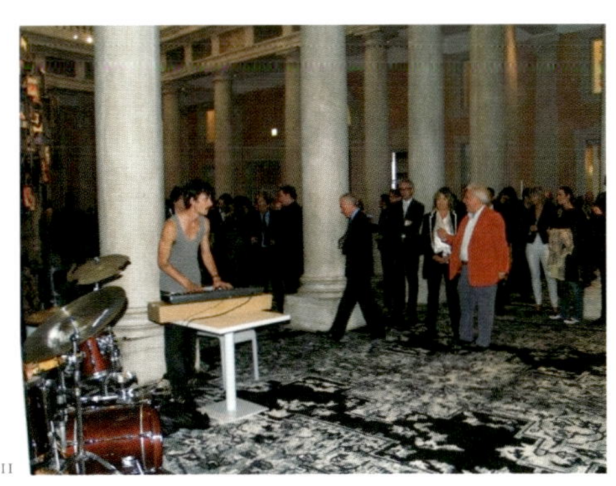

7. Fred Jelinek
8. Massimo Cacciari, Alison M. Gingeras, François Pinault
9. François Pinault, Massimo Cacciari, Alison M. Gingeras
10. Jean-Jacques Aillagon, Alison M. Gingeras,
François Pinault, Massimo Cacciari
11. Bernhard Breuer, Philip Quehenberger

Alison M. Gingeras

Les artistes sont souvent d'habiles historiens de l'art. Avec leur vision passionnée, ils regardent constamment en arrière vers le passé, de côté vers leurs pairs, et en avant vers de nouvelles possibilités. Cette vision pan-historique imprègne *Sequence 1* – la deuxième installation publique de la Collection François Pinault – qui inaugure une succession d'expositions visant à faire connaître les points forts de cette collection d'art contemporain. Bien que cette première exposition ne suive pas un thème ou un concept narratif rigide, le fil conducteur qui paraît relier le travail des dix-sept artistes présentés est la prédominance de processus artistiques jugés « traditionnels » – à savoir la peinture et la sculpture. Un second point commun qui unit ce groupe multi-générationnel et hétérogène est le recours fréquent dans leur travail à des références explicites à l'histoire de l'art. Les peintures sur toile et les sculptures sur socle sont vieilles comme le monde et, pourtant, elles ne détonnent pas à Palazzo Grassi dans le cadre d'une exposition qui représente les dernières orientations de l'art contemporain. En dépit de l'importance qu'ils accordent à la tradition, tous les artistes de *Sequence 1* ont soumis ces disciplines à des révisions conceptuelles et à des techniques plus vastes. À une époque où le préfixe « post » fait fureur (post-*studio art*, post-media, post-production, post-modernisme) des expositions comme *Sequence 1* réaffirment humblement que ces pratiques « traditionnelles » n'ont jamais véritablement été abandonnées par les artistes contemporains. Contre l'héritage persistant du Conceptualisme – qui met l'accent sur les objets d'art « dématérialisés » – *Sequence 1* affirme que « des notions de création (faire quelque chose à partir de rien) », ainsi que le recours à des « matériaux primaires », ne sont plus considérés comme des pratiques artistiques inférieures, rétrogrades ou réactionnaires[1]. Pour reprendre un adage célèbre, faire du *neuf* avec du vieux.

Peinture : du cadre de tension à l'espace tridimensionnel

Qu'ils proviennent de Milan, Zurich, Johannesburg, Nice, New York ou Los Angeles, les peintres de *Sequence 1* témoignent d'une grande diversité d'approches de la peinture. Amplement décrits dans les essais sur les artistes qui suivent cette introduction, les styles présents dans l'exposition vont de la peinture à l'huile ou à l'acrylique sur toile à des tentatives plus expérimentales. Pour ce qui est du camp plus « traditionnel », citons les peintures iconiques de Martial Raysse, Laura Owens, Marlene Dumas et Richard Prince qui emplissent de nombreuses salles. En dépit de leurs techniques plus conventionnelles, chacun de ces artistes réinterprète différentes facettes de l'histoire de la peinture tout en nous rappelant à quel point la représentation picturale est encore aujourd'hui riche de possibilités. À l'extrême opposé, un artiste comme Rudolf Stingel explore l'« idée » de peinture en faisant une synthèse entre l'installation environnementale, l'anti-forme et le travail sur toile – la diversité de sa recherche s'exprimant ici par le biais des murs argentés couverts de graffitis qui recouvrent son œuvre, sans titre, exposée sous forme de kiosque public à campo San Samuele ainsi que par son étonnante installation de tapis couvrant le sol de Palazzo Grassi, *Untitled (Sarouk)*, 2006.

Plus connus probablement pour leurs sculptures, Urs Fischer et Anselm Reyle emploient une grande variété de méthodes d'assemblage et de collage dans leurs « peintures », explorant les thématiques formelles et conceptuelles propres à leur pratique bi et tridimensionnelle. De plus jeunes artistes, comme Kristin

Baker et Roberto Cuoghi, ont mis au point des techniques fort peu orthodoxes ainsi qu'une utilisation
novatrice des matériaux pour produire « des œuvres picturales » allant de l'abstraction à la figuration. Cette
innovation est particulièrement visible dans la contribution de Baker à l'exposition (*Flying Curve, Differential
Manifold*, 2007). Fuyant les frontières conventionnelles du cadre de tension, elle a introduit une troisième
dimension à travers un support en saillie dont la présence physique et formelle devient partie intégrante
de son art pictural.

Sculpture : de la plinthe au divan

Tout comme pour la sélection de peintures, *Sequence 1* mettra en évidence les différentes approches
de la sculpture contemporaine présentes dans la Collection Pinault. Les assemblages d'objets trouvés
de David Hammons franchissent plusieurs frontières de l'histoire de l'art en combinant des références
sociologiques et une vision poétique de la vie urbaine avec les héritages du dadaïsme, de l'*arte povera*
et du Pop Art. Le néologisme « Pop Povera » pourrait être employé pour décrire les œuvres basées sur des
objets d'Urs Fischer, qui mêlent le fait main, les matériaux humbles, les objets trouvés à une grande
maîtrise de l'échelle pour obtenir, d'une part, d'étonnants objets tridimensionnels tels que sa monumentale
Jet Set Lady (2000-2005), qui domine l'atrium de Palazzo Grassi et, d'autre part, sa nouvelle série
de sculptures de nickel peintes figurant des lapins et des souris minuscules dans des attitudes fantasques.
Des artistes tels que Mike Kelley et Robert Gober réalisent des sculptures à partir d'objets de tous les jours
– trouvés ou soigneusement fabriqués – visant à sonder les profondeurs de notre inconscient collectif.
Bien qu'elles soient fabriquées à la main, Gober façonne ses sculptures pour qu'elles paraissent aussi
« vraies » que possible – l'attention qu'il porte à la fabrication intensifie l'impact émotionnel et narratif
de ses singulières sculptures et de ses envoûtantes installations environnementales. Comme Gober, Kelley
utilise des objets pour raconter une histoire, tout en faisant souvent basculer ses œuvres sculpturales
extrêmement chargées dans le royaume de la performance, comme c'est le cas pour *Extracurricular Activity
Project Reconstruction # 1 (Domestic Scene)*, 2000.

L'héritage du formalisme européen et du modernisme dans le domaine de la sculpture s'exprime
au mieux dans l'œuvre de Franz West, l'un des « doyens » de l'exposition. Son approche unique de
la sculpture est une réaction vis-à-vis de l'actionnisme viennois et de l'abstraction européenne d'après-
guerre. Ses sculptures en papier mâché, perchées sur des socles, des plinthes, ou des tables allient
le recours à des formes anthropomorphes à une peinture gestuelle et abstraite très colorée. Aux côtés
de ses sculptures « autonomes », West est également célèbre pour ses meubles conçus pour que le public
puisse s'asseoir, contempler ou simplement paresser. La contribution fournie par l'artiste à cette
exposition est un *Gesamtkunstwerk* environnemental intitulé *Oasis*. L'œuvre présente cinq sculptures
excentriques de divans, installées dans une salle donnant sur le Grand Canal. Conçu à partir d'une
structure grillagée, à la fine trame métallique, recouverte de matelas gonflables, cet ensemble de
sculptures interactives sera entouré des peintures murales de l'artiste géorgienne Tamuna Sirbiladze, qui
collabore souvent avec West. Les tonalités vertes, bleues, mauves et violettes de ses peintures – qui
se fondent sur l'évocation des peintures tardives et pseudo-abstraites de Monet et, dans une version
brutaliste, de l'abstraction lyrique de Joni Mitchell – créent un environnement attirant pour cette
« sculpture conviviale ».

Dix siècles d'histoire de l'art

Bien que *Sequence 1* soit une exposition de l'art du XXIe siècle, son ADN contient au moins dix siècles d'histoire de l'art. Depuis la réinterprétation d'une scène de combat équestre, tirée de la tapisserie de Bayeux du XIe siècle, de Laura Owens jusqu'à l'appropriation, de la part de Marlene Dumas, du *Christ mort* exécuté au XVIe siècle par Hans Holbein, les artistes présentés dans le cadre de cette exposition ne peuvent certainement pas être accusés de manquer de mémoire artistique. En passant d'une galerie à l'autre, les visiteurs ne seront pas uniquement confrontés aux « nouveautés » de l'art, mais ils seront également en mesure de déchiffrer les nombreuses allusions aux époques artistiques du passé. Dans leurs œuvres, des artistes comme Martial Raysse, Anselm Reyle et Laura Owens font des allusions délibérément explicites à des icônes de l'histoire de l'art. Outre sa réinterprétation de la tapisserie de Bayeux, Laura Owens s'est inspirée, pour sa toute dernière peinture, du célèbre chef-d'œuvre d'Henri Matisse *La Joie de vivre*, sa version faisant appel, elle, à une palette éclatante et fluorescente. Anselm Reyle ressuscite quant à lui tout un répertoire de styles associés au Modernisme – renvoyant directement à un ensemble éclectique d'abstraits du XXe siècle tels Blinky Palermo, Ellsworth Kelly, Richard Tuttle et Otto Freundlich. Au début des années 1960, pour sa série *Made in Japan*, Martial Raysse utilise des références à des œuvres célèbres d'Ingres, du Tintoret ou de Cranach, sur lesquelles il base ses précoces peintures-assemblages réhaussées de couleurs néon. À l'inverse, des artistes tels que Richard Prince, Kristin Baker et Rudolf Stingel préfèrent dissimuler leurs citations artistiques. Pour un œil averti, le recours de Prince à des images superposées dans ses peintures de la série *Metropolis* semble renvoyer de manière déguisée aux palimpsestes photographiques des premières peintures de Robert Rauschenberg. De la même manière, l'imagerie abstraite unique en son genre proposée par Baker semble être le résultat de son assimilation sélective de l'art du XXe siècle, comme le montrent les renvois au futurisme italien et à l'expressionnisme abstrait de ses peintures les plus récentes. Dans ses installations, comme dans ses peintures, l'œuvre de Stingel évoque l'atmosphère de l'art rococo sans jamais citer spécifiquement des œuvres du XVIIIe siècle. Parfois, la simple présence d'un papier peint damassé ou d'un chandelier en cristal suffit à suggérer le parfum de cette période – un élément récurrent de l'œuvre de Stingel – tout en évoquant son héritage italo-autrichien.

En ma qualité de commissaire de cette exposition, j'ai essayé de fournir dans les pages qui suivent une description détaillée de la contribution de chaque artiste, en mettant l'accent sur la manière dont chacun d'eux s'est approprié le médium choisi ainsi que sur des éléments d'histoire de l'art qui informe leurs œuvres respectives. Cette exposition nous prouve, comme c'est le cas à chaque fois, que l'histoire de l'art n'est pas une succession de chapitres clos mais une série merveilleusement désordonnée de superpositions, de ruptures, de continuités – un constat que les nobles salles au passé illustre de Palazzo Grassi mettent encore davantage en évidence.

NOTE

[1] Nicolas Bourriaud, *Postproduction: La culture comme scénario*, Dijon, Les Presses du Réel, 2004.

Kristin Baker

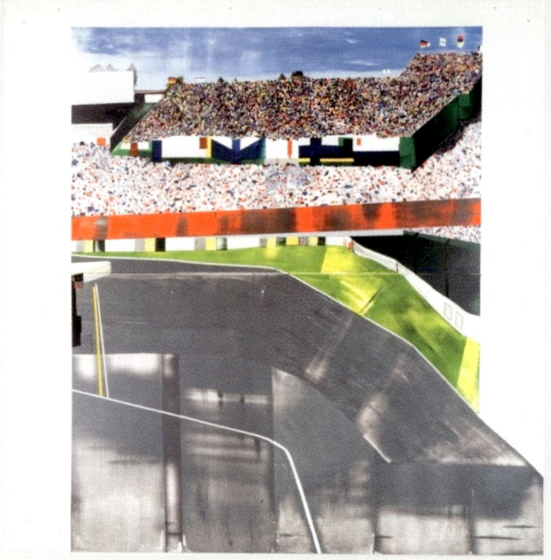

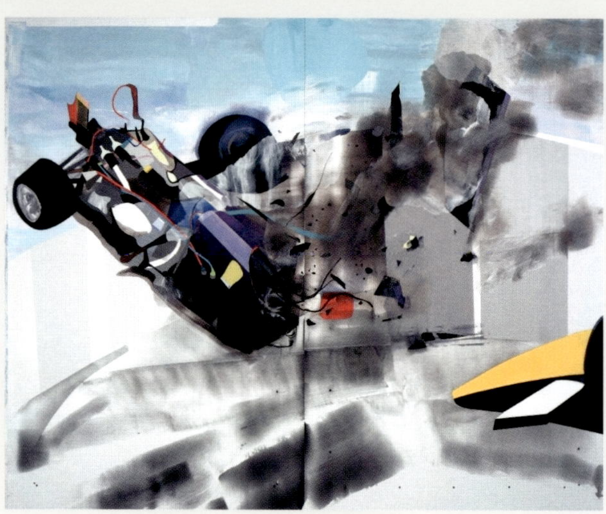

« Le monde de la course automobile est très fascinant », explique la jeune artiste peintre américaine Kristin Baker. *« Une piste automobile est un vaste paysage de toutes les couleurs, de grandes dimensions, et un choc entre le naturel et l'artificiel. »*

Bien que cela puisse surprendre, le sport automobile est à la base du travail artistique de Kristin Baker, unique en son genre, et qui dérive de son immersion personnelle dans le monde du sport. Exécutées à l'aide de matériaux peu orthodoxes – le plastique et la peinture acrylique appliqués sur de grands panneaux en PVC à l'aide de spatules – ses peintures mêlent des éléments abstraits et figuratifs pour capturer le spectacle archétypique de la course automobile : une piste écrasée de soleil entourée de grilles en métal émoussées, des tribunes bondées, un ciel strié par des gaz d'échappement et des nuages de fumée, des voitures rebondissant sur les rails de sécurité.

L'idée de fondre un sport populaire et « prolétaire » avec l'héritage de la peinture d'après-guerre américaine pourrait sembler absurde, mais Kristin Baker établit un parallélisme convaincant entre ces deux mondes. Comme son travail le montre bien, la lutte constante entre l'ordre et le chaos – l'accident et le contrôle – caractérise ces deux univers. Son recours à des couleurs vibrantes, son sens de la composition et sa maîtrise des proportions reflètent parfaitement le dynamisme visuel de la piste automobile tout en maintenant un lien très fort avec l'abstraction new-yorkaise. Kristin Baker avoue partager l'obsession des futuristes italiens pour la vitesse et le progrès technologique, tandis que ses œuvres stratifiées et vigoureuses d'un point de vue formel renvoient notamment aux contrastes simultanés de Robert Delaunay et aux formes mécano-organiques de Francis Picabia. Cependant, contrairement aux futuristes idéalistes et utopistes et aux autres précurseurs du modernisme, l'artiste exprime un sentiment ambivalent par rapport aux progrès technologiques et à la fascination pour la violence de la société contemporaine.

À l'occasion de la première exposition de son travail en Italie, Kristin Baker présente son œuvre la plus récente, *Flying Curve, Differential Manifold* [Courbe volante, multiplicité différentielle] (2007). S'inspirant partiellement de la dernière peinture sur toile de Duchamp, *Tu m'* (1918), elle crée une peinture abstraite sur des panneaux de plexiglas montés sur un support en saillie mesurant plus de neuf mètres de long. L'éventail de couleurs et de formes kaléidoscopiques n'évoque pas seulement sa fascination pour le spectacle des voitures

de course, mais contribue également à créer une expérience sensorielle qui transcende la peinture traditionnelle.
Sa décision d'élever une structure de « courbe volante » et de peindre sur du plexiglas est motivée, selon ses mots,
par son désir « de donner l'impression que la peinture s'envole du mur pour aller au-delà de la vision
périphérique de l'observateur afin de souligner l'expérience de la peinture tout en suggérant la sensation
de vitesse ».

Alors que ses œuvres précédentes présentaient des références visibles au monde de la course automobile,
Flying Curve, Differential Manifold évoque les thèmes récurrents du travail de Kristin Baker : chaos, catastrophe,
tragédie, triomphe, vitesse, collage, fragmentation – sans avoir recours à des éléments figuratifs. La peinture elle-
même devient le sujet de l'œuvre. Comme l'explique l'artiste : « Dans cette œuvre, je voulais essayer de faire
flotter la peinture, ce qui explique pourquoi j'ai choisi de peindre sur une surface de plexiglas translucide.
À travers la peinture flottante, je souhaite souligner la matérialité de quelque chose qui est traditionnellement
employé pour rendre la réalité. »

Avec sa technique unique et son support original, Kristin Baker amplifie les paramètres traditionnels
de la peinture tout en rendant hommage à sa riche histoire. Ses surfaces peintes synthétisent les différentes écoles
de l'abstraction, tandis que sa « courbe volante » renvoie à la peinture de paysage du XIXe siècle. Ici aussi,
le dispositif structurel ne peut être séparé de la peinture, et la peinture est partie intégrante de la structure.

KRISTIN BAKER

Kristin Baker est née en 1975 à Stamford, Connecticut. En 1998,
elle a obtenu son BFA à la School of the Museum of Fine Arts
and Tufts University de Boston. En 2002, elle a achevé sa
formation en passant le Master of Fine Arts en peinture à la
Yale University de New Haven, Connecticut.
Kristin Baker a participé à de nombreuses expositions
collectives internationales : mentionnons en particulier *Painting
Report*, P.S.1 Contemporary Art Center, New York (2002) ;
Loaded, Midway Contemporary Fine Art, Minneapolis (2002) ;
The Burnt Orange Heresy, Space 101, Brooklyn (2003) ; *Open
House: Working in Brooklyn*, Brooklyn Museum of Art, New York
(2004) ; *Greater New York*, P.S.1 Contemporary Art Center, New
York (2005) ; *USA Today*, The Saatchi Gallery, Royal Academy
of Arts Burlington Gardens, Londres (2006). Kristin Baker
a présenté sa première exposition personnelle en 2003 au
Deitch Projects, New York, une galerie qui est devenue une
référence pour l'artiste : c'est en effet là qu'elle a présenté pour
la deuxième fois ses œuvres dans l'exposition intitulée *Surge and
Shadow*, organisée au printemps 2007. Kristin Baker a exposé
au Centre Georges Pompidou de Paris en 2004 et à l'espace
Acme de Los Angeles en 2005.
Kristin Baker vit et travaille à New York.

BIBLIOGRAPHIE SÉLECTIONNÉE

Jennifer Gross, *Kristin Baker: Surge and Shadow*, catalogue
de l'exposition, New York, Deitch Projects, 2007.
Debra Singer, « First Take », *Artforum International*, janvier
2005, p. 143
Alison M. Gingeras, *Kristin Baker*, catalogue de l'exposition,
Paris, Centre Georges Pompidou, 2004.
Randy Gladman, « In the Moment with Kristin Baker »,
NYArts Magazine, janvier-février 2004.
Ken Johnson, « Fight or Flight », *New York Times*,
décembre 2004.
Peter Eleely, « Painting Report », *Frieze*, novembre-décembre
2002, p. 105.

Roberto Cuoghi

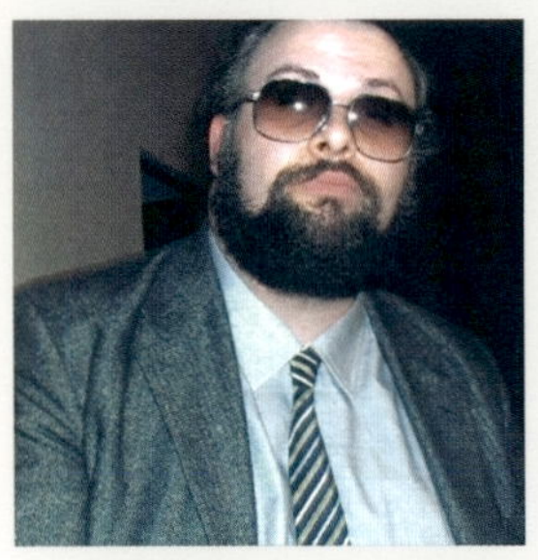

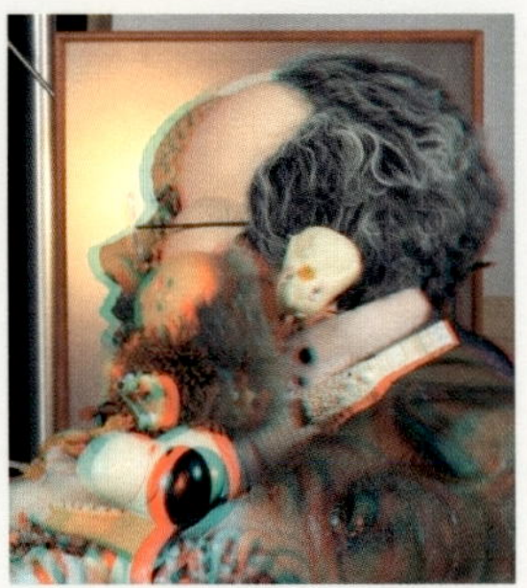

à gauche :
Roberto Cuoghi
Instantané de Roberto Cuoghi
« transformé » en son propre
père, vers 2000

à droite :
Roberto Cuoghi
Untitled, 2005
Impression lenticulaire
56 × 52 cm

Roberto Cuoghi est un caméléon. L'un des talents artistiques italiens les plus prometteurs a fondé son art sur un mélange imprévisible et hétérogène de supports et de sujets : il s'est transformé en son propre père pour une performance épique qui a duré sept ans, tout en pratiquant aussi des formes d'expression artistique plus traditionnelles.

Ainsi, en 1998, Cuoghi a décidé de « devenir » son vieux père. Alors qu'il était encore étudiant à l'Académie des Beaux-Arts de Brera, il s'est lancé dans une quête radicale pour accélérer son vieillissement (un processus qu'il n'a commencé à interrompre que très récemment). Durant sept ans, Roberto Cuoghi a adopté l'aspect, les signes particuliers et la manière de s'habiller de son père. Son poids s'est élevé à plus de 140 kilos, il a laissé pousser sa barbe, il a teint ses cheveux en gris et s'est retrouvé avec des poches chroniques sous les yeux et avec d'autres problèmes de santé qui en découlent. Sa garde-robe et ses lunettes étaient elles-mêmes adéquatement démodées. Sans l'aide d'aucun maquillage ni d'interventions chirurgicales à la manière d'Orlan, l'artiste italien « passait » de façon convaincante pour un homme d'environ soixante-cinq ans. Cuoghi ne s'était pas uniquement doté d'une personnalité publique. Ses actions correspondaient en effet à une étrange reprise d'*Oedipus rex* : plutôt que tuer son père, Cuoghi s'est approprié son identité. En l'absence d'une catégorie préexistante pour définir cette entreprise, l'artiste qualifie cet épisode de sa vie (et de son travail) de « transformation ». On pourrait même dire que cette « transformation » est le médium préféré de Roberto Cuoghi. Alors que sa pratique très éclectique utilise des moyens standards – incluant l'animation numérique, la bande dessinée, le dessin, la peinture, la photographie et l'écriture –, son activité principale est l'altération des expériences, des représentations et des attentes de la vie quotidienne.

Cette action transformatrice était déjà évidente dans ses premières œuvres. Dans sa première « pièce d'endurance », *Il coccodeista* (1997) – un terme dépourvu de sens qui rime avec « cubiste » ou « futuriste » –, il portait une grosse paire de lunettes qui a troublé sévèrement sa vision pendant cinq jours d'affilée. Ayant remplacé les verres normaux par des prismes « Pechan » – un objet optique utilisé pour inverser et renverser les images –, Cuoghi était à peine capable de marcher, sans parler de l'accomplissement d'autres tâches. Afin d' « enregistrer » les effets du handicap qu'il s'était imposé à lui-même, il a dessiné une série d'autoportraits et de poèmes anecdotiques, rendus par un gribouillage à la manière d'Antonin Artaud. Le goût de Roberto Cuoghi pour l'expérimentation d'une réalité changeante pourrait se réclamer des activités d'avant-garde de Raymond Hains et de Jacques Mahé de la Villeglé. Au début des années 1950, ce duo du Nouveau Réalisme s'est mis à réaliser des photographies, des films et des bouts de textes en remplaçant les lentilles d'un appareil photo (*Hypnagoscope*, 1952) ou les verres de leurs lunettes (*Lunettes en verre cannelé*, 1957) par du verre cannelé. Comme Hains et Mahé de la Villeglé avant lui, Roberto Cuoghi cherche différents moyens pour troubler son expérience de la réalité et pour déformer la représentation mimétique du « réel ». Presque cinquante ans plus tard, l'artiste italien semble incarner la déclaration révolutionnaire de Raymond Hains : « Les artistes abandonnent la création de l'art pour devenir des abstractions personnifiées. »

The Goodgriefies (2000), un court-métrage de cinq minutes, déplace la notion d' « abstraction personnifiée » du corps de l'artiste au monde du dessin animé. Dans une version animée du jeu de société surréaliste du « cadavre exquis », Roberto Cuoghi a disséqué, brouillé et recomposé des personnages tirés des dessins animés de Snoopy, Scooby-Doo, South Park, Popeye, les Simpsons, les Smurfs et les Flingstones, afin de créer un ensemble d'hybrides inquiétants. Sur fond de musique jazz entraînante, les créatures de Cuoghi commencent par parader de manière comique sur l'écran, comme pour faire étalage de leur aberration. Passant rapidement de l'inoffensif à l'horrible, le film atteint un *crescendo* comme si chacune des monstruosités animées de Roberto Cuoghi se délabrait progressivement : elles pètent, rotent, saignent et se compissent, avant de se décomposer. Morale de l'histoire : toutes les expériences de transformation ne finissent pas forcément bien.

Pour ses débuts au Palazzo Grazzi, Cuoghi a créé une nouvelle série d'œuvres utilisant une technique de peinture et dessin en clair obscur unique en son genre. Ces « peintures » se composent des « cartes » des neuf pays accusés par George W. Bush et par d'autres dirigeants politiques de protéger les terroristes et/ou de dissimuler des armes de destruction massive. En combinant l'utilisation du stylo, de l'encre, du fusain, du pastel, du marqueur, de la bombe de peinture et du vernis, Cuoghi a délimité les territoires de la Corée du Nord, de la Biélorussie, du Turkménistan, du Myanmar, de Cuba, de la Syrie, du Soudan, de la Libye et de l'Iran sur des couches de feuilles semi-transparentes en acétate et de vélin. Les fragments de chaque « carte » se superposent pour constituer un tout et faire apparaître, au fur et à mesure, l'image cartographique. Le jeu entre des matières opaques et transparentes crée un effet d'optique étonnant, qui n'est pas sans rappeler la qualité spectrale des daguerréotypes.

Alors que Cuoghi a déjà eu recours à cette technique extrêmement laborieuse pour le rendu de portraits ou de natures mortes, ces cartes géographiques poussent encore plus loin la force métaphorique de cette méthode si particulière. Le rendu spectral de ce processus de superposition unique créé par Cuoghi transforme la discipline de la cartographie en une sorte d'artisanat mystique. Sa technique inhabituelle amplifie la fascinante aura « secrète » et « maléfique » qui entoure ces pays du fait des allégations de Bush. Cuoghi nous rappelle que la cartographie ne reflète pas tant des vérités géographiques, mais qu'elle projette plutôt des fictions culturelles ou des agendas politiques sur des terrains « étrangers ».

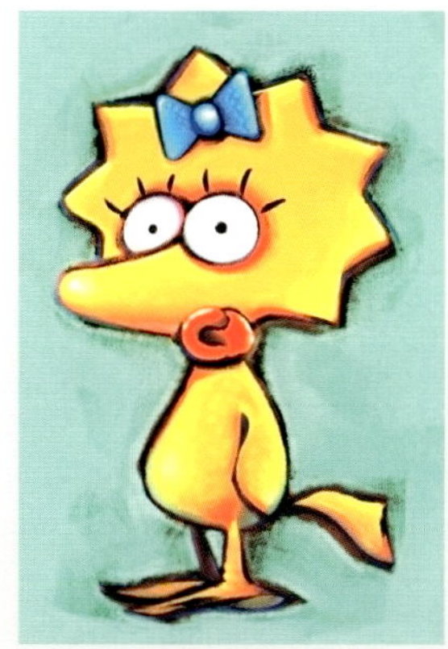

Roberto Cuoghi
The Goodgriefies, 2000
Arrêt sur l'image d'animation
vidéo (durée cinq minutes)

ROBERTO CUOGHI

Roberto Cuoghi est né en 1973 à Modène. Il a fait ses études à l'Académie des Beaux-Arts de Brera, où il a suivi les cours tenus par le professeur Garutti qui ont marqué sa formation culturelle et technique. Après avoir fréquenté l'Académie de Brera, Cuoghi ne s'est plus éloigné de Milan, où il vit et travaille encore maintenant. Roberto Cuoghi a présenté son travail dans de nombreuses expositions collectives, à partir de la première, *Orizzontale/Verticale*, organisée au Palazzo della Prefettura de Modène (1996), suivie par *Guarene Arte 99*, Palazzo Re Rebaudengo, Guarene d'Alba (1999). En 2001, il a participé à la première Biennale de Tirana, National Gallery et Chinese Pavilion ; l'année suivante, il a été invité à la quatrième édition de *Manifesta*, Francfort-sur-le-Main ; en 2003, il a exposé à la première Biennale de Prague, *Italy: Out of Order*, National Gallery, et il a participé au *Summer Program*, Apexart, New York. Il a ensuite présenté ses œuvres dans l'exposition *Paradiso e Inferno*, Fondazione Bevilacqua La Masa, Venise (2004) ; *La sindrome di Pantagruel*, T1 Torino Triennale Tremusei, Castello di Rivoli Museo d'Arte Contemporanea, Rivoli-Turin et autres lieux d'exposition (2005) ; *I Still Believe in Miracles: Dessins sans papier*, Couvent des Cordeliers – ARC/Musée d'Art Moderne de la Ville de Paris, Paris (2005) ; *Villa Jelmini: The Complex of Respect*, Kunsthalle Bern, Berne (2006) ; *Méditerranée*, Carré d'Art – Musée d'Art Contemporain de Nîmes, Nîmes (2007). Ses principales expositions personnelles sont : *Spazio Aperto* (avec Alberta Pellacani), Galleria Comunale d'Arte Moderna, Bologne (1997) ; *Foolish Things*, Eldorado project room, Galleria d'Arte Moderna e Contemporanea, Bergame (2003) ; Galleria Massimo De Carlo, Milan (2003, 2006) ; The Wrong Gallery, New York (2005) ; *Roberto Cuoghi – Mei Gui*, Centre International d'Art et du Paysage de l'île de Vassivière, Beaumont du Lac (2007).

BIBLIOGRAPHIE SÉLECTIONNÉE

Maurizio Cattelan, Massimiliano Gioni, Ali Subotnik (éd.), *Of Mice and Men*, 4e Biennale d'art contemporain de Berlin, catalogue de l'exposition KW Institute of Contemporary Art et autres lieux d'exposition, Berlin-Ostfildern-Ruit, Hatje Cantz, 2006, p. 214-215.
Milovan Farronato, « Roberto Cuoghi », *Contemporary*, n° 83, 2006, p. 48-51.
Alison M. Gingeras, « Roberto Cuoghi », *Artforum International*, été 2005, p. 316-317.
Gianfranco Maraniello, « Roberto Cuoghi curated by Maraniello », *Boiler - Viva! Italia*, n° 5, 2005, p. 48-57.
Massimiliano Gioni, « Sguardi/Views – Cuoghi e i fantasmi », *Carnet Arte*, n° 1, septembre-octobre 2003, p. 13-14.
Charlotte Laubard, « Critics' Picks – Roberto Cuoghi. Foolish Things », *Artforum International*, 9 janvier 2003.
Alessandro Rabottini, « Roberto Cuoghi. L'età incompleta », *Flash Art*, n° 238, février-mars 2003, p. 112-114 (avec couverture).
Jens Hoffmann, « Global Art – Roberto Cuoghi », *Flash Art International*, n° 213, octobre 2000.
Giorgio Verzotti, « It's Academic », *Artforum International*, mai 1998, p. 49.

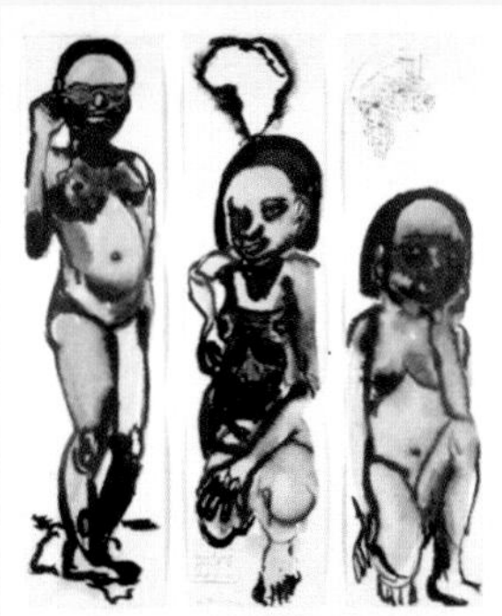

Marlene Dumas
Thinking about Africa, 1991
Encre, pastel et collage
sur papier
chaque dessin, 24 × 96,5 cm
Collection particulière

« Je peins parce que je suis une femme religieuse. (Je crois dans l'éternité.) La peinture ne fige pas le temps. Elle recycle et fait circuler le temps comme une roue qui tourne. Ceux qui étaient les premiers pourraient bien être les derniers. La peinture est un art extrêmement lent. Elle ne voyage pas à la vitesse de la lumière. Voilà pourquoi les peintres morts sont si resplendissants. »[1]

Cette citation tirée des songeries impertinentes de Marlene Dumas sur sa vocation nous aide à comprendre l'une de ses œuvres les plus emblématiques : *Gelijkenis I and II* [Ressemblance I et II] (2002). Accrochées l'une au-dessus de l'autre pour évoquer des corps à la morgue, ces deux étroites toiles horizontales représentent des figures pâles et squelettiques qui semblent gésir dans une veillée mortuaire. Le tableau du bas est un hommage au chef-d'œuvre d'Hans Holbein *Der Leichman Christi im Grabe* [Le Christ mort] (1521), alors que celui du haut est partiellement inspiré d'une image célèbre publiée par la presse « people », montrant Michael Jackson dormant dans sa chambre à oxygène, dans une tentative de conjurer son propre vieillissement. Comme l'a observé le critique Dominic van den Boogerd, « pour Marlene Dumas, l'art est, et a toujours été, une préparation à la mort »[2]. Marlene Dumas se place dans le sillage artistique de ses prédécesseurs et trouve dans la compulsion picturale un outil de lutte pour l'immortalité.

Peignant à coups de pinceaux libres et en accordant une attention particulière aux contours des figures, Marlene Dumas étend de fines couches de peintures à l'huile afin de créer ces portraits élégiaques. Cette technique, qui caractérise son style, intensifie l'impression d'égarement de ces corps allongés grandeur nature et elle produit un effet visuel à mi-chemin entre le réalisme médicolégal et l'intensité de la peinture religieuse. Le mélange de sources puisées dans l'histoire de l'art et dans l'imagerie de la culture pop (ici, les évocations parallèles du Christ et d'une pop star excentrique) est typique de la création de Marlene Dumas : l'artiste érige les qualités « immortelles » et intemporelles de l'art classique contre la banalité vulgaire de l'imagerie des mass média afin de créer une friction féconde. La tension entre l'ancien et le nouveau, entre l'éternel et l'éphémère, reflète l'intérêt de Marlene Dumas pour le processus d'« objectification » qui se produit chaque fois qu'un sujet humain est peint. Ce processus trouve ses racines dans ses années de formation en Afrique du Sud, où elle a vécu avant d'immigrer aux Pays-Bas dans les années 1970. Ayant grandi pendant l'Apartheid, l'artiste a été témoin des terribles injustices sociales qui sévissaient dans sa patrie et qui ont marqué son travail de manière indélébile. L'influence de ce contexte se perçoit dans le choix provocateur de son iconographie – couples interraciaux, femmes sexualisées à outrance, visages inquiétants, évocations graphiques d'enfants – et dans son désir paradoxal de séduire et en même temps de repousser l'observateur.

NOTES
[1] Marlene Dumas, « Women and Painting », *Parkett*, n° 37, 1993.
[2] Marlene Dumas, cité dans Dominic van den Boogerd, « A Good Looking Corpse », *Marlene Dumas: Suspect*, Milan, Skira, 2003, p. 21.

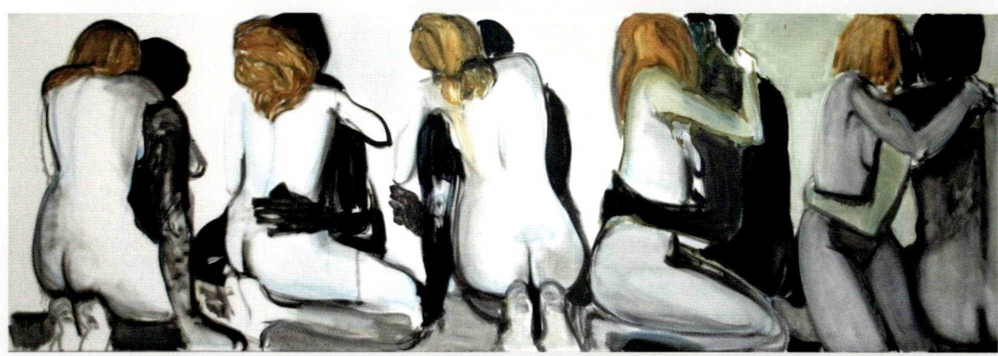

Marlene Dumas
Couples, 1994
Huile sur toile
99 × 300 cm
Collection particulière

MARLENE DUMAS

Marlene Dumas est née au Cap en 1953. En 1976, elle quitte
l'Afrique du Sud et part pour s'installer en Hollande, où elle
commence par étudier la peinture à l'Atelier '63 de Haarlem,
avant de s'inscrire à la faculté de psychologie de l'Université
d'Amsterdam, ville où elle s'installe définitivement et où elle vit
et travaille encore actuellement. Sa première exposition
personnelle a lieu à Paris en 1979 ; à partir de 1993, Marlene
Dumas commence à exposer à la Zeno X Galerie d'Anvers, qui
devient sa galerie de référence. Parmi ses autres expositions
personnelles, rappelons : *Miss Interpreted*, Van Abbemuseum,
Eindhoven (1992) ; Tate Gallery, Londres (1996) ; Museum für
Moderne Kunst, Francfort (1998) ; Centre Georges Pompidou,
Paris (2001) ; Art Institute of Chicago, Chicago (2003) ; *Suspect*,
Fondazione Bevilacqua La Masa, Venise (2003) ; Galerie
Zwirner & Wirth, New York (2005). C'est en 2007 qu'ont eu
lieu deux rétrospectives importantes au Metropolitan Museum
of Contemporary Art, Tokyo et à la National Gallery, Le Cap.
Les expositions collectives auxquelles elle a participé sont elles
aussi significatives : en 1982 et en 1992, Marlene Dumas est
invitée à participer aux septième et neuvième éditions de
Documenta à Kassel ; en 1995, elle participe à la Biennale de
Venise dans le Pavillon hollandais ; en 2003 et en 2005, elle
participe aux expositions du Pavillon italien. Nous rapellons
aussi les expositions : *Exorcism/Aesthetic/Terrorism*, Museum
Boijmans Van Beuningen, Rotterdam (2000) ; *Painting at the
Edge of the World*, Walker Art Center, Minneapolis (2001) ; *Non
Toccare Donna Bianca*, Fondazione Sandretto Re Rebaudengo,
Turin (2004) ; *Drawing from the Modern, 1975-2005*, Museum
of Modern Art, New York (2005) ; *Essential Painting*, National
Museum of Art, Osaka (2006) ; *Eros in Modern Art*,
Kunstforum, Vienne (2007).

BIBLIOGRAPHIE SÉLECTIONNÉE

Sandy Nairne, Sarah Howgate, *The Portrait Now*, Londres,
National Portrait Gallery, 2006.
Marlene Dumas – Female, Kunsthalle Helsinki, en collaboration
avec Sammlung Gernatz, Helsinki, 2005.
Marlene Dumas – Selected Works, New York, Zwirner & Wirth,
2005.
Marlene Dumas – Wet Dreams Watercolours, Ravensburg,
Städtische Galerie Ravensburg, 2005 ; textes de Jean-
Christophe Ammann.
Het Collectieboek – Van Abbemuseum, Eindhoven,
Van Abbemuseum, 2004.
Marlene Dumas – Suspect, par Gianno Romano, Venise,
Fondazione Bevilacqua La Masa, 2002 ; textes de Lars
Kwakkenbos.
Reconfiguration, Beijing, Central Academy of Fine Arts Gallery,
2001.
Marlene Dumas, Londres, Phaidon Press Limited, 1999 ; textes
de Bloom, Van Den Boogerd, Casadio.

Urs Fischer

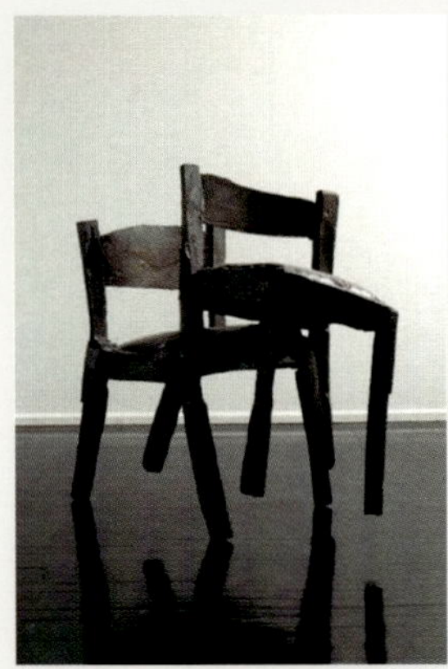

Urs Fischer
Chairs, 2002
Mousse de polyuréthane,
fausse peau de serpent, clous,
peinture acrylique
97 × 85 × 91 cm

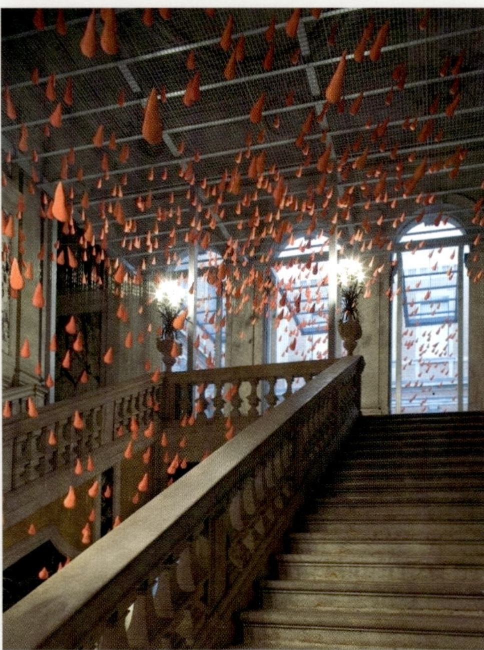

Urs Fischer
Vintage Violence, 2004-2005
Plâtre, peinture à base
de résine, morceaux de métal,
nylon
Dimensions variables
Installation à Palazzo Grassi,
Venise
Collection François Pinault

Le néologisme « Pop Povera » s'applique parfaitement aux créations hétérogènes d'Urs Fischer, jeune artiste suisse spécialiste à la fois des formes bi et tridimensionnelles. Dans son travail, le recours fréquent à des matériaux simples, faits à la main, et parfois à des objets de récupération, trahit une solidarité esthétique avec l'*arte povera*. Quant à son style graphique parfois inspiré de la bande dessinée et à ses thèmes saugrenus, ils révèlent une affinité avec le langage omniprésent du *Pop Art*. Bien que le *Pop Povera* ne soit pas un mouvement « officiel », ses connotations artisanales collent à la facture manuelle de l'œuvre de Fischer : son travail repose en effet sur des techniques artistiques traditionnelles, tout en évitant les dimensions rétrogrades qu'impliquent de telles méthodes.

En pénétrant dans l'atrium du Palazzo Grassi, le public se trouve face à l'une des œuvres les plus ambitieuses de Fischer. À la fois magnifique et grotesque, gigantesque et intimiste, *Jet Set Lady* (2000-2005) représente l'itinéraire spirituel de l'artiste sous la forme d'un arbre. Un tronc d'acier soudé haut de onze mètres porte un réseau dense de branches sur lesquelles « fleurissent » plus de deux mille reproductions de dessins, gravures et peintures réalisés au cours des cinq premières années de ce siècle. Urs Fischer explique que l'idée de cette œuvre inhabituelle lui est venue au moment où son atelier, aux murs intégralement couverts de dessins, débordait littéralement. Point de rencontre du talent pictural et sculptural de l'artiste, cette œuvre révèle une surprenante continuité thématique à travers ses dessins inspirés de la bande dessinée et ses sculptures figuratives. *Jet Set Lady* est la traduction de nombre des sujets favoris de l'artiste : sièges anthropomorphes, natures mortes improbables d'objets quotidiens, gouttes de pluie surréalistes, têtes et bouches dépourvues de corps, femmes nues et pensives, et un chat domestique omniprésent. Cette œuvre est une véritable anthologie qui donne corps à l'engagement amusé de l'artiste dans de nombreux genres et à travers une multiplicité de styles, du plus au moins « noble ». Fischer se délecte en réalisant portraits, natures mortes, vanités et scènes paysagères, mais aussi créations surréalistes et expressionnistes, caricatures et photomontages. Apothéose d'un artiste aux multiples facettes, la panoplie d'images de *Jet Set Lady* démontre l'habileté unique avec laquelle Fischer sait révéler la poésie et le sens existentiel des thèmes en apparence les plus communs.

Rien ne pourrait être plus banal qu'un paquet de cigarettes abandonné – le principal élément de *Nach Jugendstil kam Roccoko* [Après le Jugendstil vient le Rococo] (2006). Cette œuvre installée dans une des salles les plus majestueusement ornée du premier étage du Palazzo Grassi, pourrait au premier abord passer pour une pièce vide. Mais un examen attentif de l'espace révèle la présence d'un paquet vide et froissé de Camel Lights, dansant magiquement autour de la pièce dans un mouvement circulaire. Un bras motorisé accroché au plafond anime ce minuscule objet, qui pourrait passer inaperçu ou être pris pour un détritus errant. Le caractère humble du matériau de l'œuvre, de même que la simplicité délibérée du « truc » qui fait danser le paquet de cigarettes, contraste de façon austère avec le ton ironiquement hautain de son titre, qui est lui-même une plaisanterie, puisqu'il rend compte de façon inexacte de la progression de l'histoire de l'art. Chez Urs Fischer, le mélange d'humour subversif, de matériaux « pauvres » et de références tirées de l'histoire de l'art, unis à une utilisation inattendue de l'espace, transforment un artéfact commun de la vie quotidienne en une œuvre d'art poétique.

URS FISCHER

Urs Fischer est né en 1973 à Zurich. Il a étudié la photographie pendant plusieurs années à la Schule für Gesta de Zurich, avant de faire des séjours dans les résidences d'artistes d'Amsterdam (De ateliers) et de Londres, en 2000 (Delfina Studios). Fischer a remporté de nombreux prix dès le début de sa carrière : le Bundesamt für Kultur, l'Eidgenössisches Stipendium für freie Kunst (1995), le Kiefer-Hablitzel Stipendium (1997) et le Providentia-Preis, YoungArt (1999).
De nombreuses expositions personnelles lui ont été consacrées : citons en particulier *Espressoqueen – Worries and other stuff you have to to think about before you get ready for the big easy*, Galerie Hauser & Wirth & Presenhuber, Zurich (1999) ; *Without a Fist – Like a Bird*, Institute of Contemporary Art (ICA), Londres (2000) ; *315*, Centre Georges Pompidou, Paris (2004) ; Hamburger Bahnhof, Flick Collection, Berlin (2005) ; *Fig, Nut & Pear*, Gavin Brown's Enterprise, New York (2005) ; Galerie Massimo De Carlo, Milan (2006) ; *Oh. Sad. I see*, The Modern Institute, Glasgow (2006) ; *Paris 1919*, Museum Boijmans van Beuningen, Rotterdam (2006) ; Cockatoo Island Project, Sydney (2007) ; *Biennale – 52nd International Art Exhibition*, Venise (2007). Il a également participé à de nombreuses expositions collectives : Fondazione Sandretto Re Rebaudengo per l'Arte, Turin (1997) ; *Eidgenössische Preise für Freie Kunst*, Kunsthalle Zürich, Zurich (1999) ; *Manifesta 3*, European Biennial of Contemporary Art, Ljubljana (2000) ; *Durchzug-Draft*, Kunsthalle Zürich, Zurich (2003) ; *Dreams and Conflicts: The Viewer's Dictatorship*, Biennale de Venise (2003) ; *Monument to Now*, Deste Foundation, Athènes (2004) ; *Skulptur: Prekärer Realismus zwischen Melancholie und Realismus*, Kunsthalle Wien, Vienne (2004) ; *Universal Experience: Art, Life, and the Tourist's Eye*, Museum of Contemporary Art, Chicago (2005) ; *Day for Night*, Whitney Biennial, New York (2006) ; *"Where Are We Going?" Selections from the François Pinault Collection*, Palazzo Grassi, Venise (2006) ; Biennale d'art contemporain de Lyon (2007).
Urs Fischer vit et travaille à New York.

BIBLIOGRAPHIE SÉLECTIONNÉE

Urs Fischer, *Mary Poppins*, catalogue de l'exposition, Blaffer Gallery, Art Museum of the University of Houston, 2006.
Urs Fischer, *Paris 1919*, Zürich, JRP Ringier, 2006.
Garrick Jones, Urs Fischer, *Good Smell, Make up tree*, Zürich, JRP Ringier, 2006.
Urs Fischer, *Kir Royal*, catalogue de l'exposition, Kunsthaus Zürich, 2004.
Alison M. Gingeras, *Urs Fischer*, catalogue de l'exposition, Paris, Espace 315, Centre Pompidou, 2004.
Alison M. Gingeras, « Openings Urs Fischer », *Artforum International*, 2003.

Robert Gober

à gauche :
Robert Gober
Untitled, 1985
Plâtre, bois, acier, grille
métallique, émail semi brillant
73 × 63,5 × 52 cm
Collection du Museum
of Modern Art, New York

à droite :
Robert Gober
Untitled, 2006-2007
Bois, émail
68,5 × 99 × 99 cm

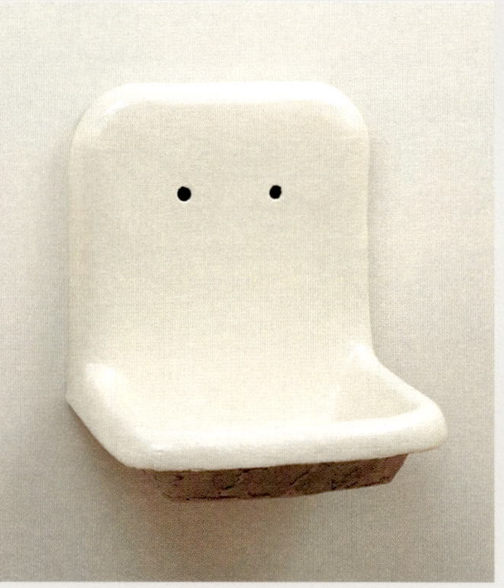

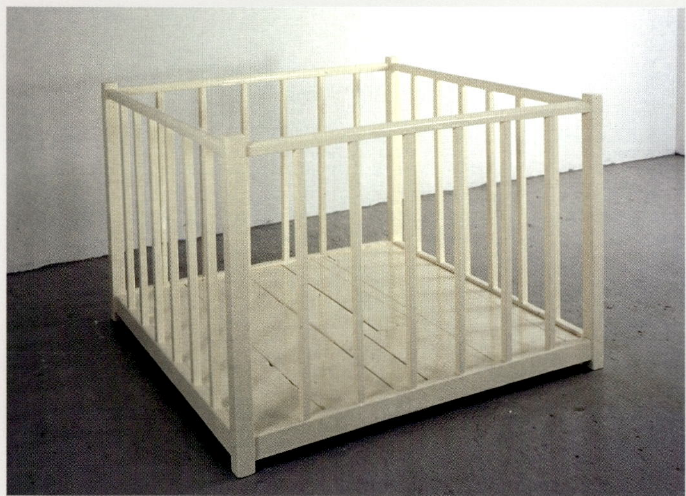

Les objets ordinaires sont investis d'une aura troublante dans l'œuvre de Robert Gober. Les portes, les ampoules électriques, les éviers, les journaux, les bougies et les lits, qui occupent une place anodine dans nos vies quotidiennes, se chargent de significations et de souvenirs personnels entre les mains de Gober : ils glacent l'observateur qui se sent envahi à leur contact par un sentiment d'appréhension. Gober décrit ainsi sa méthode ancrée dans l'autobiographie : « *soigner une image qui me hante et la laisser s'installer et se développer dans mon esprit. Si elle devient évocatrice, j'essaierai ensuite de lui donner une forme. Est-ce que cela pourrait être une sculpture intéressante à regarder ?*[1] » Pour créer une œuvre, Gober n'utilise jamais des objets trouvés ; il les crée *ex novo* et artisanalement – dépositaires de ses peurs et de ses désirs[2] – pour qu'ils aient l'air d'avoir été achetés dans un magasin. C'est seulement après une inspection attentive que l'on comprend que les sculptures d'évier de Gober, par exemple, ont été méticuleusement fabriquées avec du plâtre, ou que ses piles de journaux contenant des « articles » écrits par l'artiste lui-même, empaquetés et prêts à être mis à la poubelle, sont fausses.

Rencontrer des sculptures de Gober c'est un peu comme examiner attentivement des indices sur la scène d'un crime. Son installation *Door with Lightbulb* [Porte avec ampoule] (1992) ressemble à un hall peu fréquenté ou à un vestibule mal entretenu. Une fois entré dans cet espace, le visiteur est comme alarmé par l'ampoule électrique rouge nue (elle aussi faite à la main) qui luit de manière sinistre au-dessus de l'encadrement de la porte, mais il est en même temps attiré par le rai de lumière brillante qui filtre sous la porte fermée. Des paquets de journaux sont empilés des deux côtés de la porte, comme s'ils attendaient d'être jetés. Le visiteur est obligé de scruter minutieusement chaque détail de cet espace pour déchiffrer la signification de ces indices. Comme dans beaucoup d'installations de Gober, une sensation d'ambiguïté, d'aliénation et d'étrangeté envahit la scène, même si aucune histoire n'y est racontée et si aucun événement réel n'y est mentionné. Comme l'a observé le critique Dave Hickey, « on nous dit avec insistance qu'il y a une histoire ici, mais on ne nous dit pas ce que c'est ; nous progressons donc avec la logique associative de notre rêverie.[3] »

Une deuxième œuvre de Gober, tout aussi obsédante, est exposée dans une salle voisine. *Untitled* [Sans titre] (1991) est une jambe d'homme aussi inquiétante que réaliste, faite en cire d'abeille, entièrement

« vêtue » avec une chaussette, une chaussure, une jambe de pantalon, et couverte de véritables poils humains. Le membre amputé est placé sur le sol de manière surréaliste et une bougie y a même poussé juste au-dessus du genou. Cette sculpture troublante a été en partie inspirée par les souvenirs d'enfance de l'artiste : « *Je me suis souvenu que ma mère travaillait comme infirmière dans un bloc opératoire et que quand nous étions enfants, elle nous racontait des histoires à propos de l'hôpital. L'une de ses premières opérations a été une amputation. Les médecins ont coupé une jambe et la lui ont tendue* [4]. » Robert Gober a également attribué l'origine de cette œuvre à une experience érotique qu'il a connue en observant la jambe partiellement exposée d'un passager dans un avion [5]. En modelant cette sculpture fétichiste et perverse, l'artiste a littéralement réuni mémoire et désir, sexualité et mortalité, Éros et Thanatos.

NOTES

[1] James Romaine, « Closer to Heaven: The Art of Robert Gober », *Image: A Journal of the Arts and Religion*, automne 2000, p. 28.

[2] *Ibid.*, p. 28.

[3] Dave Hickey, « In the Dancehall of the Dead », dans *Robert Gober*, New York, Dia Foundation of the Art, 1992, p. 21.

[4] Robert Gober, cité par Joan Simon dans « Robert Gober and the Extra Ordinary », dans *Robert Gober*, catalogue de l'exposition, Museo Nacional Centro d'Arte Reina Sofía, Madrid, 1993, p. 17.

[5] Brenda Richardson, *A Robert Gober Lexicon*, New York, Steidl mm, 2005, p. 19.

ROBERT GOBER

Robert Gober est né en 1954 à Wallingford, Connecticut. Sa formation artistique a commencé en 1973 à la Tyler School of Art, Rome. À partir de 1976, il a suivi les cours du Middlebury College, Vermont.

Dès le début de sa carrière, Gober a conçu, réalisé et installé, en tant que commissaire, plusieurs projets pour des galeries et des institutions américaines. En 1986, il a organisé à la Cable Gallery de New York une exposition avec ses premiers travaux et avec des œuvres de Nancy Shaver, Alan Turner et Meg Webster. En 1988, il a élaboré une installation *in situ* pour l'exposition *Utopia Post Utopia* à l'Institute of Contemporary Art de Boston. En 1999, il a organisé une exposition collective à la Matthew Marks Gallery de New York. Le parcours de Robert Gober est également jalonné de nombreuses expositions collectives : *Biennial Exhibition*, Whitney Museum of American Art, New York (1989) ; *Devil on the Stairs: Looking Back on the Eighties*, Institute of Contemporary Art, Philadelphie (1991) ; *Documenta IX*, Cassel (1992) ; *The Carnegie International 1995*, The Carnegie Museum of Art, Pittsburgh (1995) ; *Objects of Desire: The Modern Still Life*, The Museum of Modern Art, New York (1997) ; *Wounds*, Moderna Museet, Stockholm (1998) ; *Singular Forms (Sometimes Repeated): Art from 1951 to the Present*, Guggenheim Museum, New York (2004) ; *Into Me/Out of Me*, P.S.1 Contemporary Art Center, Long Island City, New York – KW Institute for Contemporary Art Berlin, Berlin ; Macro al Mattatoio, Rome (2006-2007). Parmi ses expositions individuelles, mentionnons en particulier la première, *Slides of a Changing Painting*, à la Paula Cooper Gallery, New York (1984), suivie par *Robert Gober*, The Art Institute of Chicago, Chicago (1988) ; Museum Boymans van Beuningen, Rotterdam et Kunsthalle Bern, Berne (1990) ; Serpentine Gallery, Londres (1993) ; *Robert Gober: Sculpture + Drawing*, Walker Art Center, Minneapolis – Rooseum Center for Contemporary Art, Malmö – Hirshhorn Museum and Sculpture Garden, Smithsonian Institution, Washington, D.C. – San Francisco Museum of Modern Art, San Francisco (1999) ; 49e Biennale de Venise, Pavillon des États-Unis, Venise (2001) ; *Robert Gober Displacements*, Astrup Fearnley Museet for Moderne Kunst, Oslo (2003) ; Matthew Marks Gallery, New York (2007). Robert Gober vit et travaille à New York.

BIBLIOGRAPHIE SÉLECTIONNÉE

Matthew Drutt, *Robert Gober: The Meat Wagon*, Houston, The Menil Collection, 2005.

Brenda Richardson, *A Robert Gober Lexicon*, 2 vols., New York, Matthew Marks Gallery, 2005.

Robert Gober, James Rondeau et Olga Viso, *Robert Gober: The United States Pavilion: 49th Venice Biennale, 2001*, Chicago/Washington D.C., The Art Institute of Chicago/Smithsonian Institution, 2001.

James Romaine, « Closer to Heaven: The Art of Robert Gober », *Image: A Journal of the Arts and Religion*, automne 2000.

Robert Gober: Sculpture + Drawing, Minneapolis, Walker Art Center, 1999 ; textes de Richard Flood, Gary Garrels et Ann Temkin.

Robert Gober, New York, Dia Center for the Arts, 1993 ; texte de Dave Hickey.

Robert Gober, catalogue de l'exposition, Madrid, Museo Nacional Centro de Arte Reina Sofía, 1993.

Roberta Smith, « The Reinvented Americana of Robert Gober's Mind », *The New York Times*, 13 octobre 1989, p. C28.

Gary Indiana, « A Torture Garden », *The Village Voice*, 27 octobre 1987, p. 105.

Subodh Gupta

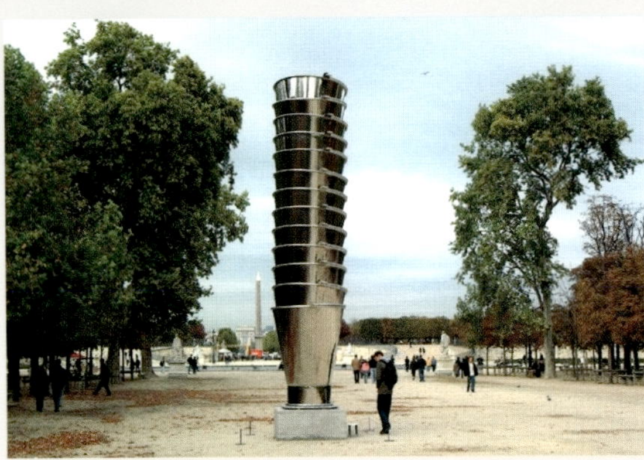

Subodh Gupta
Giant Leap of Faith, 2006
Acier inoxydable
700 × 180 × 180 cm

« Toutes ces choses faisaient partie du contexte dans lequel j'ai grandi. Elles sont utilisées dans les rituels et dans les cérémonies qui faisaient partie de mon enfance. Les Indiens se souviennent d'elles depuis leur jeunesse, ou bien ils voudraient s'en souvenir. »[1]

La pratique artistique de Subodh Gupta joue consciemment sur des « clichés » de la vie de tous les jours en Inde. Bien qu'il travaille dans plusieurs disciplines (les performances, la photographie, la vidéo et les installations), Gupta est surtout connu pour ses sculptures constituées d'accumulations d'objets quotidiens, par exemple des machines vétustes ou des ustensiles de cuisine en inox. Gupta est né dans l'État du Bihar, qui est considéré comme la région la moins développée de l'Inde : tirant son inspiration de ses années de formation dans cet environnement agricole, il évoque les tensions que connaît actuellement son pays entre la tradition et la modernité par des œuvres qui renvoient de manière évidente à la vie indienne contemporaine. *This Side is the Other Side* [Ce côté est l'autre côté] (2002), un moulage en bronze et en aluminium d'un moteur de Vespa recouvert de bidons de lait, est caractéristique de cette approche, de même que *Vehicle for the Seven Seas* [Véhicule pour les sept mers] (2004), une sculpture constituée du moulage en aluminium d'un chariot à bagages surchargé de paquets, ressemblant à ceux que poussent les habitants pauvres des villes. Dans d'autres œuvres, Gupta monumentalise les humbles objets de la vie rurale en recourant souvent à des emprunts à l'histoire de l'art occidental. Ainsi, avec *Giant Leap of Faith* [Gigantesque pas de foi] (2006), il transforme un tas de simples seaux moulés en aluminium, en une pile verticale rappelant la *Colonne sans fin* de Brancusi (1918).

L'une des œuvres de Gupta les plus représentatives à ce jour, *Very Hungry God* [Dieu très affamé] (2006), est exposée sur une plateforme sur le Grand Canal devant le Palazzo Grassi. Ce *memento mori*, un énorme crâne humain constitué d'un fatras de pots, de récipients et d'ustensiles de cuisine en inox, éblouit le visiteur en raison de son échelle et de sa matérialité brillante, mais aussi parce qu'il transforme de manière extrêmement réussie des objets de la vie de tous les jours en un monument dédié au caractère éphémère de la vie humaine. Comme beaucoup d'autres œuvres de l'artiste indien, *Very Hungry God* est un commentaire métaphorique des forces culturelles conflictuelles qui sont en jeu dans son pays : le penchant de l'artiste pour l'accumulation de « choses » évoque l'accélération rapide de l'économie indienne, alors que la banalité des objets ménagers qu'il emploie reflète l'extrême privation des classes indiennes les plus pauvres. Cette œuvre est à la fois une méditation sur notre mortalité et une élégie à la disparition rapide des styles de vie « simples » de la paysannerie indienne.

NOTE

[1] Randeep Ramesh, « The Damien Hirst of Dehli », *The Guardian*, 20 février 2007.

Subodh Gupta est né en 1964 à Khagaul, en Inde. Après des
études de peinture au College of Arts and Crafts de Patna,
il a passé les premières années de sa formation à voyager avec
un groupe Hindi de théâtre et langage, exerçant plusieurs
métiers, comme acteur, designer et artisan. Son éclectisme
et ses liens avec l'Inde sont aujourd'hui visibles dans les
disciplines disparates qu'il utilise, comme la peinture, les
installations, la photographie, la vidéo, même si sa technique
prédominante demeure la sculpture.
Sa première exposition personnelle a eu lieu à la Shridhani Art
Gallery de New Delhi, en 1989. Citons ensuite : Jehangir Art
Gallery, Bombai (1990) ; Academy of Fine Arts and Literature,
New Delhi (1995) ; Gallery FIA, Amsterdam (1999) ; Art
& Public Cabinet, Genève (2003) ; Galerie in Situ, Paris
(2005) ; Baltic Center for Contemporary Art, Gateshead
(2007). Expositions collectives : *Indo-Cuban*, Lalit Kala
Academy, New Delhi (1996) ; *Nature Morte. Indian Artists*,
Sydney (1999) ; Kwangju Biennale 2000, Kwangju (2000) ;
Post Production (Sampling, Programming & Displaying), Galleria
Continua, San Gimignano (2001) ; *Kapital and Karma*,
KunstWein, Vienne (2002) ; *Universal Experience (Art, Life, and the
Tourist's Eye)*, Museum of Contemporary Art, Chicago (2005) ;
Contemporary India, Palais des Beaux-Arts de Bruxelles (2006) ;
Moscow Biennale of Contemporary Art, Musée Lénine,
Moscou (2007).
Subodh Gupta vit et travaille à New Delhi.

BIBLIOGRAPHIE SÉLECTIONNÉE

Paul Ardenne, « Subodh Gupta, réalités croisées », *Artpress*,
n° 319, janvier 2006.
Philippe Dagen, « Deux allers pour Bombay », *Le Monde*,
26 novembre 2006.
Philippe Dagen, « Les artistes indiens s'affirment à l'heure
universelle », *Le Monde*, 22 octobre 2005.
Roxana Azimi, « L'Inde s'installe, entre ironie et tradition »,
Le Monde, 16 octobre 2005.
Somini Sengupta, « Indian Artists Comment on a Booming
Economy While Helping to Fuel It », *The New York Times*,
20 septembre 2006.

David Hammons

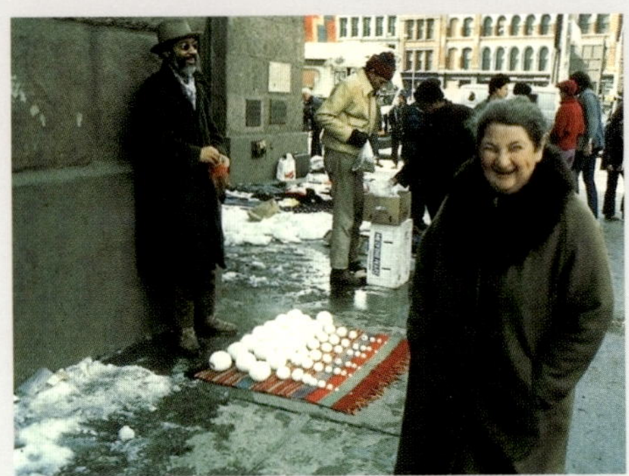

David Hammons
Bliz-aard Ball Sale,
New York, 1983

« *Tragic Magic* » est une expression de David Hammons pour décrire son travail très évocateur, alchimique[1]. Maître dans l'art de jeter le trouble, Hammons a construit une œuvre qui est l'une des plus indéfinissables, énigmatiques et influentes dans le paysage de l'art américain contemporain. Nourrie de références à la culture afro-américaine, sa pratique iconoclaste va des sculptures-assemblages et des travaux sur papier destinés à des galeries et réalisés avec des matériaux très « chargés » culturellement – des mèches de cheveux noirs ramassées sur le sol d'un salon de coiffure, des os de poulet, des bouteilles de vin, des ballons de baskets recouverts de crasse – jusqu'à de plus éphémères « performances » en milieu urbain, comme sa désormais légendaire vente de boules de neige à Harlem Street, intitulée *Bliz-aard Ball Sale* (1983). L'art de Hammons est le résultat d'un croisement de très nombreux courants d'avant-garde – l'emploi de matériaux ready-made et de jeux de mots spirituels à la Duchamp, le mélange radical de politique et de poésie typique de l'*arte povera*, l'engagement situationniste par rapport à la vie de la rue – et il produit des œuvres provocatrices qui saisissent des instantanés de la *Black Experience*. Au sujet de son propre héritage artistique, Hammons a reconnu : « *Ce que je fais n'est pas nouveau. J'ai recours à de vieux outils déjà utilisés par les blancs, mais je le utilise pour transmettre ma propre culture, tout comme nous transmettons notre culture à travers le patrimoine historique européen.* »[2]

C'est une sélection des premières œuvres de Hammons, très rarement exposées, qui est notamment présentée au Palazzo Grassi. Lorsqu'il vivait à Los Angeles à la fin des années 1960, l'artiste a créé une série d'empreintes corporelles où l'empreinte de son propre corps est associée à de la peinture et du collage. Après avoir recouvert d'huile et de gras des feuilles de papier et y avoir parsemé des pigments en poudre, Hammons est parvenu à obtenir une image très précise de son corps. Son visage et son corps devinrent le cœur de tableaux satiriques qui affrontent le thème de l'identité raciale, en reflétant l'atmosphère politique explosive aux États-Unis dans les années 1960 et 1970. *I Dig the Way This Dude Looks* [J'aime l'allure de ce type] (1971) montre un afro-américain de profil qui serre entre ses bras un drapeau américain, qui vient dissimuler et littéralement prendre la place de son torse. Une autre œuvre, *Black Mohair Spirit* (1971), présente une empreinte du visage de David Hammons décorée avec de la ficelle, des franges de balai, des perles, des plumes et des ailes de papillon. Cette œuvre qui évoque de manière ludique l'« afrocentrisme » des années 1970 est un portrait de l'artiste en chaman. Hammons commente ainsi ces premières œuvres : « Je pense qu'il est de mon devoir moral en tant qu'artiste noir de tenter de traduire graphiquement ce que je ressens socialement. »[3]

Dans les années 1980, Hammons s'installe à New York et réalise souvent des œuvres liées au monde du basket, un sport qui est synonyme de l'Amérique noire à la fois par sa diffusion dans la culture urbaine de la rue et par le poids idéologique des grands thèmes qu'il soulève – des athlètes en grande majorité afro-américains jouent au sein d'équipes professionnelles détenues en majorité par des blancs. Dans l'une de ses plus célèbres interventions dans l'espace public, à Brooklyn, Hammons a transformé de très hauts pylônes de télégraphe en paniers de basket. Le titre de l'œuvre,

Higher Goals [Objectifs ambitieux] (1986), est une saisissante allusion à l'aspiration des afro-américains à devenir des sportifs professionnels, l'une des rares possibilités pour les jeunes noirs d'obtenir rapidement le succès. La sculpture *Untitled* [Sans titre] de 1989 présentée ici a la forme d'un panier de basket, mais le panneau du fond est constitué par le pare-brise d'un vieux modèle de Datsun et le poteau est recouvert de papier aluminium. Mélancolique et poétique, ce panier de basket rafistolé évoque la pauvreté de beaucoup de quartiers afro-américains et rend également hommage à la spontanéité des structures improvisées que l'on peut y trouver dans les rues.

Dans un geste poétique similaire, David Hammons a utilisé un vrai ballon de basket-ball pour faire des « dessins », dont deux sont exposés ici. En faisant rebondir un ballon sale sur de longues feuilles de papier verticales de la hauteur officielle d'un panier de basket, Hammons a obtenu des motifs gris et abstraits qui miment l'austérité de l'art minimaliste. Ces dessins typiques des gestes anti-artistiques de David Hammons transportent les épaves de la rue dans les salles immaculées du musée. Toujours d'une grande cohérence et d'un grand réalisme, Hammons souligne l'importance de la culture urbaine comme source d'inspiration de son œuvre : *« Le public de l'art est le pire public du monde. Trop cultivé, trop conservateur, toujours prêt à critiquer sans comprendre, il ne sait pas s'amuser. Pourquoi devrais-je passer mon temps à m'adresser à lui ? Le public de la rue est bien plus humain et son opinion vient vraiment du cœur. Il n'a aucune raison de jouer un rôle ; il n'a rien à perdre et rien à gagner. »*[4]

NOTES

[1] David Hammons cité dans Iwona Blazwick et Emma Dexter, « Rich in Ruins », *Parkett*, n° 31, 1992, p. 29.

[2] *Ibid.*, p. 27.

[3] Cité dans le texte de Jennifer Roberts sur David Hammons, dans Deborah Wye, *Artists and Prints: Masterworks from the Museum of Modern Art*, New York, The Museum of Modern Art, 2004, p. 212.

[4] Blazwick et Dexter, *op. cit.*, p. 26.

DAVID HAMMONS

David Hammons est né en 1943 à Springfield, Illinois. Il se forme à Los Angeles, où il fréquente de 1964 à 1965 le Trade Technical City College. En 1966, il suit les cours du Chouinard Art Institute et achève ses études en 1972 à la Parson's School of Design de New York. David Hammons est un artiste qui a toujours rejeté les clichés traditionnels (galeries, musées et critiques d'art) et qui a choisi de suivre un parcours différent, caractérisé par des gestes plus spontanés, sans se soumettre à aucune règle, comme le montrent ses célèbres performances provocatrices dans les rues de New York. Malgré ce choix de vie, de nombreuses expositions personnelles lui ont été consacrées : dans les années 1970 à Los Angeles, à la Brockman Gallery (1971) et à la Fine Arts Gallery (1974) ; puis viennent *The Window*, New Museum of Contemporary Art, New York (1980) ; *Rousing the Rubble*, P.S.1 Museum, Long Island City, New York (1990) ; *Yardbird Suite*, San Francisco Museum of Modern Art, San Francisco (1993) ; Museo Reina Maria Sofía, Madrid (2000) ; White Cube, Londres (2002) ; Galerie Hauser & Wirth, Zurich (2003). Trois expositions significatives lui ont été consacrées à New York en 2006, chez Zwirner & Wirth (*Selected Works*), Triple Candie (*The Unauthorized Retrospective*) et Jack Tilton Gallery (*Body Prints*). Les expositions collectives auxquelles il a participé sont tout aussi importantes : Los Angeles County Museum of Art, Los Angeles (1972) ; *Printmaking New Forms*, The Whitney Museum of American Art, New York (1976) ; *Art on the Beach*, Battery Park, New York (1985) ; *Art as a Verb*, Studio Museum in Harlem and Met Life Gallery, New York (1989) ; *Documenta IX*, Cassel (1992) ; *Thinking in Print*, Museum of Modern Art, New York (1995) ; *One Planet Under A Groove*, Walker Art Center, Minneapolis (2001) ; *Ritardi e Rivoluzioni*, 50e Biennale de Venise, Venise (2003) ; *Irreducible: Contemporary Short Form Video*, Wattis Institute for Contemporary Arts, San Francisco (2005) ; *"Where Are We Going?" Selections from the François Pinault Collection*, Palazzo Grassi, Venise (2006) ; *Los Angeles-Paris*, Centre Georges Pompidou, Paris (2006).
David Hammons vit et travaille à Brooklyn.

BIBLIOGRAPHIE SÉLECTIONNÉE

Bruce Hainley, « David Hammons », *Artforum International*, mai 2006, p. 286.
Glenn Ligon, Black Light, « David Hammons and the Poetics of Emptiness », *Artforum International*, septembre 2004.
Franklin Sirmans, Lydia Yee, *One Planet Under a Groove*, catalogue de l'exposition, New York, Bronx Museum of the Arts, 2001.
Robert Sil, *David Hammons: In the Hood*, catalogue de l'exposition, Illinois State Museum, 1993.
Louise Neri, Emma Dexter, Iwona Blazwick, *Parkett*, n° 31, 1992.
David Hammons: Rousing the Rubble, catalogue de l'exposition, Long Island City, New York, The Institute for Contemporary Art - P.S.1 Museum, 1991.

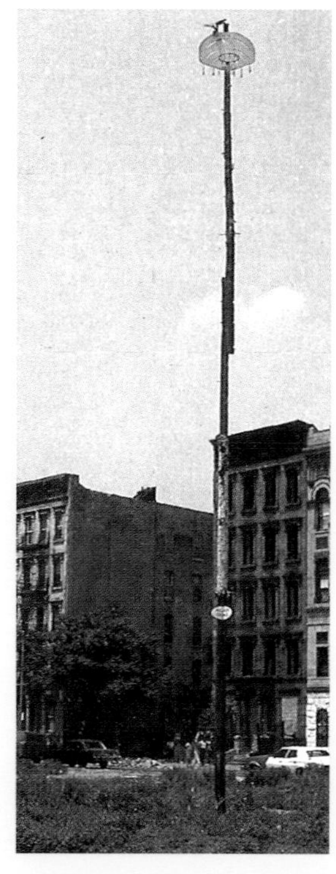

David Hammons
Higher Goals, Harlem,
New York, 1982

Mike Kelley

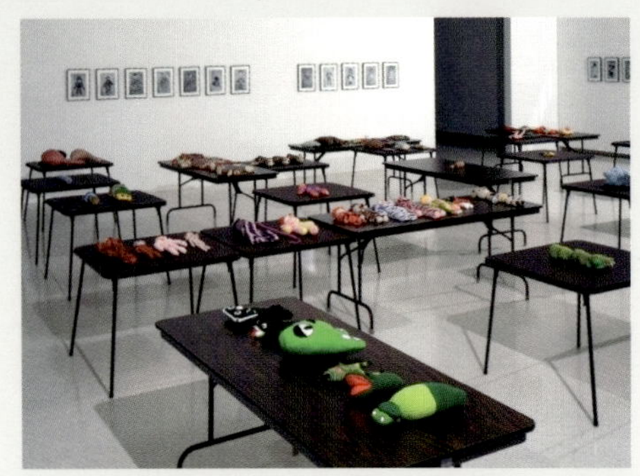

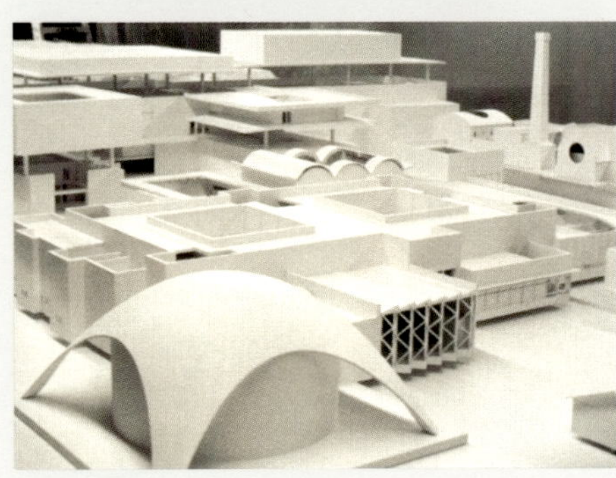

en haut :
Mike Kelley
Craft Morphology Flow Chart,
1991
114 poupées faites à la main,
différentes dimensions ;
60 photographies en noir
et blanc, 35 × 27 cm
1 dessin (acrylique sur papier),
152 × 212 cm
13 tables pliantes,
73 × 182 × 76 cm
20 tables pliantes,
81 × 91 × 88 cm
Installation, Carnegie
International 1991, Pittsburgh

en bas :
Mike Kelley
Educational Complex, 1995
Acrylique, latex, foamcore,
fibre de verre, bois
243 × 487 × 129 cm

« J'ai toujours éprouvé une aversion pour les œuvres ouvertement autobiographiques. Toutefois, je n'y suis plus autant hostile que je l'ai été… Maintenant, j'accepte que l'on ne puisse pas séparer la dimension biographique, ou personnelle, de la dimension sociale. Nous faisons partie du tissu social, de sorte que le matériau biographique n'est pas nécessairement solipsiste… Je veux que l'attention porte davantage sur la réception sociale. C'est pourquoi j'introduis souvent dans ces projets un élément d'imagination ou d'absurde qui tempère la dimension strictement biographique. »[1]

Comme le montre cette déclaration de Mike Kelley, la mémoire est une force motrice de son œuvre – une sorte de *Gesamtkunstwerk* (œuvre d'art totale) qui unit les médiums traditionnels de la peinture et de la sculpture à la performance, à la vidéo, à la musique et à l'écriture théorique. Kelley est une personnalité importante de la communauté artistique de Los Angeles, connue pour des œuvres qui explorent la mémoire personnelle et collective, en particulier les modalités selon lesquelles notre développement psychologique est modelé par les structures sociales répressives (famille, école, religion, etc.). Dans les années 1980, Mike Kelley a créé des installations inspirées de la culture populaire et délibérément « artisanales », en utilisant des matériaux « régressifs » associés à l'enfance : animaux en peluche, paletots tricotés main et couvertures. Dans des œuvres telles que *Craft Morphology Flow Chart* [Diagramme de flux de morphologie du métier] (1991), Kelley a exposé ces objets chargés de mémoire sur des tables, regroupés en ensemble fétichistes et pseudo scientifiques, comme s'il essayait de récupérer leur signification psycho sexuelle et d'étudier leur impact sur la formation de l'individu.

Dans des séries plus récentes, Kelley s'est servi de ses propres souvenirs comme d'un tremplin pour explorer des problématiques analogues. Ainsi, *Educational Complex* [Complexe éducatif] (1995) est constitué de maquettes d'architecture extrêmement détaillées, fondées sur les souvenirs des lieux où l'artiste avait vécu, étudié et travaillé depuis son enfance. *Educational Complex*, qui est davantage un « signe de l'échec de la mémoire »[2] qu'un témoignage fiable sur la jeunesse de Kelley, est devenu un laboratoire qui permet à l'artiste d'explorer l'un des thèmes qui lui tient le plus à cœur, le syndrome de la mémoire réprimée : une condition psychologique controversée où des événements traumatisants de l'enfance, refoulés de la mémoire consciente, sont récupérés grâce à l'hypnose ou à la thérapie. Comme il l'explique lui-même, Mike Kelley a développé une obsession pour ce syndrome parce que « nous vivons à une époque où tout est fondé sur le traumatisme et sur la culture de la victime. Surtout dans la psychologie bon marché, les traumatismes de l'enfance constituent la motivation de toutes les actions[3] ».

Kelley est parti de cette œuvre importante pour élaborer le projet le plus ambitieux qu'il ait réalisé à ce jour : un *work in progress* en 365 parties, intitulé *Extracurricular Activity Project Reconstruction* [Reconstruction d'activités extrascolaires]. Utilisant des photographies tirées des annuaires des collèges américains, l'artiste a tenté de reconstruire des scènes montrant des adolescents occupés à des activités extrascolaires de différents types : représentations théâtrales au lycée, fêtes de Halloween et cérémonies religieuses. « J'ai uniquement choisi des [images] bouffonnes et atypiques », déclare Mike Kelley à propos de son matériau de départ. « J'ai choisi des trucs pseudo artistiques, des déguisements de carnaval ou des rituels étudiants. Des images où, à bien y regarder, on ne comprend pas très bien ce qui se passe. On devine seulement que c'est une sorte de moment de liberté dans un système autoritaire : un moment de transgression qui est en fait totalement légitime, et même approuvé par le système. »[4]

La première des « reconstructions » de Mike Kelley est présentée au Palazzo Grassi. *Extracurricular Activity Project Reconstruction #1 (Domestic Scene)* est un gigantesque décor qui reconstitue l'intérieur d'un appartement sordide en vue d'une représentation théâtrale scolaire hypothétique. L'artiste a choisi cette image particulière en raison de son caractère extrêmement artificiel : *« Le décor est totalement dépourvu de sens. La cuisinière est en plein milieu de la chambre, et il y a un lit en face de la cuisinière. »*[5] Après avoir construit le décor, Kelley a écrit un mélodrame à la manière de Tennessee Williams, mettant en scène deux personnages masculins qui se débattent avec le problème de leur homosexualité. Tourné en noir et blanc, la vidéo qui documente la représentation de Kelley imite le style naïf des séries télévisées américaines des années 1950, en créant un contraste esthétique tranché avec le trauma émotif qui est analysé dans le sujet. La force dramatique de la vidéo, projetée sur un écran placé à côté du décor-sculpture, donne une forte intensité psychologique aux objets de scène, évidemment faux. En explorant le potentiel thérapeutique de l'art pour la récupération de la mémoire collective, Mike Kelley met en scène ces *Extracurricular Activity Project Reconstructions* afin de pénétrer « l'inconscient social du Midwest américain »[6].

NOTES

[1] Conversation de Mike Kelley avec Matthew Higgs, *Capp Street Project: 20th Anniversary Exhibition*, San Francisco, CCAC Wattis Institute for Contemporary Arts, 2001, p. 78.

[2] Anthony Vidler, « Mike Kelley's Educational Complex », dans *Mike Kelley*, Londres, Phaidon, 1999, p. 97.

[3] « Trauma Club: Mike Kelley talks to Dennis Cooper », *Artforum*, XXXIX, n° 2, octobre 2000, p. 126.

[4] *Ibid.*, p. 126.

[5] *Ibid.*, p. 126.

[6] John C. Welschman, « Fête accomplie: Mike Kelley's Day Is Done » (manuscrit à publier dans le catalogue de l'exposition *Mike Kelley Day is Done*, New York, Gagosian Gallery, à paraître prochainement).

MIKE KELLEY

Mike Kelley est né en 1954 à Detroit, Michigan. C'est un artiste éclectique du point de vue de la forme et des techniques : celles-ci comprennent en effet la performance, l'installation, le dessin, la peinture, la vidéo, les travaux audio et la sculpture, et elles se fondent sur des études historiques, des références de culture de masse et des théories psychologiques. Mike Kelley a obtenu son BFA à l'Université du Michigan, Ann Arbor, en 1976, et il a achevé sa formation en 1978 en passant un master (MFA) à la California Institute of the Arts, Valencia, Californie. Âgé d'à peine trente ans, il obtient le premier d'une longue série de prix en Arts Visuels qui jalonneront sa carrière, le National Endowment for the Arts Visual Artists Fellowship Grant. L'année suivante, il reçoit l'Artists Space Interarts Grant, suivi par l'Awards in the Visual Arts Grant en 1987. Signalons aussi les distinctions que lui ont décernées l'Université du Michigan, puis la Guggenheim Foundation, dans le domaine des Arts et du Design.

Mike Kelley a participé à d'importantes expositions collectives : outre de nombreuses éditions de la *Biennial Exhibition* au Whitney Museum of American Art (1985, 1989, 1991, 1995, 2002), mentionnons *Documenta IX* (1992) et *Documenta X* (1997), Cassel ; *The Fifth Biennale of Sydney – Private Symbol: Social Metaphor*, The Gallery of New South Wales, Sydney (1984) ; *Avant-Garde in the Eighties*, Los Angeles County Museum of Art, Los Angeles (1987) ; *The 43rd Biennale of Venice, Aperto '88*, Venise (1988) ; *The American Century: Art and Culture 1950-2000*, Whitney Museum of American Art, New York (1999) ; *Sod and Sodie Sock (w/Paul McCarthy)*, Biennale d'art contemporain de Lyon, Institut d'art contemporain, Lyon (2003) ; *Monument To Now: The Dakis Joannou Collection*, DESTE Foundation for Contemporary Art, Athènes (2004) ; *L.A. Art Scene*, Centre Georges Pompidou, Paris (2006). De nombreux musées et galeries ont consacré à Mike Kelley des expositions personnelles : White Columns, New York (1981) ; Metro Pictures, New York (1982, 1995, 2002) ; Rosamund Felsen Gallery, Los Angeles (1987, 1990, 1994) ; *Mike Kelley: Half a Man*, Hirshhorn Museum and Sculpture Garden, Smithsonian Institution, Washington D.C. (1991) ; Kusthalle Basel, Bâle (1992) ; Museu d'Art Contemporani, Barcelone (1997) ; Galleria Emi Fontana, Milan (2003) ; Gagosian Gallery, New York (2005) ; *"Where Are We Going?" Selections from the François Pinault Collection*, Palazzo Grassi, Venise (2006) ; Musée du Louvre, Paris (2006).

Mike Kelley vit et travaille à Los Angeles.

BIBLIOGRAPHIE SÉLECTIONNÉE

Mike Kelley, *Mike Kelley: Interviews, Conversations and Chit-Chat (1986-2004)*, par John C. Welchman, Zürich, JRP/Ringier – Dijon, Les Presses du réel, 2005.

Mike Kelley: The Uncanny ; catalogue de l'exposition, Liverpool, Tate Liverpool ; Vienne, Museum Moderner Kunst Stiftung Ludwig Wien, 2004 ; textes de Mike Kelley, John Welchman, Christoph Grunenberg (éditions anglaise et anglo-allemande).

Robert Storr, « What's not to like? », *Artforum*, octobre 2004.

Mike Kelley, *Foul Perfection: Essays & Criticism*, par John C. Welchman, Cambridge (MA), Mit Press, 2003.

Matthew Higgs, *Capp Street Project: 20th Anniversary Exhibition*, San Francisco, CCAC Wattis Institute for Contemporary Arts, 2001.

« Trauma Club: Mike Kelley talks to Dennis Cooper », *Artforum 39*, 2, octobre 2000.

Yves Aupetitallot (éd.), *Mike Kelley*, catalogue de l'exposition , Magasin – Centre National d'Art Contemporain de Grenoble, 1999 ; textes de Mike Kelley et Laurence A. Rickels.

Mike Kelley, *Mike Kelley*, Londres, Phaidon Press Ltd, 1999.

Anthony Vidler, *Mike Kelley's Educational Complex*, Londres, Phaidon, 1999.

John C. Welschman, *Fête Accompli: Mike Kelley's Day Is Done* (manuscrit à publier dans le catalogue de l'exposition *Mike Kelley Day Is Done*, New York, Gagosian Gallery, à paraître).

Louise Lawler

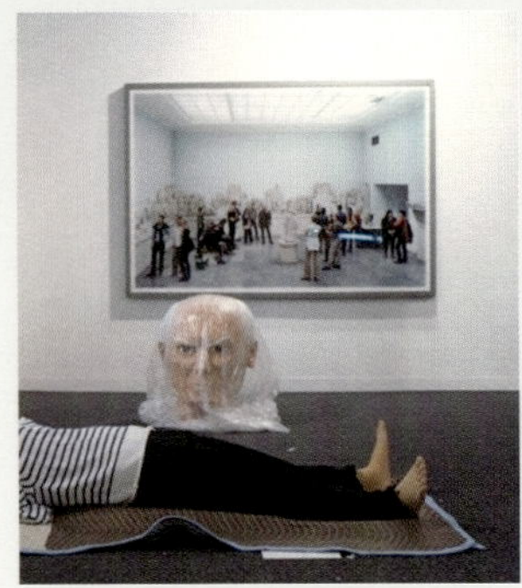

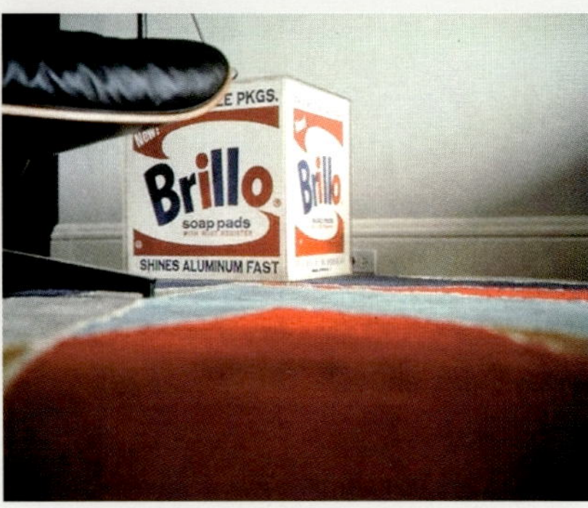

Louise Lawler
I-O, 1993-1998
Cibachrome numérique
48 × 59 cm

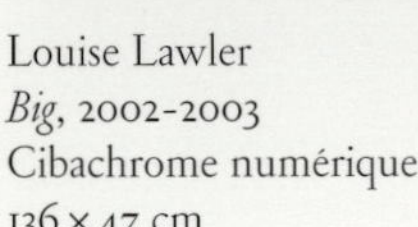

Louise Lawler
Big, 2002-2003
Cibachrome numérique
136 × 47 cm

Le travail de Louise Lawler dépasse le genre de la photographie documentaire. Célèbre pour sa capacité à saisir des images « en coulisses » du travail d'autres artistes – qu'il s'agisse de photos prises dans les réserves des musées, dans les galeries durant l'installation, lors des présentations en salles des ventes ou à travers les portes entrouvertes des maisons des collectionneurs privés – Lawler fait bien plus que documenter les œuvres d'art dans des contextes « d'initiés ». Ses photos, à la composition méticuleuse et au cadre étudié, tentent de cristalliser les relations de pouvoir omniprésentes et pourtant intangibles – la lourde matrice sociale dans laquelle l'art est produit, diffusé, collectionné et présenté. Lawler observe à travers son objectif la disposition spatiale des objets d'art dans les différents environnements en vue de souligner la manière dont on crée leur signification et leur valeur. Ses tableaux analytiques explorent non seulement la question de la valeur monétaire de l'art, mais aussi la manière dont l'art s'imprègne d'une valeur intellectuelle et sentimentale.

Pour cette nouvelle série de travaux, présentée ici pour la première fois, Lawler s'est installée plusieurs jours à Palazzo Grassi au printemps 2006. Circulant librement dans les salles avec son appareil photo et son trépied, elle a observé et capté l'installation de l'exposition inaugurant la réouverture du palais vénitien, *Where Are We Going?*. Sa photo *Adolf (Must be installed 8 inches from the floor)* [Adolf, installé 8 pouces du sol] (2006) a saisi avec humour la célèbre sculpture en cire de Maurizio Cattelan *Him* [Lui] (2001) – une représentation très réaliste d'Hitler enfant, priant à genoux – encore a moitié enveloppée dans son emballage. Comme si elle prenait sur le fait un acteur mal dans son rôle, l'image de Lawler émousse intelligemment le sentiment de surprise et de provocation que la sculpture était censée créer. De la même manière, elle transforme une autre œuvre qui a fait sensation – la vache découpée plongée dans un récipient de formol de Damien Hirst – pour en faire le sujet d'une image intitulée *Hoof* [Sabot] (2006). Lawler ne nous montre pas la plus grande partie de la sculpture et se concentre sur la patte de la vache qui flotte de manière désordonnée. La feuille de protection en plastique qui recouvre partiellement l'image évoque bien plus que l'installation en cours de l'œuvre. Avec son regard aiguisé, Lawler s'arrête sur cette feuille de plastique en raison de ses connotations morbides – reliant le spectre de la mort conjuré par la vache de Hirst avec la dimension élégiaque consistant à conserver, collectionner et exposer l'art. Comme dans toute l'œuvre de Lawler, ces photographies prises à Palazzo Grassi révèlent autant de sens qu'elles en créent.

Louise Lawler
*Pollock and Tureen (Arranged
by Mr. and Mrs. Burton
Tremaine, Conneticut)*, 1984
Cibachrome
40 × 50 cm

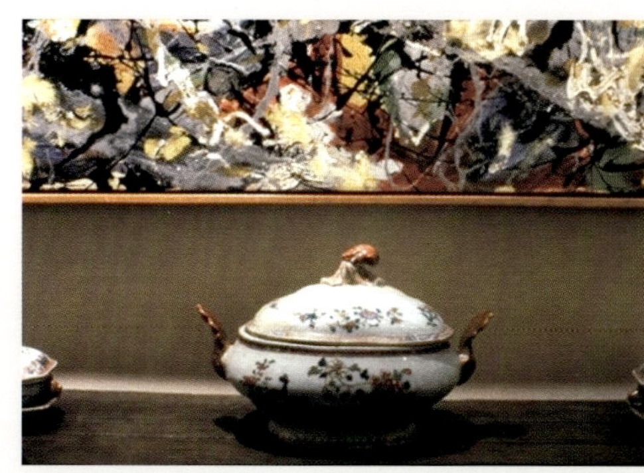

LOUISE LAWLER

Louise Lawler est née en 1947 dans le Bronxville, New York,
où elle vit et travaille actuellement.
Après avoir obtenu son BFA à la Cornell University en 1969,
elle consacre sa carrière à la photographie, s'intéressant aux
décors les plus cachés, aux détails du monde artistique les
moins évidents, liés aux coulisses des musées et des expositions.
Ses photographies font d'ailleurs aujourd'hui partie des
collections dans les musées les plus importants. Par ailleurs, son
œuvre a fait le tour du monde grâce aux nombreuses
expositions personnelles qui lui ont été consacrées : citons
en particulier : *Projects, Louise Lawler: Enough*, Museum of
Modern Art, New York (1987) ; Sprengel Museum, Hanovre
(1993) ; *A Spot on the Wall*, Münich Kunstverein, Munich
(1995) ; *More Pictures*, Neugerriemschneider, Berlin (2000) ; *New
Walls*, Galerie Yvon Lambert, Paris (1988, 1990, 2002) ; *Looking
Forward*, Metro Pictures, New York (1982, 1987, 1989, 1991,
1994, 1997, 2000, 2004) ; *In and Out of Place: Louise Lawler and
Andy Warhol*, Dia, Beacon (2005) ; *Twice Untitled and Other
Pictures (looking back)*, Wexner Center, Ohio (2006). Louise
Lawler a également participé à nombre d'expositions
collectives : *Drawings/Photographs*, Leo Castelli Gallery, New
York (1983) ; *L'oeuvre et son accrochage*, Centre Georges
Pompidou, Paris (1986) ; *Photography and Art: Interactions Since
1946*, Los Angeles County Museum of Art, Los Angeles (1987) ;
Whitney Biennial, Whitney Museum of American Art, New
York (1991, 2000) ; *The Museum as Muse*, Museum of Modern
Art, New York (1999) ; *Visions from America: Photographs from the
Whitney Museum of American Art*, Whitney Museum of American
Art, New York (2002) ; *The Last Picture Show: Artists Using
Photography 1960-1982*, Walker Art Center, Minneapolis (2003) ;
Museum Fever: Included Louise Lawler, National Museum of Art,
Oslo (2005) ; *Slide Show*, The Baltimore Museum of Art,
Maryland (2005) ; *Why Pictures Now*, Museum Moderner Kunst,
Vienne (2006).

BIBLIOGRAPHIE SÉLECTIONNÉE

Louise Lawler, Helen Molesworth, *Twice Untitled and Other
Pictures*, Paperback, 2006.
George Baker, Jack Bankowsky, Andrea Fraser, Isabelle Grae,
Louise Lawler And Others, Hardcover, 2004.
Philipp Kaiser, *Louise Lawler and Others*, Bâle, 2004.
Louise Lawler, *An Arrangement of Pictures*, Hardcover, 2000.
Louise Lawler, Dietmar Elger, Thomas Weski, *Louise Lawler:
For Sale (Reihe Cantz)*, Paperback, 1994.

Laura Owens

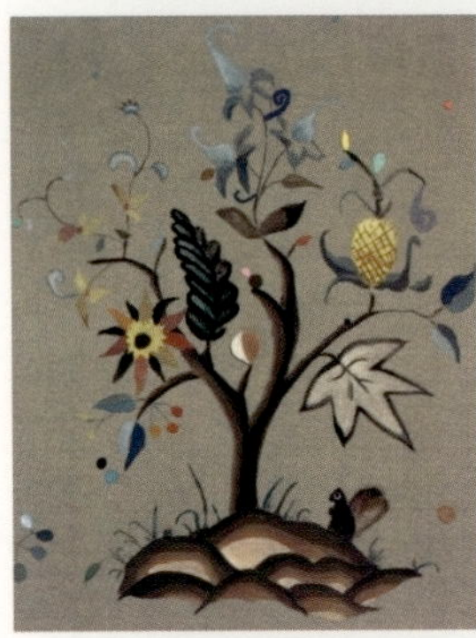

Laura Owens
Untitled, 2000
Acrylique et huile sur toile
281,9 × 182,8 cm

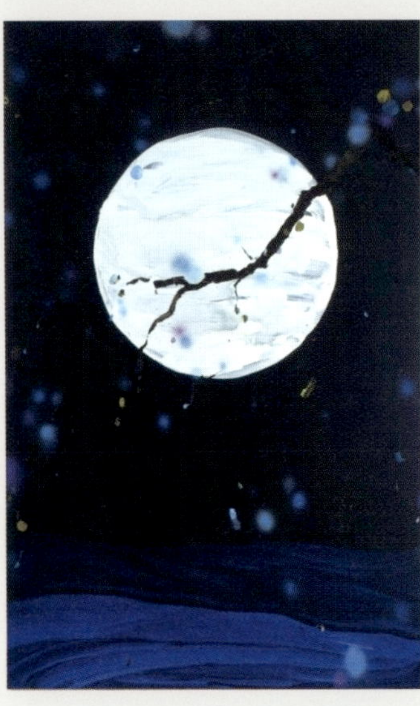

Laura Owens
Untitled, 2004
Acrylique et collage sur lin
114 × 88 cm

Le style de Laura Owens est d'un pluralisme stratégique. Son éclectisme caractérisé par une imagerie fantasque et la subversion des genres pourraient amener le visiteur à douter du « sérieux » de son travail de peintre. Pourtant, Laura Owens est l'une des artistes les plus fines de sa génération. Faisant preuve d'une irrévérence effrontée et d'un mépris moqueur des hiérarchies esthétiques, elle puise en toute liberté aux sources des canons éclectiques du grand Art et dans les formes les plus quotidiennes de la culture visuelle. Un échantillon de sa palette stylistique comprendrait les peintures du Douanier Rousseau, de Joan Miró, du pointillisme, de l'Op Art, du Color Field, des *ukiyo-e* japonais (estampes japonaises), des manuscrits indiens, des paysages classiques chinois, des broderies du XVIIIe siècle, de l'art populaire américain, des illustrations botaniques et des motifs de tissus. Laura Owens a déclaré à propos d'influences si disparates : « Je n'éprouve aucune honte à rendre ma peinture aussi grandiose et ridicule que possible. »

Les œuvres présentées au Palazzo Grassi ont été réalisées entre 1998 et 2006. Elles expriment ce singulier mélange de références dans l'œuvre de Laura Owens : peintures inspirées d'un détail de la Bataille d'Hastings dans la tapisserie de Bayeux, d'un rouleau chinois du XIe siècle où figurent des singes hirsutes, de paysages japonais, de *La Joie de vivre* de Matisse (1905-1906), ainsi que des motifs textiles représentant des oiseaux et des végétaux, réalisés par l'architecte autrichien Josef Frank. À partir de cette masse hétérogène, il semble que Laura Owens propose un panthéon radicalement démocratique de l'histoire de l'art, que le critique Gloria Sutton décrit comme « une pratique engagée pour chercher l'enseignement du banal, la vocation à faire passer au premier plan de l'art contemporain ce qui est habituellement sous-estimé ».

Ces sept peintures mettent en évidence une autre caractéristique de la démarche de Laura Owens : la diversité des techniques mises en œuvre dans chaque toile. Ainsi, l'artiste emploie des méthodes d'application de la couleur extrêmement contrastées : empâtements épais et lavis délicats, traits fins du pinceau et impression profonde de la toile. Une telle opposition de techniques est loin d'être frivole : l'artiste choisit soigneusement chaque « outil » dans son arsenal de peintre pour montrer que la peinture fonctionne comme un système de représentation. Dans *Untitled* [Sans titre] (2004), elle presse généreusement un tube de peinture bleue sur la toile pour créer la représentation schématique de mouettes survolant un paysage nocturne impressionniste. Ici, le choc volontaire des deux procédés d'application, le premier délibérément rudimentaire, le deuxième tout à fait lyrique, reflètent ces deux formes différentes de représentation. L'artiste attire immédiatement l'attention du spectateur sur les effets de langages picturaux disparates, tout en séduisant son regard par la représentation d'un paysage à la fois fascinant et mystérieux.

L'engagement conceptuel de Laura Owens avec l'architecture de la peinture apparaît aussi de façon évidente dans la manière dont son travail utilise et construit l'espace. Dans *Untitled* (1999), deux toiles étroites et verticales représentent un couple de singes se contemplant mutuellement sur fond de paysage minimaliste. Les deux tableaux sont suspendus à la même hauteur aux deux extrémités de la salle, de telle sorte que le mur qui les sépare s'intègre totalement à la composition de l'œuvre. Ainsi que le fait observer Russel Fergusson, le rouleau traditionnel chinois dont est inspiré ce diptyque a fourni à l'artiste non seulement un motif iconographique, mais aussi un modèle pour « créer de la profondeur de champ à partir d'un plan, et pour une alternative au système de la perspective occidentale ». De même, dans *Untitled* (1998), elle défie les règles de la composition traditionnelle de la peinture de la post-Renaissance. Cette scène de paysage est dominée par une surface de toile nue oblitérant entièrement l'horizon qui définit habituellement le genre de la peinture de paysage. Seule l'évocation d'une branche sur le bord gauche et le filet bleu d'un ruisseau dans l'angle inférieur du tableau permettent au spectateur de compléter mentalement le paysage. Une approche pluraliste toujours renouvelée des mécanismes formels, des techniques et des genres permettent à Laura Owens d'approfondir la manière dont la peinture fonctionne sur les plans conceptuel et visuel. Comme elle l'explique elle même lorsqu'elle décrit son travail : *« Je suis toujours intéressée par ce que peut produire une peinture – ensuite, j'interroge les choses. »*

LAURA OWENS

Laura Owens est née en 1970 à Euclid, Ohio. Elle obtient son BFA en 1992, au terme de ses études à la Rhode Island School of Design de Providence. Elle poursuit ensuite ses études artistiques à la Skowhegan School of Painting and Sculpture, Skowhegan, avant d'achever sa formation (MFA) au California Institute of the Arts, Valencia, Californie. Le talent pictural de Laura Owens lui a valu non seulement l'assignation du Baloise Art Prize à *Art 30 Basel* en 1999 (section « Art Statements »), mais aussi des expositions personnelles nombreuses et significatives : Sadie Coles HQ, Londres (1997, 1999, 2006) ; Gavin Brown's enterprise, New York (1997, 1988, 2004) ; Isabella Stewart Gardner Museum, Boston (2001) ; Museum of Contemporary Art, Los Angeles (2003) ; Kunsthalle Zürich, Zurich (2006) ; Bonnefantenmuseum Maastricht (2007) ; Ausstellungshalle zeitgenossische Kunst Münster, Münster (2007). Laura Owens a également participé à nombre d'expositions collectives : *L.A.C.E. Annuale*, Los Angeles Contemporary Art Exhibitions, Los Angeles (1994) ; *Wunderbar*, Kunstverein, Hambourg (1996) ; *Vertical Painting Show*, P.S.1 Museum, New York (1997) ; *New Work: Painting Today*, San Francisco Museum of Modern Art, San Francisco (1999) ; *Examining Pictures: Exhibiting Paintings*, Whitechapel Art Gallery, Londres – Museum of Contemporary Art, Chicago – UCLA Hammer Museum, Los Angeles (2000) ; *Canvas: Contemporary Painting from the Collection*, Guggenheim Museum, New York (2000) ; *Public Offerings*, Museum of Contemporary Art, Los Angeles (2001) ; *Eight Propositions in Contemporary Drawings*, Museum of Modern Art, New York (2002) ; *Whitney Biennial*, Whitney Museum of American Art, New York (2004) ; *After Cézanne*, Museum of Contemporary Art, Los Angeles (2005) ; *Essential Painting*, National Museum of Art Osaka, Osaka (2006) ; *The Fluidity of Time: Selections from the MCA Collection* ; Museum of Contemporary Art, Chicago (2006). Laura Owens vit et travaille à Los Angeles.

BIBLIOGRAPHIE SÉLECTIONNÉE

Louise Lawler, *Twice Untitled and Other Pictures*, Massachusetts, The Mit Press, 2006.
Beatrix Ruf (éd.), *Laura Owens*, catalogue de l'exposition, Kunsthalle Zürich, Zürich, JRP/Rinigier, 2006.
Dominique von Burg, « Laura Owens: Von der Suche nach der unbeschränkten Freiheit in der Kunst », *Kunst-Bulletin*, n° 6, juillet-août 2006, p. 44-46.
Cherry Smyth, « Laura Owens », *Modern Painters*, juillet-août 2006, p. 112.
George Baker, Jack Bankowsky, Andrea Fraser, Philipp Kaiser, Isabelle Grae, *Louise Lawler And Others*, Allemagne, Cantz Publishers, 2004.
Paul Schimmel (éd.), *Laura Owens*, catalogue de l'exposition, Los Angeles, Museum of Contemporary Art, 2003.
Louise Lawler, *An Arrangement of Pictures*, New York, Assouline, 2000.
Louise Lawler, Dietmar Elger, Thomas Weski, *Louise Lawler: For Sale*, Allemagne, Cantz Publishers, 1994.

Richard Prince

« *Beaucoup de gens voudraient être quelqu'un d'autre. Et certains d'entre nous aimeraient échanger leur rôle avec d'autres personnes, en conservant ce qui nous plaît et en se débarrassant de ce que nous ne supportons plus. Il y a des gens qui aimeraient essayer de changer de place, rien qu'une journée, avec quelqu'un qu'ils admirent ou même qu'ils envient, pour voir ce que ça donnerait, pour voir si c'est vraiment comme on leur a toujours dit.* »
Richard Prince, *Why I go to the movies alone* (1980)

Qui est Richard Prince ? Un (re)photographe ? Un peintre ? Un sculpteur ? Un bibliophile ? Un écrivain ? Peut-être un cow-boy ? Un motard ? Un acteur de films de série B ? Un comique ? Cultivant délibérément une aura de mystère autour de son travail, Prince a fait tout ce qui était en son pouvoir pour ne pas se laisser étiqueter.

Richard Prince est obsédé par les dimensions les plus obscures de la culture pop américaine. Il utilise de façon interchangeable des styles et des médiums artistiques différents, tout comme il habite des personnages variés qui expriment ses thèmes récurrents : un panthéon d'antihéros de la contre-culture.

À la fin des années 1970, les premières œuvres de Prince étaient considérées comme un exemple particulièrement original de l'école de photographie « appropriationniste » ou « postmoderne », une catégorie plutôt vague qui incluait des artistes comme Jack Goldstein, Louise Lawler, Sherrie Levine, Laurie Simmons et Cindy Sherman. En « re-photographiant » des images de magazines et en les revendiquant comme siennes – comme sa célèbre série de *Cowboys*, commencée en 1980 et tirée des publicités Marlboro –, Prince remettait en question la notion conventionnelle de paternité artistique, tout en analysant la politique de la représentation et les problématiques de l'identification des genres. Image arcadienne de la masculinité américaine, les *Marlboro Men* attiraient Prince par leur machisme inné et par leurs fortes connotations romantiques, des qualités qui résistent en dépit de leur utilisation première dans de banales publicités pour des cigarettes.

Présentée à Palazzo Grassi, la série des *Entertainers* (1983) de Richard Prince applique la technique de la re-photographie à des portraits d'« actrices » de séries B. Évoquant une rangée de pierres tombales noires appuyées contre le mur, l'ordre formel des photos surprend le visiteur – Prince ne révèle rien sur les identités de ces femmes sans personnalités propres –, tandis que leurs sujets paraissent mélancoliques et pathétiques. Prince a déclaré à propos de ce qui l'a inspiré dans la création de cette série : « Je voulais faire une image qui aurait eu l'air d'avoir été faite par quelqu'un d'autre. Ces images datent d'avant *Photoshop*. D'avant le numérique. D'avant l'ordinateur. Mais elles avaient quand même ce look 'impossible'. Une brume pourpre. Elles étaient à la fois au point et floues... Elles étaient surdéterminées. Psychologiquement surexcitées. Artificielles. Des faux japonais. Des pitreries de *Times Square*. C'étaient des portraits de gens de l'industrie du spectacle. Pas des gens qui avaient du succès. Du demi-succès. Des gens en quête de la suave odeur du succès. Très pittoresques sans avoir besoin de retouches 'artistiques'. Des gens qu'on pourrait trouver dans les pages des échos du *New York Post*. Ils avaient tous un nom, inventé et écrit de manière différente.[1] » Avec leurs poses séductrices et leurs regards provoquant, les artistes de music-hall de troisième ordre de Richard Prince sont des personnages pitoyables, les victimes du côté obscur du Rêve Américain.

À la fin des années 1980, Prince élargit son vocabulaire artistique en y incluant la peinture. Comme pour les photographies qu'il s'était appropriées, il commence à re-dessiner, puis à peindre des dessins humoristiques et des bandes dessinées tirés de magazines comme *Playboy* et *The New Yorker*. Les premières

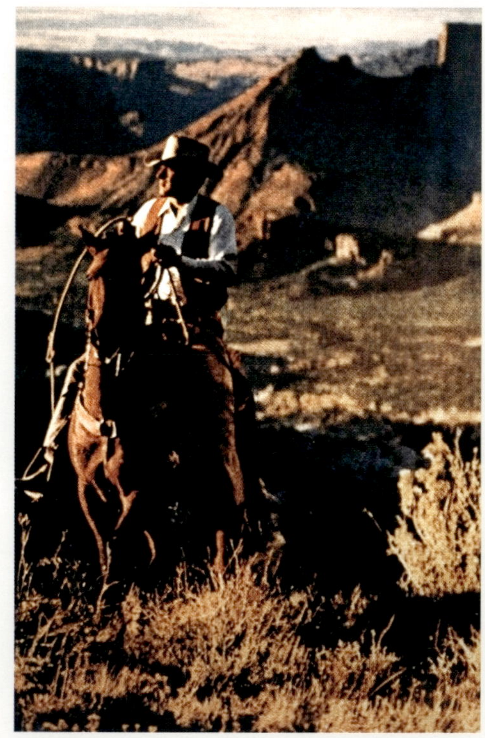

Richard Prince
Untitled (Cowboys), 1987
Ektacolor
61 × 50 cm

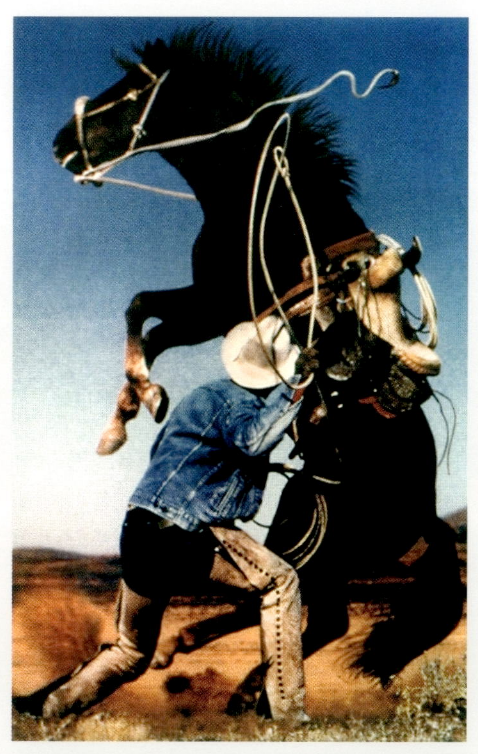

Richard Prince
Untitled (Cowboy), 1997-1998
Ektacolor
152 × 101 cm

peintures de Prince – surprenantes en raison de l'utilisation de la « main » à la place de l'objectif anonyme de l'appareil photographique – étaient réalisées avec une technique sérigraphique qui transférait le texte de ses *Jokes* [Plaisanteries] sur des toiles peintes monochromes. Leur aspect pictural était sans précédent et, ces *Jokes*, étaient le matériau idéal pour Prince, qui y définissait un humour très spécifique : « Style des années cinquante, l'Amérique moyenne, l'humour de la *Borsch Belt* [en se référant aux mots d'esprit foudrayants et souvent auto-dénigrants, typiques des acteurs qui s'exhibaient souvent dans cette zone touristique des Catskill Mountains de New York, fréquentée surtout par les juifs new-yorkais] qui aborde des problèmes comme l'identité sexuelle, de classe et de race[2]. » Comme les œuvres photographiques, ces *Jokes* étaient (re)présentées comme dépourvues de paternité. D'un point de vue thématique, les *Jokes* abordaient des problèmes sociaux brûlants, des tabous et d'autres problèmes épineux – songeons à un titre typique comme comme *Why Did the Nazi Cross the Road ?* [Pourquoi les Nazis ont-ils traversé la rue ?] (1991) –, reflétant les sujets proscrits qui attiraient Prince dans sa pratique de (re)photographie.

En 1991, Prince a créé quatre peintures de *Jokes* pour une exposition de groupe ambitieuse intitulée *Metropolis*, organisée au Martin Gropius Bau peu après la réunification de Berlin. Les commissaires de l'exposition voulaient réunir un panorama international d'artistes en prise avec les réalités urbaines contemporaines, à une époque marquée par des changements sociaux, politiques et historiques majeurs. La réponse de Prince arriva sous la forme de quatre peintures monumentales mesurant plus de quatre mètres de haut. Présentés ici pour la première fois depuis l'exposition *Metropolis*, ces tableaux sont uniques dans l'œuvre de Prince du point de vue

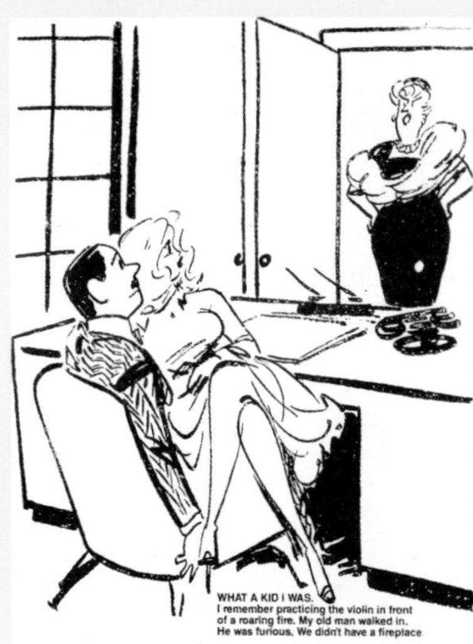

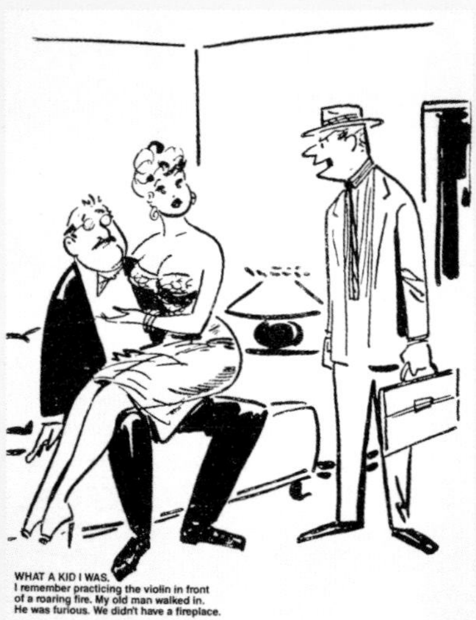

<table>
<tr><td>

Richard Prince
What a Kid I Was #2, 1989
Acrylique et sérigraphie sur toile
190 × 147 cm

</td><td>

Richard Prince
What A Kid I Was, 1988
Acrylique et sérigraphie sur toile
190 × 147 cm

</td></tr>
</table>

de la composition. Sur un fond peint de couleur crème, Prince a disposé par couches des fragments d'images et de textes en utilisant une impression sérigraphique – un processus nécessitant vingt-quatre heures que l'artiste lui-même a documenté dans un rare film d'archives présenté ici à côté des tableaux. Chaque tableau est dominé par des photogrammes de boxeurs pris dans différentes poses. Selon Richard Prince, l'imaginaire qui entoure le boxeur « a quelque chose à voir avec le genre. Et avec quelque chose qui concerne la masculinité, et avec quoi je n'ai personnellement rien à voir. J'ai toujours trouvé que les photos de boxeurs en action sont un peu comme des scènes de ballet, des postures qui ont quelque chose à voir avec des cours de dessin d'après modèle. Des hommes presque nus. Et toujours par deux. Noir et blanc. Les souliers à lacets et les gros gants rembourrés...[3] »

Des dessins à la main, rudimentaires, d'intérieurs domestiques représentant des lampes, des fenêtres, des lits et des cadres de tableaux s'intercalent avec des images des boxeurs, des fragments de bandes dessinées dans le style du New Yorker et des photos indéchiffrables. Au bas de trois de ces toiles, Prince a composé des textes de plusieurs blagues osées n'ayant pas le moindre rapport avec le contenu graphique des tableaux. D'un point de vue stylistique, la méthodologie de ce rébus pictural rappelle Robert Rauschenberg, qui fut un pionnier dans l'utilisation d'images photographiques récupérées et masquées en compositions apparemment improvisées. Comme chez Rauschenberg, l'étrange « échantillonnage » d'images et de texte discordants semble proposer ici un ensemble codé de significations. En s'exprimant dans son style imagé caractéristique, Prince a écrit que ces peintures « *étaient d'énormes bandes dessinées. Elles étaient agressives... panthères noires... espion contre espion... des œuvres contestataires... grosses et furieuses... injectées, chargées, bourrées de drogues et entrées en contrebande... Elles auraient dû être exposées à Cuba... Elles avaient des haut-parleurs... Avec le nez plein de poudre, elles ont été peintes dans un lower, lower, lower Manhattan.* »[4]

NOTES

[1] « In the Picture: Jeff Rian in conversation with Richard Prince », dans *Richard Prince*, Londres, Phaidon Press, 2003, p. 14-15.

[2] Lisa Phillips, « People Keep Asking: An Introduction », dans *Richard Prince*, New York, Whitney Museum of Art, 1992, p. 42.

[3] Conversation par courriel avec l'auteur, 17 mars 2007.

[4] *Ibid.*

RICHARD PRINCE

Richard Prince est né en 1949 dans la zone du Canal de
Panama. Ce lieu de naissance a marqué son adolescence par des
problèmes de citoyenneté, d'immigration et de reconnaissance
de nationalité. Beaucoup d'événements personnels ont été
significatifs et influents dans son art, à partir des années 1980 :
son travail chez « Time Life » l'a mis en contact avec la
photographie et le monde de la publicité ; ses contacts avec les
psychiatres ont influencé la série des tableaux avec ses *jokes* ;
le monde des infirmiers, auquel sa famille était liée (sa grand-
mère, ses cousines, sa mère et sa sœur) a été à la base de la série
picturale des infirmières. Richard Prince a exposé ses
photographies pour la première fois en Allemagne en 1978.
Cet événement sera suivi par de nombreuses expositions
personnelles : Metro Pictures, New York (1981, 1982) ;
Whitney Museum of American Art, New York (1992) ;
Barbara Gladstone Gallery, New York (1988, 1989, 1991, 1993,
1995, 1998, 2000, 2002, 2003, 2005) ; Stuart Regen Gallery, Los
Angeles (1991, 1993, 1995, 1998, 2001, 2004) ; *Richard Prince:
Canaries in the Coal Mine*, Astrup Fearnley Museum, Oslo
(2006). Mentionnons également les expositions : *Suburban
Home Life: Tracking the American Dream*, Whitney Museum of
American Art (1989) ; *Art et Publicité 1890-1990*, Centre Georges
Pompidou, Paris (1990) ; *Word as Image: American Art 1960-1990*,
Milwaukee Museum of Art, Milwaukee (1990) ; *Documenta IX*,
Cassel (1992) ; *Photocollages*, Le Consortium, Nouvelles Scènes
95, Dijon (1995) ; *Let's Entertain*, Walker Art Center,
Minneapolis (2000) ; *Parkett, Collaborations and Editions since 1984*,
Museum of Modern Art, New York (2001) ; *Delays and
Revolutions*, Biennale de Venise, Pavillon Italie (2003) ; *Biennial
Exhibition*, Whitney Museum of American Art, New York
(2004) ; *Magritte and Contemporary Art: The Treachery of Images*, Los
Angeles County Museum of Art, Los Angeles (2006) ; *Robert
Mangold, Richard Prince*, Andrea Rosen Gallery, New York
(2007).
Richard Prince vit et travaille actuellement à Rensselaerville,
New York.

BIBLIOGRAPHIE SÉLECTIONNÉE

Gunnar B. Kvaran, Nate Lowman, John Kelsey, Vincent
Pécoil, *Richard Prince - Canaries in the Coal Mine*, Astrup Fernley
Museum, Norvège, 2007.
Richard Prince, *Jokes & Cartoons*, Suisse, Jrp/Ringier, 2006.
Richard Prince, *Naked Nurses*, New York, JMC & GHB, 2006.
Richard Prince, *American Dream: Collecting Richard Prince for 27
Years*, Rubell Family Collection, Miami 2005.
Richard Prince, *Richard Prince: Nurse Paintings*, New York,
Barbara Gladstone Gallery, 2004.
Jeff Rian, Rosetta Brooks, Luc Sante, *Richard Prince*, Londres,
Phaidon, 2003.
Richard Prince, Sadie Coles, *Richard Prince: American English*,
Allemagne, Verlag Der Buchhandlung Walther Konig, 2003.
Richard Prince, Larry Clark, *4x4*, New York, PowerHouse
Books, 2002.
Richard Prince, New York, Whitney Museum of Art, 1992.
Richard Prince, *Richard Prince: Jokes Gangs Hoods*, New York,
D.A.P, 1992.
Richard Prince, *Why I Go to the Movies Alone*, New York, Barbara
Gladstone Gallery, 1983.

Martial Raysse

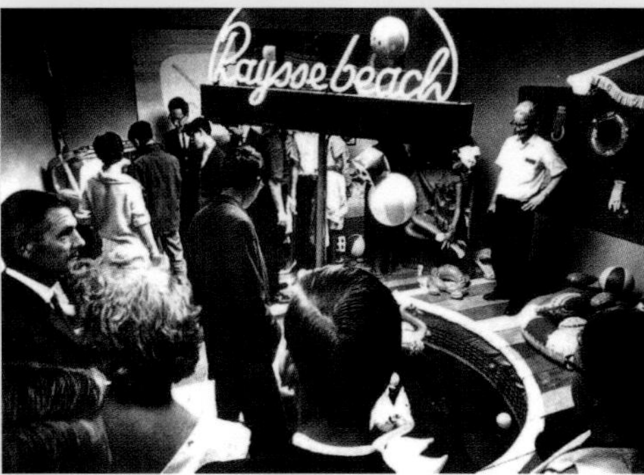

Martial Raysse
Installation *Raysse Beach*, 1962,
Stedelijk Museum, Amsterdam

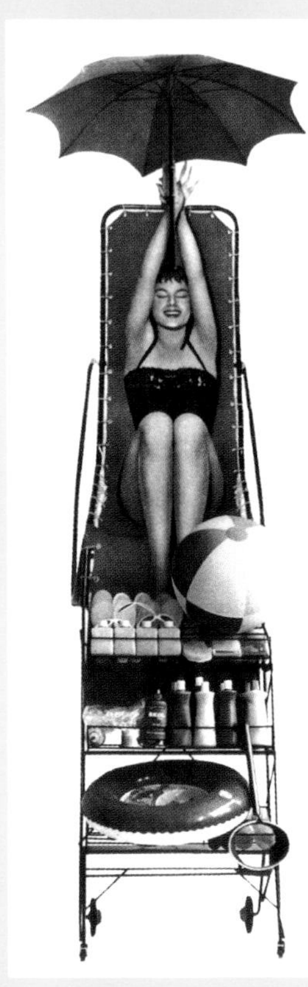

Martial Raysse
Hygiène de la Vision n° 7, 1960
Technique mixte
210 × 100 cm

Martial Raysse, précurseur du Pop américain, a débuté sa carrière par des travaux innovants : des peintures et des assemblages de sculptures inspirés par la publicité et par les objets de consommation. Avec Yves Klein et Arman – ses amis artistes, originaires eux aussi de Nice –, Raysse s'est fait connaître en tant que membre du mouvement du « Nouveau Réalisme », un nom forgé en 1960 par le critique et *gourou* français Pierre Restany. Cette affiliation informelle de sept artistes français était caractérisée par un intérêt commun pour les déchets industriels de la vie moderne urbaine et par les gestes d'« anti-art » chers à Marcel Duchamp. Pendant ces premières années, Raysse a créé plusieurs œuvres extrêmement originales, y compris sa série intitulée *Hygiène de la Vision* (1960). Ces sculptures assemblées, fabriquées avec des objets commerciaux de récupération, par exemple des boîtes de lessive et de petits jouets en plastique, parodient l'exposition et l'emballage des produits quotidiens et bon marché.

L'un des gestes avant-gardiste de Martial Raysse est d'avoir anticipé l'utilisation dans l'art des objets de consommation. Mais l'artiste français a également annoncé l'art environnemental ou l'« art d'installation », avec son installation révolutionnaire intitulée *Raysse Beach* [Plage Raysse] (1962), exposée au Stedelijk Museum d'Amsterdam. Dans cette œuvre, Raysse a évoqué l'atmosphère des vacances d'été en juxtaposant des tableaux de couleurs vives représentant des jeunes filles en maillot de bain, et une piscine gonflable, de l'herbe artificielle, des jouets en plastique, des parasols, un juke-box et une enseigne au néon clignotante. Imitant les stratégies d'exposition des vitrines des grands magasins, ce paradis artificiel annonçait nombre de thèmes et de dispositifs formels qui allaient caractériser l'œuvre de Raysse pendant la décennie suivante. Comme l'artiste l'a lui-même déclaré à cette époque : « Je suis un peintre de simulacre. La peinture n'est pas une imitation de la vie, c'est une recréation de la vie ! »

Si ces travaux sont les plus « anciens » de cette exposition, cet ensemble d'œuvres précoces de Raysse s'accorde parfaitement avec ceux de ses jeunes collègues. Bien que datant de la période 1962-1966, les portraits peints qui sont présentés ici nous surprennent encore aujourd'hui pour leur apport inventif à la technique de la peinture conventionnelle. Durant cette période, Martial Raysse s'est concentré exclusivement sur des sujets féminins, en s'appropriant des stéréotypes anonymes tirés de la publicité et de l'histoire de l'art, par exemple de l'œuvre d'artistes comme Ingres, Tintoret et Lucas Cranach. *Seventeen (Titre journalistique)* [Dix-sept (Titre journalistique)] (1962) exemplifie la méthode unique de peinture/assemblage de l'artiste : cette œuvre mêlant collage et peinture sur la photographie d'une « belle » femme est réhaussée de néons criards et d'un objet tridimensionnel sur la surface du tableau ; dans ce cas, il s'agit d'un cadre vert qui entoure l'œil gauche du modèle, véritable maquillage lumineux.

Portrait of an Ancient Friend [Portrait d'un vieil ami] (1963), *Made in Japan* [Fabriqué au Japon] (1963) et *Conversation Printanière* (1964) présentent eux aussi un mélange de collage, de peinture et d'assemblage ; quant aux femmes représentées dans ces œuvres, elles constituent une « vulgarisation » de chefs-d'œuvre célèbres. Martial Raysse a d'ailleurs décrit la motivation conceptuelle de ces travaux comme une quête de la beauté : « *La beauté c'est le mauvais goût. Il faut pousser l'artificialité jusqu'au bout. Le mauvais goût, c'est le rêve d'une beauté trop voulue.* »

L'utilisation systématique des tubes néon est une autre caractéristique des premières œuvres de Martial Raysse, évidente dans le tableau *Noon Mediterranean Landscape* [Paysage méditerranéen à midi] (1966) et dans la grande sculpture *Quatre pas dans les nuages* (1966). Raysse était attiré par le néon – à la fois comme une source de lumière intense et comme une palette de couleurs vives et même tapageuses – en raison de son caractère artificiel évident et des liens qu'il entretient avec les environnements urbains. « Le néon est l'expression la plus fidèle de la vie moderne », a-t-il dit. Dans *Noon Mediterranean Landscape*, la lumière au néon orange en forme de L évoque le soleil de la Côte d'Azur, aussi indéniablement que le simple oiseau de néon derrière un nuage de plexiglas suggère une vue de ciel rêvée, et cela sans jamais recourir à la représentation naturaliste.

Grâce à son utilisation innovatrice de l'assemblage et à l'introduction de matériaux non conventionnels (comme le néon et le flocage) dans ses tableaux, Martial Raysse continue à influencer une jeune génération d'artistes. Dans deux salles du Palazzo Grassi, les œuvres de Raysse sont exposées avec des peintures et des sculptures du jeune artiste allemand Anselm Reyle. Bien que son œuvre soit plus abstraite, Reyle cite volontiers Raysse comme l'une de ses principales sources d'inspiration – en particulier en raison de l'utilisation que l'artiste français a faite du néon au début de sa carrière, en tant que signifiant « moderne » par excellence. Dans ce dialogue entre générations, les créations de Raysse datant des années 1960 apparaissent aussi vivantes que les objets d'Anselm Reyle produits au cours des trois dernières années. Considérons cela comme un juste hommage rendu à un artiste réellement visionnaire.

MARTIAL RAYSSE

Martial Raysse est né à Golfe-Juan en 1936. Ce représentant du Nouveau Réalisme et du courant Pop français est toujours resté lié à son pays d'origine, qu'il n'a jamais abandonné et où il vit et travaille encore. Raysse est un artiste qui s'intéresse aux arts visuels (peinture, dessin, arts plastiques, sculpture), mais aussi à l'écriture (il a rédigé de nombreux textes et catalogues depuis les années soixante) et à la filmographie (auteur et réalisateur de films en couleurs de 35 et 16 mm, *Jésus Cola*, 1966 ; *Homero Presto*, 1967 ; *Camembert Martial Extra-Doux*, 1969 ; *Le Grand Départ*, 1970).
Au cours de sa longue carrière qui a débuté à la fin des années 1950, Martial Raysse a participé à de nombreuses expositions collectives dans des musées internationaux : Museum of Modern Art, New York (*The Art of Assemblage*, 1961 ; *Pop Impressions: Prints and Multiples 1960-1975*, 1999) ; Musée d'Art Moderne de la Ville de Paris (*Salon Comparaisons*, 1962 ; *Mythologies Quotidiennes*, 1964 ; *1960 – Les Nouveaux Réalistes*, 1986) ; Musée des Arts Décoratifs, Paris (*Peintres européens d'aujourd'hui*, 1969) ; Musée du Louvre, Paris (*Le Bain turc d'Ingres*, 1971) ; Centre Georges Pompidou, Paris (*Paris-New York*, 1977 ; *Les Années Pop*, 2000 ; *Les Nouveaux Réalistes*, 2007) ; Akademie der Künste, Berlin (*Neue Realisten und Pop Art*, 1964) ; Palais des Beaux-Arts, Bruxelles (*Pop Art, Nouveau Réalisme*, 1965). Il a également participé à des manifestations artistiques comme le *Salon des Réalités Nouvelles* et le *Salon de la Jeune Sculpture* de Paris

(1960), la Biennale de Venise (1966, 1976, 1982) et *Documenta IX*, Cassel (1992). Des espaces du monde entier lui ont également consacré de nombreuses rétrospectives : Bruxelles, Palais des Beaux-Arts (1967) ; Amsterdam, Stedelijk Museum (1965) ; Paris, Galerie Alexander Iolas (depuis les années 1960), Centre Georges Pompidou (1981, 1997), Galerie Nationale du Jeu de Paume (1992) et Galerie de France (1996, 2000, 2005) ; Nice, Monte-Carlo, Milan, Venise, Londres, Anvers, Berne, New York, Los Angeles (Dwan Gallery) et Chicago (Museum of Contemporary Art, 1968) ; Pékin, Musée de l'Institut Central des Beaux-Arts (2000). Martial Raysse vit et travaille en Dordogne.

BIBLIOGRAPHIE SÉLECTIONNÉE

Béatrice Salmon, *Martial Raysse, Chemin Faisant, Frère crayon et Sainte Gomme*, catalogue de l'exposition, Paris, Centre Pompidou, Éditions du Centre Pompidou, 1997.
Martial Raysse, catalogue de l'exposition, Paris, Galerie nationale du Jeu de Paume, Carré d'art, Musée d'art contemporain de Nîmes, Réunion des musées nationaux, 1992.
Otto Hahn, « Martial Raysse ou l'obsession solaire », *Journal des Arts plastiques*, n° 31, février 1967.
Pierre Restany, « Martial Raysse », *Arts*, n° 837, 4-10 octobre 1961, p. 16.

Anselm Reyle

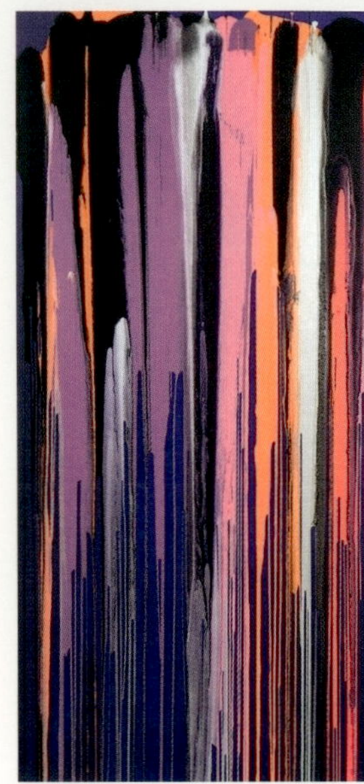

Anselm Reyle
Untitled, 2006
Technique mixte sur toile
298 × 140 cm
Collection François Pinault

Anselm Reyle croit au pouvoir des clichés et tout son art part de là. À travers des peintures et des sculptures ayant recours à une grande variété de techniques et de styles, Reyle « cite » délibérément les formes les plus éculées de l'art abstrait – le dripping, le tachisme gestuel, la répétition sérielle, les formes africanisantes, les rayures, les champs de couleur monochromatiques – dans une tentative sincère de ressusciter des styles du passé. À travers une foi optimiste et éhontée dans le formalisme, Reyle emprunte des tropes visuels à l'histoire du modernisme pour sauver, dit-il, « un stéréotype en y insufflant une nouvelle vie ». L'amalgame d'outils visuels qui en résulte peut être interprété comme un hommage aux canons idiosyncratiques d'artistes du XXᵉ siècle allant de Blinky Palermo à Ellsworth Kelly, d'Otto Freundlich à Richard Tuttle.

Reyle traite ses sources issues de l'histoire de l'art comme des « objets trouvés », les mélangeant et les associant selon ses besoins. Le vocabulaire formel de ses gigantesques monochromes noirs exposés à Palazzo Grassi renvoie par exemple à plusieurs références : l'étendue de noir pur rappelle les toiles suprématistes de Kazimir Malevitch ainsi que les œuvres noir-sur-noir de Ad Reinhardt des années 1960, tandis que la texture granuleuse de la peinture évoque les peintures de l'art informel de Tàpies et Fautrier, qui ajoutaient du sable ou d'autres matières organiques à la peinture, enrichissant ainsi la « substance » de leur empâtement. Reyle butine dans ces restes métaphoriques de peinture moderne et transforme ces « rebuts » stylistiques en une forme de peinture complètement nouvelle.

Dans ses œuvres à trois dimensions, Reyle prend cette approche de recycleur à la lettre. L'installation sculpturale *Untitled* [Sans titre] (2006) consiste en une accumulation de tubes de néon aux couleurs brillantes, suspendus dans une pièce tel un dessin abstrait flottant dans le vide. Pour se procurer sa matière première, l'artiste a eu recours à des fabricants de néons berlinois, qui lui ont gracieusement fourni des centaines de tubes inutilisés provenant de leurs ateliers. À partir de ces pièces, Reyle a orchestré une constellation lyrique de couleur et de lumière qui évoque l'idée générique d'un gribouillis expressionniste, dessiné dans l'air. Reyle attribue son attraction pour le néon (aussi bien comme matière que comme palette de couleurs) à son admiration pour l'artiste du Nouveau Réalisme Martial Raysse. Pour rendre hommage à ce lien trans-générationnel, Palazzo Grassi expose une sélection des œuvres de Raysse des années 1960 – caractérisées par un recours précoce à l'imagerie pop, à l'assemblage et au néon – à proximité des œuvres de Reyle.

Harmony (2006), une autre des œuvres tridimensionnelles de Reyle, joue de la même manière avec une idée répandue de la sculpture « moderne ». Pour cette œuvre, Reyle a travaillé une petite pierre à savon ramenée d'Afrique qu'il avait retrouvée dans le placard de sa mère. Après en avoir fait un moulage en cuivre, il l'a finalisée à l'aide d'un vernis en émail aux couleurs vives. Reyle explique que cet étrange objet biomorphique l'avait attiré parce qu'il « représentait bien la sculpture moderne [...] la personne qui l'avait fabriqué devait avoir vu le travail d'Henry Moore. » Cette pacotille africaine transformée évoque la « primitivisation » perpétuelle de la forme propre aux sculpteurs du début du XXᵉ siècle tels que Brancusi, qui cherchèrent dans l'art tribal non occidental une source d'inspiration, tout en renvoyant également à une distillation vulgaire du haut modernisme dans des objets triviaux du quotidien.

Cette œuvre, stylistiquement très singulière et néanmoins extrêmement fascinante de Reyle, exposée à Palazzo Grassi, nous renvoie – si banal que cela puisse sembler aujourd'hui – à la nécessité d'apprécier le plaisir visuel et de croire à la vitalité éternelle de l'expérience esthétique.

ANSELM REYLE

Anselm Reyle est né en 1970 à Tübingen, en Allemagne. Après
ses études à la Staatliche Akademie der Bildenden Künste
Karlsruhe en 1997, Reyle s'inspire d'artistes comme Blinky
Palermo, Sigmar Polke et Richard Tuttle, avant d'orienter son
parcours vers l'abstraction picturale et la sinuosité sculpturale
et des formes. Ses premières expositions individuelles ont lieu
à Berlin, à la Galerie Giti Nourbakhsch, en 1999-2000. En
2002, il expose dans les espaces de la galerie Roma Roma Roma,
dans la capitale italienne ; quant à ses débuts new-yorkais, ils
remontent à 2004, avec une exposition personnelle chez Gavin
Brown's enterprise. Anselm Reyle expose ensuite dans les
instituions suivantes : Modern Institute de Glasgow (2004
et 2007) ; *Licht und Farbe*, Neuer Aachener Kunstverein,
Aachen (2004) ; *Ars Nova*, Kunsthalle Zurich, Zürich (2005) ;
The Construction of Harmony, Galerie Almine Rech, Paris (2007) ;
Gavin Brown's enterprise, New York. Parmi ses expositions
collectives, citons *Feedback Orchester*, Stubnitz, Hamburg und
Finks, Berlin (2000) ; *Viva November*, Kunstverein Wolfsburg
(2001) ; *Der Zauber des Verlangens*, Neuer Berliner Kunstverein,
Berlin (2002) ; *Definitively provisional*, Whitechapel Project
Space, Londres (2003) ; *Unplugged*, Galleria Civica di Arte
Contemporanea, Trente (2003) ; *Strange I've Seen That Face Before*,
Gallery of Modern Art, Glasgow (2004) ; *Painting in Tongues*,
Museum of Contemporary Art, Los Angeles (2006) ; *Classical:
Modern I*, DaimlerChrylser Contemporary, Berlin (2006) ; *The
Artist's Dining Room: Manfred Kuttner, Anselm Reyle, Thomas
Scheibitz*, Level 2 Gallery, Tate Modern, Londres (2007) ;
Old Space New Space, Gagosian Gallery, New York (2007).
Anselm Reyle vit et travaille à Berlin.

BIBLIOGRAPHIE SÉLECTIONNÉE

Will Bradley, Toby Webster, Susanne Titz, *Strange, I've seen that
face before*, catalogue de l'exposition, Abteistr, Städtisches
Museum Abteiberg, 2006.
Matthew Collings, « How to Be Brilliant », *Modern Painters*,
avril 2006, p. 26-29.
Hans-Jürgen Hafner, « Anselm Reyle: Ars Nova. Auf der
Uberholspur », *Kunstforum International*, mai-juin 2006,
p. 374-376.
Anselm Reyle, Beatrix Ruf, Bruce Hainley, *Anselm Reyle: Ars
Nova*, Zürich, JRP Ringier, 2006.
« New German Painting », *Artforum International*, vol. XLII,
n° 9, mai 2005, p. 136.
Kirsty Bell, *Frieze*, n° 86, octobre 2004, p. 153.
Dominic Eichler, *Formalismus. Moderne Kunst, heute*, Hambourg,
Hamburg Kunstverein, 2004.

Anselm Reyle
Untitled, 2006
Technique mixte sur toile
242 × 191 cm
Collection François Pinault

Rudolf Stingel

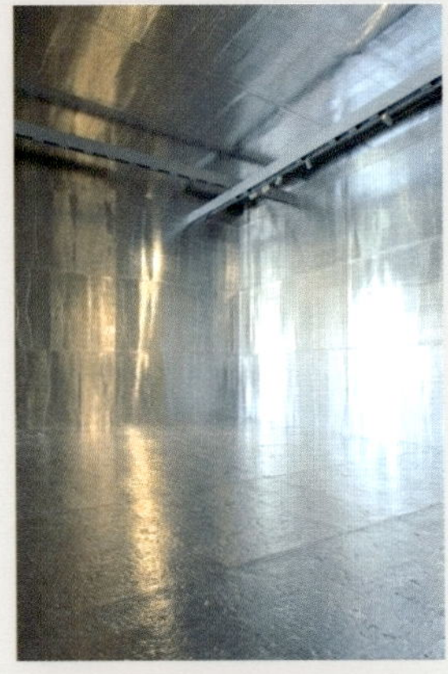

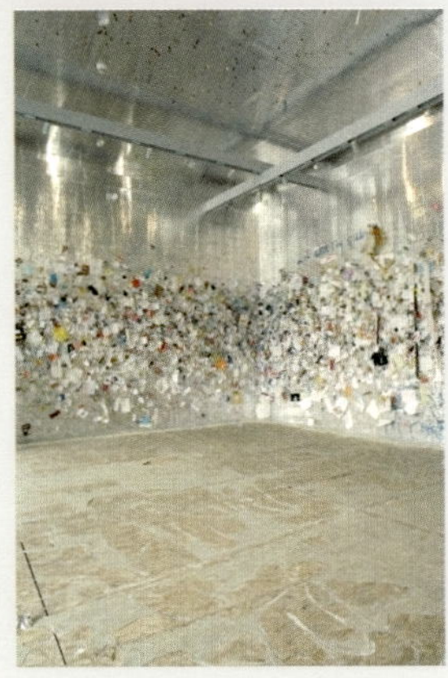

L'*idée* de la peinture est fondamentale dans l'œuvre de Rudolf Stingel, même si ses créations ne prennent pas toujours la forme d'une toile peinte. Les réflexions de l'artiste sur le médium prennent une multiplicité de formes et utilisent un large éventail de matériaux, provenant souvent de sources industrielles. Par exemple, lorsqu'il couvre un sol uniquement avec un tapis coloré (comme dans son installation *Untitled* [Sans titre] à la Daniel Neuberg Gallery en 1994), Stingel fait référence à la fois à la peinture monochrome moderniste et aux compositions *all over* des expressionnistes abstraits. Pour une série sans titre d'œuvres montées au mur et réalisées avec des panneaux isolants en polystyrène, Stingel a « sculpté » les surfaces selon un dessin abstrait rythmique ; dans d'autres cas, il a ponctué les panneaux de motifs réguliers de cercles ou d'ovales. Ces manipulations de la surface rappellent les expériences picturales irrévérencieuses et « destructrices » d'Alberto Burri, Lucio Fontana et Piero Manzoni. Rappelant l'art performatif du groupe Gutaï dans les années 1950 ou encore les *Anthropométries* (empreintes de corps féminins nus sur toile) d'Yves Klein au début des années 1960, Stingel a également réalisé des « peintures » avec des traces de pas sur de larges plaques de polystyrène blanc, ou des œuvres constituées de motifs d'empreintes de chiens disposés au hasard sur des briques d'argile fraîche (*Untitled*, [Sans titre], 2000 ; *1000 Bricks* [1000 briques], 2000).

Dans certains cas, les méta-tableaux performatifs de Stingel ont pris des dimensions architecturales. Ainsi, pendant l'exposition inaugurale du Palazzo Grassi, l'artiste a créé une installation (*Untitled*, 2001) en couvrant une salle entière (murs, sol et plafond) de panneaux isolants argentés. À première vue, la salle avait l'air d'un pur environnement minimaliste, mais au cours de l'exposition les visiteurs ont laissé leurs traces de pas sur l'œuvre et ont aussi participé activement à son évolution/destruction en gravant leurs noms et en dessinant des graffitis sur toute sa surface. L'intérieur d'*Untitled* (2006) – une sculpture en plein air réalisée en collaboration avec Franz West et présentée dans le cadre de cette exposition sur le Campo San Samuele – suit un principe similaire. À l'extérieur, ce « kiosque » blanc en forme de cube sert de support à une des têtes de West, sculptures totémiques semblables à celles de l'île de Pâques (*Lemure*, 2002 ; à l'intérieur, Stingel a recouvert l'espace de ces mêmes panneaux argentés, qui ont été inévitablement recouverts de graffitis pendant la présentation du kiosque en 2002 à Salzbourg. Pour la version actuelle de son œuvre, Stingel a éclairé l'espace en accrochant un lustre en cristal au plafond du kiosque. Cet embellissement extravagant fait allusion à l'esthétique aristocratique rococo, un thème récurrent dans la pratique artistique de Stingel tout comme dans la tradition culturelle italo-autrichienne du Tyrol, sa terre natale.

Quand Stingel applique la peinture sur la toile – dans une intention à la fois abstraite et figurative –, il codifie ses gestes selon un processus rigoureux. Pour ses premières peintures « abstraites », l'artiste a publié un manuel d'*Instructions* (1989) d'une grande précision dans lequel il expliquait en détail comment étaler sur une toile de la couleur rouge, jaune ou bleue, et comment recouvrir la surface de couleur en projetant du vernis argenté à travers un tulle afin de produire sa propre marque distinctive : une surface spectrale minimaliste. Plus récemment, Stingel a utilisé un procédé sérigraphique pour réaliser des peintures monochromatiques – en or, en argent ou en noir – recouvertes ensuite d'un motif emprunté aux vieux papiers peints damassés. Dans ces peintures, Rudolf Stingel mêle deux traditions visuelles opposées : les monochrome et les arts décoratifs. Le fond rend hommage à l'austérité et à la discipline de l'art minimal, alors que le motif floral répété, datant du XVIe siècle, célèbre les intérieurs décadents et luxueux des palais et des salons européens.

Au Palazzo Grassi, Stingel présente pour la première fois une nouvelle œuvre issue de ces peintures monochromes damassées. L'artiste a accroché un monochrome noir bien particulier mesurant plus de trois mètres sur cinq dans une des somptueuses salles du premier étage du palais. Utilisant une technique de sculpture en bas-relief, l'artiste a transformé le motif d'un papier peint rococo français en une surface fastueuse où la décoration florale se détache du fond. Non seulement cette peinture rappelle les décorations dorées qui ornent les plafonds de la salle, mais elle évoque le motif en noir et blanc (inspiré d'un tapis Sarouk persan) de l'installation avec tapis de l'artiste, qui couvre entièrement l'entrée et le rez-de-chaussée du palais.

Choisissant une approche étonnamment nouvelle, Stingel a récemment comblé le fossé idéologique entre l'abstraction et la figuration, en réalisant une série d'autoportraits photoréalistes. Dans les salles qui jouxtent son relief monochrome noir, Stingel a installé une série de cinq peintures presque identiques, intitulées *Louvre (after Sam)* [Louvre – d'après Sam] (2006) et inspirées d'un portrait photographique réalisé par l'artiste Sam Samore en 2005. Stingel s'y représente de profil, vêtu d'une élégante veste rayée ; sur le fond, un cadre doré très travaillé renvoie discrètement au thème rococo. De nombreux indices formels et narratifs signalent que l'artiste est conscient de sa propre transformation stylistique. L'utilisation de la grisaille semble une référence explicite à Gerhard Richter, peut-être l'artiste le plus important qui soit engagé dans la dialectique entre la peinture abstraite et la peinture figurative. En outre, Stingel a choisi de peindre la même image de manière répétitive sur cinq toiles distinctes. Cette répétition implique une progression narrative, comme dans une série de photogrammes, bien que les petites variations de toile à toile révèlent que les images ne sont pas reproduites par un procédé photomécanique, mais qu'elles sont bien peintes à la main. Stingel a affirmé qu'il s'était senti attiré par cette image de départ particulière en raison de sa « *nature mélancolique et existentielle* »[1]. Il a également observé que la création de ces autoportraits insolites a été en partie inspirée par les films de Michelangelo Antonioni, fondés sur l'analyse intérieure et le doute existentiel. Marquant un tournant important dans l'œuvre de Stingel, ces tableaux figuratifs sont tout autant introspectifs que ses œuvres abstraites.

NOTE
[1] Extrait d'une conversation inédite avec l'auteur, 20 mars 2007.

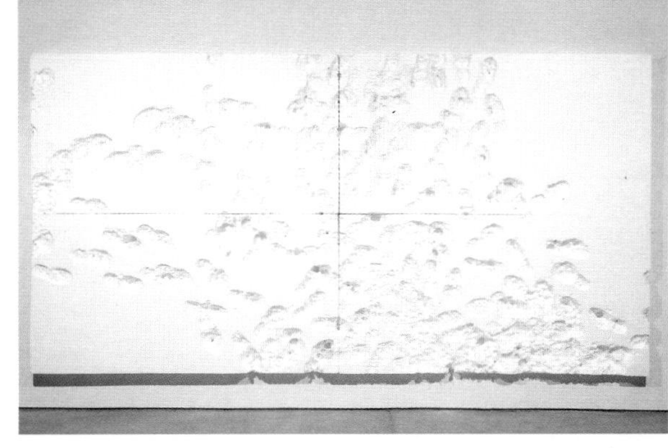

Rudolf Stingel
Untitled, 2000
Styrofoam
240 × 480 × 10 cm
Collection François Pinault

RUDOLF STINGEL

Rudolf Stingel est né à Merano en 1956. Il est toujours resté lié à sa ville natale, où il a conservé un atelier, bien que sa ville d'adoption soit maintenant New York. Stingel s'est installé aux États-Unis en 1987, en même temps qu'il commençait à présenter ses œuvres dans des expositions personnelles en Europe et en Amérique : Massimo De Carlo, Milan (1989, 1992, 1997, 1999, 2004, 2006) ; Paula Cooper Gallery, New York (1994, 1997, 1999, 2000, 2002) ; exposition avec Felix Gonzalez-Torres, Neue Galerie am Landesmuseum Joanneum Graz, Graz (1994) ; Kunsthalle Zürich, Zurich (1995) ; Museo di Arte Moderna e Contemporanea di Trento e Rovereto (2001) ; Sadie Coles, Londres (2004) ; Grand Central Terminal, New York, et Walker Art Center, Minneapolis (2004) ; *Home Depot (Dornbracht Installation Project)*, Museum für Moderne Kunst Frankfurt, Francfort-sur-le-Main (2004) ; Inverleith House au Royal Botanical Garden, Édimbourg, (2006) ; *site installation* à l'occasion de *Con-sens*, Bolzano (2006) ; Museum of Contemporary Art, Chicago (2007). Rudolf Stingel a également participé à de nombreuses expositions collectives : P.S.1 Contemporary Art Center, Project Room, New York (1989) ; Biennale de Venise (1993, 2003) ; *Dead Pan*, Kunstverein München, Munich (1996) ; *Art at Home: Ideal Standard Life*, Spiral Garden, Tokyo (1996) ; *Examining Pictures: Exhibiting Paintings*, Whitechapel Art Gallery, Londres – The Museum of Contemporary Art, Chicago – UCLA/Hammer Museum, Los Angeles (1999) ; *Painting at the Edge of the World*, Walker Art Center, Minneapolis (2001) ; *Singular Forms (Sometimes Repeated): Art from 1951 to the Present*, The Solomon R. Guggenheim Museum, New York (2004) ; *"Where Are We Going?" Selections from the François Pinault Collection*, Palazzo Grassi, Venise (2006) ; *Whitney Biennial 2006: Day for Night*, The Whitney Museum of American Art, New York (2006).
Rudolf Stingel vit et travaille à Merano et à New York.

BIBLIOGRAPHIE SÉLECTIONNÉE

Rudolf Stingel, catalogue de l'exposition, Museum of Contemporary Art of Chicago, Chicago, Yale University Press, 2007.
Chrissie Iles, Philippe Vergne, *Whitney Biennial 2006: Day for Night*, catalogue de l'exposition, New York, Whitney Biennial 2006, 2006.
Cay Sophie Rabinowitz, « Potrait of the Artist as a Self-Portrait / Bildnis des Künstlers als Selbstporträt », *Parkett*, n° 77, 2006, p. 104-109.
Cay Sophie Rabinowitz, « Rudolf Stingel talks about his latest installation », *Artforum International*, n° 9, mai 2005, p. 220-221.
Art from 1951 to the Present, catalogue de l'exposition, New York, The Solomon R. Guggenheim Foundation, 2004, p. 156.
Amanda Coulson, « Rudolf Stingel », *Frieze*, n° 86, octobre 2004, p. 177.
Linda Yablonsky, « The Carpet That Ate Grand Central – Commuters to Trample 27,000 Square Feet of Blue Roses' », *The New York Times*, 27 juin 2004.
Belli Gabriella, Bonami Francesco, *Rudolf Stingel*, Milan, Skira, 2001.

Franz West

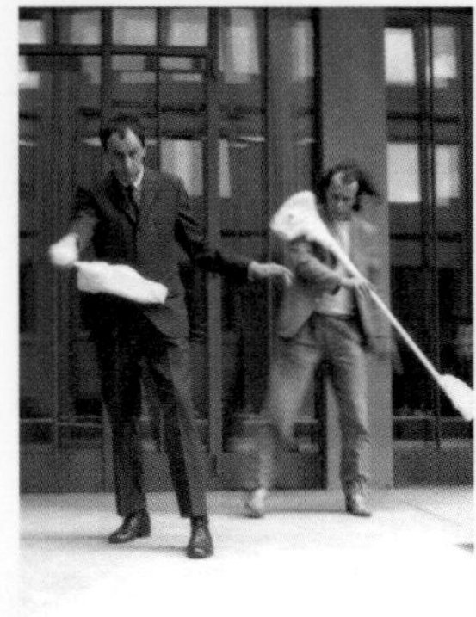

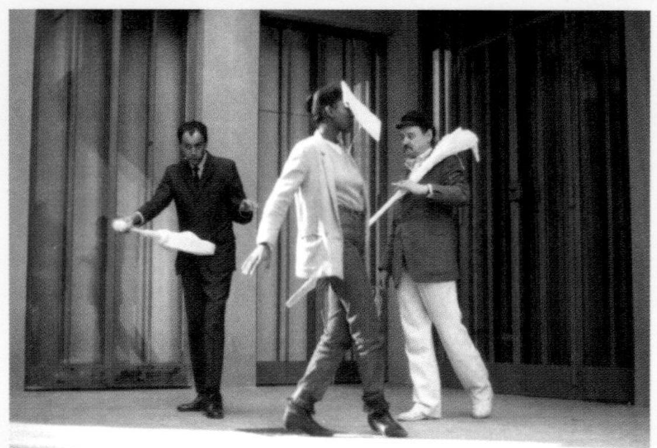

Franz West s'est affirmé en pleine effervescence de l'avant-garde artistique viennoise proposant une réponse enjouée et critique au *Wiener Aktionismus* (le mouvement artistique autrichien le plus important de l'après-guerre, s'était fait connaître par ses performances brutes mêlant la sexualité à des rituels pseudo-religieux). En 1974, West débute sa carrière avec une série de sculptures intitulées *Paßstückes* [Adaptables]. Ces œuvres qui mettent le spectateur mal à l'aise, délibérément trash (elles sont fabriquées avec de vieux morceaux de bois et du grillage, puis couvertes de papier mâché avant d'être peintes en blanc), étaient conçues pour être manipulées ou même portées par le visiteur. West considérait ces sculptures comme des prothèses qui pouvaient rendre le corps actif d'une façon à la fois comique et sérieuse. Avec leur déploiement sans fin de formes biomorphiques, les *Paßstückes* provoquaient des contorsions du corps maladroites et artificielles, transformant ainsi l'observateur ordinairement passif en un participant actif. West soutenait que ces contorsions physiques rendaient « visibles les névroses » de l'observateur. Tout à fait délibérément, les *Paßstückes* faisaient office de repoussoir à la fois ridicule et psychologiquement évocateur pour les performances sordides et suffisantes des artistes *Aktionists*, comme Günter Brus, Hermann Nitsch, Otto Muehl et Rudolf Schwarzkogler.

L'environnement sculptural le plus complexe de Franz West, qui a vu le jour dans les années 1980, constitue une évolution à partir des relations formelles et conceptuelles de ses premières œuvres : la transformation de matériaux à la fois humbles et « astucieux » dans des œuvres sculpturales explorant les interstices du corps, le psychisme et le comportement social. Exposé au Palazzo Grassi, *Worktable and Workbench* [Table de travail et établi] (2006) illustre cette période de maturité de l'œuvre. Ces sculptures en papier mâché sur pied, dont les socles sont de véritables meubles provenant de l'atelier de West, rappellent les *Paßstückes* par leur anthropomorphisme (les bosses et les creux à la surface et les doigts qui évoquent des appendices corporels). Avec leur palette exubérante et leur technique gestuelle des dégoulinages de peinture, ces œuvres très colorées montrent l'intelligence avec laquelle West a compris et intégré l'histoire de la peinture moderne. La pâte expressionniste à la surface des sculptures renvoie au style de l'abstraction européenne de l'après-guerre, de Fautrier à Wols en passant par Dubuffet et Giacometti.

Une deuxième œuvre, intitulée *Almanach* (2003-2006), montre comment Franz West s'est servi de ses sculptures plus « traditionnelles » pour réaliser des œuvres monumentales où le publie peut s'asseoir ou s'allonger. Treize vitrines en plexiglas contiennent des modèles en miniature de quelques-unes des commandes les plus connues que West ait reçu pour des œuvres d'extérieur, comme son projet de 2004 du Public Art Fund pour le Lincoln Center de New York. Cette collection d'études sur une petite échelle présente aussi des images qui rappellent les collages de l'artiste et ses œuvres sur papier.

Les œuvres picturales de Franz West, souvent découpées dans des magazines, isolent des images d'individus aux comportements inhabituels ou dans d'étranges postures corporelles. Accroché dans une salle adjacente, *Collecting Wall* (1972-2007) réunit plus de trente de ces collages, dessins et peintures sur papier des quarante dernières années. West a expliqué que son esthétique picturale inimitable était une réponse à sa situation existentielle au début des années 1970 : « Mes premiers collages étaient vraiment moches. À cette époque, je traversais une période très dépressive : je n'avais pas de succès, je n'étais pas beau, je n'étais pas riche, et je n'avais pas eu une bonne formation. Le monde n'était pas très appétissant. Tout ce que je pouvais faire, c'était avoir une femme moche, regarder des émissions de télévision idiotes et avoir des meubles moches que l'on appellera plus tard 'punk'. J'étais un peu comme ça, voilà pourquoi je faisais mes collages comme ça, et puis pourquoi je continue.[1] »

Une commande spéciale du Palazzo Grassi présente un autre aspect essentiel de l'œuvre de Franz West. Pendant les vingt dernières années, West a produit des « meubles-sculptures » : des installations fonctionnelles offrant au visiteur du musée un endroit pour se reposer, pour s'asseoir ou même s'allonger. Pour évoquer le passé de luxe et de divertissement du Palazzo Grassi et exploiter sa position sur le Grand Canal, West a imaginé un nouvel environnement intitulé *Oasis* (2007). Il a créé cinq nouvelles formes de meubles en utilisant des armatures complexes en treillis métallique, habillées par des matelas gonflables. Pour compléter la scène, West a demandé à l'un de ses collaborateurs habituels, l'artiste Tamuna Sirbilaze, de réaliser une peinture couvrant la totalité des murs, afin de transformer le « cube blanc » de la galerie en un espace expressionniste plus accueillant. L'abri sculptural de West offre un antidote radical à la déambulation conventionnelle de la visite du musée. Expliquant l'origine de ses meubles-sculptures, West a déclaré : « *Si vous observez ces objets dans un musée et si vous commencez à vous sentir mal à l'aise, vous pouvez vous allonger ou vous asseoir. S'asseoir peut être ennuyeux au dernier degré si ce n'est pas intégré dans une œuvre d'art... maintenant, vous pouvez vous intégrer vous-même dans l'art.* »[2]

NOTES

[1] Franz West interviewé par Mennon Weewis (1998), réédité dans *Franz West*, Londres, Phaidon, 1999, p. 131.

[2] Robert Fleck, « Sex and the Modern Sculptor », dans *Franz West*, Londres, Phaidon, 1999, p. 64.

FRANZ WEST

Franz West est né à Vienne en 1947. Après avoir étudié à l'Akademie der Bildenden Künste de Vienne, il a commencé à se consacrer activement à l'art au début des années 1960, orientant sa recherche vers la technique sculpturale et réagissant contre le mouvement de l'Actionnisme viennois. Dans les années 1970, Franz West a produit sa série des petites sculptures portables ; certaines d'entre elles, transposées à grande échelle, sont devenues ensuite d'énormes installations en aluminium. Franz West a participé à de nombreuses expositions collectives dans des espaces de niveau international : Kunsthandlung Hummel, Vienne (1980) ; Kunsthaus Zürich, Zurich (1985) ; *Skultpur. Projekte in Münster*, Munster (1987, 1997) ; Biennale de Venise (1988, 1993, 1997, 2003, 2007) ; *Possible Worlds*, The Institute of Contemporary Art/Serpentine Gallery, Londres (1990) ; *Documenta IX* (1992) et *Documenta X* (1997), Cassel ; Kunsthalle de Vienne (1996, 2004) ; *Comic Abstraction*, Museum of Modern Art, New York (2007). Ses expositions personnelles sont tout aussi importantes : Galerie Max Hetzler, Cologne (1986, 1988, 1991) ; Sculpture Plaza, Museum of Contemporary Art, Los Angeles (1994) ; David Zwirner, New York (1993, 1994, 1996, 1998, 1999, 2001) ; The Museum of Modern Art, New York (*Franz West. Projects*, 1997) ; Gagosian Gallery, Londres (2001, 2003, 2005, 2006) ; Galerie Hauser & Wirth & Presenhuber, Zurich (2002, 2003, 2006) ; MUMOK, Vienne (2007) ; en 2007, trois galeries accueillent une exposition personnelle de Franz West : Mario Sequeira Gallery, Braga ; Galerie Meyer Kainer, Vienne ; Galerie Grässlin, Frankfurt. Franz West vit et travaille à Vienne.

BIBLIOGRAPHIE SÉLECTIONNÉE

Stefan Ratibor, Ealen Wingate, *Franz West. Displacement and Condensation*, catalogue de l'exposition, Londres, Gagosian Gallery, 2006.

Eva Baduar-Triska, *Franz West, early works*, catalogue de l'exposition, New York, Zwirner & Wirth, 2005.

Bice Curiger, « 'Es ist eher eine Verstrickung'. Ein Gespräch mit Franz West », *Parkett*, n° 70, 2004, p. 16.

Franz West, Eckard Schneider, *Franz West: We'll Not Carry Coals*, catalogue de l'exposition, Kunsthaus Bregenz, 2004.

Kristine Stiles *et al.*, *Franzwestite*, Londres, Whitechapel, 2003.

Robert Storr, « Franz West's Corporeal Comedy », *Art in America*, n° 10, octobre 2003, p. 96-99, repr.

Franz West: In & Out, catalogue de l'exposition, Museums für Neue Kunst MNK/ZKM Karlsruhe, Hatje Cantz, 2000.

Robert Fleck, *Franz West*, Londres, Phaidon, 1999.

Franz West. Proforma. Museum Moderner Kunst Stiftung Ludwig Wien, par d'Eva Badura-Triska et Franz West, Vienne, 1996 ; textes de Lóránd Hegyi, Peter Gorsen, Robert Fleck, Franz West, Marianne Brouwer, Peter Pakesch et Eva Badura-Triska.

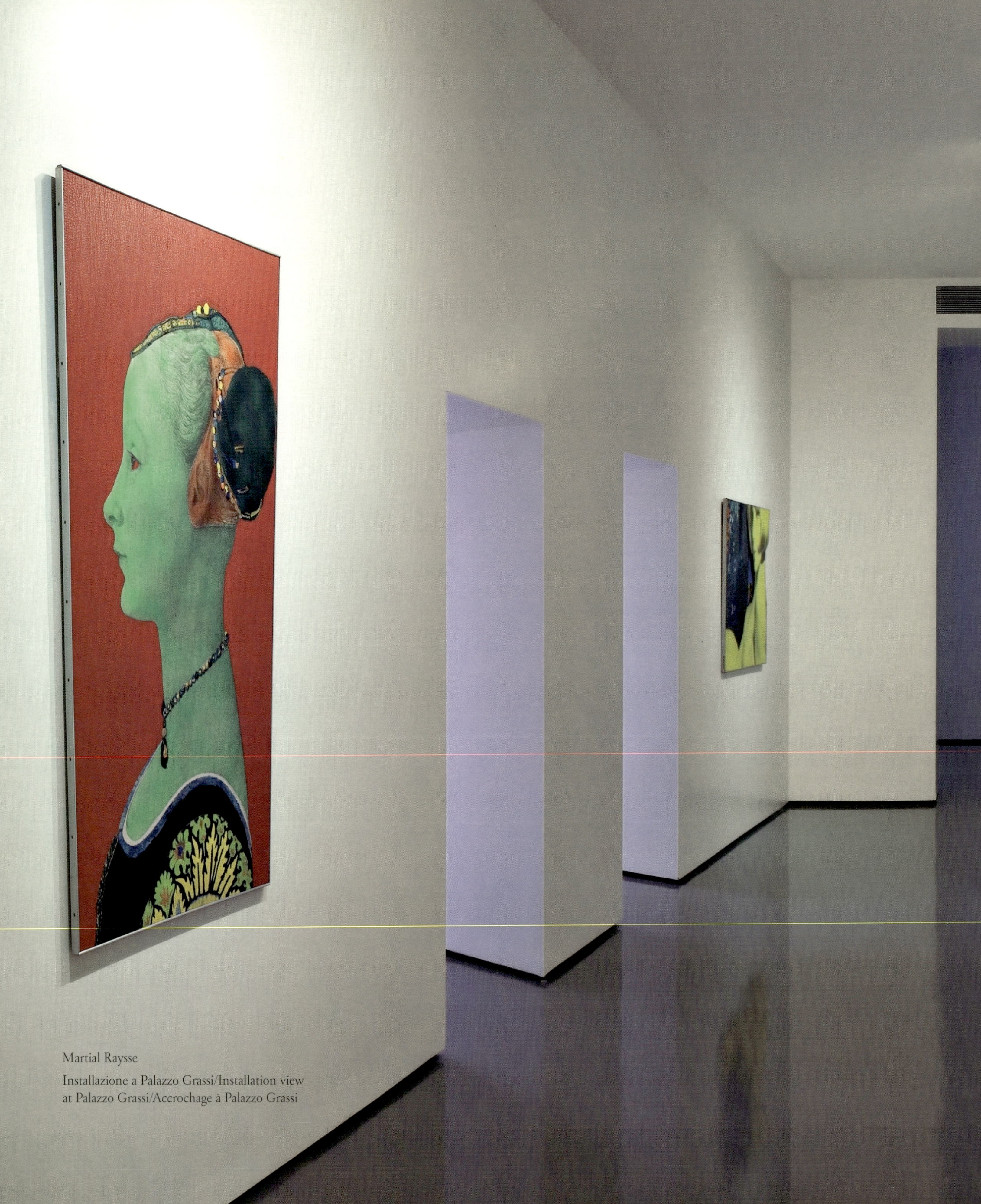

Martial Raysse
Installazione a Palazzo Grassi/Installation view
at Palazzo Grassi/Accrochage à Palazzo Grassi

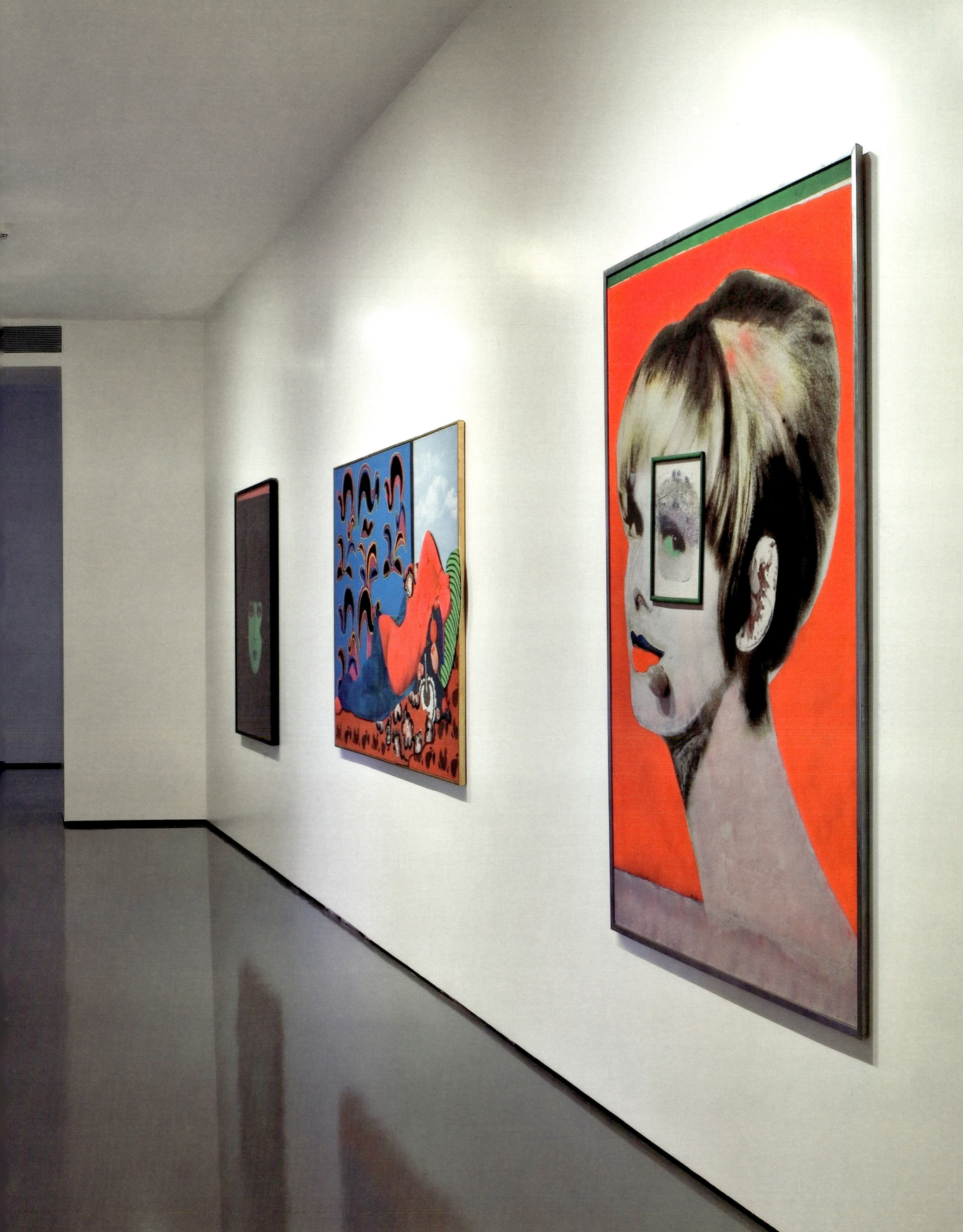

Martial Raysse
Seventeen (Titre journalistique), 1962

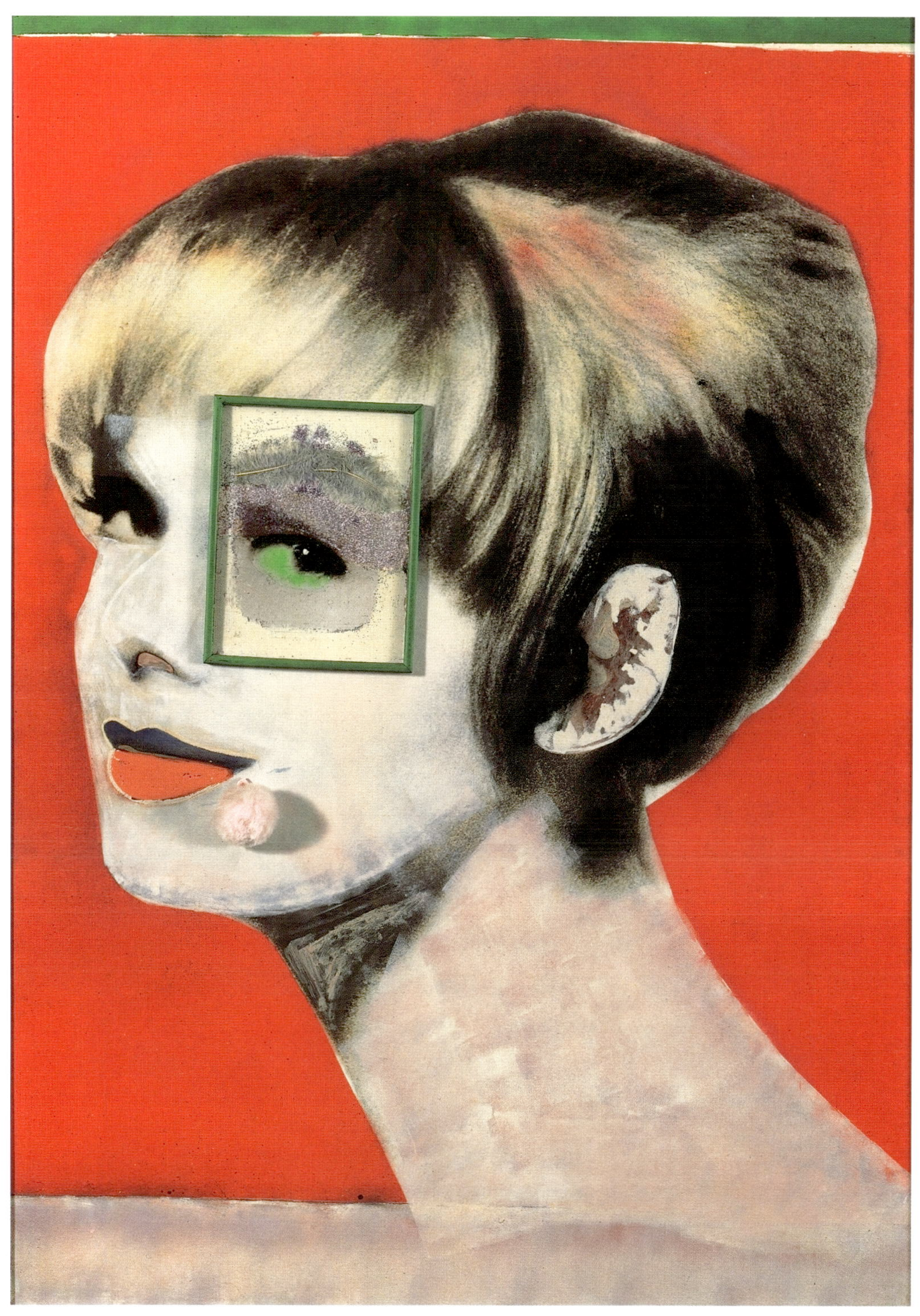

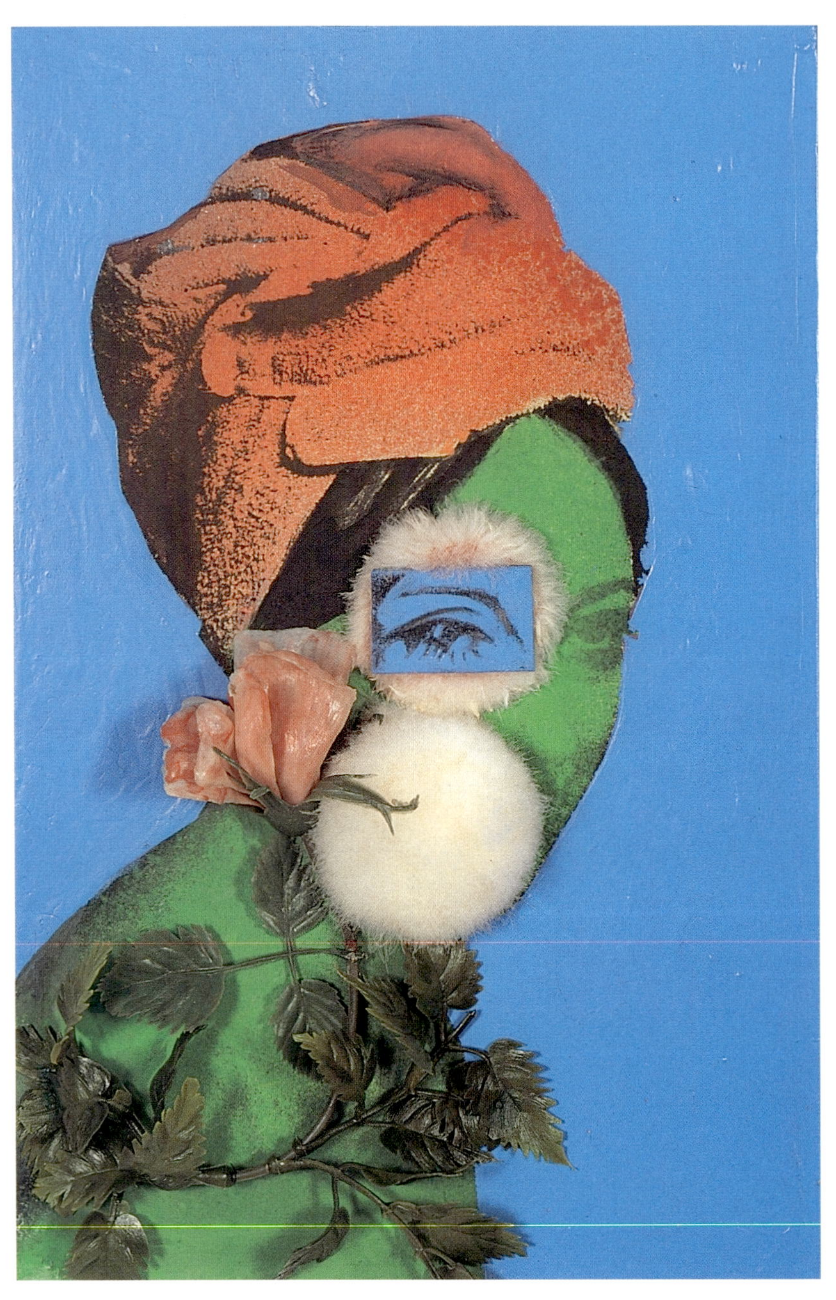

Martial Raysse
Sur 3 roses, 1963

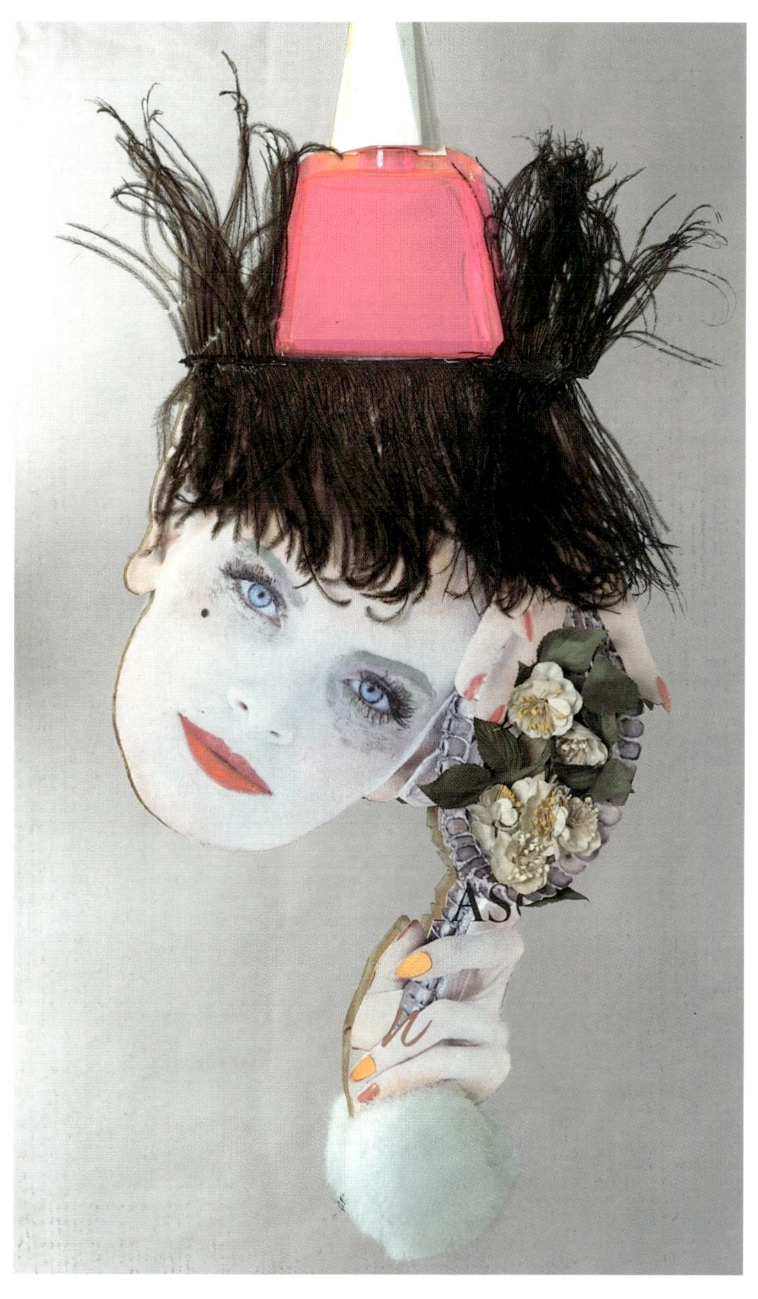

Martial Raysse
Le miroir, 1961

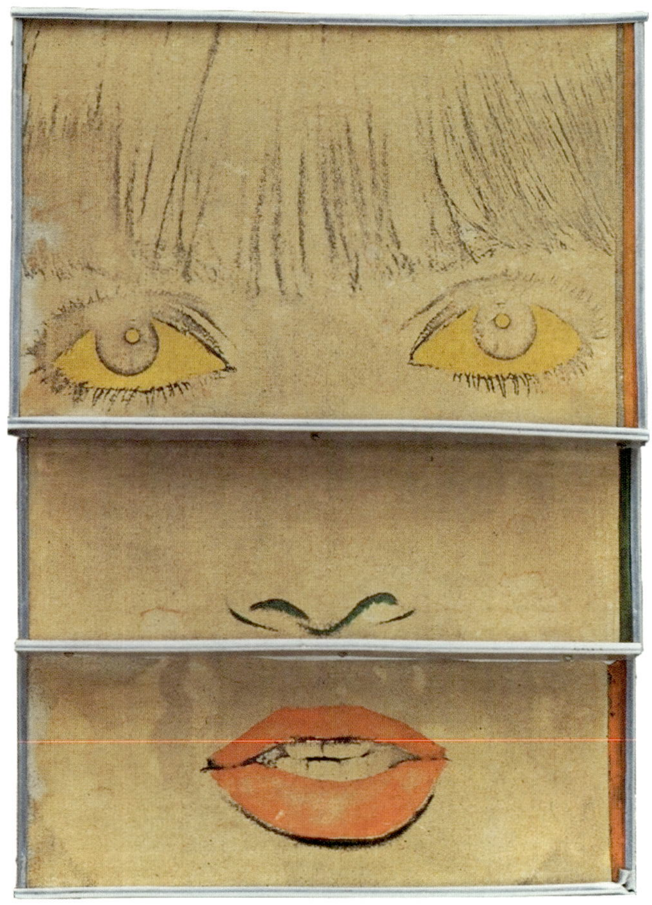

Martial Raysse
Sans titre, 1965

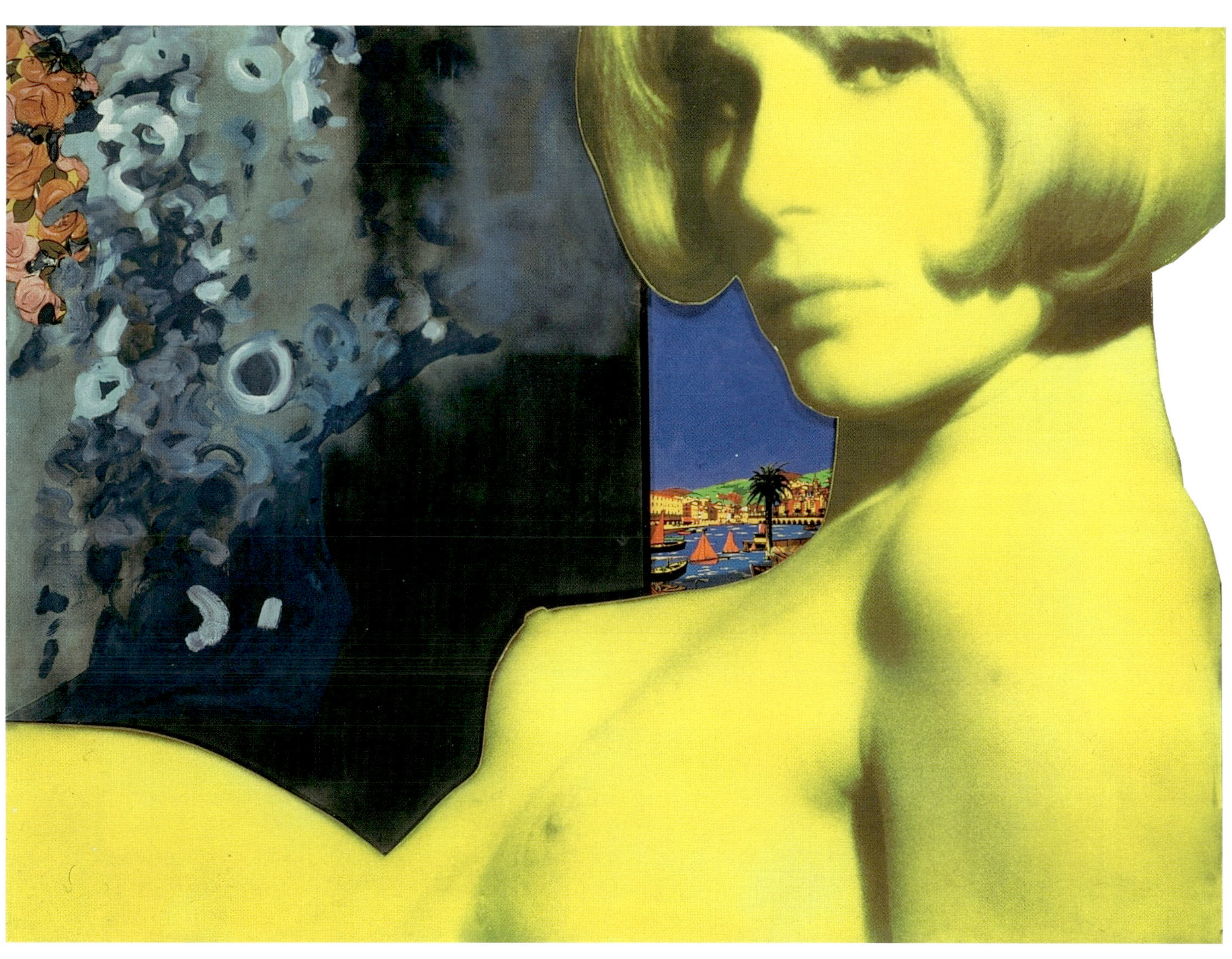

Martial Raysse
Nu jaune et calme, 1963

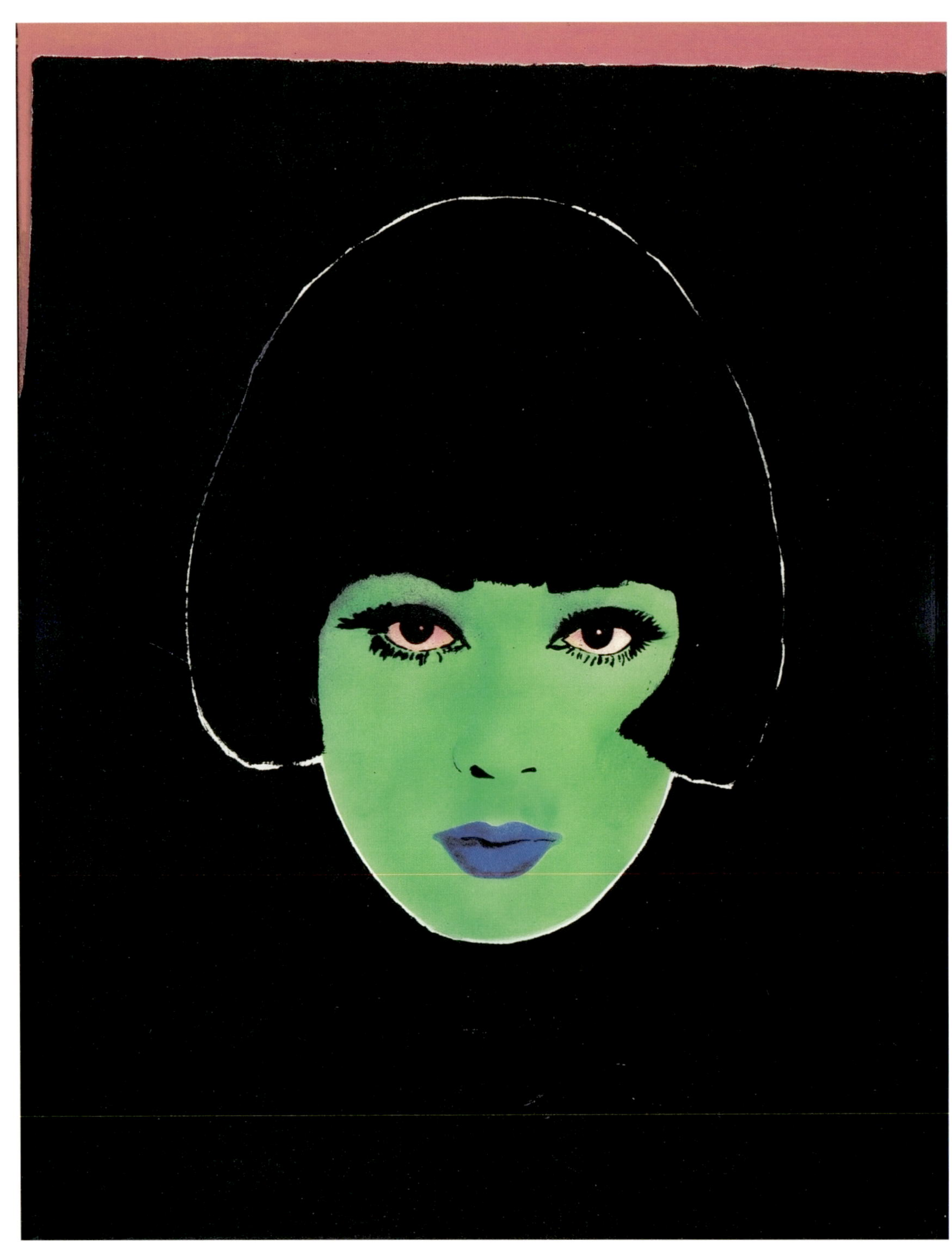

Martial Raysse
Belle des nuages, 1965

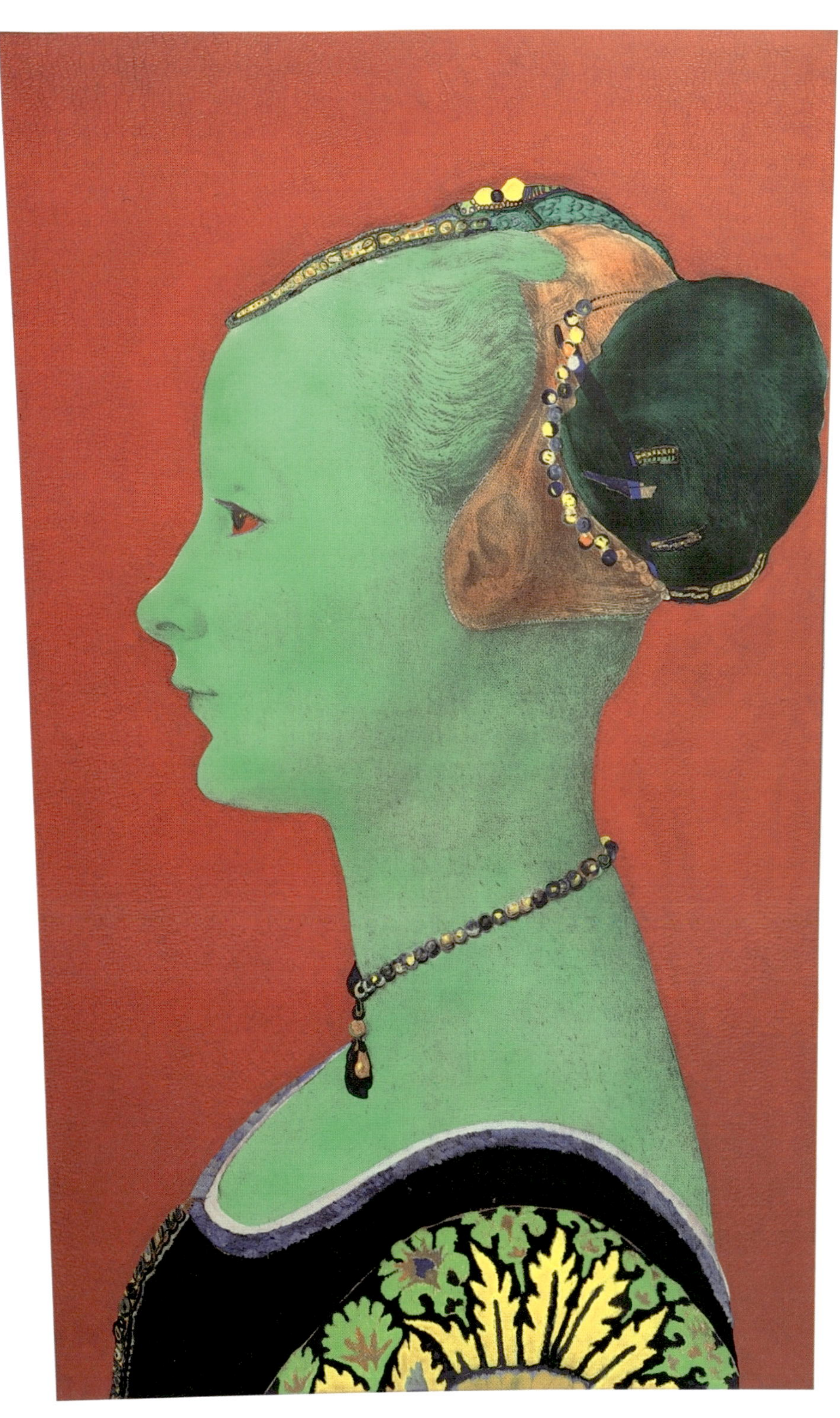

Martial Raysse
Portrait of an Ancient Friend, 1963

Martial Raysse
Noon Mediterranean Landscape, 1966

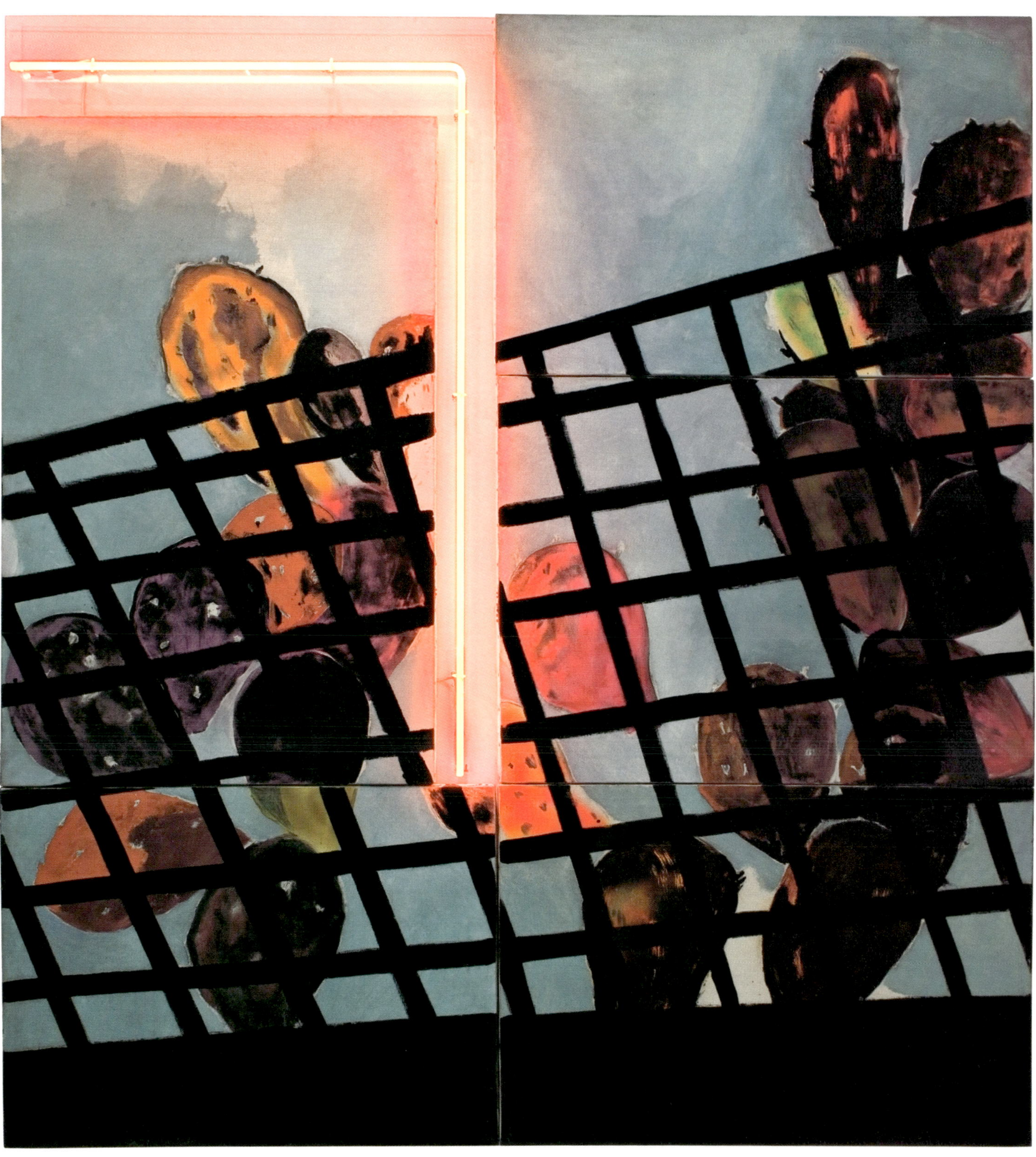

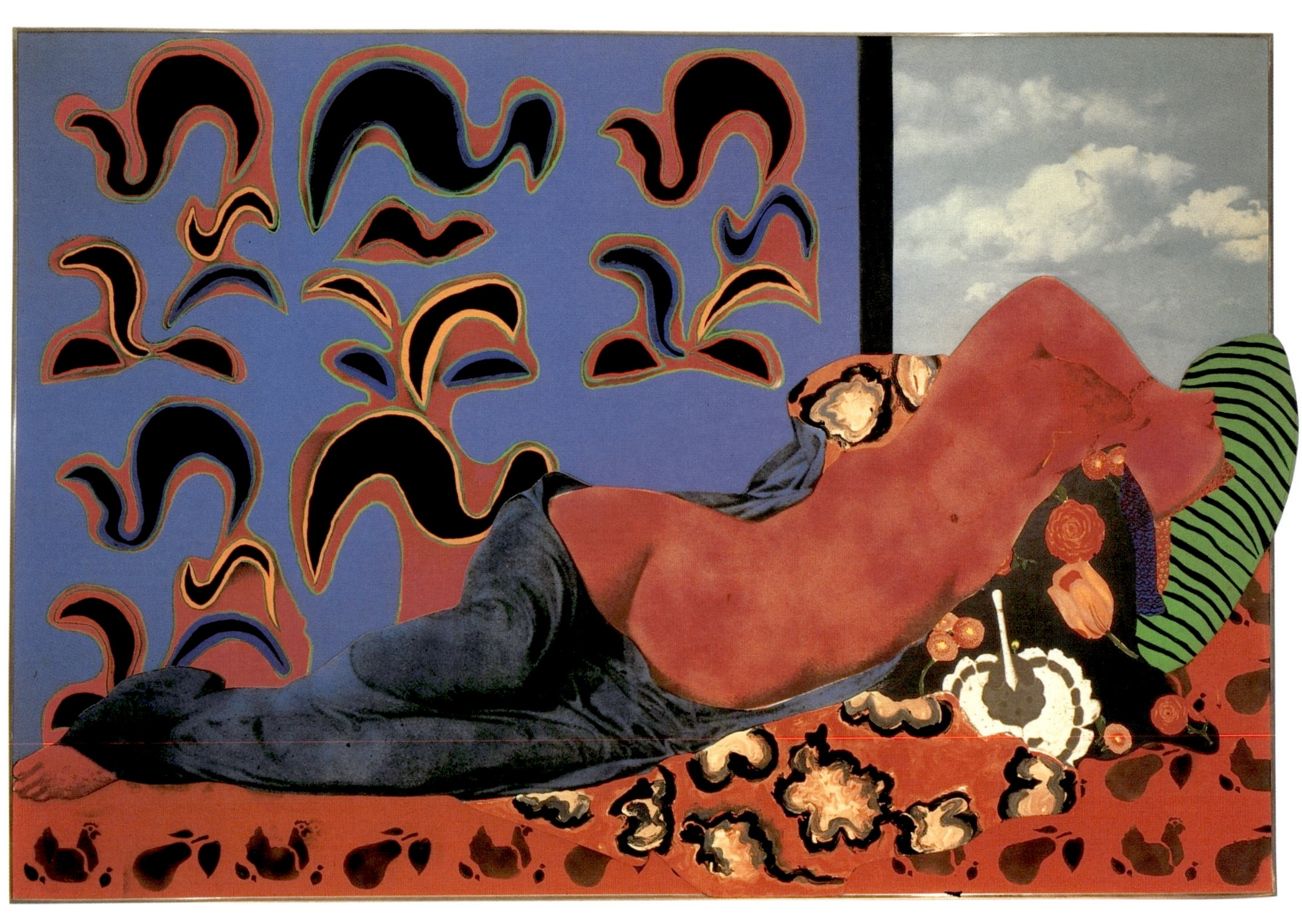

Martial Raysse
Made in Japan, 1963

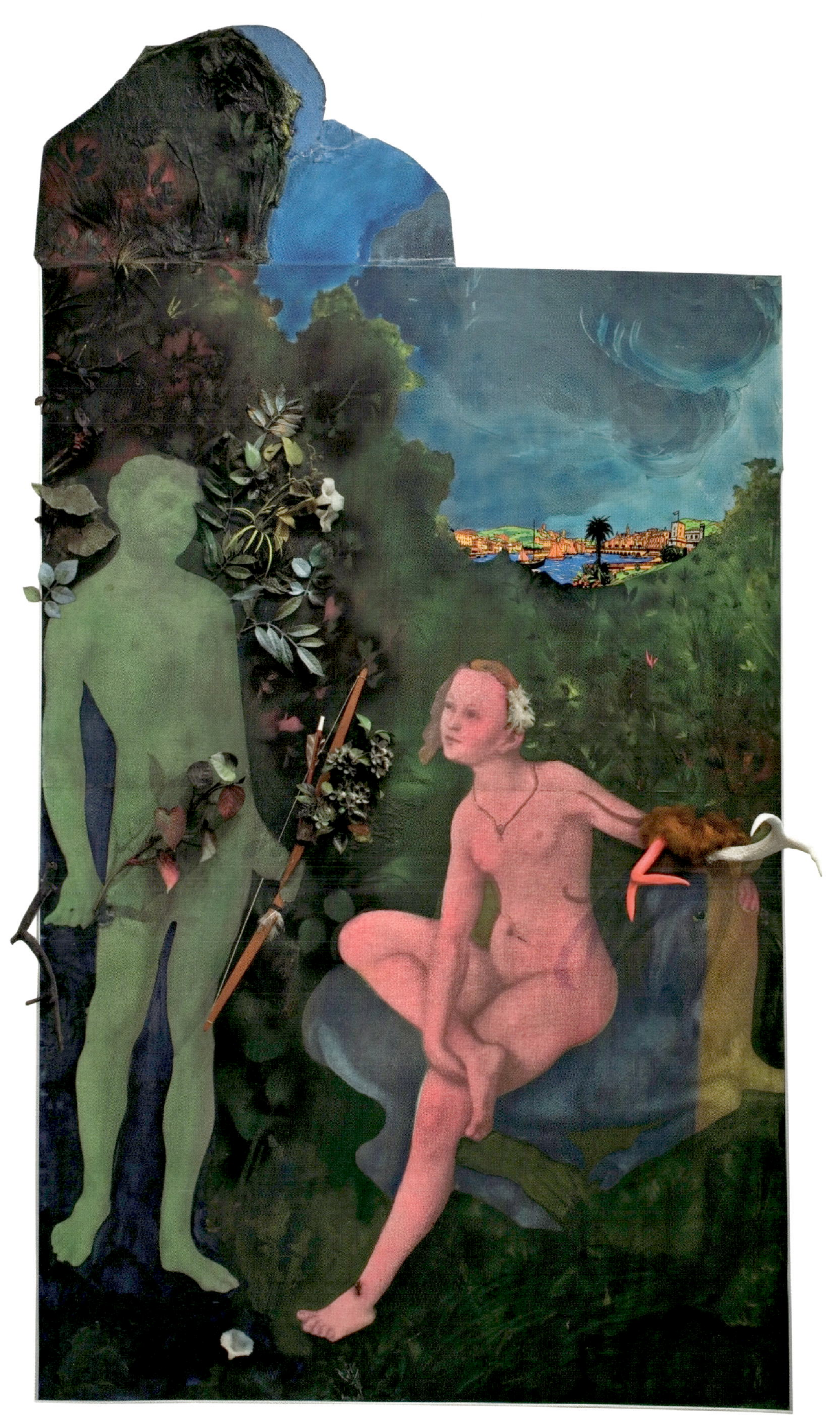

Martial Raysse
Conversation printanière, 1965

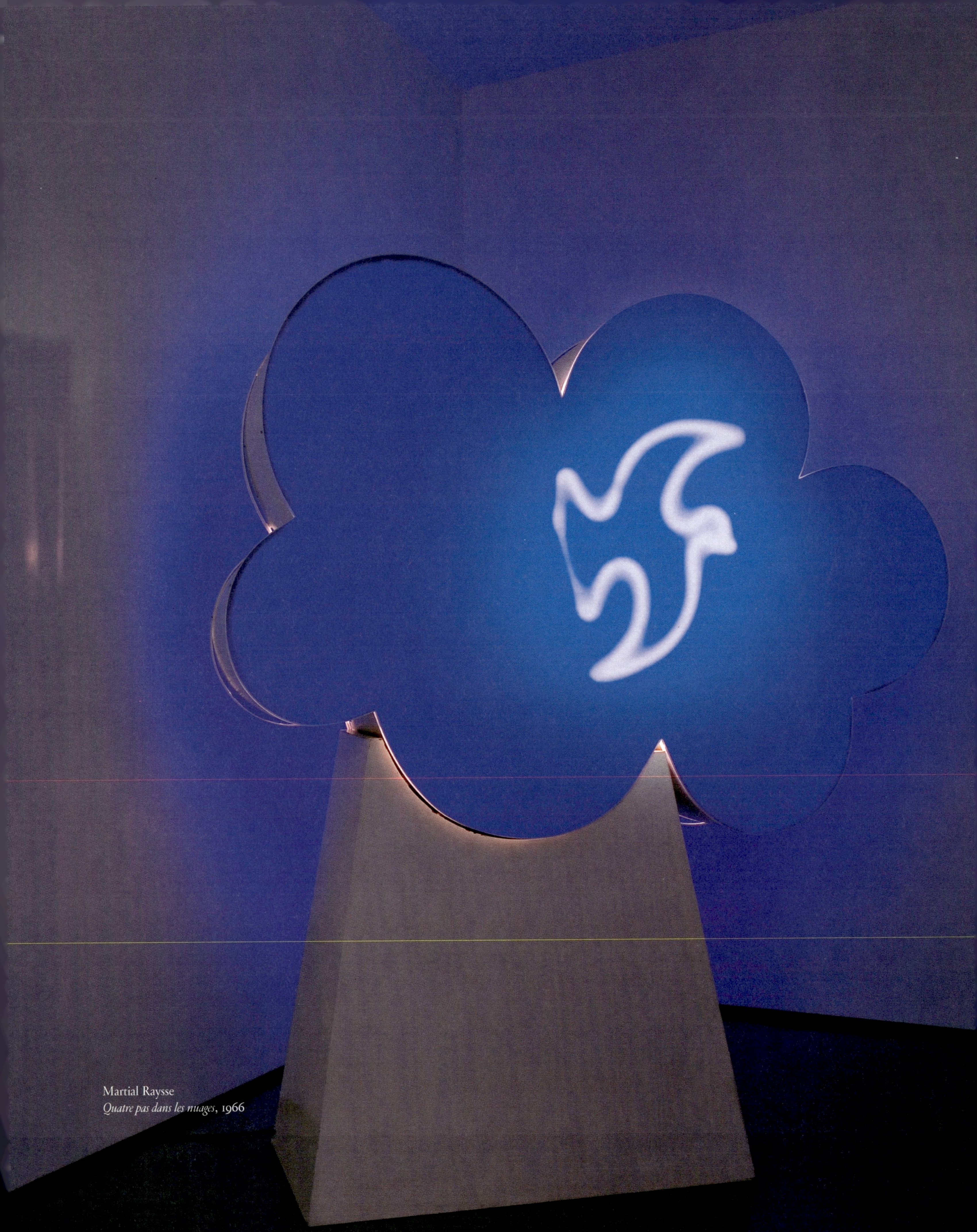

Martial Raysse
Quatre pas dans les nuages, 1966

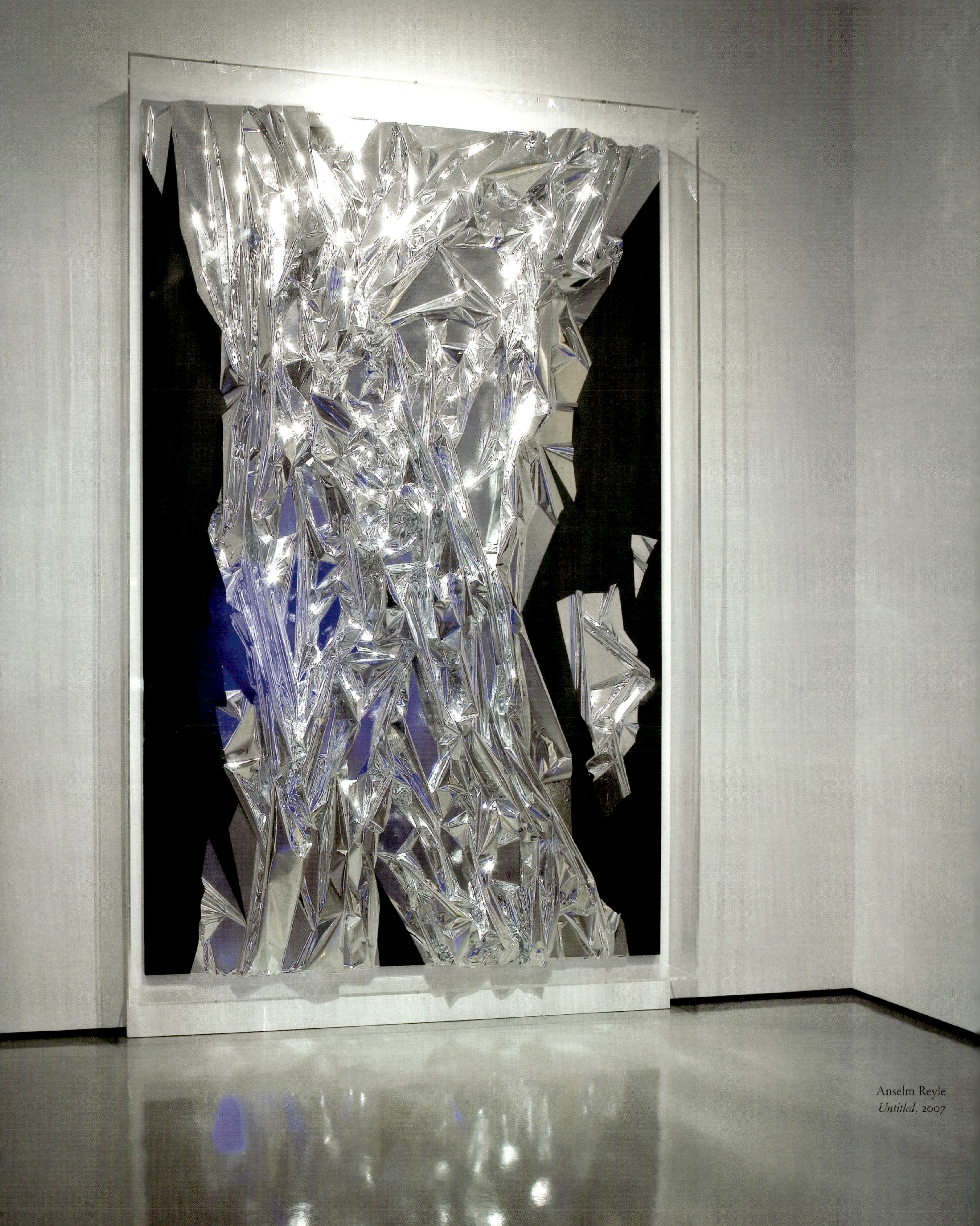

Anselm Reyle
Untitled, 2007

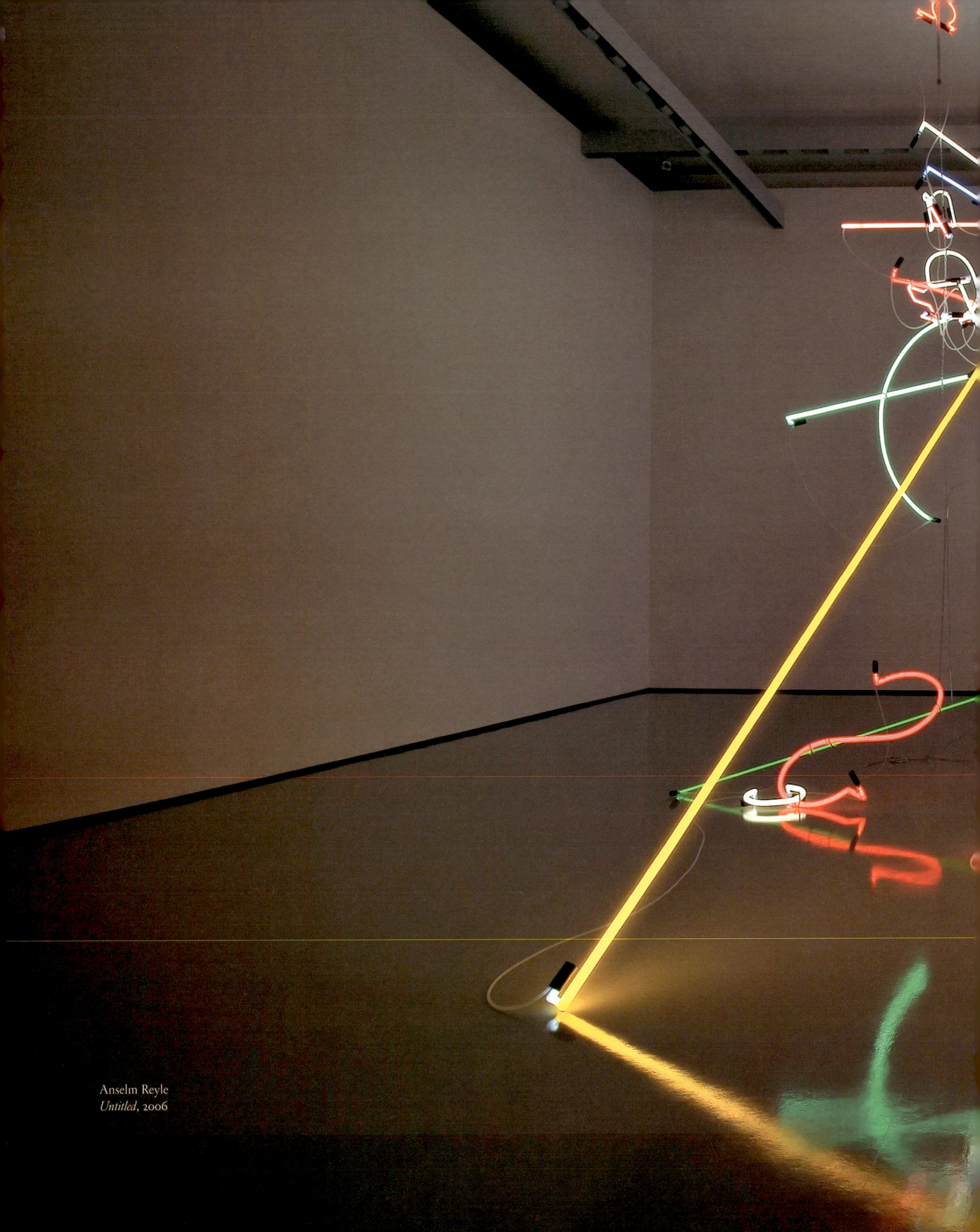

Anselm Reyle
Untitled, 2006

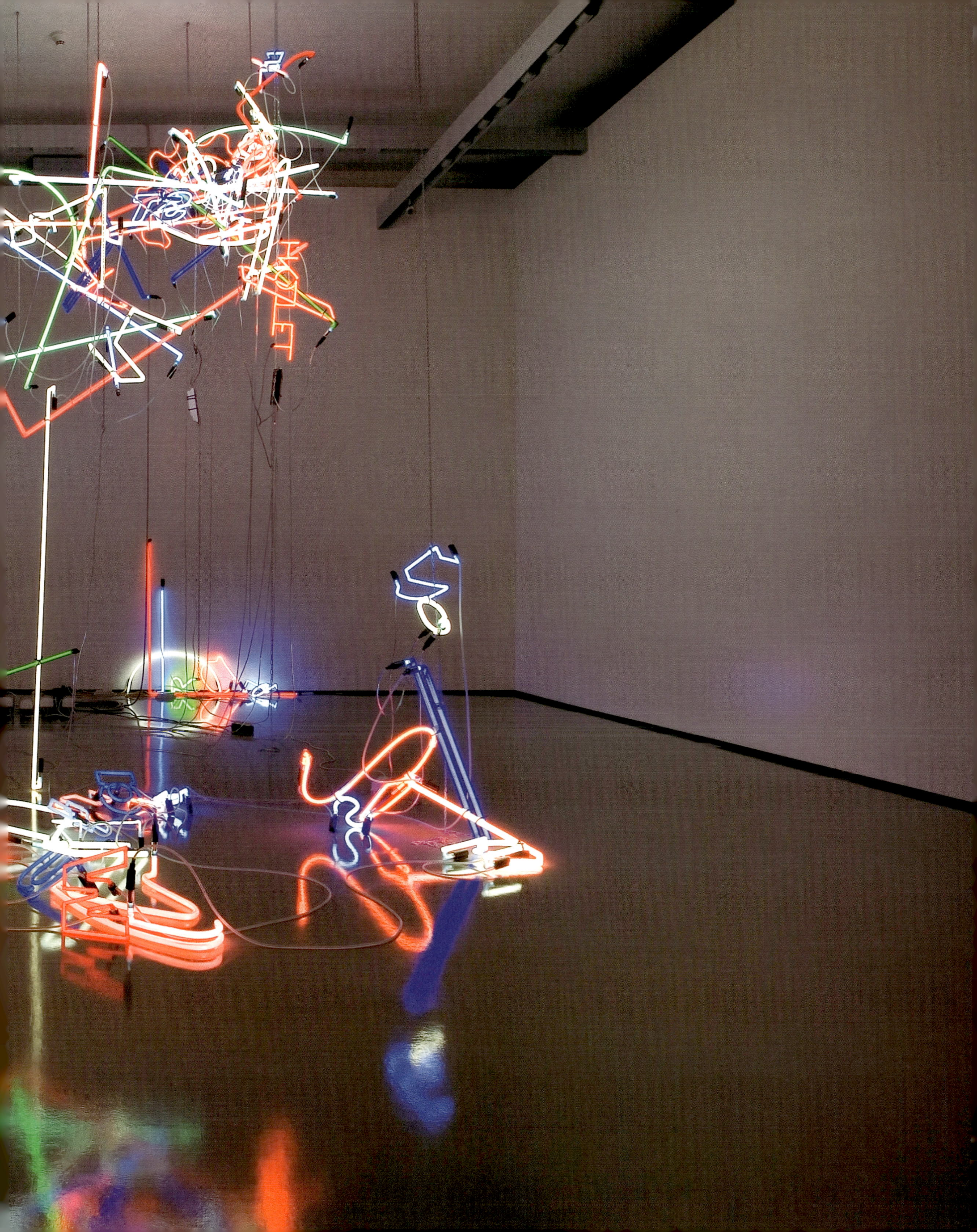

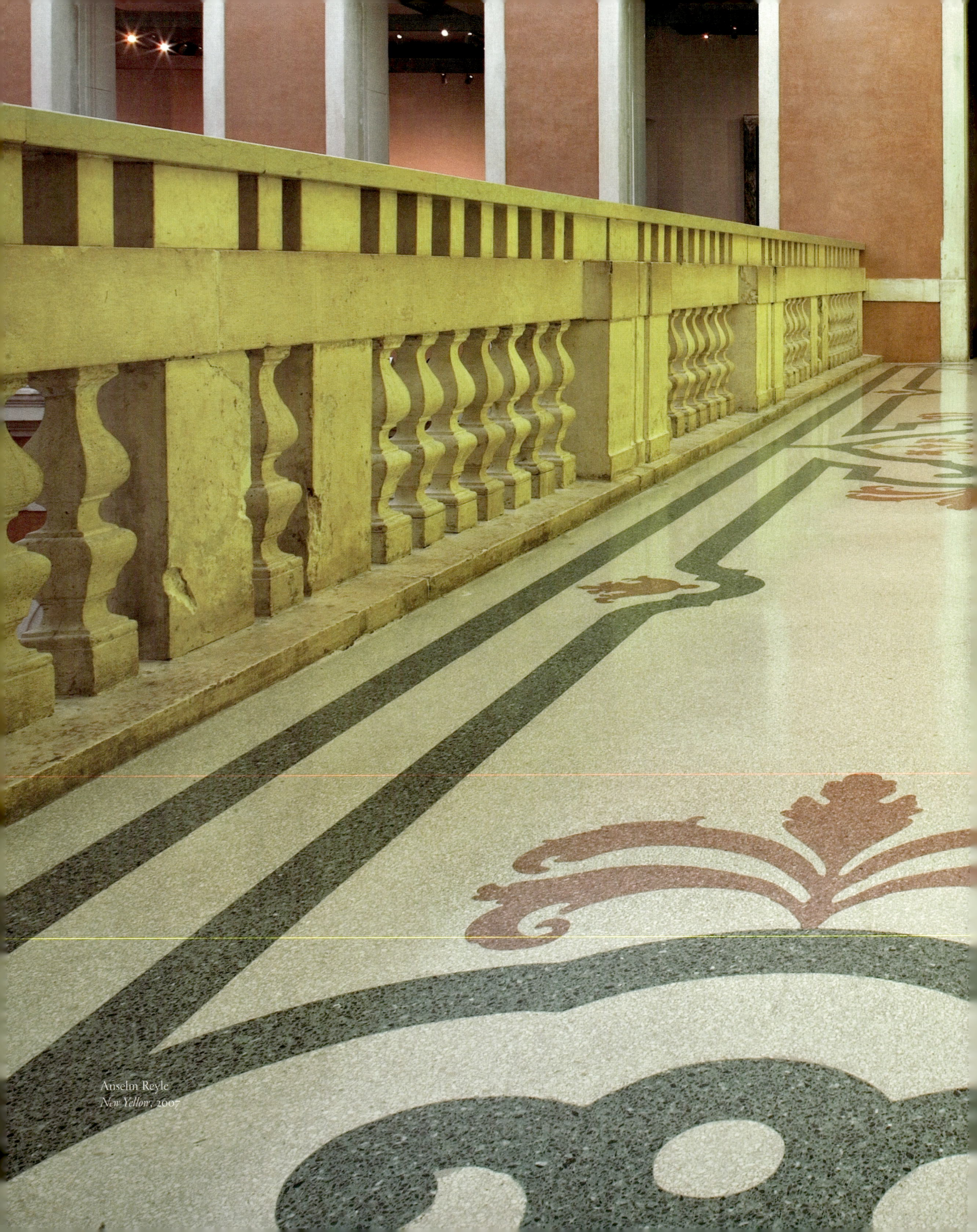

Anselm Reyle
New Yellow, 2007

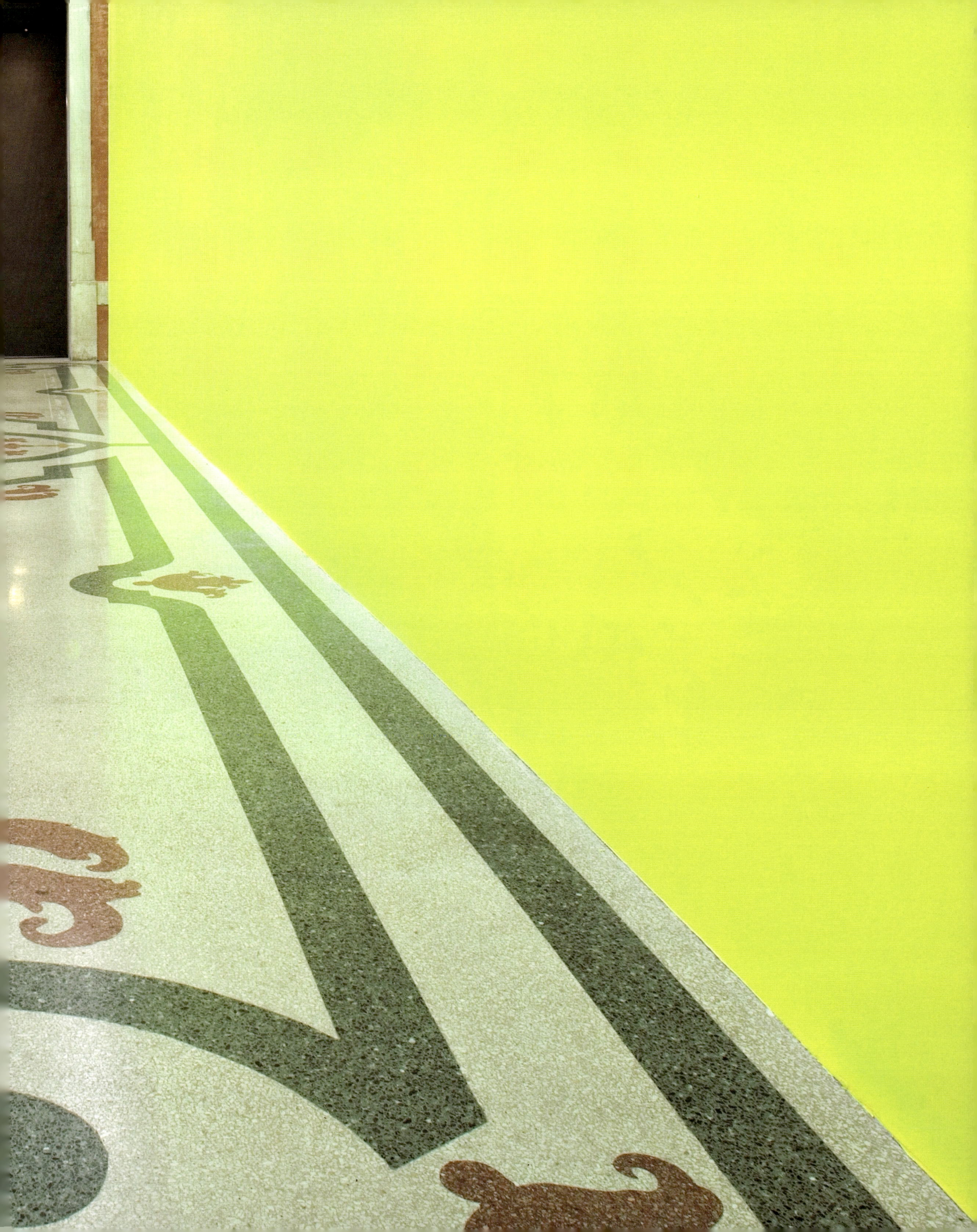

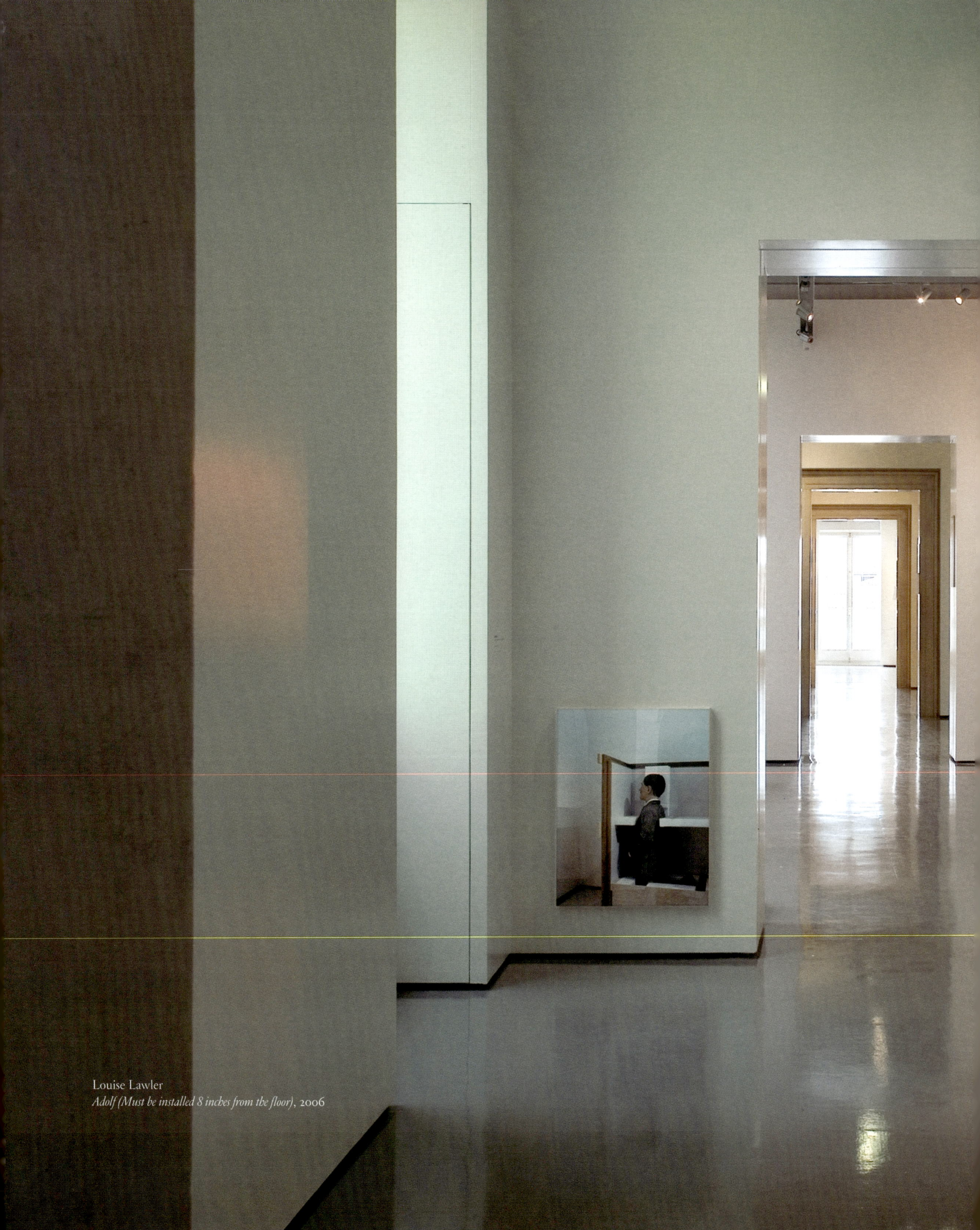

Louise Lawler
Adolf (Must be installed 8 inches from the floor), 2006

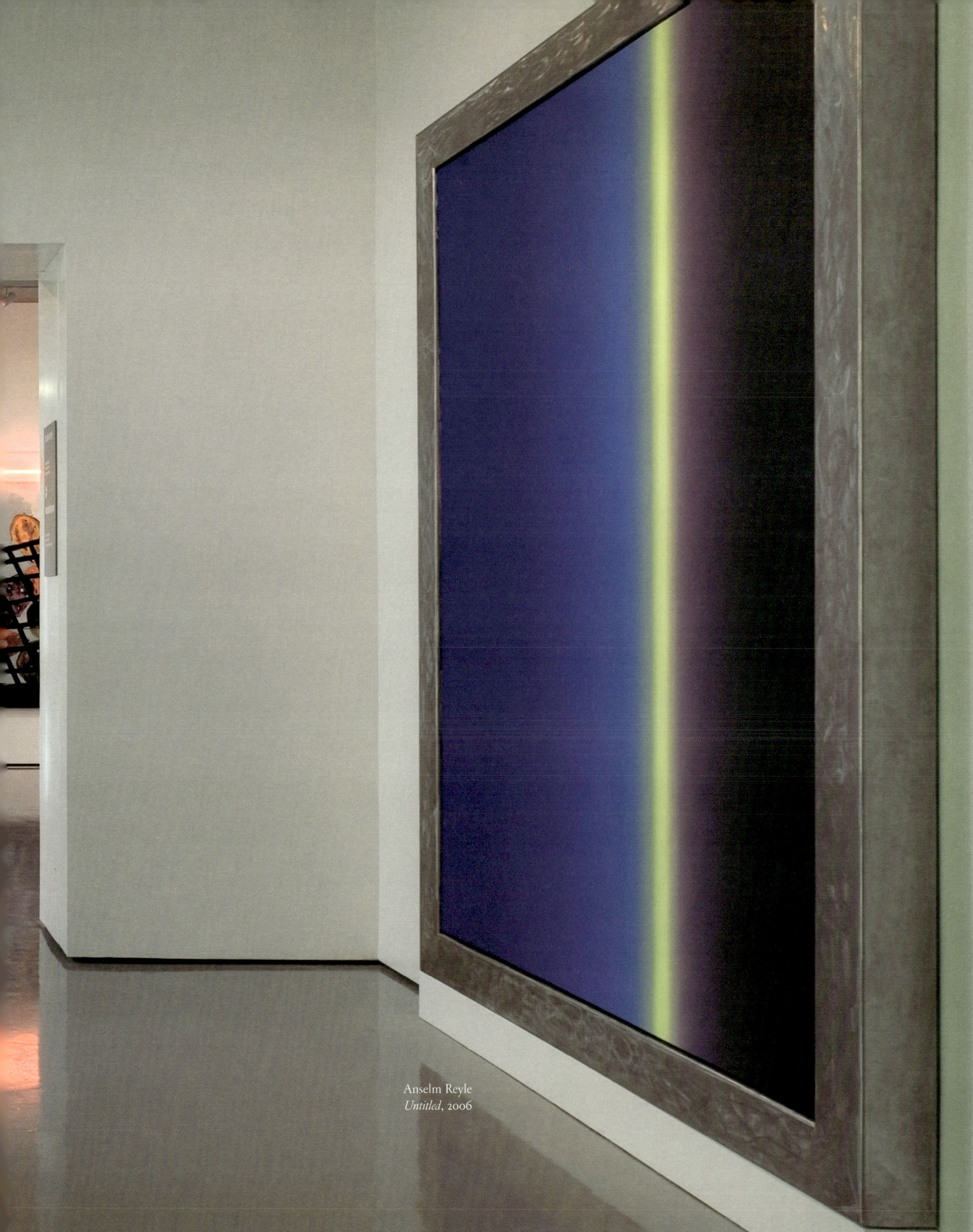

Anselm Reyle
Untitled, 2006

▶
Anselm Reyle
Untitled, 2006

▶▷
Anselm Reyle
Black Earth, 2007

▷▶
Anselm Reyle
Black Earth, 2007

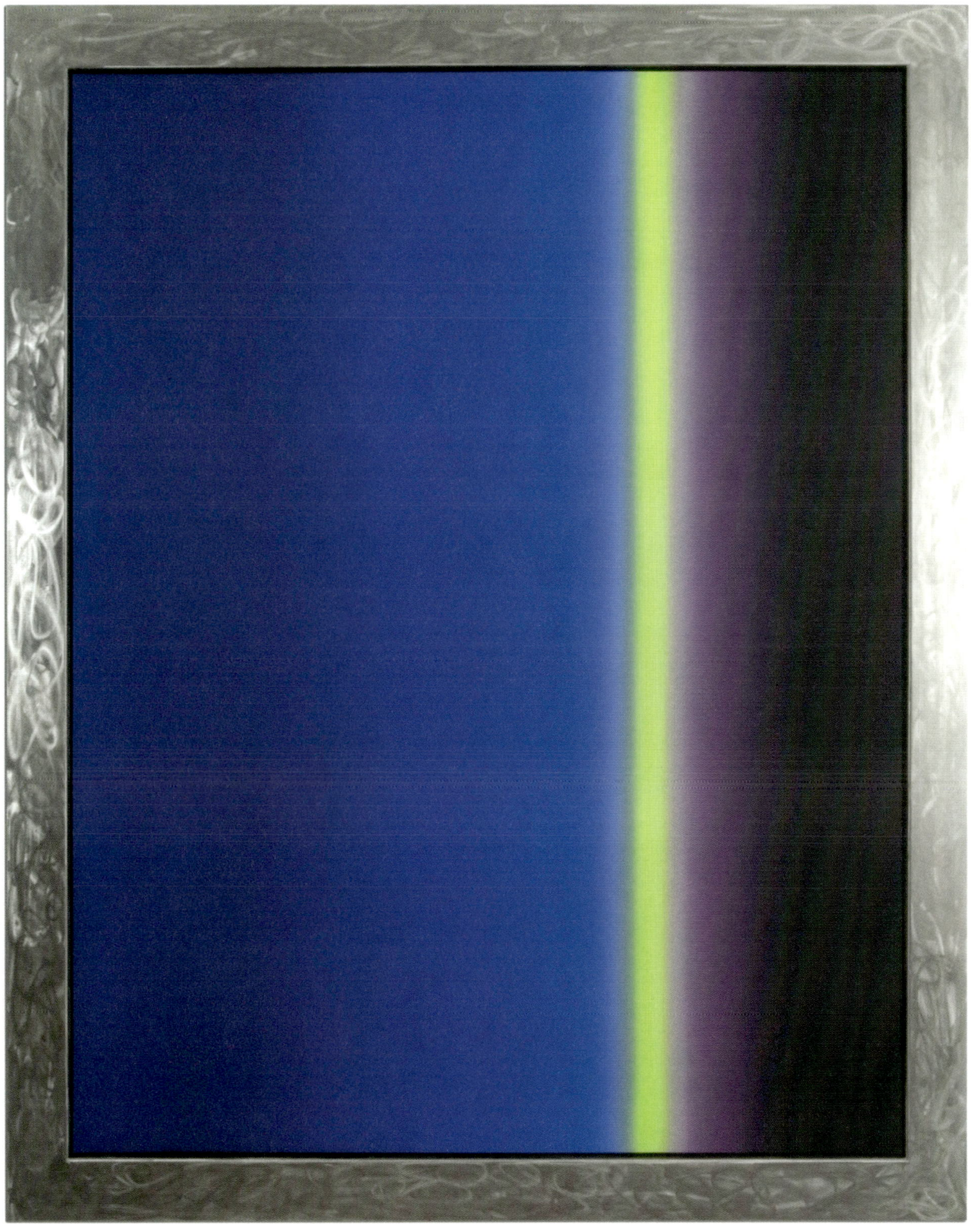

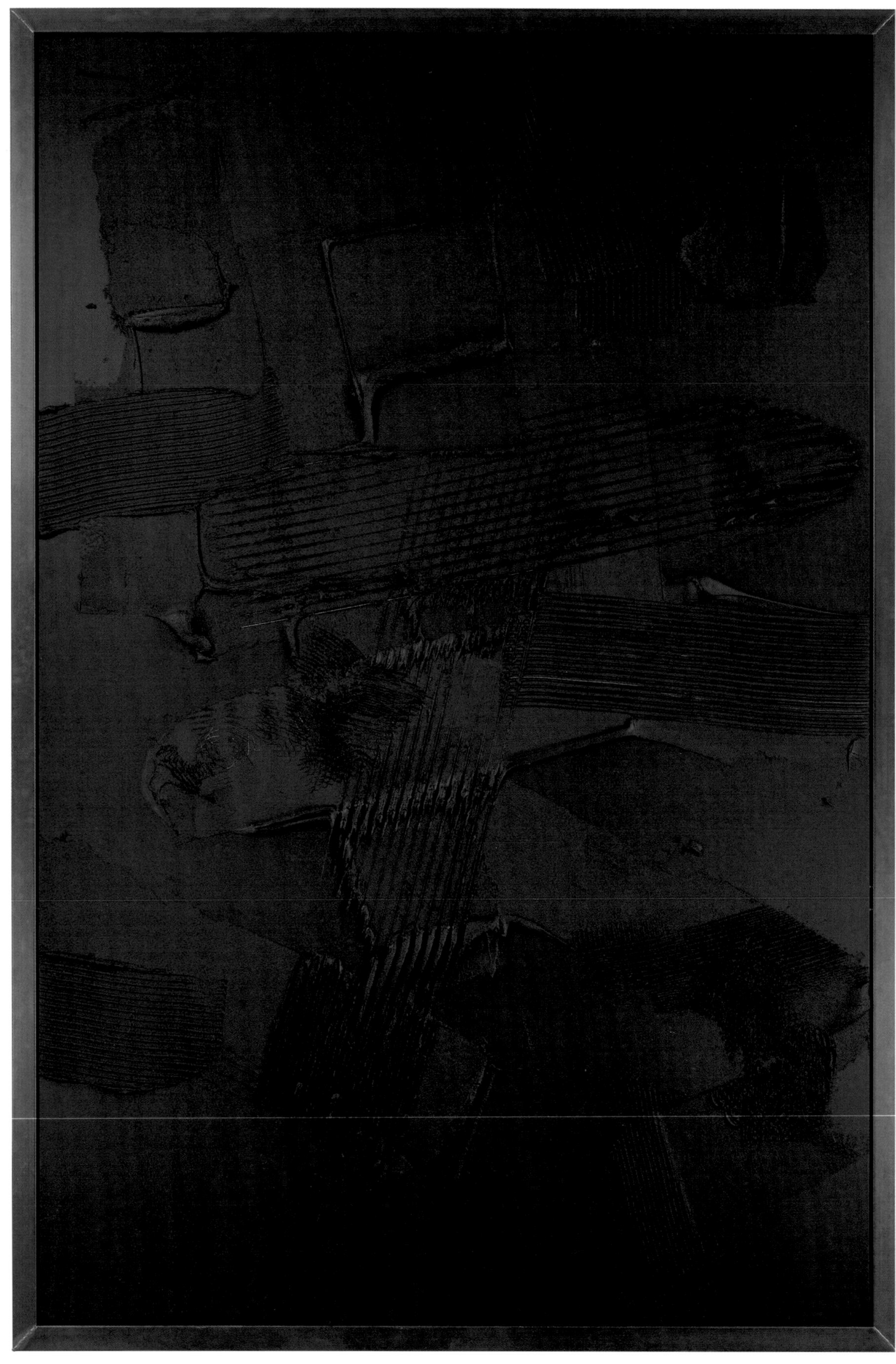

Anselm Reyle
Harmony, 2006

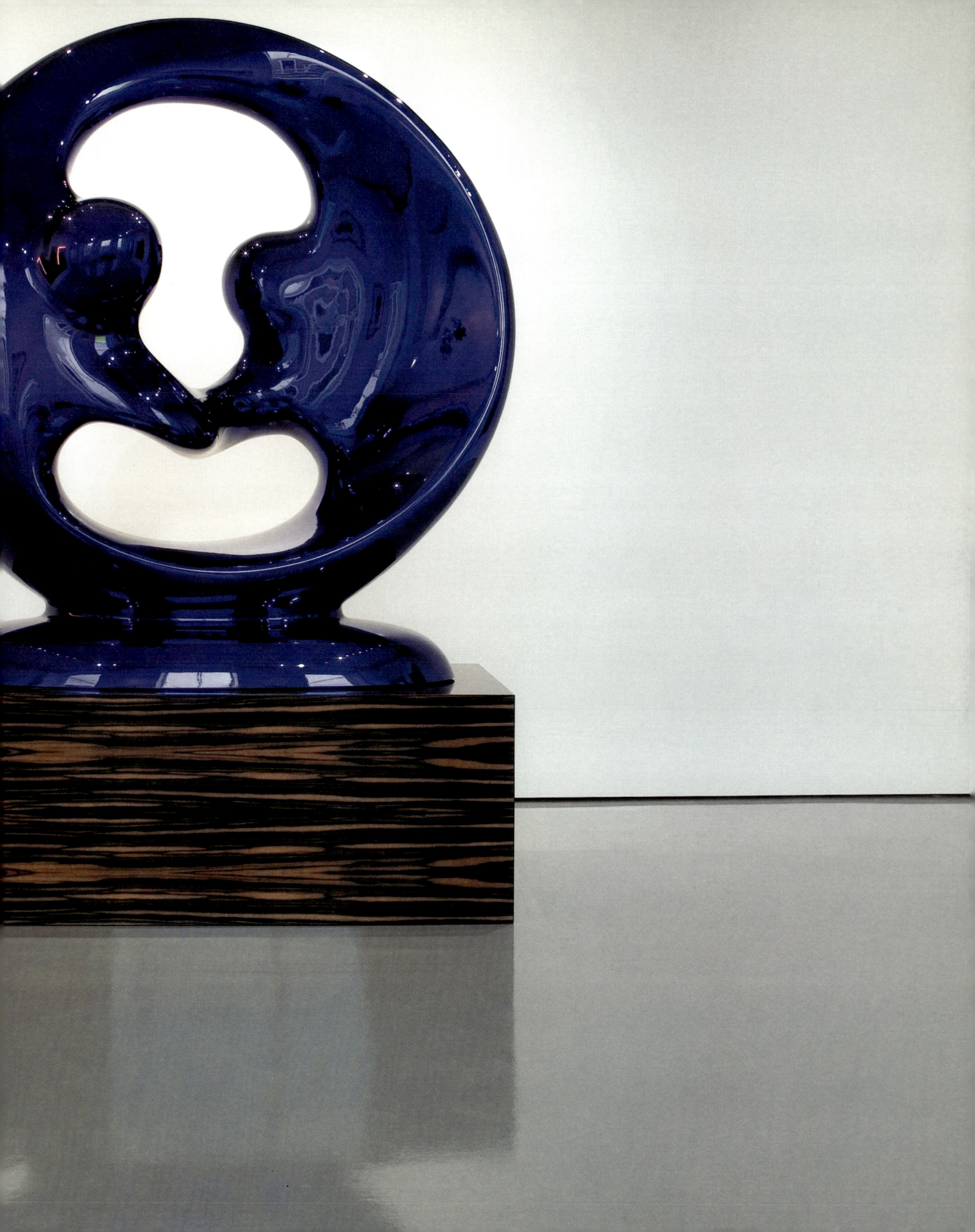

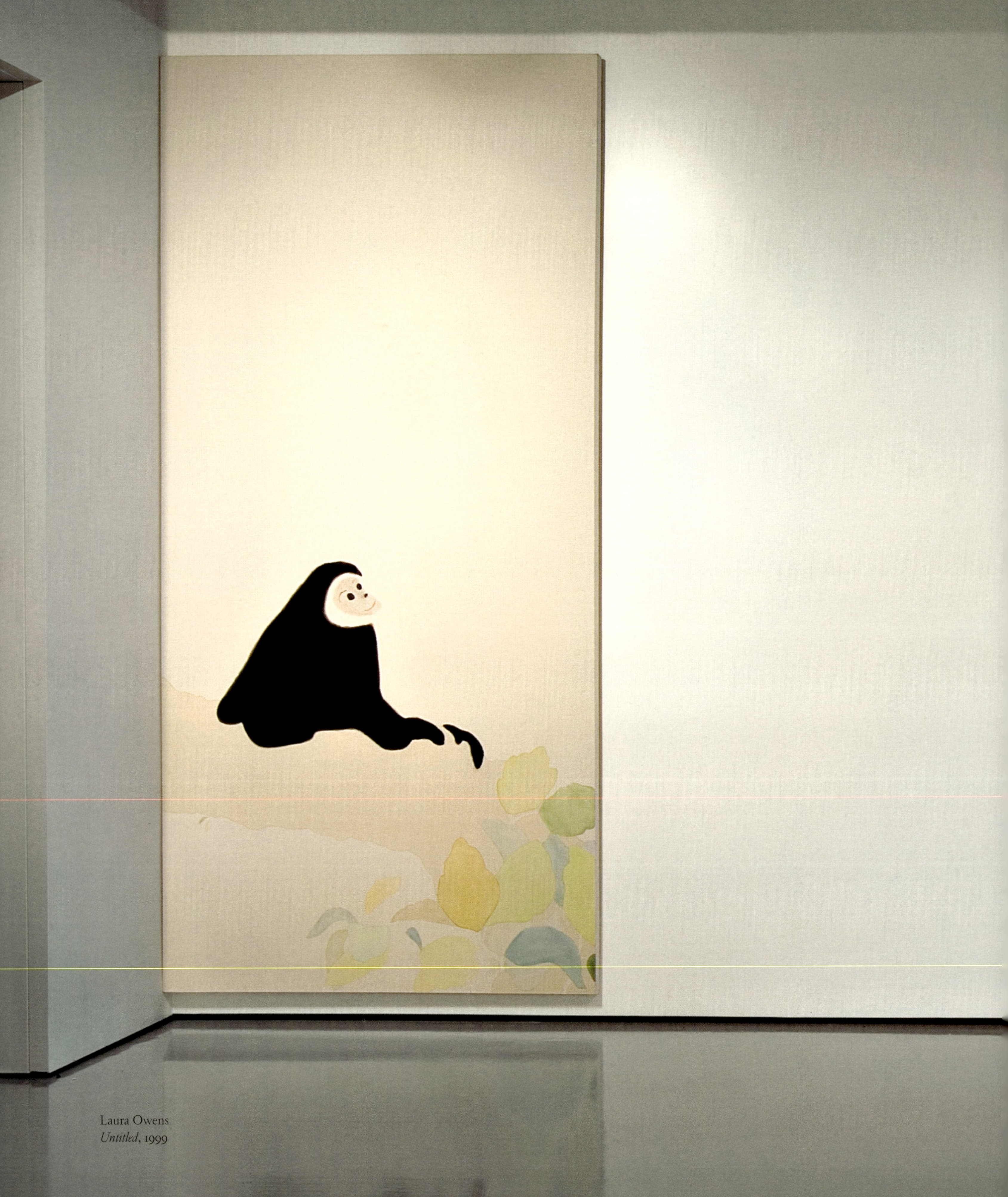

Laura Owens
Untitled, 1999

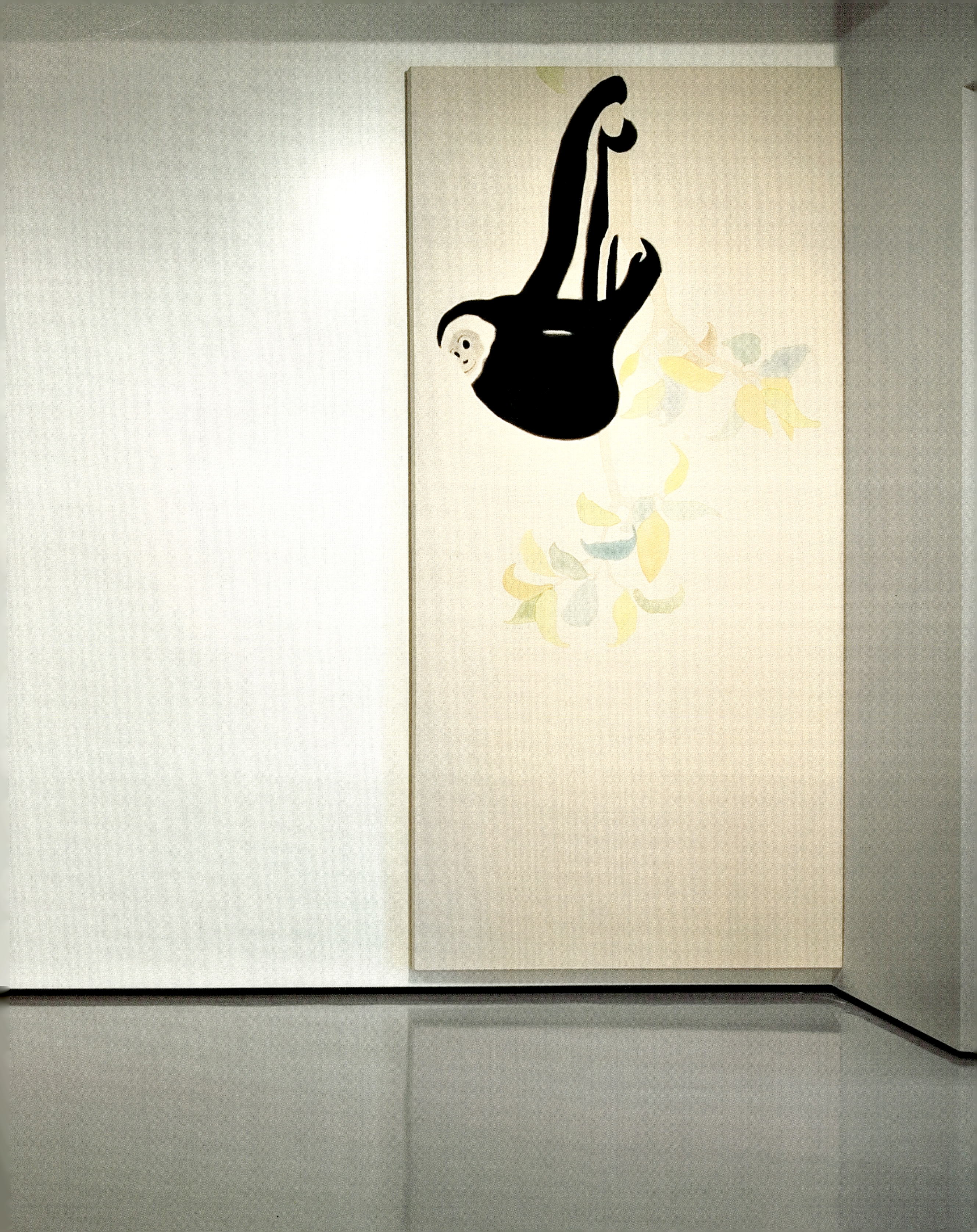

Laura Owens
Untitled, 1998

276

Laura Owens
Untitled, 2004

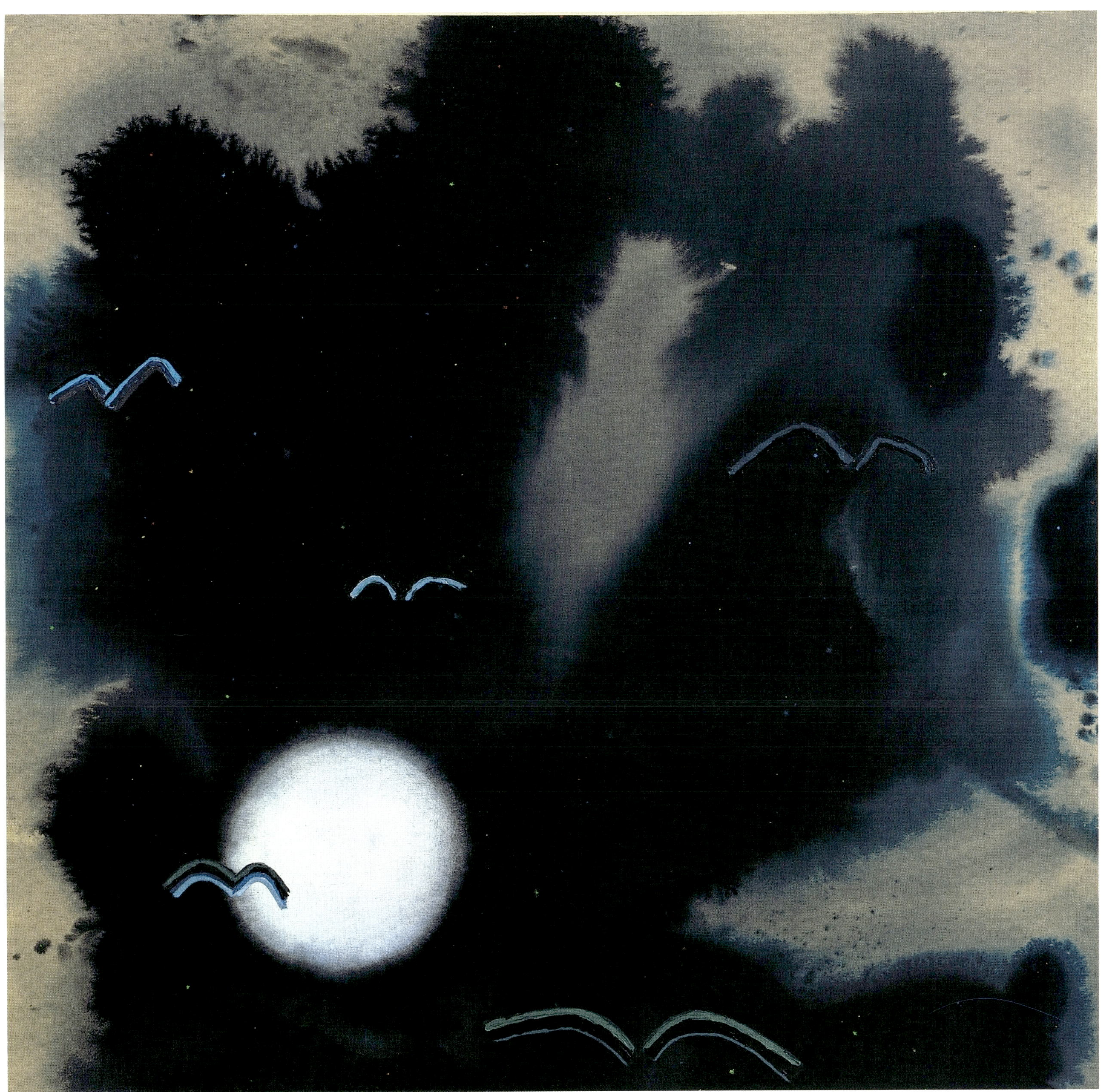

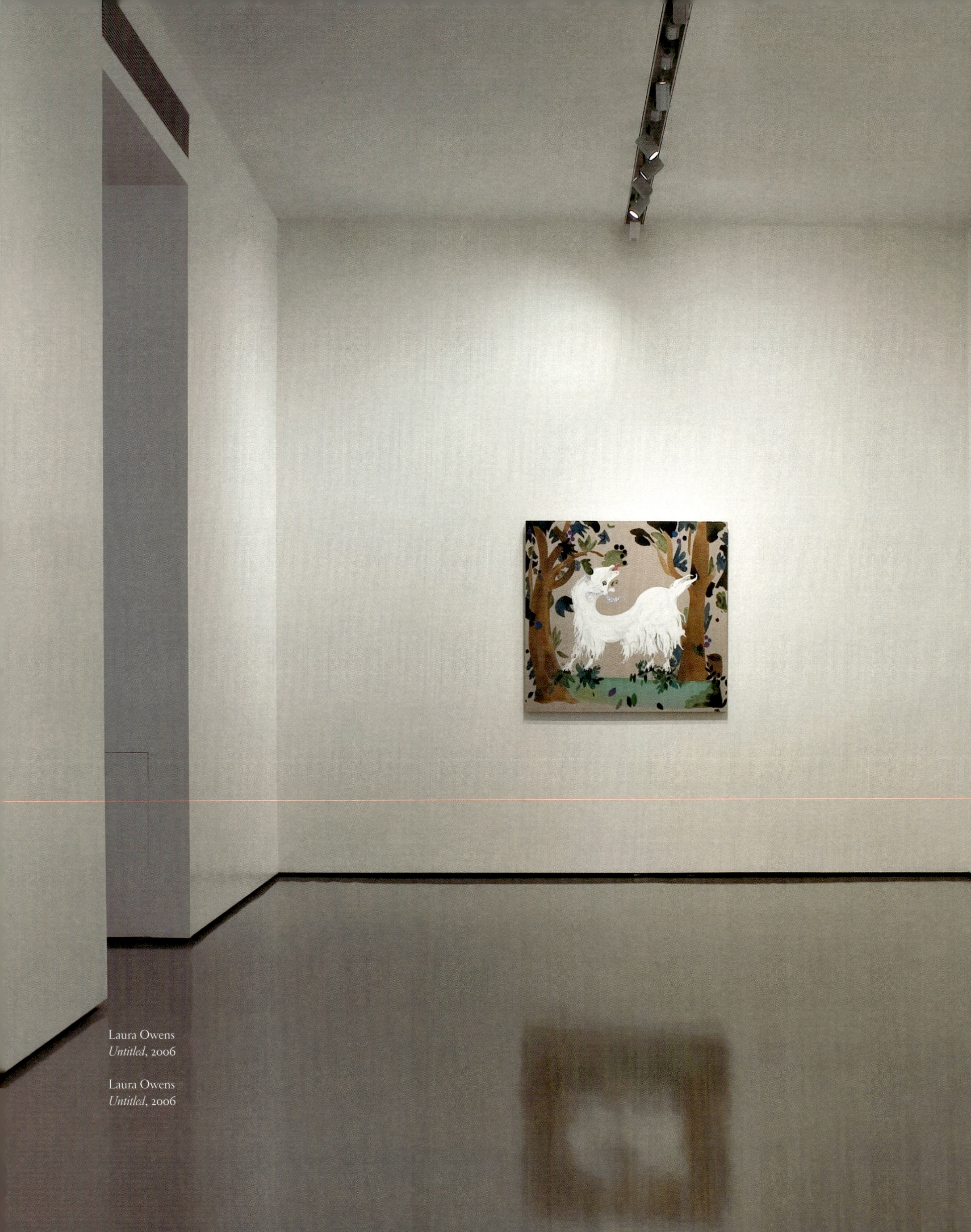

Laura Owens
Untitled, 2006

Laura Owens
Untitled, 2006

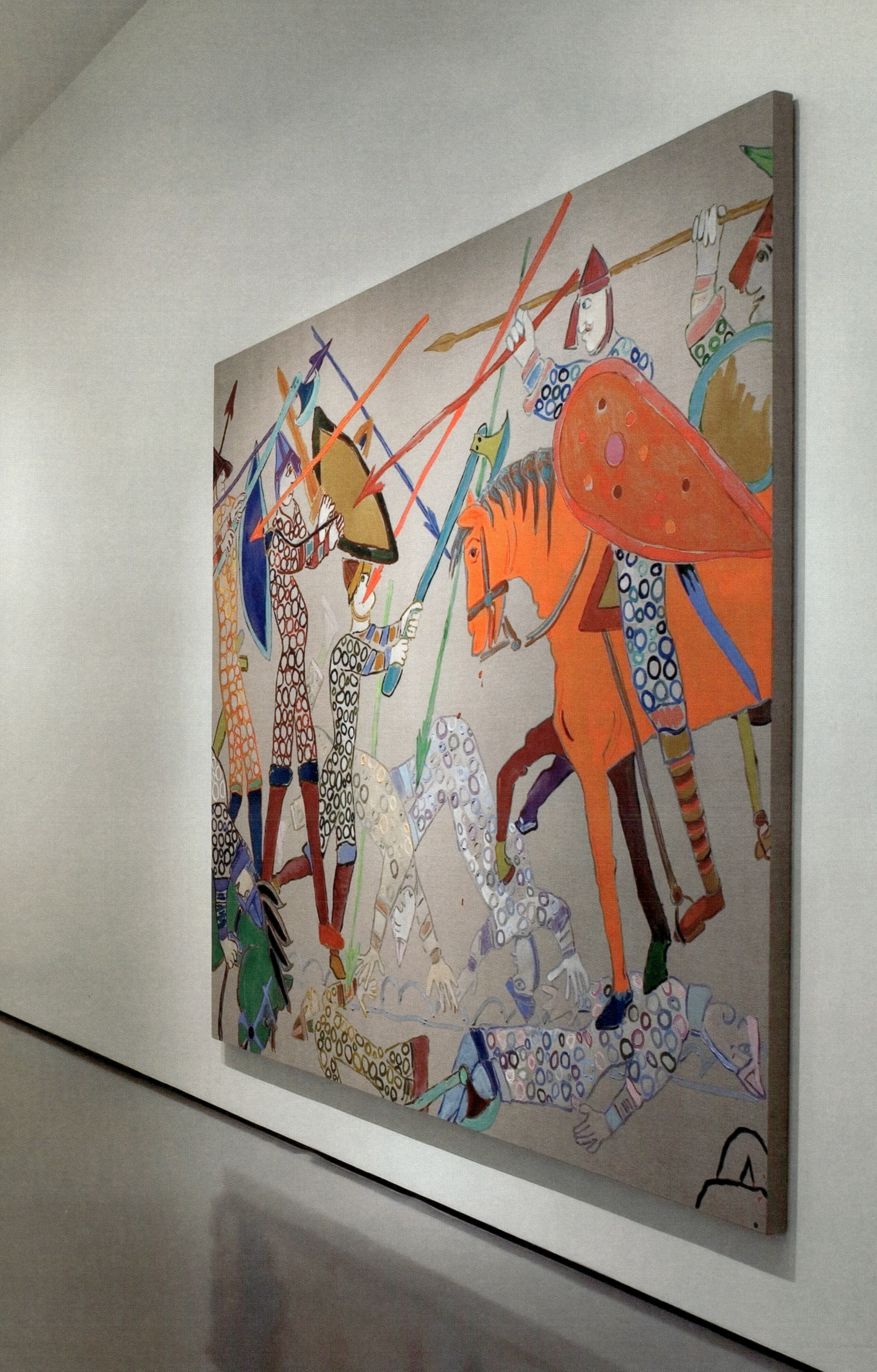

Laura Owens
Untitled, 2006

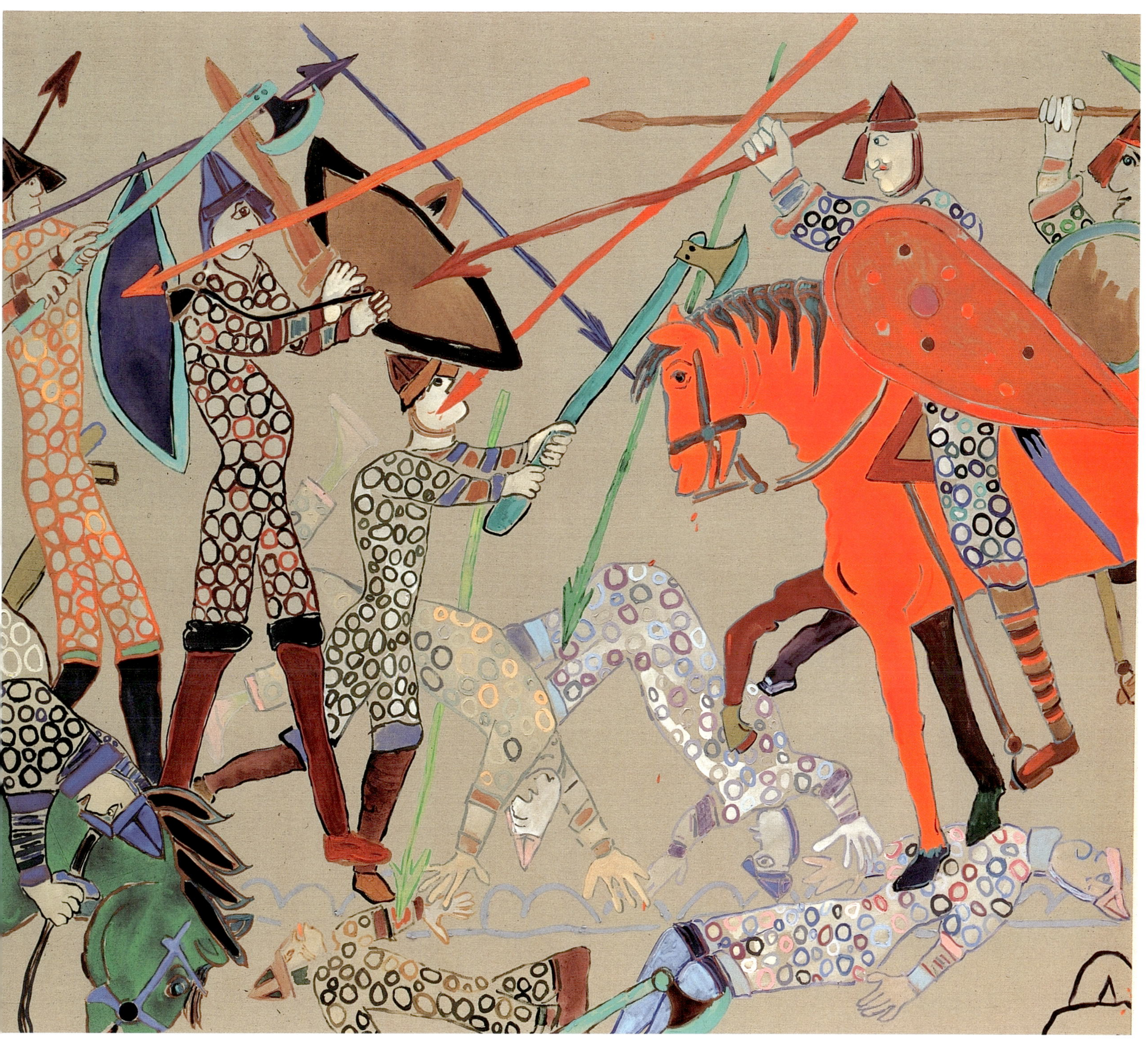

Laura Owens
Untitled, 2006

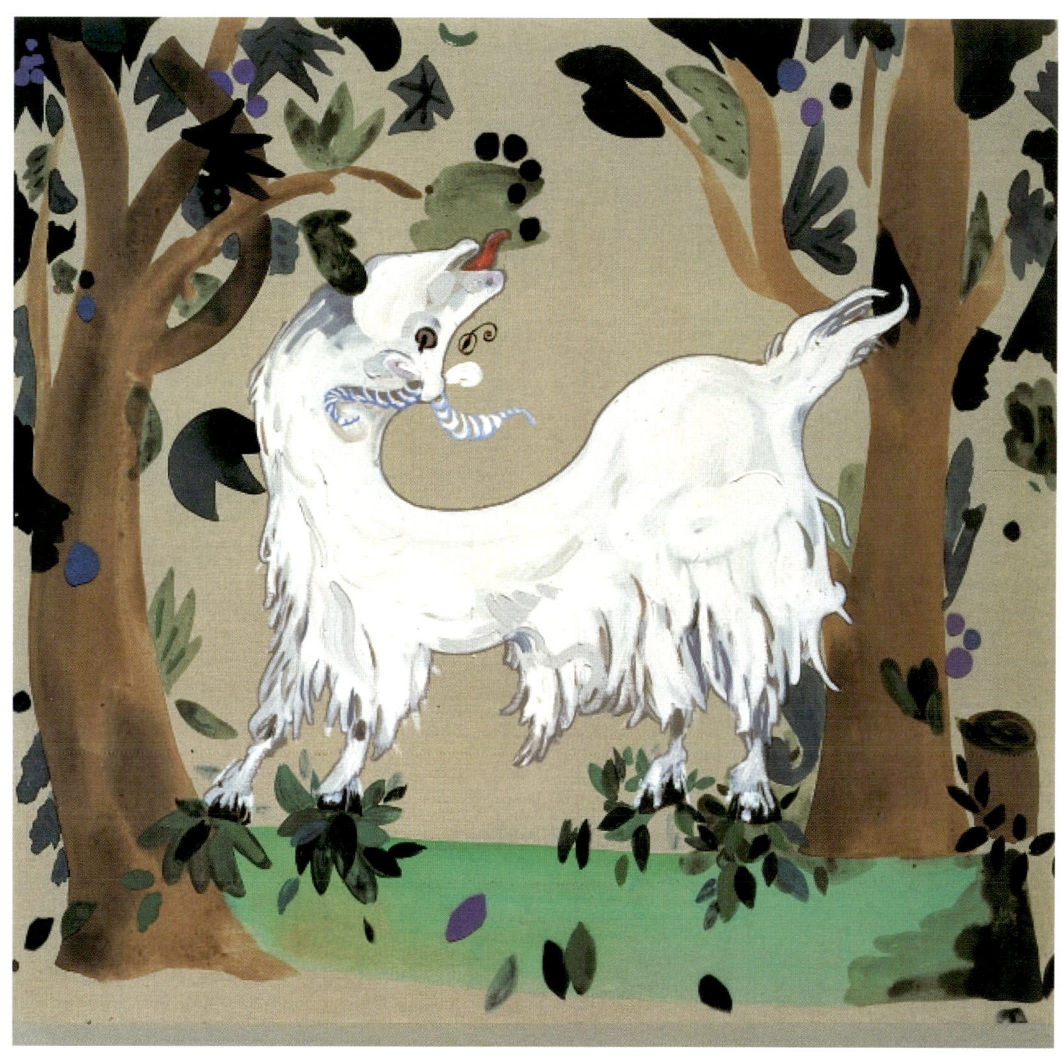

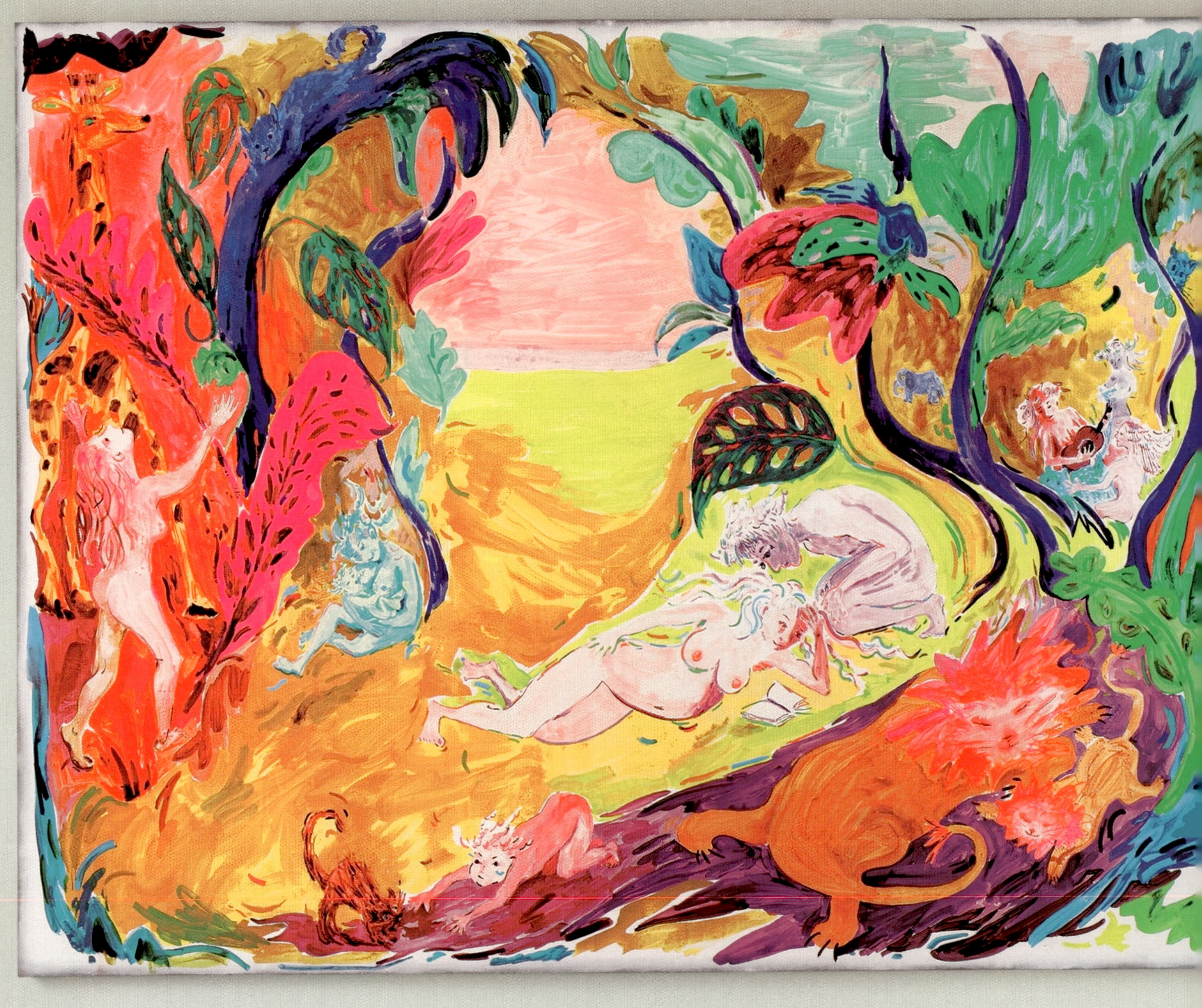

Laura Owens
Untitled, 2006

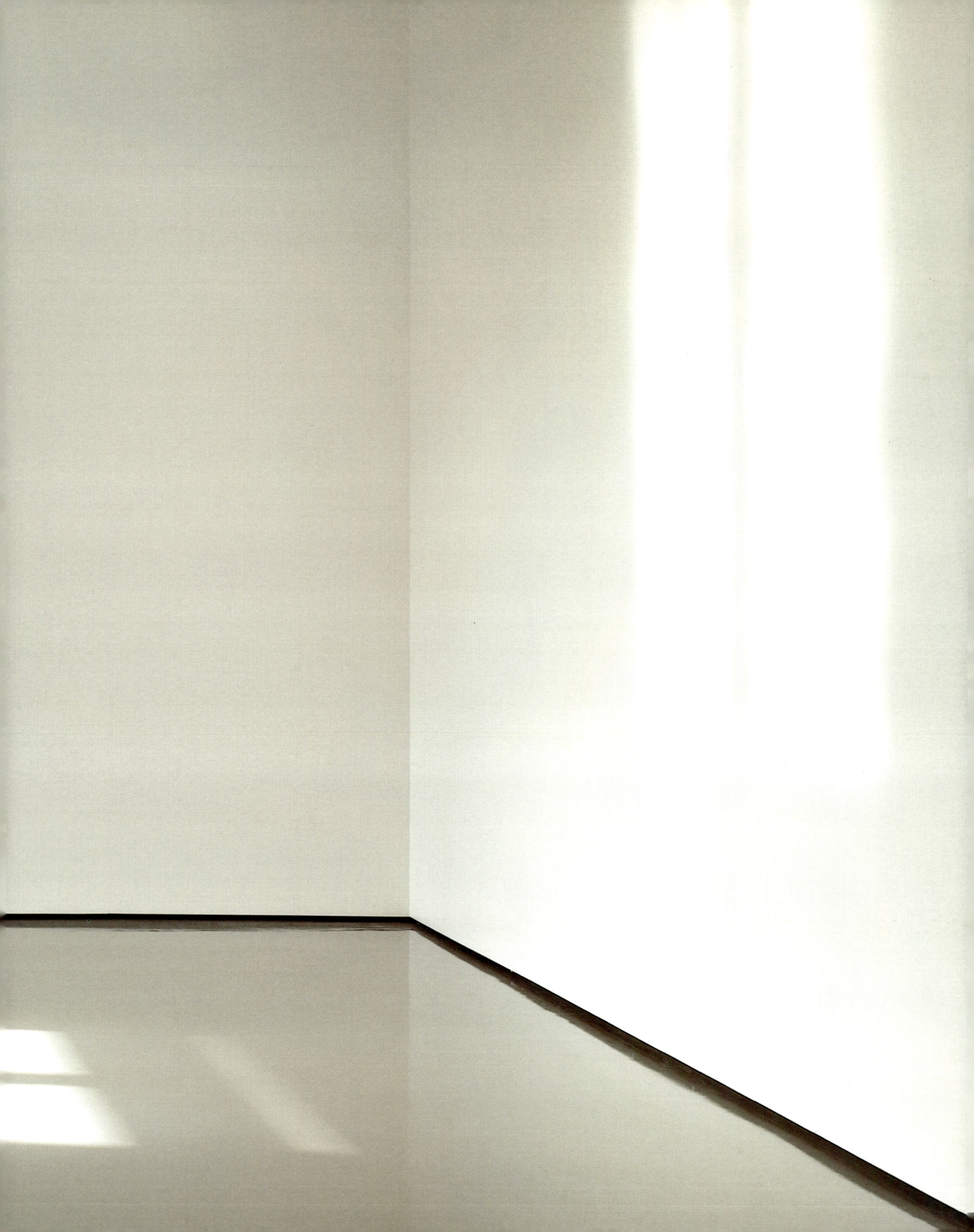

Laura Owens
Untitled, 2006

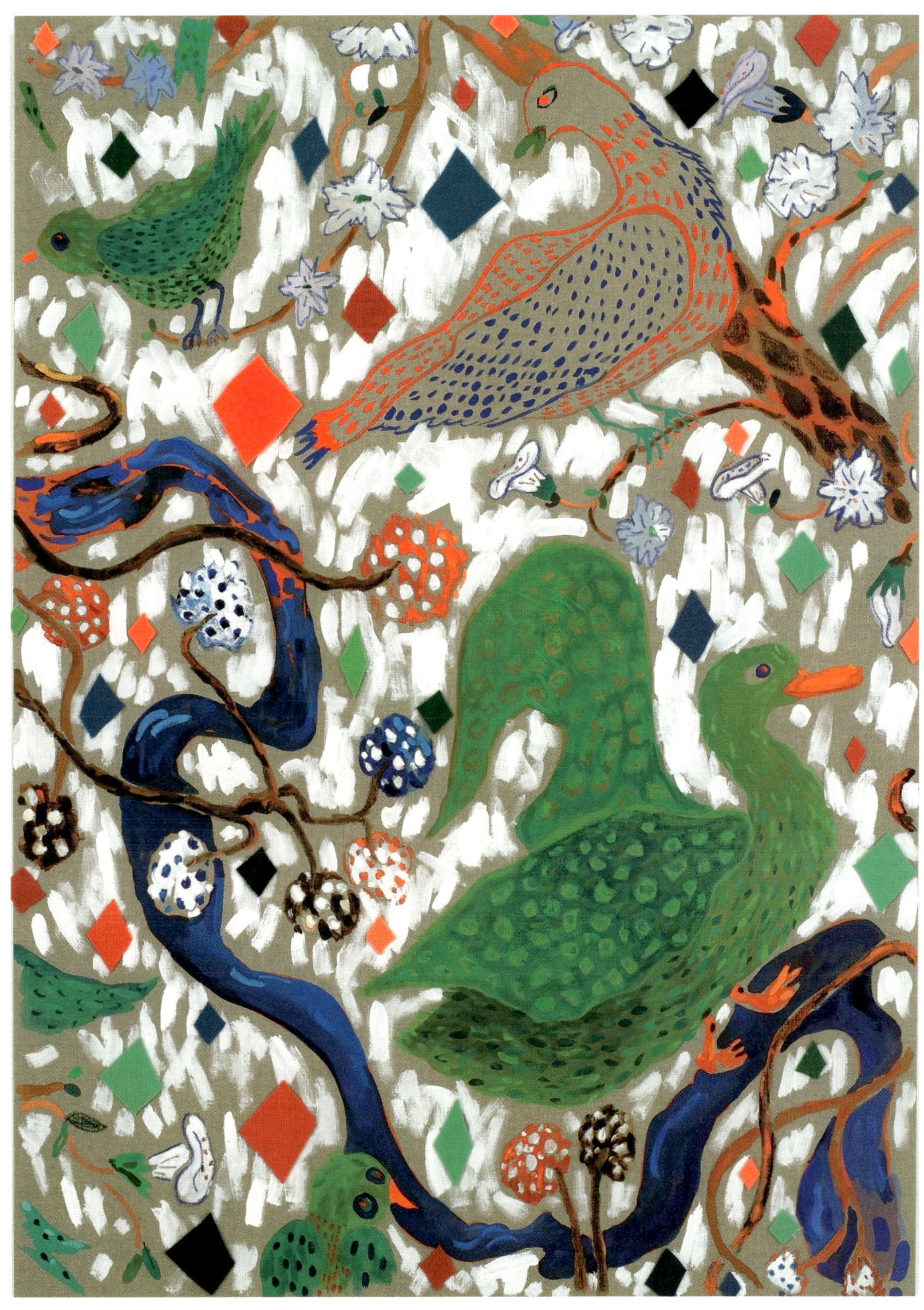

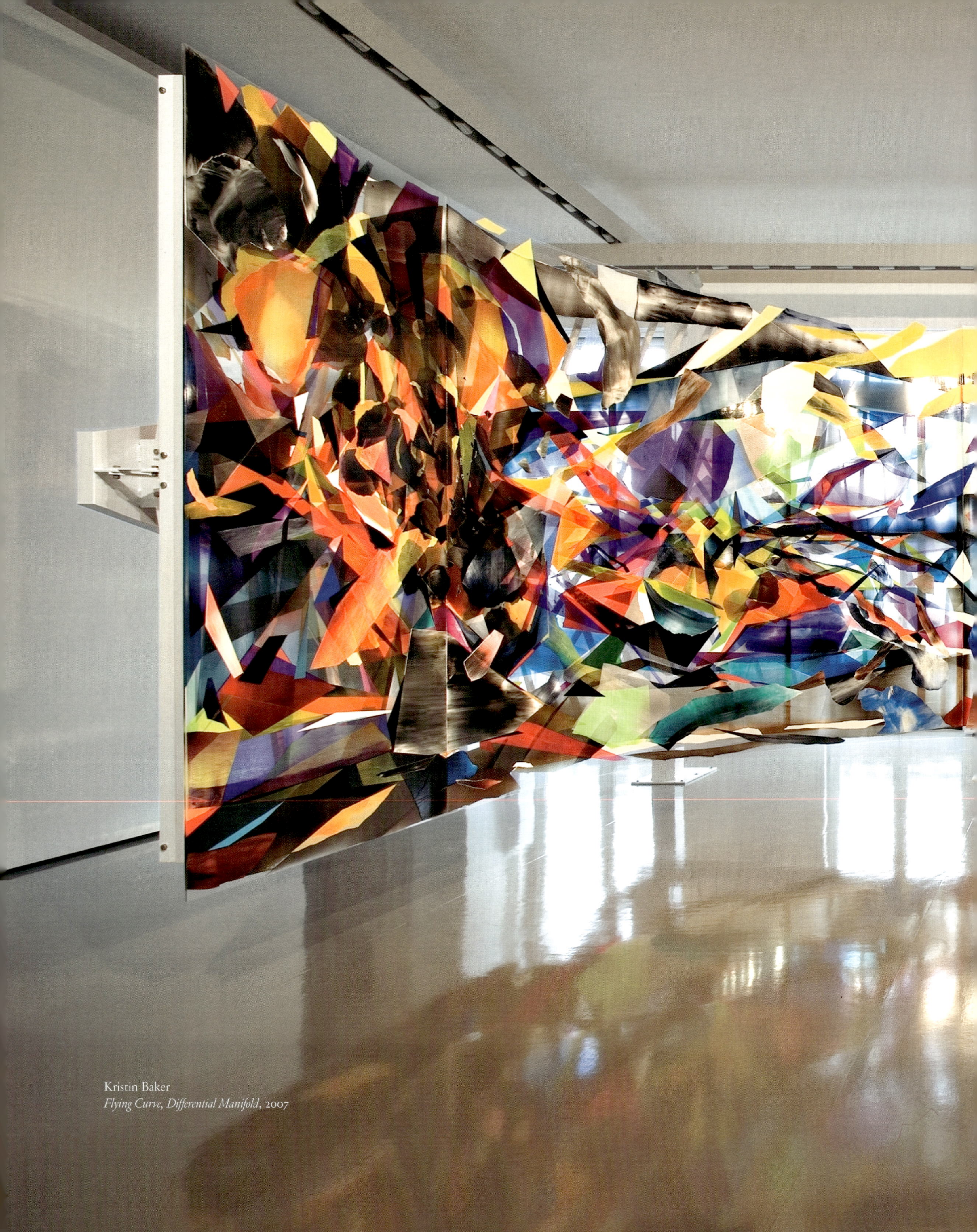

Kristin Baker
Flying Curve, Differential Manifold, 2007

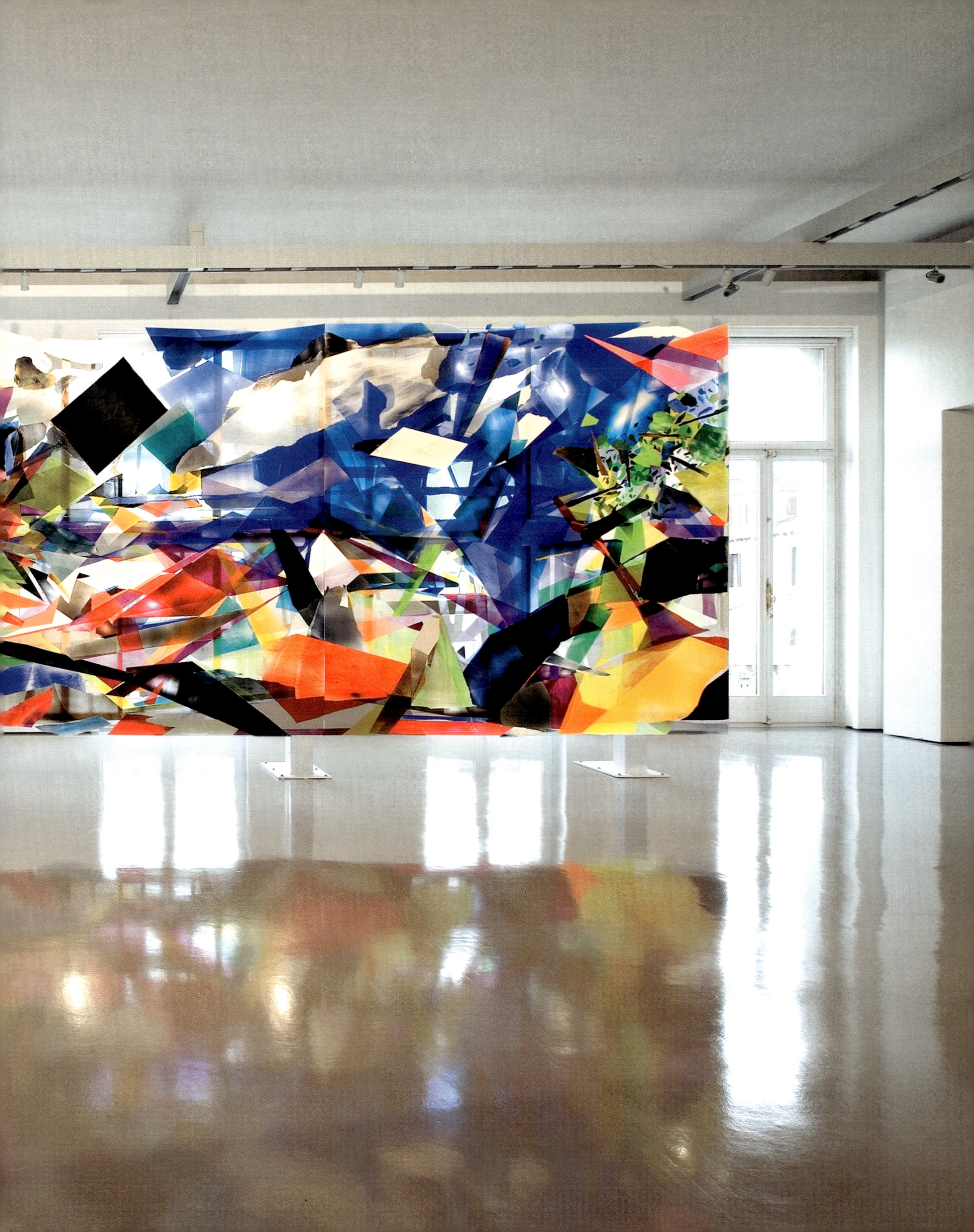

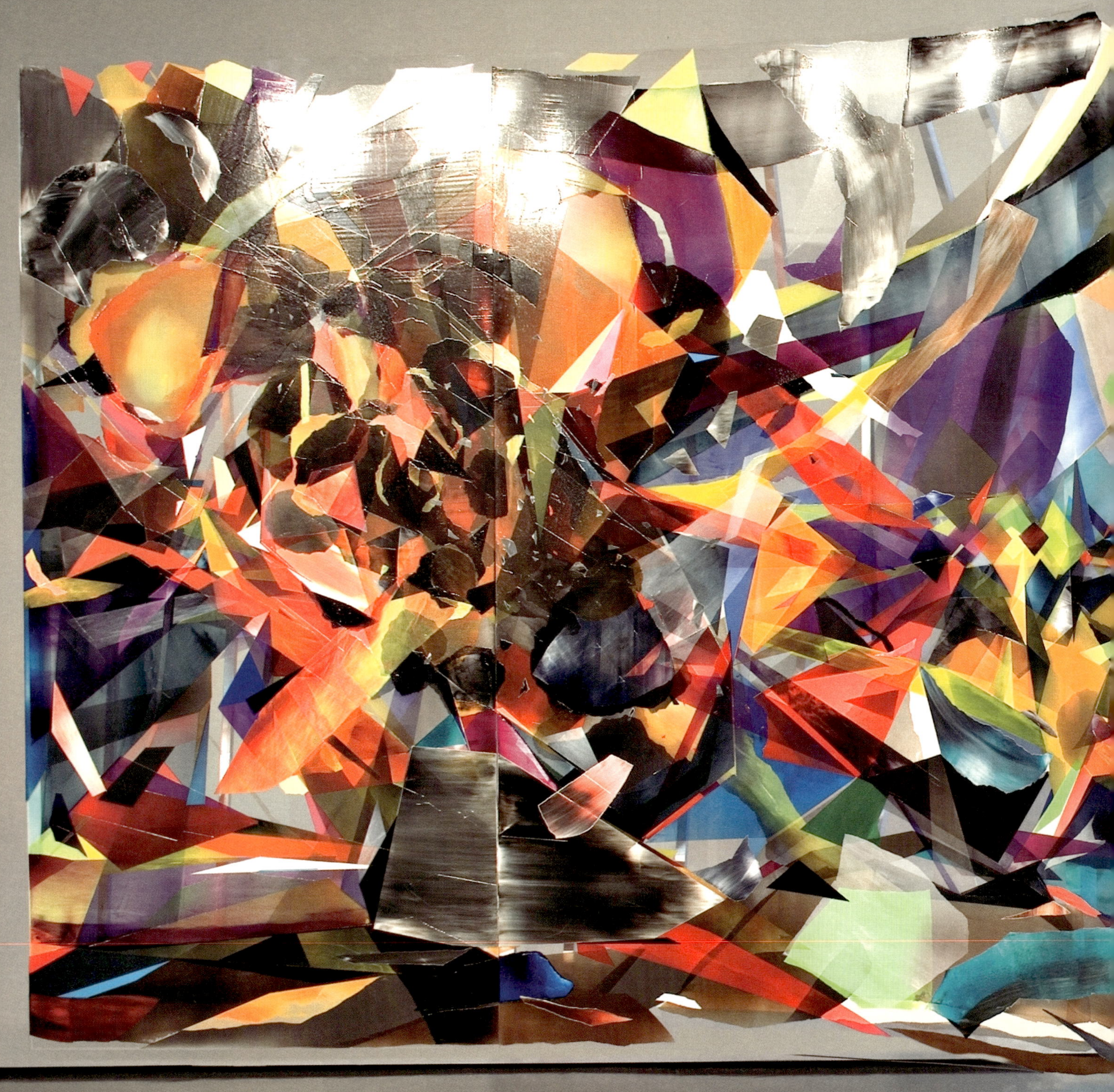

Kristin Baker
Flying Curve, Differential Manifold, 2007

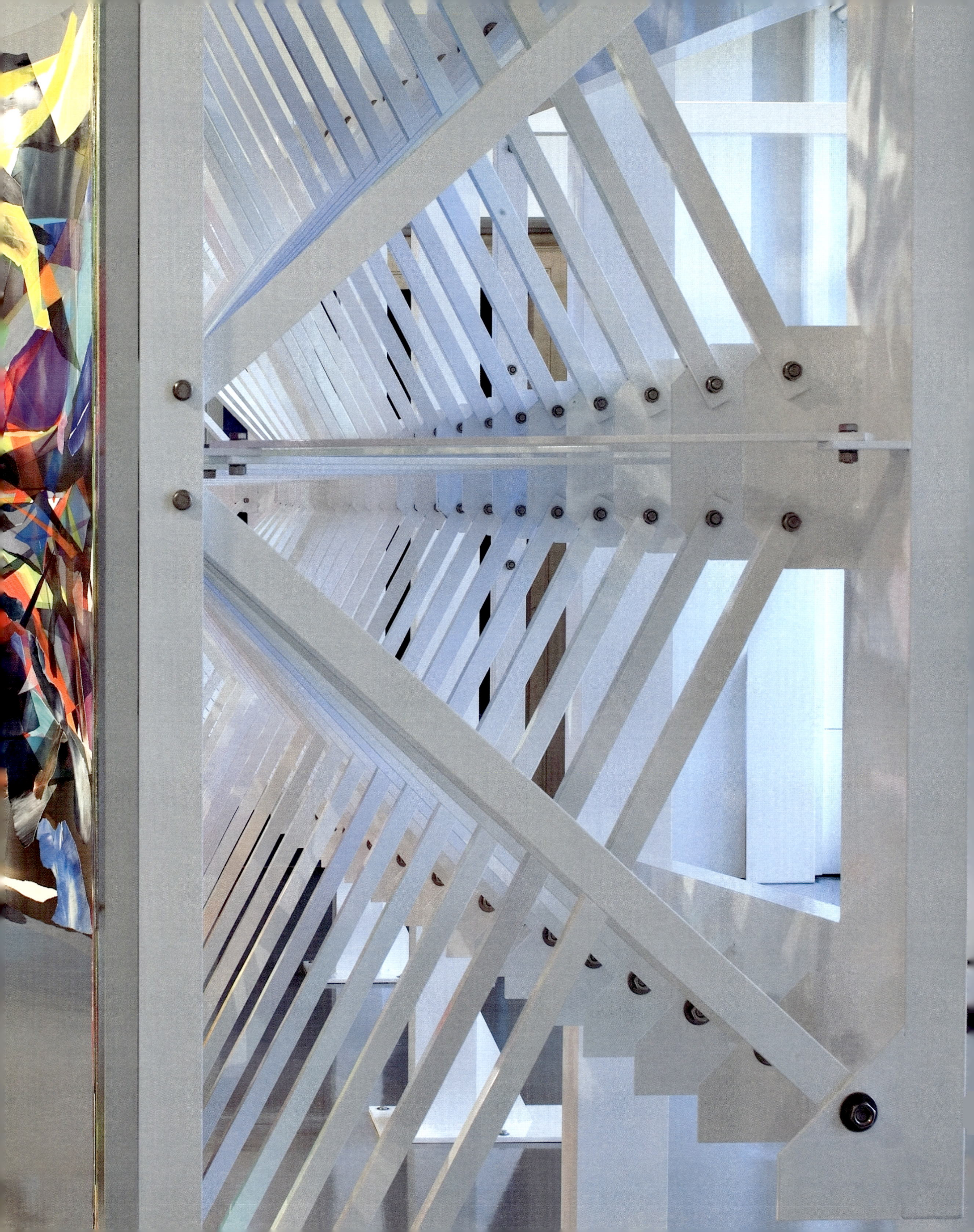

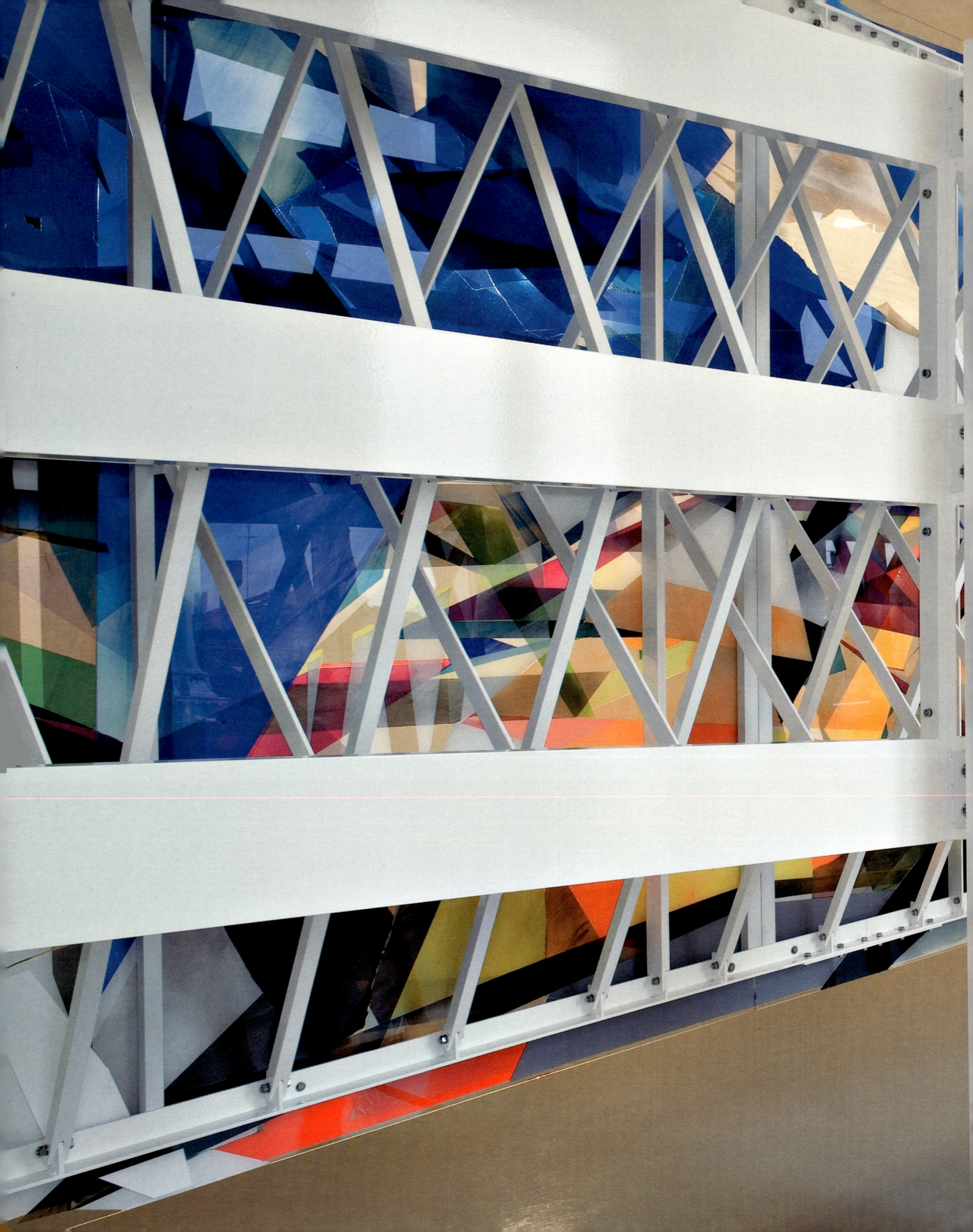

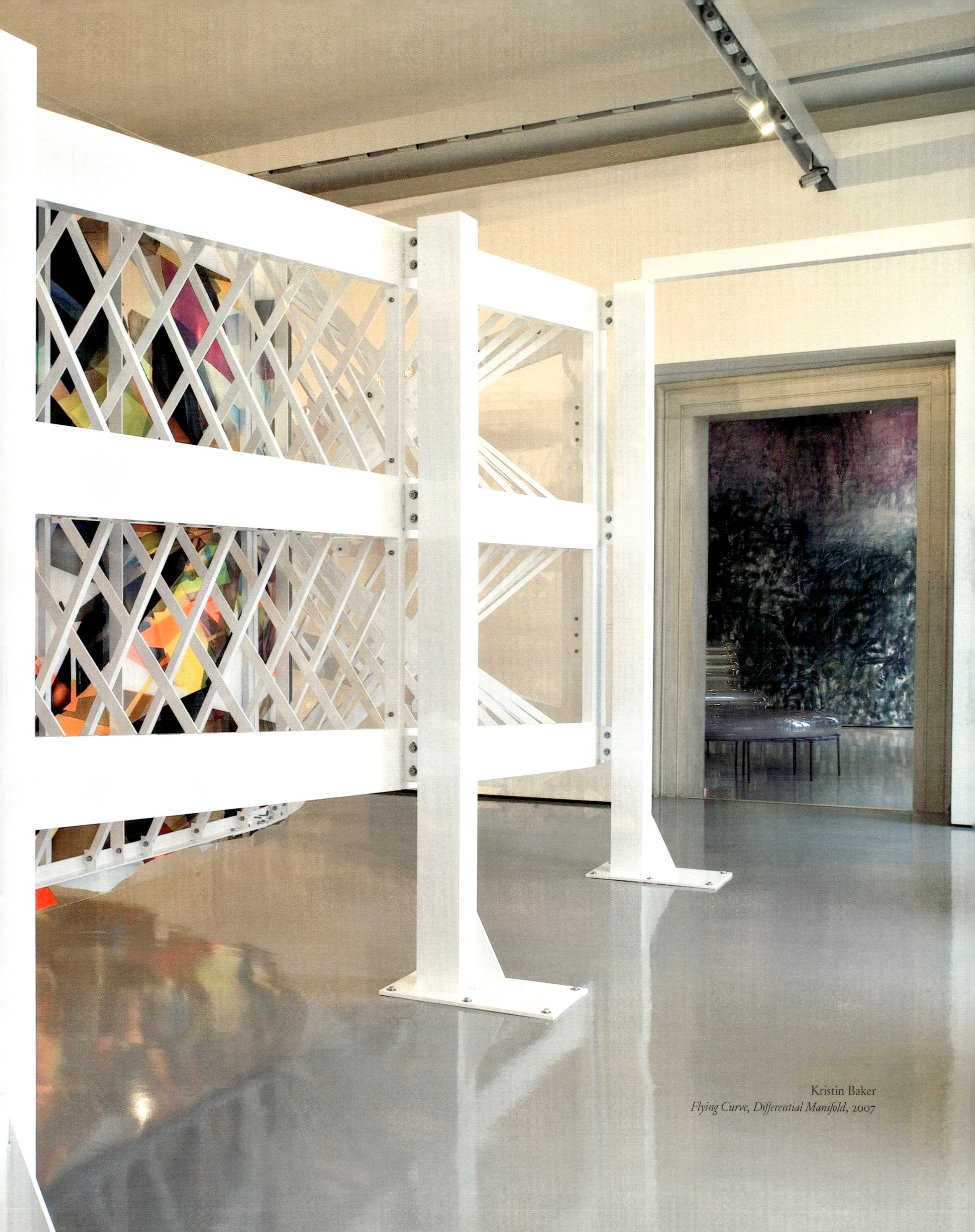

Kristin Baker
Flying Curve, Differential Manifold, 2007

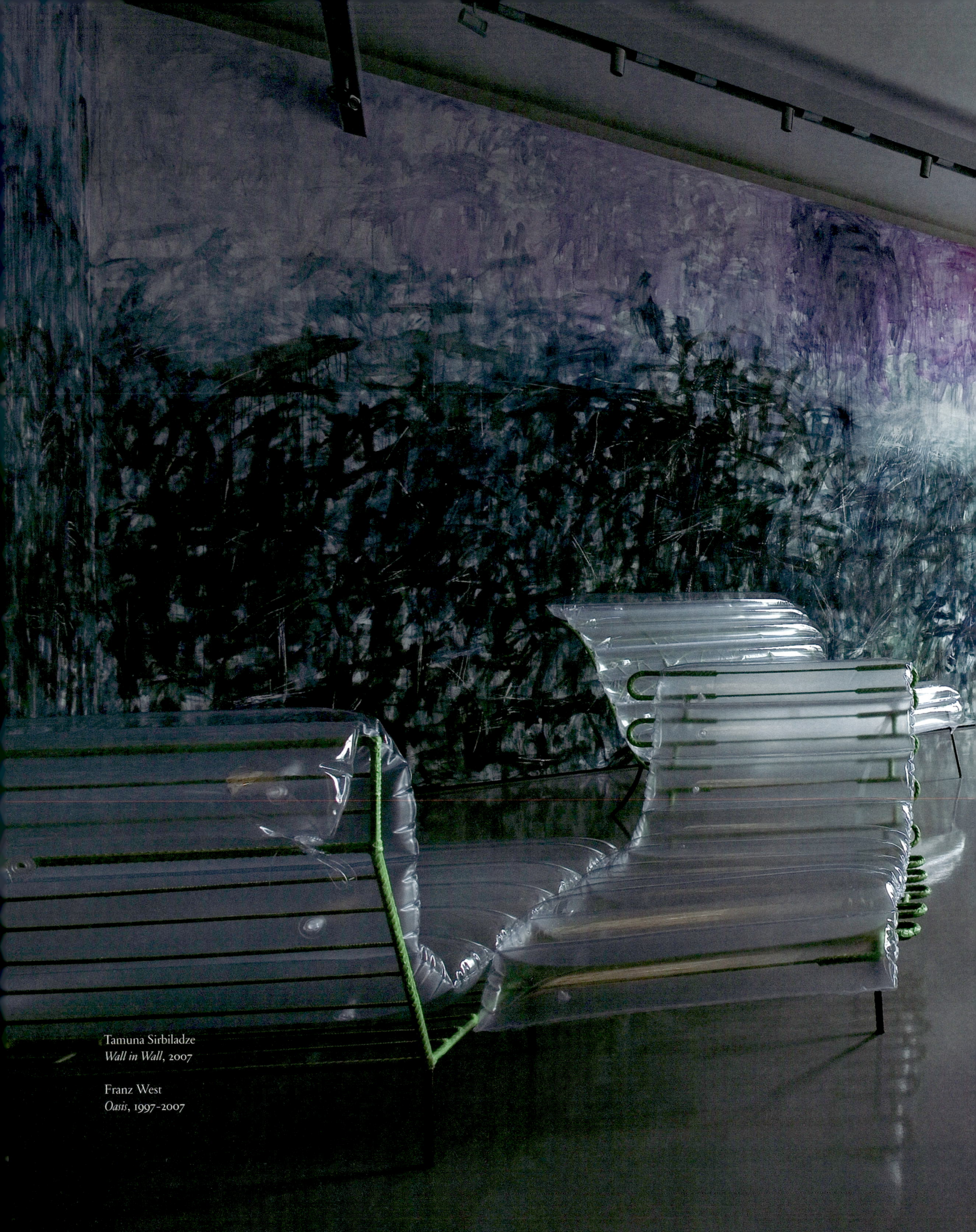

Tamuna Sirbiladze
Wall in Wall, 2007

Franz West
Oasis, 1997-2007

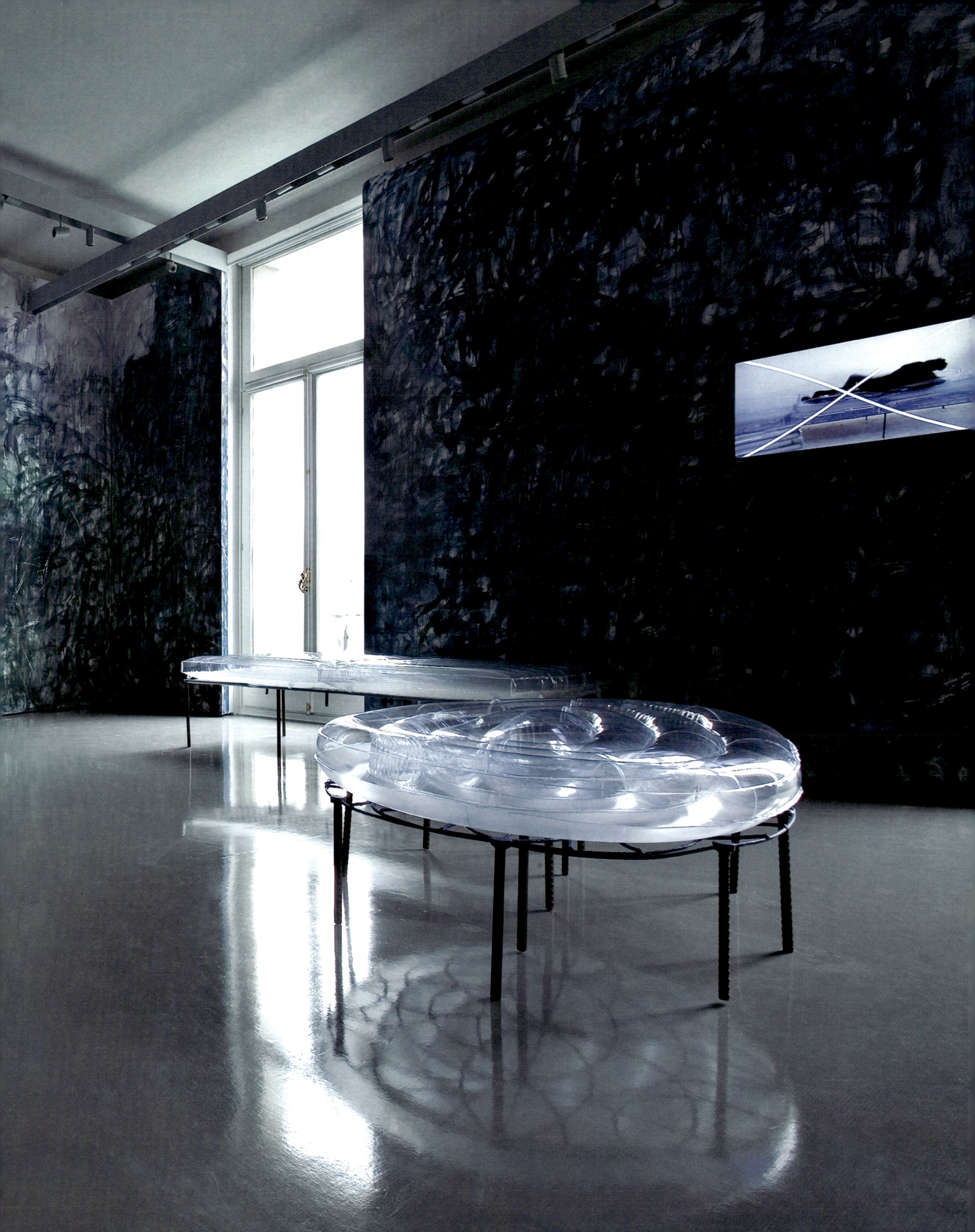

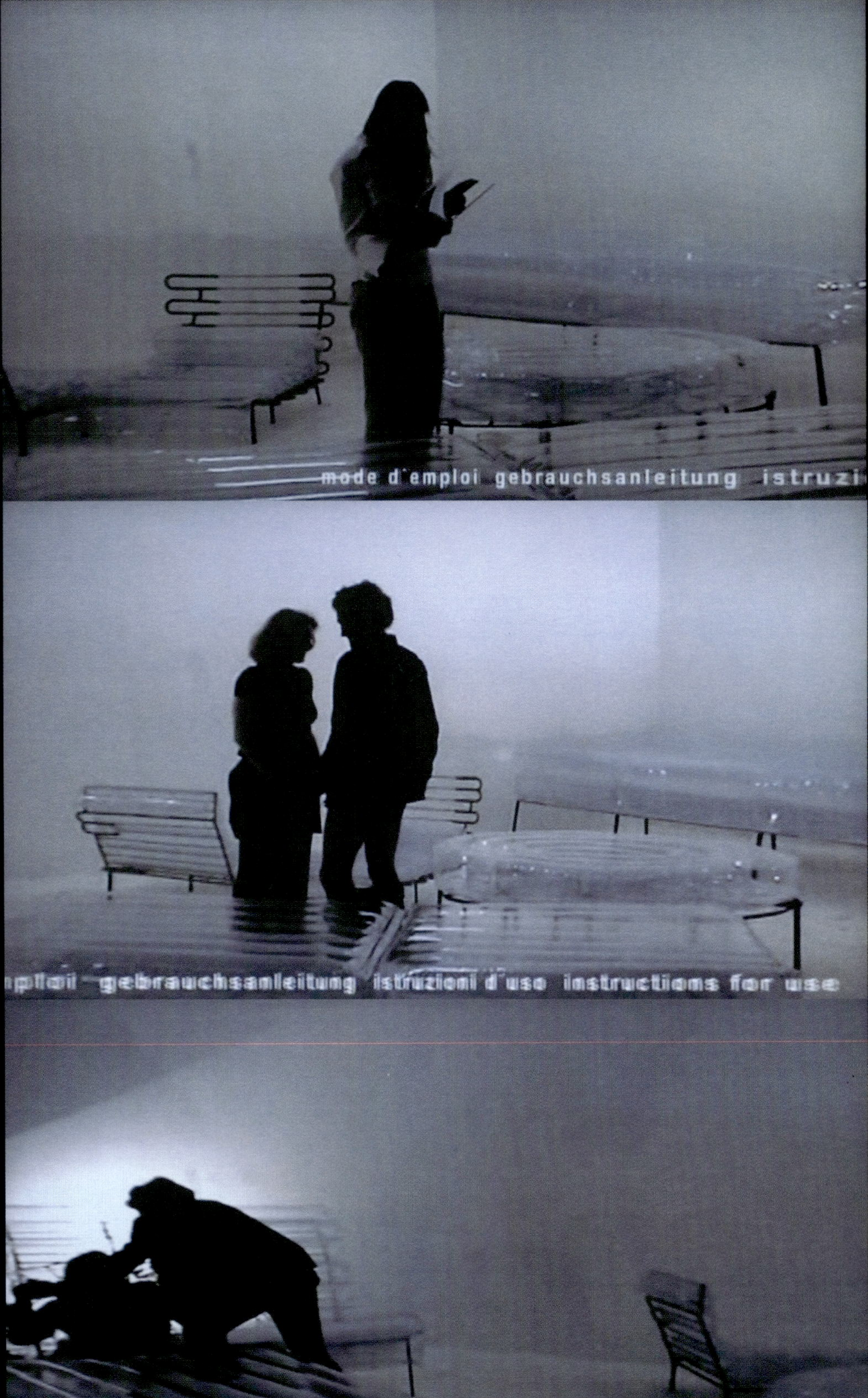

mode d'emploi gebrauchsanleitung istruzi
mploi gebrauchsanleitung istruzioni d'uso instructions for use
mode d'emploi gebrauchsani

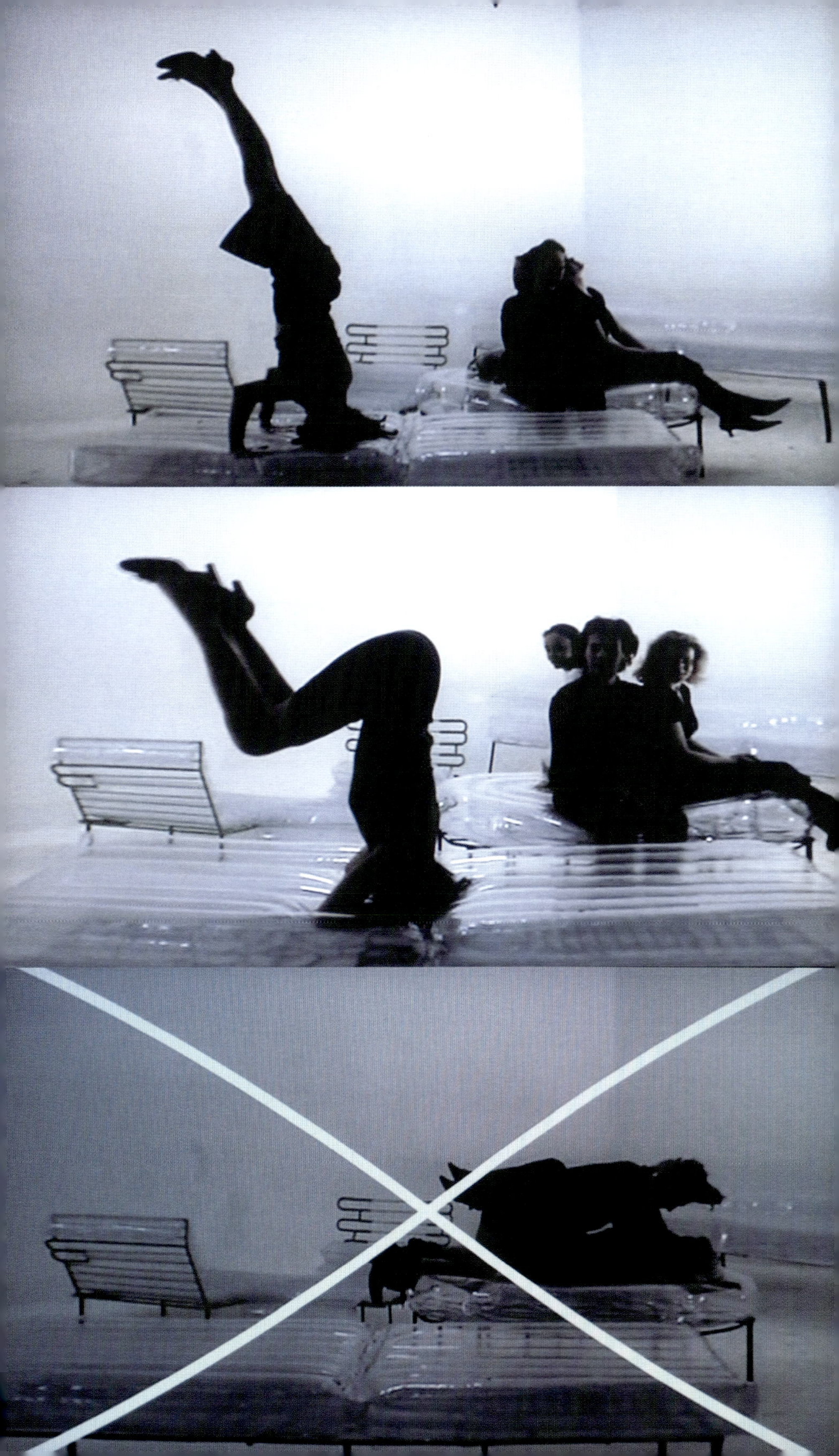

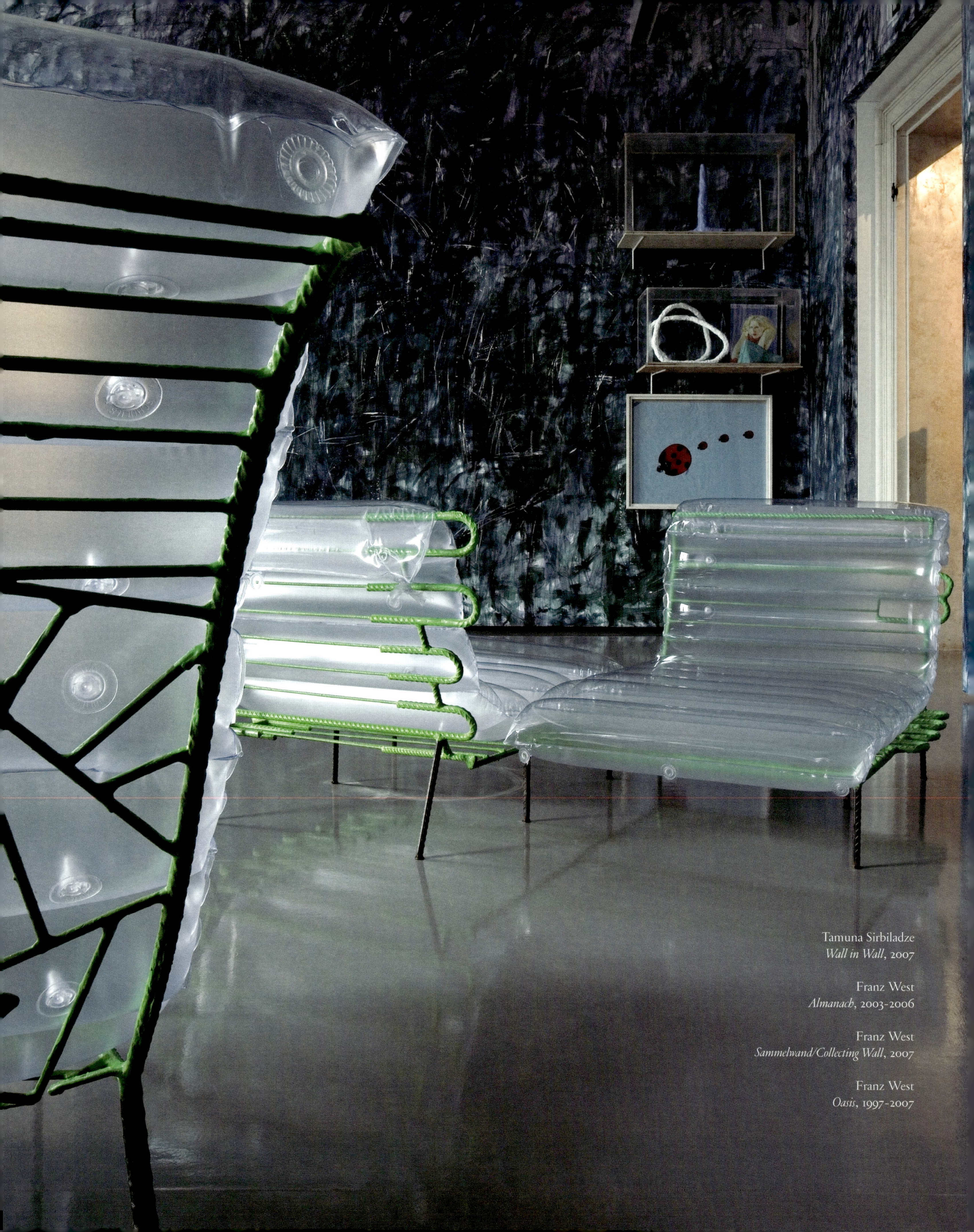

Tamuna Sirbiladze
Wall in Wall, 2007

Franz West
Almanach, 2003-2006

Franz West
Sammelwand/Collecting Wall, 2007

Franz West
Oasis, 1997-2007

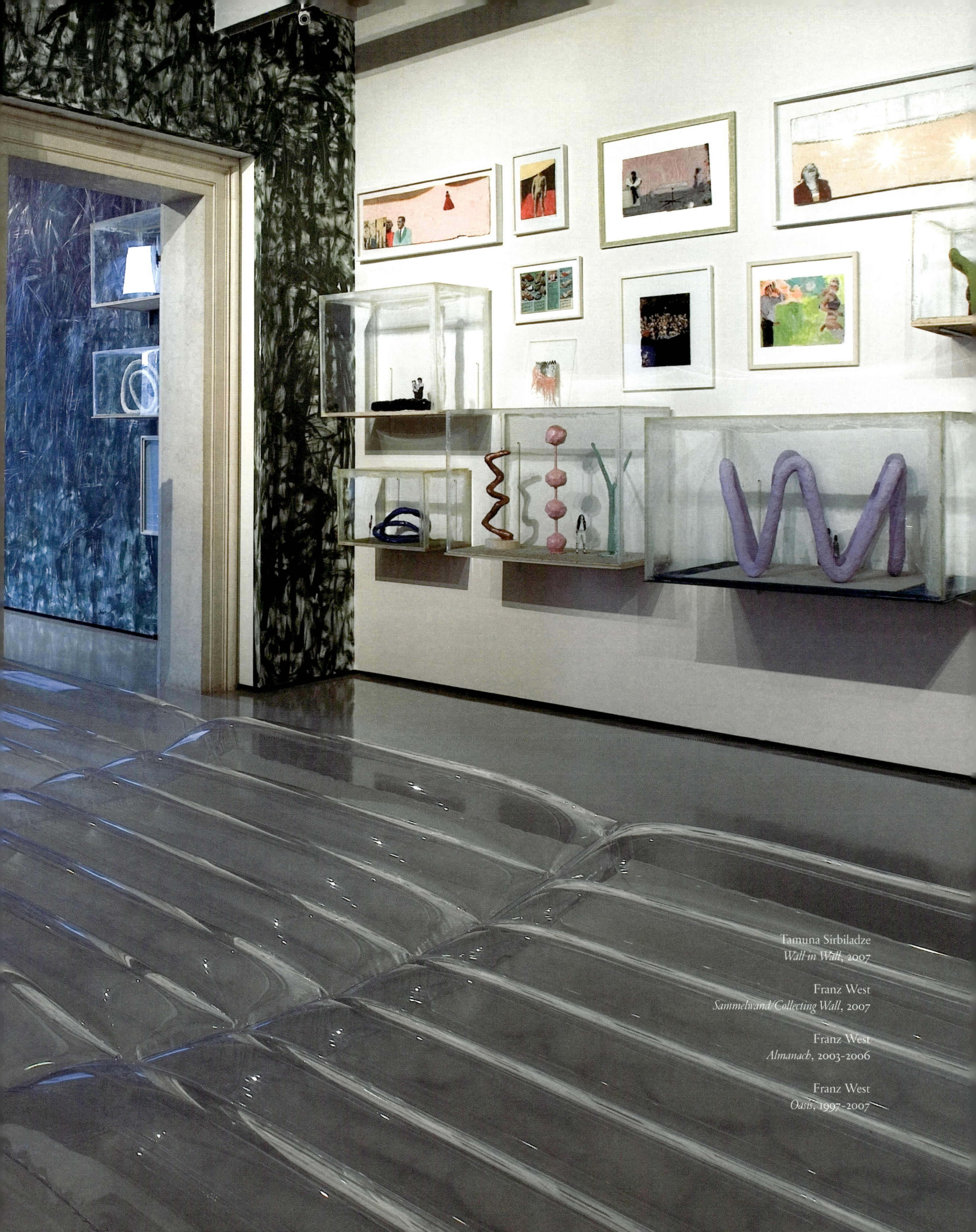

Tamuna Sirbiladze
Wall in Wall, 2007

Franz West
Sammelwand/Collecting Wall, 2007

Franz West
Almanach, 2003-2006

Franz West
Oasis, 1997-2007

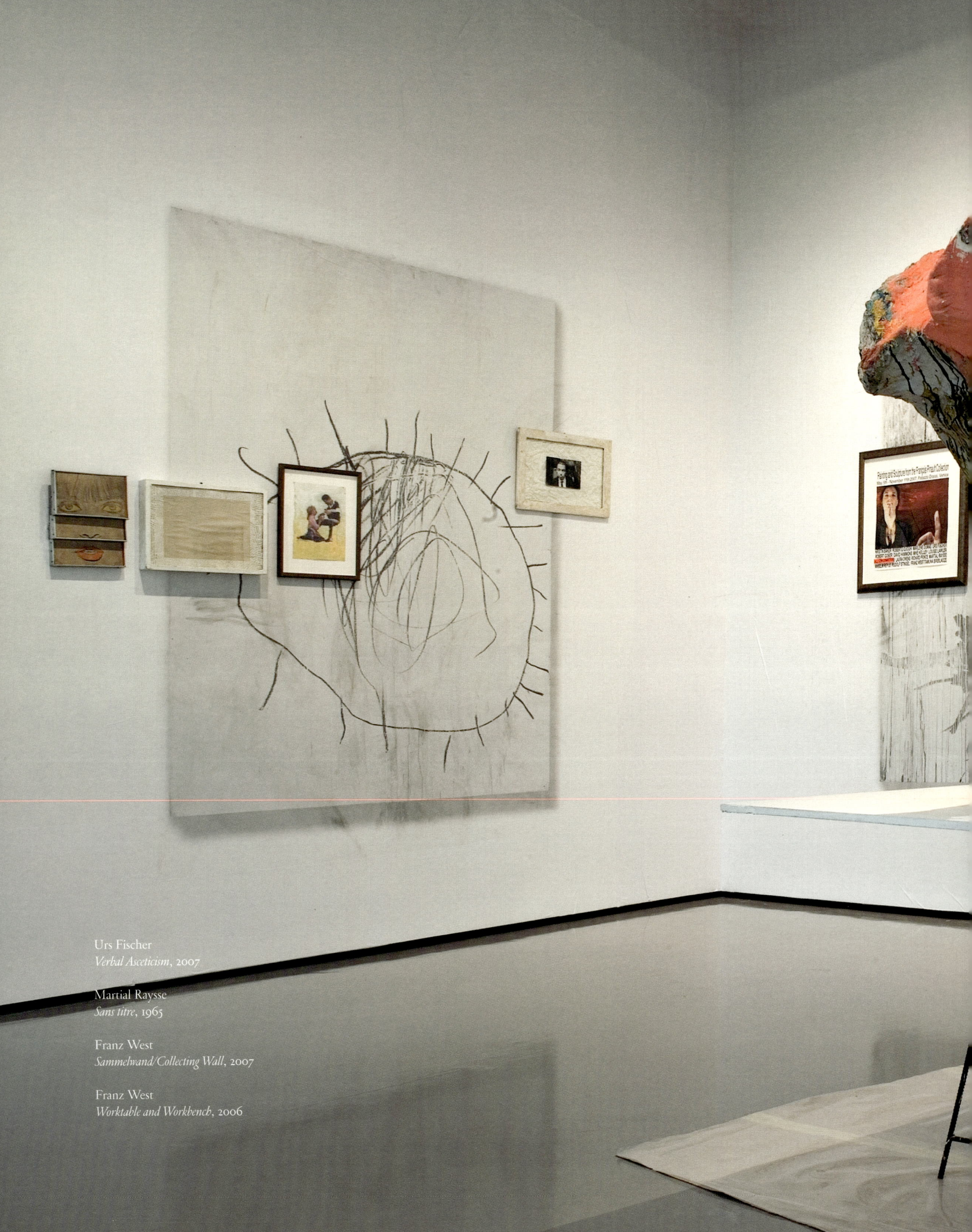

Urs Fischer
Verbal Asceticism, 2007

Martial Raysse
Sans titre, 1965

Franz West
Sammelwand/Collecting Wall, 2007

Franz West
Worktable and Workbench, 2006

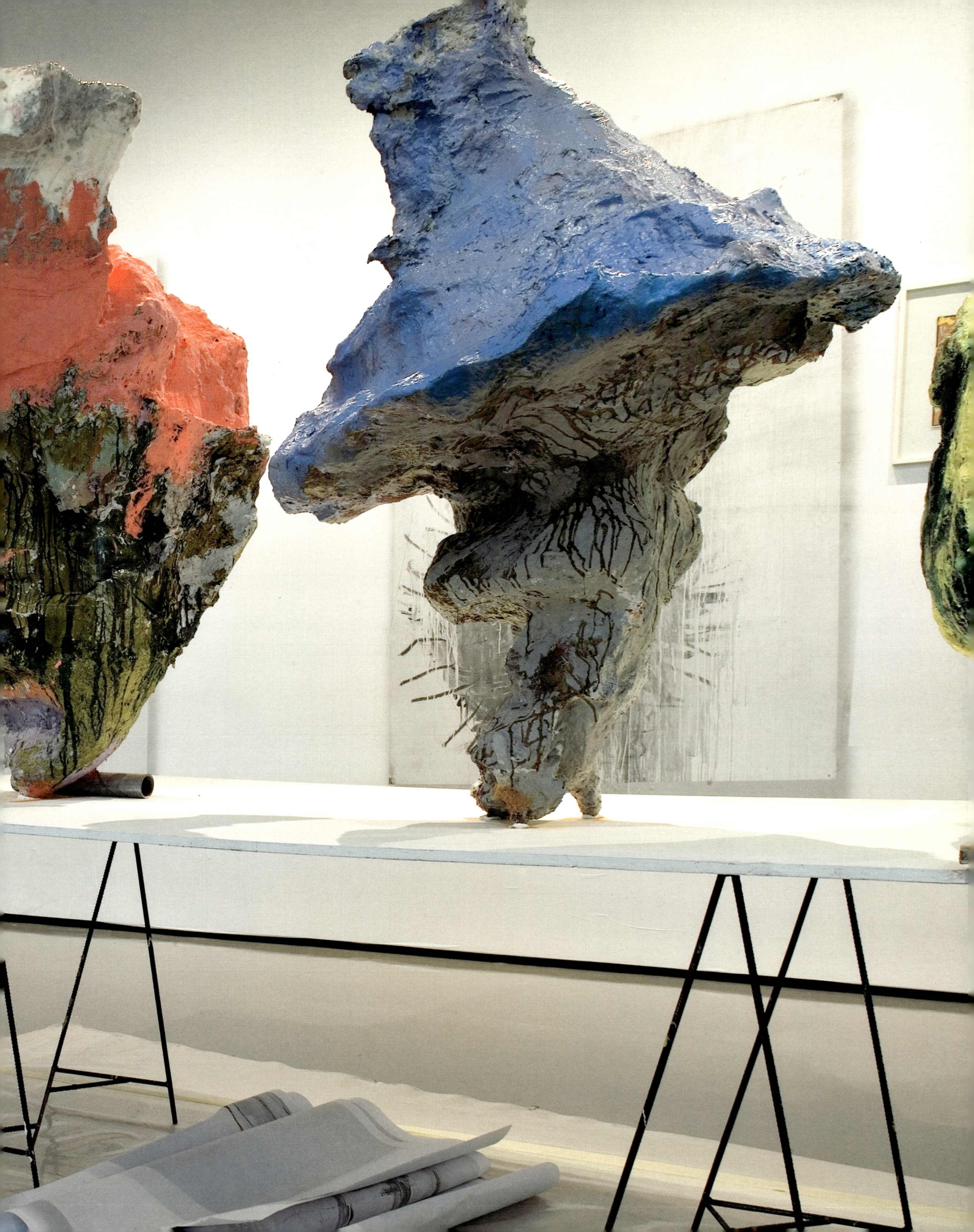

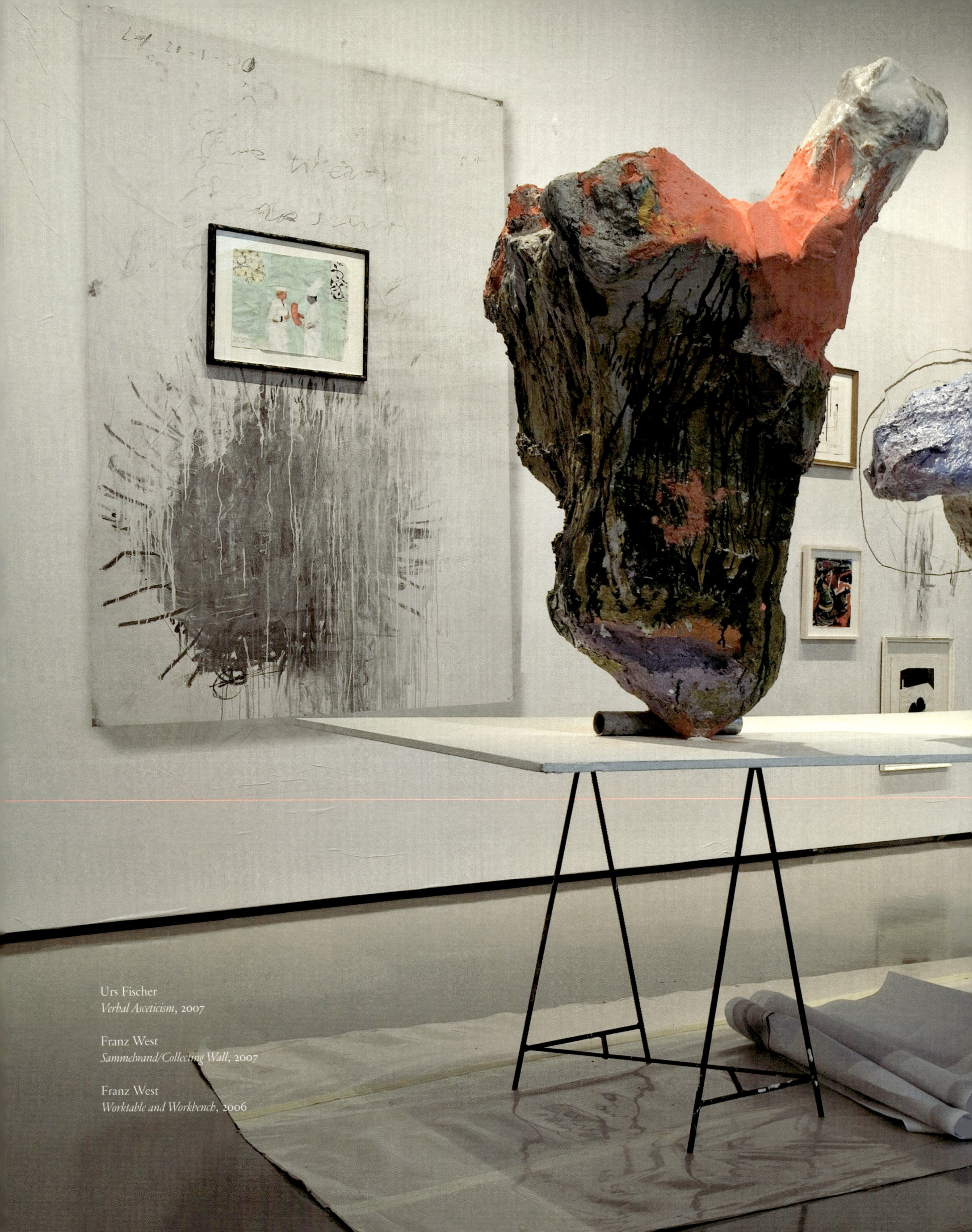

Urs Fischer
Verbal Asceticism, 2007

Franz West
Sammelwand/Collecting Wall, 2007

Franz West
Worktable and Workbench, 2006

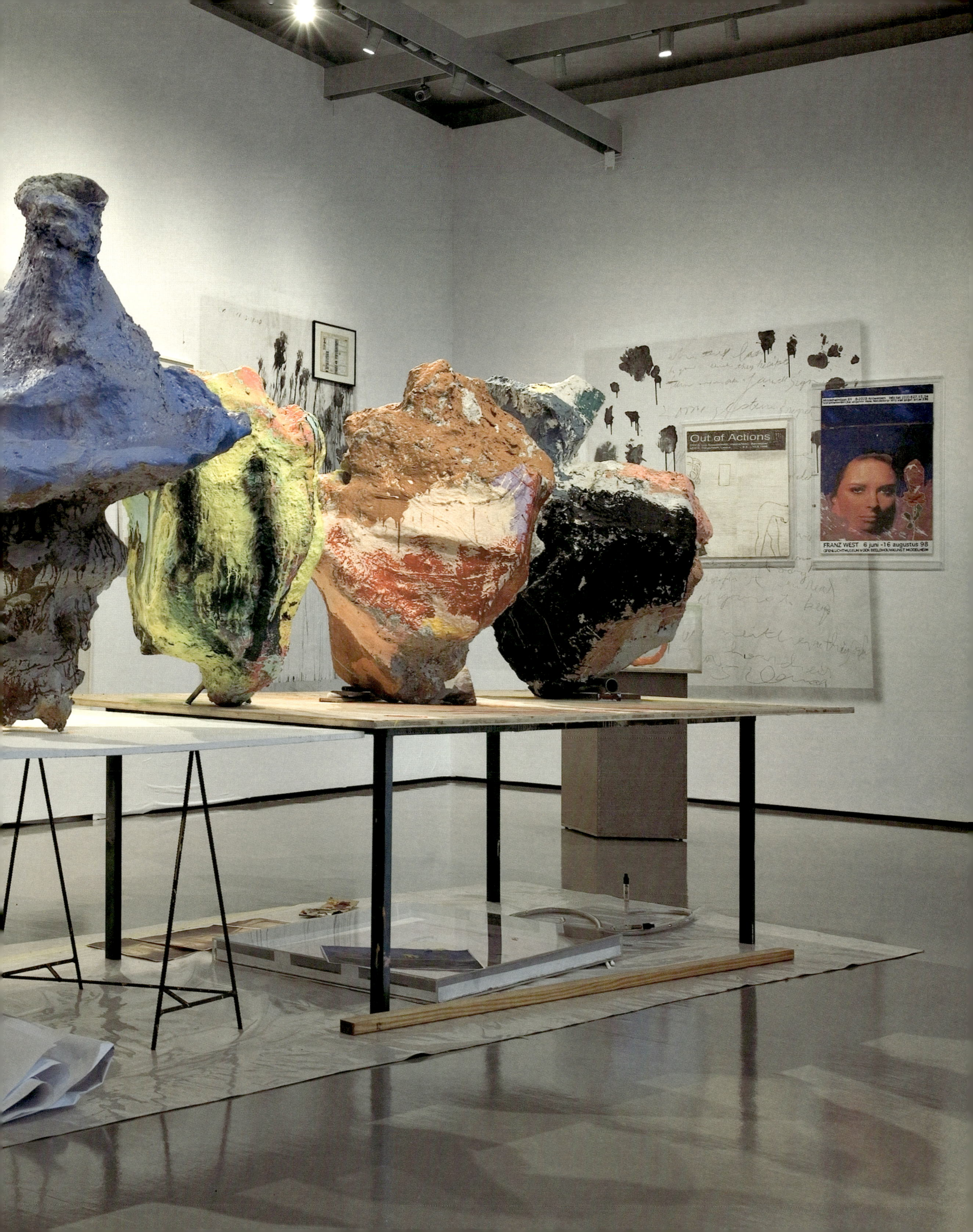
Out of Actions
FRANZ WEST 6 juni -16 augustus 98

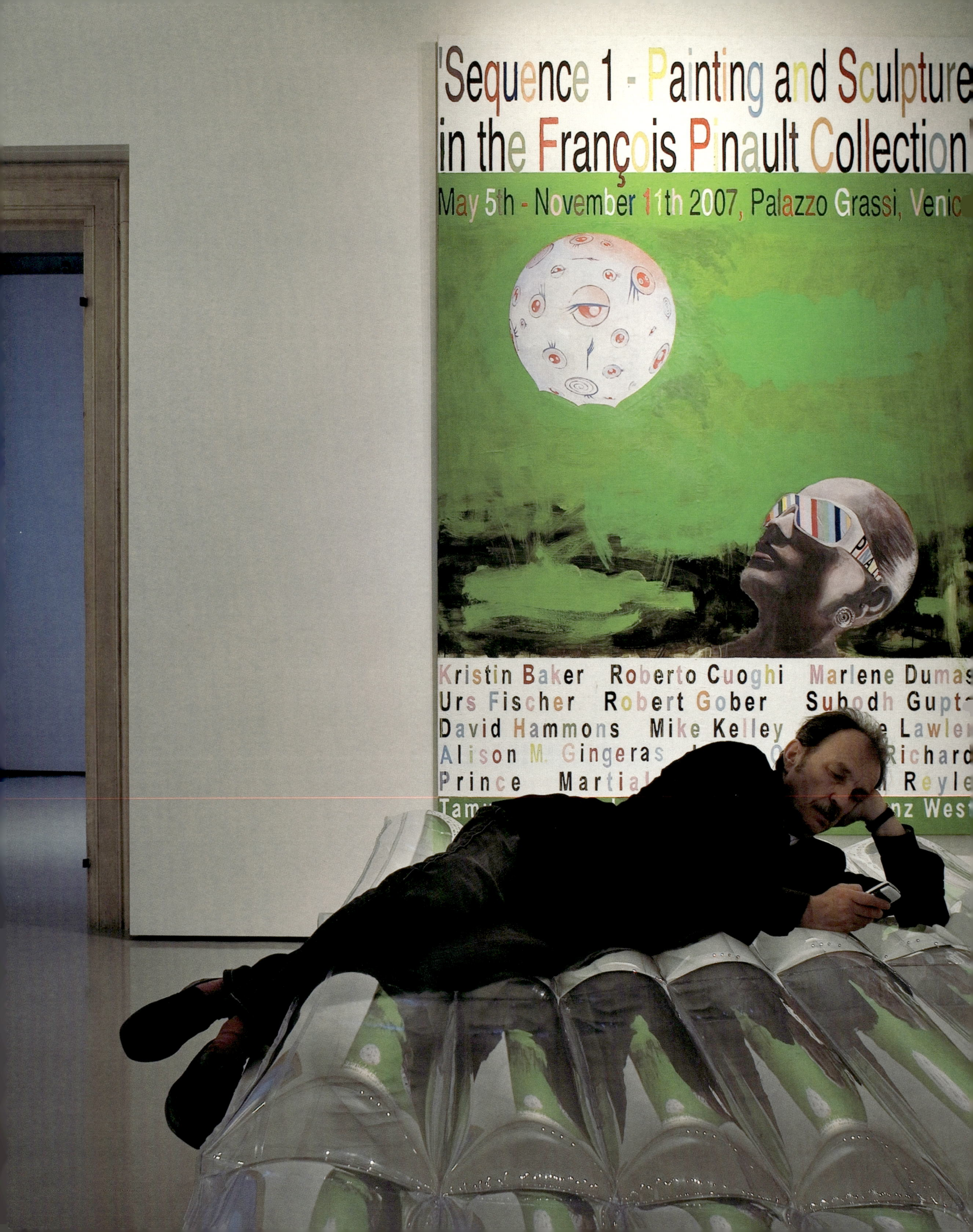

'Sequence 1 - Painting and Sculpture
in the François Pinault Collection'
May 5th - November 11th 2007, Palazzo Grassi, Venic
Kristin Baker   Roberto Cuoghi   Marlene Dumas
Urs Fischer   Robert Gober   Subodh Gupt
David Hammons   Mike Kelley   e Lawler
Alison M. Gingeras   Richard
Prince   Martial   Reyle
Tamu   nz West

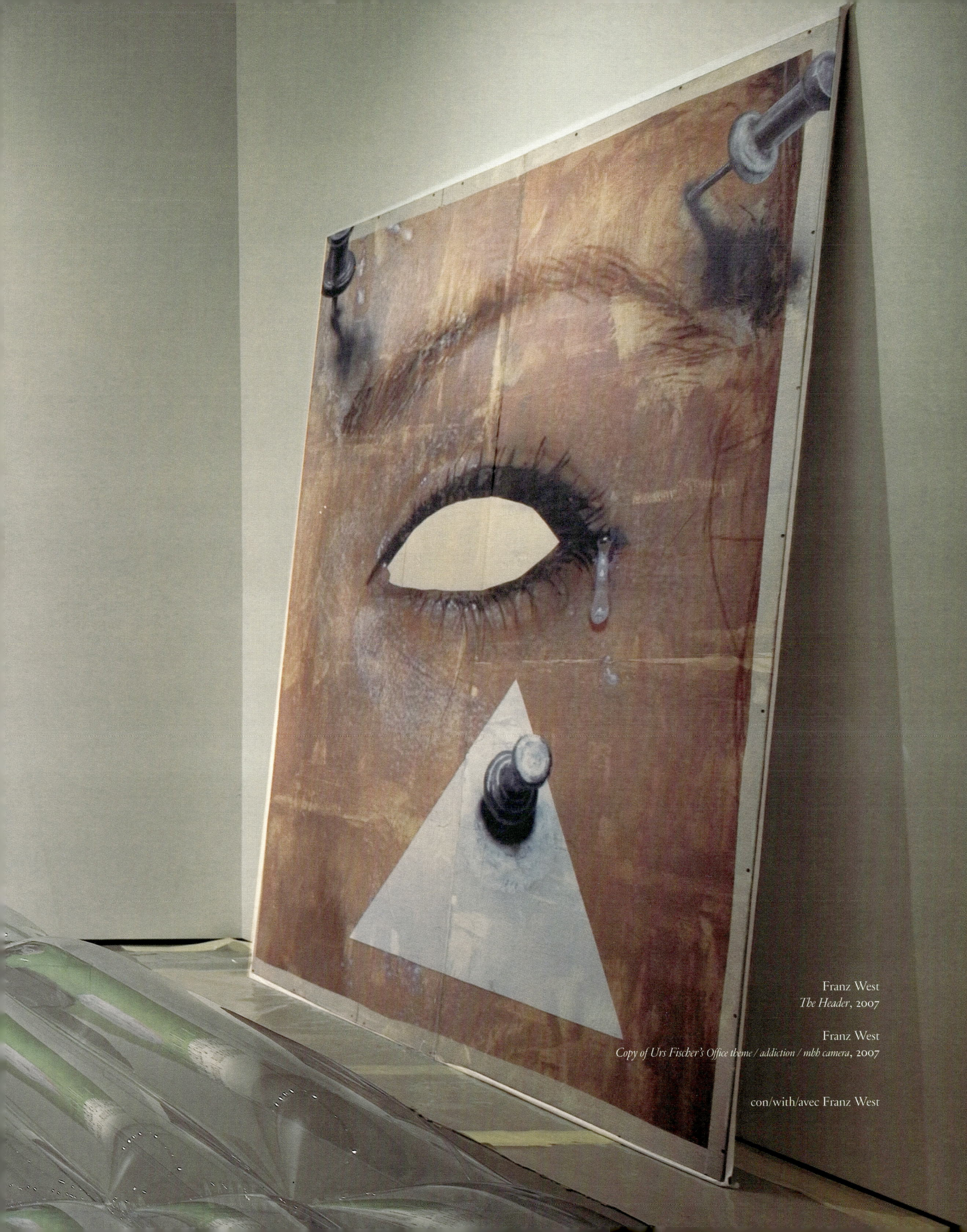

Franz West
The Header, 2007

Franz West
Copy of Urs Fischer's Office theme / addiction / mhh camera, 2007

con/with/avec Franz West

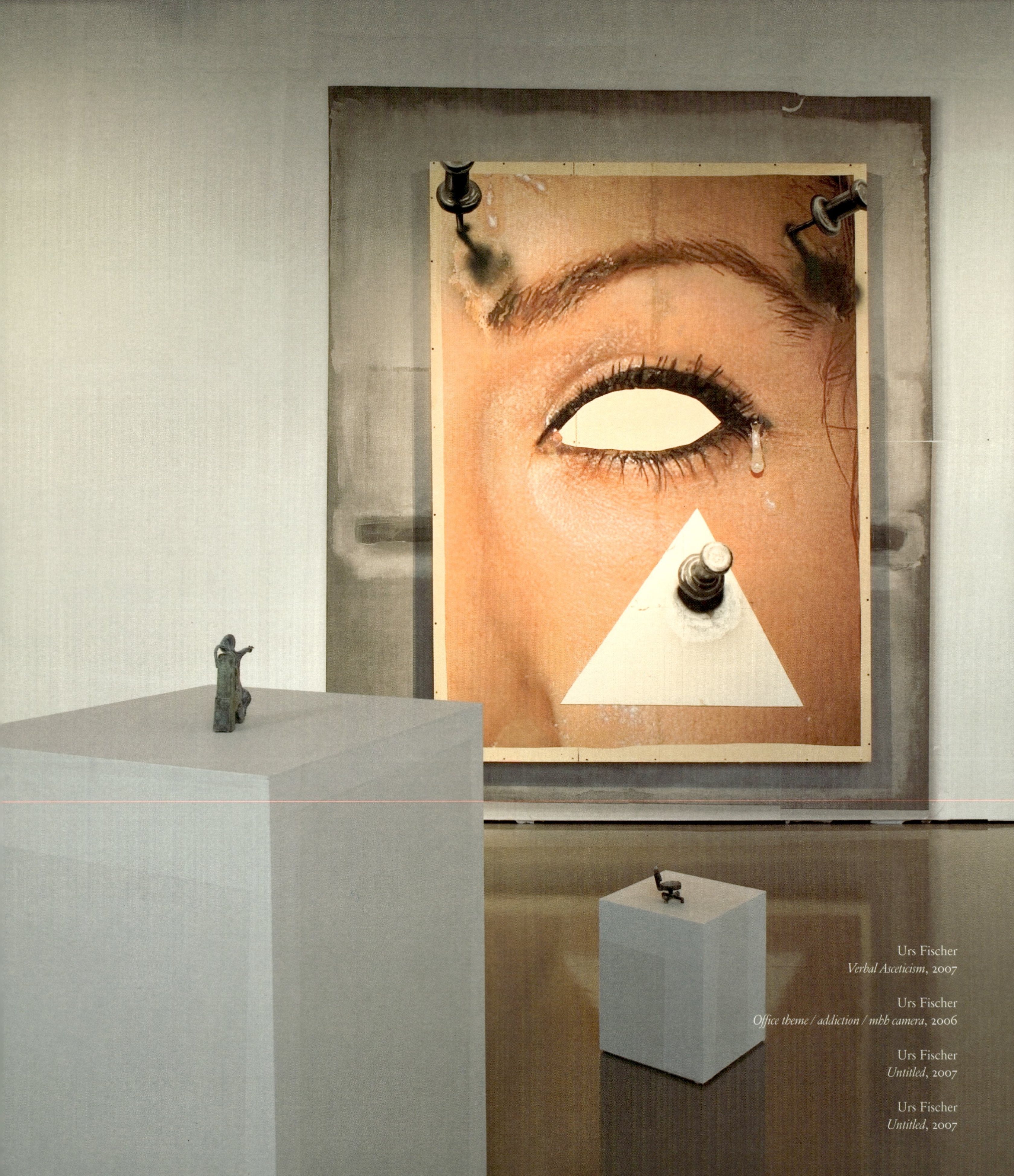

Urs Fischer
Verbal Asceticism, 2007

Urs Fischer
Office theme / addiction / mhh camera, 2006

Urs Fischer
Untitled, 2007

Urs Fischer
Untitled, 2007

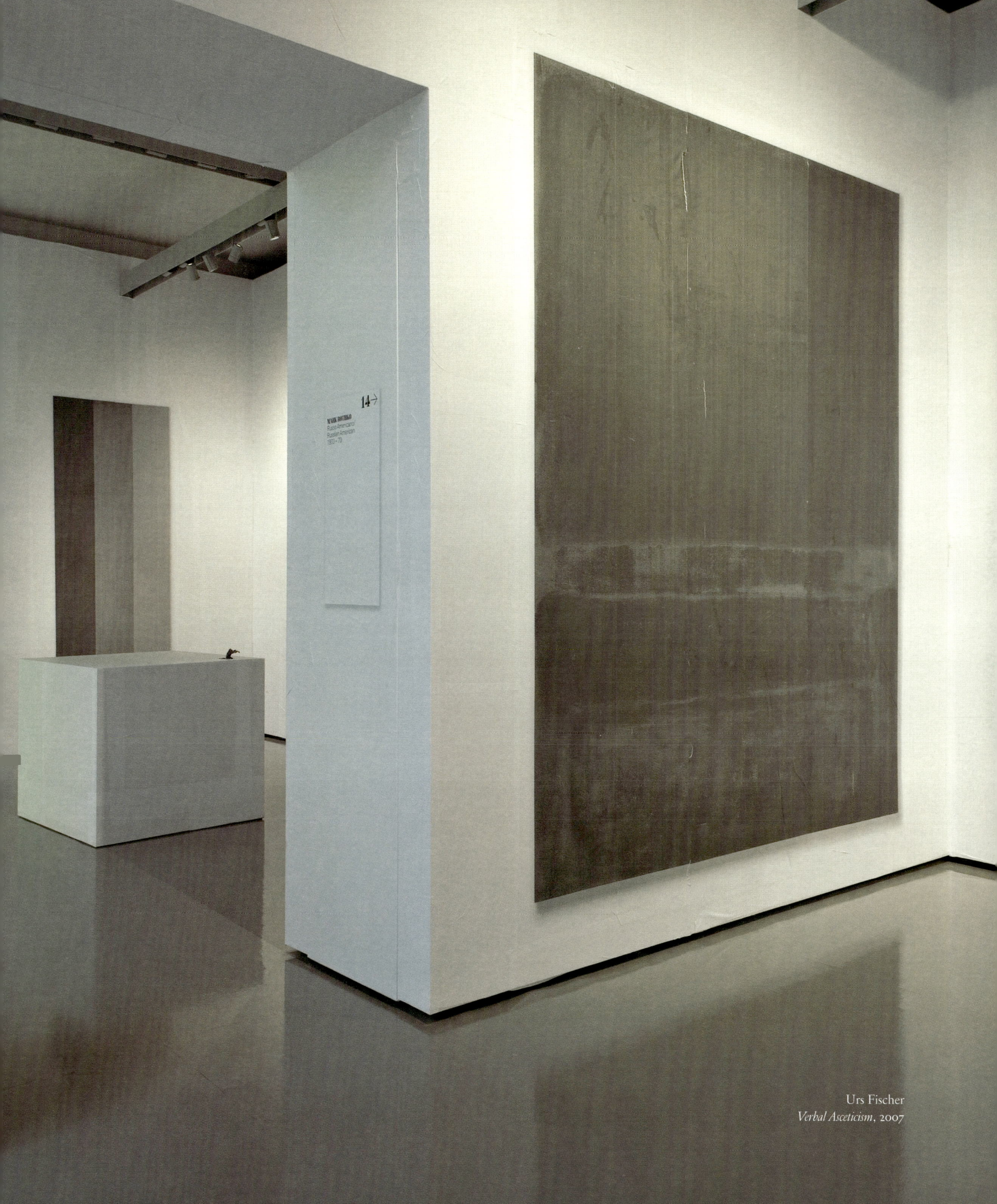

Urs Fischer
Verbal Asceticism, 2007

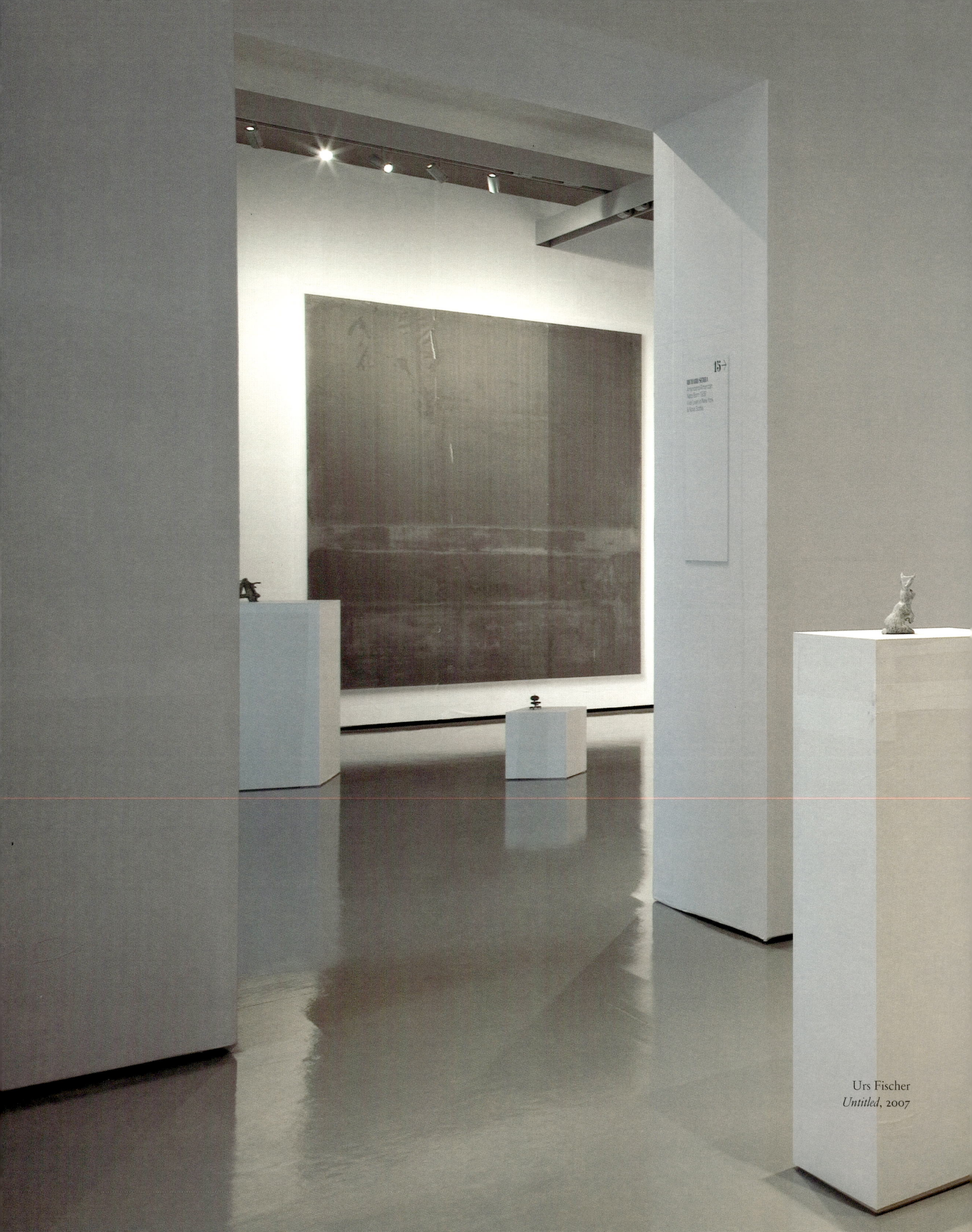

Urs Fischer
Untitled, 2007

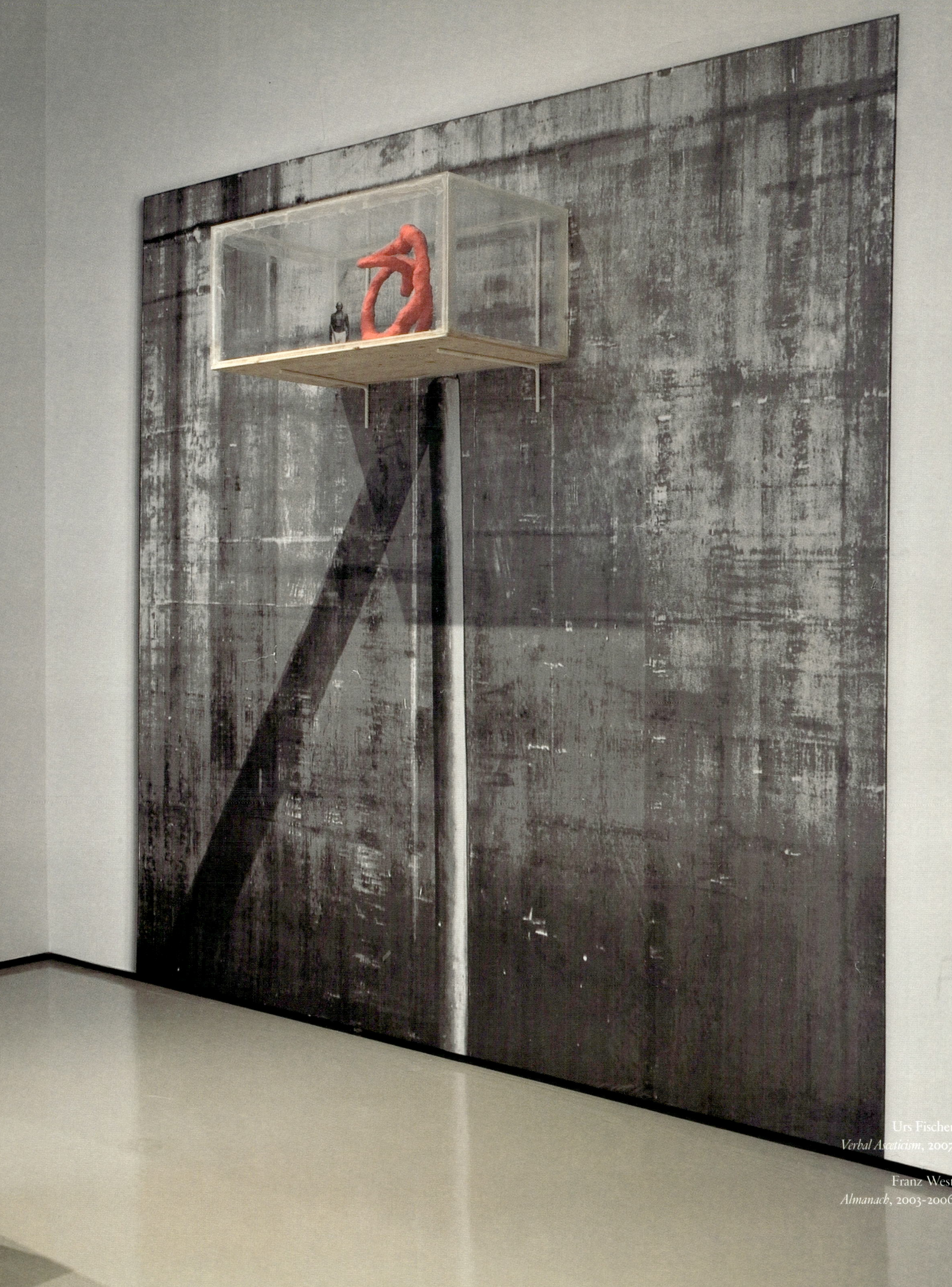

Urs Fischer
Verbal Asceticism, 2007

Franz West
Almanach, 2003-2006

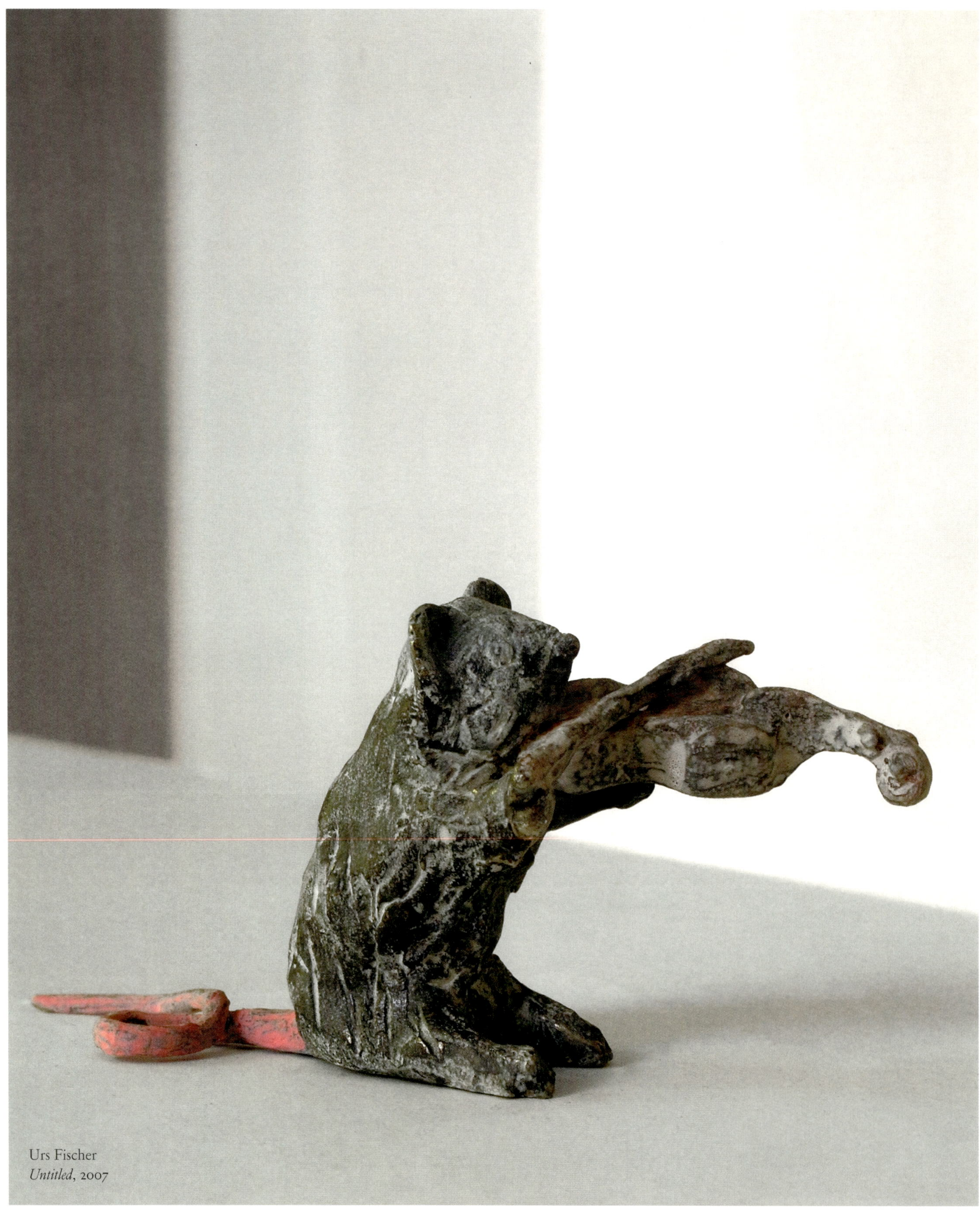

Urs Fischer
Untitled, 2007

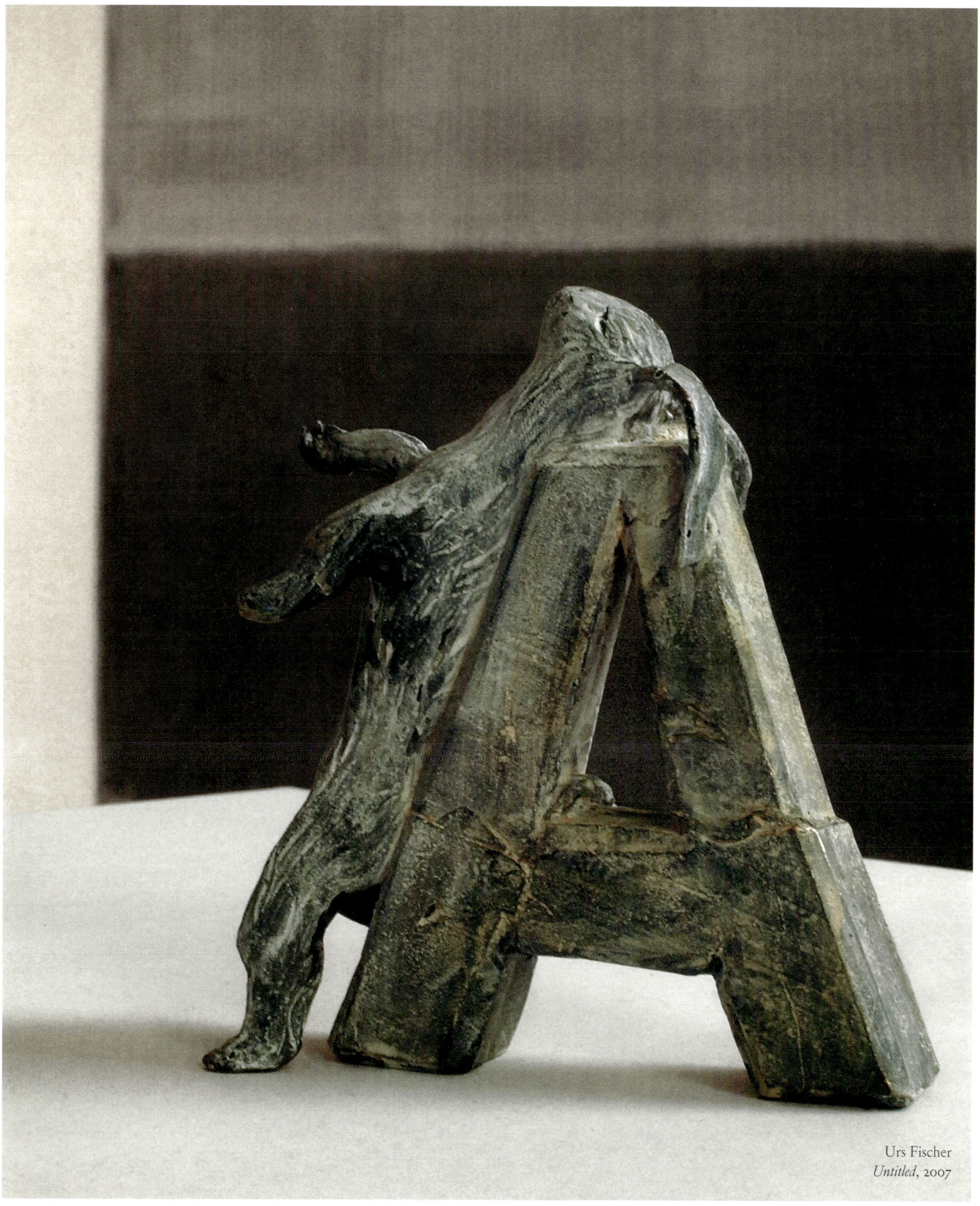

Urs Fischer
Untitled, 2007

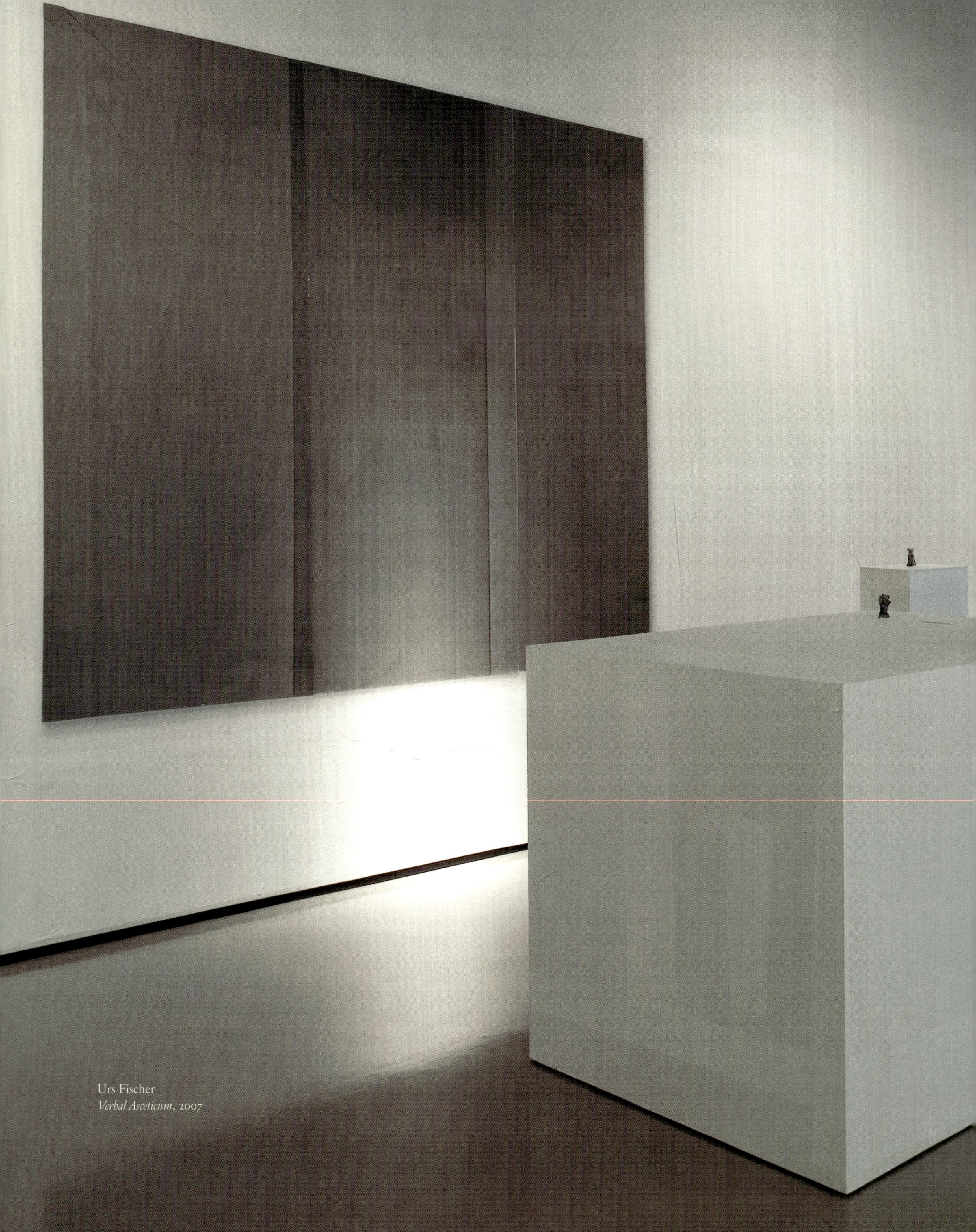

Urs Fischer
Verbal Asceticism, 2007

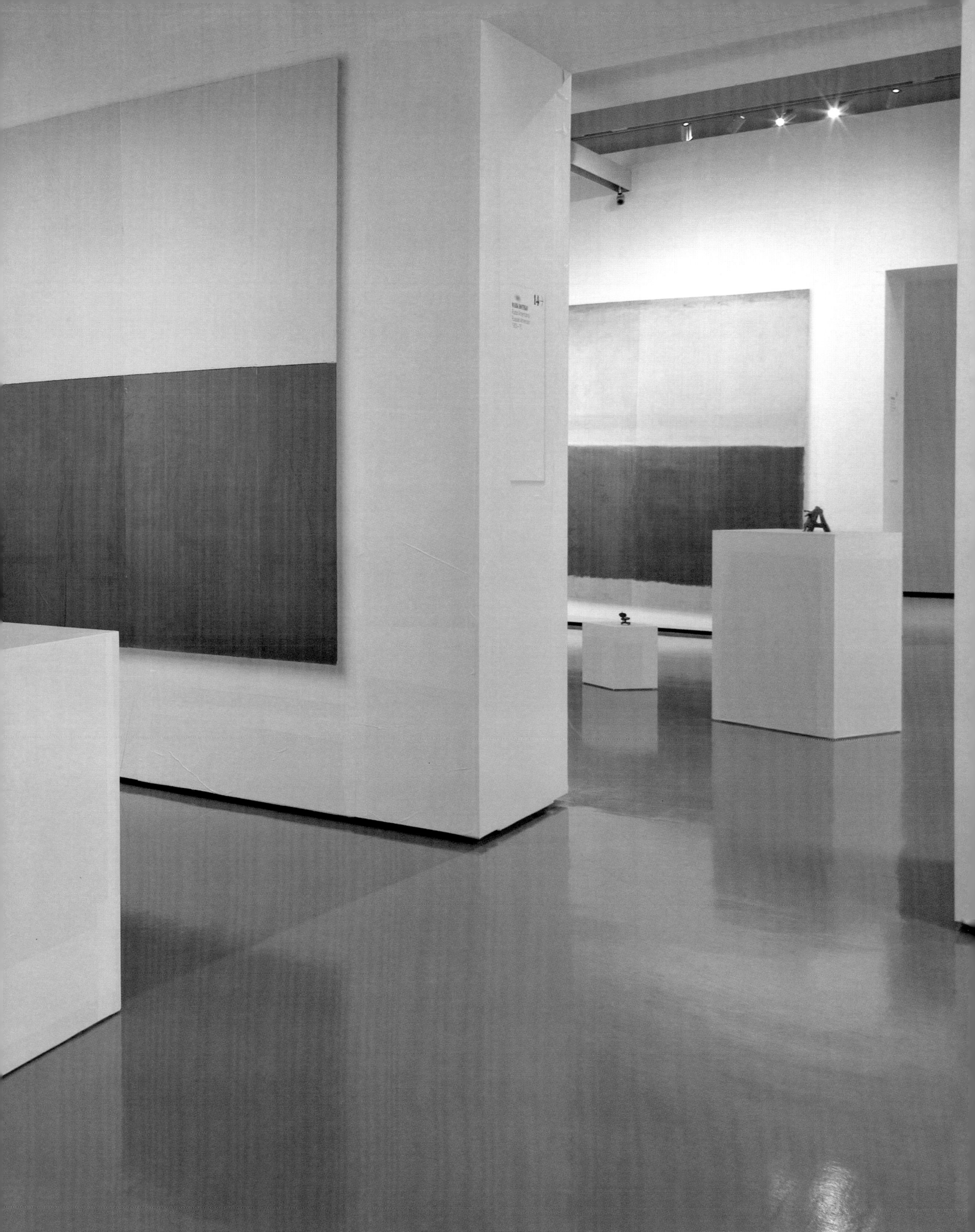

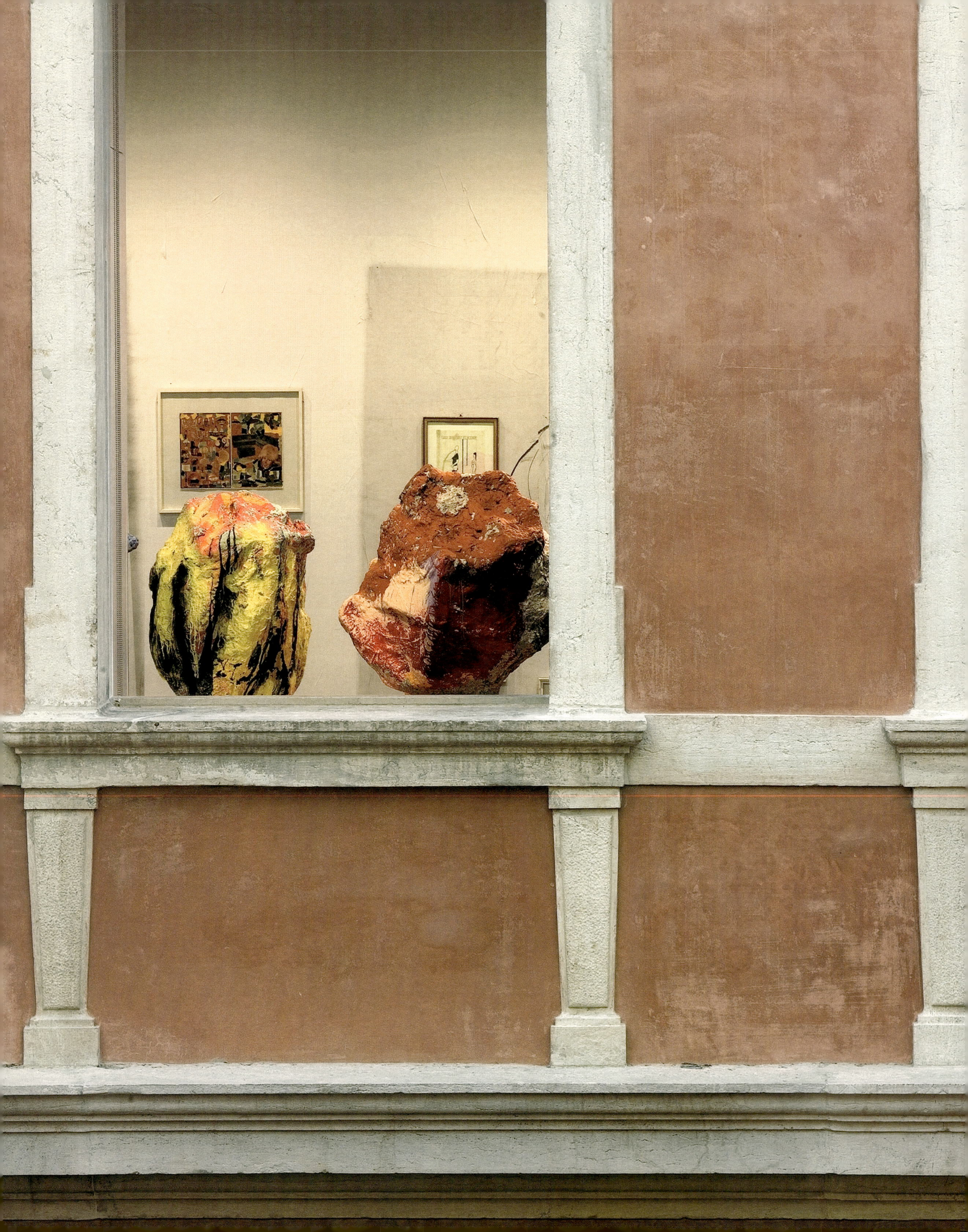

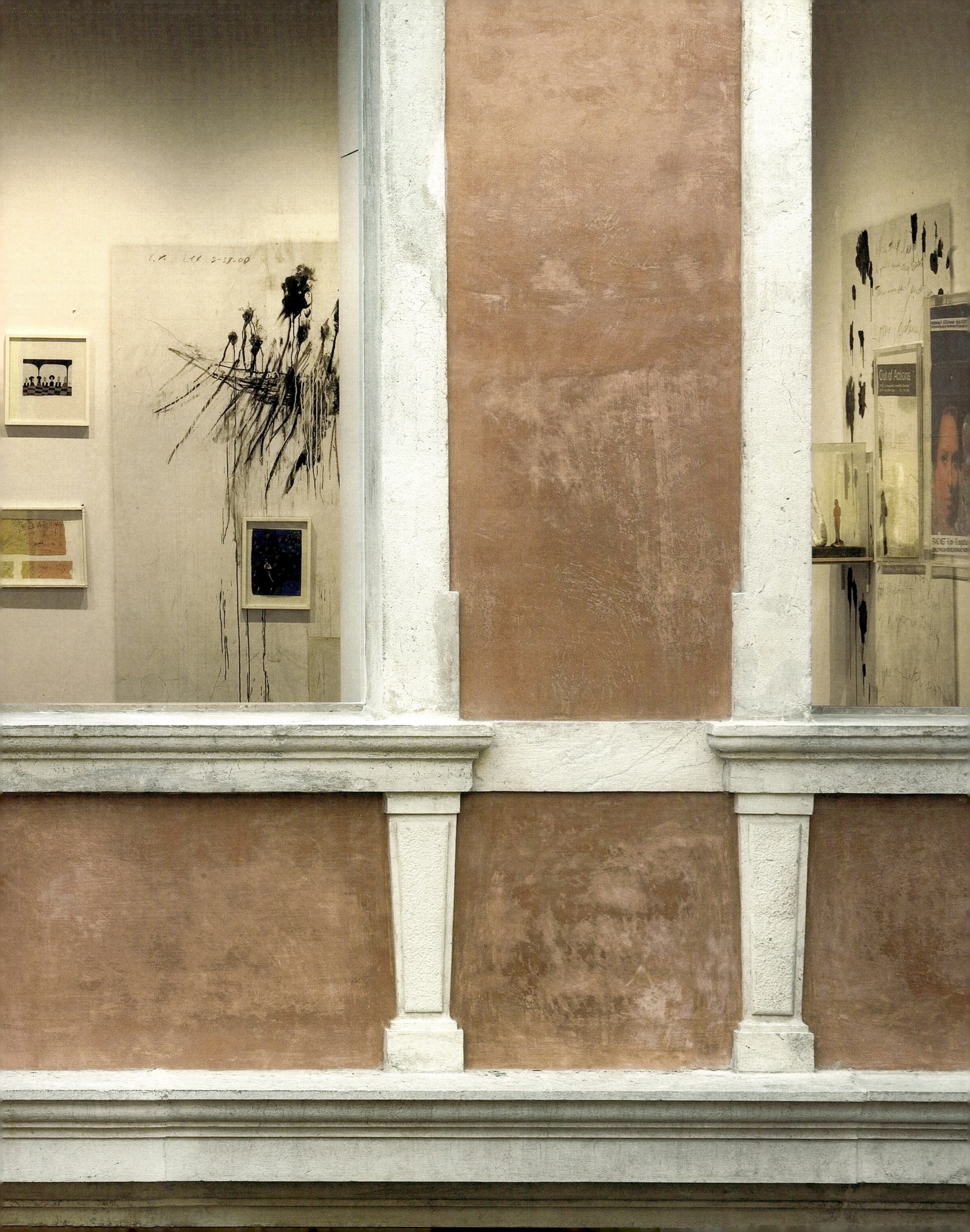

Elenco delle opere

Kristin Baker
Flying Curve, Differential Manifold, 2007
Acrilico su acrilico con polveri, struttura
in alluminio a sbalzo autoportante
243,8 × 914,4 × 455,3 cm
p. 290

Scuola borgognona
Philippe Pot priant la Vierge et l'Enfant,
1480 circa
Olio su pannello di quercia
60 × 42 cm
p. 141

Roberto Cuoghi
Senza titolo (Corea del Nord), 2006
Smalto, spray, pastello a cera, emulsione
alcolica, burro cacao, grafite, pennarello,
china, incisione su specchio e vetro
53 × 53 cm
p. 187

Roberto Cuoghi
Senza titolo (Bielorussia), 2006
Smalto, resina, plastificante, spray,
emulsione alcolica, penne da disegno
Pantone®, burro cacao, retini, china,
incisione su vetro, specchio e acetato
53 × 53 cm
p. 185

Roberto Cuoghi
Senza titolo (Cuba), 2007
Acrilico, inchiostro, pennarelli, spray,
tempera su acetato e vetro
53 × 53 cm
p. 191

Roberto Cuoghi
Senza titolo (Syria), 2007
Vetrificante, opacizzante,
impermeabilizzante, smalto, spray,
marcatori, penne da disegno Pantone®,
grafite, burro cacao, lacca, inchiostro,
pastelli, punta di diamante su vetro
53 × 53 cm
p. 186

Roberto Cuoghi
Senza titolo (Myanmar), 2007
Grafite, smalto, spray, penne da disegno
Pantone®, marcatori, retini, lacca, pastelli
su vetro, cartoncino su vetro
83 × 43 cm
p. 184

Roberto Cuoghi
Senza titolo (Turkmenistan), 2007
Grafite, pennarello su carta, resina, pastelli
a cera, polvere da rilievo, burro cacao,
biacca, incisione su vetro e plexiglas
28 × 28 cm
p. 189

Roberto Cuoghi
Senza titolo (Iran), 2007
Specchio, smalto acrilico, emulsione
alcolica, polvere di carbone, grafite su vetro
e plexiglas
53 × 53 cm
p. 192

Roberto Cuoghi
Senza titolo (Sudan), 2007
Marcatori, lattice, retini, smalto, pastelli
a cera, grafite, spray, pennarello, polvere
da rilievo su vetro
63 × 53 cm
p. 188

Roberto Cuoghi
Senza titolo (Libia), 2007
Specchio, resina, smalto acrilico, emulsione
alcolica, grafite, polvere da rilievo su vetro
e plexiglas
53 × 53 cm
p. 193

Marlene Dumas
Gelijkenis I and II, 2002
Olio su tela in due parti
Due tele, 60,5 × 229,9 cm ciascuna
p. 181

Urs Fischer
Jet Set Lady, 2000-2005
Ferro, duemila disegni incorniciati
(stampe laser a colori), cornici di legno,
ventiquattro tubi fluorescenti
900 × 700 × 700 cm
Commissionata e prodotta dalla
Fondazione Nicola Trussardi, Milano
p. 65

Urs Fischer
Nach Jugendstil kam Roccoko, 2006
Motore elettrico, cavo, asta di carbonio,
elastico, filo, pacchetto di sigarette vuoto
Raggio 400 cm, altezza variabile
p. 140

Urs Fischer
Office theme / addiction / mhh camera, 2006
Legno, aludibond, imprimitura, pittura
a olio, acrilici, colla per carta, cartone,
polimero epossidico, vernice, stampa
Epson a getto d'inchiostro ultrachrome
su tela e Somerset velvet fine art paper
245,3 × 183 × 8,3 cm
p. 308

Urs Fischer
Pop the glock, 2006
Calco in nickel argentato, preparazione
a gesso, pittura a olio
12,7 × 5 × 7,5 cm
p. 189

Urs Fischer
Verbal Asceticism, 2007
Carta da parati (stampa a inchiostro
su carta)
Dimensioni variabili
p. 302

Urs Fischer
Untitled, 2007
Calco in nickel argentato, preparazione
a gesso, pittura a olio
Topolino con violino: 6 × 12,5 × 4 cm
Topolino con coda: 6 × 3,5 × 5 cm
p. 312

Urs Fischer
Untitled, 2007
Calco in nickel argentato, preparazione
a gesso, pittura a olio
13 × 13 × 5 cm
p. 313

Urs Fischer
Untitled, 2007
Calco in nickel argentato, preparazione
a gesso, pittura a olio
8,5 × 8 × 5,5 cm

Robert Gober
Untitled, 1991
Cera d'api, peli umani, pelle, cotone,
legno
34 × 18 × 96,5 cm
p. 177

Robert Gober
Door with Lightbulb, 1992
Porta di metallo con cornice, dodici pacchi
di giornali avvolti nello spago, porta
lampada in porcellana con lampadina rossa
e lampadina bianca incandescente
244 × 305 × 81 cm
p. 178

Subodh Gupta
Very Hungry God, 2006
Struttura in acciaio inossidabile coperta
con utensili da cucina
360 × 280 × 330 cm
p. 61

David Hammons
A Cry from the Inside, 1969
Pigmento su carta dorata
103,5 × 74,9 cm
p. 170

David Hammons
I Dig the Way This Dude Looks, 1971
Pigmento su carta
89,5 × 59,1 cm
p. 171

David Hammons
Black Mohair Spirit, 1971
Pigmento, spago, ciuffi di scopa per
pavimenti, perline, piume e ali di farfalla
su carta nera
56,5 × 39,4 cm
p. 172

David Hammons
Untitled (Body Print), 1976
Pigmento su carta
73 × 58,4 cm
p. 173

David Hammons
Untitled, 1989
Parabrezza d'automobile, asta d'acciaio,
materiali vari
383,5 × 106,7 × 52,1 cm
p. 166

David Hammons
Central Park West, 1990
Bicicletta, abiti, segnale stradale,
registratore, canzone *Central Park West*
di John Coltrane
424 × 73 × 129 cm circa
p. 164

David Hammons
Rockhead, 1999
Capelli, pietra e supporto in metallo
40 × 30 cm
p. 175

David Hammons
Untitled (B-ball Drawing), 2001
Carboncino su carta, valigia
290,8 × 123,8 cm
p. 166

David Hammons
Which Mike Would You Like To Be Like, 2003
Tre microfoni vintage
144,8 × 62,2 × 47 cm
p. 174

David Hammons
Untitled (B-ball Drawing), 2004
Carboncino su carta, valigia
304,8 × 121,9 cm
p. 167

Mike Kelley
Red Stain, 1986
Acrilico su cotone, nappe
190,5 × 213,4 cm
p. 148

Mike Kelley
*Extracurricular Activity Project
Reconstruction #1 (Domestic Scene)*, 2000
Tecnica mista e video
304,5 × 874,8 × 731,5 cm
p. 152

Mike Kelley
Double Contour With Side Bars, 2000
Quattro tavoli in legno con vari oggetti

Tavolo 1: legno, cartapesta, acrilico, spray,
pittura, statuette, cavalletti
203 × 488 × 122 cm
Tavolo 2: legno, polistirolo, pittura, fibra
di vetro, cavalletti
159 × 488 × 122 cm
Tavolo 3: legno, polistirolo, pittura,
cavalletti
99 × 244 × 122 cm
Tavolo 4: tavolo di legno, romanzi
in edizione economica, vetro, vaso,
cianfrusaglie
110,5 × 189 × 109 cm
p. 144

Mike Kelley
Memory Ware flat 17, 2001
Tecnica mista su legno
215,9 × 317,5 × 15,2 cm
p. 146

Louise Lawler
Hoof, 2006
Cibachrome montato su alluminio
e compensato
47,6 × 29,5 cm
p. 123

Louise Lawler
Adolf (Must be installed 8 inches from the floor),
2006
Cibachrome montato su tavola
73 × 57,5 cm
p. 125

Louise Lawler
Wiggle, 2006
Cibachrome montato su tavola
76,2 × 63,5 cm
p. 127

Louise Lawler
Pills, 2006
Cibachrome montato su compensato
38,7 × 49,5 cm
p. 129

Louise Lawler
Not the way you remembered (Venice), 2006
Cibachrome montato su tavola
73,7 × 73,7 cm
p. 126

Louise Lawler
Why Take a Man Apart, 2006-2007
Cibachrome montato su alluminio
79,4 × 61,6 cm
p. 128

Louise Lawler
Drums First, 2006-2007
Cibachrome montato
su alluminio
96,5 × 121,3 cm
p. 130

Louise Lawler
Google: Egypt, 2006-2007
Cibachrome e passepartout
26 × 32,1 cm
p. 131

Laura Owens
Untitled, 1998
Acrilico e smalto su tela
243,8 × 304,8 cm
p. 276

Laura Owens
Untitled, 1999
Acrilico su tela in due parti
310 × 152,4 cm ciascuno
p. 274

Laura Owens
Untitled, 2004
Olio e acrilico su tela
223 × 234 cm
p. 279

Laura Owens
Untitled, 2006
Acrilico, olio e feltro su lino
109,2 × 116,8 cm
p. 285

Laura Owens
Untitled, 2006
Acrilico e olio su tessuto di lino
213,4 × 243,8 cm
p. 283

Laura Owens
Untitled, 2006
Acrilico e olio su tessuto di lino
274 × 365 cm
p. 286

Laura Owens
Untitled, 2006
Olio, feltro e acrilico su tessuto di lino
125,7 × 88,9 cm
p. 289

Richard Prince
Untitled (Entertainers), 1983
Dodici fotografie Ektacolor
221 × 45,4 cm ciascuna
p. 160

Richard Prince
I'll Fuck Anything that Moves, 1991
Acrilico e serigrafia su tela
457,2 × 228,6 cm
p. 156

Richard Prince
Why Did the Nazi Cross the Road?, 1991
Acrilico e serigrafia su tela
457,2 × 228,6 cm
p. 157

Richard Prince
Sampling the Chocolate, 1991
Acrilico e scrigrafia su tela
457,2 × 228,6 cm
p. 158

Richard Prince
Good Revolution, 1991
Acrilico e serigrafia su tela
457,2 × 228,6 cm
p. 159

Martial Raysse
Le miroir, 1961
Assemblaggio di materiali vari
60 × 36 cm
p. 251

Martial Raysse
Seventeen (Titre journalistique), 1962
Acrilico, assemblaggio e *glitter*
su base fotografica applicata
su tavola
182 × 130 cm
p. 249

Martial Raysse
Made in Japan, 1963
Collage fotografico, olio
e legno su tela
125 × 192,5 cm
p. 258

Martial Raysse
Portrait of an Ancient Friend, 1963
Olio e collage su tela
151 × 96,5 cm
p. 255

Martial Raysse
Sur 3 roses, 1963
Materiali vari su tavola
32 × 21 cm
p. 250

Martial Raysse
Nu jaune et calme, 1963
Olio, fotografia e collage su tela
97 × 130 cm
p. 253

Martial Raysse
Conversation printanière, 1964
Olio e collage di materiali vari
montato su tela
228,5 × 127 cm
p. 259

Martial Raysse
Belle des nuages, 1965
Floccaggio e vernice fluorescente
su tela
146 × 114 cm
p. 254

Martial Raysse
Sans titre, 1965
Tempera e collage fotografico su carta
montata su tela
30 × 22 cm
p. 252

Martial Raysse
Noon Mediterranean Landscape, 1966
Acrilico, floccaggio su tela, neon
su plexiglas
203 × 192 × 5 cm
p. 257

Martial Raysse
Quatre pas dans les nuages, 1966
Plexiglas blu, neon bianco,
ferro dipinto
205 × 235 × 60 cm
p. 260

Anselm Reyle
Untitled, 2006
Neon, catene, cavi, trasformatori
Dimensioni variabili
p. 262

Anselm Reyle
Harmony, 2006
Bronzo, vernice smaltata cromata, base
impiallacciata (legno di Makassar)
170 × 170 × 75 cm circa
Base: 54 × 160 × 78 cm
p. 272

Anselm Reyle
Untitled, 2006
Materiali vari su tela, acrilico, vetro
300 × 200 × 20 cm
p. 261

Anselm Reyle
Untitled, 2006
Acrilico su tela, cornice in acciaio
inossidabile
273,5 × 222,5 × 15 cm
p. 269

Anselm Reyle
Black Earth, 2007
Tecnica mista su tela, cornice di metallo
314 × 214 × 8 cm
p. 270

Anselm Reyle
Black Earth, 2007
Tecnica mista su tela, cornice di metallo
314 × 214 × 8 cm
p. 271

Anselm Reyle
New Yellow, 2007
Pittura acrilica, giallo neon
Dimensioni variabili
p. 264

Tamuna Sirbiladze
Wall in Wall, 2007
Gesso, pigmenti
Dimensioni variabili
p. 296

Rudolf Stingel
Louvre (after Sam), 2006
Olio su tela in cinque parti
Cinque tele, 38 × 52 cm ciascuna
p. 138

Rudolf Stingel
Untitled (1631), 2007
Resina poliestere rinforzata con vetro,
pittura poliuretanica
291 × 646 × 15,3 cm
p. 134

Rudolf Stingel
Untitled (Sarouk), 2006
Stampa su moquette
Dimensioni variabili
p. 64

Rudolf Stingel
Untitled, 2006
Legno, pannello isolante Celotex,
alluminio, plexiglas, lampadario, quattro
pilastri di acciaio
250 × 400 × 400 cm circa
p. 54

Franz West
Lemure, 2006
Alluminio verniciato
383 × 220 × 115 cm circa
p. 59

Franz West
The Header, 2007
Stampa digitale, pittura su tela
290 × 200 cm
p. 306

Franz West
La Sagna, 2007
Stampa digitale, pittura su tela
250 × 200 cm
p. 69

Franz West
Worktable and Workbench, 2006
Cartapesta e tecnica mista in cinque
parti su due tavole
473,7 × 125,1 × 203,8 cm
p. 304

Franz West
Almanach, 2003-2006
Quattordici elementi, cartapesta, pittura
acrilica, metallo, vetrina in vetro
acrilico
Dimensioni variabili
p. 301

1. *Lincoln Pyramide (Models for the Lincoln
   Center 1)*, 2004
   Metallo, gesso, garza, cartapesta
   e acrilico, vetrina in vetro acrilico
   42 × 52 × 82 cm
2. *Lincoln Pyramide (Models for the Lincoln
   Center 2)*, 2004
   Metallo, gesso, garza, cartapesta e
   acrilico, vetrina in vetro acrilico
   71 × 52 × 98 cm
3. *Lincoln Pyramide (Models for the Lincoln
   Center 3)*, 2004
   Metallo, gesso, garza, cartapesta e
   acrilico, vetrina in vetro acrilico
   45 × 52 × 90 cm
4. *Untitled (Model I)*, 2005
   Cartapesta, pittura acrilica, metallo,
   espositore in vetro acrilico
   46 × 81 × 41 cm
5. *Doppelring III (Model)*, 2004
   Gesso, metallo, pittura a spruzzo, vetrina
   in vetro acrilico
   63 × 54,4 × 30 cm
6. *System (Model)*, 2004
   Gesso, metallo, pittura acrilica,
   vetrina in vetro acrilico
   41 × 69 × 45,5 cm
7. *Untitled (Model IV)*, 2006
   Pluriball, garza, pittura a spruzzo,
   metallo, vetrina in vetro acrilico
   66 × 80 × 49 cm
8. *Flora (Model)*, 2006
   Cartapesta, garza, metallo, pittura
   a dispersione, vetrina in vetro acrilico
   38 × 80 × 48 cm
9. *Untitled (Model VI)*, 2005
   Cartapesta, garza, metallo, pittura
   a dispersione, vetrina in vetro acrilico
   64 × 64 × 64 cm
10. *Untitled (Model VII)*, 2005
    Cartapesta, garza, pittura a dispersione,
    vetrina in vetro acrilico
    42 × 60 × 42 cm
11. *Untitled (Model VIII)*, 2005
    Cartapesta, garza, metallo, pittura
    a dispersione, vetrina in vetro acrilico
    34 × 53 × 53 cm
12. *Corona (Model)*, 2004
    Metallo, gesso, garza, pittura acrilica,
    cartapesta, vetrina in vetro acrilico
    66,5 × 111,5 × 60 cm
13. *Untitled (Model X)*, 2005
    Cartapesta, metallo, pittura acrilica,
    vetrina in vetro acrilico
    57 × 99 × 45 cm
14. *Centripetale (Model)*, 2003
    Cartapesta, garza, metallo, pittura
    a dispersione, vetrina in vetro acrilico
    71 × 102 × 72 cm

Franz West
Oasis, 1997-2007
Cinque divani con materassi gonfiabili,
metallo, strato di silicone, foglio di PVC,
video
95 × 140 × 147 cm
75 × 157 × 173 cm
37 × 114 × 161 cm
44 × 92 × 205 cm
44 × 133 × 345 cm
p. 296

Franz West
Sammelwand/Collecting Wall, 2007
Trenta disegni e collages in materiali vari,
1972-2007
Dimensioni variabili
p. 301

List of Works

Kristin Baker
Flying Curve, Differential Manifold, 2007
Acrylic on acrylic with powder coated,
aluminum freestanding cantilevered
structure
243.8 × 914.4 × 455.3 cm
p. 290

Burgundian School
Philippe Pot priant la Vierge et l'Enfant,
about 1480
Oil on oak panel
60 × 42 cm
p. 141

Roberto Cuoghi
Senza titolo (Corea del Nord), 2006
Enamel, spray, wax pastel, alcoholic
emulsion, cocoa butter, black lead, felt-tip
pen, Indian ink, mirror engraving, glass
53 × 53 cm
p. 187

Roberto Cuoghi
Senza titolo (Bielorussia), 2006
Enamel, resin, plasticizier, spray, alcoholic
emulsion, Pantone® drawing pen, cocoa
butter, half-tone film, Indian ink, glass
engraving, mirror, acetate
53 × 53 cm
p. 185

Roberto Cuoghi
Senza titolo (Cuba), 2007
Acrylic, ink, felt-tip pens, spray, tempera
on acetate and glass
53 × 53 cm
p. 191

Roberto Cuoghi
Senza titolo (Syria), 2007
Glazing, opacifying, sealant, enamel, spray,
marker, Pantone® drawing pen, black lead
cocoa butter, lacquer, ink, pastels,
diamond point on glass
53 × 53 cm
p. 186

Roberto Cuoghi
Senza titolo (Myanmar), 2007
Black lead, spray, Pantone® drawing pen,
markers, half-tone film, varnish, pastels
on glass, thin cardboard on glass
83 × 43 cm
p. 184

Roberto Cuoghi
Senza titolo (Turkmenistan), 2007
Graphite, felt-tip pen on paper, resin, wax
pastel, embossing, lip-gloss, whitener,
engraving on glass and Plexiglas
28 × 28 cm
p. 189

Roberto Cuoghi
Senza titolo (Iran), 2007
Mirror, acrylic enamel, alcoholic emulsion,
coal dust, graphite on glass and Plexiglas
53 × 53 cm
p. 192

Roberto Cuoghi
Senza titolo (Sudan), 2007
Marker, latex, half-tone film, enamel, wax
pastel, graphite, spray, felt-tip pen,
embossing on glass
63 × 53 cm
p. 188

Roberto Cuoghi
Senza titolo (Libia), 2007
Mirror, resin, acrylic enamel, alcoholic
emulsion, black lead, embossing on glass
and Plexiglas
53 × 53 cm
p. 193

Marlene Dumas
Gelijkenis I and II, 2002
Oil on canvas in two parts
Two canvases, 60.5 × 230 cm, each
p. 181

Urs Fischer
Jet Set Lady, 2000–05
Iron, two thousand framed drawings
(color/laser prints), wood frames,
twenty-four fluorescent tubes
900 × 700 × 700 cm
Originally commissioned and produced
by the Fondazione Nicola Trussardi, Milan
p. 65

Urs Fischer
Nach Jugendstil kam Roccoko, 2006
Electric motor, wire, carbon rod, elastic
band, monofilament, empty cigarettes pack
Radius 400 cm, height variable
p. 140

Urs Fischer
Office theme / addiction / mhh camera, 2006
Wood, aludibond, primer, oil paint, acrylics,
paper cement, cardboard, epoxy polymer,
varnish, Epson ultrachrome inkjet print
on canvas and Somerset velvet fine art paper
245.3 × 183 × 8.3 cm
p. 308

Urs Fischer
Pop the glock, 2006
Cast nickel Silver, gesso, oil paint
12.7 × 5 × 7.5 cm

Urs Fischer
Verbal Asceticism, 2007
Wallpaper (inkjet print on paper) on wall
Variable dimensions
p. 302

Urs Fischer
Untitled, 2007
Cast nickel Silver, gesso, oil paint
Mouse with violin: 6 × 12.5 × 4 cm
Mouse holding tail: 6 × 3.5 × 5 cm
p. 312

Urs Fischer
Untitled, 2007
Cast nickel Silver, gesso, oil paint
13 × 13 × 5 cm
p. 313

Urs Fischer
Untitled, 2007
Cast nickel Silver, gesso, oil paint
8.5 × 8 × 5.5 cm

Robert Gober
Untitled, 1991
Beeswax, human hair, leather, cotton,
wood
34 × 18 × 96.5 cm
p. 177

Robert Gober
Door with Lightbulb, 1992
Metal door with doorframe, twelve
bundles of newspaper wrapped in twine,
porcelain sockets with red light-bulb and
white incandescent light-bulb
244 × 305 × 81 cm
p. 178

Subodh Gupta
Very Hungry God, 2006
Stainless-steel structure covered by kitchen
tools
360 × 280 × 330 cm
p. 61

David Hammons
A Cry From the Inside, 1969
Pigment on gold paper
103.5 × 74.9 cm
p. 170

David Hammons
I Dig the Way This Dude Looks, 1971
Pigment on paper
89.5 × 59.1 cm
p. 171

David Hammons
Black Mohair Spirit, 1971
Pigment, twine, mop strands, beads,
feathers and butterfly wings on black paper
56.5 × 39.4 cm
p. 172

David Hammons
Untitled (Body Print), 1976
Pigment on paper
73 × 58.4 cm
p. 173

David Hammons
Untitled, 1989
Mixed media sculpture with car
windshield, steel pole
383.5 × 106.7 × 52.1 cm
p. 166

David Hammons
Central Park West, 1990
Bicycle, clothing, street sign, cassette
player playing John Coltrane's 'Central
Park West'
424 × 73 × 129 cm approx.
p. 164

David Hammons
Rockhead, 1999
Hair, stone and metal stand
40 × 30 cm
p. 175

David Hammons
Untitled (B-ball Drawing), 2001
Charcoal on paper, suitcase
290.8 × 123.8 cm
p. 166

David Hammons
Which Mike Would You Like To Be Like, 2003
Three vintage microphones
144,8 × 62,2 × 47 cm
p. 174

David Hammons
Untitled (B-ball Drawing), 2004
Charcoal on paper, suitcase
304.8 × 121.9 cm (charcoal)
p. 167

Mike Kelley
Red Stain, 1986
Acrylic on cotton, with tassels
190.5 × 213.4 cm
p. 148

Mike Kelley
*Extracurricular Activity Project Reconstruction #1
(Domestic Scene)*, 2000
Mixed media with video
304.5 × 874.8 × 731.5 cm
p. 152

Mike Kelley
Double Contour With Side Bars, 2000
Four wooden tables with various objects

Part 1: wood, paper pulp and acrylic, spray
paint, figurines, sawhorses
203 × 488 × 122 cm
Part 2: wood, foam-core, paint, fiberglass,
sawhorses
159 × 488 × 122 cm
Part 3: wood, foam-core, paint, sawhorses
99 × 244 × 122 cm
Part 4: wooden table, paperback novels,
glass, vase, knick-knacks
110.5 × 189 × 109 cm
p. 144

Mike Kelley
Memory Ware flat 17, 2001
Mixed media on wood
215.9 × 317.5 × 15.2 cm
p. 146

Louise Lawler
Hoof, 2006
Cibachrome mounted on aluminum,
plywood
47.6 × 29.5 cm
p. 123

Louise Lawler
Adolf (Must be installed 8 inches from the floor),
2006
Cibachrome mounted on museum box
73 × 57.5 cm
p. 125

Louise Lawler
Wiggle, 2006
Cibachrome mounted on museum box
76.2 × 63.5 cm
p. 127

Louise Lawler
Pills, 2006
Cibachrome mounted on plywood
38.7 × 49.5 cm
p. 129

Louise Lawler
Not the way you remembered (Venice), 2006
Cibachrome mounted on
museum box
73.7 × 73.7 cm
p. 126

Louise Lawler
Why Take a Man Apart, 2006–07
Cibachrome mounted on aluminium
museum box
79.4 × 61.6 cm
p. 128

Louise Lawler
Drums First, 2006-07
Cibachrome mounted on aluminium
museum box
96.5 × 121.3 cm
p. 130

Louise Lawler
Google: Egypt, 2006-07
Cibachrome and mat
26 × 32.1 cm
p. 131

Laura Owens
Untitled, 1998
Acrylic and enamel on canvas
243.8 × 304.8 cm
p. 276

Laura Owens
Untitled, 1999
Acrylic on canvas
Two panels, 310 × 152.4 cm each
p. 274

Laura Owens
Untitled, 2004
Oil and acrylic on canvas
223 × 234 cm
p. 279

Laura Owens
Untitled, 2006
Acrylic, oil, and felt on linen
109.2 × 116.8 cm
p. 285

Laura Owens
Untitled, 2006
Acrylic and oil on linen
213.4 × 243.8 cm
p. 283

Laura Owens
Untitled, 2006
Oil and acrylic on linen
274 × 365 cm
p. 286

Laura Owens
Untitled, 2006
Oil, felt, and acrylic on linen
125.7 × 88.9 cm
p. 289

Richard Prince
Untitled (Entertainers), 1983
Twelve Ektacolor photographs
221 × 45.4 cm each
p. 160

Richard Prince
I'll Fuck Anything that Moves, 1991
Acrylic and silkscreen on canvas
457.2 × 228.6 cm
p. 156

Richard Prince
Why Did the Nazi Cross the Road?, 1991
Acrylic and silkscreen on canvas
457.2 × 228.6 cm
p. 157

Richard Prince
Sampling the Chocolate, 1991
Acrylic and silkscreen
on canvas
457.2 × 228.6 cm
p. 158

Richard Prince
Good Revolution, 1991
Acrylic and silkscreen on canvas
457.2 × 228.6 cm
p. 159

Martial Raysse
Le miroir, 1961
Assemblage of mixed media
60 × 36 cm
p. 251

Martial Raysse
Seventeen (Titre journalistique), 1962
Acrylic, assemblage and glitter on
photographic base laid down on board
182 × 130 cm
p. 249

Martial Raysse
Made in Japan, 1963
Photo collage, oil, and wood on canvas
125 × 192.5 cm
p. 258

Martial Raysse
Portrait of an Ancient Friend, 1963
Oil and collage on canvas
151 × 96.5 cm
p. 255

Martial Raysse
Sur 3 roses, 1963
Mixed media on panel
32 × 21 cm
p. 250

Martial Raysse
Nu jaune et calme, 1963
Oil, photograph, collage on canvas
97 × 130 cm
p. 253

Martial Raysse
Conversation printanière, 1964
Oil on collage mounted on canvas
228.5 × 127 cm
p. 259

Martial Raysse
Belle des nuages, 1965
Flocking and fluorescent paint on canvas
146 × 114 cm
p. 254

Martial Raysse
Sans titre, 1965
Tempera and photo collage on paper laid
on canvas
30 × 22 cm
p. 252

Martial Raysse
Noon Mediterranean Landscape, 1966
Acrylic, flocking on canvas, neon tube
on Plexiglas
203 × 192 × 5 cm
p. 257

Martial Raysse
Quatre pas dans les nuages, 1966
Blue Plexiglas, white neons, painted iron
205 × 235 × 60 cm
p. 260

Anselm Reyle
Untitled, 2006
Neons, chains, cables, transformers
Variable dimensions
p. 262

Anselm Reyle
Harmony, 2006
Bronze, chrome, enamel varnish, veneer
plinth (Makassar wood)
ca. 170 × 170 × 75 cm
Plinth: 54 × 160 × 78 cm
p. 272

Anselm Reyle
Untitled, 2006
Mixed media on canvas, acrylic glass
300 × 200 × 20 cm
p. 261

Anselm Reyle
Untitled, 2006
Acrylic on canvas, stainless steel frame
273.5 × 222.5 × 15 cm
p. 269

Anselm Reyle
Black Earth, 2007
Mixed media on canvas, metal frame
314 × 214 × 8 cm
p. 270

Anselm Reyle
Black Earth, 2007
Mixed media on canvas, metal frame
314 × 214 × 8 cm
p. 271

Anselm Reyle
New Yellow, 2007
Neon yellow acrylic paint
Variable dimensions
p. 264

Tamuna Sirbiladze
Wall in Wall, 2007
Plaster, pigments
Variable dimensions
p. 296

Rudolf Stingel
Louvre (after Sam), 2006
Oil on canvas in five parts
Five canvases, 38 × 52 cm each
p. 138

Rudolf Stingel
Untitled (1631), 2007
Glass reinforced polyester resin,
polyurethane paint
291 × 646 × 15.3 cm
p. 134

Rudolf Stingel
Untitled (Sarouk), 2006
Printed carpet
Variable dimensions
p. 64

Rudolf Stingel
Untitled, 2006
Wood, Celotex insulation board,
aluminium Plexiglas,
chandelier, four
steel pillars
ca. 250 × 400 × 400 cm
p. 54

Franz West
Lemure, 2006
Varnished aluminium
ca. 383 × 220 × 115 cm
p. 59

Franz West
The Header, 2007
Digital print, paint, mounted
on canvas
290 × 200 cm
p. 306

Franz West
La Sagna, 2007
Digital print, paint, mounted on canvas
250 × 200 cm
p. 69

Franz West
Worktable and Workbench, 2006
Papier-mâché and mixed media in five
parts on two tables
473.7 × 125.1 × 203.8 cm
p. 304

Franz West
Almanach, 2003–06
Fourteen models, papier-mâché, acrylic
paint, metal, acrylic glass vitrine
Various dimensions
p. 301

1. *Lincoln Pyramide (Models for the Lincoln
   Center 1)*, 2004
   Metal, plaster, gauze, acrylic
   papier-mâché, acrylic glass vitrine
   42 × 52 × 82 cm
2. *Lincoln Pyramide (Models for the Lincoln
   Center 2)*, 2004
   Metal, plaster, gauze, acrylic
   papier-mâché, acrylic glass vitrine
   71 × 52 × 98 cm
3. *Lincoln Pyramide (Models for the Lincoln
   Center 3)*, 2004
   Metal, plaster, gauze, acrylic papier-
   mâché, acrylic glass vitrine
   45 × 52 × 90 cm
4. *Untitled (Model I)*, 2005
   Papier-mâché, acrylic paint, metal,
   acrylic glass vitrine
   46 × 81 × 41 cm
5. *Doppelring III (Model)*, 2004
   Plaster, metal, dispersion paint, acrylic
   glass vitrine
   63 × 54.5 × 30 cm
6. *System (Model)*, 2004
   Plaster, metal, acrylic paint, acrylic glass
   vitrine
   41 × 69 × 45.5 cm
7. *Untitled (Model IV)*, 2006
   Bubble wrap, gauze, dispersion paint
   metal, acrylic glass vitrine
   66 × 80 × 49 cm
8. *Flora (Model)*, 2006
   Papier-mâché, gauze, metal, dispersion
   paint, acrylic glass vitrine
   38 × 80 × 48 cm
9. *Untitled (Model VI)*, 2005
   Papier-mâché, gauze, metal, dispersion
   paint, acrylic glass vitrine
   64 × 64 × 64 cm
10. *Untitled (Model VII)*, 2005
    Papier-mâché, gauze, dispersion paint,
    acrylic glass vitrine
    42 × 60 × 42 cm
11. *Untitled (Model VIII)*, 2005
    Papier-mâché, gauze, metal, dispersion
    paint, acrylic glass vitrine
    34 × 53 × 53 cm
12. *Corona (Model)*, 2004
    Metal, plaster, gauze, acrylic paint,
    papier-mâché, acrylic glass vitrine
    66.5 × 111.5 × 60 cm
13. *Untitled (Model X)*, 2005
    Papier-mâché, metal, acrylic paint,
    acrylic glass vitrine
    57 × 99 × 45 cm
14. *Centripetale (Model)*, 2003
    Papier-mâché, gauze, metal, dispersion
    paint, acrylic glass vitrine
    71 × 102 × 72 cm

Franz West
Oasis, 1997–2007
Five couches with air mattresses, metal,
silicon coating, PVC-foil, video
95 × 140 × 147 cm
75 × 157 × 173 cm
37 × 114 × 161 cm
44 × 92 × 205 cm
44 × 133 × 345 cm
p. 296

Franz West
Sammelwand/Collecting Wall, 2007
Thirty drawings and collages in various
media from 1972-2007
Dimensions variable
p. 301

Liste des œuvres

Kristin Baker
Flying Curve, Differential Manifold, 2007
Peinture acrylique sur acrylique, structure
d'aluminium laqué autoportante
243,8 × 914,4 × 455,3 cm
p. 290

École bourguignonne
Philippe Pot priant la Vierge et l'Enfant,
vers 1480
Huile sur chêne
60 × 42 cm
p. 141

Roberto Cuoghi
Senza titolo (Corea del Nord), 2006
Laque, peinture en spray, pastel à la cire,
émulsion alcoolique, beurre de cacao,
graphite, feutre, encre de Chine, gravure
sur miroir et verre
53 × 53 cm
p. 187

Roberto Cuoghi
Senza titolo (Bielorussia), 2006
Laque, résine, plastifiant, peinture
en spray, émulsion alcoolique, feutre
Pantone®, beurre de cacao, trame
adhésive, encre de Chine, gravure
sur miroir et verre
53 × 53 cm
p. 185

Roberto Cuoghi
Senza titolo (Cuba), 2007
Acrylique, encre, feutre, peinture en spray,
tempera sur acétate et verre
53 × 53 cm
p. 191

Roberto Cuoghi
Senza titolo (Syria), 2007
Vitrificant, opacisant, imperméabilisant,
émail, peinture en spray, marqueur, feutre
Pantone®, graphite, beurre de cacao,
laque, encre, pastel, pointe de diamant
sur verre
53 × 53 cm
p. 186

Roberto Cuoghi
Senza titolo (Myanmar), 2007
Graphite, émail, peinture en spray, feutre
Pantone®, marqueur, trame adhésive,
laque, pastel sur verre, carton sur verre
83 × 43 cm
p. 184

Roberto Cuoghi
Senza titolo (Turkmenistan), 2007
Graphite, feutre sur papier, résine, pastel
à la cire, gaufrage, beurre de cacao, blanc
de céruse, gravure sur verre et plexiglas
28 × 28 cm
p. 189

Roberto Cuoghi
Senza titolo (Iran), 2007
Miroir, laque acrylique, émulsion
alcoolique, poudre de carbone, graphite
sur verre et plexiglas
53 × 53 cm
p. 192

Roberto Cuoghi
Senza titolo (Sudan), 2007
Marqueur, latex, trame adhésive, émail,
pastels à la cire, graphite, peinture en spray,
feutre, gaufrage sur verre
63 × 53 cm
p. 188

Roberto Cuoghi
Senza titolo (Libia), 2007
Miroir, laque acrylique, émulsion
alcoolique, graphite, gaufrage sur verre
et plexiglas
53 × 53 cm
p. 193

Marlene Dumas
Gelijkenis I and II, 2002
Huile sur toile en deux parties
60,5 × 229,9 cm chacune
p. 181

Urs Fischer
Jet Set Lady, 2000-2005
Fer, deux cents dessins encadrés
(impression laser couleur), cadres de bois,
vingt-quatre tubes fluorescents
900 × 700 × 700 cm
Œuvre commandée et produite par
la Fondazione Nicola Trussardi, Milan
p. 65

Urs Fischer
Nach Jugendstil kam Roccoko, 2006
Moteur électrique, fil, tige de carbone,
élastique, paquet de cigarettes vide
Installation d'un rayon de 400 cm,
poids variable
p. 140

Urs Fischer
Office theme / addiction / mhh camera, 2006
Bois, aludibond, apprêt, peinture à l'huile,
acrylique, colle à papier, carton, vernis,
impression Epson a jet d'encre ultrachrome
sur toile et papier Somerset velvet
245,3 × 183 × 8,3 cm
p. 308

Urs Fischer
Pop the glock, 2006
Nickel argenté moulé, glaise, peinture
à l'huile
12,7 × 5 × 7,5 cm
p. 189

Urs Fischer
Verbal Asceticism, 2007
Papier peint (encre sur papier)
Dimensions variables
p. 302

Urs Fischer
Untitled, 2007
Nickel argenté moulé, glaise, peinture
à l'huile
Souris tenant un violon: 6 × 12,5 × 4 cm
Souris tenant sa queue: 6 × 3,5 × 5 cm
p. 312

Urs Fischer
Untitled, 2007
Nickel argenté moulé, glaise, peinture
à l'huile
13 × 13 × 5 cm
p. 313

Urs Fischer
Untitled, 2007
Nickel argenté moulé, glaise, peinture
à l'huile
8,5 × 8 × 5,5 cm

Robert Gober
Untitled, 1991
Cire d'abeille, poils humains, cuir,
coton, bois
34 × 18 × 96,5 cm
p. 177

Robert Gober
Door with Lightbulb, 1992
Porte métallique avec son embrasure,
douze paquets de journaux ficelés, douille
en porcelaine avec ampoule rouge,
ampoule blanche
244 × 305 × 81 cm
p. 178

Subodh Gupta
Very Hungry God, 2006
Structure en acier inoxydable recouverte
d'ustensiles de cuisine
360 × 280 × 330 cm
p. 61

David Hammons
A Cry From the Inside, 1969
Pigments sur papier doré
103,5 × 74,9 cm
p. 170

David Hammons
I Dig the Way This Dude Looks, 1971
Pigments sur papier
89,5 × 59,1 cm
p. 171

David Hammons
Black Mohair Spirit, 1971
Pigments, ficelle, poils de balais, perles,
plumes, ailes de papillons sur papier noir
56,5 × 39,4 cm
p. 172

David Hammons
Untitled (Body Print), 1976
Pigments sur papier
73 × 58,4 cm
p. 173

David Hammons
Untitled, 1989
Pare-brise de voiture, mat d'acier,
matériaux divers
383,5 × 106,7 × 52,1 cm
p. 166

David Hammons
Central Park West, 1990
Bicyclette, vêtements, panneau de
signalisation et magnétophone jouant
Central Park West de John Coltrane
424 × 73 × 129 cm environ
p. 164

David Hammons
Rockhead, 1999
Cheveux, pierre et socle métallique
40 × 30 cm
p. 175

David Hammons
Untitled (B-ball Drawing), 2001
Carbone sur papier, valise
290,8 × 123, 8 cm
p. 166

David Hammons
Which Mike Would You Like To Be, 2003
Trois micros vintage
144,8 × 62,2 × 47 cm
p. 174

David Hammons
Untitled (B-ball Drawing), 2004
Carbone sur papier, valise
304,8 × 121,9 cm
p. 177

Mike Kelley
Red Stain, 1986
Acrylique sur coton, pompons
190,5 × 213,4 cm
p. 148

Mike Kelley
*Extracurricular Activity Project Reconstruction #1
(Domestic Scene)*, 2000
Technique mixte, vidéo
304,5 × 874,8 × 731,5 cm
p. 152

Mike Kelley
Double Contour With Side Bars, 2000
Quatre tables avec objets divers
Table 1 : Bois, pâte à papier et acrylique,
spray, figurines, tréteaux
203 × 488 × 122 cm
Table 2 : Bois, carton-plume, peinture,
fibre de verre, tréteaux
159 × 488 × 122 cm
Table 3 : Bois, carton-plume, peinture,
tréteaux
99 × 244 × 122 cm
Table 4 : Table en bois, livres de poches,
verre, vase, bibelots
110,5 × 189 × 109 cm
p. 144

Mike Kelley
Memory Ware flat 17, 2001
Technique mixte sur bois
215,9 × 317,5 × 15,2 cm
p. 146

Louise Lawler
Hoof, 2006
Cibachrome monté sur aluminiun
compensé
47,6 × 29,5 cm
p. 123

Louise Lawler
Adolf (Must be installed 8 inches from the floor),
2006
Cibachrome monté sur bois
73 × 57,5 cm
p. 125

Louise Lawler
Wiggle, 2006
Cibachrome monté sur bois
76,2 × 63,5 cm
p. 127

Louise Lawler
Pills, 2006
Cibachrome monté sur contreplaqué
38,7 × 49,5 cm
p. 129

Louise Lawler
Not the way you remembered (Venice), 2006
Cibachrome monté sur bois
73,7 × 73,7 cm
p. 126

Louise Lawler
Why Take a Man Apart, 2006-2007
Cibachrome monté sur aluminium
79,4 × 61,6 cm
p. 128

Louise Lawler
Drums First, 2006-2007
Cibachrome monté sur aluminium
96,5 × 121,3 cm
p. 130

Louise Lawler
Google: Egypt, 2006-2007
Cibachrome et passe partout
26 × 32,1 cm
p. 131

Laura Owens
Untitled, 1998
Acrylique et laque sur toile
243,8 × 304,8 cm
p. 277

Laura Owens
Untitled, 1999
Acrylique sur toile en deux parties
310 × 152,4 cm chacune
p. 274

Laura Owens
Untitled, 2004
Huile et acrylique sur toile
223 × 234 cm
p. 279

Laura Owens
Untitled, 2006
Acrylique, huile et feutre sur lin
109,2 × 116,8 cm
p. 285

Laura Owens
Untitled, 2006
Acrylique et huile sur tissu de lin
213,4 × 243,8 cm
p. 283

Laura Owens
Untitled, 2006
Acrylique et huile sur tissu de lin
274 × 365 cm
p. 286

Laura Owens
Untitled, 2006
Huile, acrylique et feutre sur tissu de lin
125,7 × 88,9 cm
p. 289

Richard Prince
Untitled (Entertainers), 1983
Douze photographies Ektacolor
221 × 45,4 cm chacune
p. 160

Richard Prince
I'll Fuck Anything that Moves, 1991
Acrylique et sérigraphie sur toile
457,2 × 228,6 cm
p. 156

Richard Prince
Why Did the Nazi Cross the Road?, 1991
Acrylique et sérigraphie sur toile
457,2 × 228,6 cm
p. 157

Richard Prince
Sampling the Chocolate, 1991
Acrylique et sérigraphie sur toile
457,2 × 228,6 cm
p. 158

Richard Prince
Good Revolution, 1991
Acrylique et sérigraphie sur toile
457,2 × 228,6 cm
p. 159

Martial Raysse
Le miroir, 1961
Assemblage, matériaux divers
60 × 36 cm
p. 251

Martial Raysse
Seventeen (Titre journalistique), 1962
Acrylique, assemblage et *glitter* sur fond
photographique monté sur bois
182 × 130 cm
p. 249

Martial Raysse
Made in Japan, 1963
Collage photographique, huile et bois
sur toile
125 × 192,5 cm
p. 258

Martial Raysse
Portrait of an Ancient Friend, 1963
Huile et collage sur toile
151 × 96,5 cm
p. 255

Martial Raysse
Sur 3 roses, 1963
Matériaux divers sur bois
32 × 21 cm
p. 250

Martial Raysse
Nu jaune et calme, 1963
Huile, photographie et collage
sur toile
97 × 130 cm
p. 253

Martial Raysse
Conversation printanière, 1964
Huile et collage de matériaux divers
sur toile
228,5 × 127 cm
p. 259

Martial Raysse
Belle des Nuages, 1965
Flocage et laque fluorescente sur toile
146 × 114 cm
p. 254

Martial Raysse
Sans titre, 1965
Tempera et collage photographique
sur papier monté sur toile
30 × 22 cm
p. 252

Martial Raysse
Noon Mediterranean Landscape, 1966
Acrylique et flocage sur toile, néon
sur plexyglas
203 × 192 × 5 cm
p. 257

Martial Raysse
Quatre pas dans les nuages, 1966
Plexiglas bleu, néon blanc, métal peint
205 × 235 × 60 cm
p. 260

Anselm Reyle
Untitled, 2006
Néons, chaînes, cables, transformateurs
Dimensions variables
p. 262

Anselm Reyle
Harmony, 2006
Bronze, vernis chromé, socle plaqué
d'ébène de Makassar
170 × 170 × 75 cm environ
Socle : 54 × 160 × 78 cm
p. 272

Anselm Reyle
Untitled, 2006
Matériaux divers sur toile, acrylique, verre
300 × 200 × 20 cm
p. 261

Anselm Reyle
Untitled, 2006
Acrylique sur toile, cadre en acier
inoxydable
273,5 × 222,5 × 15 cm
p. 269

Anselm Reyle
Black Earth, 2007
Technique mixte sur toile, cadre métallique
314 × 214 × 8 cm
p. 270

Anselm Reyle
Black Earth, 2007
Technique mixte sur toile, cadre
métallique
314 × 214 × 8 cm
p. 271

Anselm Reyle
New Yellow, 2007
Peinture acrylique jaune néon
Dimensions variables
p. 264

Tamuna Sirbiladze
Wall in Wall, 2007
Plâtre, pigments
Dimensions variables
p. 296

Rudolf Stingel
Louvre (after Sam), 2006
Huile sur toile
Cinq toiles de 38 × 52 cm chacune
p. 188

Rudolf Stingel
Untitled (1631), 2007
Résine polyester renforcée de fibre de verre,
peinture polyuréthane
291 × 646 × 15,3 cm
p. 134

Rudolf Stingel
Untitled (Sarouk), 2006
Moquette imprimée
Dimensions variables
p. 64

Rudolf Stingel
Untitled, 2006
Bois, panneaux isolants aluminisés
Celotex, plexiglas, lustre, quatre
poutres d'acier
250 × 400 × 400 cm environ
p. 54

Franz West
Lemure, 2006
Aluminium vernis
383 × 220 × 115 cm environ
p. 59

Franz West
The Header, 2007
Impression digitale et peinture sur toile
290 × 200 cm
p. 306

Franz West
La Sagna, 2007
Impression digitale et peinture sur toile
250 × 200 cm
p. 69

Franz West
Worktable and Workbench, 2006
Papier mâché et techniques mixtes en cinq
parties sur deux tables
473,7 × 125,1 × 203,8 cm
p. 304

Franz West
Almanach, 2003-2006
Quatorze maquettes
Papier mâché, peinture acrylique, metal,
vitrine en acrylique
Dimensions divers
p. 301

1. *Lincoln Pyramide (Models for the Lincoln
   Center 1)*, 2004
   Métal, plâtre, gaze, papier mâché,
   peinture acrylique, vitrine en acrylique
   42 × 52 × 82 cm
2. *Lincoln Pyramide (Models for the Lincoln
   Center 2)*, 2004
   Métal, plâtre, gaze, papier mâché,
   peinture acrylique, vitrine en acrylique
   71 × 52 × 98 cm
3. *Lincoln Pyramide (Models for the Lincoln
   Center 3)*, 2004
   Métal, plâtre, gaze, papier mâché,
   peinture acrylique, vitrine en acrylique
   45 × 52 × 90 cm
4. *Untitled (Model I)*, 2005
   Papier mâché, peinture acrylique, métal,
   vitrine en acrylique
   46 × 81 × 41 cm
5. *Doppelring III (Model)*, 2004
   Plâtre, métal, peinture, vitrine en acrylique
   63 × 54,5 × 30 cm
6. *System (Model)*, 2004
   Plâtre, métal, peinture acrylique, vitrine
   en acrylique
   41 × 69 × 45,5 cm
7. *Untitled (Model IV)*, 2006
   Papier-bulle, gaze, métal peint, vitrine
   en acylique
   66 × 80 × 49 cm
8. *Flora (Model)*, 2006
   Papier mâché, gaze, métal, peinture,
   vitrine en acrylique
   38 × 80 × 48 cm
9. *Untitled (Model VI)*, 2005
   Papier mâché, gaze, métal, peinture,
   vitrine en acrylique
   64 × 64 × 64 cm
10. *Untitled (Model VII)*, 2005
    Papier mâché, gaze, métal, peinture,
    vitrine en acrylique
    42 × 60 × 42 cm
11. *Untitled (Model VIII)*, 2005
    Papier mâché, gaze, métal, peinture,
    vitrine en acrylique
    34 × 53 × 53 cm
12. *Corona (Model)*, 2004
    Métal, plâtre, gaze, peinture acrylique,
    papier mâché, vitrine en acrylique
    66,5 × 111,5 × 60 cm
13. *Untitled (Model X)*, 2005
    Papier mâché, métal, peinture acrylique,
    vitrine en acrylique
    57 × 99 × 45 cm

14. *Centripetale (Model)*, 2003
    Papier mâché, gaze, métal, peinture,
    vitrine en acrylique
    71 × 102 × 72 cm

Franz West
Oasis, 1997-2007
Cinq divans recouverts de matelas
pneumatiques, vidéo, métal, surface
siliconée, feuille de PVC
95 × 140 × 147 cm
75 × 157 × 173 cm
37 × 114 × 161 cm
44 × 92 × 205 cm
44 × 133 × 345 cm
p. 396

Franz West
Sammelwand/Collecting Wall, 2007
Trente dessins et collages effectués entre
1972 et 2007, techniques diverses
Dimensions variables
p. 301

Crediti fotografici / Photo Credits / Crédits photographiques

Tutte le fotografie delle installazioni
a Palazzo Grassi sono di Santi Caleca /
Installation Photography of Palazzo Grassi
by Santi Caleca / Toutes les photographies
d'accrochages à Palazzo Grassi sont
de Santi Caleca.

pp. 12-13
Foto: Graziano Arici

p. 18, sinistra
Courtesy Deitch Projects, New York

p. 18, destra
Courtesy Deitch Projects, New York

p. 20, destra
Courtesy Galleria Massimo De Carlo,
Milano

p. 21
Courtesy Galleria Massimo De Carlo,
Milano

p. 22
Courtesy Zwirner & Wirth, New York

p. 23
Courtesy Zwirner & Wirth, New York

p. 24, sinistra
Courtesy Galerie Eva Presenhuber, Zurich

p. 24, destra
Foto: Santi Caleca

p. 26, sinistra
Foto: The Museum of Modern
Art/Licensed by SCALA/Art Resource,
New York

p. 26, destra
Foto: Andrew Rogers
Courtesy Matthew Marks Gallery,
New York

p. 34, sinistra
Courtesy Metro Pictures, New York

p. 34, destra
Courtesy Metro Pictures, New York

p. 35
Courtesy Metro Pictures, New York

p. 36, sinistra
Courtesy Gavin Brown's enterprise, New York

p. 36, destra
Courtesy Gavin Brown's enterprise,
New York

p. 39, sinistra
Courtesy Gladstone Gallery, New York

p. 39, destra
Courtesy Gladstone Gallery, New York

p. 40, sinistra
Courtesy Gladstone Gallery, New York

p. 40, destra
Courtesy Gladstone Gallery, New York

p. 46, alto
Photo : Graziano Arici

p. 46, basso
Photo : Graziano Arici

pp. 82-83
Photo: Graziano Arici

p. 88, left
Courtesy Deitch Projects, New York

p. 88, right
Courtesy Deitch Projects, New York

p. 90, right
Courtesy Galleria Massimo De Carlo,
Milano

p. 91
Courtesy Galleria Massimo De Carlo,
Milano

p. 92
Courtesy Zwirner & Wirth, New York

p. 93
Courtesy Zwirner & Wirth, New York

p. 94, left
Courtesy Galerie Eva Presenhuber,
Zurich

p. 94, right
Photo: Santi Caleca

p. 96, left
Photo: The Museum of Modern
Art/Licensed by SCALA/Art Resource,
New York

p. 96, right
Photo: Andrew Rogers
Courtesy Matthew Marks Gallery,
New York

p. 104, left
Courtesy Metro Pictures, New York

p. 104, right
Courtesy Metro Pictures, New York

p. 105
Courtesy Metro Pictures, New York

p. 106, left
Courtesy Gavin Brown's enterprise,
New York

p. 106, right
Courtesy Gavin Brown's enterprise,
New York

p. 109, left
Courtesy Gladstone Gallery, New York

p. 109, right
Courtesy Gladstone Gallery, New York

p. 110, left
Courtesy Gladstone Gallery, New York

p. 110, right
Courtesy Gladstone Gallery, New York

p. 116, up
Photo : Graziano Arici

p. 116, down
Photo : Graziano Arici

p. 134
Photo: Santi Caleca

p. 146
Photo: Nic Tenwiggenhorn
Courtesy Jablonka Galerie, Köln

pp. 150-151
Photo: Graziano Arici

p. 156-159
Photo: David Regen
Courtesy Gladstone Gallery, New York

pp. 183-193
Photo: Santi Caleca

pp. 206-207
1, 2, 6-11 Photo : Floriane Mercier
3-5 Photo : Marylène Malbert

p. 212, gauche
Courtesy Deitch Projects, New York

p. 212, droite
Courtesy Deitch Projects, New York

p. 214, droite
Courtesy Galleria Massimo De Carlo,
Milano

p. 215
Courtesy Galleria Massimo De Carlo,
Milano

p. 216
Courtesy Zwirner & Wirth, New York

p. 217
Courtesy Zwirner & Wirth, New York

p. 218, gauche
Courtesy Galerie Eva Presenhuber, Zurich

p. 218, droite
Photo : Santi Caleca

p. 220, gauche
Photo : The Museum of Modern
Art/Licensed by SCALA/Art Resource,
New York

p. 220, droite
Photo : Andrew Rogers
Courtesy Matthew Marks Gallery, New York

p. 228, gauche
Courtesy Metro Pictures, New York

p. 228, droite
Courtesy Metro Pictures, New York

p. 229
Courtesy Metro Pictures, New York

p. 230, gauche
Courtesy Gavin Brown's enterprise,
New York

p. 230, droite
Courtesy Gavin Brown's enterprise, New York

p. 233, gauche
Courtesy Gladstone Gallery, New York

p. 233, droite
Courtesy Gladstone Gallery, New York

p. 234, gauche
Courtesy Gladstone Gallery, New York

p. 234, droite
Courtesy Gladstone Gallery, New York

p. 240, haut
Photo : Graziano Arici

p. 240, bas
Photo : Graziano Arici

p. 257
Photo : Santi Caleca

p. 258
Photo : Santi Caleca

p. 259
Photo : Santi Caleca

p. 269
Photo : Marc Domage
Courtesy Galerie Almine Rech, Paris

p. 270-271
Photo : Matthias Kolb
Courtesy Galerie Almine Rech, Brussels

p. 276
Photo : Ellen Page Wilson
Courtesy Gavin Brown's enterprise, New
York

p. 298-299
Photo : Graziano Arici

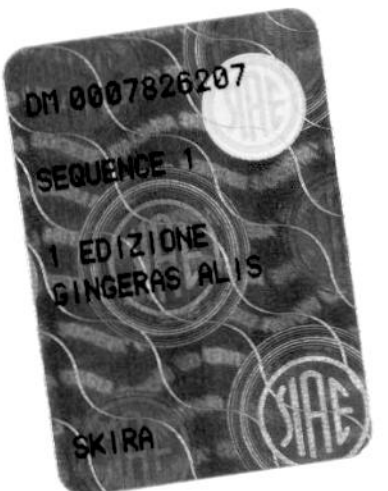

DM 0007826207
SEQUENCE 1
1 EDIZIONE
GINGERAS ALIS
SKIRA
SIAE